南昌统计年鉴

NAN CHANG STATISTICAL YEARBOOK

2017

（总第23期）

中国统计出版社
China Statistics Press

图书在版编目(CIP)数据

南昌统计年鉴. 2017 / 南昌市统计局编. -- 北京 :
中国统计出版社, 2017.09
ISBN 978-7-5037-8185-8
Ⅰ.①南… Ⅱ.①南… ②国… Ⅲ.①统计资料 – 南昌市 – 2017 – 年鉴 Ⅳ.①C832.561-54
中国版本图书馆CIP数据核字(2017)第158573号

南昌统计年鉴——2017

作　　者/ 南昌市统计局
责任编辑/ 陈越月
责任校对/ 陈　锋
出版发行/ 中国统计出版社
地　　址/ 北京市丰台区西三环南路甲6号
邮政编码/100073
电　　话/ 邮购(010)63376909　书店(010)68783171
网　　址/ http://csp.stats.gov.cn
印　　刷/ 江西宏达彩印有限公司
经　　销/ 新华书店
开　　本/ 890mm × 1240mm　1/16
字　　数/ 980千字
印　　张/ 32
印　　数/1-400册
版　　别/ 2017年9月第1版
版　　次/ 2017年9月第1次印刷
书　　号/ ISBN 978-7-5037-8185-8
定　　价/ 400.00元

如有印装差错,由本社发行部调换。

《南昌统计年鉴—2017》

编 辑 委 员 会

编 辑 部

篇目索引

篇　　目

编 者 说 明

一、《南昌统计年鉴 -2017》是一部按年连续出版的大型统计资料书。真实记录了2016年南昌的经济和社会各方面的发展变化,以及历史重要年份和改革开放以来的主要统计数据。

二、全书内容分为18个篇目:1.综合;2.人口·劳动力;3.人民生活;4.物价;5.固定资产投资;6.城市公用事业;7.外贸和旅游;8.财政·金融;9.农业;10.工业;11.建筑业;12.运输和邮电;13.规模以上服务业;14.国内贸易;15.房地产;16.科技·教育·文化;17.卫生·体育·其他;18.附录,在附录部分收集了《中华人民共和国统计法实施条例》,2016年国家和江西省统计公报,全国各省(市区)、省会城市和江西省各设区市主要经济指标。为便于读者正确使用资料,每个篇章后面附有主要统计指标解释。

三、本年鉴总量指标计算所采用的价格除注明外均为当年价格。

四、本年鉴资料主要来自年度统计报表,一部分来自抽样调查。

五、本年鉴部分数据合计数或相对数由于单位取舍不同产生的计算误差均未作机械调整。

六、本年鉴表中的符号使用说明:"空格"表示该项统计数据不详或无该项数据;"#"表示其中项。

七、读者在使用历史资料时,凡与本年鉴有出入的,均以本年鉴为准。

八、《年鉴》公开出版以来,受到了广大读者的关心和支持,对此我们深表谢意。欢迎读者对年鉴内容、编排等方面提出宝贵意见,帮助我们进一步提高编辑水平,更好地为读者服务。

一、综 合

二、人口·劳动力

三、人民生活

四、物 价

五、固定资产投资

六、城市公用事业

七、外贸和旅游

八、财政·金融

九、农　业

十、工 业

十一、建 筑 业

十二、运输和邮电

十三、规模以上服务业

十四、国内贸易

十五、房 地 产

十六、科技·教育·文化

十七、卫生·体育·其他

附　录

目 录

一、综　合

GENERAL SURVEY

本篇内容包括：

1.南昌市2016年国民经济和社会发展统计公报

2.《南昌市2016年统计公报》解读

3.主要年份国民经济主要指标

地区生产总值

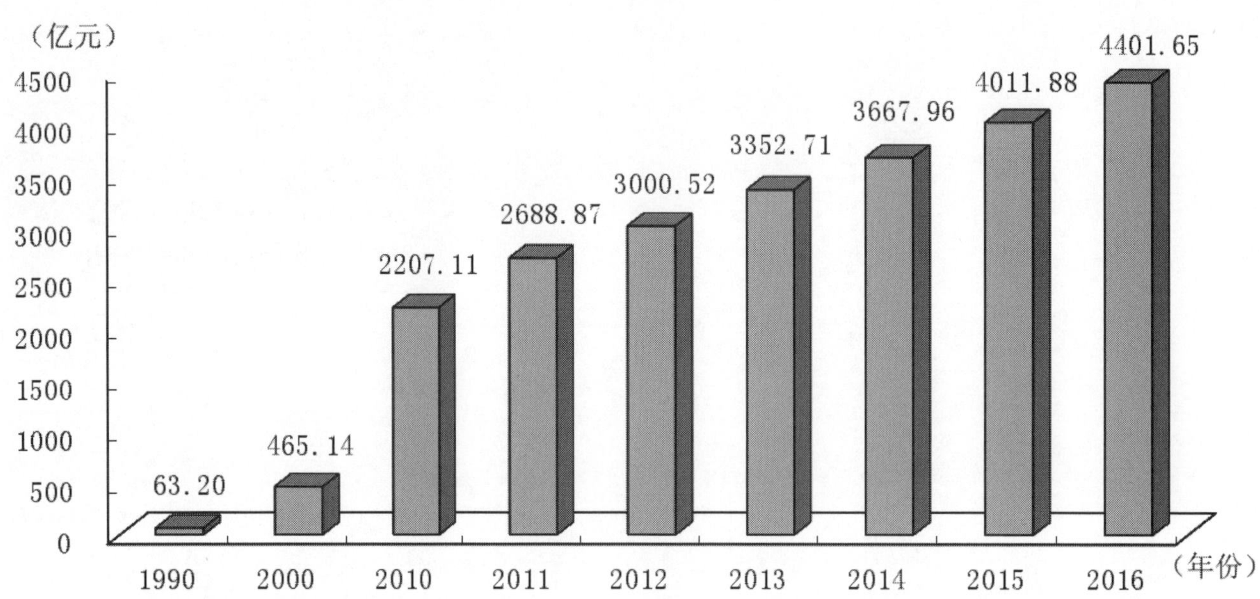

2016年地区生产总值构成

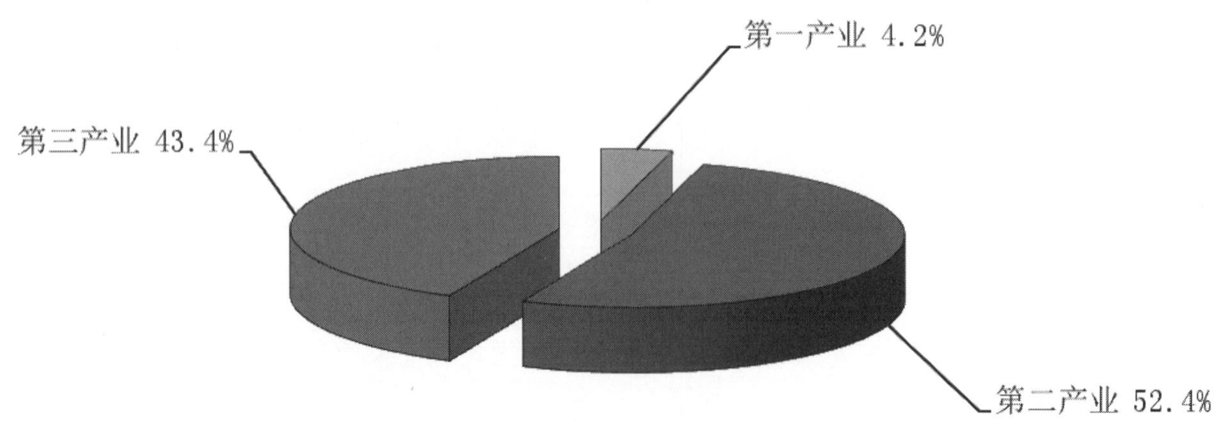

南昌市2016年国民经济和社会发展统计公报

南昌市统计局

2017年3月22日

2016年,在市委、市政府的正确领导下,全市上下坚持稳中求进、稳中提质、改革创新,扎实推进供给侧结构性改革,加快调结构转方式促升级,积极应对外部环境严峻复杂和经济下行压力加大等挑战,全面落实国家稳增长、促改革、调结构、惠民生、防风险各项政策措施,全市经济社会保持了平稳健康发展,实现了"十三五"良好开局。

一、综 合

初步核算,全年实现地区生产总值(GDP)4354.99亿元,按可比价格计算,比上年增长9.0%。其中南昌县超600亿元,完成666.71亿元;青山湖区超500亿元,完成539.03亿元;超400亿元县区3个,为高新区、西湖区、东湖区,分别完成496.66亿元、465.06亿元、417.69亿元。全市三次产业结构调整为4.2:53.0:42.8。人均生产总值81598元,按年均汇率折算为12285美元,按可比价格计算,增长7.6%。在全市地区生产总值中,非公有制经济实现增加值2397.66亿元,按可比价格计算,增长10.2%。

图1:2012-2016年地区生产总值及其增长速度

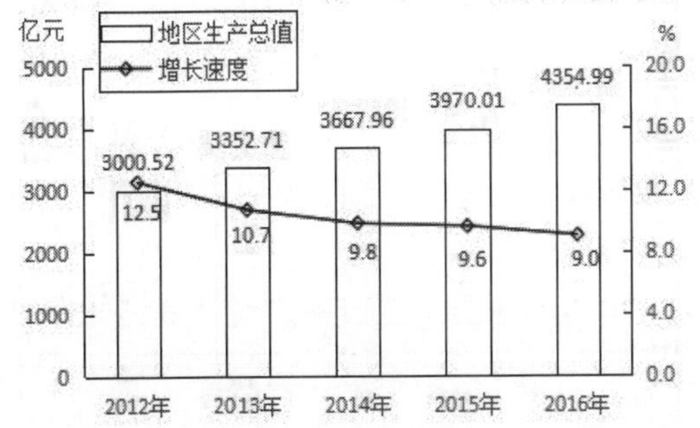

全年财政总收入790.80亿元,比上年增长8.7%。其中,地方一般公共预算收入402.18亿元,增长3.3%。从收入完成情况看,地方一般公共预算收入中,完成增值税76.67亿元,增长118.7%;营业税73.60亿元,下降39.1%;企业所得税42.27亿元,增长5.8%;个人所得税18.69亿元,增长14.5%。县域财力显著增强,全年财政总收入超20亿元的县区10个,其中南昌县超100亿元,红谷滩新区、西湖区超80亿元,高新区、东湖区、青山湖区、经开区超50亿元。全年地方一般公共预算支出587.69亿元,比上年增长8.2%。其中,公共安全支出33.99亿元,增长21.1%;科学技术支出10.17亿元,增长24.0%;文化体育与传媒支出6.80亿元,增长24.7%;教育支出90.03亿元,增长5.3%;社会保障和就业支出67.00亿元,增长8.5%;医疗卫生与计划生育支出58.92亿元,增长4.4%。

图2:2012-2016年财政总收入及增长速度

全年居民消费价格总指数(CPI)比上年上涨2.1%。其中,消费品价格上涨1.4%,服务价格上涨3.4%,商品零售价格上涨0.4%。工业生产者出厂价格指数99.1,工业生产者购进价格指数98.3。

表1:2016年居民消费价格情况

指标	与上年相比 同比涨跌幅度(%)
居民消费价格总指数	2.1
#食品烟酒	5.3
衣着	-0.2
居住	1.2
生活用品及服务	持平
交通和通信	-1.0
教育文化和娱乐	3.4
医疗保健	1.2
其他用品和服务	-0.3

全年城镇新增就业8.6万人，城镇登记失业率3.51%；安置"4050"等困难群体0.99万人；新增转移农村劳动力4.7万人。

二、农 业

农业生产：全年完成农林牧渔及服务业现价总产值319.06亿元，比上年增长4.0%。其中，农业产值126.22亿元，增长5.0%；林业产值4.05亿元，增长7.7%；牧业产值108.27亿元，增长2.7%；渔业产值73.62亿元，增长3.4%；农林牧渔服务业产值6.9亿元，增长8.6%。

农牧产品产量：全年谷物种植面积34.30万公顷，比上年下降1.2%；油料种植面积7.97万公顷，下降0.6%。全年谷物总产量238.49万吨，下降1.2%；油料总产量12.06万吨，下降5.9%；肉类总产量37.95万吨，增长1.0%；生猪出栏数332.66万头，下降3.7%；肉牛出栏6.41万头，增长1.8%；羊出栏2.33万头，增长1.8%；家禽出笼5523.76万羽，增长2.2%；禽蛋总产量17.20万吨，增长1.1%。

渔业：全年水产品总产量42.51万吨，比上年增长3.3%。其中特种水产品产量12.93万吨，增长6.6%。

林业：全年造林2468公顷，全市森林覆盖率达到22.9%。

表2：2016年主要农产品产量及其增长速度

产品名称	单位	产量	比上年增长（%）
谷物	万吨	238.49	−1.2
棉花	万吨	0.18	−17.8
油料	万吨	12.06	−5.9
生猪出栏	万头	332.66	−3.7
禽蛋	万吨	17.20	1.1
水产品	万吨	42.51	3.3
蔬菜及食用菌	万吨	127.77	−0.9
水果总产量	万吨	13.65	2.4
茶叶	万吨	0.19	−2.7

生产条件：全市已建成中小型水库493座，年末农田有效灌溉面积19.00万公顷；年末农业机械总动力233.28万千瓦。年内完成机耕面积395450公顷、水稻机插面积126020公顷；机械收获面积352924公顷。

三、工业和建筑业

工业生产：全年完成规模以上工业增加值1611.50亿元，同比增长9.2%。分经济类型看，国有企业增加值141.37亿元，增长17.6%；集体企业增加值0.71亿元，增长9.9%；股份制企业增加值789.12亿元，增长9.2%；股份合作企业增加值3.92亿元，增长1.7%；私营企业增加值289.93亿元，增长6.7%；外商投资企业增加值295.70亿元，增长8.0%。全市规模以上工业34个工业大类中计算机、通信和其他电子设备制造业，汽车制造业，通用设备制造业，农副食品加工业等16个行业增速高于全市平均水平。

图3：2012-2016年规模以上工业增加值及其增长速度

工业经济效益：全年规模以上工业产品销售率为99.0%，比上年提高0.3个百分点；实现利润总额359.20亿元，增长15.7%。

全年规模以上工业实现主营业务收入6110.85亿元，比上年增长8.8%，其中主营业务收入过百亿元的行业达到17个，分别是：汽车制造业（873.94亿元）；农副食品加工业（836.82亿元）；计算机、通信和其他电子设备制造业（648.27亿元）；电力、热力生产和供应业（596.16亿元）；电气机械和器材制造业（336.14亿元）；纺织服装、服饰业（330.42亿元）；医药制造业（320.04亿元）；非金属矿物制品业（230.37亿元）；金属制品业（219.19亿元）；专用设备制造业（177.51亿元）；烟草制品业（162.66亿元）；有色金属冶炼和压延加工业（157.55亿元）；化学原料和化学制品制造业（156.35亿元）；食品制造业（141.40亿元）；通用设备制造业（139.15亿元）；橡胶和塑料制品业（132.02亿元）；黑色金属冶炼和压延加工业（101.99亿元）。

表3：2016年主要工业产品产量及其增长速度

产品名称	单位	绝对量	比上年增长(%)
饲料	万吨	1138.5	5.4
精制食用植物油	吨	353 748.7	12.3
软饮料	万吨	199.9	−24.8
卷 烟	亿支	646.1	−4.7
布	万米	6 032.6	−17.6

光电子器件	亿只(片)	11.5	23.8
化学药品原药	吨	11 813.0	-17.6
彩色电视机	万台	20.1	-14.9
水泥	万吨	747.5	-3.3
商品混凝土	万立方米	1 331.7	-22.6
生铁	万吨	314.9	0.6
粗钢	万吨	359.6	1.5
钢材	万吨	371.3	-1.2
交流电动机	万千瓦	46.8	-20.6
汽车	万辆	41.1	26.6
房间空调器	万台	349.5	-6.3

工业园区:全市七个省及省以上工业园区累计完成工业增加值1351.65亿元,同比增长9.3%;主营业务收入5185.05亿元,增长8.3%;实现利润总额318.27亿元,增长18.1%。高新技术开发区、经济技术开发区和小蓝经济技术开发区主营业务收入均过千亿元,排名分别在全省工业园区第一、二、四位。

建筑业:全年建筑业总产值2832.28亿元,同比增长9.0%。全市共有资质以上建筑业企业527家,全年完成施工产值2586.88亿元,同比增长8.3%;施工面积1525.93万平方米,同比增长2.6%;竣工面积6003.29万平方米,同比增长5.4%。

四、固定资产投资

投资总量:全市500万元及以上固定资产投资完成4540.26亿元,比上年增长13.5%,其中,工业投资1625.86亿元,增长4.7%;房地产开发投资674.60亿元,增长39.0%。全年全市投资施工项目8165个,其中新开工项目6923个。

投资结构:全市500万元及以上固定资产投资中第一产业投资38.80亿元,增长8.9%;第二产业投资1658.47亿元,增长3.9%;第三产业投资2843.00亿元,增长20.1%。三次产业在固定资产投资中所占比重由2015年的0.9:39.9:59.2调整为2016年的0.9:36.5:62.6。

图4:2016年三次产业投资比例

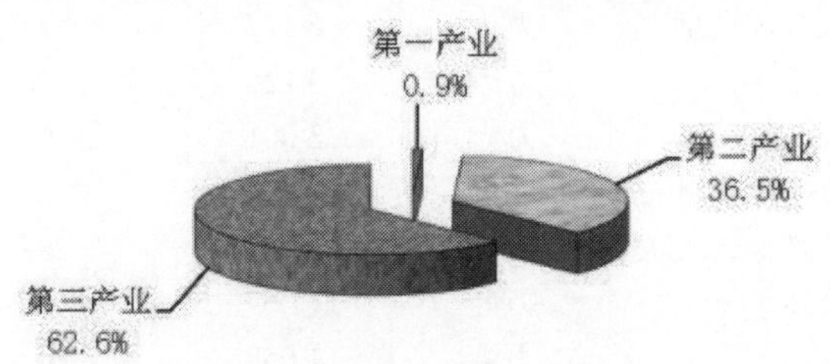

表4:2016年分行业固定资产投资(不含农户)及其增长速度

行业	投资额(亿元)	比上年增长(%)
合　计	4540.26	13.5
第一产业	38.80	8.9
第二产业	1658.47	3.9
采矿业	2.85	0.4
制造业	1550.13	4.1
#化学原料及化学制品制造业	38.15	-21.1
非金属矿物制品业	96.63	-0.1
黑色金属冶炼及压延加工业	13.81	-12.5
有色金属冶炼及压延加工业	45.84	254.1
电气机械及器材制造业	93.04	12.5
计算机、通信和其他电子设备制造业	113.86	26.5
电力、燃气及水的生产和供应业	73.17	19.3
建筑业	38.81	-17.7
第三产业	2843.00	20.1
批发和零售业	496.57	1.4
交通运输、仓储和邮政业	140.69	-2.8
住宿和餐饮业	104.48	24.5
信息传输、软件和信息技术服务业	114.12	48.2
金融业	28.44	36.3
房地产业	897.93	51.3
租赁和商务服务业	276.00	51.1
科学研究和技术服务业	84.60	23.5
水利、环境和公共设施管理业	411.42	5.4
居民服务和其他服务业	78.58	-1.6
教育	73.47	2.0
卫生和社会工作	33.26	-6.5
文化、体育和娱乐业	48.99	-45.7
公共管理和社会组织	42.98	38.5

从投资主体看,全市500万元及以上固定资产投资中国有经济完成投资799.03亿元,比上年增长1.4%。非国有经济完成投资3741.23亿元,比上年增长16.5%,其中,民间投资完成3364.87亿元,增长11.9%。

全年房地产开发投资674.60亿元,比上年增长39.%。其中,住宅投资471.84亿元,增长30.9%;办公楼投资49.93亿元,增长55.8%;商业营业用房投资102.39亿元,增长76.2%。商品房销售面积1244.65万平方米,增长38.1%。

城市建设:2016年,城市建设力度不断加大。昌九高架一期工程、昌九大道、七里岗互通立交和九洲高架全线通车。轨道交通2号线、3号线加快建设。全市棚户区改造投入110亿元,完成省里下达城市棚户区改造开工任务2.6万户。配套功能更加完善。南昌外国语学校新高中部已完成建设,九龙湖小学(南师附小)、朝阳中学建设加快推进。省儿童医院红谷滩新院、省人民医院红谷新院主体施工已完成,南昌一附院象湖分院主体工程竣工封顶。全年全市完成基础设施投资达到620.95亿元,增长4.4%;新开通公交线路31条,公交线路已达到258条;城市道路总长度2148.01公里,增长2.2%;城市道路总面积达到4163.55万平方米,增长5.1%;自来水供水管道长度4901.95公里,增长7.5%。

五、国内贸易

消费品市场:全市实现社会消费品零售总额(法人口径)1868.00亿元,比上年增长11.8%。按城乡分,城镇实现零售额1745.90亿元,增长11.6%;农村实现零售额122.11亿元,增长13.8%,城乡消费市场同步发展。分行业看,批发和零售业实现零售额1737.66亿元,增长11.8%;住宿和餐饮业实现零售额130.35亿元,增长11.8%。

2016年,在限额以上批发零售业零售额中,食品、饮料、烟酒类零售额增长8.6%;家用电器及音像器材类增长25.3%;中西药品类增长23.5%;家具类增长5.5%;汽车类增长14.6%;建筑及装潢材料类增长10.1%。其中,汽车类消费成为最大的消费亮点,实现零售额382.92亿元,占限额以上批零住餐零售额比重为34.7%。

图5:2012-2016年社会消费品零售总额及其增长速度

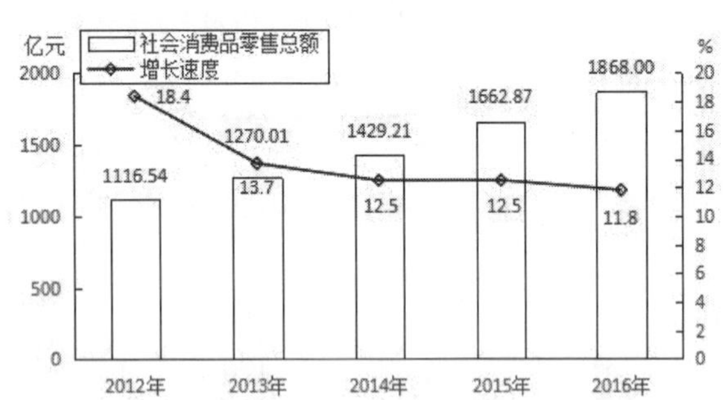

商品交易市场:全市年成交额亿元以上的商品交易市场有32个,成交总额988.54亿元,比上年增长2.7%。其中,洪城大市场年交易额308.55亿元,增长0.8%;南昌(深圳)农产品批发市场年交易额169.09亿元,增长0.4%。

六、对外经济

对外贸易:据海关统计,2016年,南昌地区内企业(含中央、省属公司)实现进出口总值94.07亿美元,比上年下降17.28%。其中,出口值57.84亿美元,下降31.97%;进口值36.24亿美元,增长26.23%。分贸易方式看,一般贸易出口43.47亿美元,同比下降32.93%;加工贸易出口13.75亿美元,同比下降8.58%。分重点商品看,高新技术产品出口13.9亿美元,下降15.28%,占全市比重24.03%;机电产品出口28.78亿美元,下降29.11%。

图6:2012-2016年进出口情况

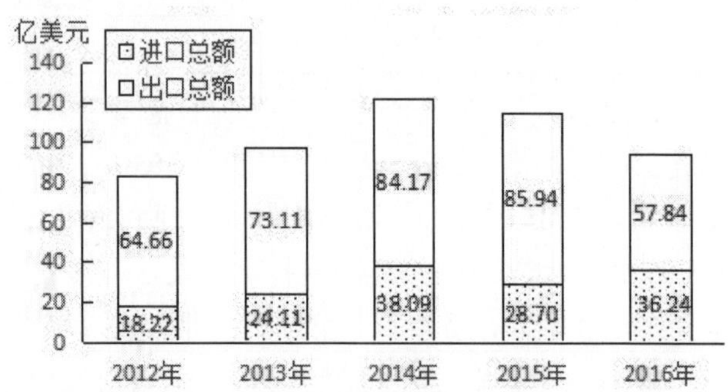

利用外资:全市实际利用外资30.65亿美元,比上年增长13.25%。其中,第二产业14.73亿美元,第三产业15.91亿美元,所占全市份额分别为48.07%和51.92%。2016年,全市批准外商投资企业72家。其中,中外合资企业占26.39%,外商独资企业占73.61%。全年实际利用内资1158.35亿元,增长13.84%。其中,利用省外资金项目进资765.03亿元,增长13.64%。

七、交通、邮电和旅游

交通运输:全年铁路、公路完成旅客运输量6127万人,比上年增长2.8%;完成货物运输量12372万吨,增长6.3%。昌北机场旅客吞吐量786.4万人次,比上年增长5.0%;货邮吞吐量5.1万吨,与上年持平。

表5:2016年铁路、公路、水路完成客货运输量及其增长速度

指　标	单位	绝对数	比上年增长(%)
旅客运输量	万人	6 127	2.8
铁路	万人	3 126	6.3
公路	万人	3 001	-0.6
货物运输量	万吨	12 372	6.3
铁路	万吨	247	28.0
公路	万吨	11 067	6.4
水运	万吨	1 058	0.8

汽车保有量:年末民用汽车保有量86万辆,增长16.6%。年末民用轿车保有量53万辆,增长17.1%,其中私人轿车保有量48万辆,增长20.6%。

邮电通信:全市完成邮电业务总量99.33亿元,比上年增长10.0%。其中,邮政业务总量31.4亿元,增长50.5%;电信业务总量67.93亿元,下降2.2%。快递业务收入19.44亿元,发送快递17150万件,其中国内同城快递2926件、国内异地快递14059万件、国际及港澳台快递164万件。订销报刊累计数9203万份。年末全市固定电话用户102万户,下降4.7%;移动电话用户625万户,增长2.6%;互联网宽带接入用户数143万户,增长11.7%。年末移动电话交换机容量达1191万户,减少246万户。

旅游:全年旅游总人次8310.1万人,同比增长50%。旅游综合收入816.8亿元,同比增长51.8%。截至2016年末,全市拥有星级宾馆(饭店)51家;拥有旅行社218家,其中出境组团社41家。

八、金融、证券和保险业

金融业:全市金融机构本外币各项存款余额为9627.56亿元,比年初增长12.8%。其中,非金融企业存款3810.11亿元,增长8.9%;住户存款2770.05亿元,增长10.0%。金融机构本外币各项贷款余额为8707.23亿元,比年初增长15.2%。其中,短期贷款2515.70亿元,下降3.5%;中长期贷款5823.03亿元,增长25.2%。全市金融机构人民币各项存款余额为9503.00亿元,比年初增长13.9%;金融机构人民币各项贷款余额为8604.57亿元,比年初增长16.7%。

证券业:全市拥有证券分支机构118家,全年证券机构股民资金账户数192.03万户,比上年增长33.2%。全年客户交易结算资金101.55亿元,下降29.0%;A股交易额20443.77亿元,下降48.0%;B股交易额12.10亿元,下降60.0%。

保险业:全市共有保险公司43家。全年实现保费收入152.71亿元,比上年增长22.3%。其中,财产保险45.73亿元,增长9.1%;人寿保险90.60亿元,增长26.7%。全年赔款及给付49.47亿元,增长13.0%。其中,财产保险23.53亿元,增长21.2%;人寿保险19.35亿元,下降3.1%。

九、教育和科学技术

教育:全市拥有各级各类学校1077所(不含技工学校),教职工8.88万人,其中专任教师8.85万人。全年招收研究生8766人,在校研究生2.47万人,毕业研究生7441人。全市共有普通高校53所,招生18.32万人,在校生61.18万人,毕业生15.23万人。中等专业学校33所,招生2.58万人,在校生8.54万人,毕业生2.93万人。普通高中77所,招生3.55万人,在校生10.3万人,毕业生3.47万人。普通初中215所,招生6.31万人,在校生18.79万人,毕业生6.41万人,初中阶段适龄少年入学率100%。职业高中19所,招生3861人,在校生9132人,毕业生2604人。小学672所,招生6.91万人,在校生41.24万人,毕业生6.2万人,小学适龄儿童入学率100%。特殊学校8所,特殊教育招生211人,在校生949人,毕业生197人。幼儿园859所,在园幼儿14.03万人。

表6:2016年各类全日制学校基本情况

项 目	学校数(个)	招生数(人)	在校生(人)	毕业生(人)	专职教师(人)
高等学校	53	183 192	611 819	152 287	43 653
中等学校	33	25 835	85 377	29 310	2 026
普通中学	292	98 604	290 939	98 796	24 623
职业高中	19	3 861	9 132	2 604	404
小 学	672	69 116	412 426	61 963	17 794
特教学校	8	211	949	197	220

科技:全市新认定高新技术企业184家,累计拥有高新技术企业436家。累计拥有国家级工程技术研究中心5家、重点实验室4家;累计拥有省级工程技术研究中心93家、重点实验室87家;获得国家技术发明奖1项,国家科技进步奖5项;省级技术成果90项。2016年,全市专利申请量16184件,专利授权量8592件,分别比上年增长68.55%和36.88%。全年登记技术合同1079项,技术合同成交金额39.13亿元,比上年增长29%。全市新增省级产业技术创新联盟1家,省级产业技术创新联盟18家。

十、文化、卫生和体育

文化:全市文艺创作获省级以上奖项23个,其中国家级奖项6个。年末全市拥有各类专业艺术表演团体4个,公共图书馆10个,文化馆10个,博物馆、纪念馆18个,全国重点文物保护单位9处。年末全市有线电视用户125.28万户。

卫生：全市拥有各类医疗卫生机构2099个，其中医院102个；拥有床位30739张，其中医院床位25803张。拥有各类专业卫生技术人员36550人，其中执业(助理)医师13139人。全市婴儿死亡率为3.72‰，5岁以下儿童死亡率为5.3‰，每十万孕产妇死亡人数为10.33人。

体育：2016年，全市运动员参加比赛人数0.6万人次，共获得金牌186枚，银牌135枚，铜牌91枚。全年举办单项比赛20次，举办全民健身活动340次，其中千人以上的活动45次，参加活动的人数总计83余万人。全年完成全民健身路径工程159个，总投资354.06万元。全年发行体育彩票7.2亿元，比上年增加0.67亿元。

十一、人口、人民生活和社会保障

人口：据公安户籍统计，截止11月末全市户籍总人口522.79万人。其中，城镇人口289.50万人，乡村人口233.29万人。根据人口变动情况抽样调查统计，年末常住人口537.14万人，比上年末增加6.85万人。全年出生人口7.00万人，出生率13.12‰；死亡人口3.30万人，死亡率6.19‰；自然增长率6.93‰，比上年上升0.18个千分点。

人民生活：据抽样调查，城镇居民人均可支配收入34619元，同比增长8.4%，城镇居民人均消费性支出22532元，同比增长5.3%。城镇居民家庭恩格尔系数为32.4%。年末城镇居民人均住房建筑面积35.42平方米，比上年末增加0.34平方米。农村居民人均可支配收入14952元，同比增长9.2%。农村居民人均生活消费支出9460元，同比增长7.6%。农村居民家庭恩格尔系数为36.5%。全市常住人口城镇化率达到72.29%，较上年提高0.73个百分点。

图7:2012-2016年城乡居民收入水平

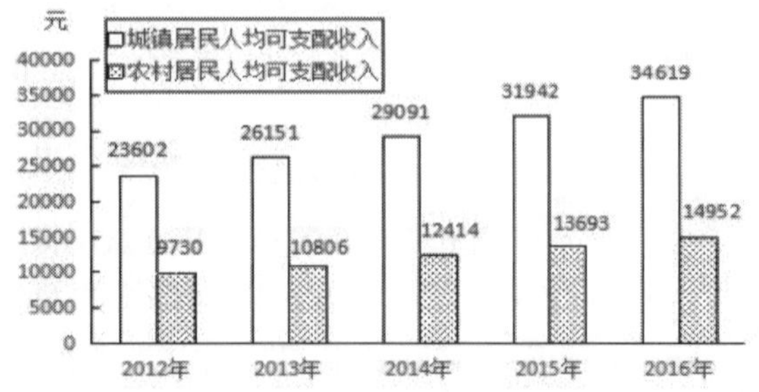

社会治安：全年共立案各类刑事案件33885起，破获经济案件291起，挽回经济损失2958万元。

住房公积金：全市(市本级)归集公积金(未含本年利息)56.54亿元，比上年增长17%；发放住房公积金贷款68.68亿元，比上年增长16%；发放户数15947户，比上年增长14%；提取住房公积金36.83亿元，比上年增长6%。

社会保障：全市城镇职工参加基本医疗保险人数99.44万人，比上年增加1.25万余人。参加失业保险人数62.38万人，比上年增加1.48万人。城镇参加基本养老保险人数为185.04万人，其中参保职工131.16万人，参保离退休人员53.88万人；企业养老金社会化发放率达100%。2016年建设公租房2269套，国有林区、垦区452套，完成农村危房改造1222套，完成廉租住房租赁补贴28439套。

社会福利：全市拥有各类社会福利单位136个，床位1724张；收养各类人员6924人。城镇社区服务站(中心)698个；城市居民最低生活保障家庭29821户，保障人数56766人；农村居民最低生活保障家庭55507户，保障人数88697人；城市医疗救助人数83977人，农村医疗救助人数36513人。

十二、资源、环境与安全生产

环境质量：全市拥有国家级生态示范县2个、国家级生态区1个、国家级生态乡(镇)18个，省级生态县(区)4个、省级生态乡镇51个、省级生态村69个，市级生态村712个。自然保护区11个，总面积16.08万公顷(含两个野生动物类自然保护区总面积)。全年空气质量优良天数达318天，优良率为86.9%，列中部六个省会城市第一。赣江、抚河南昌段共14个监测断面水质达标率为100%，集中式饮用水质达标率为100%。区域环境噪声昼间等效声级为53.6分贝，道路交通噪声等效声级路段长度加权均值67.6分贝。城市生活污水集中处理率达到93.5%。

城市园林绿化：初步核算，全市拥有园林绿地面积12279.5公顷，绿化覆盖面积12958.5公顷，公园绿地3235公顷，城市绿化覆盖率达到40.84%，人均公共绿地面积达到11.81平方米。

节能减排：初步核算，全年万元生产总值综合能耗下降3.17%。化学需氧量、氨氮、二氧化硫和氮氧化物排放总量四项指标均完成年度减排目标，全市环境质量持续改善。

安全生产：全市共发生各类生产安全事故134起，死亡118人（不含火灾），与上年相比，事故多11起，上升8.9%，死亡人数多6人，上升5.4%。道路交通事故97起，死亡81人，与上年相比，事故起数少8起，死亡人数少11人。

注：

1、本公报中统计数据均为初步统计数，部分数据因四舍五入的原因，存在着分项与合计不等的情况。正式数据以《南昌统计年鉴-2017》为准。

2、规模以上工业统计范围为年主营业务收入2000万元及以上的法人工业企业；固定资产投资（不含农户）统计范围为计划总投资500万元及以上项目和房地产；限额以上企业是指年主营业务收入2000万元及以上的批发业企业、500万元及以上的零售业企业、200万元及以上的住宿和餐饮业企业。

3、地区生产总值、各产业增加值和人均生产总值绝对数按现价计算，增长速度按不变价格计算。

4、根据《国民经济行业分类》（GB/T4754-2011），第一产业指农林牧渔业（不含农林牧渔服务业），第二产业指工业（不含开采辅助活动，金属制品、机械和设备修理业）和建筑业，第三产业指除第一产业、第二产业以外的其他行业。

5、社会消费品零售总额2010年为在地口径，2011年起改为法人口径。

6、邮政业务总量从2013年开始包含快递业务量。

7、旅客运输量从2015年开始铁路由客发口径转变为乘车口径。

8、2015年交通运输部进行了第二次全国公路运输量专项调查，根据2015年月度抽样调查数据为基数，交通运输部对2015年和2016年的道路运输量数据进行调整。

9、常住人口是指实际经常居住在某地区一定时间的人口。按人口普查和抽样调查规定，主要包括：居住在本乡镇街道、户口在本乡镇街道或户口待定的人，居住在本乡镇街道、离开户口所在的乡镇街道半年以上的人，户口在本乡镇街道、外出不满半年或在境外工作学习的人。

稳健起步 良好开局

——《南昌市2016年国民经济和社会发展统计公报》解读

南昌市统计局局长 郭宇

又是三月柳浓时，《南昌市2016年国民经济和社会发展统计公报》(以下简称《统计公报》)如期发布了。《统计公报》真实展示了过去一年里，全市上下牢固树立和贯彻落实新发展理念，主动适应经济发展新常态，在统筹推进供给侧结构性改革的同时，全面做好稳增长、促改革、调结构、优生态、惠民生等各项工作，全市经济社会发展态势良好，实现了"十三五"的稳健开局。

一、综合实力——集聚能量 量质双升

《统计公报》显示，2016年，我市始终把稳增长放在首要位置，综合实力稳步增强，发展态势逐步向好。全年实现地区生产总值(GDP)4354.99亿元，同比增长9.0%，高于全国2.3个百分点；人均GDP突破八万元，达到81598元，较上年提高5719元；财政总收入总量、增速均位列全省第一；地方一般公共预算收入突破400亿元关口，达到402.18亿元。

经济体量不断扩张。2016年，全市规模以上工业增加值、500万元及以上固定资产投资、地方一般公共预算收入、社会消费品零售总额等4项指标总量较2011年实现翻番；财政总收入、地方一般公共预算收入、规模以上工业增加值、实际利用外资等4项指标占全省比重较上年分别提高1.0、0.7、0.7、0.1个百分点。

经济质量有效加强。2016年，全市税收占财政总收入和地方一般公共预算收入的比重分别达到86.5%(省口径)和79.2%，均位列全省第一；2016年，全市高新技术产业增加值首次突破400亿元，达到416.19亿元，总量位列全省第一；占规模以上工业增加值的比重达25.8%，占GDP的比重9.6%，分别较上年提高2和1个百分点；全市万元工业增加值能耗同比下降9.46%，单位GDP能耗同比下降3.17%，均圆满完成了年度节能目标。

经济增速不断加快。全市主要经济指标增速均超过全国、全省平均水平，其中，财政总收入、地方一般公共预算收入、实际利用外资、城镇居民人均可支配收入等4项指标均位列全省前三。规模以上工业增加值、财政总收入、地方一般公共预算收入、实际利用外资、城镇居民人均可支配收入、农村居民人均可支配收入等6项指标增速分别高于全省0.2、4.9、4.0、0.2、0.2和0.2个百分点。

二、经济结构——转型升级快 内生动力足

《统计公报》显示，2016年，在经济发展新常态下，全市始终坚持培育壮大经济发展新动能，加快新旧动能转换，优化结构、转变方式，促进南昌经济转型升级。

工业产业层级提升。2016年，全市聚焦打造"三谷"，推动产业强攻战略，产业转型步伐明显加快。全市电子信息产业实现工业增加值178.64亿元，占全市规模以上工业增加值比重为11.1%，同比提高2.3个百分点；增速逐季加快，全年同比增速高于全市规模以上工业平均水平41.5个百分点。全市工业经济科技含量不断提升，高端产业体系逐步完善。全年规模以上高技术工业产业完成主营业务收入1066.32亿元，同比增长23.2%，高于全市平均增速14.4个百分点。全市非公有制工业企业累计完成工业增加值同比增长12.3%，较上年提高0.6个百分点，高于规模以上工业增加值增速3.1个百分点。

服务业比重攀升。2016年，随着与现代制造业重要基地和现代区域经济中心城市相适应的现代服务业体系加快构建，全市服务业迈进了快速发展通道。2016年，全市第三产业增加值占GDP比重为42.8%，同比提高1.3个百分点；第三产业增加值同比增长10.3%，快于第二产业增速2.0个百分点，快于GDP增速1.3个百分点，对经济增长贡献率为47.7%，较上年提高10.0个百分点。全市规模以上服务业营业收入突破500亿元，达到518.28亿元，占全省比重27.1%，总量稳居全省第一；营业收入同比增长10.9%，同比提高1.4个百分点，其中娱乐业、科技推广和应用服务业、软件和信息技术服务业等现代服务行业增速靠前，同比分别增长1880.0%、63.5%和48.3%。

内需拉动潜力上升。2016年，在外需动力不足的形势下，全市投资、消费发展实现了双轮驱动，经济增长的内生动力进一步增强。全市500万元及以上固定资产投资增长13.5%，社会消费品零售总额增长11.8%，消费与投资增长基本保持同步。一方面投资结构不断升级优化。2016年，全市第三产业投资占全市投资比重62.6%，同比提高3.4个百分点；增速分别快于第一产业、第二产业投资增速11.2、16.2个百分点。另一方面消费市场呈现新亮点。2016年，全市文化、旅游等新的消费热点正加快形成，家用电器和音像器材类同比增长25.3%，高于全市限上消费品零售额增速14.0个百分点；全年旅游总人次、总收入分别同比增长50%、51.8%，同比分别提高20.9、12.6个百分点。

三、改革创新——供给侧改革深化 新经济孕育新动能

《统计公报》显示，2016年，全市坚定不移深化改革，积极实施创新驱动战略，持续增强发展动力活力，全市改革创新工作呈现出“全面播种、次第生花”的良好局面。

供给侧改革效果显现。2016年，全市围绕“三去一降一补”重点任务，大力推进供给侧结构性改革，靶向施策、精准发力，改革效果初步显现。一看去产能。全市部分严重过剩行业产品产量有所下降，其中水泥产量同比下降3.3%，较上年回落12.5个百分点；钢材产量同比下降1.2%，较上年回落1.8个百分点。六大高耗能行业完成工业增加值167.91亿元，同比下降4.1%，较上年回落14.3个百分点，低于全市规模以上工业平均水平13.3个百分点。二看去杠杆。全市规模以上工业企业资产负债率为51.4%，同比回落0.8个百分点。三看去库存。全市工业企业产销衔接良好，全市规模以上工业销售产值同比增长10.4%，较上年提高2.0个百分点，高于规模以上工业总产值0.3个百分点；累计产销率达99.0%，同比提高0.3个百分点。全市商品房销售面积同比增长38.1%，较上年提高28.8个百分点。其中，住宅销售面积增长32.1%，较上年提高23.5个百分点。待售面积同比增长34.6%，较上年回落41.7个百分点。四看降成本。全市规模以上工业企业每百元主营业务收入中的成本为85.7元，较年初下降0.8元；成本费用利润率6.3%，同比提高0.4个百分点。

新经济快速发展。全市始终坚持以改革创新为引领，立足当前产业需求，深入实施创新驱动战略，2016年，全市规模以上战略性新兴产业增加值同比增长22.6%，高于全市规模以上工业平均增速13.4个百分点，其中，新一代信息技术产业高速发展，完成工业增加值154.06亿元，同比增长54.2%，高于战略性新兴产业31.6个百分点；总量占战略性新兴产业的比重达到50.2%。电子商务等新业态高速扩张。2016年，全市电子商务交易交易规模再创新高，销售额首次突破千亿，达1109.3亿元，同比增长52.6%，在2016年中国电子商务百佳城市中，南昌以第36位的名次，跻身中国城市50强。随着电子商务的飞速发展，快递业也取得长足进步。2016年，全市快递服务企业业务量累计完成17149.65万件，同比增长61.1%；业务收入累计完成19.44亿元，同比增长43.8%。

四、城市建设——承载能力强 生态环境优

《统计公报》显示，在“十三五”开局起步的重要时刻，南昌以江西生态文明建设先行军的姿态，以“创新、协调、绿色、开放、共享”发展理念和总书记在江西的讲话精神为指导，全面实施大都市区规划，全面铺开“美丽南昌·幸福家园”三年环境综合整治，城乡面貌焕然一新。

生态环境持续改善。全市围绕建设全省空气质量综合整治先行区、全省生态文明建设示范区和全国重要的宜居都市“两区一市”，持续深入开展“蓝天、清流、净土”三大行动。截止2016年底，全市拥有自然保护区总面积达16.08万公顷，同比增加3.19万公顷；拥有园林绿地面积12279.5公顷，同比增加325.5公顷。全年全市空气质量优良天数达318天，同比增加3天，优良率为86.9%，同比提高0.6个百分点，空气质量继续保持中部六省会城市第一。赣江、抚河南昌段共14个监测断面水质和集中式饮用水质达标率均为100%。

地域承载能力增强。2016年，全市扎实推进揽山入城战略，城市快速路网、新西外环线规划建设、地铁2号线3号线、地下综合管廊建设，景区提升改造、重点文化项目、教育、医疗等配套建设全线提速，城市功能和品位明显提升。全年完成基础设施投资达到620.95亿元，同比增长4.4%。人口吸纳能力持续，年末常住人口537.14万人，比上年末增加

6.85万人，从城乡结构看，城镇常住人口388.30万人，比上年末增加8.82万人；乡村常住人口148.84万人，比上年末减少1.97万人。在人口规模持续扩大的同时，新型城镇化进程明显加快，全市城镇化率达到72.29%，同比提高0.73个百分点。

五、人民生活——生活水平有提高 民生福祉得保障

《统计公报》显示，2016年，全市财力优先向民生集中，政策优先向民生倾斜，服务优先向民生覆盖，全力推进在居民收入、社会保障、医疗卫生等民生工作，持续为群众幸福"加码"。

城乡收入稳步提升。在市委、市政府的正确领导下，全市始终坚持以"五大发展理念"为指引，稳步推进城乡区域协调发展，2016年，全市城乡居民收入稳步攀升，城镇居民人均可支配收入同比增长8.4%，农村居民人均可支配收入同比增长9.2%，增速快于城镇居民人均可支配收入0.8个百分点；城乡收入差距进一步缩小，2016年，全市城乡收入倍差为2.32，较上年缩小0.02。全市居民消费价格指数同比上涨2.1%,年内保持在1.7%-2.3%区间，始终保持温和上涨水平。

社会保障体系更为完善。2016年，全市财政支出不断向民生倾斜，优先改善保障民生，其中，教育、社会保障和就业、医疗卫生和计划生育、城乡社区事务、农林水事务等民生领域共支出356.23亿元，占全市一般公共预算支出的比重达到60.6%。2016年末，全市失业保险参保人数分别同比增长2.4%，城镇参加基本养老保险同比增长13.0%，城镇职工参加基本医疗保险同比增长1.3%。城镇新增就业人数8.6万人，新增转移农村劳动力4.7万人。年末全市基础教育配套更加完善，其中初中、幼儿园分别比上年末增加7、51所。年末拥有医院比上年末增加3个，拥有医院床位比上年末增加504张；拥有执业（助理）医师比上年末增加264人。

过去的一年，面对错综复杂的国际国内形势和艰巨繁重的改革发展稳定任务，市委、市政府审时度势，科学决策，积极推进供给侧结构性改革，注重质量引领、创新驱动、转型升级、绿色低碳的发展方向，实现了"十三五"的良好开局。2017年是供给侧结构性改革的深化之年，也是我市实现在全省率先全面建成小康社会的关键之年，面对重大历史发展机遇，我们坚信，在市委、市政府的正确领导下，只要我们牢牢抓好"八大"工作，全力实施"一核两重"产业发展总战略，不断强化首位担当、展现省会作为，就一定能在打造富裕美丽幸福江西的"南昌样板"的新征程中作出更新、更大的贡献。

自然、地理、资源

位　置

南昌市位于东经115°27′-116°11′北纬28°09′-29°11′。地处江西省中部偏北，赣江、抚河下游，东北方濒临我国最大的淡水湖鄱阳湖。

地势、面积

全市以平原为主，东南地势平坦，西北丘陵起伏。全市总面积7402.36平方公里。南北长约112.1公里，东西宽为107.6公里。

山脉、河流、湖泊

位于西北部的西山山脉，呈东北向逶迤绵延，山脉中段的梅岭为市区最高点，其主峰洗药峰海拔841.4米。

全市境内江河纵横，湖泊池塘星罗棋布。主要河流有赣江、抚河、锦江和潦河等。湖泊主要有军山湖、青岚湖、金溪湖、瑶湖等，市区有青山湖、贤士湖，市中心错落着东湖、西湖、南湖、北湖等四个人工湖。

气　候

南昌气候湿润温和，属亚热带季风区，雨量充沛，四季分明，春秋季短，冬夏季长。2016年平均气温19.0℃，极端最高气温38.6℃，极端最低气温-5.3℃。年降水量1869.0毫米，降水日为172天，年平均相对湿度为75%。年日照时间1799.3小时。年平均风速1.7米/秒。年无霜期292天。冬季多偏北风，夏季多偏南风。适合植物、花卉生长，是营造“花园城市”的理想地区。但是，由于每年季风强弱和进退迟早不同，气温变化较大，降水分布不均，高温干旱，低温冷害和暴雨洪涝时有发生。

土地资源

全市土地面积7402.36平方公里，其中耕地面积27.79万公顷。在耕地面积中，有效灌溉面积18.98万公顷，占68.29%。

水力资源

全市水力资源蕴藏量为7.18万千瓦，可开发的资源3.42万千瓦，占蕴藏量的47.6%。

森林资源

全市林地面积14.03万公顷，森林覆盖率22.99%；活立木蓄积量676.19万立方米。野生动、植物资源品种繁多。

矿产资源

以非金属建矿为主，兼有燃料、矿泉水等各类矿产28余种。已发现矿点、矿化点100处，尤其以建筑用砖、砖瓦粘土、饰面石材、石英石、石灰石和矿泉水等具有较好的开发前景。花岗石、砂卵石、砖瓦粘土储量巨大，开采历史悠久。

1-1 土地面积

（2016年） 单位:平方公里

地　　区	总面积
全　　市	**7 402.36**
市　　区	3 095.36
南 昌 县	1 670
安 义 县	666
进 贤 县	1 971

1-2 行 政 区 划

（2016年）

单位：个

地 区	街道办事处	居委会	镇	乡	村 委 会
全 市	**30**	**771**	**52**	**28**	**1 160**
区	30	613	25	6	487
东 湖 区	10	164	1		25
西 湖 区	10	143	1		13
青云谱区	5	73	1		12
湾 里 区	2	14	4		35
青山湖区	3	155	5		86
新 建 区		64	13	6	316
县		158	27	22	673
南 昌 县		88	11	7	304
安 义 县		27	7	3	105
进 贤 县		43	9	12	264

1-3 水文、气象

项　　目	2015	2016
最高水位（八一桥水面,米）	20.79	22.05
最低水位（八一桥水面,米）	11.4	13.03
全年平均水位（八一桥水面,米）	15.83	17.14
全年降雨天数（天）	192	172
全年降雪天数（天）	1	2
全年降水量（毫米）	2 204.7	1 869.0
全年无霜期总天数（天）	308	292
全年日照时数（小时）	1 651.4	1 799.3
全年蒸发量（毫米）	816.7	955.2
全年平均气温（度）	18.7	19.0
极端最高气温（度）	36.7	38.6
极端最低气温（度）	0.2	-5.3
全年相对湿度（%）	75	75
全年平均风速（米/秒）	1.7	1.7

1-4 主要年份国民经济主要指标

项　　目	1978	1980	1985	1990	1995	2000	2010	2012	2013	2014	2015	2016
一、年末总人口（户籍，万人）	**306.82**	**317.23**	**335.31**	**372.59**	**395.16**	**432.55**	**502.25**	**507.87**	**510.08**	**517.73**	**520.38**	**522.79**
二、年末社会从业人数（万人）	**131.13**	**136.03**	**165.46**	**199.00**	**211.79**	**214.96**	**292.56**	**315.92**	**326.14**	**330.12**	**331.69**	**333.35**
#职工人数	53.14	58.51	72.22	82.04	89.04	58.77	63.21	86.99	106.01	106.16	105.81	106.27
三、地区生产总值（亿元）	**14.37**	**16.95**	**32.57**	**63.20**	**245.41**	**465.14**	**2 207.11**	**3 000.52**	**3 352.71**	**3 667.96**	**4 011.88**	**4 401.65**
四、农　　业												
农业总产值（亿元）（按当年价）	4.50	5.56	10.77	23.65	58.50	69.44	204.66	249.35	266.12	283.63	296.92	319.06
主要农产品产量												
粮食（万吨）	117.43	120.16	160.11	170.81	153.79	156.12	220.85	243.65	246.07	249.87	245.79	242.75
棉花（万吨）	0.22	0.29	0.16	0.11	0.33	0.33	0.38	0.51	0.29	0.30	0.22	0.18
园林水果（万吨）			0.71	0.94	0.50	0.92	2.36	3.07	3.13	3.18	3.54	3.74
水产品（万吨）	0.83	1.16	2.22	5.52	13.74	22.00	34.57	36.90	37.68	39.49	41.15	42.51
肉类总产量（万吨）			5.34	9.07	16.52	20.80	32.97	36.03	36.66	37.74	37.57	37.95
生猪年末存栏（万头）	78.45	77.43	99.80	121.32	162.10	166.13	195.99	213.04	214.42	210.90	202.06	194.14
当年出栏肉猪（万头）			68.44	140.98	188.17	208.18	317.77	342.76	349.80	358.63	345.28	332.66
五、工　　业												
规模以上工业增加值（亿元）						88.77	650.92	967.26	1 159.48	1 380.64	1 451.84	1 611.50
轻 工 业						49.03	329.19	486.48	563.06	661.65	718.76	749.70
重 工 业						39.74	321.73	480.78	596.42	718.99	733.09	861.81
主要工业产品产量												
纱（万吨）			2.18	2.33	2.42	2.61	3.00	3.43	4.08	4.40	4.75	3.67
布（万米）	7 976	12 294	9 174	9 923	13 565	13 285	12 691	7 061	8 808	8 713	7 384	6 033

注：2015年、2016年地区生产总值数据含研究与开发支出数据。

1-4 续表1

项　　目	1978	1980	1985	1990	1995	2000	2010	2012	2013	2014	2015	2016
机制纸及纸板（万吨）	2.85	4.35	5.90	6.03	8.30	8.16	37.09	34.42	38.85	35.44	38.08	65.92
发电量（亿千瓦小时）	7.54	7.91	7.88	15.46	17.69	31.13	77.81	76.87	80.38	85.85	90.01	86.99
水泥（万吨）	6.65	8.64	13.77	20.85	35.31	33.00	319.17	405.00	514.85	684.49	766.15	747.52
效 益 指 标												
年末固定资产原值（亿元）	13.71	15.32	23.15	42.81	119.09	218.93	1 192.22	1 636.30	1 850.89	2 237.72	2 449.90	3 272.43
年末固定资产净值（亿元）	8.63	9.42	14.16	27.47	86.78	152.21	717.18		1 159.90	1 367.51	1 532.59	1 902.84
利润和税金总额（亿元）	2.07	3.25	6.14	6.12	9.73	32.93	278.48	401.26	471.58	577.94	576.10	652.26
六、邮电、运输												
货物运输量（万吨）			606	2 820	3 074	3 171	8 327	9 527	11 320	12 709	11 645	12 377
#民　　航							3.2	3.8	4.0	4.6	5.1	5.1
铁　　路			235	221	201	224	412	297	239	183	193	247
公　　路	261	257	262	2 298	2 541	2 784	7 244	8 510	10 328	11 734	10 397	11 067
水　　运	150	77	109	301	331	163	668	716	749	787	1 050	1 058
旅客运输量（万人）			1 729	3 289	3 026	3 904	10 971	11 006	6 772	6 970	6 709	6 913
#民　　航							475	602	681	724	749	786
铁　　路			680	517	625	906	1 977	1 401	2 373	2 415	2 941	3 126
公　　路	352	634	955	2 720	2 357	2 978	8 519	9 003	3 718	3 831	3 019	3 001
水　　运	87	96	94	52	44	20						
邮电业务总量（万元）	469	596	3 262	8 252	42 100	218 524	467 178	573 643	681 000	820 100	903 300	993 300
七、固定资产投资												
全社会固定资产投资（亿元）	1.22	2.11	4.66	10.32	54.26	79.87	1 603.99	2 403.24	2 908.37	3 463.22	4 021.47	4 576.73

1-4 续表2

项　　目	1978	1980	1985	1990	1995	2000	2010	2012	2013	2014	2015	2016
八、贸　　易												
社会消费品零售总额（亿元）	5.26	7.49	15.29	29.49	82.41	161.65	764.94	1 116.54	1 270.01	1 429.21	1 662.87	1 868.00
实际利用外资额（万美元）			155	1 129	12 537	3 288	201 800	263 988	296 437	321 418	270 607	306 452
九、财　　政												
财政总收入（亿元）	2.55	3.42	5.57	10.00	22.04	41.54	322.34	500.16	558.02	638.30	727.20	790.80
地方一般公共预算收入（亿元）					10.06	18.30	146.47	240.14	291.91	342.21	389.34	402.18
财政支出（亿元）	0.90	1.14	2.45	5.51	10.21	23.79	232.03	345.99	419.37	473.16	543.18	583.26
十、物价指数（以上年价格为100）												
商品零售价格指数	99.7	107.4	110.5	101.8	114.4	97.8	103.0	102.4	101.3	101.1	100.5	100.4
居民消费价格指数	99.7	106.6	111.0	103.3	116.2	102.6	103.2	102.9	102.3	102.5	101.6	102.1
十一、教育、文化、卫生												
高等学校在校学生数（人）	11 989	18 359	25 809	30 939	45 934	78 252	490 241	509 239	520 148	554 360	587 368	611 819
中等专业学校在校学生数（人）	7 841	11 970	13 724	20 437	45 453	80 622	99 202	97 143	103 585	103 654	99 589	85 377
普通中学在校学生数（万人）	18.90	17.17	18.44	20.97	20.15	26.15	30.21	30.83	29.52	29.62	29.35	29.09
小学在校学生数（万人）	42.25	47.12	49.30	37.86	39.10	40.94	43.66	41.63	39.49	39.73	40.67	41.24
图书馆藏书量（万册）	208	228	314	338	366	332	439.62	465.69	493.74	506.94	522.84	168.97
卫生机构数（个）	918	923	818	832	790	932	798	1 883	1 900	2 151	2 118	2 099
卫生技术人员数（人）	13 470	14 830	19 267	21 658	22 259	22 477	27 980	30 198	31 582	34 309	35 779	36 550
#医生	5 582	6 304	8 048	9 473	9 701	9 527	10 330	11 084	11 369	12 349	12 875	13 139
医疗卫生机构病床数（张）	13 149	14 005	15 000	16 205	16 345	15 130	20 025	23 403	25 600	28 733	30 169	307 39
十二、人民生活												
在岗职工平均工资（元）	577	732	1 038	1 798	4 931	8 756	35 038	43 771	46 744	51 851	57 730	65 812
城镇居民人均可支配收入（元）		339	639	1 349	3 591	5 734	18 276	23 602	26 446	29 091	31 942	34 619
农村居民人均可支配收入（元）	121	184	412	721	1 626	2 390	7 193	9 730	11 184	12 414	13 693	14 952

1-5 主要年份国民经济主要比例关系

单位:%

项目	1978	1980	1985	1990	1995	2000	2010	2012	2013	2014	2015	2016
地区生产总值三次产业比例	**100.0**	**100.0**	**100.0**	**100.0**	**100.0**	**100.0**	**100.0**	**100.0**	**100.0**	**100.0**	**100.0**	**100.0**
第一产业	29.3	26.8	24.2	21.9	16.2	10.9	5.5	4.9	4.6	4.4	4.3	4.2
第二产业	49.2	48.4	52.6	39.7	45.4	45.8	56.7	56.4	54.9	55.0	54.5	52.4
第三产业	21.5	24.8	23.2	38.4	38.4	43.3	37.8	38.7	40.5	40.6	41.2	43.4
农业中农林牧副渔及服务业比例	**100.0**	**100.0**	**100.0**	**100.0**	**100.0**	**100.0**	**100.0**	**100.0**	**100.0**	**100.0**	**100.0**	**100.0**
农业	85.4	84.1	65.2	55.6	51.2	41.9	37.1	37.3	36.9	36.8	38.9	39.3
林业	0.9	0.9	1.5	1.1	1.7	1.5	1.1	1.2	1.2	1.2	1.3	1.3
牧业	11.8	12.6	22.4	31.2	35.2	35.2	39.2	37.6	37.0	36.8	34.4	34.0
渔业	1.4	1.3	4.6	6.4	11.9	21.4	20.7	22.0	22.9	23.1	23.3	23.2
农林牧渔服务业	0.5	1.1	6.3	5.7			1.9	1.9	2.0	2.1	2.1	2.2
规模以上工业中轻重工业增加值比例						**100.0**	**100.0**	**100.0**	**100.0**	**100.0**	**100.0**	**100.0**
轻工业						55.2	50.6	50.3	48.6	47.9	49.5	46.5
重工业						44.8	49.4	49.7	51.4	52.1	50.5	53.5
财政收入占地区生产总值的比例	**17.7**	**20.2**	**17.1**	**16.1**	**9.0**	**9.6**	**14.6**	**16.7**	**16.7**	**17.4**	**18.1**	**18.0**
科教文卫事业费占财政支出的比例	**29.9**	**31.2**	**29.1**	**24.6**	**29.6**	**22.8**	**26.7**	**29.7**	**28.7**	**29.6**	**28.6**	**28.4**

注:2015年、2016年地区生产总值数据含研究与开发支出数据。

1-6 主要年份主要指标每人年平均水平

项　　目	1978	1980	1985	1990	1995	2000	2010	2012	2013	2014	2015	2016
一、地区生产总值（元）	474	538	977	1 719	6 074	10 861	43 961	58 715	65 001	70 373	76 104	82 472
二、农业总产值（元）	148	176	295	648	1 492	1 609	4 076	4 859	5 133	5 442	5 633	5 978
三、规模以上工业增加值（元）						2 056	12 965	18 849	22 366	26 489	27 541	30 194
四、财政总收入（元）	84	109	167	277	562	957	6 420	9 747	10 764	12 246	13 795	14 817
五、主要农产品产量												
粮食（千克）	386.96	381.91	481.14	464.44	392.35	361.62	439.90	474.80	474.65	479.39	466.26	454.83
棉花（千克）	0.73	0.91	0.47	0.30	0.84	0.76	0.76	0.99	0.56	0.58	0.42	0.34
园林水果（千克）			2.13	2.54	1.28	2.12	4.70	5.98	6.05	6.10	6.72	7.01
水产品（千克）	2.74	3.68	6.65	15.00	35.05	50.96	68.85	71.91	72.69	75.76	78.06	79.65
肉类总产量（千克）			16.03	24.67	42.15	48.18	65.68	70.21	70.72	72.41	71.27	71.10
六、主要工业产品产量												
纱（千克）			6.54	6.33	6.17	6.04	5.98	6.68	7.88	8.44	9.01	6.88
布（米）	26.28	29.07	27.52	26.98	34.61	30.77	25.28	13.76	16.99	16.72	14.01	11.30
发电量（千瓦小时）	248.42	251.39	236.26	417.08	451.35	721.06	1 549.83	1 497.97	1 550.48	1 647.10	1 707.48	1 629.88
钢材（千克）	25.53	65.69	76.17	60.63	106.87	187.27	611.74	709.20	743.06	716.92	712.81	695.68
水泥（千克）			41.29	54.46	90.08	76.44	635.71	789.22	993.11	1 313.25	1 453.38	1 400.58
七、人民生活												
在岗职工平均工资（元）	577	732	1 039	1 798	4 931	8 756	35 038	43 771	46 744	51 851	57 730	65 812
城镇居民人均可支配收入（元）		339	639	1 349	3 591	5 734	18 276	23 602	26 446	29 091	31 942	34 619
农村居民人均可支配收入（元）	121	184	412	721	1 626	2 390	7 193	9 730	11 184	12 414	13 693	14 952

注:2015年、2016年地区生产总值数据含研究与开发支出数据。

1-7 主要年份平均每天主要社会经济活动

项　　目	1978	1980	1985	1990	1995	2000	2010	2012	2013	2014	2015	2016
一、地区生产总值（万元）	394	464	892	1 731	6 723	12 744	60 469	82 206	91 398	10 0492	109 914	120 264
二、农业总产值（万元）	123	152	385	648	1 603	1 903	5 607	6 832	7 291	7 771	8 135	8 718
三、规模以上工业增加值（万元）						2 432	17 833	26 500	31 766	37 826	39 776	44 030
四、财政总收入（万元）	70	94	153	279	604	1 138	8 831	13 703	15 288	17 488	19 923	21 607
五、主要工业产品产量												
纱（吨）			59.7	63.8	66.3	71.5	82.2	94.0	111.9	120.5	130.1	100.3
布（万米）	21.9	33.7	25.1	27.4	37.2	36.4	34.8	19.4	24.1	23.9	20.2	16.5
发电量（万千瓦小时）	207.0	217.0	216.0	424.0	485.0	852.9	2 131.8	2 106.0	2 202.2	2 352.1	2 466.0	2 376.8
水泥（吨）	182.2	236.7	377.3	571.2	967.4	904.1	8 744.3	11 095.8	14 105.4	18 753.2	20 990.4	20 424.0
六、社会消费品零售总额（万元）	144	205	418	720	2 284	4 478	20 957	30 590	34 795	39 156	45 558	51 038
七、其他经济活动												
货物运输量（万吨）			1.66	7.73	8.42	8.69	22.81	26.09	31.01	34.82	31.90	33.82
旅客运输量（万人次）			4.75	9.01	8.29	10.70	30.06	30.15	18.55	19.10	18.38	18.89
全社会固定资产投资总额（万元）	33	58	128	283	1 486	2 188	43 945	65 842	79 628	94 883	110 486	125 047
函件（万件）	3.65	4.77	14.26	13.10	15.46	8.26	49.24	5.78	5.63	2.87	2.92	3.00

注：2015年、2016年地区生产总值数据含研究与开发支出数据。

1-8 国民经济主要指标占全省比重

（2016年）

项　目	江西	南昌	南昌所占比重（%）
一、土地面积（平方公里）	166 933.00	7 402.36	4.4
二、年末总人口（抽样调查数 万人）	4 592.26	537.14	11.7
三、地区生产总值（亿元）	18 499.00	4 401.65	23.8
四、农业总产值（亿元）	3 130.29	304.34	9.7
五、规模以上工业增加值（亿元）	7 803.55	1 611.50	20.7
六、主要工业产品产量			
发电量（亿千瓦小时）	922.89	86.99	9.4
钢材（万吨）	2 584.99	371.29	14.4
汽车（万辆）	53.74	41.10	76.5
水泥（万吨）	9 513.03	747.52	7.9
布（万米）	134 572.00	6 033.00	4.5
七、主要农产品产量			
粮食（万吨）	2 138.10	242.75	11.4
棉花（万吨）	7.33	0.18	2.5
油料（万吨）	122.20	12.06	9.9
水产品（万吨）	271.61	42.51	15.7
肉类总产量（万吨）	351.62	37.95	10.8
八、全社会固定资产投资（亿元）	19 694.21	4 576.73	23.2
九、社会消费品零售总额（亿元）	6 634.63	1 868.00	28.2
十、接待入境旅游者人数（万人次）	164.83	25.10	15.2
十一、旅游收汇（万美元）	58 454.00	8 603.00	14.7
十二、财政总收入（亿元）	3 123.02	684.80	21.9
十三、普通高等学校在校学生（万人）	103.90	61.18	58.9
中等专业学校在校学生（万人）	22.00	8.53	38.8
普通中学在校学生（万人）	274.57	29.09	10.6
职业高中在校学生（万人）	13.19	0.91	6.9
小学在校学生（万人）	422.76	41.24	9.8
十四、卫生技术人员（万人）	22.10	3.66	16.6
#医生	7.92	1.31	16.5
十五、卫生机构病床数（万张）	20.91	3.07	14.7

1-9 主要年份地区生产总值

年 份	地区生产总值（万元）	第一产业	第二产业	第三产业	人均地区生产总值（元）
1949	14 278	8 804	1 152	4 322	107
1952	21 667	13 045	2 943	5 679	154
1957	37 287	18 053	10 601	8 633	223
1962	42 877	12 109	15 716	15 052	222
1965	65 435	21 413	28 837	15 185	315
1970	93 305	22 785	51 086	19 434	389
1975	107 291	34 267	47 251	25 773	382
1978	143 727	42 065	70 744	30 918	474
1979	158 303	42 494	74 784	41 025	511
1980	169 513	45 361	82 026	42 126	538
1981	189 093	53 874	91 014	44 205	593
1982	204 423	61 052	97 054	46 317	632
1983	212 229	62 386	100 002	49 841	649
1984	257 925	79 281	116 105	62 539	781
1985	325 718	78 735	171 408	75 575	977
1986	369 492	82 109	185 935	101 448	1 093
1987	435 864	90 367	193 554	151 943	1 266
1988	518 161	96 081	231 734	190 346	1 474
1989	591 567	120 079	252 286	219 202	1 647
1990	632 034	138 479	250 705	242 850	1 719
1991	728 886	143 295	285 370	300 221	1 904
1992	946 665	178 041	395 972	372 652	2 429
1993	1 293 955	225 343	584 546	484 066	3 279
1994	1 818 436	334 901	801 503	682 032	4 550
1995	2 454 072	398 415	1 115 241	940 416	6 074
1996	3 105 911	496 539	1 394 535	1 214 837	7 610
1997	3 752 067	536 822	1 702 856	1 512 389	9 100
1998	3 992 606	440 170	1 853 634	1 698 802	9 584
1999	4 237 630	500 233	1 940 558	1 796 839	10 074
2000	4 651 411	506 973	2 128 661	2 015 777	10 861
2001	5 245 868	535 141	2 406 607	2 304 120	11 974
2002	6 019 950	571 461	2 831 427	2 617 062	13 680
2003	7 054 437	604 223	3 415 536	3 034 678	15 501
2004	8 511 066	687 834	4 293 532	3 529 700	18 418
2005	10 077 025	725 990	5 321 257	4 029 778	21 530
2006	11 838 973	772 964	6 424 463	4 641 546	24 966
2007	13 898 920	867 328	7 542 682	5 488 910	28 925
2008	16 606 317	1 014 774	9 198 648	6 392 895	34 078
2009	18 375 008	1 119 023	10 164 345	7 091 640	37 127
2010	22 071 059	1 205 625	12 520 386	8 345 048	43 961
2011	26 888 724	1 349 201	15 792 927	9 746 596	53 023
2012	30 005 236	1 471 886	16 936 475	11 596 875	58 715
2013	33 527 100	1 541 357	18 393 990	13 591 753	65 001
2014	36 679 635	1 627 214	20 170 143	14 882 278	70 373
2015	40 118 771	1 712 609	21 856 147	16 550 015	76 104
2016	44 016 543	1 862 767	23 076 967	19 076 809	82 472

注:2015年、2016年地区生产总值数据含研究与开发支出数据。

1-10 主要年份地区生产总值指数

（按可比价计算） 单位：%

年份	地区生产总值（以1978年为100）	第一产业	第二产业	第三产业	地区生产总值（以上年为100）	第一产业	第二产业	第三产业	人均地区生产总值
1978	100.0	100.0	100.0	100.0	114.2	101.3	116.4	128.3	111.8
1979	115.5	101.0	105.7	148.4	115.5	101.0	105.7	148.4	113.1
1980	121.9	100.6	117.9	149.4	105.5	99.6	111.5	100.7	103.7
1981	130.4	107.0	135.9	141.1	107.0	106.4	115.3	94.4	105.7
1982	142.2	122.6	140.8	162.1	109.1	114.5	103.6	114.9	107.6
1983	154.8	135.3	162.3	174.4	108.8	110.4	115.3	107.6	107.6
1984	185.7	147.1	196.2	222.4	120.0	108.7	120.9	127.5	118.8
1985	216.2	157.1	239.8	251.7	116.4	106.8	122.2	113.2	115.3
1986	241.5	164.5	254.4	326.5	111.7	104.7	106.1	129.7	110.2
1987	256.9	185.5	233.8	416.6	106.4	112.8	91.9	127.6	104.5
1988	288.8	186.4	264.7	493.7	112.4	100.5	113.2	118.5	110.1
1989	306.7	216.8	268.1	529.2	106.2	116.3	101.3	107.2	103.9
1990	323.9	250.0	266.5	568.4	105.6	115.3	99.4	107.4	103.2
1991	366.6	260.0	315.3	647.9	113.2	104.0	118.3	114.0	109.6
1992	425.6	268.6	379.9	773.6	116.1	103.3	120.5	119.4	114.1
1993	497.1	281.2	470.7	902.8	116.8	104.7	123.9	116.7	115.3
1994	588.1	304.0	588.0	1 051.8	118.3	108.1	124.9	116.5	116.8
1995	682.8	316.1	699.1	1 251.7	116.1	104.0	118.9	119.0	114.8
1996	788.0	347.4	799.7	1 490.7	115.4	109.9	114.4	119.1	114.2
1997	891.2	371.1	901.3	1 732.2	113.1	106.8	112.7	116.2	112.0
1998	960.7	320.6	1 008.6	1 929.7	107.8	86.4	111.9	111.4	106.7
1999	1 046.2	353.3	1 094.3	2 105.3	108.9	110.2	108.5	109.1	107.8
2000	1 142.4	363.9	1 195.0	2 336.9	109.2	103.0	109.2	111.0	107.3
2001	1 280.7	378.8	1 349.1	2 652.4	112.1	104.1	112.9	113.5	109.6
2002	1 457.4	395.1	1 586.6	2 970.6	113.8	104.3	117.6	112.0	113.3
2003	1 683.3	412.5	1 886.4	3 389.5	115.5	104.4	118.9	114.1	111.7
2004	1 961.0	441.8	2 273.2	3 850.5	116.5	107.1	120.5	113.6	114.7
2005	2 290.5	463.9	2 755.1	4 366.4	116.8	105.0	121.2	113.4	115.3
2006	2 636.4	486.6	3 259.2	4 921.0	115.1	104.9	118.3	112.7	113.6
2007	3 042.4	515.3	3 803.5	5 664.0	115.4	105.9	116.7	115.1	114.6
2008	3 498.7	544.2	4 514.8	6 304.1	115.0	105.6	118.7	111.3	113.4
2009	3 955.8	586.1	5 171.8	7 040.3	113.1	107.7	114.6	111.7	111.4
2010	4 509.6	617.7	5 999.7	7 901.8	114.0	105.4	116.0	112.2	112.4
2011	5 095.8	644.9	6 833.7	8 913.2	113.0	104.4	113.9	112.8	111.9
2012	5 732.8	674.5	7 763.1	9 973.9	112.5	104.6	113.6	111.9	111.6
2013	6 346.2	695.5	8 686.9	10 951.3	110.7	103.1	111.9	109.8	109.7
2014	6 968.1	727.4	9 685.9	11 805.5	109.8	104.6	111.5	107.8	108.7
2015	7 637.1	755.8	10 635.1	12 962.5	109.6	103.9	109.8	109.8	108.3
2016	8 324.4	785.3	11 528.4	14 284.7	109.0	103.9	108.4	110.2	107.6

1-11 主要年份地区生产总值构成

（以地区生产总值为100） 单位:%

年 份	第一产业	第二产业	工业	建筑业	第三产业	#交通运输仓储邮电业	#批发零售住宿餐饮业	#金融保险业
1978	29.3	49.2			21.5			
1979	26.8	47.2			26.0			
1980	26.8	48.4			24.8			
1981	28.5	48.1			23.4			
1982	29.9	47.5			22.6			
1983	29.4	47.1			23.5			
1984	30.7	45.0			24.3			
1985	24.2	52.6			23.2			
1986	22.2	50.3			27.5			
1987	20.7	44.4			34.9			
1988	18.5	44.7			36.8			
1989	20.3	42.6	40.7	1.9	37.1	6.6	11.7	10.5
1990	21.9	39.7	37.7	2.0	38.4	5.0	10.8	10.7
1991	19.6	39.2	35.1	4.1	41.2	4.0	10.6	10.4
1992	18.8	41.8	37.7	4.1	39.4	3.5	10.3	10.3
1993	17.4	45.2	41.0	4.2	37.4	5.0	7.9	5.3
1994	18.4	44.1	39.8	4.3	37.5	5.0	10.3	5.1
1995	16.2	45.4	39.0	6.4	38.4	5.4	11.9	5.1
1996	16.0	44.9	37.0	7.9	39.1	5.8	11.3	5.0
1997	14.3	45.4	34.8	10.6	40.3	6.1	11.5	4.9
1998	11.0	46.4	35.7	10.7	42.6	6.6	11.9	5.0
1999	11.8	45.8	35.1	10.7	42.4	6.7	11.7	4.8
2000	10.9	45.8	34.9	10.9	43.3	7.1	12.0	4.6
2001	10.2	45.9	35.0	10.9	43.9	7.5	11.5	4.3
2002	9.5	47.0	35.2	11.8	43.5	7.5	10.7	4.3
2003	8.6	48.4	35.9	12.5	43.0	7.8	9.7	4.0
2004	8.1	50.4	36.3	14.1	41.5	7.9	9.3	4.6
2005	7.2	52.8	37.2	15.6	40.0	9.4	8.6	4.4
2006	6.5	54.3	37.9	16.4	39.2	9.2	8.4	4.3
2007	6.2	54.3	38.4	15.9	39.5	8.3	8.3	5.2
2008	6.1	55.4	40.8	14.6	38.5	7.5	8.3	5.0
2009	6.1	55.3	41.0	14.3	38.6	7.3	8.8	5.6
2010	5.5	56.7	43.1	13.6	37.8	6.9	9.0	5.3
2011	5.0	58.7	45.5	13.2	36.3	6.3	8.8	5.2
2012	4.9	56.4	43.0	13.4	38.7	4.6	9.0	5.3
2013	4.6	54.9	41.1	13.8	40.5	4.4	8.9	6.2
2014	4.4	55.0	40.8	14.2	40.6	4.2	8.8	6.7
2015	4.3	54.5	40.5	14.0	41.2	4.0	8.6	7.4
2016	4.2	52.4	38.8	13.6	43.4	3.9	8.5	8.1

1-12 地区生产总值增长

单位:万元

项　目	2015	2016	2016年比上年增长%
地区生产总值	40 118 771	44 016 543	9.0
第一产业	1 712 609	1 862 767	3.9
第二产业	21 856 147	23 076 967	8.4
工业	16 251 520	17 083 841	9.2
建筑业	5 604 627	5 993 126	6.2
第三产业	16 550 015	19 076 809	10.2

注:1.绝对数为当年价,增长速度按可比价计算。
2.地区生产总值数据含研究与开发支出数据。

1-13 县区地区生产总值

单位:万元、%

地　区	地区生产总值		地区生产总值指数	
	2015	2016	2015	2016
东湖区	3 845 677	4 176 861	109.1	108.1
西湖区	4 300 928	4 650 623	110.1	108.3
青云谱区	3 007 528	3 276 098	109.8	108.4
湾里区	493 454	549 669	109.2	109.2
青山湖区	5 023 393	5 398 252	109.9	108.3
新建区	3 549 982	3 888 858	109.7	109.1
南昌县	6 135 154	6 732 341	110.0	109.5
安义县	907 829	990 405	109.6	109.0
进贤县	2 751 142	2 976 247	109.7	108.1
经济开发区	3 187 872	3 668 735	109.7	109.7
高新开发区	4 639 405	5 069 276	109.8	109.7
红谷滩新区	2 352 707	2 654 804	109.8	109.9
桑海开发区	161 606		107.9	

注:1.桑海开发区2016年并入经济开发区。

2.地区生产总值数据含研究与开发支出数据。

主要统计指标解释

地区生产总值 即GDP,是一个国家(地区)所有常住单位在一定时间内按市场价格计算的生产活动的最终成果。国内生产总值有三种表现形态,即价值形态、收入形态和产品形态。从价值形态看,它是所有常住单位在一定时间内所生产的全部货物和服务价值超过同期投入的全部非固定资产货物和服务的差额,即所有常住单位的增加值之和;从收入形态看,它是所有常住单位在一定时间内所创造并分配给常住单位和非常住单位的初次分配收入之和;从产品形态看,它是最终使用的货物和服务减去进口货物和服务。在实际核算中,生产总值的三种表现形态为三种计算方式,即生产法、收入法和支出法。三种方法分别从不同的方面反映生产总值及其构成。这项指标名称全国为国内生产总值,各省、市、县都称地区生产总值。

增加值 指各部门(单位)在一定时期内从事经济、社会活动获得最终成果的货币表现。反映生产单位和部门对国内生产总值的贡献。增加值包括固定资产折旧、劳动者报酬、生产税净额、营业盈余。

三次产业 根据社会生产活动历史发展的顺序对产业结构的划分,产品直接取自自然界的部门称为第一产业,对初级产品进行再加工的部门称为第二产业,为生产和消费提供各种服务的部门称为第三产业。

根据《国民经济行业分类》(GB/T 4754-2011),我国的三次产业划分是:

第一产业是指农、林、牧、渔业(不含农、林、牧、渔服务业)。

第二产业是指采矿业(不含开采辅助活动),制造业(不含金属制品、机械和设备修理业),电力、热力、燃气及水生产和供应业,建筑业。

第三产业即服务业,是指除第一产业、第二产业以外的其他行业。

最终消费支出 指常住单位在一定时期内对于货物和服务的全部最终消费支出,也就是常住单位为满足物质、文化和精神生活的需要,从本国经济领土和国外购买的货物和服务的支出;不包括非常住单位在本国经济领土内的消费支出。最终消费支出分为居民消费支出和政府消费支出。

居民消费支出 指常住住户在一定时期内对货物和服务的全部最终消费支出。居民消费支出除了直接以货币形式购买的货物和服务的消费支出外,还包括以其他方式获得的货物和服务的消费支出,即所谓的虚拟消费支出。居民虚拟消费支出包括以下几种类型:单位以实物报酬及实物转移的形式提供给劳动者的货物和服务;住户生产并由本住户消费了的货物和服务,其中的服务仅指住户的自有住房服务;金融机构提供的金融媒介服务;保险公司提供的保险服务。

政府消费支出 指政府部门为全社会提供公共服务的消费支出和免费或以较低价格向居民住户提供的货物和服务的净支出。前者等于政府服务的产出价值减去政府单位所获得的经营收入的价值:后者等于政府部门免费或以较低价格向居民住户提供的货物和服务的市场价值减去向居民住户收取的价值。

资本形成总额 指常住单位在一定时期内获得减去处置的固定资本和存货的净额,包括固定资本形成总额和存货增加两部分。

固定资本形成总额 指常住单位在一定时期内获得的固定资产减处置的固定资产的价值总额。固定资产是通过生产活动生产出来的,且其使用年限在一年以上,单位价值在规定标准以上的资产,不包括自然资产。可分为有形固定资本形成总额和无形固定资本形成总额。有形固定资本形成总额包括一定时期内完成的建筑工程、安装工程和设备器具购置(减处置)价值,以及土地改良、新增役、种、奶、毛、娱乐用牲畜和新增经济林木价值。无形固定资本形成总额包括矿藏的勘探、计算机软件等获得减处置。

存货增加 指常住单位在一定时期内存货实物量变动的市场价值,即期末价值减期初价值的差额,再扣除当期由于价格变动而产生的持有收益。存货增加可以是正值,也可以是负值;正值表示存货上升,负值表示存货下降。它包括生产单位购进的原材料、燃料和储备物资等存货,以及生产单位生产的产成品、在制品和半成品等存货。

当年价格 指报告期的实际价格,如工厂的出厂价格、农产品的收购价格、商业的零售价格等。按当年价格计算，是指一些以货币表现的物量指标加工农业总产值、国内生产总值等，按照当年的实际价格来计算总量。使用当年价格计算的数字，是为了使国民经济各项指标相互衔接，便于考察当年经济效益，便于对生产和流通、生产和分配、生产和消费进行经济核算的综合平衡。

按当年价格计算的价值指标，在不同年份之间进行对比时，因为包含有各年间价格变动因素，不能确切反映实物量的增减变动。必须消除价格变动因素后，才能真实反映经济发展动态。因此，在计算增长速度时都使用按可比价格计算的数字。

可比价格 指在不同时期的价值指标对比时，扣除了价格变动的因素，以确切表示物量的变化。按可比价格计算有两种方法：一种是直接按产品产量乘其不变价格计算；一种是用物价指数换算。

不变价格 指用同类产品的年平均价格作为固定价格，来计算各年产品价值。按不变价格计算的产品价值除了价格变动因素，不同时期对比可以反映生产的发展速度。新中国成立后，随着工农业产品价格水平的变化，国家统计局先后五次制定了全国统一的工业产品不变价格和农业产品不变价格。从1949年至1957年使用1952年工（农）业产品不变价格，从1957年到1971年使用1957年不变价格，从1971年到1981年使用1970年不变价格，从1981年到1990年使用1980年不变价格，从1990年开始使用1990年不变价格，从1995年开始使用1995年不变价格，从2000年开始使用2000年不变价格，从2005年开始使用2005年不变价格，从2010年开始使用2010年不变价格。

平均每年增长速度 在我国计算平均增长速度有两种方法，一种是习惯上经常使用的"水平法"又称几何平均法，是以间隔期最后一年的水平同基期水平对比来计算平均每年增长（或下降）速度。

另一种是"累计法"，又称代数平均法或方程法，是以间隔期内各年水平的总和同基期水平对比来计算平均每年增长（或下降）速度。

在一般情况下，两种方法计算的平均每年增长速度比较接近，但在经济发展不平衡，出现大起大落时，两种方法计算的结果差别较大。

本《年鉴》内所列的从某年到某年平均增长速度的年份，均不包括基期年在内。如改革开放以来的平均增长速度是以1978年为基期计算的，则写为1979—年平均增长速度，其余类推。

国民经济行业分类 在统计工作中为取得分行业的数据资料并统一分类和编码，正确反映国民经济各行业的结构和发展状况，便于研究国民经济的各项比例关系，而制定的国民经济行业划分标准。按现行统计制度规定，我国行业划分为20大类，排列顺序如下：

（1）农、林、牧、渔业（2）采矿业（3）制造业（4）电力、热力、燃气及水生产和供应业（5）建筑业（6）批发和零售业（7）交通运输、仓储和邮政业（8）住宿和餐饮业（9）信息传输、软件和信息技术服务业（10）金融业（11）房地产业（12）租赁和商务服务业（13）科学研究和技术服务业（14）水利、环境和公共设施管理业（15）居民服务、修理和其他服务业（16）教育（17）卫生和社会工作（18）文化、体育和娱乐业（19）公共管理、社会保障和社会组织（20）国际组织。

二、人口·劳动力

POPULATION AND LABOUR FORCE

本篇内容包括:

年末总人口

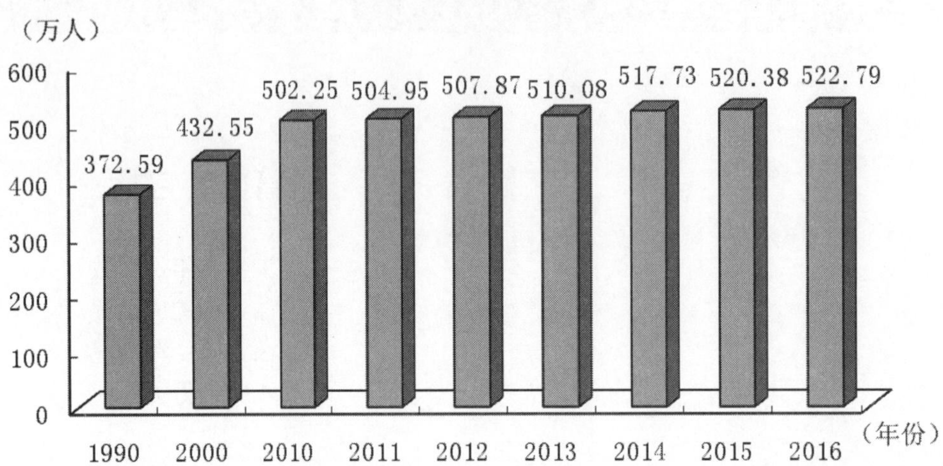

人口自然增长率

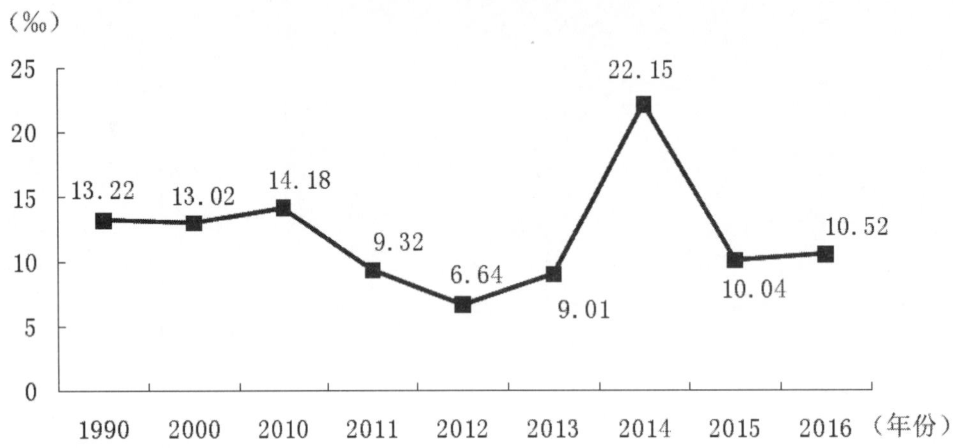

社会从业人员

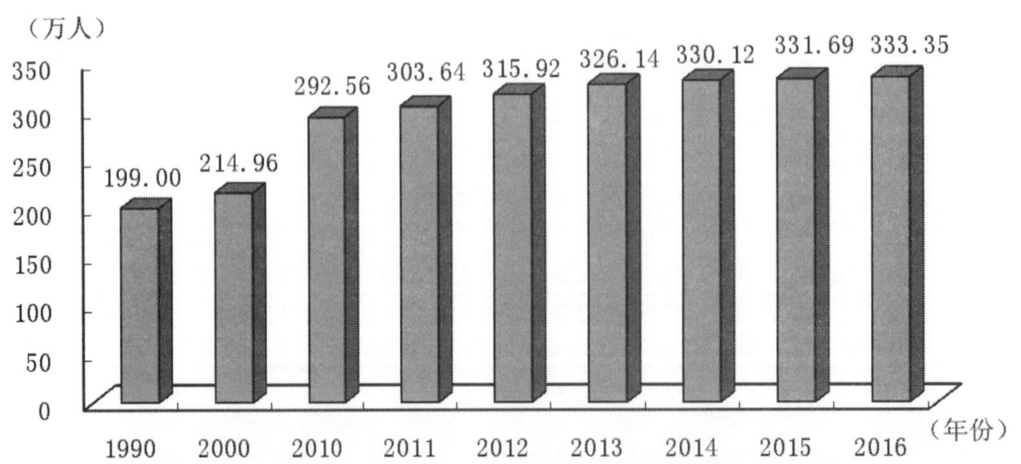

2-1　主要年份户数和人口数

单位：万人

年　份	总户数（万户）	总人口	按性别分	
			男	女
1980	64.41	317.23	165.43	151.80
1990	86.70	372.59	193.70	178.89
2000	111.85	432.55	225.42	207.13
2010	145.20	502.25	262.55	239.70
2011	148.86	504.95	263.30	241.65
2012	152.56	507.87	264.41	243.46
2013	156.28	510.08	265.30	244.78
2014	159.42	517.73	268.60	249.13
2015	160.42	520.38	269.98	250.40
2016	162.54	522.79	271.45	251.34

2-2 主要年份农业、非农业人口数和人口结构

年　份	农业、非农业人口（万人）		人口结构（%）			
	农业人口	非农业人口	男	女	农业人口	非农业人口
1980	216.49	100.74	52.1	47.9	68.2	31.8
1990	235.79	136.80	52.0	48.0	63.3	36.7
2000	256.66	175.89	52.1	47.9	59.3	40.7
2010	268.22	234.02	52.3	47.7	53.4	46.6
2011	271.23	233.72	52.1	47.9	53.7	46.3
2012	273.59	234.28	52.1	47.9	53.9	46.1
2013	274.12	235.96	52.0	48.0	53.8	46.2
2014	279.35	238.38	51.9	48.1	54.0	46.0
2015			51.9	48.1		
2016			51.9	48.1		

2-3　主要年份人口自然变动

年　　份	年平均人口（万人）	人口出生率（‰）	人口死亡率（‰）	人口自然增长率（‰）	人口密度（人/平方公里）
1980	315.10	12.54	5.32	7.22	429
1990	367.78	18.24	5.02	13.22	503
2010	499.79	21.97	7.79	14.18	678
2011	503.6	12.46	3.14	9.32	680
2012	506.41	15.03	8.39	6.64	684
2013	508.97	14.42	5.41	9.01	688
2014	513.9	26.89	4.74	22.5	694
2015	519.06	13.56	3.52	10.04	701
2016	521.59	13.41	2.89	10.52	704

2-4 县区户数和人口数

（2016年1月至11月）

地区	户数（户）	总人口（人）				
		合计	男	女	城镇人口	乡村人口
总计	**1 625 387**	**5 227 879**	**2 714 542**	**2 513 337**	**2 895 037**	**2 332 842**
东湖区	146 966	473 689	236 554	237 135	445 470	28 219
西湖区	152 472	452 590	225 944	226 646	452 590	
青云谱区	85 547	269 847	138 991	130 856	269 847	
湾里区	30 148	79 145	41 917	37 228	39 346	39 799
青山湖区	136 762	433 431	222 239	211 192	376 311	57 120
新建区	198 633	692 435	364 019	328 416	191 992	500 443
南昌县	301 624	1 049 077	551 392	497 685	321 176	727 901
安义县	97 694	304 843	162 492	142 351	96 246	208 597
进贤县	268 269	851 814	446 743	405 071	282 097	569 717
经济开发区	47 824	143 580	74 996	68 584	139 288	4 292
高新开发区	79 385	249 841	134 190	115 651	106 483	143 358
红谷滩新区	80 063	227 587	115 065	112 522	174 191	53 396

2-5 各县区人口变动情况

（2016年1月至11月）

地区	年平均人口（人）	机械变动（人）		自然变动（人）		人口出生率（‰）	人口死亡率（‰）	人口自然增长率（‰）	人口机械增长率（‰）
		迁入	迁出	出生	死亡				
总计	**5 215 851**	**36 826**	**44 079**	**69 959**	**15 589**	**13.41**	**2.89**	**10.52**	**-1.39**
东湖区	476 477	2 796	4 375	5 336	1 492	11.20	3.13	8.07	-3.31
西湖区	450 869	3 067	2 280	5 294	1 978	11.74	4.39	7.35	1.75
青云谱区	269 521	2 959	4 140	2 975	780	11.04	2.89	8.15	-4.38
湾里区	80 187	360	670	1 053	247	13.13	3.08	10.05	-3.87
青山湖区	432 219	2 518	1 975	5 439	1 081	12.58	2.50	10.08	1.26
新建区	691 665	4 406	6 262	9 255	2 393	13.38	3.46	9.92	-2.68
南昌县	1 044 457	7 174	6 555	14 343	3 820	13.72	3.66	10.06	0.59
安义县	302 739	964	1 212	5 121	645	16.92	2.13	14.79	-0.82
进贤县	855 053	2 671	5 611	10 415	2 104	12.18	2.46	9.72	-3.44
经济开发区	144 061	1 636	4 599	1 941	264	13.47	1.82	11.65	-20.57
高新开发区	247 261	5 160	3 570	4 092	454	16.55	1.84	14.71	6.43
红谷滩新区	221 342	3 115	2 830	4 695	331	21.21	1.50	19.71	1.29

注：以上均为户籍人口。据人口抽样调查数据推算2016年全市常住人口537.14万人。

2-6 县辖镇户数和人口数

（2016年）

地　　区	户　数（户）	总人口（人）				
		合计	男	女	城镇人口	乡村人口
合　　计	**439 475**	**1 403 479**	**737 602**	**665 877**	**567 265**	**836 214**
南昌县	**192 598**	**651 992**	**342 287**	**309 705**	**236 296**	**415 696**
莲塘镇	46 582	144 801	74 768	70 033	138 856	5 945
向塘镇	32 694	99 406	51 309	48 097	38 939	60 467
冈上镇	13 366	48 304	25 477	22 827	6 094	42 210
幽兰镇	22 577	77 532	41 547	35 985	8 837	68 695
武阳镇	15 500	54 036	28 930	25 106	7 060	46 976
三江镇	8 508	32 104	16 769	15 335	9 082	23 022
塘南镇	15 566	60 329	32 133	28 196	8 599	51 730
蒋巷镇	27 491	94 702	50 255	44 447	11 852	82 850
广福镇	10 314	40 778	21 099	19 679	6 977	33 801
安义县	**83 148**	**255 705**	**136 103**	**119 602**	**95 343**	**160 362**
龙津镇	26 240	70 850	37 382	33 468	60 916	9 934
鼎湖镇	12 501	38 539	20 589	17 950	9 117	29 422
东阳镇	8 975	27 126	14 350	12 776	6 779	20 347
长埠镇	6 728	23 379	12 393	10 986	4 203	19 176
万埠镇	9 556	31 266	16 654	14 612	5 143	26 123
石鼻镇	13 631	45 242	24 229	21 013	4 190	41 052
黄洲镇	5 517	19 303	10 506	8 797	4 995	14 308
进贤县	**163 729**	**495 782**	**259 212**	**236 570**	**235 626**	**260 156**
民和镇	56 726	173 573	89 205	84 368	121 916	51 657
梅庄镇	13 880	39 030	20 490	18 540	10 908	28 122
前坊镇	12 285	33 797	17 725	16 072	11 954	21 843
温圳镇	16 339	47 511	25 245	22 266	27 630	19 881
李渡镇	14 821	45 689	23 869	21 820	22 618	23 071
文港镇	19 568	54 629	28 915	25 714	17 643	36 986
架桥镇	9 295	31 691	16 849	14 842	13 017	18 674
罗溪镇	10 790	33 427	17 551	15 876	5 820	27 607
张公镇	10 025	36 435	19 363	17 072	4 120	32 315

2-7 人口和计划生育

（2015年10月—2016年9月） 单位：人

项 目	合计	东湖区	西湖区	青云谱区	湾里区	青山湖区	新建区
一、期末已婚育龄妇女数	**1 049 319**	**98 956**	**85 581**	**51 474**	**16 565**	**94 226**	**140 353**
#无 孩	61 470	6 343	7 189	4 221	764	7 434	7 158
一 孩	441 556	68 952	56 603	35 677	6 447	49 770	43 636
二 孩	435 679	21 315	19 786	10 707	6 603	32 385	60 520
二、期末落实节育措施数	**883 287**	**85 057**	**71 803**	**43 850**	**14 389**	**78 382**	**116 346**
结 扎	325 991	7 613	5 711	3 044	5 892	20 478	60 966
上 环	310 388	32 794	23 338	18 434	5 204	27 853	39 241
皮 埋	200	29	4	8	34	23	19
药 具	245 761	44 601	42 728	22 328	3 246	29 749	15 969
其 他	947	20	22	36	13	279	151
三、期末领取独生子女证	**175 863**	**38 417**	**35 461**	**23 943**	**2 373**	**24 189**	**9 828**
四、期内出生人数	**65 846**	**5 752**	**5 216**	**2 603**	**957**	**5 339**	**9 707**
#一 孩	32 047	3 379	3 003	1 466	456	2 849	4 448
二 孩	28 625	2 252	2 101	1 084	393	2 297	4 165
五、国家免费孕前优生健康检查数	**40 565**	**2 431**	**2 267**	**1 589**	**964**	**3 502**	**9 458**

续表　　（2015年10月—2016年9月）　　单位:人

项　　目	南昌县	安义县	进贤县	经开区	高新区	红谷滩区
一、期末已婚育龄妇女数	**207 783**	**63 562**	**180 790**	**24 495**	**43 829**	**41 954**
#无　孩	11 303	2 822	7 214	1 830	2 389	2 803
一　孩	66 740	15 300	57 401	10 308	11 360	19 362
二　孩	107 174	35 710	95 693	9 152	22 357	14 277
二、期末落实节育措施数	**173 732**	**52 447**	**154 693**	**20 388**	**37 041**	**35 159**
结　扎	86 051	25 831	71 799	7 801	20 001	10 804
上　环	61 450	15 719	60 466	5 948	7 299	12 642
皮　埋	7	24	19	12	2	19
药　具	26 104	10 856	22 300	6 597	9 620	11 663
其　他	120	17	109	30	119	31
三、期末领取独生子女证	**10 406**	**4 406**	**17 422**	**3 329**	**1 691**	**4 398**
四、期内出生人数	**13 554**	**4 215**	**10 630**	**1 592**	**2 973**	**3 308**
#一　孩	6 349	1 631	4 700	768	1 418	1 580
二　孩	6 010	1 923	4 882	675	1 284	1 559
五、国家免费孕前优生健康检查数	**8 046**	**2 587**	**7 752**	**645**	**722**	**602**

2-8 主要年份劳动力资源

年 份	劳动力资源（万人）	社会从业人员（万人）	劳动力资源占人口比重（%）	劳动力资源利用率（%）
1980	152.67	136.03	48.1	89.1
1990	233.57	199.00	62.7	85.2
2000	296.74	214.96	68.6	72.4
2010	360.49	292.56	71.8	81.1
2011	370.42	303.64	73.4	82.0
2012	379.65	315.92	74.7	83.2
2013	390.39	326.14	76.5	83.5
2014	392.24	330.12	74.9	84.2
2015	395.04	331.69	74.5	84.0
2016	397.05	333.35	73.9	84.0

2-9　主要年份社会从业人员

（按产业结构分）

年　份	年末从业人员（万人）			构成（%）		
	第一产业	第二产业	第三产业	第一产业	第二产业	第三产业
1980	75.84	39.60	20.59	55.8	29.1	15.1
1990	94.57	60.98	43.45	47.5	30.7	21.8
2000	84.84	56.34	73.78	39.5	26.2	34.3
2010	71.41	73.01	148.14	24.4	25.0	50.6
2011	69.49	87.27	146.88	22.9	28.7	48.4
2012	70.4	113.57	131.95	22.3	35.9	41.8
2013	68.91	118.68	138.55	21.1	36.4	42.5
2014	68.08	122.67	139.37	20.6	37.2	42.2
2015	63.15	123.41	145.13	19.0	37.2	43.8
2016	60.20	128.72	144.43	18.1	38.6	43.3

2-10 社会从业人员

（2016年）　　单位:万人

	合　计	城　镇	乡　村
总　　计	**333.35**	**207.53**	**125.81**
一、按县区分			
东湖区	16.95	15.95	1.00
西湖区	38.13	37.14	0.99
青云谱区	25.78	23.71	2.07
湾里区	4.45	2.59	1.85
青山湖区	26.55	21.36	5.19
新建区	36.51	11.08	25.43
南昌县	67.66	30.01	37.65
安义县	12.69	3.98	8.71
进贤县	45.56	12.67	32.89
经济开发区	20.77	16.21	4.56
高新开发区	19.90	15.63	4.27
红谷滩新区	18.41	17.20	1.21
二、按产业结构分			
第一产业	60.20	2.25	57.94
第二产业	128.72	101.31	27.41
第三产业	144.43	103.97	40.46
三、按国民经济行业分			
农、林、牧、渔业	60.20	2.25	57.94
采掘业	0.19	0.08	0.11
制造业	63.09	43.99	19.10
电力、燃气及水的生产和供应业	0.97	0.88	0.09
建筑业	64.47	56.35	8.11
批发和零售业	47.86	36.40	11.45
交通运输、仓储和邮政业	10.59	5.81	4.78
住宿和餐饮业	11.05	8.53	2.53
信息传输、计算机服务和软件业	6.46	5.56	0.90
金融业	3.38	3.14	0.24
房地产业	4.55	3.41	1.14
租赁和商务服务业	11.55	9.24	2.31
科学研究、技术服务和地质勘查业	4.46	3.48	0.98
水利、环境和公共设施管理业	2.11	1.96	0.15
居民服务和其他服务业	6.87	4.95	1.92
教育	8.42	8.17	0.25
卫生、社会保障和社会福利业	4.56	4.45	0.11
文化、体育和娱乐业	2.87	2.48	0.39
公共管理和社会组织	6.39	6.39	
其他	13.30	0.01	13.29

2-11 主要年份在岗职工人数

单位:人

年 份	合 计	国有单位	城镇集体单位	其他单位
1980	585 109	437 294	147 815	
1990	820 382	605 161	213 470	1 751
2000	587 729	402 485	92 152	93 092
2010	651 635	418 260	39 779	193 596
2011	847 804	383 695	58 381	405 728
2012	869 901	392 041	24 660	453 200
2013	1 060 080	381 262	24 572	654 246
2014	1 061 568	316 095	20 302	725 171
2015	1 058 102	336 714	17 582	703 806
2016	1 063 687	331 322	16 933	715 432

2-12 单位从业人员数

（2016年）　　　　单位：人

项　　目	单位从业人员年末人数		单位从业人员平均人数	
		在岗职工		在岗职工
总　　计	**1 259 810**	**1 063 687**	**1 236 143**	**1 054 569**
一、按注册类型分组				
国有单位	380 226	331 322	367 740	322 394
集体单位	28 948	16 933	27 788	15 771
其他单位	850 636	715 432	840 615	716 404
二、按企业、事业、机关分组				
企业	1 047 377	867 142	1 024 506	858 812
事业	160 675	148 010	159 909	147 252
机关	50 268	47 046	50 283	47 061
其他	1 490	1 489	1 445	1 444
三、按国民经济行业分组				
农、林、牧、渔业	3 782	3 782	3 393	3 393
采矿业	341	337	340	336
制造业	310 282	300 100	303 578	293 226
电力、热力、燃气及水生产和供应业	7 956	7 880	7 921	7 843
建筑业	467 784	314 788	453 093	314 198
批发和零售业	74 887	71 630	77 895	74 630
交通运输、仓储和邮政业	36 621	33 696	35 174	32 738
住宿和餐饮业	14 123	13 706	13 901	13 469
信息传输、软件和信息技术服务业	27 607	27 487	27 393	27 273
金融业	30 166	26 223	29 561	25 885
房地产业	19 377	18 130	19 201	17 964
租赁和商务服务业	19 605	17 597	19 186	17 139
科学研究和技术服务业	25 996	24 180	25 977	24 039
水利、环境和公共设施管理业	18 398	13 069	18 095	12 759
居民服务、修理和其他服务业	1 446	1 429	1 449	1 432
教育	75 929	72 144	75 580	71 879
卫生和社会工作	41 005	38187	40 495	37 660
文化、体育和娱乐业	20 636	18 621	20 243	18 218
公共管理、社会保障和社会组织	63 869	60 701	63 668	60 488

2-13 市区从业人员数

（2016年） 单位：人

项　　目	单位从业人员年末人数		单位从业人员平均人数	
		在岗职工		在岗职工
总　　计	**993 383**	**842 788**	**967 720**	**831 564**
一、按注册类型分组				
国有单位	316 259	272 107	308 159	267 305
集体单位	14 562	9 210	14 377	9 079
其他单位	662 562	561 471	645 184	555 180
二、按企业、事业、机关分组				
企业	823 985	687 820	798 813	677 068
事业	131 334	119 432	130 818	118 924
机关	36 574	34 047	36 644	34 128
其他	1 490	1 489	1 445	1 444
三、按国民经济行业分组				
农、林、牧、渔业	3 138	3 138	2 749	2 749
采矿业	341	337	340	336
制造业	246 950	237 752	241 653	232 414
电力、热力、燃气及水生产和供应业	6 386	6 314	6 380	6 308
建筑业	329 000	218 393	311 036	214 268
批发和零售业	62 689	59 973	65 190	62 479
交通运输、仓储和邮政业	35 537	32 692	34 118	31 754
住宿和餐饮业	13 427	13 015	13 205	12 778
信息传输、软件和信息技术服务业	27 447	27 327	27 220	27 100
金融业	30 166	26 223	29 561	25 885
房地产业	15 679	14 481	15 552	14 369
租赁和商务服务业	18 309	16 301	17 898	15 851
科学研究和技术服务业	25 276	23 460	25 259	23 321
水利、环境和公共设施管理业	15 018	10 311	14 745	10 031
居民服务、修理和其他服务业	1 100	1 085	1 103	1 088
教育	59 934	56 167	59 534	55 851
卫生和社会工作	33 961	31 231	33 697	30 950
文化、体育和娱乐业	20 159	18 162	19 749	17 742
公共管理、社会保障和社会组织	48 866	46 426	48 731	46 290

2-14 各行业女性从业人员数

（2016年） 单位：人

项目	合计	国有单位	城镇集体单位	其他单位
总 计	**376 349**	**136 160**	**5 083**	**235 106**
农、林、牧、渔业	1 607	1 607		
采矿业	98			98
制造业	120 600	10 130	500	109 970
电力、热力、燃气及水生产和供应业	3 091	155		2 936
建筑业	52 858	9 082	3 930	39 846
批发和零售业	34 148	1 026	18	33 104
交通运输、仓储和邮政业	11 706	5 273	59	6 374
住宿和餐饮业	8 054	1 234	3	6 817
信息传输、软件和信息技术服务业	8 309	404		7 905
金融业	16 081	8 719		7 362
房地产业	7 564	853	27	6 684
租赁和商务服务业	6 095	3 106	65	2 924
科学研究和技术服务业	5 955	4 092		1 863
水利、环境和公共设施管理业	7 451	7 083	58	310
居民服务、修理和其他服务业	619	109		510
教育	37 895	34 882	129	2 884
卫生和社会工作	25 943	23 736	294	1 913
文化、体育和娱乐业	8 204	4 649		3 555
公共管理、社会保障和社会组织	20 071	20 020		51

主要统计指标解释

人口数 指在一定时点、一定地区范围内的有生命的个人的总和。

市镇人口 指市、镇区内的全部常住人口。包括市(镇)区与郊区、农业与非农业人口,但不包括市辖县人口。

乡村人口 指县(不含镇)的全部常住人口。

市 是指经国家批准成立“市”建制的城市。

镇 是指经省正式批准行政建制的镇。1963年以前为常住人口在2000人以上,非农业人口占50%以上的。1964年改为常住人口在3000人以上,非农业人口占70%以上,或常住人口在2500人以上,不满3000人,非农业人口占85%以上的。1984年后又调整为,凡县级地方国家机关所在地;或总人口在20000人以下的乡,乡政府驻地非农业人口超过2000人的;或总人口在20000人以上的乡,乡政府驻地非农业人口占全乡人口10%以上;或少数民族地区、人口稀少的边远地区、山区和小型工矿区、小港口、风景旅游、边境口岸等地,非农业人口虽不足2000人,都可建镇。

人口密度 指一定时点一定地区的人口数与该地区的面积数之比,即一定时点的单位土地面积上的人口数,通常以每平方公里的居住人数来表示:

$$人口密度=\frac{该地区的人口数}{该地区的土地面积}$$

出生率 (又称粗出生率)指在一定时期内(通常为一年)一定地区平均每千人口所出生的人数的比率。它反映人口的出生水平,一般以千分率表示。计算公式:

$$出生率=\frac{年出生人数}{年平均人数}\times 1000\%$$

死亡率 (又称粗死亡率)指在一定时期内(通常为一年)一定地区的死亡人数与同期平均人数(或期中人数)之比,一般以千分率表示。计算公式:

$$死亡率=\frac{年死亡人数}{年平均人数}\times 1000\%$$

人口自然增长率 指在一定时期内(通常为一年)一定地区人口自然增加数(即出生人数减死亡人数)与该时期平均人数(或期中人数)之比,一般以千分率表示。计算公式:

$$人口自然增长率=\frac{本年出生人数-本年死亡人数}{年平均人数}\times 1000\%$$

社会从业人员 指在劳动年龄内,有劳动能力,参加社会劳动取得劳动报酬或经营收入的人口。包括:(1)单位从业人员;(2)私营企业和个体从业人员;(3)乡镇企业从业人员;(4)农村从业人员;(5)其他共五个部份。这一指标反映了一定时期内全部劳动力资源的实际利用情况,是研究我国基本国情国力的重要指标。

单位从业人员 指在各类法人单位工作,并由单位支付劳动报酬的人员,包括在岗职工和其他从业人员。

在岗职工 指在本单位工作且与本单位签订劳动合同,并由单位支付各项工资和社会保险、住房公积金的人员,以及上述人员中由于学习、病伤产假等原因暂未工作,仍由单位支付工资的人员。

其他从业人员 指除在岗职工以外,实际参加本单位生产或工作并从本单位取得劳动报酬的人员。具体包括:非全日制人员、聘用的正式离退休人员、兼职人员和第二职业者,以及在本单位工作的外籍和港澳台方人员。

城镇个体和私营劳动者 城镇私营劳动者指在工商管理部门注册登记,其经营地址设有县城关镇及以上的私营企业的劳动者。包括私营企业投资者和雇工。城镇个体劳动者指在工商管理部门注册登记,并持有城镇户口或在城镇长期居住,经批准从事个体工商经营的劳动者。包括:个体经营者和个体工商户劳动的家庭帮工和雇工。

农村从业人员 指农村人口中经常参加社会劳动并取得劳动报酬的整半劳动力。包括在乡镇企业及其他集体经济组织和农户中参加各项生产的劳动者及外出从事个体经营的劳动者。从事家庭副业,其收入相当于当地一个社会劳动者最低收入水平或参加社会劳动累计在三个月以上的劳动者,也包括在内。

三、人民生活

PEOPLES LIVELIHOOD

本篇内容包括：

1.单位从业人员劳动报酬
2.在岗职工工资总额和平均工资
3.居民家庭基本情况
4.居民生活收入情况
5.居民拥有耐用消费品数量

在岗职工平均工资

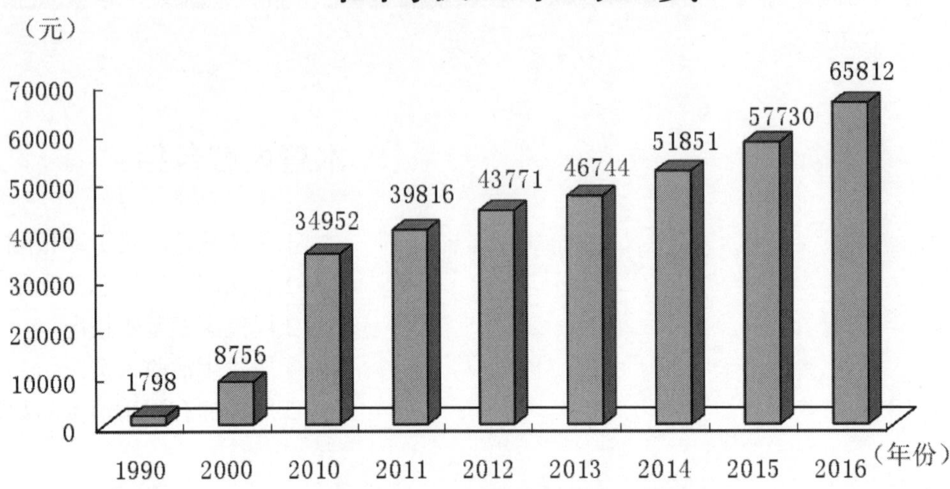

城乡居民收入水平

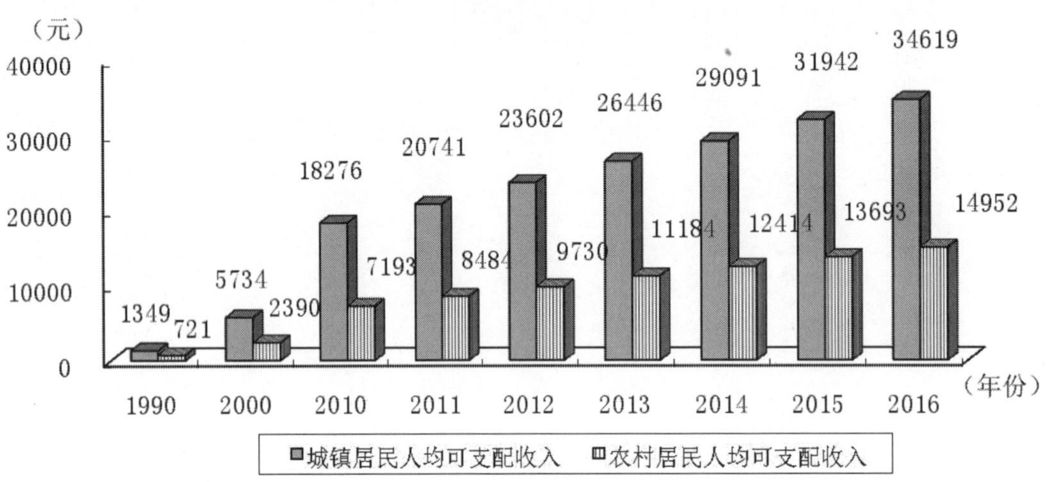

2016年平均每百户家庭耐用消费品拥有量

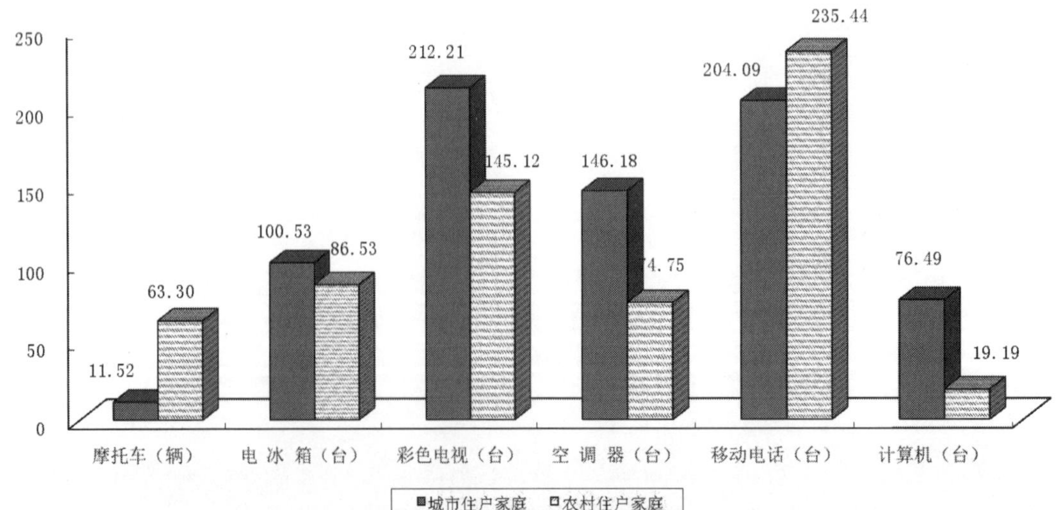

3-1 主要年份在岗职工工资总额

单位:万元

年份	合计	国有单位	城镇集体单位	其他单位
1980	42 024	33 304	8 720	
1990	145 581	117 900	27 319	362
2000	511 784	375 482	45 363	90 939
2010	2 254 313	1 571 573	73 658	609 082
2011	3 309 458	1 652 237	141 337	1 515 884
2012	3 693 667	1 905 581	88 492	1 699 594
2013	4 876 812	2 213 845	93 016	2 569 951
2014	5 408 797	1 791 237	93 011	3 524 549
2015	6 132 271	2 219 316	77 517	3 835 438
2016	6 940 303	2 710 331	78 269	4 151 704

3-2 主要年份在岗职工平均工资

单位:元

年 份	合 计	国有单位	城镇集体单位	其他单位
1980	732	779	597	
1990	1 798	1 972	1 300	2 122
2000	8 756	9 335	5 123	9 708
2010	34 952	37 786	18 750	32 094
2011	39 816	43 606	24 262	38 406
2012	43 771	49 987	38 255	38 670
2013	46 744	58 166	40 548	40 171
2014	51 851	57 322	46 540	49 594
2015	57 730	67 039	48 768	53 620
2016	65 812	84 069	49 629	57 952

3-3 单位从业人员劳动报酬情况

（2016年） 单位:万元、元

项目	单位从业人员工资总额		单位从业人员平均工资	
		在岗职工		在岗职工
总 计	**7 799 034**	**6 940 303**	**63 092**	**65 812**
一、按注册类型分组				
国有单位	2 883 978	2 710 331	78 424	84 069
集体单位	154 060	78 269	55 441	49 629
其他单位	4 760 996	4 151 704	56 637	57 952
二、按企业、事业、机关分组				
企业	5 953 299	5 149 042	58 109	59 955
事业	1 390 458	1 345 136	86 953	91 349
机关	448 604	439 454	89 216	93 380
其他	6 674	6 671	46 185	46 199
三、按国民经济行业分组				
农、林、牧、渔业	5 050	5 050	14 884	14 884
采矿业	1 471	1 461	43 271	43 470
制造业	1 715 019	1 679 224	56 494	57 267
电力、热力、燃气及水生产和供应业	51 426	51 009	64 923	65 037
建筑业	2 499 852	1 786 545	55 173	56 860
批发和零售业	395 794	388 477	50 811	52 054
交通运输、仓储和邮政业	257 495	249 387	73 206	76 177
住宿和餐饮业	56 411	55 028	40 580	40 856
信息传输、软件和信息技术服务业	188 757	188 298	68 907	69 042
金融业	299 392	291 176	101 279	112 488
房地产业	125 068	121 210	65 136	67 474
租赁和商务服务业	92 443	84 822	48 182	49 490
科学研究和技术服务业	241 026	228 154	92 784	94 910
水利、环境和公共设施管理业	95 312	81 672	52 673	64 011
居民服务、修理和其他服务业	9 377	9 304	64 716	64 971
教育	618 760	604 096	81 868	84 043
卫生和社会工作	440 913	426 943	108 881	113 368
文化、体育和娱乐业	140 915	134 060	69 612	73 587
公共管理、社会保障和社会组织	564 555	554 389	88 672	91 653

3-4 市区从业人员劳动报酬情况

（2016年） 单位：万元、元

项 目	单位从业人员工资总额		单位从业人员平均工资	
		在岗职工		在岗职工
总 计	**6 409 611**	**5 774 188**	**66 234**	**69 438**
一、按注册类型分组				
国有单位	2 523 973	2 366 734	81 905	88 541
集体单位	53 706	37 544	37 356	41 353
其他单位	3 831 932	3 369 909	59 393	60 699
二、按企业、事业、机关分组				
企业	4 841 690	4 257 468	60 611	62 881
事业	1 201 906	1 158 015	91 876	97 374
机关	359 342	352 033	98 063	103 151
其他	6 674	6 671	46 185	46 199
三、按国民经济行业分组				
农、林、牧、渔业	2 114	2 114	7 690	7 690
采矿业	1 471	1 461	43 271	43 470
制造业	1 380 457	1 350 504	57 126	58 108
电力、热力、燃气及水生产和供应业	43 257	42 867	67 801	67 957
建筑业	1 842 594	1 341 187	59 241	62 594
批发和零售业	325 303	319 868	49 901	51 196
交通运输、仓储和邮政业	252 147	244 225	73 904	76 912
住宿和餐饮业	54 300	52 928	41 121	41 421
信息传输、软件和信息技术服务业	187 948	187 490	69 048	69 184
金融业	299 392	291 176	101 279	112 488
房地产业	98 300	94 601	63 207	65 837
租赁和商务服务业	88 656	81 034	49 534	51 123
科学研究和技术服务业	235 529	222 658	93 246	95 475
水利、环境和公共设施管理业	81 945	69 356	55 575	69 142
居民服务、修理和其他服务业	7 686	7 620	69 683	70 036
教育	503 807	489 206	84 625	87 591
卫生和社会工作	398 552	384 791	118 275	124 327
文化、体育和娱乐业	138 237	131 411	69 997	74 068
公共管理、社会保障和社会组织	467 917	459 691	96 020	99 307

3-5 1980-2016年城市住户基本情况

年 份	调查户数（户）	平均每户家庭人口（人）	平均每户就业人口（人）	负担人口（人）	平均每人每月家庭总收入（元）	平均每人每月可支配收入（元）	平均每人每月消费支出（元）
1980	120.00	4.28	2.16	1.98		28.26	
1981	120.00	4.21	2.15	1.96	33.91	33.91	30.83
1982	120.00	4.21	2.17	1.94	35.83	35.88	31.38
1983	120.00	4.23	2.19	1.93	36.63	36.31	32.25
1984	120.00	4.09	2.18	1.88	43.78	43.46	38.82
1985	150.00	3.64	2.06	1.77	54.14	53.28	46.61
1986	150.00	3.66	2.05	1.79	64.29	63.99	53.46
1987	150.00	3.64	2.01	1.81	71.48	70.45	62.50
1988	200.00	3.54	1.94	1.82	83.68	83.22	75.55
1989	200.00	3.48	1.98	1.76	95.54	110.35	84.34
1990	200.00	3.34	1.88	1.77	112.92	112.39	90.45
1991	200.00	3.41	1.85	1.85	113.71	113.19	93.84
1992	200.00	3.35	1.81	1.85	129.23	128.39	110.56
1993	200.00	3.16	1.74	1.81	172.93	172.08	153.86
1994	200.00	3.11	1.74	1.79	255.84	255.36	215.54
1995	200.00	3.07	1.76	1.75	299.94	299.22	247.89
1996	200.00	3.03	1.67	1.82	333.98	333.50	267.59
1997	200.00	3.03	1.68	1.81	376.20	375.11	311.90
1998	200.00	3.09	1.76	1.75	407.70	405.89	319.98
1999	334.00	3.05	1.68	1.82	515.28	440.63	339.78
2000	300.00	3.21	1.67	1.92	481.72	477.80	327.07
2001	300.00	3.12	1.62	1.93	525.03	517.21	357.80
2002	300.00	2.99	1.55	1.93	602.63	585.05	399.10
2003	300.00	2.93	1.48	1.98	674.43	649.43	423.24
2004	300.00	2.78	1.53	1.82	761.59	728.65	488.68
2005	300.00	2.59	1.37	1.89	907.64	858.44	588.68
2006	300.00	2.61	1.43	1.83	992.08	936.90	628.98
2007	300.00	2.66	1.62	1.64	1 144.30	1 089.70	838.69
2008	300.00	2.81	1.63	1.72	1 326.22	1 259.36	962.61
2009	300.00	2.81	1.62	1.73	1 475.14	1 327.70	1 033.87
2010	300.00	2.77	1.52	1.82	1 651.68	1 523.01	1 158.26
2011	300.00	2.79	1.50	1.86	1 857.31	1 728.43	1 269.52
2012	300.00	2.83	1.58	1.79	2 096.00	1 966.87	1 370.84
2013	321.00	3.03	1.68	1.80		2 203.83	1 493.75
2014	468.00	3.14	1.84	1.71	2 672.00	2 424.25	1 635.67
2015	465.00	2.95	1.58	1.87	2 844.00	2 662.00	1 783.00
2016	471.00	2.92	1.51	1.93	3 070.00	2 885.00	1 878.00

注:“负担人口”指平均每个就业者所负担的人口,含就业者本人。

3-6 城市居民家庭生活基本情况

项　目	2015	2016
家庭户数(户)	465	471
家庭人口（人）	1 389	1 373
就业人口（人）	735	711
平均每户家庭人口（人）	3	3
平均每户就业人口（人）	2	2
平均每户就业面（%）	54	52
平均每一就业者负担人数（含就业者本人）（人）	2	2
平均每人家庭总收入（元）	34 127	36 835
平均每人可支配收入（元）	31 942	34 619
平均每人消费支出（元）	21 396	22 532
家庭常住人口（人）	1 370	1 359
建筑面积（平方米）	48 060	48 138
平均每人建筑面积（平方米）	35	35
平均每户建筑面积（平方米）	103	102

3-7 城市住户基本情况

(按收入分组，2016年)

项　　目	总平均	低收入户	中低收入户	中等收 入户	中高收入户	高收入户
调查户数（户）	471	93	95	93	95	95
家庭人口（人）	1 373	357	300	252	230	235
家庭常住人口（人）	1 359	353	296	250	227	233
就业人口（人）	711	173	173	128	104	133
平均每户家庭人口（人）	2.92	3.84	3.16	2.71	2.42	2.47
平均每户家庭常住人口（人）	2.89	3.80	3.12	2.68	2.38	2.46
平均每户就业人口（人）	1.51	1.86	1.82	1.38	1.09	1.40
平均每户就业面（%）	51.71	48.44	57.59	50.92	45.04	56.68
就业者负担人口（人）	1.93	2.06	1.74	1.96	2.22	1.76
人均可支配收入（元）	34 619	18 673	27 560	34 242	41 402	60 717
人均消费性支出（元）	22 532	14 519	17 928	20 648	26 137	38 552
离退休人数（人）	343	42	50	86	93	72

3-8 城市住户平均每百户主要消费品年末拥有量

品　　名	2015	2016
摩 托 车（辆）	13.34	11.52
助 力 车（辆）	68.49	70.86
家用汽车（辆）	15.22	22.56
洗 衣 机（台）	96.02	98.2
电 冰 箱（台）	99.03	100.53
彩色电视（台）	137.92	133.81
淋浴热水器（架）	95.16	97.56
照 相 机（架）	30.93	23.94
空 调 器（台）	137.39	146.18
组合音响（台）	6.5	6.16
微 波 炉（台）	72.96	74.36
电　　话（台）	55.27	44.16
移动电话（台）	204.03	204.09
计 算 机（台）	76.22	76.49
摄 像 机（台）	6.13	4.46
消毒碗柜（台）	10.75	9.34

3-9 城市居民平均每人现金收支

单位:元

项　　目	2015	2016
一、可支配收入	**31 492**	**34 619**
工资性收入	19 711	20 793
经营净收入	2 258	2 150
财产净收入	3 551	3 607
转移净收入	6 422	8 069
#赡养收入	150	185
养老金或离退休金	7 179	8 784
经常性捐赠收入		
二、非收入所得	**388.5**	**437.4**
#出售资产所得	23.6	87.9
记帐补贴	141.8	185.6
三、借贷性所得	**411.7**	**144.7**
#提取储蓄存款	372	139.9
借　入　款	33.4	
四、家庭总支出	**26 174**	**27 587**
#赡养支出	164.6	76.7
一次性捐赠支出	375.07	408.7
五、借贷性支出	**1 465.32**	**1 354.90**
#存入储蓄款	953.67	491.3
归还借款	9.37	1.36
借 出 款		2.95

3-10 城市居民平均每人现金收支

（按收入分组，2016年）

单位:元

项　　目	总平均	低收入户	中低收入户	中等收入户	中高收入户	高收入户
一、可支配收入	**34 619**	**18 673**	**27 560**	**34 242**	**41 402**	**60 717**
工资性收入	20 793	12 622	20 342	16 301	21 267	37 557
经营净收入	2 150	1 257	1 374	1 401	2 551	4 832
财产净收入	3 607	2 003	2 252	3 577	4 538	6 801
转移净收入	8 069	2 790	3 593	12 963	13 047	11 527
#赡养收入	185	73.2	71.3	383.6	221.3	255.6
养老金或离退休金	8 784	3 209	4 293	13 160	13 854	13 024
经常性捐赠收入						
二、非收入所得	**437.4**	**215.7**	**191.9**	**362.7**	**527.9**	**1 065.3**
#出售资产所得	87.9	1.7	0.1			506.9
记帐补贴	185.6	147.7	133.9	230.4	210.0	237.1
三、借贷性所得	**144.7**	**1.7**	**156.1**	**270.1**	**244.3**	**111.2**
#提取储蓄存款	139.9		141.0	269.7	244.3	105.1
借　入　款						
四、家庭总支出	**27 587**	**16 989**	**21 582**	**24 665**	**32 010**	**49 458**
#赡养支出	76.7	49.1	17.9	2.7	243.2	101.2
一次性捐赠支出	408.7	151.3	441.7	521.4	508.7	528.6
五、借贷性支出	**1 354.9**	**226.5**	**966.0**	**1 816.7**	**1 393.2**	**3 002.4**
#存入储蓄款	491.3	10.1	405.7	1354.6	533.2	378.4
归还借款	1.36			7.7		
借 出 款	2.95	10.0		2.2		

3-11 城市住户平均每人生活费支出及构成

项　目	金额（元）		构成（%）	
	2015	2016	2015	2016
消费支出	**21 396**	**22 532**	**100.0**	**100.0**
1.食品烟酒	6 832	7 290	31.9	32.4
#粮食	516	542	7.5	7.4
油脂	267	276	3.9	3.8
肉禽蛋水产品类	2 193	2 206	32.1	30.3
#蛋类	164	143	2.4	2.0
#水产类	507	482	7.4	6.6
蔬菜和食用菌	978	1 043	14.3	14.3
烟类	339	372	5.0	5.1
酒和饮料	214	270	3.1	3.7
干鲜瓜果	579	579	8.5	7.9
糖果糕点及奶类	590	585	8.6	8.0
2. 衣着	1 979	1 811	9.2	8.0
衣类	1 564	1 447	79.0	79.9
鞋类	414	364	20.9	21.0
3.生活用品及服务	1 336	1 243	6.2	5.5
耐用消费品	242	251	18.1	20.2
4.医疗保健	1 009	1 083	4.7	4.8
5.交通和通信	2 023	2 559	9.5	11.4
6.教育文化娱乐	2 643	2 391	12.4	10.6
文化娱乐用品	323	321	12.2	13.4
教育	1 092	983	41.3	42.0
文化娱乐服务	1 228	1 088	46.5	45.5
7.居住	4 975	5 623	23.3	25.0
8.其它商品与服务	600	531	2.8	2.4

3-12　城市住户平均每人购买消费品数量

品　　名	2015	2016
粮食（千克）	133.41	131.60
食用植物油（千克）	19.3	18.34
蔬菜及菜制品（千克）	148.44	140.16
猪肉（千克）	29.15	27.45
牛羊肉（千克）	5.37	4.70
家禽（千克）	11.06	10.33
鲜蛋（千克）	12.89	10.53
鱼（不包括虾）（千克）	19.27	17.10
白酒（千克）	1.4	1.78
啤酒（千克）	4.95	5.24
鲜瓜果（千克）	52.42	51.62
糕点（千克）	7.57	5.08
鲜奶（千克）	22.27	15.84
服装（元）	1 481.44	1 322.30
鞋（双）	3.01	2.97
罐装液化石油气（千克）	24.26	23.47
管道天然气（立方米）	32.43	40.84

3-13 城市居民居住情况

单位:户

类　别	2015	2016
调查户数	465	471
一、按住宅建筑式样		
单栋住宅	74	68
四居室	11	13
三居室	102	103
二居室	221	226
一居室	37	44
普通楼房		
平房及其他	20	17
二、按房屋产权		
租赁公房	1	3
租赁私房	35	38
原有私房		
自建住房	77	68
房改私房	163	165
商品房	129	126
拆迁安置房	40	46
继承或获赠住房	7	7
借用房	3	4
其他	10	14
三、按自来水使用情况		
独用来水	432	436
公用自来水		
其他（没有管道设施）	33	35
四、住户厕所类型	465	471
水冲式卫生厕所	432	440
水冲式非卫生厕所	5	5
卫生旱厕	15	14
普通旱厕	12	11
无厕所	1	1
五、住户厕所使用情况		
本住户独用	447	453
几户合用	15	16
公用厕所	3	2
六、住户洗澡设施情况		
统一供热水	12	8
家庭自装热水器	421	437
其他	15	9
无洗澡设施	17	17

3-14 城市居民家庭收入结构类型

项　　目	总平均	低收入户	中　低 收入户	中　等 收入户	中　高 收入户	高收入户
一、占总调查户数的比重（%）						
2015年	100	20.00	20.20	19.80	20.20	19.80
2016年	100	19.75	20.17	19.75	20.17	20.17
二、平均人口（人）						
2015年	2.95	3.81	3.20	2.72	2.59	2.41
2016年	2.92	3.84	3.16	2.71	2.42	2.47
比重%						
2015年	100	129.15	108.47	92.20	87.80	81.70
2016年	100	131.51	82.29	85.76	89.30	102.07
三、人均可支配性收入(元)						
2015年	31 942	17 700	25 020	31 074	37 891	57 953
2016年	34 619	18 673	27 560	34 242	41 402	60 717
2016年比上年增长%	8.4	5.5	10.2	10.2	9.3	4.8
比重%						
2015年	100	55.41	78.33	97.28	118.62	181.43
2016年	100	53.94	147.59	124.25	120.91	146.65
四、全年人均消费性支出（元）						
2015年	21 396	14 963	16 562	21 610	23 724	35 206
2016年	22 532	14 519	17 928	20 648	26 137	38 552
2016年比上年增长（%）	5.3	−3.0	8.2	−4.5	10.2	9.5

3-15　1985-2016年农村居民家庭基本情况

年份	调查县区（个）	调查数（户）	平均每户常住人口（人）	平均每户整半劳动力（人）	平均每个劳动力负担人口（人）	人均可支配收入（元/人）	生活用房面积（平方米/人）
1985	6	380	5.64	3.04	1.85	412	15.98
1986	6	380	5.61	3.02	1.86	452	16.77
1987	6	390	5.41	2.82	1.91	501	18.36
1988	6	410	5.41	2.96	1.83	586	19.52
1989	6	410	5.36	3.52	1.52	660	20.69
1990	6	410	5.25	2.95	1.78	721	19.50
1991	6	410	5.02	2.79	1.80	768	19.78
1992	6	410	4.99	2.81	1.76	855	21.30
1993	6	410	4.91	2.86	1.72	969	19.69
1994	6	410	4.79	2.89	1.66	1 311	22.53
1995	6	410	4.75	2.91	1.63	1 626	23.71
1996	6	410	4.67	2.91	1.61	2 031	23.44
1997	6	410	4.55	2.84	1.60	2 359	25.12
1998	6	400	4.46	2.80	1.59	2 164	26.26
1999	6	400	4.30	2.89	1.49	2 307	26.77
2000	6	400	4.29	2.96	1.45	2 390	26.10
2001	6	400	4.28	2.93	1.46	2 517	27.92
2002	6	400	4.21	2.93	1.44	2 664	28.21
2003	6	400	4.16	2.92	1.42	2 808	29.46
2004	6	400	4.13	2.90	1.42	3 414	35.48
2005	7	400	4.14	2.92	1.42	3 879	38.66
2006	7	400	4.12	2.92	1.41	4 392	41.03
2007	7	400	4.10	2.92	1.40	5 034	42.32
2008	7	400	4.08	2.90	1.40	5 774	44.14
2009	7	400	4.04	2.89	1.40	6 296	45.04
2010	7	400	3.98	2.85	1.40	7 193	46.64
2011	6	400	4.10	2.96	1.39	8 484	49.21
2012	6	400	4.07	2.91	1.40	9 730	48.86
2013	6	330	3.98	2.72	1.46	11 184	52.22
2014	6	277	3.63	2.56	1.42	12 414	54.70
2015	6	297	3.54	2.47	1.43	13 693	58.38
2016	6	297	3.52	2.46	1.43	14 952	57.95

注：人均可支配收入2013年以前为人均纯收入。

3-16 农村居民家庭基本情况

（分县区，2016年）

地 区	调查数（户）	平均每户常住人口（人）	平均每户劳动力（人）	6-15岁人口入学率（%）	人均经营耕地（亩）	人均经营山地（亩）	平均每人年末住房（平方米）	人均可支配收入
南昌市	**297**	**3.52**	**2.46**	**95.65**	**1.96**	**0.12**	**58.34**	**14 952**
湾里区	10	3.10	2.20	100.00	0.68		95.48	11 399
青山湖区	10	2.80	2.30	100.00			102.50	17 128
南昌县	67	3.47	2.48	91.67	1.60		61.85	16 411
新建县	70	4.21	2.71	94.44	2.89	0.21	53.48	14 635
安义县	70	3.29	2.52	96.43	0.84	0.28	57.13	13 396
进贤县	70	3.28	2.19	100.00	2.67	0.35	51.82	15 440

3-17 农村家庭房屋使用情况

项　　目	2015	2016	2016年 比上年增长%
一、新建房户数（户）	**5**	**3**	**-40.0**
二、平均每户年内新建房屋面积（平方米）	**130.80**	**102.70**	**-21.5**
新建房屋总费用（元）	399 000.00	150 000.00	-62.4
三、平均每户年末使用房屋面积（平方米）	**208.36**	**204.80**	**-1.7**
生活用房面积	206.67	203.98	-1.3
#砖木结构（户）	44.00	47.00	6.8
钢筋混凝土结构（户）	95.00	99.00	4.2
四、平均每人年末使用房屋面积（平方米）	**58.86**	**58.18**	**-1.2**

3-18 农村居民家庭总收入和构成

项　　目	平均每人（元）		构成（%）	
	2015	2016	2015	2016
总　收　入	19 748	22 225	100.0	100.0
一、工资性收入	**5 668**	**6 645**	**28.7**	**29.9**
工资	4 808	5 713	84.8	86.0
实物福利	0.38	0.44	0.002	0.002
其他	860	931	15.2	14.1
二、家庭经营收入	**11 527**	**12 989**	**58.4**	**58.4**
农业收入	3 777	3 385	32.8	26.1
林业收入	130	125	1.1	1.0
牧业收入	3 773	4 734	32.7	36.4
渔业收入	381	174	3.3	1.3
采矿业				
制造业收入	330	370	2.9	2.9
电力、热力、燃气及水生产和供应业				
建筑业收入	126	71	1.1	0.5
交通、运输和邮电业收入	361	579	3.1	4.5
批发和零售贸易、餐饮业收入	2 258	2 958	19.6	22.8
住宿和餐饮业		144		1.1
租赁和商务服务业				
居民服务、修理和其他服务业	215	323	1.9	2.5
农林牧渔服务业	170	114	1.5	0.9
其他	2	12	0.02	0.1
三、财产性收入	**117**	**86**	**0.6**	**0.4**
四、转移性收入	**2 437**	**2 505**	**12.3**	**11.3**
#家庭非常住人口寄回收入	1 330	1 302	54.6	52.0

3-19 农村居民家庭总支出和构成

项　　目	平均每人（元）		构成（%）	
	2015	2016	2015	2016
总　支　出	**17 971**	**18 334**	**100.0**	**100.0**
一、生产经营费用支出	**6 322**	**7 543**	**35.2**	**41.1**
农业	1 139	1 112	18.0	14.7
林业	4.9	12.9	0.1	0.2
牧业	3 524	3 976	55.7	52.7
渔业	51.6	73.9	0.8	1.0
采矿业				
制造业	94.4	116.9	1.5	1.5
电力、热力、燃气及水生产和供应业				
建筑业	35	20.4	0.6	0.3
交通、运输和邮电业	94	191.3	1.5	2.5
批发和零售贸易	1 307	1 886	20.7	25.0
住宿和餐饮业	2.1	26.4		0.3
租赁和商务服务业				
居民服务、修理和其他服务业	19.6	80.7	0.3	1.1
农林牧渔服务业	48.1	46.3	0.8	0.6
其他	1			
二、购置资产及非经常性转移支出	**2 208**	**808.4**	**12.3**	**4.4**
#购置生产性固定资产支出	200.8	59.95	9.1	7.4
三、部分商业保险支出	**5**	**0.42**		
四、生活消费支出	**8 788**	**9 460**	**48.9**	**51.6**
#文化娱乐用品及服务	228.4	330.6	2.6	3.5
五、财产性支出	**11.2**	**1.4**	**0.1**	**0.008**
六、转移性支出	**207.8**	**258.5**	**1.2**	**1.4**
七、借贷性支出	**429.5**	**262.1**	**2.4**	**1.4**

3-20 主要年份农村居民家庭可支配收入

（按人口平均）

单位：元

项　目	1990	2000	2010	2011	2012	2013	2014	2015	2016
可支配收入	**731**	**2 390**	**7 193**	**8 484**	**9 730**	**11 184**	**12 414**	**13 693**	**14 952**
一、按可支配收入来源分									
#工资性收入	50	1 013	2 687	4 056	4 581	4 646	5 229	5 668	6 645
家庭经营净收入	632	1 283	3 624	3 975	4 617	4 475	4 935	5 665	5 948
#第一产业	527	1 077	2 979	3 472	3 930	3 284	3 614	3 736	3 630
第二产业	24	96	179	113	84	101	114	323	313
第三产业	81	110	466	390	604	1 090	1 207	1 606	2 005
转移净收入	41	63	489	240	277	1 979	2 143	2 253	2 275
财产净收入	8	31	393	212	255	84	107	107	85
二、按可支配收入性质分									
生产性净收入	660	2 275	6 257	7 965	9 129	8 031	8 957	9 727	10 588
农业生产	527	1 077	2 979	3 472	3 930	3 284	3 614	3 736	3 630
非农业生产	133	1 198	3 278	4 493	5 200	4 747	5 343	5 991	6 958
非生产性净收入	61	115	936	519	601	3 154	3 457	3 966	4 364

注：农民可支配收入2013年以前为农民纯收入；家庭经营纯收入、转移性收入、财产性收入分别改为经营净收入、转移净收入和财产净收入。

3-21 农村住户平均每人可支配收入

（分县区,2016年）

单位：元

地　　区	可支配收入	生产性可支配收入			非生产性可支配收入
			农业生产	非农业生产	
南 昌 市	**14 952**	**10 588**	**3 630**	**6 958**	**4 364**
湾 里 区	11 399	8 666	-186.4	8 853	2 733
青山湖区	17 128	12 623		12 623	4 505
南 昌 县	16 411	12 331	3 266	9 065	4 080
新 建 县	14 635	11 063	5 398	5 665	3 572
安 义 县	13 396	11 331	338	10 993	2 065
进 贤 县	15 439	8 939	4 193	4 746	6 500

3-22 农村住户生活消费支出

项　　目	平均每人（元）		构成（%）		商品性比重（%）	
	2015	2016	2015	2016	2015	2016
生活消费支出	**8 788**	**9 460**	**100**	**100**	**76.6**	**80.0**
食品烟酒	3 530	3 455	40.2	36.5	93.6	92.3
#主食	515	426	5.9	4.5	100.0	100.0
副食	3 015	3 029	34.3	32.0	100.0	100.0
衣着	537	517	6.1	5.5	99.7	99.8
居住	2 243	2 389	25.5	25.3	78.8	37.8
生活用品及服务	437	470	5.0	5.0	96.9	96.8
医疗保健	475	599	5.4	6.3	38.0	16.0
交通通信	841	1 107	9.6	11.7	45.5	54.8
教育文化娱乐	610	779	6.9	8.2	21.0	20.8
#文化娱乐用品	123	131	1.4	1.4	100.0	100.0
文化娱乐服务	105	200	1.2	2.1		
其他商品和服务	115	143	1.3	1.5	60.5	59.1

注:商品性比重是指生活消费品中商品性支出所占比重,不包括自产自用部分和文化及生活服务支出。

3-23 农村居民家庭现金收入和构成

项 目	平均每人(元)		构成（%）	
	2015	2016	2015	2016
现 金 收 入	**18 278**	**21 355**	**100.0**	**100.0**
一、工资性收入	5 668	6 644	31.0	31.1
工资	4 808	5 713	26.3	26.8
其他工资性收入	860	931	4.7	4.4
二、现金经营性收入	10 105	12 230	55.3	57.3
农业	2 548	2 781	13.9	13.0
林业	14	21	0.1	0.1
牧业	3 700	4 685	20.2	21.0
渔业	376	172	2.1	0.8
采矿业				
制造业	330	370	1.8	1.7
电力、热力、燃气及水生产和供应业				
建筑业	126	71	0.7	0.3
批发和零售业	2 258	2 958	12.4	13.9
交通运输、仓储和邮政业	361	579	2.0	2.7
住宿和餐饮业				
房地产业	4	144	0.02	0.7
租赁和商务服务业				
居民服务、修理和其他服务业	215	323	1.2	1.5
其他行业	2	12	0.01	0.1
农林牧渔服务业	170	114	0.9	0.5
三、现金转移性收入	2 389	2 395	13.1	11.2
四、现金财产性收入	117	86	0.6	0.4

3-24 农村居民家庭现金支出和构成

项　　目	平均每人(元)		构成（%）	
	2015	2016	2015	2016
现 金 支 出	**15 737**	**16 110**	**100.0**	**100.0**
一、生产经营现金费用支出	**6 284**	**7 507**	**39.9**	**46.6**
农业	1 130	1 096	7.2	6.8
林业	5	13	0.03	0.1
牧业	3 496	3 956	22.2	24.6
渔业	52	74	0.3	0.5
采矿业				
制造业	94	117	0.6	0.7
电力、热力、燃气及水生产和供应业				
建筑业	35	20	0.2	0.1
交通、运输和邮电业	94	191	0.6	1.2
批发和零售贸易	1 307	1 886	8.3	11.7
住宿和餐饮业	2	26	0.0	0.2
租赁和商务服务业				
居民服务、修理和其他服务业	20	81	0.1	0.5
农林牧渔服务业	48	46	0.3	0.3
其他	1			
二、购置资产及非经常性转移支出	**2 208**	**808**	**14.0**	**5.0**
#购置生产性固定资产支出	201	60	1.3	0.4
三、部分商业保险支出	**5**	**0.4**	**0.03**	**0.0002**
四、现金财产性支出	**11**	**1**	**0.07**	**0.006**
五、现金转移性支出	**208**	**259**	**1.3**	**1.6**
六、现金生活消费支出	**6 592**	**7 272**	**41.9**	**45.1**
七、借贷性支出	**430**	**262**	**2.7**	**1.6**

3-25 主要年份农村住户人均可支配收入

（按收入水平分组）

单位：户

分　　　组	1995	2000	2010	2011	2012	2013	2014	2015	2016
调 查 户 数	**410**	**400**	**400**	**400**	**400**	**330**	**277**	**297**	**297**
200元以下		3	6	3	1				
200-300元									
300-400元		2	1						
400-500元		5							
500-600元		4				1			
600-800元	15	12	2	2					
800-1000元	34	14	2						
1000-1500元	154	70	5						
1500-2000元	100	67	6	2	1	2			
2000元以上	107	223	378	393	398	327	275	295	286

3-26 主要年份农村住户平均每人主要食品消费量

单位：千克

品名	1990	2000	2010	2011	2012	2013	2014	2015	2016
粮食	351.35	295.10	215.88	169.4	156.19	191.06	185.16	183.11	165.49
蔬菜	172.72	97.82	86.68	83.69	82.73	97.35	92.54	106.05	103.81
植物油	6.66	8.30	9.02	9.55	10.24	12.1	15.58	14.33	12.89
动物油	1.64	1.55	0.26	0.49	0.49	0.66	0.11	0.04	0.10
猪肉	10.18	10.76	11.46	11.98	12.02	15.39	14.67	14.26	14.62
牛羊肉	0.33	0.35	0.39	1.13	0.93	1.35	1.26	1.45	1.63
奶和奶制品	0.21	0.44	4.06	5.71	5.55	5.55	5.7	5.54	6.36
家禽	1.49	2.48	3.7	4.13	4.23	5.6	6.25	4.83	4.72
蛋类	2.96	4.57	6.36	5.82	5.96	6.50	7.29	8.28	5.22
水产品	3.07	5.11	7.26	7.35	8.12	9.41	9.14	9.93	9.76
食糖	1.36	1.05	0.4	0.4	0.37	0.41	2.05	0.53	0.42
酒	3.52	6.97	13.19	12.52	13.43	17.31	19.71	18.62	18.80
茶叶	0.07		0.07	0.05	0.02	0.02	0.03	0.04	0.03
糖果、糕点	1.52	1.87				2.58	2.73	2.83	2.29
水果	3.13	25.56	10.41	10.72	12.53	14.51	16.42	20.09	25.63

注:自2013年起数据为新口径数据 。

3-27 主要年份农村住户耐用物品拥有量

（按每百户年末平均拥有量计算）

品　　名	1990	2000	2010	2011	2012	2013	2014	2015	2016
自　行　车（辆）	129	146.50	108.00	88.00	92.00	85.45			
电　风　扇（台）	84	180.25							
洗　衣　机（台）	1	9.25	30.00	42.00	45.00	46.55	43.32	46.13	52.19
电　冰　箱（台）	3	19.50	67.00	82.00	87.00	79.39	81.95	84.18	86.53
摩　托　车（辆）		14.00	48.00	46.00	48.00	56.06	64.98	62.29	63.30
黑白电视机（台）	56	74.00	8.00	4.00	4.00				
彩色电视机（台）	6	48.75	121.00	127.00	130.00	129.09	140.40	140.07	145.12
收　录　机（台）	18	26.25							
照　相　机（架）	1	3.50	7.00	4.00	4.00	4.42	3.25	0.01	0.60
空　调　机（台）			36.00	54.00	56.00	60.61	62.09	66.67	74.75
电　话　机（部）			58.00	37.00	35.00	37.88	49.10	48.15	42.42
移动电话（部）			148.00	187.00	200.00	204.24	222.70	227.27	235.44
影　碟　机（台）			32.00	23.00	24.00				
微　波　炉（台）			13.00	14.00	20.00	15.15	12.10	15.15	17.17
热　水　器（台）			36.00	49.00	55.00	49.70	56.68	56.23	66.33
家用计算机（台）			8.00	12.00	15.00	21.82	16.25	21.89	19.19
家用汽车(生活用)(台）			4.00	7.00	7.00	12.42	12.64	15.82	19.53

注：自行车、电风扇、黑白电视机、收录机、影碟机已无汇总数据 。

3-28 农村住户劳动力文化程度

（2016年）

单位：百劳率（%）

地　区	文盲或半文盲	小学程度	初中程度	高中程度	中专程度	大专以上程度
南 昌 市	**5.19**	**35.73**	**41.92**	**12.87**		**4.29**
湾 里 区		22.58	58.06	12.90		6.45
青山湖区		33.33	40.74	14.81		11.11
南 昌 县	6.67	40.89	40.89	10.22		1.33
新 建 县	5.47	34.67	43.07	12.41		4.38
安 义 县	4.41	22.91	49.78	17.18		5.73
进 贤 县	5.50	47.25	31.19	11.47		4.59

主要统计指标解释

工资总额 根据《关于工资总额组成的规定》，工资总额是指本单位在报告期内（季度或年度）直接支付给本单位从业人员的劳动报酬总额。包括计时工资、计件工资、奖金、津贴和补贴、加班加点工资、特殊情况下支付的工资。

工资总额是税前工资，包括单位从个人工资中直接为其代扣或代缴的房费、个人所得税、水费、电费、住房公积金和社会保险基金个人缴纳部分等。

工资总额不论是计入成本的还是不计入成本的，不论是以货币形式支付的还是以实物形式支付的，均应列入工资总额的计算范围。

工资总额由基本工资、绩效工资、工资性津贴和补贴、其他工资四部分组成。工资总额不包括病假、事假等情况的扣款。

基本工资也可称为标准工资、合同工资、谈判工资。指本单位在报告期内（季度或年度）支付给本单位从业人员的按照法定工作时间提供正常工作的劳动报酬。各单位给个人确定的底薪可作为基本工资。包括工龄工资（年功工资）。基本工资不含定时、定额发放的各种奖金、各种津贴和补贴、加班工资，也不包括补发的上一季度或上一年度的基础工资。

绩效工资也可称为效益工资、业绩工资。指根据本单位利润增长和工作业绩定期支付给本单位从业人员的奖金；支付给本单位从业人员的超额劳动报酬和增收节支的劳动报酬。具体包括：值加班工资、绩效奖金（如年度、季度、月度等）、全勤奖、生产奖、节约奖、劳动竞赛奖和其他名目的奖金；以及某工作事项完成后的提成工资、年底双薪等。但不包括入股分红、股权激励兑现的钱和各种资本性收益。

工资性津贴和补贴指本单位制定的员工相关工资政策中，为补偿本单位从业人员特殊或额外的劳动消耗和因其他特殊原因支付的津贴，以及为保证其工资水平不受物价影响而支付的物价补贴。具体包括：补偿特殊或额外劳动消耗的津贴及岗位性津贴、保健性津贴、技术性津贴、地区津贴和其他津贴；如过节费、通讯补贴、交通补贴、不休假补贴、无食堂补贴、单位发的可自行支配的住房补贴以及上的各种商业性保险等。上述各种项目均包括货币性质的，也包括实物性质的和各种形式的充值卡、购物卡（券）等。

其他工资指上述基本工资、绩效工资、工资性津贴和补贴三类工资均不能包括的发给从业人员的工资，如补发上一年度的工资等。

平均工资 是指在报告期内单位发放工资的人均水平。计算公式为：

$$平均工资=\frac{报告期工资总额}{报告期平均人数}$$

可支配收入 指调查户在调查期内获得的、可用于最终消费支出和储蓄的总和，即调查户可以用来自由支配的收入。可支配收入既包括现金，也包括实物收入。按照收入的来源，可支配收入包含四项，分别为：工资性收入、经营净收入、财产净收入和转移净收入。计算公式为：

可支配收入= 工资性收入+ 经营净收入+ 财产净收入+ 转移净收入

其中：经营净收入= 经营收入–经营费用–生产性固定资产折旧 – 生产税

财产净收入= 财产性收入–财产性支出

转移净收入= 转移性收入–转移性支出

工资性收入 指就业人员通过各种途径得到的全部劳动报酬和各种福利，包括受雇于单位或个人、从事各种自由职业、兼职和零星劳动得到的全部劳动报酬和福利。

经营净收入 指住户或住户成员从事生产经营活动所获得的净收入,是全部经营收入中扣除经营费用、生产性固定资产折旧和生产税之后得到的净收入。计算公式具体为:

经营净收入=经营收入-经营费用-生产性固定资产折旧-生产税

财产净收入 指住户或住户成员将其所拥有的金融资产、住房等非金融资产和自然资源交由其他机构单位、住户或个人支配而获得的回报并扣除相关的费用之后得到的净收入。财产净收入包括利息净收入、红利收入、储蓄性保险净收益、转让承包土地经营权租金净收入、出租房屋净收入、出租其他资产净收入和自有住房折算净租金等。

转移性收入 指国家、单位、社会团体对住户的各种经常性转移支付和住户之间的经常性收入转移。包括政府、非行政事业单位、社会团体对居民转移的养老金或退休金、社会救济和补助、惠农补贴、政策性生活补贴、救灾款、经常性捐赠和赔偿以及报销医疗费等;住户之间的赡养收入、经常性捐赠和赔偿以及农村地区(村委会)在外(含国外)工作的本住户非常住成员寄回带回的收入等。

转移净收入计算公式为:转移净收入=转移性收入-转移性支出

消费支出 指住户用于满足家庭日常生活消费需要的全部支出,包括用于消费品的支出和用于服务性消费的支出。根据用途不同,消费支出可划分为食品烟酒、衣着、居住、生活用品及服务、交通通信、教育文化娱乐、医疗保健、其他用品及服务八大类。根据来源不同,消费支出可划分为现金消费支出、实物消费支出(含自产自用、来自单位、来自政府和其他社会组织)。

四、物　　价

PRICE

本篇内容包括：

1.居民消费价格指数
2.商品零售价格指数
3.工业生产者出厂价格指数
4.工业生产者购进价格指数

居民消费价格指数

（以上年价格为100）

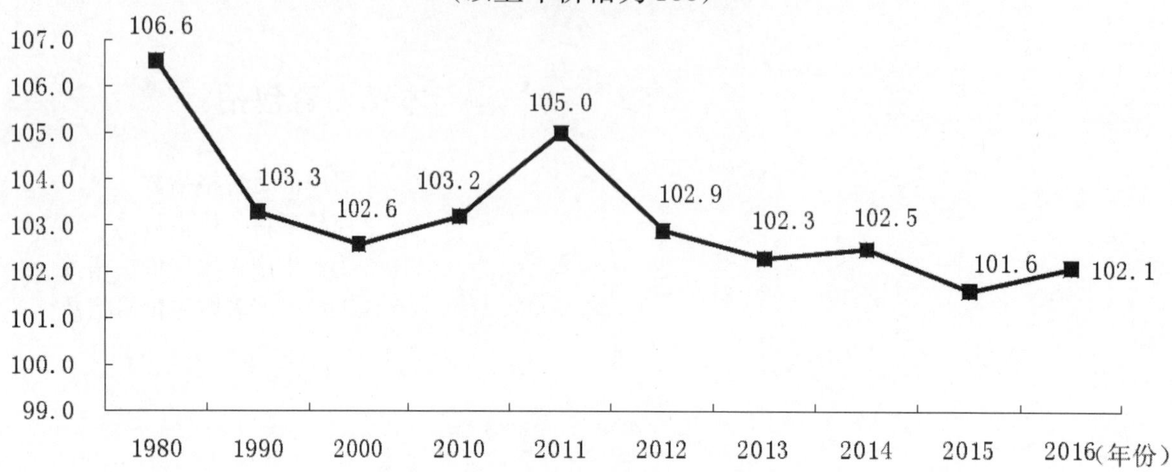

服务项目价格指数

（以上年价格为100）

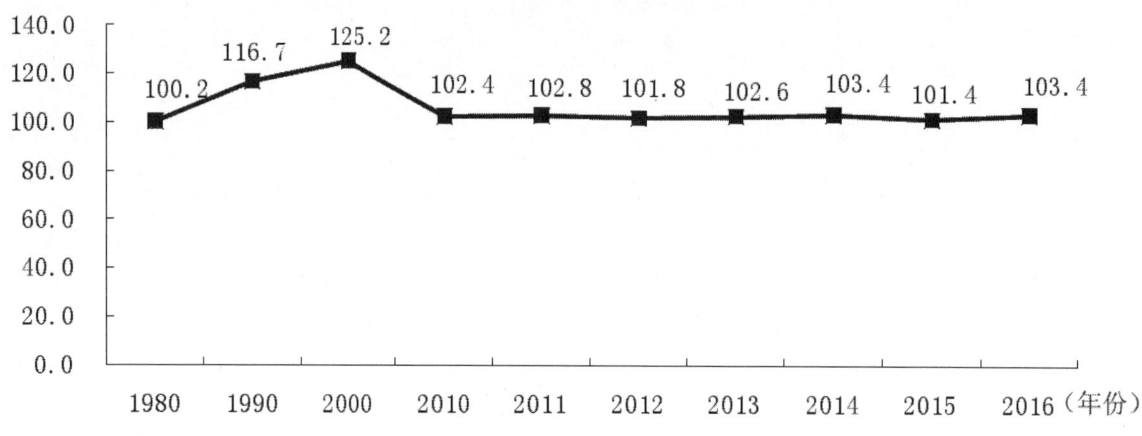

商品零售价格指数

（以上年价格为100）

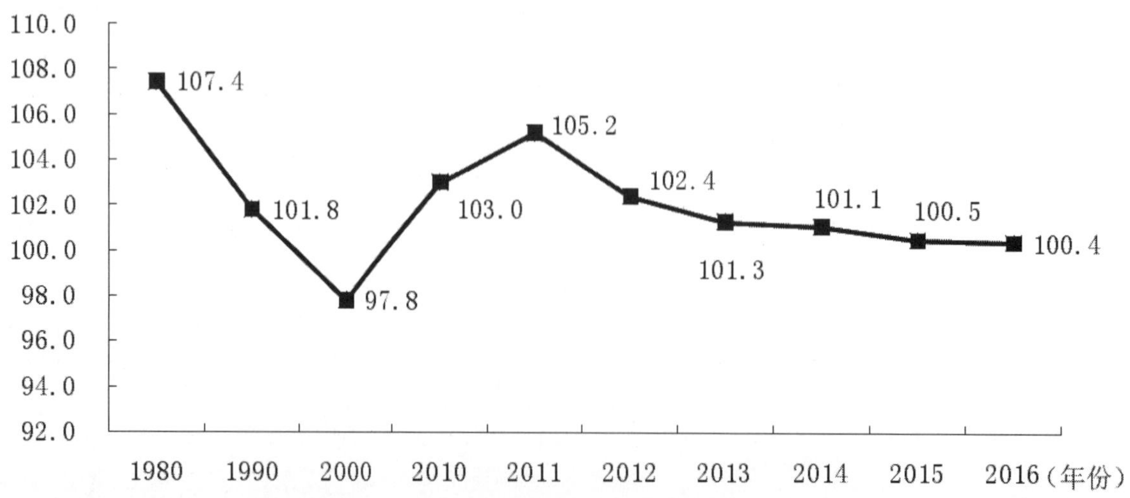

4-1 主要年份物价总指数

（以上年价格为100）

年　　份	消费价格指数	#服务项目价格指数	零售价格指数
1980	106.6	100.2	107.4
1990	103.3	116.7	101.8
2000	102.6	125.2	97.8
2010	103.2	102.4	103.0
2011	105.0	102.8	105.2
2012	102.9	101.8	102.4
2013	102.3	102.6	101.3
2014	102.5	103.4	101.1
2015	101.6	101.4	100.5
2016	102.1	103.4	100.4

4-2 居民消费价格指数

（2016年,以上年价格为100）

项　　目	2016	项　　目	2016	项　　目	2016
居民消费价格总指数	**102.1**	鞋	98.4	通信工具	76.3
一、食品烟酒	105.3	鞋类加工服务	126.3	通信服务	103.8
食　品	107.1	三、居住	101.2	邮递服务	100.0
粮　食	103.2	租赁房房租	104.8	六、教育文化和娱乐	103.4
薯　类	108.3	住房装潢材料	100.5	教　育	105.7
豆　类	103.2	物业管理费	100.0	教育用品	98.8
食用油	101.8	住房装潢维修	110.1	教育服务	105.9
菜	116.0	水电燃料	98.0	文娱耐用消费品	98.0
畜肉类	114.7	自有住房	101.6	其他文娱用品	100.4
禽肉类	106.5	四、生活用品及服务	100.0	文化娱乐服务	102.0
水产品	110.6	家　具	100.6	旅　游	102.2
蛋	97.0	室内装饰品	99.5	七、医疗保健	101.2
奶　类	101.0	大型家用器具	96.8	药品及医疗器具	103.1
干鲜瓜果	95.3	小家电	100.9	中　药	107.2
糖果糕点	99.6	家用纺织品	99.3	西　药	102.8
调味品	101.4	家庭日用杂品	99.0	医疗服务	100.0
其他食品	104.7	个人护理用品	100.6	八、其他用品和服务	99.7
茶及饮料	100.8	家庭服务	112.2	首饰手表	97.0
烟　酒	100.1	五、交通和通信	99.0	旅馆住宿	100.0
在外餐饮	102.7	交　通	100.1	美容美发洗浴	103.0
二、衣　着	99.8	交通工具	100.0	养老服务	112.3
服　装	99.2	交通工具用燃料	95.5	金融保险	100.7
服装材料	100.8	交通工具使用和维修	108.3	其他服务	100.0
其他衣着及配件	106.0	交通费	102.7		
衣着加工服务费	114.9	通信	97.0		

4-3 商品零售价格指数

（2016年,以上年价格为100）

项　目	2016	项　目	2016
商品零售价格总指数	**100.4**	床上用品	98.6
一、食　品	106.3	五、家用电器及音像器材	97.2
粮　食	103.2	家庭设备	96.8
薯　类	108.3	文娱用耐用消费品	97.5
豆　类	103.2	专业音像器材	98.7
食用油	101.8	六、文化办公用品	102.2
菜	116.0	七、日用品	99.6
畜肉类	114.7	日用百货	100.8
禽肉类	104.8	厨具餐具茶具	100.8
水产品	110.6	清洗用品	98.7
蛋	97.0	其他日用品	98.0
奶　类	101.0	八、体育娱乐用品	100.7
干鲜瓜果	95.3	体育户外用品	101.0
糖果糕点	99.6	娱乐用品	100.5
调味品	101.4	九、交通、通信用品	95.3
其他食品	104.7	十、家　具	100.6
在外餐饮	102.7	十一、化妆品	99.6
二、饮料、烟酒	100.2	十二、金银饰品	95.9
茶及饮料	100.8	十三、中西药品及医疗保健用品	103.2
烟　草	100.1	医疗卫生器具	102.3
酒　类	100.1	中　药	107.2
三、服装、鞋帽	99.1	西　药	102.8
服　装	99.0	保健器具及用品	100.3
鞋帽袜	99.1	十四、书报杂志及电子出版物	100.3
其他衣着配件	107.6	十五、燃　料	99.3
四、纺织品	99.0	十六、建筑材料及五金电料	100.5
服装材料	100.8		

4-4 居民消费价格分月指数

（2016年，以上年同月价格为100）

类　　别	1月	2月	3月	一季度平均	4月	5月	6月	二季度平均	上半年平均
居民消费价格总指数	**101.3**	**103.2**	**102.2**	**102.2**	**101.8**	**101.2**	**101.0**	**101.3**	**101.8**
一、食品烟酒	103.8	110.0	108.1	107.3	106.5	105.2	103.6	105.1	106.2
食　　品	104.7	114.2	110.7	109.9	108.1	106.8	104.6	106.5	108.2
粮　　食	102.9	103.6	103.6	103.4	104.4	104.1	103.3	103.9	103.6
薯　　类	100.3	107.8	107.2	105.1	128.5	137.7	134.8	133.6	119.2
豆　　类	104.2	107.1	102.4	104.6	103.1	103.1	102.7	102.9	103.8
食用油	103.2	99.2	105.8	102.7	101.2	99.8	101.6	100.9	101.8
菜	109.8	153.3	141.2	134.9	117.6	111.2	95.7	108.3	121.4
畜肉类	113.0	120.8	119.8	117.9	123.1	123.7	119.5	122.0	120.0
禽肉类	106.1	112.2	106.1	108.1	105.0	101.8	102.2	103.0	105.5
水产品	102.1	106.7	103.7	104.2	108.6	109.5	112.3	110.2	107.2
蛋	95.1	98.4	95.8	96.4	96.0	96.8	96.2	96.3	96.4
奶　　类	101.3	101.3	101.3	101.3	101.8	101.8	101.8	101.8	101.5
干鲜瓜果	94.5	95.1	89.3	92.9	87.8	86.9	93.2	89.3	91.1
糖果糕点	100.1	97.3	98.6	98.7	99.2	99.2	99.5	99.3	99.0
调味品	102.3	103.5	101.2	102.3	101.2	99.5	99.5	100.0	101.2
其他食品	99.0	98.7	102.9	100.2	99.4	99.8	103.0	100.7	100.5
茶及饮料	102.6	102.4	102.7	102.6	102.9	103.0	103.0	103.0	102.8
烟　　酒	102.7	102.4	102.3	102.4	102.6	100.3	99.0	100.6	101.5
在外餐饮	102.3	102.6	103.7	102.9	104.1	102.9	102.9	103.3	103.1
二、衣　　着	101.5	98.9	98.2	99.5	98.0	96.8	97.2	97.3	98.4
服　　装	102.1	100.5	97.6	100.1	96.7	95.6	96.7	96.3	98.2
服装材料	100.0	100.0	100.0	100.0	100.0	100.0	100.0	100.0	100.0
其他衣着及配件	116.1	98.8	105.6	106.9	105.6	105.7	105.8	105.7	106.3
衣着加工服务费	122.1	122.1	133.6	125.9	127.3	108.3	104.2	112.4	118.7
鞋　　类	94.9	90.7	95.2	93.6	98.3	98.3	96.6	97.8	95.7
三、居　　住	100.3	100.2	100.9	100.5	101.0	100.9	100.6	100.8	100.7
租赁房房租	102.4	102.4	104.0	103.0	104.0	104.0	104.0	104.0	103.5
住房保养维修及管理	99.9	102.6	105.0	102.5	105.1	105.1	105.1	105.1	103.8
水电燃料	99.5	98.0	98.5	98.7	98.5	97.8	96.8	97.7	98.2
自有住房	100.5	100.5	100.5	100.5	100.8	101.1	101.1	101.0	100.8
四、生活用品及服务	101.7	100.8	99.4	100.6	99.7	100.5	98.8	99.7	100.2
家具及室内装饰品	100.0	99.9	99.8	99.9	99.8	99.8	99.8	99.8	99.9
家用器具	98.1	98.2	96.3	97.5	97.7	100.3	97.7	98.6	98.0
家用纺织品	100.0	98.2	97.8	98.7	96.8	97.3	97.5	97.2	97.9
家庭日用杂品	102.6	100.9	99.2	100.9	99.2	99.6	96.6	98.5	99.7
个人护理用品	101.0	101.3	101.8	101.3	101.6	101.6	99.3	100.8	101.1
家庭服务	122.4	116.4	108.7	115.6	109.5	108.8	109.9	109.4	112.4
五、交通和通信	98.0	99.0	96.5	97.8	96.7	95.5	98.4	96.9	97.4
交　　通	99.0	100.7	97.6	99.1	98.4	97.8	99.6	98.6	98.8
通　　信	96.3	96.3	94.9	95.8	93.9	91.9	96.5	94.1	95.0
六、教育文化和娱乐	101.9	104.0	102.4	102.8	102.1	102.3	102.5	102.3	102.5
教　　育	100.3	105.8	105.8	103.9	105.8	105.8	105.7	105.7	104.8
文化娱乐	103.7	102.2	98.8	101.6	98.2	98.7	99.2	98.7	100.1
七、医疗保健	99.8	100.6	100.6	100.3	101.4	101.4	101.6	101.5	100.9
药品及医疗器具	99.4	101.5	101.5	100.8	103.5	103.5	104.0	103.7	102.2
医疗服务	100.0	100.0	100.0	100.0	100.0	100.0	100.0	100.0	100.0
八、其他用品和服务	96.6	96.6	97.7	97.0	97.8	98.3	98.6	98.2	97.6

4-4续表　　　　　　　　　　　（2016年，以上年同月价格为100）

类　　别	7月	8月	9月	三季度平　均	1－9月平　均	10月	11月	12月	四季度平　均	全年
居民消费价格总指数	**101.5**	**102.1**	**102.6**	**102.1**	**101.9**	**102.7**	**103.2**	**102.8**	**102.9**	**102.1**
一、食品烟酒	103.6	104.4	105.6	104.5	105.6	104.6	105.2	102.8	104.2	105.3
食　品	104.8	105.9	107.9	106.2	107.5	106.3	107.7	104.3	106.1	107.1
粮　食	102.9	103.0	102.8	102.9	103.4	102.5	102.7	102.7	102.7	103.2
薯　类	102.5	88.1	92.0	94.3	110.6	100.3	102.1	100.7	101.0	108.3
豆　类	102.7	102.9	102.9	102.8	103.4	102.6	102.8	102.3	102.6	103.2
食用油	103.3	100.6	100.0	101.3	101.6	103.3	102.3	101.4	102.3	101.8
菜	99.5	110.4	120.4	110.0	117.6	112.3	121.3	101.0	111.1	116.0
畜肉类	115.2	109.8	109.1	111.3	116.9	109.0	108.8	108.0	108.6	114.7
禽肉类	103.9	106.1	108.6	106.2	105.7	107.4	108.7	110.1	108.7	106.5
水产品	115.0	115.3	116.5	115.6	110.0	115.3	111.0	111.4	112.6	110.6
蛋	96.5	96.3	98.0	96.9	96.6	98.6	97.6	98.6	98.3	97.0
奶　类	100.5	100.5	100.5	100.5	101.2	100.5	100.5	100.5	100.5	101.0
干鲜瓜果	97.3	100.9	102.7	100.2	94.0	98.4	100.7	99.8	99.6	95.3
糖果糕点	99.3	98.9	99.4	99.2	99.1	100.4	101.5	102.0	101.3	99.6
调味品	100.3	101.2	101.6	101.0	101.1	101.9	102.2	102.8	102.3	101.4
其他食品	105.9	109.5	109.6	108.4	103.1	108.4	109.4	111.4	109.7	104.7
茶及饮料	100.5	99.5	98.3	99.5	101.7	97.8	98.6	98.9	98.4	100.8
烟　酒	98.8	98.9	98.3	98.6	100.5	98.8	98.8	98.8	98.8	100.1
在外餐饮	102.5	102.8	102.8	102.7	103.0	102.8	101.9	100.8	101.8	102.7
二、衣　着	99.1	99.7	97.6	98.8	98.6	101.2	104.3	104.4	103.3	99.8
服　装	96.7	96.7	95.0	96.1	97.5	100.5	106.7	105.2	104.1	99.2
服装材料	100.0	100.0	100.0	100.0	100.0	104.9	104.9	100.0	103.2	100.8
其他衣着及配件	105.8	105.8	105.8	105.8	106.1	105.8	105.9	105.7	105.8	106.0
衣着加工服务费	119.6	119.6	119.6	119.6	119.0	104.2	104.2	104.2	104.2	114.9
鞋　类	105.4	108.8	103.8	105.9	98.9	102.4	95.4	101.4	99.7	99.1
三、居　住	100.5	101.2	101.7	101.2	100.8	102.1	102.5	102.5	102.4	101.2
租赁房房租	104.0	105.5	106.8	105.5	104.2	106.8	106.8	106.8	106.8	104.8
住房保养维修及管理	104.9	105.0	105.2	105.1	104.2	105.3	105.6	105.3	105.4	104.5
水电燃料	96.5	97.0	97.6	97.0	97.8	98.3	98.8	98.9	98.6	98.0
自有住房	101.1	102.0	102.3	101.8	101.1	102.7	103.1	103.1	102.9	101.6
四、生活用品及服务	99.8	99.7	99.7	99.7	100.0	100.1	99.6	100.1	99.9	100.0
家具及室内装饰品	99.8	99.7	99.4	99.6	99.8	101.2	102.7	102.6	102.2	100.4
家用器具	97.5	97.0	96.9	97.1	97.7	97.3	95.6	97.9	96.9	97.5
家用纺织品	99.7	100.0	100.1	99.9	98.6	101.2	101.4	101.4	101.3	99.3
家庭日用杂品	98.2	97.8	98.5	98.2	99.2	98.5	98.4	98.3	98.4	99.0
个人护理用品	99.9	100.4	100.0	100.1	100.8	100.2	100.3	100.3	100.2	100.6
家庭服务	114.2	115.5	113.7	114.5	113.1	113.0	108.4	107.7	109.7	112.2
五、交通和通信	98.5	99.4	101.3	99.7	98.1	100.5	100.8	102.9	101.4	99.0
交　通	100.0	100.8	102.4	101.1	99.6	100.9	101.5	103.2	101.9	100.1
通　信	96.1	97.2	99.6	97.6	95.8	99.9	99.7	102.5	100.7	97.0
六、教育文化和娱乐	104.0	104.2	104.0	104.1	103.1	105.1	104.4	104.4	104.6	103.4
教　育	105.7	105.9	106.8	106.1	105.3	106.8	106.8	106.8	106.8	105.7
文化娱乐	102.3	102.4	101.0	101.9	100.7	103.2	101.8	101.8	102.3	101.1
七、医疗保健	101.6	101.6	101.6	101.6	101.1	101.5	101.5	101.5	101.5	101.2
药品及医疗器具	104.0	104.1	104.0	104.0	102.8	103.8	103.8	103.8	103.8	103.1
医疗服务	100.0	100.0	100.0	100.0	100.0	100.0	100.0	100.0	100.0	100.0
八、其他用品和服务	100.9	102.1	102.2	101.7	99.0	101.5	102.1	102.3	101.9	99.7

4-5 居民消费价格分月指数

（2016年,以上月价格为100）

类　　别	1 月	2 月	3 月	4 月	5 月	6 月
居民消费价格总指数	**100.4**	**102.4**	**98.9**	**99.8**	**99.6**	**100.3**
一、食品烟酒	100.7	107.1	98.3	98.8	98.6	99.9
食　品	101.2	111.0	97.1	98.1	98.3	99.8
粮　食	100.4	100.6	100.1	100.8	100.1	99.8
薯　类	103.7	109.2	99.1	115.9	103.7	105.0
豆　类	101.7	102.9	96.6	100.5	100.0	99.7
食用油	101.2	96.1	103.0	99.9	99.7	102.8
菜	100.4	141.9	91.0	88.9	87.5	88.6
畜肉类	102.7	108.0	98.4	101.1	101.4	99.7
禽肉类	99.7	109.8	96.9	99.5	99.6	101.1
水产品	101.5	106.1	98.6	103.1	101.8	102.9
蛋	100.7	103.6	95.4	97.3	99.3	100.6
奶　类	100.0	100.0	100.0	100.5	100.0	100.0
干鲜瓜果	102.3	108.5	96.2	96.4	101.8	111.5
糖果糕点	99.7	97.1	101.3	100.7	100.0	100.2
调味品	100.0	101.1	100.1	100.0	98.4	99.9
其他食品	102.5	99.8	104.4	96.6	100.3	102.0
茶及饮料	100.1	99.8	100.3	100.2	100.1	100.1
烟　酒	99.6	99.6	99.4	99.8	100.1	100.4
在外餐饮	99.6	100.3	101.1	100.4	98.8	100.0
二、衣　着	100.7	96.7	97.4	100.8	99.6	101.1
服　装	100.0	97.5	96.0	99.5	100.0	102.1
服装材料	100.0	100.0	100.0	100.0	100.0	100.0
其他衣着及配件	124.2	85.2	100.0	100.0	100.0	100.0
衣着加工服务费	100.0	100.0	109.4	95.2	100.0	100.0
鞋　类	100.0	95.6	100.4	107.2	98.1	97.9
三、居　　住	100.0	100.0	100.5	100.0	100.1	99.7
租赁房房租	100.0	100.0	102.8	100.0	100.0	100.0
住房保养维修及管理	100.0	102.4	102.4	100.1	100.1	100.0
水电燃料	99.8	99.0	99.7	99.6	99.8	98.8
自有住房	100.0	100.0	100.0	100.3	100.3	100.0
四、生活用品及服务	100.7	99.8	99.2	100.0	100.2	99.0
家具及室内装饰品	100.0	99.9	99.9	100.1	100.0	100.0
家用器具	100.1	99.8	98.8	101.1	100.2	99.2
家用纺织品	102.0	98.2	99.6	98.6	100.5	100.2
家庭日用杂品	101.1	98.7	98.9	99.4	100.5	97.6
个人护理用品	100.3	100.6	100.9	99.8	100.0	97.7
家庭服务	101.3	103.8	96.3	100.0	100.0	102.7
五、交通和通信	99.8	101.0	98.2	100.2	99.7	102.3
交　　通	99.7	101.7	98.1	100.9	100.8	101.4
通　　信	100.0	100.0	98.3	99.0	97.8	103.8
六、教育文化和娱乐	101.0	102.7	98.4	100.2	100.7	100.8
教　　育	100.0	105.5	100.0	100.0	100.0	99.9
文化娱乐	102.2	99.8	96.6	100.4	101.4	101.8
七、医疗保健	100.0	100.8	100.0	100.8	100.0	100.0
药品及医疗器具	100.0	102.0	100.0	102.0	100.0	100.0
医疗服务	100.0	100.0	100.0	100.0	100.0	100.0
八、其他用品和服务	99.3	100.0	100.6	100.0	100.4	100.2

4-5续表　　（2016年,以上月价格为100）

类　　别	7　月	8　月	9　月	10　月	11　月	12　月
居民消费价格总指数	**100.1**	**100.3**	**100.4**	**99.9**	**100.5**	**100.1**
一、食品烟酒	100.0	100.8	100.9	98.7	100.0	99.2
食　　品	99.9	101.2	101.5	98.0	100.0	98.8
粮　　食	100.1	100.2	99.9	99.9	100.4	100.4
薯　　类	82.2	82.7	98.3	104.0	101.1	101.4
豆　　类	100.0	100.2	100.0	99.7	100.8	100.3
食 用 油	100.6	98.1	99.1	101.7	99.1	100.3
菜	104.8	109.9	107.1	94.5	104.5	92.8
畜 肉 类	97.9	99.5	100.8	99.9	98.9	99.8
禽 肉 类	100.2	102.4	103.3	98.1	99.4	100.3
水 产 品	101.2	100.3	101.7	98.3	95.7	100.1
蛋	96.6	101.4	103.9	99.9	98.5	101.7
奶　　类	100.0	100.0	100.0	100.0	100.0	100.0
干鲜瓜果	99.0	98.4	97.7	91.6	98.6	99.5
糖果糕点	100.2	99.7	100.4	101.1	101.1	100.5
调 味 品	100.8	100.9	100.4	100.3	100.3	100.6
其他食品	102.4	103.5	99.5	99.7	100.9	99.5
茶及饮料	100.0	99.0	98.8	99.5	100.8	100.3
烟　　酒	99.8	100.0	99.4	100.6	100.0	100.0
在外餐饮	100.3	100.3	100.0	100.0	100.0	100.0
二、衣　　着	100.0	100.6	98.7	103.0	105.6	100.3
服　　装	100.0	100.0	97.6	105.1	108.0	100.0
服装材料	100.0	100.0	100.0	104.9	100.0	95.4
其他衣着及配件	100.0	100.0	100.0	100.0	100.2	99.8
衣着加工服务费	100.0	100.0	100.0	100.0	100.0	100.0
鞋　　类	100.0	103.3	102.6	96.3	98.4	102.2
三、居　　住	99.7	100.5	100.8	100.5	100.4	100.2
租赁房房租	100.0	101.4	102.4	100.0	100.0	100.0
住房保养维修及管理	99.8	99.8	100.2	100.2	100.5	99.8
水电燃料	99.1	100.0	100.6	101.1	100.5	100.9
自有住房	100.0	100.9	100.7	100.4	100.4	100.0
四、生活用品及服务	100.6	99.9	100.0	100.5	99.7	100.6
家具及室内装饰品	100.0	99.8	99.8	101.7	101.5	99.9
家用器具	99.3	99.2	99.9	100.0	97.9	102.4
家用纺织品	100.3	100.2	100.1	101.5	100.2	100.0
家庭日用杂品	101.8	99.6	100.5	100.4	99.9	100.0
个人护理用品	100.6	100.7	99.6	100.2	100.1	100.0
家庭服务	102.3	101.2	100.0	100.0	100.0	100.0
五、交通和通信	99.8	99.3	101.0	100.0	100.0	101.6
交　　通	99.9	99.0	100.7	100.1	100.1	100.9
通　　信	99.6	100.0	101.6	99.9	99.9	102.8
六、教育文化和娱乐	101.2	100.2	99.8	99.6	100.1	99.8
教　　育	100.0	100.2	101.2	100.0	100.0	100.0
文化娱乐	102.5	100.1	98.1	99.2	100.1	99.5
七、医疗保健	100.0	100.0	100.0	99.9	100.0	100.0
药品及医疗器具	100.0	100.0	99.9	99.8	100.0	100.0
医疗服务	100.0	100.0	100.0	100.0	100.0	100.0
八、其他用品和服务	100.9	100.3	100.3	99.4	100.0	100.7

4-6 商品零售价格分月指数

（2016年,以上年同月价格为100）

类　　别	1 月	2 月	3 月	一季度平 均	4 月	5 月	6 月	二季度平 均	上半年平 均
商品零售价格总指数	**100.1**	**101.2**	**100.2**	**100.5**	**99.9**	**99.2**	**99.2**	**99.4**	**100.0**
一、食　　品	104.2	111.7	109.2	108.4	107.2	105.9	104.3	105.8	107.1
粮　　食	102.9	103.6	103.6	103.4	104.4	104.1	103.3	103.9	103.6
薯　　类	100.3	107.8	107.2	105.1	128.5	137.7	134.8	133.6	119.2
豆　　类	104.2	107.1	102.4	104.6	103.1	103.1	102.7	102.9	103.8
食 用 油	103.2	99.2	105.8	102.7	101.2	99.8	101.6	100.9	101.8
菜	109.8	153.3	141.2	134.9	117.6	111.2	95.7	108.3	121.4
畜 肉 类	113.0	120.8	119.8	117.9	123.1	123.7	119.5	122.0	120.0
禽 肉 类	105.4	110.8	104.6	106.9	103.5	99.9	100.3	101.2	104.0
水 产 品	102.1	106.7	103.7	104.2	108.6	109.5	112.3	110.2	107.2
蛋	95.1	98.4	95.8	96.4	96.0	96.8	96.2	96.3	96.4
奶　　类	101.3	101.3	101.3	101.3	101.8	101.8	101.8	101.8	101.5
干鲜瓜果	94.5	95.1	89.3	92.9	87.8	86.9	93.2	89.3	91.1
糖果糕点	100.1	97.3	98.6	98.7	99.2	99.2	99.5	99.3	99.0
调 味 品	102.3	103.5	101.2	102.3	101.2	99.5	99.5	100.0	101.2
其他食品	99.0	98.7	102.9	100.2	99.4	99.8	103.0	100.7	100.5
在外餐饮	102.3	102.6	103.7	102.9	104.1	102.9	102.9	103.3	103.1
二、饮料、烟酒	102.5	102.2	102.2	102.3	102.3	100.8	99.9	101.0	101.6
茶及饮料	102.6	102.4	102.7	102.6	102.9	103.0	103.0	103.0	102.8
烟　　草	103.8	103.2	103.4	103.5	104.2	100.3	98.2	100.8	102.1
酒　　类	100.8	100.8	100.3	100.7	99.7	100.2	100.4	100.1	100.4
三、服装、鞋帽	101.5	98.6	97.3	99.1	97.5	96.4	96.5	96.8	98.0
四、纺 织 品	100.0	98.1	97.7	98.6	96.7	97.3	97.4	97.2	97.9
五、家用电器及音像器材	98.9	98.7	96.5	98.0	96.9	98.5	96.8	97.4	97.7
六、文化办公用品	99.9	99.0	98.8	99.3	98.6	98.6	98.1	98.4	98.8
七、日 用 品	102.1	100.8	100.3	101.1	100.3	100.6	99.0	100.0	100.5
八、体育娱乐用品	100.4	101.0	100.3	100.6	100.3	100.3	100.4	100.3	100.5
体育户外用品	100.0	100.0	100.0	100.0	100.0	100.0	100.0	100.0	100.0
娱乐用品	100.7	101.6	100.5	100.9	100.5	100.5	100.6	100.5	100.7
九、交通、通信用品	96.2	95.5	94.8	95.5	94.1	92.3	95.2	93.9	94.7
十、家　　具	100.0	99.9	99.7	99.9	99.7	99.7	99.7	99.7	99.8
十一、化 妆 品	100.5	100.8	100.7	100.7	100.5	100.4	97.9	99.6	100.1
十二、金银饰品	87.6	87.6	90.1	88.4	90.4	91.7	92.6	91.6	90.0
十三、中西药品及医疗保健用品	99.4	101.4	101.4	100.7	103.8	103.8	104.3	103.9	102.3
十四、书报杂志及电子出版物	99.7	100.2	100.2	100.0	100.2	100.2	100.2	100.2	100.1
十五、燃　　料	99.1	97.7	96.9	97.9	97.3	95.4	95.5	96.1	97.0
十六、建筑材料及五金电料	99.8	100.1	100.0	100.0	100.1	100.2	100.2	100.2	100.1

4-6续表 （2016年,以上年同月价格为100）

类　　别	7 月	8 月	9 月	三季度平 均	1－9月平 均	10 月	11 月	12 月	四季度平 均	全年
商品零售价格总指数	**99.8**	**100.4**	**100.8**	**100.3**	**100.1**	**101.1**	**101.6**	**101.3**	**101.3**	**100.4**
一、食　品	104.7	105.6	107.1	105.8	106.6	105.8	106.6	103.8	105.4	106.3
粮　食	102.9	103.0	102.8	102.9	103.4	102.5	102.7	102.7	102.7	103.2
薯　类	102.5	88.1	92.0	94.3	110.6	100.3	102.1	100.7	101.0	108.3
豆　类	102.7	102.9	102.9	102.8	103.4	102.6	102.8	102.3	102.6	103.2
食 用 油	103.3	100.6	100.0	101.3	101.6	103.3	102.3	101.4	102.3	101.8
菜	99.5	110.4	120.4	110.0	117.6	112.3	121.3	101.0	111.1	116.0
畜 肉 类	115.2	109.8	109.1	111.3	116.9	109.0	108.8	108.0	108.6	114.7
禽 肉 类	102.0	104.1	106.5	104.2	104.1	105.4	107.1	108.9	107.1	104.8
水 产 品	115.0	115.3	116.5	115.6	110.0	115.3	111.0	111.4	112.6	110.6
蛋	96.5	96.3	98.0	96.9	96.6	98.6	97.6	98.6	98.3	97.0
奶　类	100.5	100.5	100.5	100.5	101.2	100.5	100.5	100.5	100.5	101.0
干鲜瓜果	97.3	100.9	102.7	100.2	94.0	98.4	100.7	99.8	99.6	95.3
糖果糕点	99.3	98.9	99.4	99.2	99.1	100.4	101.5	102.0	101.3	99.6
调 味 品	100.3	101.2	101.6	101.0	101.1	101.9	102.2	102.8	102.3	101.4
其他食品	105.9	109.5	109.6	108.4	103.1	108.4	109.4	111.4	109.7	104.7
在外餐饮	102.5	102.8	102.8	102.7	103.0	102.8	101.9	100.8	101.8	102.7
二、饮料、烟酒	99.3	99.1	98.3	98.9	100.7	98.7	98.9	98.9	98.9	100.2
茶及饮料	100.5	99.5	98.3	99.5	101.7	97.8	98.6	98.9	98.4	100.8
烟　草	98.2	98.2	98.2	98.2	100.8	98.2	98.2	98.2	98.2	100.1
酒　类	100.0	100.1	98.4	99.5	100.1	100.0	100.0	100.0	100.0	100.1
三、服装、鞋帽	98.1	98.7	96.5	97.7	97.9	100.6	103.9	103.8	102.8	99.1
四、纺 织 品	99.6	99.6	99.6	99.6	98.5	100.7	100.9	100.0	100.5	99.0
五、家用电器及音像器材	96.5	97.0	96.9	96.8	97.4	97.0	95.6	97.1	96.5	97.2
六、文化办公用品	106.1	105.5	105.2	105.6	101.1	105.7	104.6	105.8	105.4	102.2
七、日 用 品	99.8	98.5	98.7	99.0	100.0	98.6	98.3	98.2	98.4	99.6
八、体育娱乐用品	100.4	100.4	100.6	100.5	100.5	101.9	101.0	101.0	101.3	100.7
体育户外用品	100.0	100.0	101.9	100.6	100.2	103.3	103.3	103.3	103.3	101.0
娱乐用品	100.6	100.6	99.8	100.4	100.6	101.0	99.7	99.7	100.2	100.5
九、交通、通信用品	95.0	95.7	96.3	95.6	95.0	96.4	96.3	96.3	96.4	95.3
十、家　具	99.7	99.7	99.7	99.7	99.8	101.7	103.7	103.7	103.0	100.6
十一、化 妆 品	98.7	99.3	98.9	99.0	99.7	99.0	99.1	99.2	99.1	99.6
十二、金银珠宝	99.4	104.4	104.1	102.6	94.0	101.2	103.2	102.0	102.1	95.9
十三、中西药品及医疗保健用品	104.3	104.4	104.3	104.3	103.0	104.0	104.0	104.0	104.0	103.2
十四、书报杂志及电子出版物	100.2	100.2	100.6	100.4	100.2	100.6	100.6	100.5	100.6	100.3
十五、燃　料	95.9	98.1	101.8	98.6	97.5	102.8	104.6	107.1	104.8	99.3
十六、建筑材料及五金电料	100.2	100.5	100.9	100.5	100.2	101.0	101.6	101.1	101.2	100.5

4-7 价格指数

（2016年,以主要年份为基期）

指　　标	居民消费价格指数	零售物价指数	服务项目价格指数
以1980年价格为100	718.8	485.6	2124.8
以1990年价格为100	343.8	232.4	1043.9
以2000年价格为100	138.7	121.9	148.5
以2010年价格为100	117.4	111.2	116.4
以2011年价格为100	111.9	105.7	113.1
以2012年价格为100	108.7	103.3	111.3
以2013年价格为100	106.3	102.0	108.4
以2014年价格为100	103.7	100.9	104.8
以2015年价格为100	102.1	100.4	103.4

4-8 工业生产者出厂价格指数

（2016年，以上年价格为100）

项　　目	2016	项　　目	2016
工业生产者出厂价格总指数	**99.07**	四、按行业大类分	
一、按轻重工业分		农副食品加工业	97.54
轻工业	99.28	食品制造业	100.20
以农产品为原料	98.72	酒、饮料和精制茶制造业	100.05
以非农产品为原料	100.55	烟草制品业	100.04
重工业	98.95	纺织业	98.55
采　　掘		纺织服装、服饰业	97.97
原材料	97.57	皮革、毛皮、羽毛及其制品和制鞋业	100.69
加　　工	99.39	木材加工和木、竹、藤、棕、草制品业	100.91
二、按生产生活资料分		家具制造业	100.04
生产资料	98.45	造纸和纸制品业	98.05
采　　掘		印刷和记录媒介复制业	101.02
原材料	97.45	文教、工美、体育和娱乐用品制造业	100.01
加　　工	98.72	化学原料和化学制品制造业	100.00
生活资料	100.46	医药制造业	101.21
食　　品	100.10	橡胶和塑料制品业	98.94
衣　　着	98.89	非金属矿物制品业	99.26
一般日用品	102.23	黑色金属冶炼和压延加工业	102.00
耐用消费品	99.83	有色金属冶炼和压延加工业	93.86
三、按工业部门分		金属制品业	96.96
冶金工业	98.82	通用设备制造业	99.13
电力工业	97.55	专用设备制造业	100.11
煤炭及炼焦工业		汽车制造业	100.00
石油工业	87.56	铁路、船舶、航空航天和其他运输设备制造业	101.36
化学工业	100.38	电气机械和器材制造业	97.71
机械工业	99.44	计算机、通信和其他电子设备制造业	99.75
建筑材料工业	97.28	仪器仪表制造业	100.20
森林工业	100.81	废弃资源综合利用业	94.33
食品工业	98.78	电力、热力生产和供应业	97.55
纺织工业	98.55	燃气生产和供应业	87.56
缝纫工业	97.97	水的生产和供应业	100.04
皮革工业	101.34		
造纸工业	98.05		
文教艺术用品工业	100.90		
其它工业	102.77		

4-9 工业生产者购进价格指数

（2016年,以上年价格为100）

项　　目	2016	项　　目	2016
工业生产者购进价格总指数	**98.29**	烟草制品业	100.50
一、按九大类分		纺织业	100.11
燃料、动力类	98.32	皮革、毛皮、羽毛及其制品和制鞋业	99.49
黑色金属材料类	95.33	木材加工和木、竹、藤、棕、草制品业	97.04
其中:钢材	94.51	造纸和纸制品业	99.80
其它	96.54	印刷和记录媒介复制业	104.59
有色金属材料及电线类	98.54	石油加工、炼焦和核燃料加工业	95.60
化工原料类	97.61	化学原料和化学制品制造业	97.10
木材及纸浆类	99.65	医药制造业	100.45
建筑材料及非金属类	99.47	橡胶和塑料制品业	99.24
其它工业原材料及半成品类	99.63	非金属矿物制品业	96.39
农副产品类	97.22	黑色金属冶炼和压延加工业	94.89
纺织原料类	100.11	有色金属冶炼和压延加工业	99.07
二、按工业行业分		金属制品业	95.61
农业	97.83	通用设备制造业	99.83
林业	93.73	汽车制造业	99.67
畜牧业	99.36	铁路、船舶、航空航天和其他运输设备制造业	99.91
煤炭开采和洗选业	95.68	电气机械和器材制造业	96.71
黑色金属矿采选业	96.60	计算机、通信和其他电子设备制造业	100.79
有色金属矿采选业	95.41	仪器仪表制造业	89.65
非金属矿采选业	102.46	废弃资源综合利用业	98.33
农副食品加工业	99.66	电力、热力生产和供应业	100.13
食品制造业	98.79	燃气生产和供应业	94.57
酒、饮料和精制茶制造业	100.33	水的生产和供应业	100.07

4-10 工业生产者出厂价格分月指数

（2016年，以上年同期价格为100）

类　　别	1月	2月	3月	4月	5月	6月
工业生产者出厂价格指数	**96.32**	**96.77**	**97.06**	**98.12**	**98.56**	**98.26**
一、按轻重工业分						
轻　工　业	99.34	99.22	99.16	98.90	98.83	98.88
以农产品为原料	99.09	99.10	99.06	98.56	98.39	98.26
以非农产品为原料	99.92	99.49	99.38	99.66	99.79	100.28
重 工 业	94.68	95.43	95.90	97.69	98.41	97.91
采　　掘						
原 材 料	96.01	95.45	95.11	96.98	98.18	98.11
加　　工	94.26	95.42	96.16	97.91	98.48	97.85
二、按生产生活资料分						
生产资料	94.50	95.22	95.74	97.13	97.76	97.34
采　　掘						
原 材 料	95.83	95.24	94.87	96.82	98.08	98.03
加　　工	94.15	95.22	95.98	97.21	97.68	97.15
生活资料	100.58	100.35	100.08	100.39	100.37	100.33
食　　品	100.44	100.59	100.19	100.62	100.41	100.16
衣　　着	100.66	100.34	100.57	99.37	99.61	99.18
一般日用品	100.43	100.44	100.32	100.84	101.31	102.31
耐用消费品	101.07	99.62	99.27	99.74	99.40	98.76
三、按工业部门分						
冶金工业	82.32	85.49	89.47	94.54	96.06	93.17
电力工业	95.66	95.30	95.00	97.31	98.55	98.46
煤炭及炼焦工业						
石油工业	96.34	85.51	85.52	85.57	85.66	84.66
化学工业	99.45	99.97	99.79	100.68	100.70	100.33
机械工业	99.37	99.07	99.16	99.48	99.30	99.06
建筑材料工业	90.31	92.52	88.37	89.80	94.28	97.31
森林工业	101.11	101.14	101.11	101.04	101.07	101.19
食品工业	99.09	99.11	98.93	98.27	98.32	98.13
纺织工业	98.16	98.14	98.57	98.38	98.03	98.19
缝纫工业	100.39	99.96	100.41	98.81	98.59	97.50
皮革工业	101.33	101.29	100.94	100.85	102.25	103.64
造纸工业	98.82	99.41	98.77	99.72	97.67	97.65
文教艺术用品工业	100.10	100.10	100.12	100.13	100.10	101.67
其它工业	101.65	100.67	99.73	100.24	100.55	102.17

4-10续表1　　（2016年，以上年同期价格为100）

类　别	7月	8月	9月	10月	11月	12月	累计
工业生产者出厂价格指数	**99.43**	**99.41**	**99.76**	**100.68**	**101.72**	**102.95**	**99.07**
一、按轻重工业分							
轻　工　业	98.94	98.97	99.12	99.54	100.26	100.24	99.28
以农产品为原料	98.34	98.29	98.55	98.61	99.09	99.27	98.72
以非农产品为原料	100.28	100.49	100.37	101.63	102.86	102.41	100.55
重　工　业	99.71	99.67	100.13	101.33	102.56	104.50	98.95
采　　掘							
原　材　料	98.27	98.15	98.56	98.58	98.82	98.89	97.57
加　　工	100.17	100.16	100.63	102.21	103.76	106.32	99.39
二、按生产生活资料分							
生产资料	99.03	99.02	99.56	100.68	101.99	103.94	98.45
采　　掘							
原　材　料	98.20	98.06	98.47	98.50	98.75	98.80	97.45
加　　工	99.25	99.28	99.85	101.27	102.86	105.34	98.72
生活资料	100.32	100.29	100.21	100.67	101.13	100.77	100.46
食　　品	99.90	99.60	99.63	99.64	100.01	99.98	100.10
衣　　着	98.39	98.08	97.86	97.52	98.14	97.06	98.89
一般日用品	102.72	102.88	103.03	103.61	104.73	104.19	102.23
耐用消费品	99.21	99.76	99.16	101.04	100.77	100.16	99.83
三、按工业部门分							
冶金工业	101.92	101.43	102.26	108.42	113.76	124.37	98.82
电力工业	98.56	98.39	98.37	98.38	98.41	98.42	97.55
煤炭及炼焦工业							
石油工业	87.92	87.92	87.90	87.91	87.93	87.94	87.56
化学工业	100.23	100.12	100.58	100.81	100.78	101.08	100.38
机械工业	99.18	99.29	99.25	99.71	100.16	100.30	99.44
建筑材料工业	98.35	99.81	103.48	103.54	105.58	105.70	97.28
森林工业	101.14	100.84	100.11	100.12	100.35	100.49	100.81
食品工业	98.40	98.43	98.67	98.79	99.41	99.77	98.78
纺织工业	98.31	98.33	99.07	98.93	99.13	99.37	98.55
缝纫工业	97.07	97.10	96.65	96.40	97.10	95.77	97.97
皮革工业	101.91	100.70	101.13	100.56	100.96	100.57	101.34
造纸工业	97.54	96.91	97.05	97.68	97.48	97.93	98.05
文教艺术用品工业	101.54	101.54	101.44	101.35	101.35	101.35	100.90
其它工业	102.75	102.74	103.26	104.67	108.84	105.99	102.77

4-10续表2-1　　（2016年,以上年同期价格为100）

类　　别	1月	2月	3月	4月	5月	6月
四、按工业行业分						
农副食品加工业	97.64	97.93	97.74	96.43	96.52	96.16
食品制造业	100.59	100.02	100.13	100.33	100.24	100.17
酒、饮料和精制茶制造业	102.13	101.63	100.50	100.27	100.47	100.77
烟草制品业	100.12	100.07	100.09	100.15	100.13	100.04
纺织业	98.16	98.14	98.57	98.38	98.03	98.19
纺织服装、服饰业	100.39	99.96	100.41	98.81	98.59	97.50
皮革、毛皮、羽毛及其制品和制鞋业	100.72	100.75	100.41	100.62	101.53	102.45
木材加工和木、竹、藤、棕、草制品业	101.25	101.28	101.25	101.16	101.20	101.35
家具制造业	100.12	100.07	100.09	100.15	100.13	100.04
造纸和纸制品业	98.82	99.41	98.77	99.72	97.67	97.65
印刷和记录媒介复制业	100.16	100.14	100.13	100.07	100.03	101.80
文教、工美、体育和娱乐用品制造业	99.96	99.94	100.04	100.24	100.22	100.21
化学原料和化学制品制造业	99.44	99.29	99.29	99.37	99.75	99.49
医药制造业	100.57	101.38	100.80	101.96	102.07	101.52
橡胶和塑料制品业	96.56	97.45	97.93	99.55	98.81	98.69
非金属矿物制品业	92.71	94.19	90.35	91.70	95.64	99.08
黑色金属冶炼和压延加工业	78.91	83.83	90.34	99.55	101.50	95.15
有色金属冶炼和压延加工业	82.31	84.13	86.14	84.33	85.64	87.79
金属制品业	91.52	91.05	91.46	94.22	95.07	95.34
通用设备制造业	99.32	99.32	98.48	98.68	98.85	99.34
专用设备制造业	99.75	99.71	99.86	100.27	100.44	100.19
汽车制造业	100.34	99.88	100.01	99.96	99.97	99.89
铁路、船舶、航空航天和其他运输设备制造业	99.45	99.40	101.57	101.64	102.11	103.01
电气机械和器材制造业	96.69	96.49	97.10	97.73	97.22	96.87
计算机、通信和其他电子设备制造业	100.23	99.85	99.12	100.23	99.37	98.17
仪器仪表制造业	100.28	100.24	100.25	100.31	100.29	100.20
废弃资源综合利用业	103.83	101.93	92.68	92.73	92.71	92.63
电力、热力生产和供应业	95.66	95.30	95.00	97.31	98.55	98.46
燃气生产和供应业	96.34	85.51	85.52	85.57	85.66	84.66
水的生产和供应业	100.12	100.07	100.09	100.15	100.13	100.04

4-10续表2-2 （2016年，以上年同期价格为100）

类　　别	7月	8月	9月	10月	11月	12月	累计
四、按工业行业分							
农副食品加工业	96.84	97.16	97.57	97.90	98.96	99.69	97.54
食品制造业	100.00	99.88	100.12	100.20	100.33	100.38	100.20
酒、饮料和精制茶制造业	100.23	99.07	99.14	98.54	99.02	98.87	100.05
烟草制品业	99.98	99.97	99.95	99.96	99.98	100.00	100.04
纺织业	98.31	98.33	99.07	98.93	99.13	99.37	98.55
纺织服装、服饰业	97.07	97.10	96.65	96.40	97.10	95.77	97.97
皮革、毛皮、羽毛及其制品和制鞋业	100.94	99.85	100.37	99.89	100.52	100.23	100.69
木材加工和木、竹、藤、棕、草制品业	101.29	100.95	100.13	100.14	100.39	100.55	100.91
家具制造业	99.98	99.97	99.95	99.96	99.98	100.00	100.04
造纸和纸制品业	97.54	96.91	97.05	97.68	97.48	97.93	98.05
印刷和记录媒介复制业	101.76	101.76	101.67	101.55	101.55	101.58	101.02
文教、工美、体育和娱乐用品制造业	99.91	99.93	99.89	99.95	99.94	99.91	100.01
化学原料和化学制品制造业	99.44	99.52	101.00	101.14	101.05	101.20	100.00
医药制造业	101.38	100.97	100.92	100.93	100.99	100.98	101.21
橡胶和塑料制品业	98.57	98.92	99.23	100.21	100.03	101.40	98.94
非金属矿物制品业	100.26	101.48	104.72	105.45	109.16	107.81	99.26
黑色金属冶炼和压延加工业	107.51	105.35	105.86	113.41	119.21	134.28	102.00
有色金属冶炼和压延加工业	95.66	96.83	97.73	104.05	110.96	118.49	93.86
金属制品业	96.57	97.52	99.08	101.87	104.09	107.40	96.96
通用设备制造业	99.09	98.89	99.43	99.36	99.28	99.50	99.13
专用设备制造业	100.15	100.20	100.09	100.09	100.18	100.43	100.11
汽车制造业	99.94	99.74	99.82	99.95	100.14	100.30	100.00
铁路、船舶、航空航天和其他运输设备制造业	102.94	100.96	101.43	101.94	99.98	101.97	101.36
电气机械和器材制造业	97.05	97.52	97.65	97.91	99.87	100.58	97.71
计算机、通信和其他电子设备制造业	98.82	99.88	98.80	101.35	101.20	99.96	99.75
仪器仪表制造业	100.14	100.13	100.11	100.12	100.14	100.16	100.20
废弃资源综合利用业	92.57	92.57	92.55	92.56	92.58	92.59	94.33
电力、热力生产和供应业	98.56	98.39	98.37	98.38	98.41	98.42	97.55
燃气生产和供应业	87.92	87.92	87.90	87.91	87.93	87.94	87.56
水的生产和供应业	99.98	99.97	99.95	99.96	99.98	100.00	100.04

4-11 工业生产者购进价格分月指数

（2016年,以上年同期价格为100）

类　　别	1月	2月	3月	4月	5月	6月
工业生产者购进价格指数	**94.62**	**94.31**	**94.65**	**96.13**	**97.27**	**96.69**
一、按九大类分						
燃料、动力类	97.18	97.07	96.24	96.35	96.64	97.17
黑色金属材料类	78.61	78.64	82.19	90.27	97.20	90.81
钢材	87.37	87.04	90.14	91.99	92.51	92.45
其它	66.65	66.89	71.11	87.75	104.16	88.44
有色金属材料及电线类	90.41	91.22	93.05	92.84	93.03	95.00
化工原料类	96.08	95.45	95.71	96.08	96.15	96.16
木材及纸浆类	97.68	96.96	97.11	97.55	97.65	98.27
建筑材料及非金属类	95.46	94.93	95.73	96.87	97.53	98.61
其它工业原材料及半成品类	99.80	98.51	98.49	98.52	98.74	99.11
农副产品类	95.25	95.89	94.27	95.53	94.77	95.08
纺织原料类	99.35	99.50	99.44	99.49	99.72	99.83
二、按工业行业分						
农业	97.13	96.92	94.51	95.59	95.28	95.64
林业	87.20	90.80	91.25	93.81	90.87	90.76
畜牧业	99.16	99.05	99.27	98.68	98.39	99.09
煤炭开采和洗选业	91.34	91.67	89.30	90.21	91.29	93.07
黑色金属矿采选业	65.24	65.54	69.85	87.39	104.76	88.04
有色金属矿采选业	87.90	85.79	82.34	84.44	91.48	93.33
非金属矿采选业	97.01	96.76	98.99	101.10	101.12	102.32
农副食品加工业	97.60	97.50	97.22	96.88	96.97	98.57
食品制造业	97.10	96.89	98.42	98.33	98.58	98.94
酒、饮料和精制茶制造业	101.14	100.73	100.82	100.55	100.34	100.45
烟草制品业	107.49	99.78	99.69	99.64	99.71	99.76
纺织业	99.35	99.50	99.44	99.49	99.72	99.83
皮革、毛皮、羽毛及其制品和制鞋业	98.06	97.81	98.81	99.04	100.48	99.90
木材加工和木、竹、藤、棕、草制品业	95.65	95.44	95.36	94.80	95.63	95.95
造纸和纸制品业	97.14	96.53	96.86	97.51	97.68	98.45
印刷和记录媒介复制业	102.77	102.54	102.45	102.40	102.47	102.53
石油加工、炼焦和核燃料加工业	94.63	94.41	94.78	93.93	93.70	93.60
化学原料和化学制品制造业	95.14	94.62	94.82	95.49	95.66	95.73
医药制造业	101.54	101.66	100.87	100.68	100.93	100.49
橡胶和塑料制品业	99.13	98.13	98.58	97.99	97.72	97.54
非金属矿物制品业	93.87	93.03	92.40	92.59	93.80	94.72
黑色金属冶炼和压延加工业	88.30	87.94	90.85	92.53	93.02	93.01
有色金属冶炼和压延加工业	90.84	92.19	95.03	94.37	93.30	95.28
金属制品业	94.38	95.12	94.71	95.85	96.08	94.16
通用设备制造业	99.45	99.24	99.58	99.68	99.74	99.82
汽车制造业	98.81	98.59	98.46	98.79	99.15	99.15
铁路、船舶、航空航天和其他运输设备制造业	99.99	99.78	99.69	99.64	99.71	99.76
电气机械和器材制造业	94.49	94.45	95.01	95.48	95.67	95.74
计算机、通信和其他电子设备制造业	101.10	100.22	100.09	100.15	100.36	100.76
仪器仪表制造业	85.64	86.78	86.70	86.42	86.22	89.74
废弃资源综合利用业	88.15	89.59	89.93	91.24	100.65	102.34
电力、热力生产和供应业	100.18	99.86	99.80	99.69	99.70	99.77
燃气生产和供应业	98.06	97.85	92.88	92.83	92.89	93.06
水的生产和供应业	100.37	100.05	99.97	100.02	100.04	99.95

4-11续表 （2016年,以上年同期价格为100）

类　　别	7月	8月	9月	10月	11月	12月	累计
工业生产者购进价格指数	**97.86**	**99.14**	**100.06**	**100.98**	**102.78**	**105.58**	**98.29**
一、按九大类分							
燃料、动力类	97.35	97.83	98.98	100.79	101.88	102.58	98.32
黑色金属材料类	95.27	101.59	102.18	102.10	109.13	124.60	95.33
钢材	94.57	96.62	97.93	99.77	101.79	104.42	94.51
其它	96.30	109.36	108.55	105.54	120.20	158.13	96.54
有色金属材料及电线类	99.39	102.43	102.57	103.34	110.19	112.24	98.54
化工原料类	97.52	97.86	98.55	99.86	100.44	101.79	97.61
木材及纸浆类	98.83	99.75	100.38	101.46	102.42	108.06	99.65
建筑材料及非金属类	99.08	100.83	102.75	104.08	105.24	103.63	99.47
其它工业原材料及半成品类	99.85	99.78	100.44	100.61	100.74	100.99	99.63
农副产品类	94.63	95.73	97.57	99.94	102.85	105.72	97.22
纺织原料类	100.25	100.18	100.86	101.02	100.96	100.76	100.11
二、按工业行业分							
农业	96.01	97.13	98.53	101.68	103.12	102.85	97.83
林业	87.04	88.70	92.70	92.84	102.44	118.40	93.73
畜牧业	99.03	99.13	99.61	99.87	100.20	100.83	99.36
煤炭开采和洗选业	93.59	95.39	97.73	101.99	106.14	108.41	95.68
黑色金属矿采选业	96.44	110.20	109.29	105.98	121.51	162.03	96.60
有色金属矿采选业	94.58	103.24	106.86	111.24	110.56	104.21	95.41
非金属矿采选业	101.74	105.95	105.74	107.51	108.21	104.19	102.46
农副食品加工业	101.09	100.83	102.13	101.97	102.42	103.00	99.66
食品制造业	98.99	99.14	99.81	99.60	99.59	100.18	98.79
酒、饮料和精制茶制造业	100.01	99.95	100.07	100.12	99.95	99.83	100.33
烟草制品业	99.88	99.82	100.19	100.31	100.17	100.00	100.50
纺织业	100.25	100.18	100.86	101.02	100.96	100.76	100.11
皮革、毛皮、羽毛及其制品和制鞋业	99.07	99.36	99.30	99.70	101.26	101.17	99.49
木材加工和木、竹、藤、棕、草制品业	96.58	97.06	98.52	99.74	100.17	100.00	97.04
造纸和纸制品业	99.01	99.94	100.67	101.50	102.71	110.00	99.80
印刷和记录媒介复制业	102.65	102.59	102.97	110.75	110.60	110.41	104.59
石油加工、炼焦和核燃料加工业	93.55	93.97	96.08	97.85	99.55	101.57	95.60
化学原料和化学制品制造业	97.50	97.73	98.31	99.58	99.90	101.16	97.10
医药制造业	99.96	99.59	100.16	100.42	99.51	99.65	100.45
橡胶和塑料制品业	97.58	98.26	99.33	100.75	102.12	103.74	99.24
非金属矿物制品业	96.26	95.57	99.63	100.55	102.24	103.04	96.39
黑色金属冶炼和压延加工业	94.90	96.81	98.03	99.76	101.61	104.08	94.89
有色金属冶炼和压延加工业	100.20	102.30	101.92	102.17	110.14	113.57	99.07
金属制品业	93.72	94.42	96.10	97.36	97.20	98.49	95.61
通用设备制造业	99.93	99.88	100.25	100.37	100.23	99.76	99.83
汽车制造业	99.93	99.87	100.25	100.75	100.90	101.42	99.67
铁路、船舶、航空航天和其他运输设备制造业	99.88	99.82	100.19	100.31	100.17	100.00	99.91
电气机械和器材制造业	96.74	96.94	98.17	98.43	99.75	100.05	96.71
计算机、通信和其他电子设备制造业	101.00	100.84	101.11	101.35	101.35	101.13	100.79
仪器仪表制造业	91.68	93.55	93.90	93.87	91.78	91.62	89.65
废弃资源综合利用业	100.92	101.03	103.94	105.06	105.73	104.27	98.33
电力、热力生产和供应业	99.83	99.77	100.19	101.10	100.90	100.82	100.13
燃气生产和供应业	93.20	93.15	95.31	95.39	95.26	95.09	94.57
水的生产和供应业	99.88	99.82	100.19	100.31	100.17	100.00	100.07

4-12 工业生产者出厂价格分月指数

（2016年,以上月价格为100）

项　　目	1月	2月	3月	4月	5月	6月
工业生产者出厂价格指数	**99.66**	**99.82**	**99.97**	**100.72**	**100.19**	**99.11**
一、按轻重工业分						
轻　工　业	99.67	99.93	99.90	99.68	99.94	100.03
以农产品为原料	99.63	99.99	99.83	99.47	99.85	99.87
以非农产品为原料	99.75	99.80	100.05	100.15	100.13	100.39
重　工　业	99.65	99.77	100.01	101.31	100.34	98.59
采　　掘						
原　材　料	99.34	99.47	99.64	100.04	100.10	99.95
加　　工	99.75	99.86	100.13	101.71	100.41	98.16
二、按生产生活资料分						
生产资料	99.53	99.73	100.02	100.92	100.29	98.70
采　　掘						
原　材　料	99.33	99.44	99.63	100.03	100.10	99.95
加　　工	99.58	99.81	100.13	101.16	100.34	98.37
生活资料	99.95	100.03	99.86	100.27	99.98	100.00
食　　品	100.05	100.15	99.77	100.40	99.85	99.86
衣　　着	99.51	99.38	100.15	98.87	99.99	99.52
一般日用品	100.17	100.32	100.25	100.29	100.23	100.88
耐用消费品	99.64	99.66	99.41	100.62	99.98	99.44
三、按工业部门分						
冶金工业	99.34	99.43	103.01	105.98	101.18	93.26
电力工业	99.07	99.67	99.67	100.00	100.00	100.00
煤炭及炼焦工业						
石油工业	100.00	88.80	100.00	100.00	100.13	98.91
化学工业	100.13	100.39	99.78	100.81	99.99	99.82
机械工业	99.91	99.91	99.88	100.21	99.93	99.75
建筑材料工业	98.67	98.60	94.31	100.26	102.86	100.19
森林工业	100.16	100.10	99.97	99.87	100.00	100.22
食品工业	99.89	100.01	99.83	99.30	100.07	99.84
纺织工业	98.86	100.02	99.92	99.90	99.64	100.07
缝纫工业	99.43	99.24	99.90	98.50	99.96	99.31
皮革工业	99.76	99.80	100.78	99.90	100.05	100.08
造纸工业	99.57	100.59	99.18	100.61	98.41	100.07
文教艺术用品工业	99.91	100.00	100.03	99.93	99.99	101.67
其它工业	100.21	100.32	99.89	99.82	100.08	100.45

4-12续表1　　（2016年,以上月价格为100）

项　　目	7月	8月	9月	10月	11月	12月
工业生产者出厂价格指数	**100.54**	**100.17**	**100.24**	**100.70**	**100.85**	**100.97**
一、按轻重工业分						
轻　工　业	100.07	100.08	100.06	100.38	100.48	100.04
以农产品为原料	100.13	100.05	100.04	100.04	100.18	100.19
以非农产品为原料	99.95	100.13	100.11	101.12	101.12	99.70
重 工 业	100.80	100.22	100.34	100.88	101.06	101.49
采　　掘						
原 材 料	100.04	100.01	100.19	99.90	100.13	100.07
加　　工	101.04	100.28	100.39	101.19	101.35	101.93
二、按生产生活资料分						
生产资料	100.76	100.26	100.37	100.76	101.03	101.53
采　　掘						
原 材 料	100.06	100.00	100.19	99.89	100.13	100.05
加　　工	100.95	100.33	100.42	100.98	101.26	101.91
生活资料	100.04	99.96	99.94	100.57	100.46	99.72
食　　品	99.84	99.81	99.99	100.08	100.15	100.04
衣　　着	99.79	100.05	100.15	100.00	100.67	98.94
一般日用品	100.09	100.03	100.18	100.74	101.30	99.64
耐用消费品	100.57	100.18	99.41	101.88	100.02	99.38
三、按工业部门分						
冶金工业	104.31	101.67	99.67	103.19	104.00	107.75
电力工业	100.00	100.00	100.00	100.00	100.00	100.00
煤炭及炼焦工业						
石油工业	100.00	100.00	100.00	100.00	100.00	100.00
化学工业	99.78	99.82	100.29	100.04	100.00	100.23
机械工业	100.13	99.96	100.02	100.41	100.17	100.02
建筑材料工业	99.90	99.82	105.73	103.18	103.58	98.94
森林工业	100.00	99.71	100.09	100.00	100.16	100.21
食品工业	100.28	100.13	99.94	100.00	100.16	100.33
纺织工业	100.04	100.06	100.20	100.09	100.15	100.42
缝纫工业	99.69	100.04	100.21	99.99	100.88	98.57
皮革工业	100.06	100.08	100.00	100.02	100.10	99.94
造纸工业	99.71	99.37	100.19	100.34	99.58	100.33
文教艺术用品工业	99.88	99.97	99.97	100.02	100.00	99.98
其它工业	100.09	99.97	100.53	101.93	104.60	98.07

4-12 续表2-1　（2016年,以上月价格为100）

项　　目	1月	2月	3月	4月	5月	6月
四、按工业行业分						
农副食品加工业	99.71	100.16	99.54	98.64	100.19	99.60
食品制造业	100.01	99.85	100.09	100.11	99.96	100.02
酒、饮料和精制茶制造业	100.30	99.53	100.51	99.80	99.82	100.41
烟草制品业	100.00	100.00	100.00	100.00	100.00	100.00
纺织业	98.86	100.02	99.92	99.90	99.64	100.07
纺织服装、服饰业	99.43	99.24	99.90	98.50	99.96	99.31
皮革、毛皮、羽毛及其制品和制鞋业	99.89	99.89	100.57	99.91	99.84	99.94
木材加工和木、竹、藤、棕、草制品业	100.18	100.11	99.97	99.85	100.00	100.25
家具制造业	100.00	100.00	100.00	100.00	100.00	100.00
造纸和纸制品业	99.57	100.59	99.18	100.61	98.41	100.07
印刷和记录媒介复制业	99.95	100.00	100.01	99.84	99.99	101.85
文教、工美、体育和娱乐用品制造业	99.89	100.01	100.05	100.17	100.01	100.09
化学原料和化学制品制造业	100.21	99.92	99.97	100.15	100.39	99.75
医药制造业	100.35	100.85	99.51	101.11	99.85	99.76
橡胶和塑料制品业	99.52	99.99	100.14	101.19	99.76	100.05
非金属矿物制品业	99.00	99.01	95.34	100.11	102.39	100.43
黑色金属冶炼和压延加工业	99.69	98.40	105.72	111.18	101.10	87.94
有色金属冶炼和压延加工业	97.89	101.80	100.70	98.42	102.13	100.92
金属制品业	99.83	99.40	99.81	101.23	100.33	99.88
通用设备制造业	99.97	100.10	99.10	100.13	99.91	100.35
专用设备制造业	100.30	99.98	100.06	100.12	100.11	99.75
汽车制造业	99.96	100.02	99.99	99.91	100.06	99.96
铁路、船舶、航空航天和其他运输设备制造业	100.00	100.00	101.48	100.00	100.49	100.97
电气机械和器材制造业	99.74	99.84	100.14	100.39	99.71	99.53
计算机、通信和其他电子设备制造业	99.62	99.49	99.14	101.07	99.65	98.89
仪器仪表制造业	100.16	100.00	100.00	100.00	100.00	100.00
废弃资源综合利用业	103.70	98.21	90.91	100.00	100.00	100.00
电力、热力生产和供应业	99.07	99.67	99.67	100.00	100.00	100.00
燃气生产和供应业	100.00	88.80	100.00	100.00	100.13	98.91
水的生产和供应业	100.00	100.00	100.00	100.00	100.00	100.00

4-12续表2-2　　（2016年,以上月价格为100）

项　　目	7月	8月	9月	10月	11月	12月
四、按工业行业分						
农副食品加工业	100.58	100.44	99.95	100.04	100.19	100.66
食品制造业	99.97	100.00	100.17	100.05	100.09	100.06
酒、饮料和精制茶制造业	99.91	99.06	99.43	99.75	100.52	99.83
烟草制品业	100.00	100.00	100.00	100.00	100.00	100.00
纺织业	100.04	100.06	100.20	100.09	100.15	100.42
纺织服装、服饰业	99.69	100.04	100.21	99.99	100.88	98.57
皮革、毛皮、羽毛及其制品和制鞋业	100.06	100.02	99.95	99.91	100.24	100.00
木材加工和木、竹、藤、棕、草制品业	100.00	99.68	100.10	100.00	100.18	100.23
家具制造业	100.00	100.00	100.00	100.00	100.00	100.00
造纸和纸制品业	99.71	99.37	100.19	100.34	99.58	100.33
印刷和记录媒介复制业	100.00	100.00	99.94	100.00	100.00	100.01
文教、工美、体育和娱乐用品制造业	99.72	99.93	100.07	100.04	100.00	99.93
化学原料和化学制品制造业	100.11	100.06	100.83	99.64	100.07	100.12
医药制造业	99.79	99.61	100.04	100.10	100.00	100.03
橡胶和塑料制品业	99.23	99.94	100.21	100.50	99.91	100.98
非金属矿物制品业	99.96	99.85	104.92	103.60	105.21	98.17
黑色金属冶炼和压延加工业	105.58	103.13	99.88	103.39	105.43	110.50
有色金属冶炼和压延加工业	104.80	99.69	98.78	103.97	102.85	105.48
金属制品业	100.46	100.15	100.21	101.81	101.45	102.65
通用设备制造业	99.80	99.93	100.23	99.95	99.87	100.17
专用设备制造业	100.00	100.00	99.98	100.02	99.97	100.16
汽车制造业	100.08	99.87	100.18	100.05	100.13	100.09
铁路、船舶、航空航天和其他运输设备制造业	100.00	98.08	100.49	100.49	98.06	101.97
电气机械和器材制造业	99.95	100.00	100.26	100.10	100.79	100.13
计算机、通信和其他电子设备制造业	100.89	100.45	99.00	102.74	99.97	99.11
仪器仪表制造业	100.00	100.00	100.00	100.00	100.00	100.00
废弃资源综合利用业	100.00	100.00	100.00	100.00	100.00	100.00
电力、热力生产和供应业	100.00	100.00	100.00	100.00	100.00	100.00
燃气生产和供应业	100.00	100.00	100.00	100.00	100.00	100.00
水的生产和供应业	100.00	100.00	100.00	100.00	100.00	100.00

4-13 工业生产者购进价格分月指数

（2016年,以上月价格为100）

项　　目	1月	2月	3月	4月	5月	6月
工业生产者购进价格指数	**99.34**	**99.77**	**99.88**	**100.86**	**100.86**	**99.15**
一、按九大类分						
燃料、动力类	99.97	99.83	98.86	99.89	99.99	100.19
黑色金属材料类	96.10	98.70	102.49	106.43	106.60	93.40
钢材	98.79	99.27	101.39	101.04	100.00	98.92
其它	91.64	97.68	104.49	115.95	116.77	86.12
有色金属材料及电线类	99.58	100.51	101.81	100.49	100.67	99.78
化工原料类	99.43	99.52	100.35	100.11	100.15	99.67
木材及纸浆类	99.76	100.13	99.72	99.97	99.85	99.89
建筑材料及非金属类	100.79	99.80	99.10	100.55	100.36	100.38
其它工业原材料及半成品类	99.96	99.93	99.86	99.81	100.06	100.23
农副产品类	99.26	100.29	98.30	100.64	98.83	100.37
纺织原料类	99.92	100.15	99.84	99.92	99.97	100.06
二、按工业行业分						
农业	99.68	99.78	97.71	101.41	99.70	100.16
林业	97.39	102.49	99.66	98.20	94.92	101.08
畜牧业	99.82	100.03	100.24	99.28	99.51	100.49
煤炭开采和洗选业	99.94	99.94	96.38	99.93	100.12	100.48
黑色金属矿采选业	91.12	97.61	104.82	117.16	117.75	85.45
有色金属矿采选业	100.24	100.28	98.59	101.46	105.20	98.42
非金属矿采选业	101.37	100.29	99.74	101.17	100.88	100.98
农副食品加工业	99.49	99.99	99.52	99.44	100.09	101.29
食品制造业	99.91	99.90	100.09	99.68	99.41	100.33
酒、饮料和精制茶制造业	100.08	99.79	100.19	99.79	99.98	100.02
烟草制品业	100.00	100.00	100.00	100.00	100.00	100.00
纺织业	99.92	100.15	99.84	99.92	99.97	100.06
皮革、毛皮、羽毛及其制品和制鞋业	100.38	99.96	100.14	100.42	100.11	99.98
木材加工和木、竹、藤、棕、草制品业	100.00	100.00	100.00	100.00	100.00	100.00
造纸和纸制品业	99.55	100.15	99.78	100.01	99.94	99.88
印刷和记录媒介复制业	102.77	100.00	100.00	100.00	100.00	100.00
石油加工、炼焦和核燃料加工业	99.21	98.42	99.92	99.34	99.91	100.36
化学原料和化学制品制造业	99.54	99.67	100.27	100.20	100.21	99.66
医药制造业	100.33	100.22	99.64	99.70	100.27	99.67
橡胶和塑料制品业	99.08	99.04	100.59	99.80	99.95	99.72
非金属矿物制品业	100.18	99.29	98.42	99.87	99.79	99.71
黑色金属冶炼和压延加工业	98.87	99.29	101.26	100.92	100.04	98.98
有色金属冶炼和压延加工业	99.47	100.55	102.35	100.33	99.94	100.01
金属制品业	98.33	100.27	98.76	100.11	99.09	99.65
通用设备制造业	99.90	100.00	100.15	100.00	100.00	100.00
汽车制造业	100.00	100.00	99.94	100.00	100.30	99.95
铁路、船舶、航空航天和其他运输设备制造业	100.00	100.00	100.00	100.00	100.00	100.00
电气机械和器材制造业	99.54	99.60	99.99	99.76	99.74	99.54
计算机、通信和其他电子设备制造业	101.82	99.33	99.96	99.88	99.85	100.06
仪器仪表制造业	100.00	97.91	100.00	97.86	97.81	100.00
废弃资源综合利用业	99.20	100.00	98.79	100.00	108.54	100.00
电力、热力生产和供应业	100.08	99.97	100.00	99.94	99.95	100.05
燃气生产和供应业	100.00	100.00	95.00	100.00	100.00	100.13
水的生产和供应业	100.00	100.00	100.00	100.00	100.00	100.00

4-13续表　　　　　　　　（2016年,以上月价格为100）

项　　目	7月	8月	9月	10月	11月	12月
工业生产者购进价格指数	**100.45**	**100.67**	**100.55**	**100.40**	**101.36**	**102.19**
一、按九大类分						
燃料、动力类	100.01	100.06	100.57	101.59	101.02	100.63
黑色金属材料类	101.47	104.11	101.21	98.87	104.64	109.34
钢材	100.10	101.63	100.33	100.19	100.77	101.96
其它	103.54	107.73	102.41	97.10	110.05	118.77
有色金属材料及电线类	102.23	100.15	99.83	100.25	104.43	101.98
化工原料类	100.34	100.36	100.27	100.58	100.40	100.60
木材及纸浆类	100.19	100.88	100.20	100.98	100.67	105.68
建筑材料及非金属类	100.29	99.32	101.27	100.57	100.84	100.32
其它工业原材料及半成品类	100.60	99.91	100.17	100.01	100.15	100.29
农副产品类	99.65	100.71	101.03	100.84	102.31	103.46
纺织原料类	100.25	99.99	100.42	100.09	100.20	99.94
二、按工业行业分						
农业	100.28	100.69	100.38	101.39	101.14	100.56
林业	96.92	101.35	104.10	98.76	108.05	115.75
畜牧业	99.74	100.17	100.10	100.23	100.41	100.81
煤炭开采和洗选业	100.12	100.47	101.89	103.86	103.55	101.63
黑色金属矿采选业	103.80	108.14	102.58	96.86	110.59	119.55
有色金属矿采选业	97.86	102.26	97.69	100.90	100.38	101.10
非金属矿采选业	99.78	99.98	99.98	100.26	99.69	100.01
农副食品加工业	102.33	99.69	100.64	99.85	100.12	100.55
食品制造业	99.81	100.05	100.01	100.15	100.38	100.48
酒、饮料和精制茶制造业	99.98	99.99	100.03	99.97	99.96	100.06
烟草制品业	100.00	100.00	100.00	100.00	100.00	100.00
纺织业	100.25	99.99	100.42	100.09	100.20	99.94
皮革、毛皮、羽毛及其制品和制鞋业	99.17	100.23	99.49	100.19	100.96	100.15
木材加工和木、竹、藤、棕、草制品业	100.00	100.00	100.00	100.00	100.00	100.00
造纸和纸制品业	100.29	100.91	100.36	100.81	100.84	107.28
印刷和记录媒介复制业	100.00	100.00	100.00	107.43	100.00	100.00
石油加工、炼焦和核燃料加工业	99.86	99.34	100.74	101.39	101.35	101.77
化学原料和化学制品制造业	100.51	100.22	100.12	100.33	100.14	100.28
医药制造业	99.38	99.71	100.31	100.25	99.81	100.37
橡胶和塑料制品业	99.81	100.81	100.74	101.37	101.21	101.59
非金属矿物制品业	100.87	98.57	102.74	100.92	102.10	100.64
黑色金属冶炼和压延加工业	100.07	101.50	100.28	100.22	100.71	101.90
有色金属冶炼和压延加工业	102.97	99.81	100.18	100.15	105.08	102.12
金属制品业	99.74	100.41	100.39	100.20	99.94	101.63
通用设备制造业	100.00	100.00	100.00	100.00	100.00	99.70
汽车制造业	100.65	100.00	100.00	100.00	100.29	100.28
铁路、船舶、航空航天和其他运输设备制造业	100.00	100.00	100.00	100.00	100.00	100.00
电气机械和器材制造业	100.35	99.90	100.17	100.17	100.61	100.68
计算机、通信和其他电子设备制造业	100.14	99.89	99.99	100.15	100.04	100.05
仪器仪表制造业	100.00	100.00	100.00	97.77	100.00	100.00
废弃资源综合利用业	98.50	99.43	101.34	100.38	99.79	98.59
电力、热力生产和供应业	99.98	100.00	100.04	100.78	99.96	100.06
燃气生产和供应业	100.00	100.00	100.00	99.97	100.00	100.00
水的生产和供应业	100.00	100.00	100.00	100.00	100.00	100.00

主要统计指标解释

居民消费价格指数（Consumer Price Index,简称 CPI）是反映居民购买并用于消费的一组代表性商品和服务项目价格水平的变化趋势和变动幅度的统计指标。调查内容既有城乡居民日常生活需要的各类消费品，也包括多种与人民生活密切相关的服务项目，如水、电、交通、教育、医疗等费用。该价格指数为分析和制定货币政策、价格政策、居民消费政策、工资政策以及进行国民经济核算提供科学依据。国际上通常将居民消费价格指数作为反映通货膨胀(或通货紧缩)程度的重要指标。

商品零售价格指数 是反映城市商品零售价格变动趋势的一种经济指数。零售物价的调整变动直接影响到城市居民的生活支出和国家的财政收入，影响居民购买力和市场供需平衡，影响消费与积累的比例。因此，计算零售价格指数，可以从一个侧面对上述经营活动进行观察和分析。

工业生产者出厂价格指数 是反映全部工业产品出厂价格总水平的变化趋势和变动幅度的统计指标。其中包括工业企业销给商业、外贸、物资部门的产品，还包括销给工业和其他部门的生产资料，以及直接销给居民的生活消费品。其目的在于准确地反映工业产品价格的变动趋势及程度，为国民经济核算、计算工业发展速度、宏观经济分析和调控、理顺价格体系等提供科学、准确的依据。

工业生产者购进价格指数 是反映全部原材料、燃料、动力价格变动趋势和变动幅度的统计指标。其调查内容包括：燃料动力类、黑色金属材料类、有色金属材料及电线类、化工原料类、木材及纸浆类、建筑材料及非金属类、其它工业原材料及半成品类、农副产品类、纺织原料类。其目的在于准确反映中间投入的原材料、燃料、动力价格的变动趋势及程度，为国民经济核算、分析等提供科学、准确的依据。

五、固定资产投资

INVESTMENT IN FIXED ASSETS

本篇内容包括：

1.全社会固定资产投资
2.固定资产投资(不含农户)
3.各行业固定资产投资
4.各县区固定资产投资

全社会固定资产投资

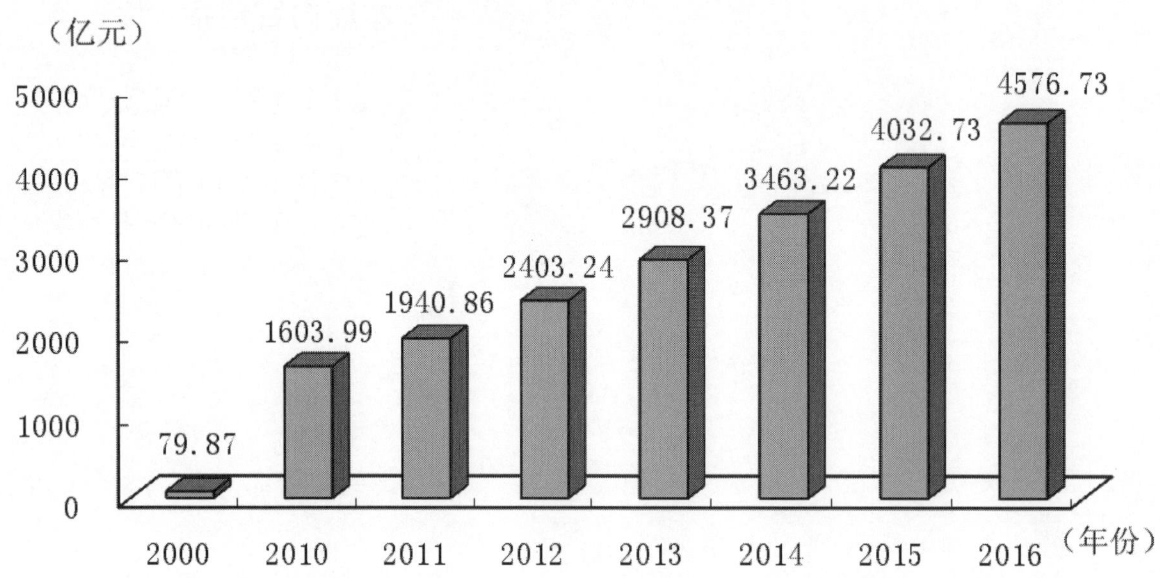

2016年三次产业投资比重

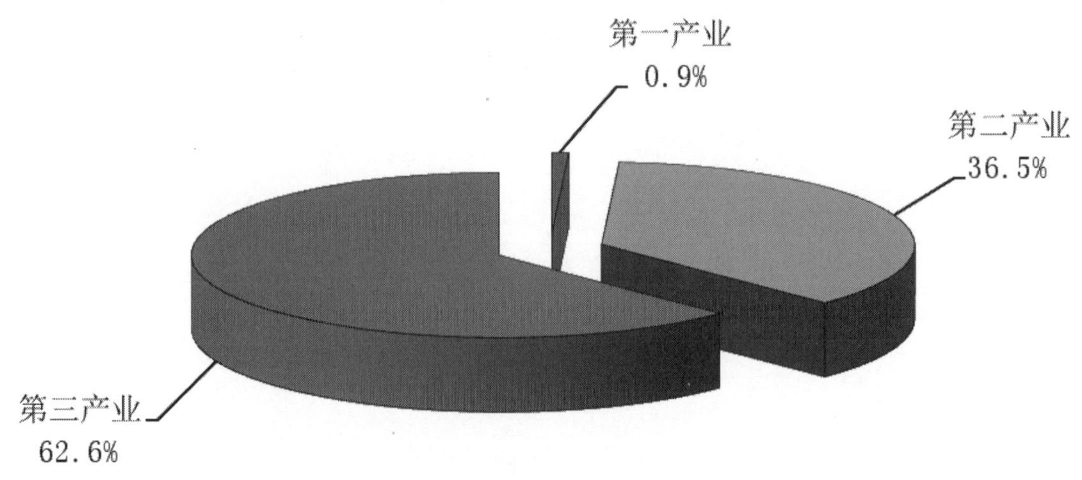

5-1 全社会固定资产投资

单位：万元

项　　目	2016	比上年增长%
总　计	**45 767 338**	**13.5**
500万元以上	45 402 629	13.5
#国　　有	7 990 346	1.4
集　　体	398 883	78.5
非公有制	36 928 364	16.1
#房地产开发投资	6 745 980	39.0
农村农户投资	364 709	11.7

5-2 主要年份全社会固定资产投资

项　　目	1978	1980	1985	1990	1995	2000	2005	2010	2014	2015	2016
一、投资总额（万元）	12 209	21 075	46 575	103 225	542 553	798 684	5 255 946	16 039 880	34 632 165	40 214 673	45 767 338
按隶属关系分											
中央、省属	7 831	9 099	23 758	37 947	120 705	238 557	972 576	1 586 946	1 966 612	2 060 528	1 681 337
市　　属	4 378	11 976	22 817	65 278	421 848	560 127	4 283 370	14 452 934	32 665 553	38 154 145	44 086 001
按经济类型分											
城镇国有	11 624	19 765	42 700	82 902	352 530	539 651	2 028 308	3 939 096	6 557 961	6 180 218	7 480 236
城镇集体	325	840	1 811	2 905	5 943	17 564	81 157	478 999	271 754	223 417	398 883
其他经济类型							2 697 026	10 396 076	26 370 979	31 914 911	37 523 510
农村非农户	100	230	520	4 320	151 549	178 096	367 283	1 065 709	1 141 820	1 682 173	
农村个人	80	120	840	8 732	25 975	53 006	82 172	160 000	289 651	213 954	364 709
二、新增固定资产（万元）	7 775	18 092	25 501	86 174	425 293	367 220	2 251 905	14 129 202	20 039 262	26 928 797	27 718 134
#房地产开发				8 147	24 396	73 626	506 388	1 789 850	1 695 860	1 382 077	1 940 987
三、竣工房屋面积（万平方米）	39.57	101.24	106.05	190.19	233.97	355.48	942.64	1700.71	2 227	1 620	1 122
#房地产开发				29.28	84.4	92.1	426.5	399.12	510	434	417
#住　　宅	22.71	57.69	61.51	131.72	160.44	265.75	485.93	507.75	573	380	364
#房地产开发				24.81	64.71	83.69	352.35	314.04	427	346	339

5-3 固定资产投资(不含农户)

（2016年）　　单位：万元

指　　标	总计	中央	省	市	县	其他
一、本年完成投资（万元）	45 402 629	730 181	951 156	5 167 046	7 165 044	31 371 302
#住宅投资	5 578 883	104 733	180 687	1 304 572	1 305 378	2 677 313
1.按企业登记注册类型分						
内　资	44 096 640	725 894	911 958	5 030 027	6 940 198	30 470 663
国　有	4 708 000	385 631	314 015	1 442 666	2 088 146	477 542
集　体	398 883				87 729	311 154
股份合作	85 036		15 000	2 980	3 070	63 986
联　营	2 680					2 680
有限责任公司	23 255 980	340 263	502 624	3 361 071	3 674 506	15 377 516
股份有限公司	751 832		41 319	141 633	98 454	470 426
私　营	12 579 590		39 000	42 216	568 620	11 911 854
其他内资	2 314 639			39 461	419 673	1 855 505
港澳台投资	809 011		12 600	54 377	219 931	522 103
外商投资	442 533	4 287	26 598	82 642	4 915	324 091
个体经营	54 445					54 445
2.按建设性质分						
#新　建	19 080 548	702 081	768 355	3 930 394	5 571 888	8 089 930
扩　建	1 576 028	14 517	16 979	215 473	583 154	745 905
改建和技术改造	21 373 002	11 235	80 771	950 700	917 285	19 413 011
3.按构成分						
建筑工程	30 465 314	352 662	635 683	3 574 057	5 668 688	20 224 924
安装工程	4 445 200	92 477	78 077	392 621	565 985	3 316 040
设备工器具购置	7 594 724	187 685	106 551	311 441	392 178	6 596 869
其他费用	2 897 391	97 357	130 845	888 927	538 193	1 233 469
4.按产业分						
第一产业	387 957				22 153	365 804
第二产业	16 584 721	420 863	145 841	472 460	1 687 404	13 858 153
第三产业	28 429 951	309 318	805 315	4 694 586	5 455 487	17 147 345
二、本年新增固定资产（万元）	**27 718 134**	**41 575**	**401 927**	**1 188 036**	**3 276 511**	**22 810 085**
三、本年资金来源合计（万元）	**52 309 944**	**815 441**	**2 001 675**	**5 027 149**	**8 081 484**	**36 347 195**
本年资金来源	47 871 807	698 867	1 423 491	4 515 771	7 725 801	33 484 877
国家预算内资金	926 662	34 700	109 247	359 394	372 718	50 603
国内贷款	3 157 630	231 901	305 885	804 282	798 894	1 006 668
债券	20 737		500	300	12 537	7 400
利用外资	86 493		1 000	8 488	1 900	75 105
自筹资金	38 039 093	255 461	794 942	2 613 778	5 623 248	28 738 664
其他资金来源	5 641 192	176 805	211 917	729 529	916 504	3 606 437

5-4 各行业固定资产投资

单位：万元

行　　业	2016	增长%
总　计	45 402 629	13.5
农、林、牧、渔业	437 737	9.4
工业	16 258 566	4.7
采 矿 业	25 627	-9.8
制 造 业	15 501 281	4.1
农副食品加工业	991 043	-8.3
食品制造业	399 807	-15.1
酒、饮料和精制茶制造业	145 190	31.6
烟草制品业	2 348	
纺织业	285 474	-16.6
纺织服装和服饰业	1 417 298	-9.8
皮革、毛皮、羽毛及其制品业	67 706	-42.1
木材加工及木、竹、藤、棕、草制	234 456	29.3
家具制造业	228 043	26.6
造纸及纸制品业	322 600	-5.7
印刷业和记录媒介的复制	458 794	-20.6
文教、美工、体育和娱乐用品制造业	199 280	1.9
石油加工、炼焦加工业	20 985	-35.3
化学原料及化学制品制造业	381 517	-21.1
医药制造业	574 508	-11.9
化学纤维制造业	9 566	-17.7
橡胶和塑料制品业	429 692	6.6
非金属矿制品业	966 340	-0.1
黑色金属冶炼和压延加工业	138 076	-12.5
有色金属冶炼和压延加工业	458 381	254.1
金属制品业	964 892	-0.4
通用设备制造业	1 099 296	5.4
专用设备制造业	1 511 677	31.2
汽车制造业	1 058 586	45.3
铁路、船舶、航空航天和其他运输设备制造业	201 667	-73.6
电气机械及器材制造业	930 357	12.5
计算机、通信和其他电子设备制造业	1 138 620	26.5

单位：万元

行 业	2016	增长%
仪器仪表制造业	422 090	60.6
其他制造业	344 256	90.7
废弃资源综合利用业	47 227	72.0
金属制品、机械和设备修理业	51 509	115.3
电力、燃气及水的生产和供应业	731 658	19.3
电力、热力的生产和供应业	287 612	45.6
燃气生产和供应业	91 325	26.6
水的生产和供应业	352 721	2.6
建 筑 业	388 141	-17.7
批发和零售业	4 968 554	1.5
交通运输、仓储和邮政业	1 406 860	-2.8
铁路运输业	13 223	-39.0
道路运输业	967 840	-9.3
仓储业	209 584	28.8
邮政业	52 169	-20.3
住宿和餐饮业	1 044 783	24.5
信息传输、软件和信息技术服务业	1 141 210	48.2
#电信、广播电视和卫星传输服务业	17 371	-43.9
金融业	284 440	36.3
房地产业	8 979 313	51.3
租赁和商务服务业	2 760 008	51.1
科学研究和技术服务业	845 982	23.5
水利、环境和公共设施管理业	4 114 153	5.4
水利管理业	242 132	24.7
生态保护和环境治理业	74 812	-23.1
公共设施管理业	3 797 209	5.1
居民服务和其他服务业	785 848	-1.6
教育	734 702	2.0
卫生和社会工作	332 634	-6.5
#卫生	277 069	-16.2
文化、体育和娱乐业	489 917	-45.7
公共管理和社会组织	429 781	38.5

5-5 各行业固定资产投资

（按登记注册类型分,2016年）　　　　　　　　　　　单位：万元

指　　标	总 计	内 资					
			国 有	集 体	股 份 合 作	联 营	有 限 责任公司
总　计	**45 402 629**	**37 794 057**	**4 621 749**	**398 883**	**85 036**	**2 680**	**18 857 468**
农、林、牧、渔业	437 737	437 737	33 954	14 368	1 070		51 570
工　业	16 258 566	15 538 788	762 204	96 199	52 179		8 777 151
采矿业	25 627	25 627	2 988				9 562
制造业	15 501 281	14 844 995	499 468	76 380	52 179		8 551 674
农副食品加工业	991 043	936 279	4 102				396 115
食品制造业	399 807	391 677	3 404				229 166
酒、饮料和精制茶制造业	145 190	95 394	4 683	5 059			43 993
烟草制品业	2 348	2 348	2 348				
纺织业	285 474	285 474			4 915		185 089
纺织服装和服饰业	1 417 298	1 390 696	6 866	4 675			941 692
皮革、毛皮、羽毛及其制品业	67 706	67 706		3 650			35 495
木材加工及木、竹、藤、棕、草制	234 456	223 090					110 933
家具制造业	228 043	228 043					147 404
造纸及纸制品业	322 600	235 146					171 761
印刷业和记录媒介的复制	458 794	458 794	5 236	24 182	9 285		295 994
文教、美工、体育和娱乐用品制造业	199 280	196 502					84 936
石油加工、炼焦加工业	20 985	20 985	4 638				14 677
化学原料及化学制品制造业	381 517	377 599			4 577		222 474
医药制造业	574 508	572 988			8 446		367 236
橡胶和塑料制品业	429 692	429 692	2 680		4 980		242 306
非金属矿制品业	966 340	957 917	30 982				632 980
黑色金属冶炼和压延加工业	138 076	133 161		4 750			73 173
有色金属冶炼和压延加工业	458 381	451 919	9 898				90 749
金属制品业	964 892	951 758	6 596		1 669		482 619
通用设备制造业	1 099 296	1 035 769	4 992	22 921	7 710		563 318
专用设备制造业	1 511 677	1 488 238	21 990	4 550			839 978
汽车制造业	1 058 586	920 568	52 653		7 730		601 687
铁路、船舶、航空航天和其他运输设备制造业	201 667	201 667	121 111	2 820	2 867		57 551
电气机械及器材制造业	930 357	901 822	5 469				656 350
计算机、通信和其他电子设备制造业	1 138 620	1 015 115	211 820	3 773			557 307
仪器仪表制造业	422 090	422 090					266 172

指　　标	总 计	内 资	国 有	集 体	股 份 合 作	联 营	有　限 责任公司
其他制造业	344 256	344 256					182 905
废弃资源综合利用业	47 227	47 227					22 748
金属制品、机械和设备修理业	51 509	51 509					28 840
电力、热力、燃气及水的生产和供应业	731 658	668 166	259 748	19 819			215 915
电力、热力的生产和供应业	287 612	287 612	91 150	4 527			74 021
燃气生产和供应业	91 325	49 908	4 800				35 905
水的生产和供应业	352 721	330 646	163 798	15 292			105 989
建筑业	388 141	388 141	10 387				278 947
批发和零售业	4 968 554	4 944 013	60 181	14 035	2 860		2 159 564
交通运输、仓储和邮政业	1 406 860	1 384 466	359 605	13 771			751 016
铁路运输业	13 223	13 223	10 543				
道路运输业	967 840	956 491	344 472	9 881			538 324
水上运输业	5 998	5 998					2 980
航空运输业	11 230	11 230					3 900
装卸搬运和运输代理业	146 816	146 816					139 629
仓储业	209 584	198 539	4 590	3 890			54 583
邮政业	52 169	52 169					11 600
住宿和餐饮业	1 044 783	1 009 803	20 997	11 281	2 980		134 739
信息传输、软件和信息技术服务业	1 141 210	1 138 730	9 218				741 043
#电信、广播电视和卫星传输服务业	17 371	17 371	650				6 073
金融业	284 440	284 440	45 296		15 000		91 480
房地产业	8 979 313	2 215 688	451 819	2 298	2 000		1 358 420
租赁和商务服务业	2 760 008	2 740 122	144 638	15 000			1 533 674
科学研究和技术服务业	845 982	845 982	39 271				403 442
水利、环境和公共设施管理业	4 114 153	4 112 353	1 754 958	169 067	8 947		2 044 077
水利管理业	242 132	242 132	170 937	26 988			25 476
生态保护和环境治理业	74 812	74 812	520				63 259
公共设施管理业	3 797 209	3 795 409	1 583 501	142 079	8 947		1 955 342
居民服务和其他服务业	785 848	783 106	56 106	6 720			212 594
教育	734 702	734 702	279 973	15 369		2 680	124 285
卫生和社会工作	332 634	324 861	202 361	16 773			26 044
#卫生	277 069	269 296	170 661	10 873			23 094
文化、体育和娱乐业	489 917	481 344	32 848	2 635			151 586
公共管理和社会组织	429 781	429 781	357 933	21 367			17 836

指　　标				港澳台投　资	外商投资	个体经营
	股份有限	私　营	其　他			
总　计	**529 728**	**11 021 050**	**2 277 463**	**395 486**	**412 661**	**54 445**
农、林、牧、渔业		281 891	54 884			
工　业	272 081	4 565 240	1 013 734	343 807	374 071	1 900
采矿业		13 077				
制造业	172 274	4 503 556	989 464	285 348	369 038	1 900
农副食品加工业	15 825	452 974	67 263	11 285	43 479	
食品制造业	4 420	149 264	5 423	6 230		1 900
酒、饮料和精制茶制造业	4 372	34 683	2 604	11 791	38 005	
烟草制品业						
纺织业	4 716	82 543	8 211			
纺织服装和服饰业		371 692	65 771	22 432	4 170	
皮革、毛皮、羽毛及其制品业		25 011	3 550			
木材加工及木、竹、藤、棕、草制		107 085	5 072		11 366	
家具制造业	3 660	59 111	17 868			
造纸及纸制品业		55 244	8 141	83 444	4 010	
印刷业和记录媒介的复制		80 411	43 686			
文教、美工、体育和娱乐用品制造业		104 597	6 969		2 778	
石油加工、炼焦加工业			1 670			
化学原料及化学制品制造业		126 842	23 706		3 918	
医药制造业	3 311	184 371	9 624	1 520		
橡胶和塑料制品业		156 538	23 188			
非金属矿制品业	7 691	236 171	50 093		8 423	
黑色金属冶炼和压延加工业		49 910	5 328		4 915	
有色金属冶炼和压延加工业		347 994	3 278		6 462	
金属制品业	500	364 421	95 953	10 115	3 019	
通用设备制造业	29 470	330 987	76 371	58 940	4 587	
专用设备制造业	10 545	465 982	145 193	16 118	7 321	
汽车制造业	74 091	90 193	94 214	5 983	132 035	
铁路、船舶、航空航天和其他运输设备制造业		17 318				
电气机械及器材制造业	9 450	169 987	60 566	20 399	8 136	
计算机、通信和其他电子设备制造业	11	209 038	33 166	37 091	86 414	
仪器仪表制造业		95 576	60 342			

指　标	股份有限	私　营	其　他	港澳台投　资	外商投资	个体经营
其他制造业	4 212	93 006	64 133			
废弃资源综合利用业		24 479				
金属制品、机械和设备修理业		14 588	8 081			
电力、热力、燃气及水的生产和供应业	99 807	48 607	24 270	58 459	5 033	
电力、热力的生产和供应业	91 691	17 723	8 500			
燃气生产和供应业		9 203		36 384	5 033	
水的生产和供应业	8 116	21 681	15 770	22 075		
建筑业	10 080	84 427	4 300			
批发和零售业	56 981	2 305 770	344 622	1 810	7 481	15 250
交通运输、仓储和邮政业	21 001	139 073	100 000	22 394		
铁路运输业		2 680				
道路运输业	21 001	42 813		11 349		
水上运输业		3 018				
航空运输业		7 330				
装卸搬运和运输代理业		7 187				
仓储业		35 476	100 000	11 045		
邮政业		40 569				
住宿和餐饮业	12 610	803 231	23 965		2 835	32 145
信息传输、软件和信息技术服务业	7 025	282 688	98 756		2 480	
#电信、广播电视和卫星传输服务业		10 648				
金融业	13 812	118 852				
房地产业	27 920	237 721	135 510		14 295	3 350
租赁和商务服务业	79 805	769 725	197 280	19 886		
科学研究和技术服务业		305 633	97 636			
水利、环境和公共设施管理业	6 029	79 848	49 427			1 800
水利管理业		4 985	13 746			
生态保护和环境治理业		7 145	3 888			
公共设施管理业	6 029	67 718	31 793			1 800
居民服务和其他服务业	17 414	447 264	43 008		2 742	
教育		247 429	64 966			
卫生和社会工作		64 328	15 355		7 773	
#卫生		53 173	11 495		7 773	
文化、体育和娱乐业	4 970	279 478	9 827	7 589	984	
公共管理和社会组织		8 452	24 193			

5-6 各行业固定资产投资

（按技术构成分，2016年）　　单位：万元

指　标	本年完成投资	建筑工程	安装工程	设备工器具购置	其他费用
总　计	**45 402 629**	**30 465 314**	**4 445 200**	**7 594 724**	**2 897 391**
农、林、牧、渔业	437 737	229 630	39 136	115 278	53 693
工　业	16 258 566	9 753 174	1 572 126	4 437 056	496 210
采矿业	25 627	21 815	1 000	2 212	600
制造业	15 501 281	9 282 289	1 475 455	4 289 065	454 472
农副食品加工业	991 043	605 801	120 509	230 037	34 696
食品制造业	399 807	286 501	32 812	75 176	5 318
酒、饮料和精制茶制造业	145 190	109 485	25 724	9 631	350
烟草制品业	2 348			2 348	
纺织业	285 474	180 201	32 746	60 195	12 332
纺织服装和服饰业	1 417 298	686 426	205 708	425 247	99 917
皮革、毛皮、羽毛及其制品业	67 706	47 345	3 763	15 492	1 106
木材加工及木、竹、藤、棕、草制	234 456	159 172	21 970	47 662	5 652
家具制造业	228 043	143 754	23 871	56 424	3 994
造纸及纸制品业	322 600	161 960	35 641	116 887	8 112
印刷业和记录媒介的复制	458 794	241 524	73 482	121 822	21 966
文教、美工、体育和娱乐用品制造业	199 280	135 416	8 100	49 127	6 637
石油加工、炼焦加工业	20 985	19 825	835	325	
化学原料及化学制品制造业	381 517	250 843	34 320	90 935	5 419
医药制造业	574 508	358 636	70 112	121 794	23 966
橡胶和塑料制品业	429 692	19 681	5 980	24 195	6 190
非金属矿制品业	966 340	667 749	66 439	212 372	19 780
黑色金属冶炼和压延加工业	138 076	115 152	6 755	16 169	
有色金属冶炼和压延加工业	458 381	206 556	68 505	160 935	22 385
金属制品业	964 892	532 649	92 797	314 820	24 626
通用设备制造业	1 099 296	684 871	69 680	332 412	12 333
专用设备制造业	1 511 677	940 411	121 845	414 547	34 874
汽车制造业	1 058 586	664 737	76 240	279 158	38 451
铁路、船舶、航空航天和其他运输设备制造业	201 667	177 707	707	22 696	557
电气机械及器材制造业	930 357	554 887	53 181	299 070	23 219
计算机、通信和其他电子设备制造业	1 138 620	498 740	125 692	489 112	25 076
仪器仪表制造业	422 090	245 134	35 343	135 339	6 274

5-6 续表　　（按技术构成分，2016年）　　单位：万元

指　　标	本年完成投资	建筑工程	安装工程	设备工器具购置	其他费用
其他制造业	344 256	264 735	28 763	45 968	4 790
废弃资源综合利用业	47 227	29 722	1 831	15 248	426
金属制品、机械和设备修理业	51 509	27 487	3 040	20 972	10
电力、热力、燃气及水的生产和供应业	731 658	449 070	95 671	145 779	41 138
电力、热力的生产和供应业	287 612	142 653	24 509	99 493	20 957
燃气生产和供应业	91 325	40 063	38 209	10 764	2 289
水的生产和供应业	352 721	266 354	32 953	35 522	17 892
建筑业	388 141	156 582	17 153	205 765	8 641
批发和零售业	4 968 554	3 522 260	570 706	719 291	156 297
交通运输、仓储和邮政业	1 406 860	1 029 952	108 546	168 548	99 814
铁路运输业	13 223	9 700	2 100	1 423	
道路运输业	967 840	712 451	44 759	126 141	84 489
水上运输业	209 584	131 858	49 629	20 413	7 684
航空运输业	52 169	46 749		5 420	
装卸搬运和运输代理业	1 044 783	766 302	126 548	143 809	8 124
仓储业	1 141 210	497 839	82 032	547 042	14 297
邮政业	17 371	12 820	711	3 840	
住宿和餐饮业	284 440	206 738	33 954	36 250	7 498
信息传输、软件和信息技术服务业	8 979 313	6 316 229	1 144 885	178 324	1 339 875
#电信、广播电视和卫星传输服务业	2 760 008	2 180 938	252 072	286 976	40 022
金融业	845 982	526 942	84 783	228 594	5 663
房地产业	4 114 153	3 321 309	128 563	64 038	600 243
租赁和商务服务业	242 132	210 709	9 469	5 181	16 773
科学研究和技术服务业	74 812	63 602	1 416	7 714	2 080
水利、环境和公共设施管理业	3 797 209	3 046 998	117 678	51 143	581 390
水利管理业	785 848	532 334	96 341	153 617	3 556
生态保护和环境治理业	734 702	553 614	67 556	92 147	21 385
公共设施管理业	332 634	237 503	23 687	57 324	14 120
居民服务和其他服务业	277 069	194 328	20 534	51 760	10 447
教育	489 917	299 641	52 123	127 948	10 205
卫生和社会工作	429 781	334 327	44 989	32 717	17 748

5-7 各行业固定资产投资

（按建设性质分,2016年）

单位：万元

指　　标	本年完成投资	#新建	#扩建	#改建和技术改造
总　计	**45 402 629**	**12 334 568**	**1 576 028**	**21 373 002**
农、林、牧、渔业	437 737	290 514	19 080	102 877
工　业	16 258 566	4 598 717	678 787	9 384 203
采矿业	25 627	3 400		22 227
制造业	15 501 281	4 195 930	643 449	9 115 037
农副食品加工业	991 043	163 192	78 747	692 682
食品制造业	399 807	72 924	15 180	286 948
酒、饮料和精制茶制造业	145 190	46 513	36 187	59 509
烟草制品业	2 348			
纺织业	285 474	97 229	7 750	176 795
纺织服装和服饰业	1 417 298	116 403	10 020	1 209 362
皮革、毛皮、羽毛及其制品业	67 706	6 620	3 870	53 336
木材加工及木、竹、藤、棕、草制	234 456	46 835	11 040	168 210
家具制造业	228 043	15 957	3 029	183 276
造纸及纸制品业	322 600	120 624	8 020	188 643
印刷业和记录媒介的复制	458 794	21 872		396 812
文教、美工、体育和娱乐用品制造业	199 280	88 704		88 601
石油加工、炼焦加工业	20 985	7 888		13 097
化学原料及化学制品制造业	381 517	80 138	4 500	248 113
医药制造业	574 508	252 635	20 565	252 972
橡胶和塑料制品业	429 692	92 134	27 350	274 771
非金属矿制品业	966 340	146 861	29 960	689 351
黑色金属冶炼和压延加工业	138 076	9 160		128 916
有色金属冶炼和压延加工业	458 381	300 801	42 378	99 938
金属制品业	964 892	302 699	31 623	499 418
通用设备制造业	1 099 296	217 342	24 098	634 256
专用设备制造业	1 511 677	345 224	61 986	921 590
汽车制造业	1 058 586	337 732	179 237	493 959
铁路、船舶、航空航天和其他运输设备制造业	201 667	144 264	3 319	41 689
电气机械及器材制造业	930 357	209 333	7 777	505 083
计算机、通信和其他电子设备制造业	1 138 620	650 715	25 718	328 098
仪器仪表制造业	422 090	252 552		121 322

（按建设性质分,2016年）

单位：万元

指　　标	本年完成投资	#新建	#扩建	#改建和技术改造
其他制造业	344 256	37 813		301 091
废弃资源综合利用业	47 227	4 030		35 827
金属制品、机械和设备修理业	51 509	4 470	11 095	21 372
电力、热力、燃气及水的生产和供应业	731 658	399 387	35 338	246 939
电力、热力的生产和供应业	287 612	197 889	5 313	60 352
燃气生产和供应业	91 325	36 384		51 311
水的生产和供应业	352 721	165 114	30 025	135 276
建筑业	388 141	16 415	7 108	168 501
批发和零售业	4 968 554	454 694	87 324	4 193 191
交通运输、仓储和邮政业	1 406 860	1 009 876	16 712	286 956
铁路运输业	13 223	13 223		
道路运输业	967 840	701 108	7 900	182 521
水上运输业	209 584	169 565	8 812	24 337
航空运输业	52 169	36 479		11 730
装卸搬运和运输代理业	1 044 783	52 739	17 837	956 996
仓储业	1 141 210	78 156	1 110	566 846
邮政业	17 371	3 751		13 620
住宿和餐饮业	284 440	62 851	8 621	203 368
信息传输、软件和信息技术服务业	8 979 313	1 691 444	30 257	444 207
#电信、广播电视和卫星传输服务业	2 760 008	914 627	29 286	1 680 179
金融业	845 982	110 089	22 112	555 837
房地产业	4 114 153	2 229 510	528 105	1 292 500
租赁和商务服务业	242 132	83 255	47 986	110 891
科学研究和技术服务业	74 812	8 630		62 522
水利、环境和公共设施管理业	3 797 209	2 137 625	480 119	1 119 087
水利管理业	785 848	102 139		613 508
生态保护和环境治理业	734 702	160 973	87 606	381 869
公共设施管理业	332 634	172 335	16 323	117 033
居民服务和其他服务业	277 069	125 575	16 323	108 228
教育	489 917	88 694	15 010	318 894
卫生和社会工作	429 781	300 795	10 750	106 037

5-8 各行业新增固定资产和项目

（2016年）

指　标	本年完成投资（万元）	本年新增固定资产（万元）	施工项目（个）	#本年新开工
总　计	**45 402 629**	**27 718 134**	**8 165**	**6 923**
农、林、牧、渔业	437 737	371 790	111	84
工　业	16 258 566		3 496	2 825
采矿业	25 627	12 033	12	9
制造业	15 501 281	10 582 534	3 322	2 685
农副食品加工业	991 043	808 710	279	250
食品制造业	399 807	290 339	117	96
酒、饮料和精制茶制造业	145 190	72 830	31	23
烟草制品业	2 348	2 348		
纺织业	285 474	207 670	65	58
纺织服装和服饰业	1 417 298	1 203 312	351	320
皮革、毛皮、羽毛及其制品业	67 706	68 563	19	18
木材加工及木、竹、藤、棕、草制	234 456	183 086	71	56
家具制造业	228 043	185 307	61	54
造纸及纸制品业	322 600	200 058	64	54
印刷业和记录媒介的复制	458 794	404 677	113	95
文教、美工、体育和娱乐用品制造业	199 280	144 173	46	36
石油加工、炼焦加工业	20 985	12 304	8	5
化学原料及化学制品制造业	381 517	269 745	95	70
医药制造业	574 508	369 123	108	79
橡胶和塑料制品业	429 692	342 443	103	86
非金属矿制品业	966 340	717 707	250	211
黑色金属冶炼和压延加工业	138 076	76 033	42	32
有色金属冶炼和压延加工业	458 381	338 539	66	38
金属制品业	964 892	718 740	208	153
通用设备制造业	1 099 296	707 503	238	168
专用设备制造业	1 511 677	985 708	300	255
汽车制造业	1 058 586	735 777	187	142
铁路、船舶、航空航天和其他运输设备制造业	201 667	56 817	20	16
电气机械及器材制造业	930 357	633 381	193	156
计算机、通信和其他电子设备制造业	1 138 620	459 028	136	101
仪器仪表制造业	422 090	143 092	42	29

5-8 续表 （2016年）

指 标	本年完成投资（万元）	本年新增固定资产（万元）	施工项目（个）	#本年新开工
其他制造业	344 256	167 956	86	63
废弃资源综合利用业	47 227	19 549	12	10
金属制品、机械和设备修理业	51 509	48 540	10	10
电力、热力、燃气及水的生产和供应业	731 658	477 290	162	131
电力、热力的生产和供应业	287 612	141 437	42	35
燃气生产和供应业	91 325	30 998	16	9
水的生产和供应业	352 721	304 855	104	87
建筑业	388 141	364 926	57	56
批发和零售业	4 968 554	3 918 321	1 340	1 245
交通运输、仓储和邮政业	1 406 860	592 588	158	122
铁路运输业	13 223	13 223	2	2
道路运输业	967 840	303 286	103	81
水上运输业	209 584	68 501	26	16
航空运输业	52 169	11 505	4	4
装卸搬运和运输代理业	1 044 783	957 162	327	308
仓储业	1 141 210	912 192	178	158
邮政业	17 371	10 778	7	5
住宿和餐饮业	284 440	199 579	66	57
信息传输、软件和信息技术服务业	8 979 313	2 840 061	241	190
#电信、广播电视和卫星传输服务业	2 760 008	1 618 421	571	530
金融业	845 982	680 323	188	168
房地产业	4 114 153	2 134 749	759	575
租赁和商务服务业	242 132	230 586	83	76
科学研究和技术服务业	74 812	15 623	9	6
水利、环境和公共设施管理业	3 797 209	1 888 540	667	493
水利管理业	785 848	645 907	200	189
生态保护和环境治理业	734 702	526 923	187	164
公共设施管理业	332 634	219 802	67	54
居民服务和其他服务业	277 069	171 605	52	42
教育	489 917	429 423	119	111
卫生和社会工作	429 781	234 110	100	87

5-9 各行业固定资产投资资金来源

（2016年）　单位：万元

指　标	本年累计资金来源	#本年到位资金	国家预算内资金	国内贷款	债券	利用外资	自筹资金	其他
总　计	**52 309 944**	**47 871 807**	**926 662**	**1 384 429**	**20 737**	**79 516**	**35 229 733**	**379 176**
农、林、牧、渔业	435 918	435 553	9 595	1 400			424 525	33
工　业	16 453 828	16 296 381	80 451	287 861	7 400	71 116	15 727 487	122 066
采矿业	25 835	25 835					25 835	
制造业	15 720 603	15 565 477	42 774	276 669	3 000	71 116	15 123 867	48 051
农副食品加工业	991 506	986 383	6 465	3 700		27 327	948 863	28
食品制造业	401 151	400 151					394 595	5 556
酒、饮料和精制茶制造业	145 718	145 063		500		34 000	110 463	100
烟草制品业	2 348	2 348					2 348	
纺织业	285 469	285 469					285 469	
纺织服装和服饰业	1 420 740	1 414 829					1 414 829	
皮革、毛皮、羽毛及其制品业	67 517	67 517					67 517	
木材加工及木、竹、藤、棕、草制	236 751	235 100					235 097	3
家具制造业	227 762	227 762				3 801	220 839	3 122
造纸及纸制品业	322 938	322 208					322 208	
印刷业和记录媒介的复制	457 082	456 892		100			456 792	
文教、美工、体育和娱乐用品制造业	200 025	200 025					200 025	
石油加工、炼焦加工业	21 114	21 114					21 114	
化学原料及化学制品制造业	386 148	385 965					385 965	
医药制造业	580 239	579 579	700	5 498			572 101	1 280
橡胶和塑料制品业	56 507	55 507	3 000	2 000	3 000	3 000	40 507	4 000
非金属矿制品业	958 490	956 023		2 000			954 021	2
黑色金属冶炼和压延加工业	138 611	138 611					138 611	
有色金属冶炼和压延加工业	544 615	537 615		4 100			533 515	
金属制品业	990 123	978 323				2 988	975 335	
通用设备制造业	1 086 221	1 086 221					1 086 211	10
专用设备制造业	1 534 696	1 510 473		67 500			1 438 473	4 500
汽车制造业	1 048 792	1 044 318		11 370			1 031 948	1 000
铁路、船舶、航空航天和其他运输设备制造业	232 377	232 377					232 377	
电气机械及器材制造业	945 064	929 848	109	2 000			923 255	4 484
计算机、通信和其他电子设备制造业	1 158 679	1 097 371	32 500	170 701			876 767	17 403
仪器仪表制造业	455 583	444 948		7 200			431 186	6 562

指　标	本年累计资金来源	#本年到位资金	国家预算内资金	国内贷款	债券	利用外资	自筹资金	其他
其他制造业	344 872	343 972					343 971	1
废弃资源综合利用业	47 493	47 493					47 493	
金属制品、机械和设备修理业	50 176	50 176					50 176	
电力、热力、燃气及水的生产和供应业	707 390	705 069	37 677	11 192	4 400		577 785	74 015
电力、热力的生产和供应业	264 104	263 154	21 622	2 612			172 737	66 183
燃气生产和供应业	91 606	91 606		2 200	4 400		85 006	
水的生产和供应业	351 680	350 309	16 055	6 380			320 042	7 832
建筑业	397 353	396 353					396 353	
批发和零售业	5 103 170	5 073 725	855	14 650			5 042 959	15 261
交通运输、仓储和邮政业	1 180 753	1 107 771	88 563	94 762		5 000	919 444	2
铁路运输业	13 230	13 230					13 230	
道路运输业	737 714	672 245	88 563	94 762			488 919	1
水上运输业	209 352	203 631				5 000	198 630	1
航空运输业	52 212	52 212					52 212	
装卸搬运和运输代理业	1 051 090	1 050 090					1 050 090	
仓储业	1 161 106	1 152 046		34 000			1 116 409	1 637
邮政业	17 735	14 634					14 634	
住宿和餐饮业	264 248	251 048	6 650	500	500	1 000	240 298	2 100
信息传输、软件和信息技术服务业	2 080 010	2 026 864	46 765	474 900	2 000		1 476 247	26 952
#电信、广播电视和卫星传输服务业	2 877 426	2 840 287	89 180	123 200			2 487 466	140 441
金融业	864 496	854 826	7 000				843 254	4 572
房地产业	3 911 895	3 786 081	300 246	302 400	10 237	1 400	3 121 071	50 727
租赁和商务服务业	242 549	242 449	26 300				206 598	9 551
科学研究和技术服务业	92 624	92 624	72 799				19 825	
水利、环境和公共设施管理业	3 576 722	3 451 008	201 147	302 400	10 237	1 400	2 894 648	41 176
水利管理业	825 825	823 470	1 277				819 610	2 583
生态保护和环境治理业	728 894	692 811	99 735	4 856			588 220	
公共设施管理业	329 936	313 156	49 961	200	300	500	255 195	7 000
居民服务和其他服务业	273 952	257 192	45 596	200	300	500	203 596	7 000
教育	487 760	476 418	3 800	2 000			467 478	3 140
卫生和社会工作	451 943	443 373	142 584	43 700	300	500	253 627	2 662

5-10　分县区固定资产投资情况

单位：万元

指　　标	全 市	东湖区	西湖区	青云谱区	湾里区	青山湖区	南昌县
固定资产投资	45 402 629	1 819 195	3 596 213	2 147 317	507 660	5 945 098	8 120 333
#工业投资	16 258 566	114 600	121 626	492 094	12 826	2 639 989	4 285 774
采 矿 业	25 627	2 588					
制 造 业	15 501 281	109 019	121 626	488 464	12 826	2 623 520	4 158 136
电力、燃气及水的生产和供应业	731 658	2 993		3 630		16 469	127 638
按构成分							
建筑工程	30 465 314	1 715 403	2 047 236	765 313	455 668	3 385 757	6 176 927
安装工程	4 445 200	19 635	642 584	126 139	5 239	1 062 909	640 748
设备工器具购置	7 594 724	33 152	449 520	1 132 817	10 451	1 052 034	1 026 966
其他费用	2 897 391	51 005	456 873	123 048	36 302	444 398	275 692
按登记注册类型							
#内　资	37 794 057	1 718 431	2 897 367	1 741 629	188 402	5 660 115	6 975 144
国 有	4 621 749	141 374	88 702	159 111	160 632	124 851	152 372
集 体	398 883	6 930	34 223	40 636		118 094	15 349
股份合作	85 036	4 980		18 300		32 704	2 867
联　营	2 680		2 680				
有限责任公司	18 857 468	585 876	1 915 829	587 285	12 282	3 439 706	4 191 381
股份有限	529 728	19 740	57 881	93 335			147 205
私　营	11 021 050	948 011	798 052	719 338	14 688	652 983	2 419 398
其　他	2 277 463	11 520		123 624	800	1 291 777	46 572
港澳台投资	395 486	2 990	1 810	13 676		21 723	36 536
外商投资	412 661	2 480	16 331	2 221		18 795	117 151
个体经营	54 445	20 930		28 365			
本年新增固定资产（万元）	27 718 134	1 727 738	3 025 900	1 431 740	50 947	3 930 026	6 222 233
本年施工项目（个）	8 211	472	836	124	24	1 407	1 781
#本年新开工	6 946	463	815	68	8	1 291	1 663
本年累计到位资金（万元）	52 309 944	2 217 952	4 099 858	2 631 537	679 590	6 484 500	9 252 953
#本年实际到位	47 871 807	2 101 284	3 862 889	2 438 211	656 967	6 235 807	8 590 471

5-10续表

指　　标	新建区	安义县	进贤县	经济开发区	高新开发区	红谷滩新区
固定资产投资	3 747 261	1 081 757	1 487 666	6 389 598	5 434 758	4 722 697
#工业投资	1 187 541	807 733	822 559	3 811 546	1 962 278	
采 矿 业	400		3 000	19 639		
制 造 业	880 371	803 657	786 857	3 687 655	1 829 150	
电力、燃气及水的生产和供应业	306 770	4 076	32 702	104 252	133 128	
按构成分						
建筑工程	3 012 180	413 558	1 066 938	5 392 218	1 852 488	3 870 471
安装工程	383 579	189 081	25 461	450 075	316 403	568 144
设备工器具购置	148 962	421 632	283 287	514 129	2 465 868	22 322
其他费用	202 540	57 486	111 980	33 176	799 999	261 760
按登记注册类型						
#内　资	3 334 410	1 035 404	1 323 467	5 620 735	4 551 284	2 344 593
国　有	1 449 155	41 151	421 397	233 707	1 210 787	243 191
集　体	126 828	10 000		3 543	43 280	
股份合作				10 115	16 070	
联　营						
有限责任公司	716 192	23 000	62 434	3 893 811	3 213 915	8 000
股份有限	16 146		19 001	91 253	8 927	76 240
私　营	589 810	952 753	817 635	1 049 405	44 815	2 014 162
其　他	436 279	8 500	3 000	338 901	13 490	3 000
港澳台投资			9 950	205 631	103 170	
外商投资	4 976			155 237	95 470	
个体经营			5 150			
本年新增固定资产（万元）	2 711 786	841 080	896 527	1 384 810	3 484 402	2 010 945
本年施工项目（个）	823	119	196	1 457	425	541
#本年新开工	741	47	116	1 042	273	419
本年累计到位资金（万元）	4 322 761	1 151 015	1 632 738	6 935 130	6 476 197	6 108 477
#本年实际到位	4 091 560	1 121 825	1 494 565	6 668 577	5 673 589	4 738 040

主要统计指标解释

全社会固定资产投资 固定资产投资额(又称固定资产投资完成额),是以货币形式表现的在一定时期内建造和购置固定资产的工作量以及与此有关的费用的总称。它是反映固定资产投资规模、结构和发展速度的综合性指标,又是观察工程进度和考核投资效果的重要依据。

全社会固定资产投资包括城镇500万元投资、房地产开发投资、农村非农户投资和农村农户投资。

固定资产按国民经济行业分 国民经济行业类别是按企业、事业、行政单位所从事的生产或其他社会经济活动性质的同一性进行的分类。固定资产投资统计中的国民经济行业分类,基本建设项目只能属于一种国民经济行业;更新改造、其他固定资产投资根据整个企、事业单位所属的行业来划分,一般情况下,一个企、事业单位只能属于一种国民经济行业。为了更准确地反映国民经济和行业之间的比例关系,联合企业(总厂)所属分厂属于不同行业的,原则上按分厂划分行业。

固定资产投资按建设性质分 建设项目的性质一般分为新建、扩建、改建、单纯建造生活设施、迁建、恢复、单位购置。是指固定资产再生产的性质。基本建设根据整个建设项目的情况确定;更新改造和其他固定资产投资按整个企业、事业、行政单位的情况确定。一般情况下,一个基本建设项目或企业、事业、行政单位只能有一种建设性质。目前基本建设和更新改造是根据我国现行的计划管理体制区分的,所以基本建设和更新改造都可以分别按新建、扩建和改建等划分。

1.新建 一般是指从无到有,"平地起家"开始建设的企业、事业和行政单位或独立的工程。现有企业、事业、行政单位一般不属于新建。但如有的单位原有基础很小,经过建设后新增的固定资产价值超过该企业、事业、行政单位原有固定资产价值(原值)三倍以上的也应作为新建。

2.扩建 是指在厂内或其他地点,为扩大原有产品的生产能力(或效益)或增加新的产品生产能力,而增建主要的生产车间(或主要工程)、分厂、独立的生产线的企业、事业单位。行政、事业单位在原单位增建业务用房(如学校增建建学用房、医院增建门诊部、病房等)也作为扩建。

3.改建 是指原有设施进行技术改造或更新(包括相应配套的辅助性生产、生活福利设施),没有增建主要生产车间、分厂等的企业、事业单位。现有企业、事业单位为适应市场变化的需要,而改变企业的主要产品种类,或原有产品生产作业线由于各工序(车间)之间能力不平衡,为填平补充充分发挥原有生产能力而增建不增加本企业主要产品设计能力的车间,也应用为改建。

4.单纯建造生活设施 是指在不扩建、改建生产性工程和业务用房的情况下,单纯建造职工住宅、托儿所、子弟学校、医务室、浴室、食堂等生活福利设施的企业、事业及行政单位。

5.迁建 是指为改变生产力布局或由于城市环境保护和安全生产的需要等原因而搬迁另地建设的企业、事业单位。在搬迁另地建设过程中,不论是维持原来规模还是扩大规模都按迁建统计。

6.恢复 是指因自然灾害、战争等原因,使原有的固定资产全部或部分报废,以后又投资恢复建设的单位。不论是按原规模恢复还是在恢复的同时进行扩建的都按恢复统计。尚未建成投产的基本建设项目或企业、事业单位,因自然灾害而损坏的,不作为恢复项目,仍按原有建设性质划分。

7.单纯购置 是指现有企业、事业、行政单位单纯购置不需要安装的设备、工具、器具、而不进行工程建设的单位。有些单位当年虽然只从事一些购置活动,但其设计中规定有建筑安装活动,应根据文件的内容来确定建设性质,不得作为单纯购置统计。

固定资产投资按构成分 固定资产投资活动按其工作内容和实现方式分为建筑工程、安装工程、设备、工具、器具购置、用于更新的设备、购置旧设备、其他费用、其中:土地购置费、旧建筑物购置费。

1.建筑工程 是指各种房屋、建筑物的建造工程,又称建筑工作量。这部分投资额必须兴工动料,通过施工活动才能实现,是固定资产投资额的重要组成部分。

2.安装工程 是指各种设备、装置的安装工程,又称安装工作量。安装工程包括:①生产、动力、起重、运输、传动和医疗、实验等各种需要安装设备的装配和安装，与设备相连的工作台、梯子、栏杆等装设工程，附属于被安装设备的管线敷设工程，被安装设备的绝缘、附腐、保温、油漆等工作；②为测定安装工程质量，对单个设备、系统设备进行单机试运、系统联动无负荷试运工作（投料试运工作台不包括在内）。在安装工程中，不包括被安装设备本身价值。

3.设备、工具、器具购置 是指建设单位或企、事业单位购置或自制的，达到固定资产标准的设备、工具、器具的价值。①设备：指各种生产设备、传导设备、动力设备、运输设备等。分为需要安装的设备和不需要安装的设备两种。②工具、器具：是指具有独立用途的各种生产用具、工作工具的仪器。

4.用于更新的设备 是指为更新陈旧设备而购置的设备。用于更新的设备与原有设备在台数和价值上不一定相等。

5.购置旧设备 是指从外单位购入的，已经使用过的各种设备，不包括从国外购进的旧设备。

6.其他费用 是指在固定资产建造和购置过程中发生的。

7.其中：土地购置费 是指建设项目通过划拨方式或出让方式取得土地使用权而支付的各项费用。

8.旧建筑物购置费 是指购置已使用过的各种旧房屋及其他建筑物的费用。

施工项目 是指报告期内进行过建筑或安装施工活动的项目。凡是报告期内施过工的建设项目，不论施工时间长短，均作为施工项目统计。施工项目个数可以反映一定时期固定资产投资的实际规模，与同期建成投产的建设项目个数相比，可以从建设速度的角度反映固定资产投资的效果。根据建设项目施工活动的不同性质，施工项目又分为：本年正式施工项目、本年收尾项目和以前年度全部停缓建项目。

全部建成投产项目 工业项目是指设计文件规定形式能力的主体工程及其相应配套的辅助设施全部建成，经负荷试运转，证明具备生产设计规定合格产品的条件，并经过验收鉴定合格或达到竣工验收标准，与生产性工程配套的生产福利设施可满足近期正常生产的需要，正式移交生产的建设项目；非工业项目是指设计文件规定的主体工程和相应配套工程全部建成，能够发挥设计规定的工程效益，经验收鉴定合格或达到竣工标准，正式移交使用的建设项目。

新增生产能力 是指通过固定资产投资活动而增加的设计能力（或工程效益），是以实物形态表现的固定资产投资成果的指标，也是考核投资经济效果的重要依据之一。新增生产能力的计算，是以能独立发挥生产能力或效益的单项工程（或项目）为对象。当单项工程（或项目）建成，经有关部门鉴定合格、正式移交投入生产，即可计算新增生产能力。新增生产能力的数量一般按设计能力计算。设计文件中规定的在正常情况下能够达到的生产能力，而不论投产后的实际产量如何。以设备数量、建筑物容积、面积、长度等表示为新增生产能力（或效益），则按建成的实际数量计算。

新增固定资产 新增固定资产（又称交付使用的固定资产），是指已经完成建造和购置过程，并已交付生产或使用单位的固定资产的价值。新增固定资产是表示固定资产投资成果的价值指标，也是反映建设进度，计算固定资产投资效果的重要数据。

六、城市公用事业

URBAN PUBLIC UTILITY

本篇内容包括：

1.城市自来水供应
2.市政公用设施
3.城市公共交通
4.园林绿化
5.环境保护、环境卫生
6.用电情况

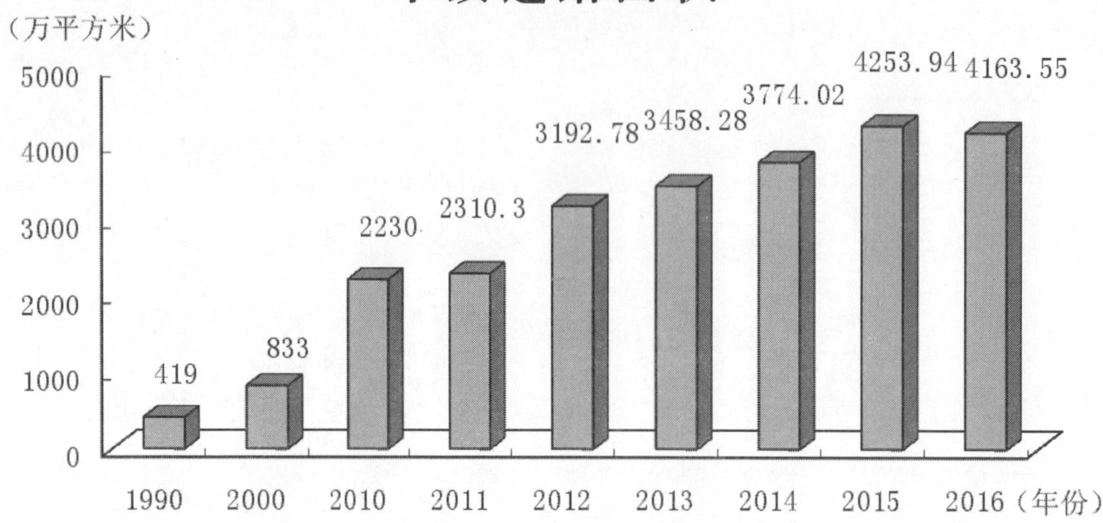
市政道路面积
（万平方米）
5000
4000
3000
2000
1000
0
419
833
2230
2310.3
3192.78
3458.28
3774.02
4253.94
4163.55
1990
2000
2010
2011
2012
2013
2014
2015
2016（年份）

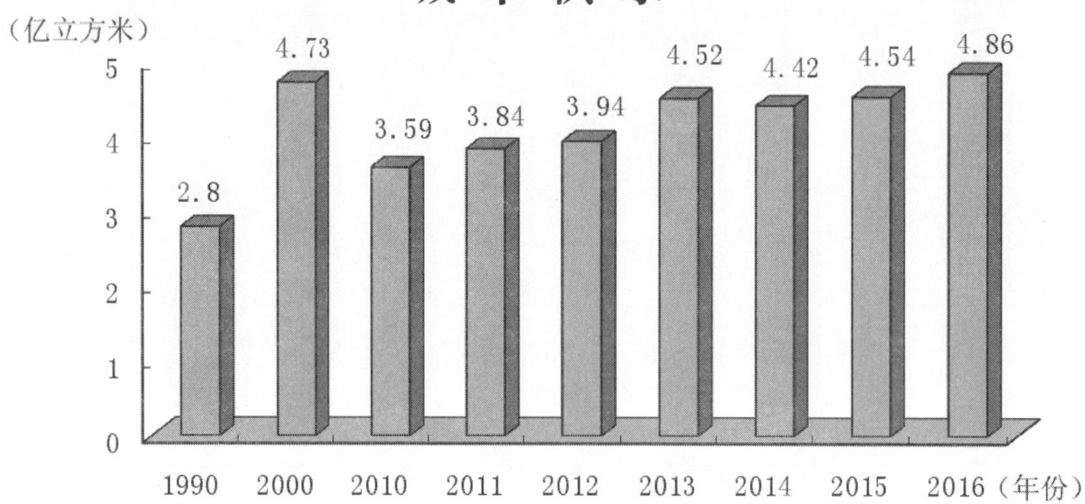
城市供水
（亿立方米）
5
4
3
2
1
0
2.8
4.73
3.59
3.84
3.94
4.52
4.42
4.54
4.86
1990
2000
2010
2011
2012
2013
2014
2015
2016（年份）

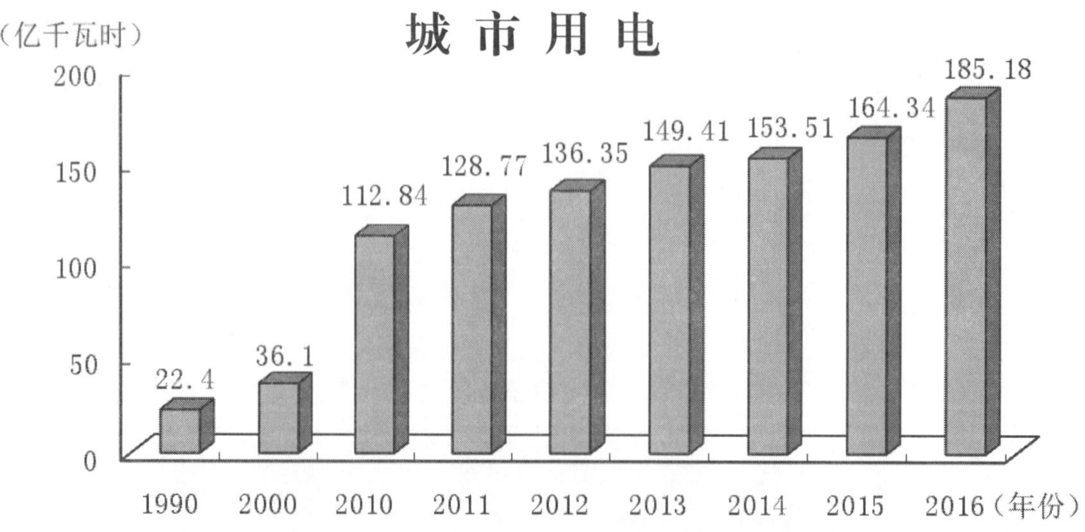
城市用电
（亿千瓦时）
200
150
100
50
0
22.4
36.1
112.84
128.77
136.35
149.41
153.51
164.34
185.18
1990
2000
2010
2011
2012
2013
2014
2015
2016（年份）

6-1 市政公用设施

项　　目	2015	2016
一、道路总长度(公里)	2 182.43	2 148.01
二、道路总面积(万平方米)	4 253.94	4 163.55
三、人行道总面积(万平方米)	709.43	827.52
四、桥梁(座)	355	342
#立交桥	47	37
五、排水管长度(公里)	2 519.65	3 036.19
六、城镇路灯盏数(盏)	165 070	170 266
七、液化气储气能力(吨)	1 697	2 263
八、液化气供应总量(吨)	58 408	61 481
#家庭用量	51 544	52 520
九、液化气用气数(万户)	27.28	27.46
家庭用气数(万户)	25.93	26.76
用气人口(万人)	92.07	93.05
十、天然气供应总量(万立方米)	29 580.19	36 511.07
家庭用量	10 867.99	12 544.57
十一、天然气用气户数(万户)	83.06	88.14
家庭用气数(万户)	82.69	86.16
用气人口(万人)	206.35	211.38
十二、气化率(%)	92.16	93.88

6-2 城市自来水供应

项　　目	2015	2016
水厂个数(个)	15	15
综合生产能力(万立方米/日)	171.15	171.34
年末供水管长度(公里)	4 561.05	4 901.95
全年供水总量(万立方米)	45 411.22	48 596.24
#生产用水(万立方米)	53 70.53	6 267.94
生活用水(万立方米)	15 159.17	16 283.74
用水人口(万人)	311.44	317.46
平均每人每天生活用水(升)	217.04	228.58
自来水普及率(%)	96.18	98.88

6-3 城市公共交通

项　　目	2015	2016
一、年末实有营运车辆(辆)	3 305	3 423
公共汽车	3 305	3 423
标台总数(标台)	4 049	4 081
二、运营线路网长度(公里)	2 270.75	2 138
三、全年客运量(万人次)	58 783.3	42 879.95
四、公交换乘系数	1.15	1.29
五、市民出行系数(次/天人)	2.49	2.59
六、全年实现利润总额(万元)	1 737.88	5 603.6
七、年末出租汽车营运车数(辆)	5 453	5 453

6-4　城市园林绿化

（2016年）

项　　目	全　　市
城市园林绿地面积（公顷）	12 290
公园绿地面积（公顷）	3 235
人均公园绿地面积（平方米）	11.81
城市绿化覆盖面积（公顷）	12 961
建成区绿化覆盖率（%）	36.11
建成区绿地率（%）	38.7
苗圃面积（公顷)	186
公园（含动物园,个）	60
公园面积（公顷）	642

注:本表数据来源于市建委,统计口径为全市,包含三县数据。

6-5 城市环境卫生

（2016年）

项目	城区
全年清扫面积（万平方米）	4 421
全年清运生活垃圾（万吨）	96.07
生活垃圾无害化处理（万吨）	96.07
公共厕所数（座）	341
粪便无害化处理（万吨）	1
环卫机械数量（辆）	1 261
清洁卫生工作人员（人）	13 912
垃圾中转站（座）	123
果壳箱（个）	21 600

6-6 全社会用电量

单位：万千瓦小时

行业	2015年	2016年
全社会用电	**1 643 427**	**1 851 760**
全行业用电	1 309 979	1 470 498
第一产业	21 818	22 005
第二产业	881 799	963 590
工业	852 128	926 178
建筑业	29 672	37 413
第三产业	406 365	484 900
居民生活用电	333 446	381 262
城镇	237 126	281 285
乡村	96 319	99 978

6-7 环境保护

项　　目	2015	2016
一、“三废”排放、处理及综合利用情况		
污水集中处理率（%）	92.72	93.5
废水排放总量（万吨）	46 493	32 550
#工业废水（万吨）	10 016	10 258
工业废气排放总量（亿标立方米）	1 464	1 539
工业二氧化硫排放量（吨）	30 399	13 780
工业烟尘排放量（吨）	24 818	33 926
工业固废产生量（万吨）	240	156
工业固废综合利用量（万吨）	233	150
工业固废综合利用率（%）	97.1	96.1
工业危险废弃物处置利用率(%)	100	100
医疗废物处置率(%)	100	100
二、污染治理情况		
工业企业用于污染治理资金（万元）	31 065	21 221
#治理废水（万元）	14 577	3 081
治理固体废弃物（万元）	274	323

主要统计指标解释

年末自来水生产能力 指年末城建部门管理的自来水厂和社会单位自备水源的取水、净化、送水出厂输水干管等环节的实际生产能力。

年末供水管道长度 指从送水泵至用户水表之间所有管道的长度。

全年供水总量 指公用自来水厂和社会单位自备水源全年的供水总量,包括有效供水量及损失水量。

生活用水量 指居民日常生活与公共福利设施的用水量。包括饮食店、旅馆、医院、理发店、浴池、洗衣店、游泳池、商店、学校、机关、部队等单位的用水量。

年末实有铺装道路长度 指除土路外,路面经过铺装宽度在3.5米以上的道路,包括高级、次高级道路和普通道路。

城市下水道总长度 指所有排水总管、干管、支管及暗渠、检查井、连接井进出水口等长度之和。

年末实有公共汽(电)车辆 指年底可参加营运的全部车辆数。包括年底营运车辆数和库存查封未参加营运的车辆,不包括非营运车辆,如架线车、油罐车、工程车、货车及其他专用车辆和借入的客运车辆。

营运线路长度 指设置的固定营运线路长度,包括郊区营运线路长度。不包括临时行驶的线路长度。

燃气普及率 指报告期末城区内使用燃气的人口与总人口的比率。计算公式为:

$$燃气普及率=\frac{城区用气人口(含暂住人口)}{城区人口+城区暂住人口}\times100\%$$

供水综合生产能力 指按供水设施取水、净化、送水、出厂输水干管等环节设计能力计算的综合生产能力。包括在原设计能力的基础上,经挖、革、改增加的生产能力。

供水管道长度 指从送水泵至用户水表之间所有管道的长度。

供水总量 指供水企业(单位)供出的全部水量,包括有效供水量和漏损水量。有效供水量指水厂将水供出厂外后,各类用户实际使用到的水量,包括售水量和免费供水量。

用水人口 指由城市供水设施供给居民家庭用水的人口,包括农业用水人口、非农业用水人口等。

人均日生活用水量 指每一用水人口平均每天的生活用水量。计算公式:

$$人均日生活用水量=\frac{居民家庭用水量+公共服务用水量+免费供水量中的生活用水量}{用水人口}\div报告期日历日数\times1000升$$

用水普及率 指报告期末城市用水人口数与城区人口总数的比率。计算公式:

$$用水普及率=\frac{城区用水人口(含暂住人口)}{城区人口+城区暂住人口}\times100\%$$

绿化覆盖面积 指城市中的乔木、灌木、草坪等所有植被的垂直投影面积。包括公园绿地、防护绿地、生产绿地、附属绿地、其他绿地的绿化种植覆盖面积、屋顶绿化覆盖面积以及零散树木的覆盖面积,不含各类绿地中的水域面积以及没有被植被覆盖的面积(硬化道路、无屋顶绿化的建筑物等)。

绿地面积 指报告期末用作园林和绿化的各种绿地面积。包括公园绿地、生产绿地、防护绿地、附属绿地和其他绿地的面积。

公园绿地 城市中向公众开放的、以游憩为主要功能,有一定的游憩设施和服务设施,同时兼有健全生态、美化景观、防灾减灾等综合作用的绿化用地。

人均公园绿地面积 指报告期末区域内城区人口平均每人拥有的公园绿地面积。人口数采用年底人口数。计算公式为:

$$人均公园绿地面积=\frac{公园绿地面积}{城区人口+城区暂住人口}\times100\%$$

建成区绿地率 指报告期末建成区内绿地面积与建成区面积的比率。计算公式:

$$建成区绿地率=\frac{建成区绿地面积}{建成区面积}\times100\%$$

建成区绿化覆盖率 指报告期末建成区内绿化覆盖面积与建成区面积的比率。计算公式为：

$$建成区绿化覆盖率=\frac{建成区绿化覆盖面积}{建成区面积}\times 100\%$$

生活垃圾清运量 指收集和运送到各生活垃圾处理场(厂)和生活垃圾最终消纳点的生活垃圾数量。生活垃圾指城市日常生活或为城市日常生活提供服务的活动中产生的固体废物以及法律行政规定的视为城市生活垃圾的固体废物。包括:居民生活垃圾、商业垃圾、集市贸易市场垃圾、街道清扫垃圾、公共场所垃圾和机关、学校、厂矿等单位的生活垃圾。

生活垃圾无害化处理量 指用卫生填埋、堆肥、焚烧等工艺方法处理生活垃圾的总量。即生活垃圾在无害化处理厂(场)处理的垃圾总量。

污水处理厂集中处理率 指报告期内通过污水处理厂处理的污水量与污水排放总量的比率。计算公式：

$$污水处理厂集中处理率=\frac{污水处理厂处理的污水量}{污水排放总量}\times 100\%$$

工业废水处理量 指经各种水治理设施(含城镇污水处理厂、工业废水处理厂)实际处理的工业废水量，包括处理后外排的和处理后回用的工业废水量。虽经处理但未达到国家或地方排放标准的废水量也应计算在内。计算时,如遇有车间和厂排放口均有治理设施,并对同一废水分级处理时,不应重复计算工业废水处理量。

工业废水排放量 指经过企业厂区所有排放口排到企业外部的工业废水量。包括生产废水、外排的直接冷却水、废气治理设施废水、超标排放的矿井地下水和与工业废水混排的厂区生活污水,不包括独立外排的间接冷却水(清浊不分流的间接冷却水应计算在内)。

工业废气排放量 指企业厂区内燃料燃烧和生产工艺过程中产生的各种排入空气中含有污染物的气体的总量,以标准状态(273K,101325Pa)计算。

二氧化硫排放量 指企业在燃料燃烧和生产工艺过程中排入大气的二氧化硫总质量。工业中二氧化硫主要来源于化石燃料(煤、石油等)的燃烧,还包括含硫矿石的冶炼或含硫酸、磷肥等生产的工业废气排放。

烟(粉)尘排放量 指企业在燃料燃烧和生产工艺过程中排入大气的烟尘及工业粉尘的总质量之和。烟尘或工业粉尘排放量可以通过除尘系统的排风量和除尘设备出口烟尘浓度相乘求得。

一般工业固体废物产生量 指未被列入《国家危险废物名录》或者根据国家规定的危险废物鉴别标准(GB5085)、固体废物浸出毒性浸出方法(GB5086)及固体废物浸出毒性测定方法(GB/T 15555)鉴别方法判定不具有危险特性的工业固体废物。计算公式是：

一般工业固体废物产生量=(一般工业固体废物综合利用量-其中:综合利用往年贮存量)+一般工业固体废物贮存量+(一般工业固体废物处置量-其中:处置往年贮存量)+一般工业固体废物倾倒丢弃量

一般工业固体废物综合利用量 指通过回收、加工、循环、交换等方式,从固体废物中提取或者使其转化为可以利用的资源、能源和其他原材料的固体废物量(包括当年利用的往年工业固体废物累计贮存量)。如用作农业肥料、生产建筑材料、筑路等。综合利用量由原产生固体废物的单位统计。

一般工业固体废物综合利用率 指一般工业固体废物综合利用量占一般固体废物产生量与综合利用往年贮存量之和的百分率。计算公式为：

$$一般工业固体废物利用率=\frac{一般工业固体废物综合利用量}{一般工业固体废物生产量+综合利用往年贮存量}\times 100\%$$

危险废弃物处置利用率 指危险废弃物处置量占危险废弃物产生量与处置往年贮存量之和的百分率。计算公式为：

$$危险废弃物处置利用率=\frac{危险废弃物处置量}{危险废弃物生产量+综合利用往年贮存量}\times 100\%$$

环境保护投资指数 指一个地区用于环境保护的投资额占地区生产总值(按当年价格计算)的比重。计算公式为：

$$环境保护投资指数=\frac{用于环境保护的投资额}{地区生产总值(当年价格)}\times 100\%$$

七、外贸和旅游

FOREIGN ECONOMIC TRADE AND TOURISM RELATIONS

本篇内容包括:

1.外贸进出口情况
2.利用外资情况
3.接待入境旅游、国内旅游情况
4.星级饭店接待入境旅游者等情况
5.星级饭店一览表

海关出口总值

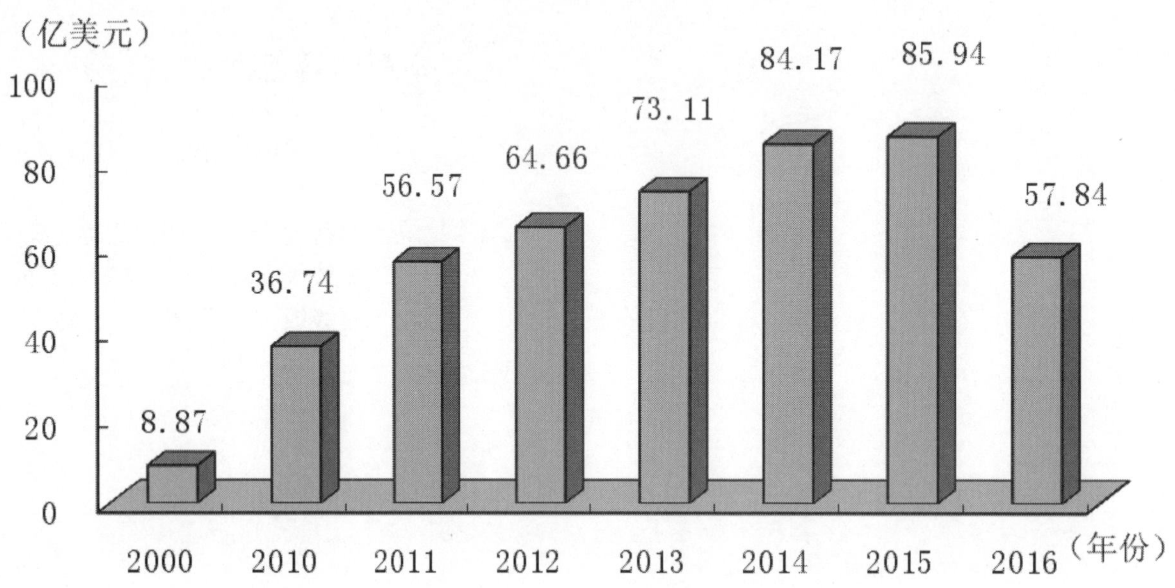

实际利用外资

（省口径）

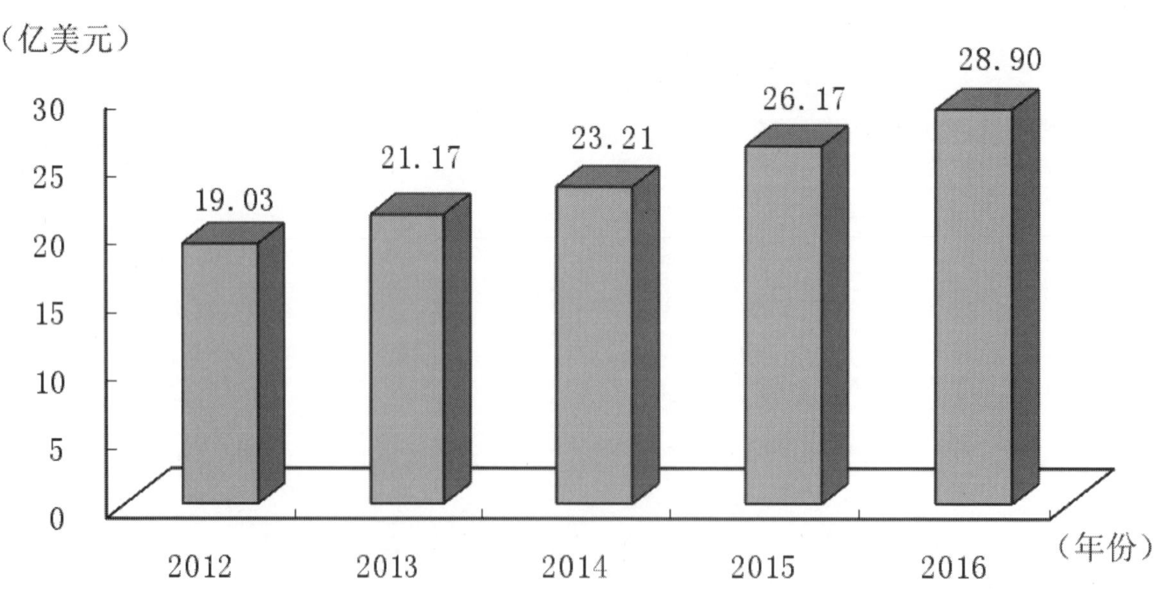

7－1　主要年份海关进出口总值

单位：万美元

年　份	海关进出口总值		出口总值		进口总值	
	绝对量	比上年增长（%）	绝对量	比上年增长（%）	绝对量	比上年增长（%）
2000	111 555	13.0	88 728	24.3	22 827	-16.3
2010	530 364	52.4	367 427	72.5	162 937	20.8
2011	788 371	48.6	565 675	54.0	222 696	36.7
2012	828 743	5.2	646 556	14.4	182 187	-18.0
2013	972 232	17.3	731 112	13.1	241 121	32.2
2014	1 222 643	25.9	841 746	15.2	380 897	57.9
2015	1 146 434	-6.2	859 357	2.1	287 077	-24.6
2016	940 728	-17.3	578 363	-32.0	362 365	26.2

7－2　主要年份实际利用外资额

单位：万美元

项　　目	1990	2000	2010	2011	2012	2013	2014	2015	2016
合　计	**1 129**	**3 288**	**201 800**	**228 737**	**263 988**	**296 437**	**321 418**	**270 607**	**306 452**
#外商直接投资	393	3 141	201 800	228 737	263 988	296 437	321 418	270 607	306 452
合资经营	149	2 654	26 640	39 248	21 670	33 248	61 125	75 563	72 089
合作经营	203	2	332	12 160	474		24		
独资经营	41	485	174 607	177 329	241 844	263 189	260 269	165 389	168 530
外商投资股份制								29 625	65 833

7－3　主要年份签订利用外资协议(合同)

年份		外商直接投资	合资经营	合作经营	独资经营	外商投资股份制
2000	项目(个)	43	23	2	18	
	金额(万美元)	2 856	1 932	42	882	
2010	项目(个)	304	37		267	
	金额(万美元)	235 619	25 657		209 620	
2011	项目(个)	185	20	1	162	
	金额(万美元)	319 599	27 563	2 570	287 939	
2012	项目(个)	164	16		148	
	金额(万美元)	249 575	24 865		224 710	
2013	项目(个)	176	24	1	151	
	金额(万美元)	246 918	37 247	−232	209 903	
2014	项目(个)	189	13		175	
	金额(万美元)	306 128	31 461		274 478	
2015	项目(个)	82	26		56	
	金额(万美元)	98 858	43 740	3 402	53 360	−1 644
2016	项目(个)	72	19		53	
	金额(万美元)	128 446	17 025		103 013	8 408

注:2014年外商直接投资合计数,含一项投资性公司投资189万美元;2015年外商投资股份制为负数是因为合同外资减少。

7－4　主要年份入境旅游和国内旅游情况

年　份	入境旅游情况				国内旅游情况			
	旅游外汇收入		接待海外旅游者人数		国内旅游收入		接待国内旅游人数	
	绝对值（万美元）	比上年增长（%）	绝对值（人次）	比上年增长（%）	绝对值（亿元）	比上年增长（%）	绝对值（万人次）	比上年增长（%）
2000	2 578	19.6	37 010	8.4	22.00		391.78	
2010	3 069	−3.1	120 524	15.8	98.00	17.1	1 498	22.1
2011	4 650	16.3	143 600	18.7	142.50	45.4	2 094	39.8
2012	5 300	14.0	184 466	28.5	198.60	39.3	2 519	20.3
2013	6 390	20.6	201 782	9.4	271.99	36.9	3 282	30.3
2014	6 803	6.5	207 830	3.0	382.03	40.5	4 266	30.0
2015	7 415	9.0	222 008	6.8	533.00	39.5	5 512	29.2
2016	8 603	16.0	251 000	13.1	810.90	52.1	8 276	50.1

7-5　星级饭店接待入境旅游者人数

项　　目	接待总人数（人次）	
	2015年	2016年
合　计	**222 008**	**251 000**
外国人	**97 117**	**108 681**
亚洲小计	**41 518**	**46 022**
日　本	6 726	8 017
韩　国	8 800	10 862
蒙　古	65	4
印度尼西亚	2 463	2 314
马来西亚	1 257	1 156
菲律宾	731	903
新加坡	2 792	2 874
泰　国	10 750	11 453
印　度	2 074	1 727
越　南	451	610
缅　甸	91	70
朝　鲜		
巴基斯坦	667	881
其　他	4 651	5 151
欧洲小计	**18 787**	**25 289**
英　国	2 730	4 469
法　国	2 027	3 866
德　国	2 127	3 730
意大利	1 823	2 288
瑞　士	522	815
瑞　典	507	666
俄罗斯	2 835	3 075
西班牙	1 532	1 826
其　他	4 684	
美洲小计	**16 813**	**15 574**
美　国	13 586	12 513
加拿大	1 515	1 687
其　他	1 712	1 374
大洋洲小计	**4 336**	**4 068**
澳大利亚	1 859	1 898
新西兰	1 105	1 161
其　他	1 372	1 009
非洲小计	**15 305**	**17 688**
其他小计	**368**	
港澳同胞	**71 379**	**72 503**
# 香港同胞	44 330	48 590
台湾同胞	**53 512**	**69 816**

7-6 星级饭店一览表

项目	客房数（间）	床位数（床）	电话	地址	邮编
五星级（8个）					
江西宾馆	228	407	86206666	东湖区八一大道368号	330006
凯莱大酒店	327	442	86738855	沿江北路88号	330003
锦峰大酒店	167	307	88867777	站前西路281号	330002
园中源酒店	189	283	88863333	火炬大街539号	330096
嘉来特和平国际酒店	390	585	86111118	西湖区广场南路10号	330002
泰耐克酒店	209	299	88828899	红谷滩新府路28号	330038
东方豪景	346	519	86288888	民德路411号	330008
力高皇冠	380	530	86699999	沿江中大道266号	330009
四星级（21个）					
赣江宾馆	312	589	86221159	八一大道138号	330006
锦都皇冠	214	353	86429999	南昌洪城路99号	330002
江西饭店	318	505	88858888	八一大道356号	330006
国贸酒店（停业）	243	364	88855555	洪城路2号	330002
白璐会所	87	164	88121888	师大瑶湖校区	330022
百瑞四季	224	430	88688198	洪都北大道10号	330046
京西宾馆	178	331	88850666	省府大院南一路	330046
玉泉岛酒店	106	212	88111111	南昌文博路33号	333200
七星商务	230	352	88866666	南京西路225号	330006
鑫峰假日	149	242	88827388	红谷滩会展路29号	330038
富庭苑	199	344	85236666	井冈山大道388号	330000
新吉花园	198	329	83822222	丰和北大道299号	330038
立生国际	214	371	88213076	解放东路1888号	330000
进贤皇庭	199	340	85539666	进贤胜利中路68号	331700
唯客丽晶国际大酒店	390	475	88599999	洛阳路70号	330000
军山湖酒店	150	258	85680888	进贤胜利中路	331700
君亭红牛	205	343	86160324	二七南路552号	330002
锦怡大酒店	220	386	86101416	洛阳路25号	330002
鼎昇大酒店	268	440	87788888	洪都南大道207号	330000
琴源山庄	51	116	88681000	南昌湾里区乌井路28号	330004
洗药湖山庄	38	76	88682222	南昌市湾里区太平镇梅岭旅游风景区云顶一号	330004
三星级（22个）					
铁路大酒店	129	218	86108108	南昌火车站	330002
明园大酒店	150	283	87038888	二七南路527号	330046
核工宾馆	132	271	86351118	北京西路134号	330046
东城宾馆	144	236	88355999	京东大道777号	330009
银龙大酒店(停业）	117	206	88456888	青云谱区洪都大道312号	330001
体育宾馆	150	285	86203288	东湖区福州路28号	330000
华宇商务	167	280	88456666	井岗山大道685号	330002
春都商务	96	172	83729999	红谷滩丽景路666	330038
阳光假日	116	160	82108888	二七北路520号	330077
百胜宾馆	125	224	88226999	顺外路578号	330029
滕王阁宾馆	98	146	86651365	桃花北路1号	330025
绿洲假日	120	200	88113366	青山湖区上海北路608号	330029
新都宾馆	126	235	87073999	新建县解放路	330000
豫章假日	45	63	83791888	湾里区兴湾大道222号	330004
城市花园酒店	100	160	88221222	二七北路328号	330000
北斗星商务酒店	100	169	83098888	红谷滩翠苑路802号	330100
东申商务宾馆	151	297	88356329	北京东路1225	330029
大客天下度假酒店	51	88	87193088	湾里区太平镇狮山茶场	330004
南昌君来大酒店	215	374	86200333	南昌市北京西路259号	330046
永恒经典酒店	143	220	)82219788	南昌市东湖区永外正街8号	330000
开心优品酒店	101	156	82201888	青山湖区江大南路125号	330029
互有精品酒店	166	300	88619888	西湖区福山路96号	330006
二星级（6个）					
江铃宾馆	122	214	85233348	迎宾北大道290号	330001
华昌宾馆	72	152	86120008	广场南路11号	330002
唯客快捷酒店	98	157	88168168	洛阳路70号	330000
南昌维也纳酒店（火车站店）	212	314	86208888	西湖区站前路168号	330000
开元商务宾馆	120	205	88857378	洪城路63号	330002
冶金商务酒店	155	262	88860810	西湖区二七南路548号	330000

主要统计指标解释

进出口总额 是指从国外（境外）进入国境的进口商品和从国内运出国境的出口商品的总金额，包括一般贸易（含进料加工）、技术成套设备进口和出口、补偿贸易、加工装配、易货贸易以及中外合资、合作和外商独资企业的进口和出口等。我国规定进口按到岸价格（CIF）计算，出口按离岸价格（FOB）计算。

利用外资 是指我国各级政府、部门、企业、中国银行和其他单位通过对外借款、吸收外商直接投资和用其他方式的境外现汇、设备、技术等。

对外借款 是我国利用外资的主要部分，包括我国通过外国政府贷款、国际金融组织贷款、外国银行商业贷款、出口信贷以及对外发行证券等方式，从国外和港澳地区筹措的资金。

外商直接投资 是指外国企业和经济组织或个人（包括华侨、港澳同胞以及我国在境外注册的企业）按我国有关政策、法规，用现汇、实物、技术等在我国境内开办外商独资企业、与我国境内的企业或经济组织共同举办中外合资经营企业、合作经营企业或合作开发资源的投资（包括外商投资收益的再投资）以及政府有关部门批准的项目投资总额内，企业从境外借入的资金。

外商其他投资 指对外借款和外商直接投资以外，用其他方式吸收的外资，包括补偿贸易、加工装配以及国际租赁等。

入境旅游者 指来中国(大陆)观光、度假、探亲访友、就医疗养、购物、参加会议或从事经济、文化、体育、宗教活动的外国人、港澳台同胞等游客(即入境旅游人数)中在中国(大陆)的旅游住宿设施内至少停留一夜的外国人、港澳台同胞。

入境旅游者不包括下列人员：

（1）应邀来华访问的政府部长以上官员及其随行人员；

（2）外国驻华使领官员、外交人员以及随行的家庭服务人员和受赡养者；

（3）常驻中国(大陆)一年以上的外国专家、留学生、记者、商务机构人员等；

（4）乘坐国际航班过境不需要通过护照检查进入中国(大陆)口岸的中转旅客；

（5）边境地区往来的边民；

（6）回大陆定居的港澳台同胞；

（7）已在中国(大陆)定居的外国人和原已出境又返回在中国(大陆)定居的外国侨民；

（8）归国的中国(大陆)出国人员。

国内旅游者 指中国(大陆)居民离开惯常居住地在境内其他地方的旅游住宿设施内至少停留一夜，最长不超过12个月的国内游客。

国内旅游者应包括在中国(大陆)境内常住一年以上的外国人、港澳台同胞。但不包括到各地巡视工作的部以上领导、驻外地办事机构的临时工作人员、调遣的武装人员、到外地学习的学生、到基层锻炼的干部、到境内其他地区定居的人员和无固定居住地的无业游民。

旅游收入 游客(入境游客和国内游客)在旅游过程中(由游客或游客的代表为游客)支付的一切旅游支出就是国家(省、区、市)的旅游收入。旅游支出应包括(过夜)旅游者和一日游游客在整个游程中食、住、行、游、购、娱，以及为亲友、家人购买纪念品、礼品等方面的旅游支出，不包括为商业目的购物、购买房、地、车、船等资本性或交易性的投资、馈赠亲友的现金及给公共机构的捐赠。旅游收入包括国际旅游(外汇)收入和国内旅游收入。

国际旅游(外汇)收入 入境游客在中国(大陆)境内旅行、游览过程中用于交通、参观游览、住宿、餐饮、购物、娱乐等全部花费。

国内旅游收入　指国内游客在国内旅行、游览过程中用于交通、参观游览、住宿、餐饮、购物、娱乐等全部花费。

人天数　指旅游者在旅游目的地停留天数之和，天数按过夜数统计。一个旅游者过一夜为一人天。计算公式为：人天数=人数*逗留（过夜）天数

星级宾馆　指符合中华人民共和国《旅游饭店星级的划分与评定国家标准》暨《旅游涉外饭店星级的划分与评定国家标准1997年版》并经过有关旅游管理权威部门评定（验收）后授予"星级"称号的宾馆、饭店。

八、财政·金融

PUBLIC FINANCE, BANKING AND INSURANCE

本篇内容包括：

1.财政收支
2.金融机构存贷款及居民储蓄
3.商业保险概况

财政总收入

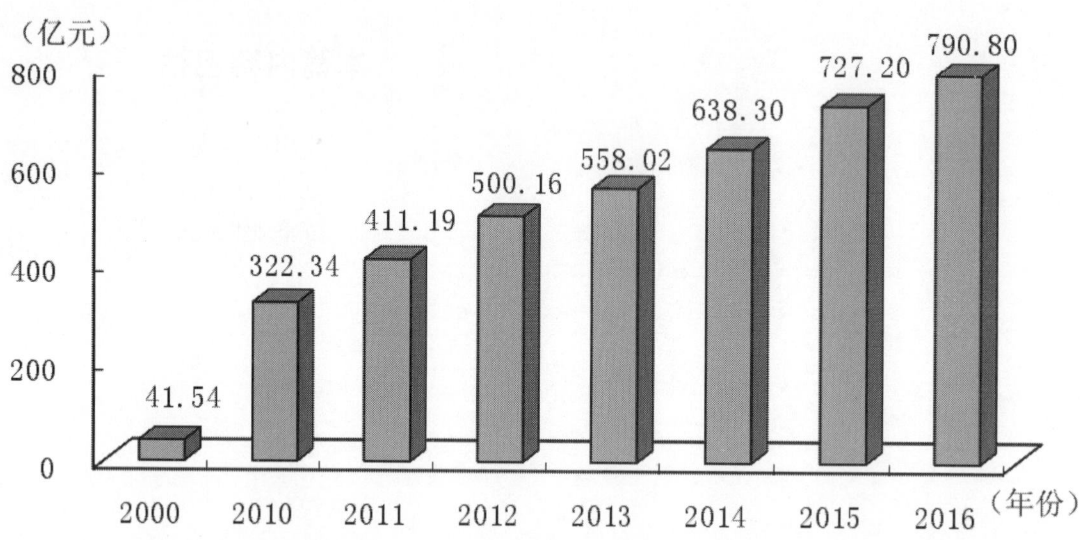

金融机构人民币存贷款余额

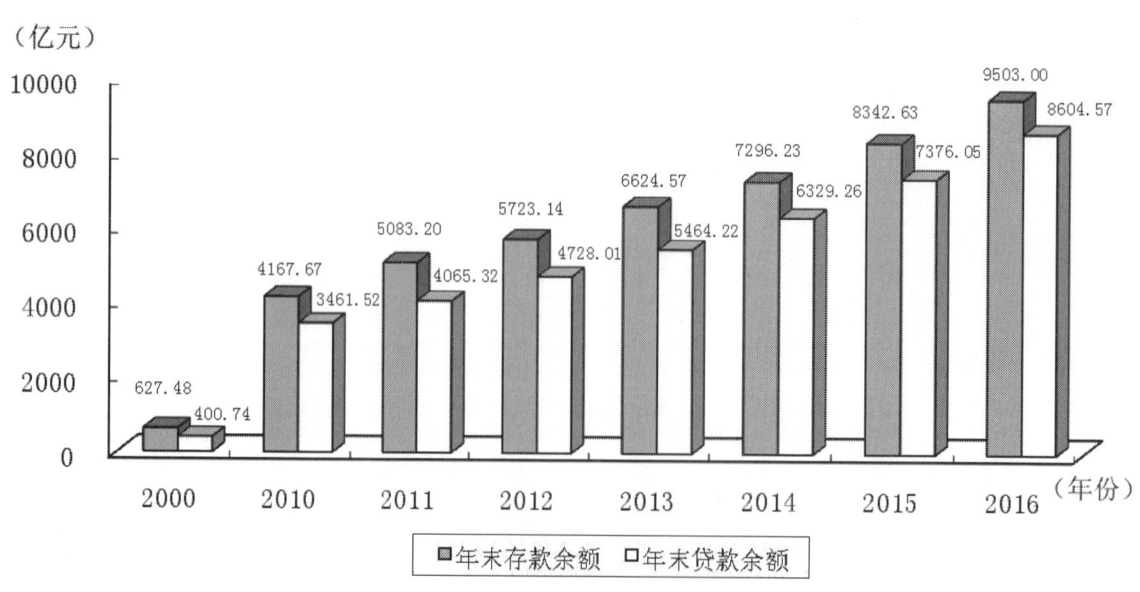

8-1 主要年份财政总收入和财政支出

单位:万元

年份	财政总收入	#地方一般公共预算收入	#各项税收	地方一般公共预算支出	#科教文卫	#一般公共服务
1980	33 283	33 283	23 509	11 411	3 563	1 040
1990	99 960	99 960	97 160	55 090	13 563	5 856
2000	415 414	183 011	149 313	237 928	54 255	21 499
2010	3 223 408	1 464 650	1 241 615	2 320 305	620 074	231 185
2011	4 111 937	1 870 273	1 584 510	2 988 005	862 270	269 884
2012	5 001 602	2 401 427	2 001 690	3 459 909	1 027 693	317 807
2013	5 580 245	2 919 097	2 453 517	4 193 652	1 204 335	372 832
2014	6 382 980	3 422 065	2 875 277	4 731 561	1 400 266	422 895
2015	7 272 000	3 893 412	3 157 905	5 431 789	1 555 313	444 772
2016	7 907 998	4 021 831	3 186 658	5 832 565	1 656 962	538 799

8-2　地方一般公共预算收入

（2016年）

单位:万元

项　　目	实际收入	项　　目	实际收入
地方一般公共预算收入合计	**4 021 831**	土地增值税	251 209
税收收入	**3 186 658**	车船税	23 795
增值税	766 736	耕地占用税	34 184
营业税	736 004	契　税	330 728
企业所得税	422 673	**非税收入**	**835 173**
个人所得税	186 852	专项收入	208 935
资源税	4 783	行政事业性收费收入	403 233
城市维护建设税	213 775	罚没收入	69 928
房产税	85 708	国有资本经营收入	
印花税	49 837	国有资源(资产)有偿使用收入	127 263
城镇土地使用税	80 366	其他收入	22 254
		基金收入	**2 853 222**

8-3　地方一般公共预算支出

（2016年）

单位:万元

项　　目	实际支出数	项　　目	实际支出数
地方一般公共预算支出合计	**5 832 565**	农林水	347 070
一般公共服务	538 799	交通运输	360 906
外交		资源勘探电力信息等	486 049
国防	4 915	商业服务业等	48 426
公共安全	339 858	金融	1 861
教育	900 287	援助其他地区	
科学技术	101 403	国土海洋气象等	20 914
文化体育与传媒	67 295	住房保障	161 160
社会保障和就业	670 641	粮油物资储备	9 172
医疗卫生与计划生育	587 977	债务付息	49 353
节能环保	44 717	债务发行费用	2 236
城乡社区	1 054 280	其他支出	35 246
		基金支出	**2 619 220**

8-4 县区地方一般公共预算收入与支出

单位:万元

地区	地方一般公共预算收入		地方一般公共预算支出	
	2015	2016	2015	2016
全　　市	**3 893 412**	**4 021 831**	**5 431 789**	**5 832 565**
市 本 级	1 497 571	1 576 907	1 814 478	1 978 474
东 湖 区	123 221	123 264	181 826	200 108
西 湖 区	162 080	147 026	222 765	252 346
青云谱区	102 751	94 598	135 649	140 506
湾 里 区	62 611	62 139	108 703	115 180
青山湖区	171 042	161 202	233 088	232 743
新 建 区	280 483	286 229	496 783	531 865
南 昌 县	579 245	592 397	789 214	866 646
安 义 县	89 160	93 754	193 316	201 738
进 贤 县	149 033	147 349	376 469	357 386
经济开发区	132 740	168 386	247 097	259 030
高新开发区	189 010	212 248	252 428	274 178
红谷滩新区	339 701	356 332	362 186	422 365
桑海开发区	14 764		17 787	

注:桑海开发区在2016年并入经济开发区。

8-5 主要年份金融机构人民币存款、贷款与储蓄

单位:万元

年 份	年末存款 余 额	年末贷款 余 额
1980	79 069	124 495
1990	547 088	821 966
2000	6 274 761	4 007 426
2010	41 676 676	34 615 208
2011	50 831 974	40 653 150
2012	57 231 423	47 280 066
2013	66 245 726	54 642 226
2014	72 962 276	63 292 628
2015	83 426 277	73 760 542
2016	95 029 990	86 045 684

注:1980年、1990年、2000年数据为银行存款与贷款。

8-6 金融机构(含外资)人民币信贷资金(资金来源)

(年末余额)　　单位:万元

项　　目	2016年	比年初增减额	
		2015年	2016年
各项存款	**95 029 990**	**8 684 493**	**11 603 713**
(一)境内存款	94 981 965	8 694 075	11 602 652
1.住户存款	27 224 199	2 041 471	2 310 274
活期存款	12 218 474	1 266 157	1 771 607
定期及其他存款	15 005 724	775 314	538 667
2.非金融企业存款	37 504 475	4 193 999	4 099 909
活期存款	16 503 234	2 601 446	2 891 245
定期及其他存款	21 001 240	1 592 553	1 208 664
3.广义政府存款	21 284 300	-829 153	4 165 479
财政性存款	7 158 156	-1 904 752	5 970 804
机关团体存款	14 126 144	1 075 599	-1 805 325
4.非银行金融机构存款	8 968 992	3 287 758	1 026 990
(二)境外存款	48 025	-9 582	1 061
各项贷款	**86 045 684**	**10 460 945**	**12 285 142**
(一)境内贷款	86 013 680	10 461 769	12 261 584
1.住户贷款	22 820 773	2 317 942	4 782 177
(1)短期贷款	6 035 773	243 829	-245 516
消费贷款	1 347 999	233 590	292 249
经营贷款	4 687 775	10 239	-537 765
(2)中长期贷款	16 784 999	2 074 112	5 027 693
消费贷款	15 160 435	1 947 094	4 673 274
经营贷款	1 624 564	127 018	354 419
2.非金融企业及机关团体贷款	63 192 726	8 150 587	7 479 434
(1)短期贷款	18 779 357	1 668 242	112 091
(2)中长期贷款	41 150 655	4 986 777	6 844 985
(3)票据融资	2 435 291	1 299 783	-15 936
(4)融资租赁	697 394	180 120	517 274
(5)各项垫款	130 029	15 665	21 021
3.非银行业金融机构贷款	182	-6 760	-28
(二)境外贷款	32 004	-824	23 558

8-7 金融机构(含外资)本外币信贷资金(资金来源)

(年末余额)　　　　单位:万元

项　　目	2016年	比年初增减额	
		2015年	2016年
各项存款	**96 275 558**	**9 194 578**	**10 932 174**
(一)境内存款	96 175 769	9 198 657	10 887 376
1.住户存款	27 700 544	2 132 301	2 522 783
活期存款	12 436 534	1 312 603	1 862 720
定期及其他存款	15 264 010	819 698	660 063
2.非金融企业存款	38 101 123	4 724 881	3 109 154
活期存款	16 837 220	2 983 103	2 566 168
定期及其他存款	21 263 903	1 741 778	542 986
3.广义政府存款	21 320 562	−795 126	4 148 926
财政性存款	7 158 156	−1 904 752	5 970 804
机关团体存款	14 162 407	1 109 626	−1 821 878
4.非银行金融机构存款	9 053 539	3 136 602	1 106 513
(二)境外存款	99 790	−4 079	44 799
各项贷款	**87 072 337**	**10 571 878**	**11 503 215**
(一)境内贷款	86 651 619	10 570 670	11 308 029
1.住户贷款	22 821 353	2 317 797	4 782 188
(1)短期贷款	6 036 309	243 695	−245 490
消费贷款	1 348 535	233 456	292 275
经营贷款	4 687 775	10 239	−537 765
(2)中长期贷款	16 785 043	2 074 102	5 027 678
消费贷款	15 160 479	1 947 084	4 673 259
经营贷款	1 624 564	127 018	354 419
2.非金融企业及机关团体贷款	63 830 084	8 259 633	6 525 869
(1)短期贷款	19 120 735	1 576 638	−672 798
(2)中长期贷款	41 445 219	5 186 749	6 699 672
(3)票据融资	2 435 291	1 299 783	−15 936
(4)融资租赁	697 394	180 120	517 274
(5)各项垫款	131 446	16 343	−2 344
3.非银行业金融机构贷款	182	−6 760	−28
(二)境外贷款	420 718	1 209	195 187

8-8 农村合作金融机构人民币信贷收支表

（年末余额）　　　　单位:万元

项　　目	2016年	比年初增减额	
		2015年	2016年
各项存款	**8 988 130**	**1 168 308**	**1 058 429**
（一）境内存款	8 988 130	1 168 308	1 058 429
1.个人存款	4 663 576	536 179	583 077
#活期储蓄存款	1 685 315	154 915	173 719
定期储蓄存款	2 793 927	351 143	316 698
结构性存款			
2.单位存款	3 786 938	468 415	101 450
#活期存款	2 294 652	320 782	189 563
定期存款	982 029	202 570	106 858
保证金存款	422 343	−38 893	−245 837
结构性存款			
3.国库定期存款	258 900		258 900
4.非存款类金融机构存款	278 716	163 714	115 002
（二）境外存款			
各项贷款	**6 022 758**	**796 845**	**894 007**
（一）境内贷款	6 022 758	796 845	894 007
1.短期贷款	5 045 215	670 500	660 130
（1）个人贷款及透支	2 585 612	300 016	253 214
#个人消费贷款	117 571	−22 798	41 933
（2）单位贷款及透支	2 459 421	372 244	406 944
经营贷款及透支	2 459 421	376 644	406 944
固定资产贷款		−4 400	
并购贷款			
贸易融资			
（3）非存款类金融机构贷款	182	−1 760	−28
2.中长期贷款	671 573	17 185	107 760
（1）个人贷款	444 704	29 217	99 081
#个人消费贷款	328 376	4 595	68 047
（2）单位贷款	226 869	−12 032	8 679
经营贷款	105 309	46 748	−13 991
固定资产贷款	121 560	−58 780	22 670
并购贷款			
贸易融资			
（3）非存款类金融机构贷款			
3.票据融资	265 883	83 173	116 287
4.融资租赁			
5.各项垫款	40 087	25 987	9 830
（二）境外贷款			

8-9 南昌市金融机构(含外资)外汇信贷收支表

（年末余额）　　单位:万美元

项　　目	2016年	比年初增减额	
		2015年	2016年
各项存款	**179 554**	**65 287**	**-115 676**
（一）境内存款	172 092	64 464	-121 902
1.住户存款	68 667	12 357	28 037
活期存款	31 434	6 394	11 885
定期及其他存款	37 233	5 963	16 152
2.非金融企业存款	86 010	71 794	-158 447
活期存款	48 146	56 159	-53 349
定期及其他存款	37 864	15 635	-105 098
3.广义政府存款	5 227	5 063	-2 906
财政性存款			
机关团体存款	5 227	5 063	-2 906
4.非银行金融机构存款	12 188	-24 750	11 414
（二）境外存款	7 462	824	6 226
各项贷款	**147 997**	**1 079**	**-130 521**
（一）境内贷款	91 962	2 445	-153 125
1.住户贷款	84	-29	-4
（1）短期贷款	77	-27	-1
消费贷款	77	-27	-1
经营贷款			
（2）中长期贷款	6	-2	-3
消费贷款	6	-2	-3
经营贷款			
2.非金融企业及机关团体贷款	91 878	2 474	-153 121
（1）短期贷款	49 211	-25 937	-124 231
（2）中长期贷款	42 463	28 534	-25 277
（3）票据融资			
（4）融资租赁			
（5）各项垫款	204	-123	-3 612
3.非银行业金融机构贷款			
（二）境外贷款	56 035	-1 366	22 604

8-10 商业保险业务概况

单位:万元

项　目	2015年	2016年
保费收入	**1 248 466**	**1 527 127**
财产险	419 286	457 329
人身险	829 180	1 069 799
赔付支出	**437 847**	**494 660**
财产险	194 179	235 344
人身险	243 665	259 316

主要统计指标解释

财政收入 国家财政参与社会产品分配所得的收入，是实现国家职能的财力保证。内容几经变化，目前主要包括：

（1）各项税收 包括增值税、营业税、消费税、土地增值税、城市维护建设税、资源税、城镇土地使用税、印花税、固定资产投资方向调节税、个人所得税、企业所得税、关税、农牧业税和耕地占用税等。

（2）专项收入 包括征收排污费、征收城市水资源收入、教育费附加收入等。

（3）其他收入 包括基本建设贷款归还收入、国家能源交通重点建设基金收入、国家预算调节基金收入等。

财政支出 国家财政将筹集起来的资金进行分配使用，以满足经济建设和各项事业的需要，主要包括：一般公共服务、外交、国防、公共安全、教育、科学技术、文化体育与传媒、社会保障和就业、医疗卫生、环境保护、城乡社区事务、农林水事务、交通运输、工业商业金融等事务和其他支出等科目。

中央财政收入和地方财政收入 按财政体制划分的中央本级收入和地方本级收入。1994年分税制财政体制以后，属于中央财政的收入包括关税、海关代征消费税和增值税，消费税，中央企业所得税，地方银行和外资银行及非银行金融企业所得税，铁道、银行总行、保险总公司等集中缴纳的营业税、所得税和城市维护建设税，增值税的75%部分，海洋石油资源税和证券（印花）税的75%部分。属于地方财政的收入包括营业税，地方企业所得税，个人所得税，城镇土地使用税，固定资产投资方向调节税，土地增值税，城镇维护建设税，房产税，车船使用税，印花税，农牧业税，农业特产税，耕地占用税，契税，增值税，证券交易税(印花税)的25%部分和除海洋石油资源税以外的其他资源税。

中央财政支出和地方财政支出 根据政府在经济和社会活动中的不同职责，划分中央和地方政府的事权，按照政府的事权划分确定的支出。中央财政支出包括国防支出，武装警察部队支出，中央级行政管理费和各项事业费，重点建设支出以及中央政府调整国民经济结构、协调地区发展，实施宏观调控的支出。地方财政支出主要包括地方行政管理和各项事业费，地方统筹的基本建设、技术改造支出，支援农村生产支出，城市维护，建设经费和价格补贴支出等。

信贷资金 国家银行用于发放贷款的资金叫信贷资金。中国人民银行信贷资金的来源有各项存款、对国际金融机构负债、流通中货币、银行自有资金及当年结益等。信贷资金的运用有各项贷款、黄金占款、外汇占款、财政借款及在国际金融机构中的资产等。

存款 企业、机关、团体或居民根据可以收回的原则，把货币资金存入银行或其他信用机构保管并取得一定利息的一种信用活动形式。根据存款对象的不同可划分：企业存款、财政存款、机关团体存款、对外贸易存款、城乡居民储蓄存款、农村存款等科目，它是银行信贷资金的主要来源。

贷款 银行或其他信用机构根据必须归还的原则，按一定利率，为企业、个人等提供资金的一种信用活动形式。我国银行贷款，分流动资金贷款、固定资产贷款、城乡个体工商户贷款以及农业贷款等科目。

九、农　　业

AGRICULTURE

本篇内容包括:

1.乡镇组织
2.农村劳动力分布
3.耕地面积变化
4.农林牧渔业生产
5.主要农产品产量
6.农业机械化、电气化水利化、化学化水平

农林牧渔业总产值

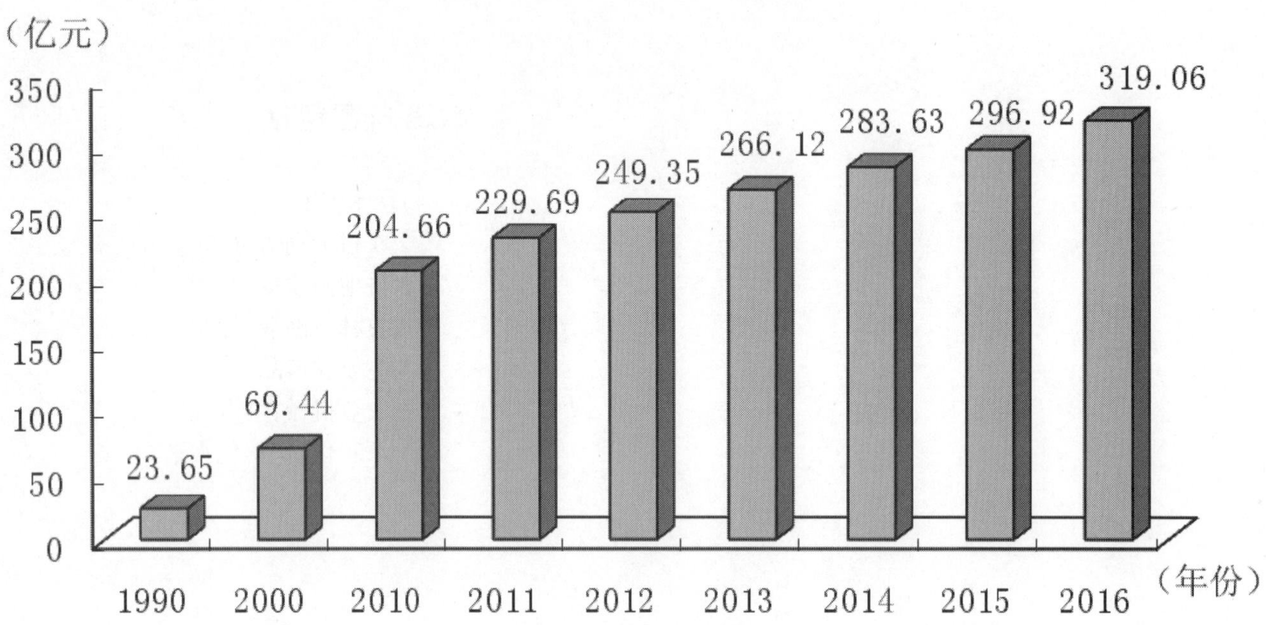

2016年农林牧渔业所占总产值比重

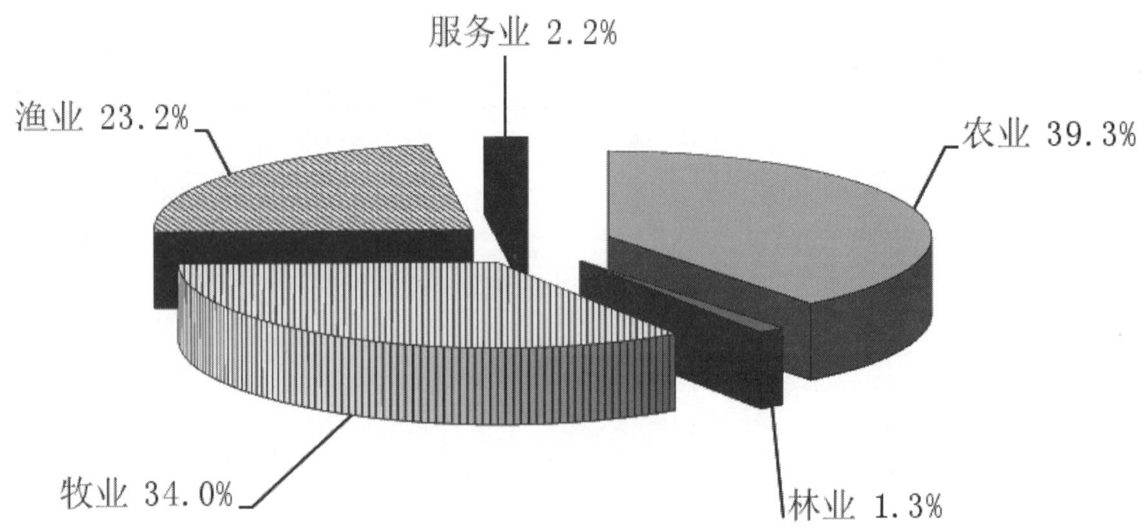

9-1 农村乡镇基本情况

项目	2015	2016	项目	2015	2016
一、乡镇政府(个)	78	80	**五、自来水受益村委会个数(个)**	511	566
#镇 政 府	50	52	占村委会总个数比重(%)	43.3	48.0
二、村民委员会(个)	1 181	1 179	**六、通宽带的村委会个数(个)**	1 085	1 120
三、村民小组(个)	9 658	9 593	占村委会总个数比重(%)	91.9	95.0
四、通有线电视的村委会个数 (个)	1 116	1 150			
占村委会总个数比重(%)	94.5	97.5			

9-2 县区乡镇组织

(2016年)

地区	乡镇政府(个)	#镇政府	村民委员会(个)	村民小组(个)
合　　计	**80**	**52**	**1 179**	**9 593**
东 湖 区	1	1	21	91
西 湖 区	1	1	13	13
青云谱区	1	1	12	69
湾 里 区	4	4	40	250
青山湖区	4	4	60	294
新 建 区	18	12	287	1 890
南 昌 县	16	9	265	2 333
安 义 县	10	7	104	1 183
进 贤 县	21	9	264	2 718
经济开发区	1	1	29	203
高新开发区	2	2	48	299
红谷滩新区	1	1	36	250

9-3 耕地面积变化情况

单位:公顷

项　　目	2015	2016
年初面积	**278 214.91**	**27 7874.79**
按类型分:		
水田	211 544.71	211 175.01
水浇地	6 060.40	6 004.89
旱地	60 609.80	60 694.89
按县区分:		
东 湖 区	0.22	1 002.14
西 湖 区	36.14	34.91
青 云 谱 区	39.36	30.33
湾 里 区	3 151.93	3 143.05
青 山 湖 区	3 339.02	1 855.31
新 建 区	84 573.22	77 485.75
南 昌 县	85 815.21	78 248.39
安 义 县	25 262.54	25 245.08
进 贤 县	75 997.27	76 079.55
经济开发区		2 005.71
高新开发区		7 461.39
红谷滩新区		5 151.91

注:该表格数据是依据南昌市2014、2015年度部发变更调查数据填写。

9-4 县区农村劳动力资源及乡村从业人员

（2016年） 单位：人

项　　目	全 市	东湖区	西湖区	青云谱区	湾里区	青山湖区	新建区
一、乡村劳动力资源总数	**1 774 721**	**20 099**	**12 150**	**29 367**	**26 378**	**83 480**	**349 706**
男　　性	944 966	10 622	6 674	15 845	13 992	45 114	184 405
女　　性	829 755	9 477	5 476	13 522	12 386	38 366	165 301
二、乡村从业人员合计	**1 487 222**	**15 831**	**10 692**	**25 585**	**22 407**	**72 604**	**274 277**
按性别分							
男　　性	790 699	8 499	5 880	14 174	12 167	39 218	148 230
女　　性	696 523	7 332	4 812	11 411	10 240	33 386	126 047
按产业分							
第一产业	704 620	11 682		134	11 330	860	172 616
第二、三产业	782 602	4 149	10 692	25 451	11 077	71 744	101 661

9-4续表 （2016年） 单位：人

项　　目	南昌县	安义县	进贤县	经 济 开发区	高 新 开发区	红谷滩 新 区
一、乡村劳动力资源总数	**468 359**	**120 615**	**468 964**	**44 908**	**134 442**	**16 253**
男　　性	250 296	63 841	250 404	25 083	69 458	9 232
女　　性	218 063	56 774	218 560	19 825	64 984	7 021
二、乡村从业人员合计	**398 319**	**101 298**	**386 523**	**37 080**	**127 285**	**15 321**
按性别分						
男　　性	212 038	55 056	204 028	20 905	61 872	8 632
女　　性	186 281	46 242	182 495	16 175	65 413	6 689
按产业分						
第一产业	228 001	48 891	170 370	12 199	39 087	9 450
第二、三产业	170 318	52 407	216 153	24 881	88 198	5 871

9-5 主要年份农林牧渔业总产值

（2016年，按可比价格计算）

单位：万元

年 份	农林牧渔业总产值	农 业	林 业	牧 业	渔 业	农林牧渔服务业
1980	39 708	33 738	384	4 869	717	
1990	107 574	73 863	1 323	25 591	6 797	
2000	451 772	167 752	7 696	154 143	122 181	
2010	1 982 207	718 149	23 221	781 207	421 127	38 503
2011	2 140 548	802 010	24 566	832 709	440 598	40 665
2012	2 402 782	876 609	27 510	962 178	489 989	46 496
2013	2 570 868	965 425	30 730	957 730	564 703	52 280
2014	2 786 412	1 021 766	34 068	1 038 242	634 844	57 492
2015	2 949 744	1 144 886	37 028	1 023 347	682 524	61 969
2016	3 085 990	1 213 022	39 969	1 049 281	715 654	68 064

9-6 县区农林牧渔业总产值

（2016年,按当年价格计算）

单位:万元

地区	农林牧渔业总产值	农业产值	林业产值	牧业产值	渔业产值	农林牧渔服务业产值
全市	**3 190 609**	**1 262 221**	**40 513**	**1 082 666**	**736 209**	**69 000**
东湖区	12 021	9 371	220	234	2 168	28
西湖区						
青云谱区						
湾里区	47 526	18 009	5 094	20 082	793	3 548
青山湖区	9 919	3 091		4 494	2 236	98
新建区	910 228	373 685	17 917	284 328	212 134	22 164
南昌县	949 635	384 162	3 788	370 392	173 952	17 341
安义县	200 280	100 789	5 693	51 448	36 224	6 126
进贤县	922 187	318 256	7 016	300 106	280 667	16 142
经济开发区	31 054	6 794	520	21 609	1 302	829
高新开发区	69 393	33 797	265	16 854	16 484	1 993
红谷滩新区	38 366	14 267		13 119	10 249	731

9-7 县区农林牧渔业总产值

（2016年,按可比价格计算）

单位:万元

地区	农林牧渔业总产值	农业产值	林业产值	牧业产值	渔业产值	农林牧渔服务业产值
全市	**3 085 990**	**1 213 022**	**39 969**	**1 049 281**	**715 654**	**68 064**
东湖区	11 429	8 984	215	155	2 049	26
西湖区						
青云谱区						
湾里区	45 945	17 675	5 047	18 927	780	3 516
青山湖区	9 393	3 040		4 131	2 130	92
新建区	880 682	358 107	17 569	276 473	206 960	21 573
南昌县	928 298	371 100	3 772	363 851	172 256	17 319
安义县	194 868	97 113	5 592	50 555	35 590	6 018
进贤县	877 658	303 136	6 992	283 614	267 931	15 985
经济开发区	31 190	6 595	517	21 987	1 271	820
高新开发区	68 863	33 376	265	16 737	16 486	1 999
红谷滩新区	37 664	13 896		12 851	10 201	716

9-8 农、林、牧、渔业总产值

单位:万元

项　　目	按当年价格计算		2016年比上年增长(%)
	2015年	2016年	
农林牧渔业总产值	**2 969 210**	**3 190 609**	**4.0**
一、农业产值	**1 155 699**	**1 262 221**	**5.0**
粮食作物	675 114	702 945	1.7
经济作物	90 415	96 705	4.5
蔬菜、食用菌及花卉盆景园艺	308 975	369 184	11.3
水果、坚果、茶、饮料和香料	33 427	40 202	16.5
中草药材	857	893	-0.7
其他农作物	46 911	52 292	3.5
#饲料作物	566	1 596	196.6
二、林业产值	**37 127**	**40 513**	**7.7**
林木的培育和种植	22 696	24 611	7.0
林产品	7 580	8 346	9.8
竹木采运	6 851	7 556	7.4
三、牧业产值	**1 021 596**	**1 082 666**	**2.7**
牲畜饲养	62 115	63 428	0.7
#牛	47 442	48 237	0.2
羊	1 007	2 288	127.3
猪的饲养	660 027	685 394	-0.6
家禽的饲养	297 321	331 416	10.5
狩猎和捕捉动物	15	21	26.7
其他动物饲养	2 118	2 407	-3.5
四、渔业产值	**692 122**	**736 209**	**3.4**
五、农林牧渔服务业产值	**62 666**	**69 000**	**8.6**

注:增长速度系按可比价格(上年价格)计算。

9-9 主要年份农林牧渔业商品产值和商品率

年 份	农林牧渔业商品产值(万元)	农业	林业	牧业	渔业	农林牧渔服务业	农林牧渔业商品率(%)
1990	142 005	75 753	595	52 649	13 008		59.8
2000	472 610	151 913	3 397	190 211	127 089		68.1
2010	1 580 847	487 820	7 512	679 069	389 627	16 819	77.2
2011	1 780 058	553 606	8 146	773 292	429 117	15 897	77.5
2012	1 942 797	605 566	9 264	802 242	508 696	17 029	77.9
2013	2 072 139	639 598	9 914	841 428	562 953	18 246	77.9
2014	2 206 524	678 114	11 593	893 998	602 783	20 036	77.8
2015	2 305 370	766 448	12 226	871 941	636 700	18 055	77.6
2016	2 474 393	831 718	13 427	945 973	677 598	5 677	77.6

9-10 农林牧渔业商品产值和商品率

(分县区，2016年)

地 区	农林牧渔业商品产值(万元)	农业	林业	牧业	渔业	农林牧渔服务业	农林牧渔业商品率(%)
全 市	**2 474 393**	**831 718**	**13 427**	**945 973**	**677 598**	**5 677**	**77.6**
东湖区	7 785	6 184		153	1 430	18	64.8
西湖区							
青云谱区							
湾里区	32 349	10 546	986	17 901	621	2 295	68.1
青山湖区	9 471	2 783		4 452	2 236		95.5
新建区	705 849	254 813	5 086	249 895	196 055		77.5
南昌县	736 633	247 314	30	329 812	159 477		77.6
安义县	156 940	79 845	3 324	43 768	30 003		78.4
进贤县	723 028	191 622	3 792	258 980	268 634		78.4
经济开发区	26 584	6 340	209	18 311	916	808	85.6
高新开发区	46 073	21 160		12 598	10 490	1 825	66.4
红谷滩新区	29 681	11 111		10 103	7 736	731	77.4

9-11 农林牧渔业总产出、中间消耗和增加值

项　　目	绝对数(万元)		构　成(%)	
	2015	2016	2015	2016
一、农林牧渔业总产出	**2 969 210**	**3 190 609**	**100.0**	**100.0**
农　　业	1 155 699	1 262 221	38.9	39.6
林　　业	37 127	40 513	1.3	1.3
牧　　业	1 021 596	1 082 666	34.4	33.9
渔　　业	692 122	736 209	23.3	23.1
农林牧渔服务业	62 666	69 000	2.1	2.2
二、农林牧渔业中间消耗	**1 220 217**	**1 332 888**	**100.0**	**100.0**
农　　业	447 411	510 788	36.7	38.3
林　　业	10 806	11 814	0.9	0.9
牧　　业	479 850	508 996	39.3	38.2
渔　　业	255 868	272 298	21.0	20.4
农林牧渔服务业	26 282	28 992	2.2	2.2
三、农林牧渔业增加值	**1 748 993**	**1 857 721**	**100.0**	**100.0**
农　　业	708 288	751 433	40.5	40.5
林　　业	26 321	28 699	1.5	1.5
牧　　业	541 746	573 670	31.0	30.9
渔　　业	436 254	463 911	24.9	25.0
农林牧渔服务业	36 384	40 008	2.1	2.2

9-12 农林牧渔业总产出、中间消耗和增加值

(分县区,2016年)

地　　区	农林牧渔业总产出(万元)	农林牧渔业中间消耗(万元)	农林牧渔业增加值(万元)	占总产出比重(%)	
				中间消耗	增加值
全　　市	**3 190 609**	**1 332 888**	**1 857 721**	**41.8**	**58.2**
东　湖　区	12 021	5 291	6 730	44.0	56.0
西　湖　区					
青 云 谱 区					
湾　里　区	47 526	18 119	29 407	38.1	61.9
青 山 湖 区	9 919	4 314	5 605	43.5	56.5
新　建　区	910 228	378 818	531 410	41.6	58.4
南　昌　县	949 635	407 257	542 378	42.9	57.1
安　义　县	200 280	83 403	116 877	41.6	58.4
进　贤　县	922 187	378 702	543 485	41.1	58.9
经济开发区	31 054	11 997	19 057	38.6	61.4
高新开发区	69 393	28 899	40 494	41.7	58.4
红谷滩新区	38 366	16 088	22 278	41.9	58.1

9-13 农林牧渔业中间消耗

项　　目	绝对数(万元)		构　成(%)	
	2015	2016	2015	2016
总　额	**1 220 217**	**1 332 888**	**100.0**	**100.0**
一、物质消耗	**1 093 510**	**1 190 037**	**89.6**	**89.3**
#用种量	167 683	186 652	13.7	14.0
饲料、饲草	521 605	554 198	42.7	41.6
肥料	124 766	142 750	10.2	10.7
燃料	55 391	61 759	4.5	4.6
农药	13 582	15 045	1.1	1.1
用电量	81 961	92 059	6.7	6.9
小农具购置	3 997	4 412	0.3	0.3
办公用品购置	1 277	1 425	0.1	0.1
其他物质消耗	123 248	131 737	10.1	9.9
二、生产服务支出	**126 707**	**142 851**	**10.4**	**10.7**

9-14 农林牧渔业中间消耗率

(分县区,2016年)

单位:%

地　　区	农 业	林 业	牧 业	渔 业	农林牧渔服务业
全　　市	**40.5**	**29.2**	**47.0**	**37.0**	**42.0**
东　湖　区	44.6	40.0	44.9	41.9	46.4
西　湖　区					
青 云 谱 区					
湾　里　区	38.6	28.9	40.9	37.7	33.6
青 山 湖 区	44.5		43.5	42.2	42.9
新　建　区	44.5	31.8	40.0	39.2	45.2
南　昌　县	35.1	33.5	52.3	40.4	41.4
安　义　县	44.3	29.9	45.1	33.3	29.0
进　贤　县	40.9	18.3	48.6	33.6	45.1
经济开发区	35.6	32.3	40.2	35.9	29.8
高新开发区	41.0	53.6	44.4	39.4	46.8
红谷滩新区	44.6		44.2	35.5	41.0

9-15 农作物播种面积和产量

项　　目	播种面积(万公顷)		单产(千克/公顷)		总 产 量(万 吨)		
	2015	2016	2015	2016	2015	2016	2016年比上年增长%
一、粮食作物	**36.16**	**35.72**	**6 798**	**6 795**	**245.79**	**242.75**	**-1.2**
1. 谷　物	34.70	34.30	6 958	6 954	241.44	238.49	-1.2
稻　谷	34.33	33.94	6 970	6 965	239.32	236.39	-1.2
早　稻	15.62	15.27	6 522	6 489	101.84	99.10	-2.7
晚　稻	18.72	18.67	7 344	14 997	137.48	137.28	-0.1
一　晚	2.16	2.57	7 698	7 697	16.66	19.77	18.7
二　晚	16.55	16.10	7 298	7 300	120.82	117.51	-2.7
小　麦	0.01	0.01	1 899	2 000	0.03	0.03	5.3
杂　谷	0.35	0.34	6 008	6 058	2.10	2.08	-1.1
2. 豆　类	0.92	0.90	1 793	1 815	1.66	1.64	-1.2
#大　豆	0.82	0.80	1 797	1 823	1.47	1.45	-1.0
3. 薯　类	0.53	0.53	25 120	24 905	13.42	13.08	-2.5
二、经济作物							
棉　花	0.16	0.13	1 374	1 395	0.22	0.18	-17.8
油　料	8.01	7.97	1 599	1 514	12.81	12.06	-5.9
花　生	1.68	1.63	3 325	3 254	5.57	5.30	-4.8
油菜籽	5.73	5.70	1 170	1 086	6.71	6.20	-7.6
芝　麻	0.61	0.63	879	888	0.53	0.56	5.4
甘　蔗	0.11	0.10	42 254	41 973	4.45	4.34	-2.7
蔬　菜	4.18	4.02	30 848	31 752	128.98	127.77	-0.9
瓜果类	0.41	0.39	24 173	25 354	9.79	9.91	1.2
其他类	3.78	3.52					

9-16 农作物播种面积

(分县区,2016年)

单位:公顷

项目	全市	东湖区	西湖区	青云谱区	湾里区	青山湖区	新建区
一、粮食作物	**357 243**	**369**			**2 169**	**1 400**	**93 461**
1.谷物	342 966	369			2 058	1 400	89 464
稻谷	339 393	369			2 058	1 400	89 264
早稻	152 723	86			320	267	40 065
晚稻	186 670	283			1 738	1 133	49 199
一晚	25 687	200			1 392	866	6 741
二晚	160 983	83			346	267	42 458
小麦	148						145
杂谷	3 425						55
2.豆类	9 024				63		1 885
#大豆	7 967				13		1 575
3.薯类	5 253				48		2 112
二、经济作物	**161 503**						**34 621**
棉花	1 311						202
油料	79 668				109		22 727
花生	16 286				28		4 628
油菜籽	57 033				68		17 682
芝麻	6 349				13		417
药材	128				7		
甘蔗	1 033						47
蔬菜	40 239	1 680				155	5 498
瓜果类	3 907						580
其他类	35 217						5 567

（分县区，2016年）

单位：公顷

项　　目	南昌县	安义县	进贤县	经　济 开发区	高　新 开发区	红谷滩 新　区
一、粮食作物	**129 605**	**27 835**	**87 215**	**1 875**	**10 497**	**2 817**
1. 谷　物	127 877	26 175	80 643	1 831	10 351	2 798
稻　谷	127 776	25 616	77 930	1 831	10 351	2 798
早　稻	60 549	8 634	36 991	600	3 870	1 341
晚　稻	67 227	16 982	40 939	1 231	6 481	1 457
一　晚	2 402	7 649	3 270	627	2 540	
二　晚	64 825	9 333	37 669	604	3 941	1 457
小　麦		3				
杂　谷	101	556	2 713			
2. 豆　类	886	438	5 633	28	73	18
#大　豆	550	279	5 509	5	21	15
3. 薯　类	842	1 222	939	16	73	1
二、经济作物	**45 547**	**25 693**	**47 939**	**962**	**1 591**	**2 463**
棉　花		927	164	18		
油　料	7 643	13 511	33 281	647	336	1 414
花　生	820	1 264	8 862	187	69	428
油菜籽	6 731	12 025	18 897	459	251	920
芝　麻	92	222	5 522	1	16	66
药　材			76	45		
甘　蔗	386	49	526		25	
蔬　菜	14 958	8 489	7 086	103	981	1 049
瓜果类	959	619	1 617	49	75	
其他类	21 601	2 098	5 189	100	174	

9-17 主要农作物总产量

（分县区，2016年） 单位：吨

项 目	全市	东湖区	西湖区	青云谱区	湾里区	青山湖区	新建区
一、粮食作物	**2 427 465**	**2 167**			**12 394**	**8 400**	**633 277**
1. 谷 物	2 384 919	2 167			12 238	8 400	616 884
稻 谷	2 363 873	2 167			12 238	8 400	616 323
早 稻	991 049	469			1 690	1 600	258 008
晚 稻	1 372 824	1 698			10 548	6 800	358 315
一 晚	197 707	1 206			8 498	5 200	55 320
二 晚	1 175 117	492			2 050	1 600	302 995
小 麦	296						288
杂 谷	20 750						273
2. 豆 类	16 380				66		3 436
#大 豆	14 521				13		3 019
3. 薯 类	130 828				450		64 786
二、经济作物							
棉 花	1 829						219
油 料	120 596				116		30 939
花 生	53 000				30		16 331
油菜籽	61 958				72		14 090
芝 麻	5 638				14		518
药 材							
甘 蔗	43 358						1 908
蔬 菜	127 768	54 287			3 020	3 904	119 276
瓜果类	99 059				114		15 501
其他类							

项　　目	南昌县	安义县	进贤县	经济开发区	高新开发区	红谷滩新区
一、粮食作物	**939 978**	**176 230**	**556 831**	**11 370**	**68 214**	**18 604**
1. 谷　物	936 150	167 795	543 380	11 293	68 032	18 580
稻　谷	935 509	164 336	526 995	11 293	68 032	18 580
早　稻	403 808	49 004	242 135	3 246	22 125	8 964
晚　稻	531 701	115 332	284 860	8 047	45 907	9 616
一　晚	20 782	58 045	26 152	4 084	18 420	
二　晚	510 919	57 287	258 708	3 963	27 487	9 616
小　麦		8				
杂　谷	641	3 451	16 385			
2. 豆　类	2 746	1 014	8 931	41	123	23
#大　豆	1 920	725	8 776	15	35	18
3. 薯　类	5 410	37 107	22 601	178	293	3
二、经济作物						
棉　花		1 483	103	24		
油　料	11 672	23 183	50 756	1 032	544	2 354
花　生	3 388	3 057	28 099	563	135	1 397
油菜籽	8 050	19 842	18 129	468	399	908
芝　麻	234	284	4 528	1	10	49
药　材						
甘　蔗	19 019	3 185	18 410		836	
蔬　菜	654 811	197 684	189 374	2 408	24 314	28 609
瓜果类	30 257	18 734	30 444	2 088	1 921	
其他类						

9-18 茶叶、水果生产情况

项　目	2015	2016	2016年比上年增长%
一、产　　量(吨)			
茶　叶	1 969	1 916	-2.7
#红　茶	13	13	
绿　茶	1 944	1 892	-2.7
园林水果	35 354	37 421	5.9
#柑　桔	26 075	26 055	-0.1
梨　子	2 818	2 828	0.4
桃　子	1 555	1 799	15.7
二、年末茶园面积(公顷)	**1 418**	**1 383**	**-2.5**
#当年采摘	1 380	1 348	-2.3
当年新增	12	2	-83.3
三、年末果园面积(公顷)	**6 799**	**6 745**	**-0.8**
#当年新增	234	128	-45.3

9-19 茶叶、水果产量

(分县区,2016年)

单位:吨

地区	茶叶	#红茶	#绿茶	园林水果	#柑桔	#梨
全市	**1 916**	**13**	**1 892**	**37 421**	**26 055**	**2 828**
湾里区	39		38	1 475	274	
新建区	10		1	3 427	2 015	214
南昌县	810		810	7 604	6 430	562
安义县	1			9 587	5 742	1 417
进贤县	843	13	830	14 505	11 250	635
经济开发区	202		202	475	28	
高新开发区				127	121	
红谷滩新区	11		11	221	195	

9-20 茶园、果园面积

(分县区,2016年)

单位:公顷

地区	茶园	果园	#柑桔	#梨
全市	**1 383**	**6 745**	**4 431**	**767**
湾里区	373	121	29	
新建区	38	524	292	33
南昌县	174	561	430	48
安义县	3	1 663	732	437
进贤县	612	3 719	2 817	249
经开区	135	29	11	
高新开发区		96	90	
红谷滩新区	48	32	30	

9-21 林业生产情况

项　　目	2015	2016	2016年比上年增长%
一、当年荒山荒(沙)地造林面积(公顷)	**4 723**	**2 468**	**-47.7**
#用 材 林	635		-100.0
经 济 林	1 668	933	-44.1
防 护 林	2 087	1 482	-29.0
二、飞播造林面积(公顷)			
三、当年新封山(沙)育林面积(公顷)	**667**	**1 074**	**61.0**
四、森林改培面积(公顷)			
五、森林抚育面积(公顷)	**4 734**	**4 068**	**-14.1**
六、人工更新面积(公顷)			
七、封山育林面积(公顷)	**30 978**	**26 503**	**-14.4**
八、零星(四旁)植树(万株)	**329**	**149**	**-54.7**
九、育苗面积(公顷)	**6 219**	**4 684**	**-24.7**
十、主要产品产量			
油 桐 籽(吨)			
油 茶 籽(吨)	10 074	11 524	14.4
板　　栗(吨)	100		-100.0
棕　　片(吨)			
松　　脂(吨)	160	165	3.1
木材采伐(万立方米)	1.05	0.92	-12.4
竹材采伐(万根)	54.67	22.28	-59.2

9-22 牧业生产情况

项　　目	2015	2016	2016年比上年增长%
一、肉猪出栏数(万头)	**345.28**	**332.66**	**-3.7**
出售和自宰肉用牛(万头)	6.30	6.41	1.8
出售和自宰肉用羊(只)	22 857	23 272	1.8
出售和自宰肉用兔(只)	16 620	15 025	-9.6
出售和自宰肉用禽(万只)	5 404.13	5 523.76	2.2
二、肉类总产量(万吨)	**37.57**	**37.95**	**1.0**
猪　肉(万吨)	28.90	28.97	0.3
牛　肉(吨)	7 354	7641	3.9
羊　肉(吨)	396	408	3.0
兔　肉(吨)	32	30	-6.3
禽　肉(万吨)	7.60	7.81	2.8
三、牛奶产量(万吨)	**4.64**	**3.59**	**-22.7**
四、年底养蜂数(箱)	**5 333**	**5 143**	**-3.6**
蜂蜜产量(吨)	408		
五、禽蛋产量(万吨)	**17.02**	**17.20**	**1.1**
六、牛年底数(万头)	**19.57**	**18.15**	**-7.3**
#能繁殖母牛	10.02		
#肉　牛	3.89		
奶　牛	1.42	0.88	-38.4
七、猪年底数(万头)	**202.06**	**194.14**	**-3.9**
#能繁殖母猪	20.38	20.36	-0.1
八、羊年底数(只)	**22 488**	**22 512**	**0.1**
九、兔年底数(只)	**9 480**	**6 593**	**-30.5**
十、家禽年底数(万只)	**3 442.39**	**3 439.43**	**-0.1**

9-23 牧业生产情况

（分县区，2016年）

项　目	全 市	东湖区	西湖区	青云谱区	湾里区	青山湖区	新建区
一、出栏肉猪头数(万头)	**332.66**	**0.05**			**5.29**	**3.20**	**88.25**
出售和自宰肉用牛(头)	64 131	108			310		10 900
出售和自宰肉用羊(只)	23 272	200			863		5 497
出售和自宰肉用兔(只)	15 025						
出售和自宰肉用禽(万只)	5 523.76	1.63			10.74	4.50	562.25
二、肉类总产量(吨)	**379 474**	**80**			**4 842**	**2 774**	**86 458**
猪　　肉	289 747	37			4 603	2 720	76 871
牛　　肉	7 641	15			50		1 513
羊　　肉	408	4			17		109
兔　　肉	30						
禽　　肉	78 148	24			162	54	6 914
三、牛奶产量(吨)	**35 906**						**6 071**
四、年底养蜂数(箱)	**5 143**						**113**
蜂蜜产量(吨)							
五、禽蛋产量(吨)	**172 033**	**13**			**474**	**125**	**13 538**
六、牛年底数(头)	**181 481**	**321**			**738**	**385**	**49 472**
#能繁殖母牛							
#肉　　牛							
奶　　牛	8 767						530
七、生猪年底数(万头)	**194.14**				**5.65**	**2.20**	**55.73**
#能繁殖母猪(头)	203 593				7 810	3 850	60 157
八、羊年底数(只)	**22 512**	**90**			**1 293**		**2 980**
九、兔年底数(只)	**6 593**						
十、家禽年底数(万只)	**3 439.43**	**1.27**			**8.14**	**2.20**	**450.50**
十一、蚕茧产量(吨)							

9-23 续表

(分县区,2016年)

项　目	南昌县	安义县	进贤县	经济开发区	高新开发区	红谷滩新区
一、出栏肉猪头数(万头)	**113.16**	**21.15**	**84.61**	**7.76**	**5.08**	**4.12**
出售和自宰肉用牛(头)	21 005	5 400	21 804	2 001	2 101	502
出售和自宰肉用羊(只)	4 455	9 346	1 344	614	953	
出售和自宰肉用兔(只)	2 890	12 135				
出售和自宰肉用禽(万只)	2 755.67	280.23	1 858.1	7.36	25.07	18.21
二、肉类总产量(吨)	**136 628**	**23 737**	**107 811**	**7 470**	**5 680**	**3 994**
猪　肉	98 813	18 806	72 205	7 138	4 844	3 710
牛　肉	2 409	622	2 412	212	355	53
羊　肉	67	166	19	10	16	
兔　肉	8	22				
禽　肉	34 031	4 077	32 080	110	465	231
三、牛奶产量(吨)	**15 300**		**12 880**	**1 271**	**384**	
四、年底养蜂数(箱)	**855**	**874**	**3 301**			
蜂蜜产量(吨)						
五、禽蛋产量(吨)	**114 075**	**9 158**	**31 769**	**134**	**2 562**	**185**
六、牛年底数(头)	**32 355**	**25 050**	**67 323**	**1 291**	**1 921**	**2 625**
#能繁殖母牛						
#肉　牛						
奶　牛	5 447		1 595	831	364	
七、生猪年底数(万头)	**50.07**	**14.84**	**56.34**	**1.20**	**5.55**	**2.56**
#能繁殖母猪(头)	56 018	12 701	55 412	1 213	2 406	4 026
八、羊年底数(只)	**5 881**	**9 000**	**1 620**	**433**	**1 215**	
九、兔年底数(只)		**6 593**				
十、家禽年底数(万只)	**1 493.4**	**167.64**	**1 282.08**	**7.73**	**16.21**	**10.26**
十一、蚕茧产量(吨)						

9-24 渔业生产情况

项 目	2015	2016	2016年比上年增长%
一、渔业乡(个)	**3**	**3**	**持平**
二、渔业村(个)	**31**	**31**	**持平**
三、渔业户(万户)	**3.00**	**2.90**	**-3.3**
四、渔业人口(万人)	**12.65**	**12.44**	**-1.6**
五、渔业从业人员(万人)	**7.98**	**7.84**	**-1.8**
专业从业人员(万人)	4.40	4.29	-2.5
#捕 捞	0.76	0.75	-1.5
养 殖	3.14	3.06	-2.6
兼业从业人员(万人)	2.42	2.40	-1.0
六、已养殖面积(万公顷)	**5.68**	**5.69**	**0.1**
#池 塘	1.63	1.64	0.6
水 库	0.53	0.53	0.6
湖 泊	3.15	3.15	持平
七、养殖单产(千克/公顷)	**7 247**	**7 475**	**3.2**
#池 塘	12 230	12 553	2.6
水 库	7 137	7 183	0.6
湖 泊	2 582	2 690	4.2
八、水产品总产量(万吨)	**41.15**	**42.51**	**3.3**
#养 殖	35.03	36.02	2.8
#池 塘	19.97	20.59	3.1
水 库	3.81	3.83	0.6
湖 泊	8.13	8.47	4.2
#鱼 类	31.69	32.48	2.5
甲壳类	1.86	2.04	9.5
贝 类	0.94	0.94	0.1
九、珍珠产量(吨)	**67**	**68**	**1.5**
十、鱼苗产量(亿尾)	**31.68**	**32.76**	**3.4**
十一、鱼种产量(吨)	**35 857**	**36 735**	**2.4**

注:本表数据来源于农业部门。

9-25 渔业生产情况

（分县区，2016年）

项 目	全 市	东湖区	青云谱区	湾里区	青山湖区	新建区
一、渔业乡(个)	3					1
二、渔业村(个)	31	1				7
三、渔业户(户)	29 001	151		45	143	4 050
四、渔业人口(人)	124 443	604		180	574	13 900
五、渔业从业人员(人)	78 386	566		150	469	8 458
专业从业人员(人)	42 902	266		60	279	4 956
#捕 捞	7 485	166				1 505
养 殖	30 576	100		40	279	2 319
兼业从业人员(人)	23 967	300		80	190	3 007
六、已养殖面积(公顷)	56 863	102		154	118	8 027
#池 塘	16 403	102		22	118	2 559
水 库	5 334			132		2 225
湖 泊	31 490					2 112
七、养殖单产(千克/公顷)	7 475	12 882		3 026	11 153	11 439
#池 塘	12 553	11 892		7 500	11 153	13 300
水 库	7 183			2 250		8 891
湖 泊	2 690					5 234
八、水产品总产量(万吨)	425 064	1 314		466	1 316	91 824
#养 殖	360 201	1 213		462	1 316	77 311
#池 塘	205 912	1 213		165	1 316	34 034
水 库	38 314			297		19 783
湖 泊	84 708					11 055
#鱼 类	324 844	1 213		453	1 316	67 961
甲 壳 类	20 359					6 020
贝 类	9 408					1 615
九、珍珠产量(吨)	68					49
十、鱼苗产量(亿尾)	32.76					7.98
十一、鱼种产量(吨)	36 735			24		5 637

注:本表数据来源于农业部门。

9-25 续表　　　　　　　　　　　（分县区，2016年）

项　　目	南昌县	安义县	进贤县	经济开发区	高新开发区	红谷滩新区
一、渔业乡（个）			**2**			
二、渔业村（个）	**1**		**18**	**3**		**1**
三、渔业户（户）	**12 723**	**1 273**	**8 834**	**176**	**1 600**	**6**
四、渔业人口（人）	**44 529**	**5 916**	**54 138**	**722**	**3 850**	**30**
五、渔业从业人员（人）	**33 834**	**4 147**	**28 099**	**353**	**2 280**	**30**
专业从业人员（人）	23 667	2 077	9 992	313	1 280	12
#捕　捞	1 840	188	3 451	15	320	
养　殖	19 440	1 562	5 967	153	710	6
兼业从业人员（人）	7 684	1 847	10 139	30	680	10
六、已养殖面积（公顷）	**11 669**	**3 183**	**30 770**	**400**	**2 410**	**30**
#池　塘	8 270	2 080	2 219	260	743	30
水　库	105	1 066	1 746	60		
湖　泊	1 247		26 464		1 667	
七、养殖单产（千克/公顷）	**12 640**	**11 135**	**4 357**	**7 383**	**4 103**	**10 000**
#池　塘	12 800	12 646	13 156	8 919	7 009	10 000
水　库	5 400	6 145	6 245	3 550		
湖　泊	5 972		2 368		2 126	
八、水产品总产量（万吨）	**147 496**	**35 444**	**134 062**	**2 953**	**9 889**	**300**
#养　殖	128 760	33 036	106 198	2 853	8 752	300
#池　塘	105 860	26 304	29 193	2 319	5 208	300
水　库	567	6 551	10 903	213		
湖　泊	7 447		62 662		3 544	
#鱼　类	118 855	29 905	93 272	2 853	8 716	300
甲 壳 类	7 507	542	6 264		26	
贝　类	1 076	1 905	4 812			
九、珍珠产量（吨）	**4**	**8**	**7**			
十、鱼苗产量（亿尾）	**10.9**	**2.28**	**11.60**			
十一、鱼种产量（吨）	**21 757**	**3 466**	**5 851**			

注：本表数据来源于农业部门。

9-26 农业经济效益

(分县区,2016年)

项目	全市	东湖区	西湖区	青云谱区	湾里区	青山湖区	新建区
农业劳动力创造农林牧渔业总产值(元/人)	45 281	10 290			41 947	115 337	52 731
农业劳动力创造农林牧渔业增加值(元/人)	26 365	5 761			25 955	65 174	30 786
农业劳动力创造农林牧渔业商品产值(元/人)	35 117	6 664			28 552	110 128	40 891
农业劳动力生产农产品(千克/人)							
粮　食	3 445	185			1 094	9 767	3 669
棉　花	2.60						1.27
油　料	171.15				10.24		179.24
肉　类	538.55	6.85			427.36	3 225.58	500.87
水产品	603.25	112.48			41.13	1 530	531.96

9-26 续表 (分县区,2016年)

项目	南昌县	安义县	进贤县	经济开发区	高新开发区	红谷滩新区
农业劳动力创造农林牧渔业总产值(元/人)	41 650	40 965	54 128	25 456	17 753	40 599
农业劳动力创造农林牧渔业增加值(元/人)	23 788	23 906	31 900	15 622	10 360	23 575
农业劳动力创造农林牧渔业商品产值(元/人)	32 308	32 100	42 439	21 792	11 787	31 408
农业劳动力生产农产品(千克/人)						
粮　食	4 123	3 605	3 268	932	1 745	1 969
棉　花		30.33	0.60	1.97		
油　料	51.19	474.18	297.92	84.60	13.92	249.10
肉　类	599.24	485.51	632.81	612.35	145.32	422.65
水产品	646.91	724.96	786.89	242.07	253.00	31.75

9-27 主要农业机械年末拥有量

项　　目	2015	2016	2016年比上年增长%
一、农业机械总动力 (万千瓦)	**239.49**	**233.28**	**-2.6**
# 柴油发动机动力	178.79	180.14	0.8
汽油发动机动力	20.67	14.22	-31.2
电动机动力	39.15	39.89	1.9
二、主要农业机械与设备			
大中型拖拉机(混合台)	5 990	7 253	21.1
(万千瓦)	28.98	36.07	24.5
小型拖拉机(混合台)	61 865	62 678	1.3
(万千瓦)	68.04	68.91	1.3
大中型拖拉机配套农具(部)	7 804	8 420	7.9
小型拖拉机配套农具(部)	54 905	52 882	-3.7
农用排灌动力机械(台)	70 202	70 220	0.03
(万千瓦)	50.05	50.43	0.8
#柴　油　机(台)	48 089	47 915	-0.4
(万千瓦)	21.22	21.30	0.4
电　动　机(台)	21 545	21 737	0.9
(万千瓦)	28.43	28 .73	1.1
农　用　水　泵(台)	36 251	28 888	-20.3
节水灌溉类机械(万套)	223	230	3.1
联合收获机(台)	4 615	5 405	17.1
机动割晒机(台)	2	2	持平
机动脱粒机(台)	6 060	4 869	-19.65

9-28 农业机耕、水电、化肥、水利情况

项　　目	2015	2016	2016年比上年增长%
一、农业机械化情况			
当年实际机耕面积(千公顷)	401.11	395.45	-1.4
当年实际机播面积(千公顷)	106.03	126.02	18.9
当年实际机收面积(千公顷)	370.65	352.92	-4.8
当年实际机电灌溉面积(千公顷)	143.20	143.88	0.5
二、农业电气化情况			
农村用电量(万千瓦小时)	134 306	136 629	1.7
三、农业化学化情况			
化肥施用量(实物量)(万吨)	38.28	37.65	-1.6
氮　　肥	10.75	10.49	-2.4
磷　　肥	8.30	8.04	-3.1
钾　　肥	5.62	5.51	-2.0
复 合 肥	13.61	13.62	0.1
化肥施用量(折纯量)(万吨)	14.90	14.30	-4.0
氮　　肥	3.51	3.39	-3.5
磷　　肥	2.49	2.36	-5.1
钾　　肥	2.71	2.44	-9.8
复 合 肥	6.19	6.11	-1.4
农用塑料薄膜使用量(吨)	2 248	2 210	-1.7
#地膜使用量(吨)	1 215	1 200	-1.2
地膜覆盖面积(公顷)	9 437	8 656	-8.3
农药使用量(吨)	5 101	5 095	-0.1
农用柴油使用量(吨)	33 671	33 726	0.2
四、农业水利化情况			
总灌溉面积(千公顷)	195.67	196.45	0.4

9-29 农业电气化情况

（分县区，2016年）

地区	农村用电量（万千瓦小时）	乡镇村办水电站个数（个）	水电站发电能力（千瓦）
全市	**136 629**	**12**	**2 000**
东湖区	1 678		
西湖区			
青云谱区	2 290		
湾里区	1 870		
青山湖区	20 321		
新建区	18 402	1	500
南昌县	44 972	1	500
安义县	5 239	8	500
进贤县	27 663	2	500
经济开发区	2 869		
高新开发区	10 197		
红谷滩新区	1 128		

9-30 农业水利化情况

（分县区，2016年）

地区	总灌溉面积（千公顷）	耕地灌溉面积（有效灌溉面积）（千公顷）	林地灌溉面积（千公顷）	园地灌溉面积（千公顷）
合计	**196.45**	**189.77**	**4.52**	**2.16**
湾里区	2.55	2.55		
青山湖区	10.50	8.99		1.51
新建区	38.34	37.04	0.65	0.65
南昌县	73.64	69.77	3.87	
安义县	18.82	18.82		
进贤县	52.59	52.59		

9-31 农业化学化情况

（分县区，2016年）

单位：吨

地　　区	化肥施用量（实物量）	氮　肥	磷　肥	钾　肥	复合肥
全　　市	**376 530**	**104 865**	**80 433**	**55 077**	**136 155**
东湖区	692	146	150	190	206
西湖区					
青云谱区					
湾里区	1 858	365	324	253	916
青山湖区	526	242	66	76	142
新建区	101 258	31 555	28 392	16 100	25 211
南昌县	127 288	26 923	16 375	18 021	65 969
安义县	33 100	9 182	9 316	6 475	8 127
进贤县	88 894	29 536	18 341	10 785	30 232
经济开发区	9 870	2 910	3 807	1 307	1 846
高新开发区	7 980	2 194	1 896	1 048	2 842
红谷滩新区	5 064	1 812	1 766	822	664

9-31 续表

单位：吨

地　　区	化肥施用量（折纯量）	氮　肥	磷　肥	钾　肥	复合肥
全　　市	**142 994**	**33 871**	**23 637**	**24 413**	**61 073**
东湖区	298	63	68	92	75
西湖区					
青云谱区					
湾里区	718	120	72	105	421
青山湖区	194	73	14	37	70
新建区	32 355	8 687	5 835	6 878	10 955
南昌县	57 681	8 076	7 613	9 009	32 983
安义县	15 814	4 321	4 219	3 217	4 057
进贤县	28 822	10 517	3 927	3 795	10 583
经济开发区	2 367	690	801	428	448
高新开发区	3 060	792	599	442	1 227
红谷滩新区	1 685	532	489	410	254

9-32 水利灌溉设施

（年末数）

项　　目	2015	2016
一、水利工程数量		
水库数量(座)	493	493
大(1)型		
大(2)型		
中　　型	8	8
小(1)型	68	68
小(2)型	417	417
塘坝数量(座)	11 148	11 148
窖池数量(座)	282	282
水电站数量(座)	12	12
泵站数量(处)	3 168	3 176
水闸数量(座)	2 661	2 661
农村集中式供水工程数量(处)	469	371
机电井数量(眼)	173 964	173 964
二、灌溉面积(千公顷)		
总灌溉面积	195.67	196.45
#耕地灌溉面积(有效灌溉面积)	188.99	189.77
新增耕地灌溉面积		0.78
减少耕地灌溉面积		
实际耕地灌溉面积	180.88	181.65

注:本表数据来源于水利部门。

9-33 主要年份农作物受灾情况

单位:公顷

年　份	受灾面积	旱　灾	水　灾	病虫灾	其　他
1990	212 673	115 160	70 073	4 767	22 673
2000	36 968	13 403	4 917		18 648
2010	189 127		127 492		61 635
2011	91 065	33 590	53 163		4 312
2012	23 356		22 460		896
2013	35 048	21 295	13 506		269
2014	22 028		18 934		3 094
2015	24 524		23 684		840
2016	24 474		24 061		413

9-33 续表

单位:公顷

年　份	成灾面积	旱　灾	水　灾	病虫灾	其　他
1990	105 327	62 280	33 860	2 287	6 900
2000	30 974	11 402	3 044		16 528
2010	100 526		72 549		27 977
2011	37 456	13 200	21 816		2 440
2012	11 657		10 861		791
2013	9 906	7 134	2 794		
2014	8 003		6 826		1 177
2015	14 667		14 667		
2016	9 796		9 783		13

注:本表数据来源于市民政部门。

主要统计指标解释

农林牧渔业总产值 指以货币表现的农、林、牧、渔业全部产品和对农林牧渔业生产活动进行的各种支持性服务活动的价值总量，它反映一定时期内农林牧渔业生产总规模和总成果。1957年以前的农林牧渔业总产值中包括了厩肥和农民自给性手工业(如农民自制衣服、鞋、袜，自己从事粮食初步加工等)。1958年及以后，林业中增加了村及村以下竹木采伐产值；牧业中取消了厩肥产值；副业中取消了农民自给性手工业产值，增加了村及村以下办的工业产值；渔业中增加了海洋捕捞水产品产值。1980年及以后，在副业中增加了农民家庭兼营工业商品部分的产值。从1984年起村及村以下工业产值划归工业。从1993年起取消副业，将野生动物的捕猎划入牧业、野生植物采集和农民家庭兼营商品性工业划归农业。从2003年起，执行新的国民经济行业分类标准，农林牧渔业总产值中包括了农林牧渔服务业产值。林业中增加了森林采运业产值。农业中取消了家庭兼营商品性工业产值，将野生林产品的采集划归林业。

农林牧渔业总产值的计算方法通常是按农、林、牧、渔业产品及其副产品的产量分别乘以各自单位产品价格求得；少数生产周期较长，当年没有产品或产品产量不易统计的，则采用间接方法匡算其产值。

农林牧渔业中间消耗 指各种经济类型的农业生产单位和农户，在农业生产经营过程中消耗的各种物质产品和劳务价值的总和。包括物质消耗和生产服务支出两个部分。计入中间消耗必须具备以下两个条件：一是与总产值相对应的生产过程中所消耗的物质产品和劳务；二是本期消耗的不属于固定资产的低值易耗品。

农林牧渔业增加值 指各种经济类型的农业生产单位和农户从事农业生产经营活动所提供的社会最终产品的货币表现。增加值的计算方法有两种，一是生产法：农林牧渔业增加值=农林牧渔业总产值-农林牧渔业中间消耗；二是分配法：农林牧渔业增加值=固定资产折旧+劳动者报酬+生产税净额+营业盈余。

粮食产量 指全社会的产量。包括国有经济经营的、集体统一经营的和农民家庭经营的粮食产量，还包括工矿企业办的农场和其他生产单位的产量。粮食除包括稻谷、小麦、玉米、高粱、谷子及其他杂粮外，还包括薯类和豆类。其产量计算方法，豆类按占豆荚后的干豆计算；薯类(包括甘薯和马铃薯，不包括芋头和木薯)1963年以前按每4公斤鲜薯折1公斤粮食汁算，从1964年开始改为按5公斤鲜薯折1公斤粮食计算。城市郊区作为蔬菜的薯类(如马铃薯等)按鲜品计算，并且不作粮食统计。其他粮食一律按脱粒后的原粮计算。

油料产量 指全部油料作物的生产量。包括花生、油菜籽、芝麻、向日葵籽、胡麻籽(亚麻籽)和其他油料。不包括大豆、木本油料和野生油料。花生以带壳干花生计算。

水产品产量 指人工养殖的水产品和天然生长的水产品的捕捞量。包括海水的鱼类、虾蟹类、贝类和藻类以及内陆水域的鱼类、虾蟹类和贝类，不包括淡水生植物。水产品产量是通过各级水产和统计部门逐级上报取得数据。1995年及以前，贝类中牡蛎按鲜肉汁算；蚶、蛤、蛙5公斤鲜品折1斤计算。1996年以后则统一按鲜品计算。

猪、牛、羊肉产量 指当年出栏并已屠宰、除去头蹄下水后带骨肉(即胴体重)的重量。包括全社会范围内的产量。

期初(末)畜禽存栏头(只)数 指报告期初(末)农村各种合作经济组织和国营农场、农民个人、机关、团体、学校、工矿企业、部队等单位以及城镇居民饲养的大牲畜、猪、羊、家禽等畜禽的存栏数。

耕地面积 指可以用来种植农作物、经常进行耕锄的田地，包括熟地、当年新开荒地、连续撂荒未满三年的耕地和当年的休闲地(轮歇地)，还包括以种植农作物为主并附带种植桑树、茶树、果树和其他林木的土地，以及沿海、沿湖地区已围垦利用的“海涂”、“湖田”等面积。但不包括属于专业性的桑园、茶园、果园、果木苗圃、林地、芦苇地、天然或人工草地面积。

农作物播种面积 指实际播种或移植有农作物的面积。凡是实际种植有农作物的面积，不论种植在耕地上还是种植在非耕地上，均包括在农作物播种面积中。在播种季节基本结束后，因遭灾而重新改种和补种的农作物面积，也包括在内。它是反映耕地面积利用情况的一个重要指标。

有效灌溉面积 指具有一定的水源，地块比较平整，灌溉工程或设备已经配套，在一般年景下当年能够进行正常灌溉的耕地面积。在一般情况下，有效灌溉面积应等于灌溉工程或设备已经配套，能够进行正常灌溉的水田和水浇地面积之和。它是反映耕地抗旱能力的一个重要指标。

农用化肥施用量 指本年内实际用于农业生产的化肥数量，包括氮肥、磷肥、钾肥和复合肥。化肥施用量要求按折纯量计算数量。折纯量是指把氮肥、磷肥、钾肥分别按含氮、含五氧化二磷、含氧化钾的100%成分进行折算后的数量。复合肥按其所含主要成分折算。公式为：

折纯量=实物量×某种化肥有效成分含量的百分比

农业机械总动力 指主要用于农、林、牧、渔业的各种动力机械的动力总和。包括耕作机械、排灌机械、收获机械、农用运输机械、植物保护机械、牧业机械、林业机械、渔业机械和其他农业机械[内燃机按引擎马力折成瓦（特）计算、电动机按功率折成瓦（特）计算]。不包括专门用于乡、镇、村、组办工业、基本建设、非农业运输、科学试验和教学等非农业生产方面用的动力机械与作业机械。这个指标的统计数据主要来源于农机部门。

乡村从业人员 指乡村人口中劳动年龄（16周岁）以上实际参加生产经营活动并取得实物或货币收入的人员，包括劳动年龄内经常参加劳动的人员，也包括超过劳动年龄但经常参加劳动的人员。但不包括户口在家的在外学生、现役军人和丧失劳动能力的人，也不包括待业人员和家务劳动者。从业人员按从事主业时间最长（时间相同按收入）分为农业从业人员、工业从业人员、建筑业从业人员、交运仓储及邮政业从业人员、批零贸易和餐饮业从业人员、其他从业人员。

十、工　　业

INDUSTRY

本篇内容包括：

1.工业总产值、增加值
2.支柱行业主要指标
3.主要工业产品产量
4.规模以上工业企业主要经济指标
5.规模以上工业企业主要能源指标
6.工业园区主要指标

2016年规模以上工业增加值构成

按企业规模分

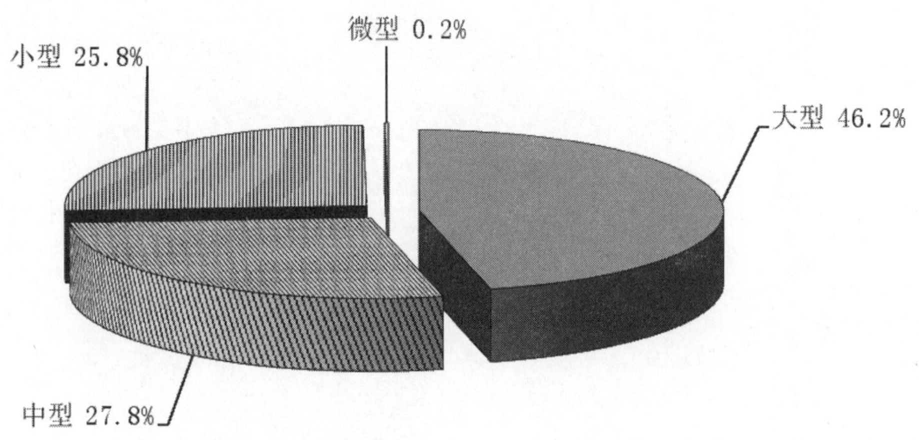

按轻重工业分

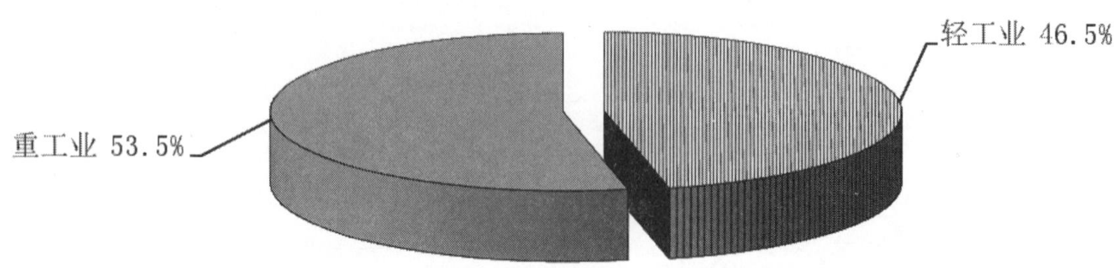

10-1 规模以上工业总产值和增加值

（2016年）

单位：万元

分　类	总产值		增加值	
	绝对数	比上年增长%	绝对数	比上年增长%
规模以上工业	**61 339 695**	**10.1**	**16 115 047**	**9.2**
1.按经济类型分				
#国有企业	5 708 975	18.8	1 413 654	17.6
集体企业	21 026	2.1	7 124	9.9
股份合作企业	167 668	4.1	39 191	1.7
有限责任公司企业	27 394 951	11.8	7 469 438	10.9
股份有限企业	8 044 434	3.5	1 326 294	3.9
私营企业	11 643 029	6.7	2 899 257	6.7
港澳台及外商企业	8 359 612	6.4	2 957 018	8.0
2.按轻、重工业分				
轻 工 业	25 479 683	3.8	7 496 962	3.0
重 工 业	35 860 011	16.0	8 618 085	15.9
3.大中型工业	45 264 812	11.5	11 922 462	9.9

10-2 2010-2016年规模以上工业总产值

单位：万元

指　标	2010	2011	2012	2013	2014	2015	2016
工业总产值	**27 732 021**	**33 168 658**	**38 565 032**	**44 375 203**	**50 749 558**	**54 852 003**	**61 339 695**
国有经济	1 958 703	2 537 789	5 473 136	3 722 758	4 470 479	4 820 566	5 708 975
集体经济	145 386	54 379	49 296	48 147	60 200	16 324	21 026
其他经济	25 627 933	30 576 490	33 042 601	40 604 298	46 218 879	50 015 114	55 609 694
#港澳台及外商企业	7 312 545	9 075 185	7 855 624	8 846 831	9 879 364	10 480 791	8 359 612

10-3 2010-2016年规模以上工业企业主要指标

单位:万元

指 标	2010	2011	2012	2013	2014	2015	2016
单位数(个)	1 154	968	1 015	1 078	1 211	1 300	1 385
平均用工人数(人)	301 514	374 042	405 540	418 944	446 633	444 758	494 316
工业总产值	27 732 021	33 168 658	38 565 032	44 375 203	50 749 558	54 852 003	61 339 695
主营业务收入	27 685 238	33 436 557	38 646 913	44 950 898	51 397 103	55 348 665	61 615 233
利润总额	1 387 275	1 683 301	2 113 992	2 507 625	3 167 045	3 097 572	3 610 540
税金总额	1 397 506	1 644 138	1 898 633	2 208 126	2 612 361	2 663 467	2 745 532
固定资产原价	11 922 211	14 251 476	16 362 995	18 508 881	22 377 207	24 498 958	32 724 297
固定资产净值	7 171 823			11 598 957	13 675 065	15 325 915	19 028 419
工业销售产值	27 188 727	32 473 729	38 041 446	43 641 228	49 839 749	54 165 593	60 790 235
出口交货值	1 940 961	2 564 336	2 776 121	3 030 853	3 934 772	3 813 333	3 625 056
工业增加值	6 509 202	7 612 345	9 672 609	11 594 763	13 806 376	14 518 438	16 115 047
流动资产合计	9 064 364	10 339 923	12 112 575	13 162 371	17 202 585	20 028 478	23 353 950
年末资产总计	19 615 369	22 846 285	26 023 037	28 594 476	36 277 945	41 704 834	50 818 607
年末负债合计	11 389 304	13 001 559	14 358 282	15 663 786	19 206 522	21 923 813	26 151 945
流动负债合计	8 890 642	9 508 350	11 242 442	12 157 446	14 899 794	16 616 693	19 827 757
年末所有者权益	7 988 382	9 784 213	11 583 912	12 791 768	16 877 068	19 443 521	24 416 682
成本费用总额	25 457 738	30 955 132	36 252 670	41 367 806	47 556 468	51 568 818	57 650 595

10-4 县区规模以上工业主要指标

（2016年）

项　目	企业数（个）	#大中型	工业总产值（现价，万元）	工业增加值（现价，万元）
全　市	**1 385**	**305**	**61 339 695**	**16 115 047**
西湖区	2	1	194 452	112 362
青云谱区	45	9	3 440 775	853 440
湾里区	17	1	194 932	45 764
青山湖区	247	50	5 951 111	1 464 179
新建区	185	53	6 673 540	1 443 207
南昌县	300	77	10 797 572	2 829 846
安义县	113	13	1 751 411	444 328
进贤县	139	27	3 960 900	855 993
经济开发区	211	54	11 129 555	2 924 672
高新开发区	153	32	11 108 952	3 923 584

10-4 续表

项　目	平均用工人数（人）	负债合计（万元）	主营业务收入（万元）	利税总额（万元）
全　市	**494 316**	**26 151 945**	**61 615 233**	**6 356 072**
西湖区	3 920	408 779	200 708	56 463
青云谱区	24 197	1 436 520	3 461 966	423 867
湾里区	1 613	67 418	187 380	4 856
青山湖区	60 839	1 350 368	5 812 906	692 498
新建区	47 391	1 113 103	6 609 255	413 337
南昌县	85 748	2 885 686	10 679 144	917 675
安义县	15 853	526 062	1 780 294	125 610
进贤县	35 611	913 266	3 749 219	251 726
经济开发区	94 152	5 751 103	10 926 354	1 111 040
高新开发区	71 365	5 501 635	11 204 212	1 747 645

注：本表总计数为江铃集团按总部所在地统计，县区数据为江铃集团按子公司所在地统计。

10-5 规模以上工业支柱行业主要指标

（2016年）

指 标 名 称	企业单位数（个）	工业总产值（万元）	工业增加值（万元）	工业销售产值（万元）	#出口交货值
总 计	**1 385**	**61 339 695**	**16 115 047**	**60 790 235**	**3 625 056**
农副食品加工业	102	8 401 684	1 981 529	8 438 496	141 284
食品制造业	39	1 435 772	328 751	1 407 032	70 043
方便食品制造	5	77 816	19 420	86 507	623
乳制品制造	2	96 411	32 828	96 411	
酒、饮料和精制茶制造业	21	530 167	152 488	522 569	12 405
烟草制品业	1	1 573 623	1 249 142	1 629 988	271
纺织业	44	591 857	242 056	576 920	4 362
纺织服装、服饰业	228	3 479 148	896 462	3 380 030	595 369
造纸和纸制品业	19	848 671	245 069	842 025	8 527
印刷和记录媒介复制业	31	798 719	246 906	770 050	4 467
化学原料和化学制品制造业	66	1 611 077	525 177	1 578 374	37 238
医药制造业	80	3 356 574	869 068	3 266 145	10 723
化学药品原料药制造	4	81 957	59 868	77 871	6 834
中成药生产	17	1 420 473	391 307	1 397 328	2 541
橡胶和塑料制品业	46	1 364 362	366 716	1 346 712	26 369
非金属矿物制品业	125	2 394 365	536 694	2 378 874	12 706
水泥、石灰和石膏制造	15	286 267	55 893	285 016	
黑色金属冶炼和压延加工业	14	990 431	175 058	987 013	26 575
钢压延加工	12	978 116	172 187	975 412	17 572
有色金属冶炼和压延加工业	61	1 584 261	309 313	1520 036	5 192
有色金属合金制造	8	184 661	31 017	184 747	2 459
有色金属压延加工	52	1 392 850	270 107	1 327 961	1 527
通用设备制造业	58	1 223 363	526 740	1 215 013	14 022
锅炉及原动设备制造	8	145 360	97 112	166 314	
专用设备制造业	62	1 879 090	484 869	1 837 535	66 868
汽车制造业	83	8 033 194	1 977 382	8 006 469	366 370
铁路、船舶、航空航天和其他运输设备制造业	9	101 584	23 887	101 018	
电气机械和器材制造业	76	3 550 964	834 185	3 532 410	197 920
电机制造	6	617 725	127 596	611 281	51 354
输配电及控制设备制造	32	1 105 638	333 361	1 099 284	134 185
电线、电缆、光缆及电工器材制造	23	1 097 610	194 205	1 084 959	12 104
家用电力器具制造	3	512 656	118 165	511 371	270
计算机、通信和其他电子设备制造业	55	6 617 241	1 879 701	6 560 424	1 432 250
电子器件制造	22	3 211 172	785 380	3 189 426	980 881
电子元件制造	13	1 785 427	751 699	1 770 246	183 630
电力、热力生产和供应业	22	6 587 804	1 035 822	6 592 387	
水的生产和供应业	8	304 567	150 583	304 309	

10-5 续表

（2016年）

指 标 名 称	资产总计（万元）	主营业务收入（万元）	利税总额（万元）	本年应交增值税（万元）	平均用工人数（人）
总 计	**50 818 607**	**61 615 233**	**6 356 072**	**1 493 452**	**494 316**
农副食品加工业	3 877 342	8 377 297	616 405	61 198	30 006
食品制造业	630 310	1 428 623	119 905	24 322	10 329
方便食品制造	73 006	109 486	11 437	3 841	1 597
乳制品制造	88 718	94 996	20 559	4 319	1 013
酒、饮料和精制茶制造业	557 399	522 637	39 953	16 535	6 964
烟草制品业	1 685 007	1 626 638	1 091 795	171 919	4 740
纺织业	426 537	586 436	43 266	14 251	9 992
纺织服装、服饰业	2 040 239	3 402 429	345 382	99 153	53 758
造纸和纸制品业	765 909	809 673	83 799	15 848	3 941
印刷和记录媒介复制业	843 108	770 732	97 908	26 161	7 386
化学原料和化学制品制造业	983 067	1 580 919	162 768	13 947	13 155
医药制造业	3 912 972	3 280 188	401 618	112 551	33 163
化学药品原料药制造	123 174	78 368	20 632	6 944	1 441
中成药生产	897 834	1 426 354	191 446	65 414	15 155
橡胶和塑料制品业	663 259	1 343 625	122 014	19 016	9 229
非金属矿物制品业	1 820 783	2 335 575	219 823	51 000	16 987
水泥、石灰和石膏制造	288 415	267 471	34 265	5 503	1 448
黑色金属冶炼和压延加工业	982 285	1 027 692	143 227	48 129	7 606
钢压延加工	971 523	1 016 019	143 266	48 078	7 406
有色金属冶炼和压延加工业	945 546	1 560 930	73 050	7 087	11 224
有色金属合金制造	126 966	182 401	6 096	837	1 754
有色金属压延加工	802 873	1 371 202	68 123	6 249	9 329
通用设备制造业	944 876	1 200 789	134 045	30 388	10 849
锅炉及原动设备制造	239 331	161 566	11 792	4 525	2 310
专用设备制造业	1 219 653	1 818 143	169 654	40 516	22 872
汽车制造业	7 502 478	8 950 533	984 472	237 184	58 875
铁路、船舶、航空航天和其他运输设备制造业	298 080	100 466	4 808	1 785	1 400
电气机械和器材制造业	3 416 081	3 494 129	223 325	58 715	23 812
电机制造	1 222 778	634 686	39 415	7 017	5 142
输配电及控制设备制造	1 356 960	1 089 756	58 381	19 902	7 992
电线、电缆、光缆及电工器材制造	372 023	1 073 294	51 810	8 234	4 628
家用电力器具制造	222 377	485 371	45 077	12 271	3 331
计算机、通信和其他电子设备制造业	6 672 939	6 488 277	337 090	55 424	71 356
电子器件制造	3 795 951	3 180 703	162 082	25 548	38 200
电子元件制造	1 631 118	1 705 175	114 824	11 912	21 449
电力、热力生产和供应业	8 408 635	6 626 147	585 232	313 324	53 108
水的生产和供应业	1 005 248	309 272	91 113	17 358	4 646

10-6 主要工业产品生产量与销售量

（2016年）

产品名称	计量单位	生产量	销售量
精制食用植物油	吨	353 749	366 629
饲料	吨	11 385 220	
乳制品	吨	145 686	144 996
白酒(折65度 商品量)	千升	47 343	28 360
啤酒	千升	277 005	
软饮料	吨	1 999 258	1 930 747
卷烟	万支	6 461 000	6 685 535
纱	吨	36 667	35 794
布	万米	6 033	6 012
棉布	万米	3 385	
棉混纺布	万米	2 632	
化学纤维短纤布	万米	15	
服装	万件	35 663	35 068
机制纸及纸板	吨	659 212	670 782
化学药品原药	吨	11 813	12 189
橡胶轮胎外胎	条	1 516 890	1 601 399
塑料制品	吨	18 549	18 013
水泥	吨	7 475 158	7 477 569
发动机	千瓦	81 406	
交流电动机	千瓦	468 322	
移动通信手持机(手机)	台	41 554 141	38 827 902

10-6 续表 （2016年）

产 品 名 称	计量单位	生产量	销售量
生铁	吨	3 149 144	
粗钢	吨	3 595 701	84
钢材	吨	3 712 859	3 701 631
棒材	吨	697 966	
钢筋	吨	2 260 136	
无缝钢管	吨	32 920	
焊接钢管	吨	4 069	
铝材	吨	88 234	
工业锅炉	蒸发量吨	1 376	
金属切削机床	台	1 512	1 517
数控金属切削机床	台	56	
中型拖拉机	台	172	
小型拖拉机	台	6 835	
汽车	辆	411 025	408 820
载货汽车	辆	193 310	193 361
客车	辆	72 530	
家用电冰箱	台	14 079	17 782
家用冷柜(家用冷冻箱)	台	2 769	
房间空气调节器	台	3 495 157	3 589 696
彩色电视机	台	200 543	200 543

注:由于2016年产销存报表被调查企业以及产销存报表中产品分类减少,部分产品销售量无数据。

10-7 全市规模以上工业主要经济指标

（2016年）

项目	企业单位数（个）	#亏损企业	工业总产值（现价，万元）	工业销售产值（现价，万元）	#出口交货值	平均用工人数（人）
总计	**1 385**	**172**	**61 339 695**	**60 790 235**	**3 625 056**	**494 316**
一、按登记注册类型分						
内资企业	1 250	149	52 980 083	52 498 274	2 014 123	428 445
国有企业	15	8	5 708 975	5 737 387	234 970	42 471
集体企业	5	2	21 026	19 538		542
股份合作企业	8	1	167 668	165 597	4 141	651
联营企业						
集体联营企业						
其他联营企业						
有限责任公司	729	78	27 394 951	27 218 653	1 121 358	247 644
国有独资公司	13	2	7 962 310	8 015 291	735	59 470
其他有限责任公司	716	76	19 432 641	19 203 362	1 120 623	188 174
股份有限公司	63	9	8 044 434	8 024 783	242 295	53 077
私营企业	430	51	11 643 029	11 332 316	411 361	84 060
私营独资企业	4		87 838	85 033	22 939	731
私营合伙企业	3	1	32 096	32 201		208
私营有限责任公司	391	49	10 186 051	9 926 741	314 513	74 416
私营股份有限公司	32	1	1 337 043	1 288 341	73 909	8 705
港、澳、台商投资企业	61	9	4 315 060	4 278 635	1 173 774	28 654
合资经营企业（港或澳、台资）	31	1	2 456 118	2 437 972	108 504	13 072
合作经营企业（港或澳、台资）	2		97 206	97 206		451
港澳台商独资企业	28	8	1 761 737	1 743 457	1 065 270	15 131
港澳台商投资股份有限公司						
外商投资企业	74	14	4 044 552	4 013 325	437 158	37 217
中外合资经营企业	46	10	2 033 792	2 020 297	104 018	22 224
中外合作经营企业	3		205 273	198 485	1 318	1 315
外资企业	24	3	1 781 826	1 770 907	331 822	13 360
外商投资股份有限公司	1	1	23 660	23 637		318
二、按经济组织类型分						
独资企业	76	21	9 361 402	9 356 322	1 655 001	72 235
国有企业	15	8	5 708 975	5 737 387	234 970	42 471
集体企业	5	2	21 026	19 538		542
私营独资企业	4		87 838	85 033	22 939	731
港澳台商独资经营企业	28	8	1 761 737	1 743 457	1 065 270	15 131
外资企业	24	3	1 781 826	1 770 907	331 822	13 360
合作、合伙企业	16	2	502 244	493 488	5 459	2 625
股份合作企业	8	1	167 668	165 597	4 141	651
集体联营企业						
其他联营企业						
私营合伙企业	3	1	32 096	32 201		208
港或澳、台资合作经营企业	2		97 206	97 206		451
中外合作经营企业	3		205 273	198 485	1 318	1 315
股份有限公司	96	11	9 405 137	9 336 761	316 203	62 100
股份有限公司（内资）	63	9	8 044 434	8 024 783	242 295	53 077
私营股份有限公司	32	1	1 337 043	1 288 341	73 909	8 705
港澳台商投资股份有限公司						
外商投资股份有限公司	1	1	23 660	23 637		318
有限责任公司	1 197	138	42 070 912	41 603 663	1 648 393	357 356
国有独资公司	13	2	7 962 310	8 015 291	735	59 470

项　　目	企业单位数（个）	#亏损企业	工业总产值（现价，万元）	工业销售产值（现价，万元）	#出口交货值	平均用工人数（人）
私营有限责任公司	391	49	10 186 051	9 926 741	314 513	74 416
港澳台合资经营企业	31	1	2 456 118	2 437 972	108 504	13 072
中外合资经营企业	46	10	2 033 792	2 020 297	104 018	22 224
其他有限责任公司	716	76	19 432 641	19 203 362	1 120 623	188 174
三、总计中						
亏损企业	172	172	1 894 504	1 896 461	600 769	22 356
国有控股企业	92	20	17 172 127	17 220 032	380 312	139 539
农村工业	7		109 952	107 992		1 467
四、按轻重工业分						
轻工业	690	64	25 479 683	25 230 919	1 441 324	210 025
重工业	695	108	35 860 011	35 559 316	2 183 732	284 291
五、按企业规模分						
大型企业	47		28 735 227	28 734 970	1 187 828	228 058
中型企业	258	20	16 529 585	16 312 775	1 173 952	137 265
小型企业	1 018	141	15 602 993	15 297 862	1 221 357	124 098
微型企业	62	11	471 889	444 628	41 919	4 895
六、按工业行业大类分						
非金属矿采选业	3		80 184	79 826		405
农副食品加工业	102	14	8 401 684	8 438 496	141 284	30 006
食品制造业	39	4	1 435 772	1 407 032	70 043	10 329
酒、饮料和精制茶制造业	21	7	530 167	522 569	12 405	6 964
烟草制品业	1		1 573 623	1 629 988	271	4 740
纺织业	44	5	591 857	576 920	4 362	9 992
纺织服装、服饰业	228	10	3 479 148	3 380 030	595 369	53 758
皮革、毛皮、羽毛及其制品和制鞋业	10		560 153	559 277	382 892	5 678
木材加工和木、竹、藤、棕、草制品业	16	1	481 597	479 184	64 671	2 666
家具制造业	7	1	119 832	119 134		1 275
造纸和纸制品业	19	2	848 671	842 025	8 527	3 941
印刷和记录媒介复制业	31	3	798 719	770 050	4 467	7 386
文教、工美、体育和娱乐用品制造业	15		635 781	627 823	66 319	5 644
化学原料和化学制品制造业	66	8	1 611 077	1 578 374	37 238	13 155
医药制造业	80	4	3 356 574	3 266 145	10 723	33 163
橡胶和塑料制品业	46	7	1 364 362	1 346 712	26 369	9 229
非金属矿物制品业	125	15	2 394 365	2 378 874	12 706	16 987
黑色金属冶炼和压延加工业	14	7	990 431	987 013	26 575	7 606
有色金属冶炼和压延加工业	61	7	1 584 261	1 520 036	5 192	11 224
金属制品业	72	11	2 315 602	2 243 558	78 213	15 953
通用设备制造业	58	11	1 223 363	1 215 013	14 022	10 849
专用设备制造业	62	10	1 879 090	1 837 535	66 868	22 872
汽车制造业	83	7	8 033 194	8 006 469	366 370	58 875
铁路、船舶、航空航天和其他运输设备制造业	9	3	101 584	101 018		1 400
电气机械和器材制造业	76	16	3 550 964	3 532 410	197 920	23 812
计算机、通信和其他电子设备制造业	55	14	6 617 241	6 560 424	1 432 250	71 356
仪器仪表制造业	13	1	105 476	105 659		1 315
废弃资源综合利用业	6	2	85 012	84 147		590
金属制品、机械和设备修理业	1		2 109	2 109		38
电力、热力生产和供应业	8	1	5 978 813	5 978 683		46 431
燃气生产和供应业	6		304 424	309 394		2 031
水的生产和供应业	8	1	304 567	304 309		4 646

10-7 续表2-1 (2016年) 单位:万元

项　　目	工业增加值（现价）	流动资产合　计	固定资产合　计	固定资产原　价
总　计	**16 115 047**	**23 353 950**	**19 028 419**	**32 724 297**
一、按登记注册类型分				
内资企业	13 158 029	19 793 058	16 417 309	28 195 669
国有企业	1 413 654	4 326 714	981 395	1 707 122
集体企业	7 124	7 741	2 202	5 086
股份合作企业	39 191	14 749	28 313	35 434
联营企业				
集体联营企业				
其他联营企业				
有限责任公司	7 469 438	9 655 175	11 034 681	18 759 101
国有独资公司	2 463 648	1 785 555	5 884 184	11 288 052
其他有限责任公司	5 005 791	7 869 619	5 150 497	7 471 050
股份有限公司	1 326 294	3 928 087	1 887 157	4 123 226
私营企业	2 899 257	1 860 593	2 483 561	3 565 700
私营独资企业	57 460	8 646	13 416	22 033
私营合伙企业	7 660	3 010	1 049	2 927
私营有限责任公司	2 503 624	1 672 169	2 160 445	3 043 838
私营股份有限公司	330 513	176 767	308 652	496 902
港、澳、台商投资企业	1 251 061	1 838 361	1 334 112	2 402 315
合资经营企业(港或澳、台资)	699 478	822 346	631 229	1 249 457
合作经营企业(港或澳、台资)	50 849	5 408	23 114	50 004
港澳台商独资企业	500 734	1 010 608	679 768	1 102 853
港澳台商投资股份有限公司				
外商投资企业	1 705 957	1 722 531	1 276 998	2 126 314
中外合资经营企业	1 184 523	1 194 124	785 865	1 284 778
中外合作经营企业	23 700	63 061	62 759	86 209
外资企业	489 266	458 020	399 773	701 439
外商投资股份有限公司	8 468	7 327	28 602	53 887
二、按经济组织类型分				
独资企业	2 468 239	5 811 729	2 076 554	3 538 534
国有企业	1 413 654	4 326 714	981 395	1 707 122
集体企业	7 124	7 741	2 202	5 086
私营独资企业	57 460	8 646	13 416	22 033
港澳台商独资经营企业	500 734	1 010 608	679 768	1 102 853
外资企业	489 266	458 020	399 773	701 439
合作、合伙企业	124 471	86 228	115 234	174 574
股份合作企业	39 191	14 749	28 313	35 434
集体联营企业				
其他联营企业				
私营合伙企业	7 660	3 010	1 049	2 927
港或澳、台资合作经营企业	50 849	5 408	23 114	50 004
中外合作经营企业	23 700	63 061	62 759	86 209
股份有限公司	1 665 275	4 112 180	2 224 411	4 674 015
股份有限公司(内资)	1 326 294	3 928 087	1 887 157	4 123 226
私营股份有限公司	330 513	176 767	308 652	496 902
港澳台商投资股份有限公司				
外商投资股份有限公司	8 468	7 327	28 602	53 887
有限责任公司	11 857 063	13 343 814	14 612 220	24 337 175
国有独资公司	2 463 648	1 785 555	5 884 184	11 288 052

项　　目	工业增加值(现价)	流动资产合　计	固定资产合　计	固定资产原　价
私营有限责任公司	2 503 624	1 672 169	2 160 445	3 043 838
港澳台合资经营企业	699 478	822 346	631 229	1 249 457
中外合资经营企业	1 184 523	1 194 124	785 865	1 284 778
其他有限责任公司	5 005 791	7 869 619	5 150 497	7 471 050
三、总计中				
亏损企业	421 926	1 706 491	724 510	1 244 943
国有控股企业	4 660 262	8 809 382	8 835 058	16 039 130
农村工业	29 589	22 074	22 155	27 112
四、按轻重工业分				
轻工业	7 496 962	7 563 719	6 938 823	11 814 584
重工业	8 618 085	15 790 232	12 089 596	20 909 714
五、按企业规模分				
大型企业	7 439 851	14 356 879	9 922 317	18 833 124
中型企业	4 482 612	3 908 966	4 613 380	7 212 982
小型企业	4 166 216	4 977 106	4 422 343	6 577 890
微型企业	26 368	110 999	70 379	100 301
六、按工业行业大类分				
非金属矿采选业	32 760	6 072	4 467	11 196
农副食品加工业	1 981 529	1 989 804	1 232 038	2 662 887
食品制造业	328 751	227 337	344 316	531 710
酒、饮料和精制茶制造业	152 488	122 969	248 808	480 627
烟草制品业	1 249 142	1 246 317	373 066	617 164
纺织业	242 056	167 387	215 247	360 446
纺织服装、服饰业	896 462	482 449	1 359 985	1 900 090
皮革、毛皮、羽毛及其制品和制鞋业	172 253	255 086	330 698	521 636
木材加工和木、竹、藤、棕、草制品业	121 730	49 585	103 526	169 180
家具制造业	28 553	17 580	12 881	15 315
造纸和纸制品业	245 069	223 418	348 854	641 100
印刷和记录媒介复制业	246 906	280 373	465 141	821 707
文教、工美、体育和娱乐用品制造业	177 762	70 200	88 535	127 784
化学原料和化学制品制造业	525 177	377 104	353 195	499 109
医药制造业	869 068	1 502 966	1 184 081	1 912 521
橡胶和塑料制品业	366 716	263 588	318 288	498 801
非金属矿物制品业	536 694	811 925	721 869	1 012 401
黑色金属冶炼和压延加工业	180 552	476 537	302 840	832 568
有色金属冶炼和压延加工业	309 313	522 672	295 621	427 169
金属制品业	391 259	436 457	324 816	549 525
通用设备制造业	526 741	494 606	309 463	526 998
专用设备制造业	484 869	505 389	537 336	791 303
汽车制造业	1 977 382	4 776 256	1 666 854	2 737 014
铁路、船舶、航空航天和其他运输设备制造业	23 887	187 672	56 894	103 578
电气机械和器材制造业	834 185	1 915 083	903 054	1 495 175
计算机、通信和其他电子设备制造业	1 879 701	5 256 640	859 572	1 274 521
仪器仪表制造业	64 393	133 564	27 572	32 406
废弃资源综合利用业	14 820	43 614	12 414	18 427
金属制品、机械和设备修理业	4 451	1 699	2 341	2 117
电力、热力生产和供应业	1 035 822	204 973	5 533 679	10 403 808
燃气生产和供应业	63 975	92 567	269 431	346 596
水的生产和供应业	150 583	212 059	221 539	399 421

10-7 续表3-1　　　　　　　　　　(2016年)　　　　　　　　　　单位:万元

项　　目	资产总计	流动负债合计	负债合计	所有者权益合计
总　计	**50 818 607**	**19 827 757**	**26 151 945**	**24 416 682**
一、按登记注册类型分				
内资企业	43 556 675	16 588 808	22 439 374	20 900 490
国有企业	6 184 519	3 545 436	4 081 018	2 103 501
集体企业	10 164	8 461	8 945	1 219
股份合作企业	44 455	13 722	14 004	30 451
联营企业				
集体联营企业				
其他联营企业				
有限责任公司	24 057 251	8 998 003	13 302 861	10 634 945
国有独资公司	9 501 769	3 607 677	5 889 555	3 612 214
其他有限责任公司	14 555 482	5 390 327	7 413 306	7 022 731
股份有限公司	8 118 010	2 647 884	3 284 540	4 833 469
私营企业	5 142 276	1 375 301	1 748 007	3 296 904
私营独资企业	24 811	5 730	6 135	16 428
私营合伙企业	4 061	1 932	1 965	2 097
私营有限责任公司	4 535 999	1 269 175	1 618 710	2 837 356
私营股份有限公司	577 405	98 465	121 197	441 023
港、澳、台商投资企业	3 554 434	1 565 904	1 733 143	1 802 160
合资经营企业(港或澳、台资)	1 738 276	755 782	896 099	823 046
合作经营企业(港或澳、台资)	66 719	14 975	15 515	51 204
港澳台商独资企业	1 749 439	795 147	821 529	927 910
港澳台商投资股份有限公司				
外商投资企业	3 707 498	1 673 045	1 979 429	1 714 032
中外合资经营企业	2 490 112	1 273 387	1 526 472	949 604
中外合作经营企业	137 816	41 731	42 647	95 169
外资企业	1 043 642	293 540	345 923	697 718
外商投资股份有限公司	35 928	64 387	64 387	-28 459
二、按经济组织类型分				
独资企业	9 012 575	4 648 315	5 263 549	3 746 777
国有企业	6 184 519	3 545 436	4 081 018	2 103 501
集体企业	10 164	8 461	8 945	1 219
私营独资企业	24 811	5 730	6 135	16 428
港澳台商独资经营企业	1 749 439	795 147	821 529	927 910
外资企业	1 043 642	293 540	345 923	697 718
合作、合伙企业	253 052	72 359	74 131	178 921
股份合作企业	44 455	13 722	14 004	30 451
集体联营企业				
其他联营企业				
私营合伙企业	4 061	1 932	1 965	2 097
港或澳、台资合作经营企业	66 719	14 975	15 515	51 204
中外合作经营企业	137 816	41 731	42 647	95 169
股份有限公司	8 731 342	2 810 735	3 470 124	5 246 033
股份有限公司(内资)	8 118 010	2 647 884	3 284 540	4 833 469
私营股份有限公司	577 405	98 465	121 197	441 023
港澳台商投资股份有限公司				
外商投资股份有限公司	35 928	64 387	64 387	-28 459
有限责任公司	32 821 638	12 296 348	17 344 142	15 244 950
国有独资公司	9 501 769	3 607 677	5 889 555	3 612 214

项　　目	资产总计	流动负债合计	负债合计	所有者权益合计
私营有限责任公司	4 535 999	1 269 175	1 618 710	2 837 356
港澳台合资经营企业	1 738 276	755 782	896 099	823 046
中外合资经营企业	2 490 112	1 273 387	1 526 472	949 604
其他有限责任公司	14 555 482	5 390 327	7 413 306	7 022 731
三、总计中				
亏损企业	2 889 776	2 032 022	2 401 345	488 376
国有控股企业	22 049 071	9 295 344	12 685 301	9 363 769
农村工业	51 350	24 372	24 372	26 979
四、按轻重工业分				
轻工业	18 095 348	4 874 239	6 209 513	11 694 777
重工业	32 723 259	14 953 518	19 942 432	12 721 905
五、按企业规模分				
大型企业	29 558 325	12 700 538	17 495 410	12 062 914
中型企业	9 987 717	3 290 700	3 927 774	6 059 943
小型企业	10 781 555	3 780 914	4 609 911	6 167 567
微型企业	491 010	55 605	118 849	126 259
六、按工业行业大类分				
非金属矿采选业	22 889	2 419	3 882	19 007
农副食品加工业	3 877 342	1 167 133	1 640 113	2 237 228
食品制造业	630 310	145 216	195 934	434 376
酒、饮料和精制茶制造业	557 399	318 873	336 446	220 953
烟草制品业	1 685 007	501 904	506 136	1 178 870
纺织业	426 537	203 774	224 670	195 404
纺织服装、服饰业	2 040 239	325 667	426 775	1 512 638
皮革、毛皮、羽毛及其制品和制鞋业	612 224	101 589	123 386	488 838
木材加工和木、竹、藤、棕、草制品业	175 282	33 557	40 707	134 575
家具制造业	35 214	4 007	8 170	27 044
造纸和纸制品业	765 909	336 494	414 727	335 998
印刷和记录媒介复制业	843 108	90 971	158 504	673 332
文教、工美、体育和娱乐用品制造业	177 656	26 038	35 707	141 949
化学原料和化学制品制造业	983 067	257 294	314 379	668 688
医药制造业	3 912 972	885 852	1 056 903	2 812 794
橡胶和塑料制品业	663 259	126 345	150 385	512 820
非金属矿物制品业	1 820 783	653 723	781 450	1 039 332
黑色金属冶炼和压延加工业	982 285	651 631	674 085	308 200
有色金属冶炼和压延加工业	945 546	505 762	561 444	381 312
金属制品业	920 835	298 365	360 364	545 773
通用设备制造业	944 876	448 447	508 763	436 113
专用设备制造业	1 219 653	360 769	394 664	806 295
汽车制造业	7 502 478	3 962 745	4 608 775	2 871 019
铁路、船舶、航空航天和其他运输设备制造业	298 080	62 308	93 161	204 919
电气机械和器材制造业	3 416 081	1 413 398	1 847 865	1 554 179
计算机、通信和其他电子设备制造业	6 672 939	3 548 580	4 749 123	1 923 815
仪器仪表制造业	196 234	54 190	84 962	111 272
废弃资源综合利用业	77 538	45 061	53 561	23 976
金属制品、机械和设备修理业	4 236	1 460	1 534	2 702
电力、热力生产和供应业	6 974 185	2 808 415	5 049 813	1 924 372
燃气生产和供应业	429 202	246 624	283 530	145 672
水的生产和供应业	1 005 248	239 147	462 030	543 218

10-7 续表4-1　　　　（2016年）　　　　单位:万元

项　　目	实收资本	国家资本	集体资本	法人资本	个人资本	港澳台资本	外商资本
总　计	**8 023 338**	**2 692 466**	**80 565**	**2 974 581**	**1 460 269**	**384 208**	**431 249**
一、按登记注册类型分							
内资企业	6 408 465	2 520 136	48 870	2 398 107	1 412 252	3 604	25 496
国有企业	229 253	228 747		506			
集体企业	725	170	555				
股份合作企业	3 327			1 790	1 537		
联营企业							
集体联营企业							
其他联营企业							
有限责任公司	4 325 692	2 079 298	30 372	1 467 779	742 634		5 609
国有独资公司	1 801 559	1 537 909	64	261 254	2 332		
其他有限责任公司	2 524 133	541 389	30 308	1 206 525	740 303		5 609
股份有限公司	1 113 258	205 068	5 943	652 822	229 839		19 587
私营企业	736 210	6 854	12 000	275 210	438 241	3 604	300
私营独资企业	4 621			3 901	720		
私营合伙企业	1 325			1 225	100		
私营有限责任公司	622 093	6 854	12 000	240 631	359 107	3 200	300
私营股份有限公司	108 171			29 453	78 314	404	
港、澳、台商投资企业	733 424	47 540	30 518	307 215	34 609	289 866	23 675
合资经营企业(港或澳、台资)	457 625	47 540	30 518	236 723	23 394	115 375	4 075
合作经营企业(港或澳、台资)	20 971			5 106		15 865	
港澳台商独资企业	254 827			65 386	11 215	158 626	19 600
港澳台商投资股份有限公司							
外商投资企业	881 450	124 790	1 177	269 259	13 408	90 737	382 078
中外合资经营企业	573 583	124 790	1 177	251 625	11 926	9 203	174 862
中外合作经营企业	17 282			987			16 295
外资企业	281 586			16 648	1 483	81 534	181 921
外商投资股份有限公司	9 000						9 000
二、按经济组织类型分							
独资企业	771 011	228 917	555	86 441	13 418	240 160	201 521
国有企业	229 253	228 747		506			
集体企业	725	170	555				
私营独资企业	4 621			3 901	720		
港澳台商独资经营企业	254 827			65 386	11 215	158 626	19 600
外资企业	281 586			16 648	1 483	81 534	181 921
合作、合伙企业	42 905			9 107	1 637	15 865	16 295
股份合作企业	3 327			1 790	1 537		
集体联营企业							
其他联营企业							
私营合伙企业	1 325			1 225	100		
港或澳、台资合作经营企业	20 971			5 106		15 865	
中外合作经营企业	17 282			987			16 295
股份有限公司	1 230 429	205 068	5 943	682 275	308 153	404	28 587
股份有限公司(内资)	1 113 258	205 068	5 943	652 822	229 839		19 587
私营股份有限公司	108 171			29 453	78 314	404	
港澳台商投资股份有限公司							
外商投资股份有限公司	9 000						9 000
有限责任公司	5 978 993	2 258 482	74 067	2 196 758	1 137 061	127 778	184 846
国有独资公司	1 801 559	1 537 909	64	261 254	2 332		

10-7 续表4-2　　（2016年）　　单位:万元

项　　目	实收资本	国家资本	集体资本	法人资本	个人资本	港澳台资本	外商资本
私营有限责任公司	622 093	6 854	12 000	240 631	359 107	3 200	300
港澳台合资经营企业	457 625	47 540	30 518	236 723	23 394	115 375	4 075
中外合资经营企业	573 583	124 790	1 177	251 625	11 926	9 203	174 862
其他有限责任公司	2 524 133	541 389	30 308	1 206 525	740 303		5 609
三、总计中							
亏损企业	876 646	178 673	14 865	306 894	188 663	121 280	66 269
国有控股企业	3 297 676	2 484 171	12 714	720 363	62 813	7 088	10 527
农村工业	7 885		1 000	2 730	4 155		
四、按轻重工业分							
轻工业	2 708 753	320 670	37 466	1 346 426	727 044	137 774	139 372
重工业	5 314 586	2 371 796	43 098	1 628 155	733 225	246 434	291 877
五、按企业规模分							
大型企业	3 701 924	1 741 515	2 964	1 461 820	236 135	133 546	125 943
中型企业	1 965 012	542 170	36 518	696 090	412 556	104 082	173 597
小型企业	2 305 317	408 521	36 905	785 123	797 441	146 579	130 746
微型企业	51 086	260	4 177	31 548	14 137		963
六、按工业行业大类分							
非金属矿采选业	2 435			50	2 385		
农副食品加工业	607 585	19 873	5 100	373 035	131 998	3 046	74 534
食品制造业	125 240	2 670	30 518	44 336	44 717		3 000
酒、饮料和精制茶制造业	139 452	11 423		67 855	30 836	4 810	24 529
烟草制品业	132 734	132 734					
纺织业	32 699	659		16 100	14 960	980	
纺织服装、服饰业	165 611	5 162	372	67 210	89 511	2 200	1 156
皮革、毛皮、羽毛及其制品和制鞋业	40 387			3 277	3 090	14 421	19 600
木材加工和木、竹、藤、棕、草制品业	5 041			1 715	2 430		896
家具制造业	6 566			2 712	3 854		
造纸和纸制品业	224 822			116 831	6 899	99 868	1 224
印刷和记录媒介复制业	293 774	59 378	210	160 159	72 998	1 029	
文教、工美、体育和娱乐用品制造业	9 848			6 123	3 425		300
化学原料和化学制品制造业	164 638	66 520	3 900	32 811	58 816		2 592
医药制造业	476 619	9 880		329 626	123 499	3 664	9 950
橡胶和塑料制品业	159 622	1 742	26	32 130	71 728	53 997	
非金属矿物制品业	266 775	51 475	2 700	98 633	108 657	5 310	
黑色金属冶炼和压延加工业	222 084	15 488		196 985	4 867	4 745	
有色金属冶炼和压延加工业	317 866	145 675	1 000	110 399	47 252	7 088	6 452
金属制品业	184 814	1 125	137	104 517	55 321		23 715
通用设备制造业	248 045	71 728	2 848	115 552	45 808	1 300	10 810
专用设备制造业	244 141	32 607		42 927	165 387		3 220
汽车制造业	386 928	244 366	3 041	71 919	30 107	348	37 147
铁路、船舶、航空航天和其他运输设备制造业	165 309	151 194		7 260	2 480	3 666	709
电气机械和器材制造业	465 267	24 350	8 022	179 417	192 945	6 544	53 990
计算机、通信和其他电子设备制造业	1 099 975	43 354	12 227	609 599	135 135	143 233	156 426
仪器仪表制造业	44 889	500	2 400	35 951	6 039		
废弃资源综合利用业	15 100		8 000	4 000	3 100		
金属制品、机械和设备修理业	1 983			1 983			
电力、热力生产和供应业	1 528 589	1 504 389		21 900	1 300		1 000
燃气生产和供应业	93 400	76 300		16 600	500		
水的生产和供应业	151 102	19 875	64	102 974	230	27 959	

(2016年)

单位:万元

项　　目	主营业务收　入	主营业务成　本	主营业务税金及附加	营业费用	管理费用	财务费用
总　计	**61 615 233**	**52 786 127**	**1 104 974**	**1 738 980**	**2 314 044**	**413 276**
一、按登记注册类型分						
内资企业	53 321 644	45 783 236	1 063 407	1 380 754	2 003 805	363 220
国有企业	6 704 816	5 450 635	3 608	381 610	520 651	-1 210
集体企业	19 367	16 916	64	482	1 567	338
股份合作企业	161 236	147 384	594	3 038	3 881	625
联营企业						
集体联营企业						
其他联营企业						
有限责任公司	27 002 455	23 106 957	968 199	515 008	847 545	247 331
国有独资公司	8 006 601	6 549 176	862 154	91 261	175 070	111 188
其他有限责任公司	18 995 855	16 557 781	106 045	423 747	672 476	136 143
股份有限公司	8 093 331	6 934 690	29 924	257 957	361 624	57 878
私营企业	11 340 438	10 126 653	61 019	222 660	268 537	58 257
私营独资企业	85 160	72 385	348	2 816	3 060	224
私营合伙企业	32 201	30 667	152	498	453	113
私营有限责任公司	9 971 339	8 898 836	55 671	198 964	240 577	53 619
私营股份有限公司	1 251 739	1 124 766	4 849	20 382	24 447	4 301
港、澳、台商投资企业	4 297 106	3 675 908	14 163	257 361	107 642	20 989
合资经营企业(港或澳、台资)	2 456 394	2 020 517	8 156	219 830	64 632	10 213
合作经营企业(港或澳、台资)	96 157	65 700	1 001	2 702	1 834	454
港澳台商独资企业	1 744 555	1 589 692	5 006	34 829	41 176	10 323
港澳台商投资股份有限公司						
外商投资企业	3 996 484	3 326 983	27 404	100 865	202 598	29 067
中外合资经营企业	2 021 872	1 684 364	13 387	50 552	134 541	18 464
中外合作经营企业	198 469	130 194	1 441	17 513	11 816	360
外资企业	1 752 506	1 493 166	8 995	32 616	51 355	8 883
外商投资股份有限公司	23 637	19 259	3 581	185	4 886	1 360
二、按经济组织类型分						
独资企业	10 306 404	8 622 794	18 019	452 353	617 808	18 558
国有企业	6 704 816	5 450 635	3 608	381 610	520 651	-1 210
集体企业	19 367	16 916	64	482	1 567	338
私营独资企业	85 160	72 385	348	2 816	3 060	224
港澳台商独资经营企业	1 744 555	1 589 692	5 006	34 829	41 176	10 323
外资企业	1 752 506	1 493 166	8 995	32 616	51 355	8 883
合作、合伙企业	488 062	373 944	3 188	23 750	17 984	1 552
股份合作企业	161 236	147 384	594	3 038	3 881	625
集体联营企业						
其他联营企业						
私营合伙企业	32 201	30 667	152	498	453	113
港或澳、台资合作经营企业	96 157	65 700	1 001	2 702	1 834	454
中外合作经营企业	198 469	130 194	1 441	17 513	11 816	360
股份有限公司	9 368 707	8 078 715	38 354	278 524	390 957	63 539
股份有限公司(内资)	8 093 331	6 934 690	29 924	257 957	361 624	57 878
私营股份有限公司	1 251 739	1 124 766	4 849	20 382	24 447	4 301
港澳台商投资股份有限公司						
外商投资股份有限公司	23 637	19 259	3 581	185	4 886	1 360
有限责任公司	41 452 060	35 710 674	1 045 413	984 353	1 287 295	329 627
国有独资公司	8 006 601	6 549 176	862 154	91 261	175 070	111 188

项目	主营业务收入	主营业务成本	主营业务税金及附加	营业费用	管理费用	财务费用
私营有限责任公司	9 971 339	8 898 836	55 671	198 964	240 577	53 619
港澳台合资经营企业	2 456 394	2 020 517	8 156	219 830	64 632	10 213
中外合资经营企业	2 021 872	1 684 364	13 387	50 552	134 541	18 464
其他有限责任公司	18 995 855	16 557 781	106 045	423 747	672 476	136 143
三、总计中						
亏损企业	1 962 548	1 868 915	12 471	48 288	99 644	26 329
国有控股企业	18 174 053	14 854 547	883 215	592 538	869 600	144 876
农村工业	104 148	89 935	508	2 203	6 669	821
四、按轻重工业分						
轻工业	25 139 652	20 557 452	971 306	1 026 501	887 190	138 371
重工业	36 475 581	32 228 675	133 668	712 479	1 426 854	274 905
五、按企业规模分						
大型企业	29 606 167	24 716 035	936 458	960 328	1 347 149	217 275
中型企业	16 235 487	14 141 093	101 663	399 429	434 554	96 980
小型企业	15 298 548	13 510 675	65 280	368 081	517 403	95 606
微型企业	475 031	418 324	1 573	11 142	14 937	3 415
六、按工业行业大类分						
非金属矿采选业	79 538	69 453	716	1 748	1 349	904
农副食品加工业	8 377 297	7 457 750	23 975	187 153	224 635	37 036
食品制造业	1 428 623	1 216 228	7 468	66 574	46 114	5 510
酒、饮料和精制茶制造业	522 637	400 571	11 039	61 437	27 321	7 996
烟草制品业	1 626 638	575 185	829 376	27 405	94 284	450
纺织业	586 436	525 994	2 620	13 343	16 949	4 359
纺织服装、服饰业	3 402 429	2 860 045	16 394	104 992	148 618	22 749
皮革、毛皮、羽毛及其制品和制鞋业	564 014	496 338	2 047	7 432	16 703	2 074
木材加工和木、竹、藤、棕、草制品业	479 646	413 066	5 773	7 109	10 417	1 786
家具制造业	117 731	103 749	1 195	3 158	2 291	792
造纸和纸制品业	809 673	688 968	4 253	17 036	26 374	11 494
印刷和记录媒介复制业	770 732	635 278	3 991	18 591	45 802	3 792
文教、工美、体育和娱乐用品制造业	630 588	575 403	4 441	10 217	9 350	805
化学原料和化学制品制造业	1 580 919	1 356 581	34 671	29 898	45 866	7 521
医药制造业	3 280 188	2 399 460	21 475	451 442	143 769	17 282
橡胶和塑料制品业	1 343 625	1 181 249	5 078	22 278	25 615	8 650
非金属矿物制品业	2 335 575	2 036 192	10 886	62 470	64 852	15 319
黑色金属冶炼和压延加工业	1 027 692	847 767	9 150	12 000	67 168	10 794
有色金属冶炼和压延加工业	1 560 930	1 443 434	4 469	15 649	22 923	11 365
金属制品业	2 213 484	1 984 440	15 505	32 384	56 157	10 361
通用设备制造业	1 200 789	1 006 821	8 128	27 380	59 928	14 603
专用设备制造业	1 818 143	1 580 369	9 539	38 239	52 830	12 220
汽车制造业	8 950 533	7 433 775	14 271	384 890	625 517	12 655
铁路、船舶、航空航天和其他运输设备制造业	100 466	88 108	392	2 906	10 082	-3 245
电气机械和器材制造业	3 494 129	3 129 517	14 697	71 738	115 292	22 053
计算机、通信和其他电子设备制造业	6 488 277	5 889 350	10 184	36 373	284 751	47 773
仪器仪表制造业	102 400	74 554	348	6 352	11 587	22
废弃资源综合利用业	93 741	84 963	75	1 252	1 446	2 105
金属制品、机械和设备修理业	2 215	1 936	5	47	176	38
电力、热力生产和供应业	5 971 962	5 703 424	27 751	874	24 882	104 875
燃气生产和供应业	344 913	300 193	1 437	4 441	11 942	6 836
水的生产和供应业	309 272	225 965	3 627	12 174	19 055	12 303

10-7 续表6-1

(2016年)

单位:万元

项　　目	营业利润	投资收益	政府补助	营业外收入	利润总额	所得税费用
总　计	**3 360 057**	**205 788**	**199 510**	**331 503**	**3 610 540**	**545 364**
一、按登记注册类型分						
内资企业	2 783 820	176 940	171 034	277 362	2 990 504	431 789
国有企业	287 842	42 750	98 515	153 252	426 518	58 469
集体企业	10		23	27	35	4
股份合作企业	5 723	−2			5 670	90
联营企业						
集体联营企业						
其他联营企业						
有限责任公司	1 347 245	27 417	48 956	87 306	1 389 861	243 547
国有独资公司	251 042	20 365	15 621	32 313	259 944	64 384
其他有限责任公司	1 096 203	7 052	33 335	54 993	1 129 917	179 164
股份有限公司	543 814	107 034	20 395	29 968	565 039	61 985
私营企业	599 187	−259	3 144	6 809	603 382	67 693
私营独资企业	6 328				6 328	951
私营合伙企业	319				319	
私营有限责任公司	521 172	−375	2 854	6 040	526 076	58 340
私营股份有限公司	71 369	115	290	769	70 659	8 402
港、澳、台商投资企业	245 584	23 330	13 439	20 505	260 176	45 423
合资经营企业(港或澳、台资)	155 629	22 139	9 544	10 139	160 253	22 931
合作经营企业(港或澳、台资)	24 465			4 452	28 918	7 175
港澳台商独资企业	65 490	1 191	3 895	5 914	71 006	15 316
港澳台商投资股份有限公司						
外商投资企业	330 653	5 518	15 037	33 637	359 860	68 153
中外合资经营企业	135 044	4 942	12 026	24 392	157 829	25 384
中外合作经营企业	37 605			787	38 263	9 710
外资企业	161 743	576	2 701	6 129	167 113	33 058
外商投资股份有限公司	−3 739		310	2 329	−3 344	
二、按经济组织类型分						
独资企业	521 413	44 517	105 134	165 322	670 999	107 798
国有企业	287 842	42 750	98 515	153 252	426 518	58 469
集体企业	10		23	27	35	4
私营独资企业	6 328				6 328	951
港澳台商独资经营企业	65 490	1 191	3 895	5 914	71 006	15 316
外资企业	161 743	576	2 701	6 129	167 113	33 058
合作、合伙企业	68 112	−2		5 239	73 168	16 976
股份合作企业	5 723	−2			5 670	90
集体联营企业						
其他联营企业						
私营合伙企业	319				319	
港或澳、台资合作经营企业	24 465			4 452	28 918	7 175
中外合作经营企业	37 605			787	38 263	9 710
股份有限公司	611 443	107 150	20 995	33 066	632 354	70 387
股份有限公司(内资)	543 814	107 034	20 395	29 968	565 039	61 985
私营股份有限公司	71 369	115	290	769	70 659	8 402
港澳台商投资股份有限公司						
外商投资股份有限公司	−3 739		310	2 329	−3 344	
有限责任公司	2 159 090	54 123	73 380	127 876	2 234 018	350 203
国有独资公司	251 042	20 365	15 621	32 313	259 944	64 384

项　　目	营业利润	投资收益	政府补助	营业外收　入	利润总额	所得税费　用
私营有限责任公司	521 172	-375	2 854	6 040	526 076	58 340
港澳台合资经营企业	155 629	22 139	9 544	10 139	160 253	22 931
中外合资经营企业	135 044	4 942	12 026	24 392	157 829	25 384
其他有限责任公司	1 096 203	7 052	33 335	54 993	1 129 917	179 164
三、总计中						
亏损企业	-86 577	-82	9 985	18 874	-71 498	3 309
国有控股企业	815 961	85 805	130 470	214 873	972 886	165 381
农村工业	4 012		30	102	4 001	587
四、按轻重工业分						
轻工业	1 656 641	109 552	33 454	60 690	1 669 332	241 227
重工业	1 703 416	96 236	166 056	270 814	1 941 209	304 137
五、按企业规模分						
大型企业	1 500 149	166 858	164 936	260 219	1 718 433	240 973
中型企业	1 079 069	25 843	11 312	27 991	1 088 763	170 800
小型企业	757 414	13 087	23 048	42 818	779 467	133 252
微型企业	23 425		214	475	23 878	339
六、按工业行业大类分						
非金属矿采选业	5 340				5 340	1 335
农副食品加工业	519 482	72 641	6 245	13 224	531 171	53 614
食品制造业	87 824	1 988	494	824	88 108	7 516
酒、饮料和精制茶制造业	10 245	1 217	1 918	5 149	12 379	3 983
烟草制品业	101 140	593	1 870	2 152	90 500	25 970
纺织业	23 529	55	394	2 967	26 395	3 347
纺织服装、服饰业	249 789	1	1 779	2 467	229 740	41 405
皮革、毛皮、羽毛及其制品和制鞋业	39 680		315	564	40 243	9 902
木材加工和木、竹、藤、棕、草制品业	39 455			142	39 596	7 568
家具制造业	6 546				6 546	1 054
造纸和纸制品业	61 650		3	4 930	63 698	5 032
印刷和记录媒介复制业	64 701	985	140	2 955	67 489	7 666
文教、工美、体育和娱乐用品制造业	30 372			265	30 611	1 332
化学原料和化学制品制造业	107 007	181	8 740	7 790	114 137	15 085
医药制造业	259 468	14 048	8 448	10 339	267 427	43 985
橡胶和塑料制品业	97 095	-3 495	35	740	97 764	19 764
非金属矿物制品业	156 188	6 819	2 784	4 074	157 647	29 638
黑色金属冶炼和压延加工业	83 303	1 425	2 968	4 278	85 900	21 027
有色金属冶炼和压延加工业	58 579	926	2 561	3 122	61 430	342
金属制品业	114 996	232	1 131	4 775	115 950	15 458
通用设备制造业	85 521	1 872	2 992	8 649	94 026	17 509
专用设备制造业	117 408	61	648	3 189	119 566	17 063
汽车制造业	433 293	43 094	108 315	164 045	589 769	81 341
铁路、船舶、航空航天和其他运输设备制造业	2 242		48	399	2 630	1 008
电气机械和器材制造业	144 825	8 297	7 799	9 693	149 597	25 907
计算机、通信和其他电子设备制造业	237 508	23 150	24 897	35 994	271 479	36 313
仪器仪表制造业	9 206		466	1 167	10 195	1 559
废弃资源综合利用业	2 389		237	461	2 786	837
金属制品、机械和设备修理业	13		33	33	37	
电力、热力生产和供应业	121 075	790	9 148	17 580	130 707	29 706
燃气生产和供应业	33 107	12 909	2 273	6 149	37 621	6 178
水的生产和供应业	57 086	17 997	2 831	13 388	70 057	12 922

10-7 续表7-1 （2016年） 单位:万元

项目	亏损企业亏损总额	利税总额	本年应付职工薪酬	本年应交增值税
总计	**71 498**	**6 356 072**	**3 363 381**	**1 493 452**
一、按登记注册类型分				
内资企业	47 864	5 540 933	2 965 342	1 339 938
国有企业	1 024	770 913	425 235	197 289
集体企业	112	409	2 018	311
股份合作企业		7 947	2 384	1 683
联营企业				
集体联营企业				
其他联营企业				
有限责任公司	28 615	3 247 452	1 817 440	886 667
国有独资公司	7 365	1 610 803	927 950	487 952
其他有限责任公司	21 249	1 636 649	889 490	398 716
股份有限公司	5 622	708 452	361 259	113 171
私营企业	12 491	805 759	357 006	140 817
私营独资企业		8 049	2 729	1 374
私营合伙企业	78	805	933	335
私营有限责任公司	12 408	704 646	308 761	122 455
私营股份有限公司	5	92 260	44 584	16 654
港、澳、台商投资企业	7 793	356 849	169 980	82 509
合资经营企业（港或澳、台资）	213	221 643	81 808	53 234
合作经营企业（港或澳、台资）		33 087	2 202	3 168
港澳台商独资企业	7 580	102 119	85 970	26 107
港澳台商投资股份有限公司				
外商投资企业	15 841	458 290	228 059	71 005
中外合资经营企业	11 796	212 720	139 670	41 494
中外合作经营企业		44 226	11 595	4 522
外资企业	702	200 614	74 335	24 497
外商投资股份有限公司	3 344	730	2 459	493
二、按经济组织类型分				
独资企业	9 418	1 082 104	590 288	249 576
国有企业	1 024	770 913	425 235	197 289
集体企业	112	409	2 018	311
私营独资企业		8 049	2 729	1 374
港澳台商独资经营企业	7 580	102 119	85 970	26 107
外资企业	702	200 614	74 335	24 497
合作、合伙企业	78	86 065	17 114	9 708
股份合作企业		7 947	2 384	1 683
集体联营企业				
其他联营企业				
私营合伙企业	78	805	933	335
港或澳、台资合作经营企业		33 087	2 202	3 168
中外合作经营企业		44 226	11 595	4 522
股份有限公司	8 972	801 442	408 301	130 318
股份有限公司（内资）	5 622	708 452	361 259	113 171
私营股份有限公司	5	92 260	44 584	16 654
港澳台商投资股份有限公司				
外商投资股份有限公司	3 344	730	2 459	493
有限责任公司	53 030	4 386 461	2 347 678	1 103 850
国有独资公司	7 365	1 610 803	927 950	487 952

10-7 续表7-2 （2016年） 单位:万元

项　　目	亏损企业亏损总额	利税总额	本年应付职工薪酬	本年应交增值税
私营有限责任公司	12 408	704 646	308 761	122 455
港澳台合资经营企业	213	221 643	81 808	53 234
中外合资经营企业	11 796	212 720	139 670	41 494
其他有限责任公司	21 249	1 636 649	889 490	398 716
三、总计中				
亏损企业	71 498	-39 980	109 883	19 006
国有控股企业	17 322	2 774 754	1 559 278	772 696
农村工业		6 541	5 228	2 033
四、按轻重工业分				
轻工业	22 867	3 284 702	1 111 235	643 218
重工业	48 631	3 071 370	2 252 146	850 234
五、按企业规模分				
大型企业		3 712 504	2 049 484	912 155
中型企业	26 408	1 488 008	678 575	296 970
小型企业	43 589	1 116 750	633 026	270 969
微型企业	1 501	38 810	2 296	13 359
六、按工业行业大类分				
非金属矿采选业		8 988	3 220	2 903
农副食品加工业	2 928	616 405	159 114	61 198
食品制造业	4 445	119 905	48 590	24 322
酒、饮料和精制茶制造业	8 513	39 953	40 502	16 535
烟草制品业		1 091 795	109 931	171 919
纺织业	1 489	43 266	49 383	14 251
纺织服装、服饰业	568	345 382	225 541	99 153
皮革、毛皮、羽毛及其制品和制鞋业		58 500	32 547	16 199
木材加工和木、竹、藤、棕、草制品业	24	54 444	15 849	9 076
家具制造业	21	10 106	5 217	2 365
造纸和纸制品业	698	83 799	22 488	15 848
印刷和记录媒介复制业	523	97 908	40 577	26 161
文教、工美、体育和娱乐用品制造业		44 408	23 709	9 357
化学原料和化学制品制造业	1 581	162 768	60 688	13 947
医药制造业	375	401 618	186 271	112 551
橡胶和塑料制品业	944	122 014	45 898	19 016
非金属矿物制品业	5 734	219 823	88 237	51 000
黑色金属冶炼和压延加工业	5 237	143 227	111 304	48 129
有色金属冶炼和压延加工业	8 483	73 050	56 048	7 087
金属制品业	1 004	163 655	68 165	32 114
通用设备制造业	3 274	134 045	65 750	30 388
专用设备制造业	3 806	169 654	89 847	40 516
汽车制造业	694	984 472	542 113	237 184
铁路、船舶、航空航天和其他运输设备制造业	1 551	4 808	8 788	1 785
电气机械和器材制造业	9 975	223 325	122 344	58 715
计算机、通信和其他电子设备制造业	7 968	337 090	321 039	55 424
仪器仪表制造业	41	12 823	7 859	2 280
废弃资源综合利用业	1 387	3 546	2 340	686
金属制品、机械和设备修理业		63	186	21
电力、热力生产和供应业	49	452 917	750 260	293 822
燃气生产和供应业		41 201	15 898	2 143
水的生产和供应业	187	91 113	43 678	17 358

10-8 规模以上工业企业经济效益指数

（2016年）

项 目	工业经济效益综合指数(%)	总资产贡献率(%)	资本保值增值率(%)	资产负债率(%)	流动资产周转率(次)	成本费用利润率(%)	全员劳动生产率(元/人)	工业产品销售率(%)
总 计	**312.77**	**13.30**	**125.58**	**51.46**	**2.66**	**6.26**	**326 007**	**99.10**
一、按登记注册类型分								
内资企业	301.97	13.58	129.41	51.52	2.72	6.00	307 111	99.09
国有企业	309.27	13.52	112.32	65.99	1.59	6.57	332 852	100.50
集体企业	156.06	5.57	78.42	88.00	2.50	0.18	131 443	92.93
股份合作企业	553.14	19.21	82.75	31.50	10.93	3.66	602 006	98.76
联营企业								
集体联营企业								
其他联营企业								
有限责任公司	298.96	14.38	119.57	55.30	2.81	5.59	301 620	99.36
国有独资公司	384.84	18.11	114.54	61.98	4.51	3.74	414 267	100.67
其他有限责任公司	271.21	11.94	122.33	50.93	2.43	6.31	266 019	98.82
股份有限公司	264.73	9.37	193.92	40.46	2.07	7.39	249 881	99.76
私营企业	356.82	16.53	115.73	33.99	6.10	5.64	344 903	97.33
私营独资企业	690.44	33.34	45.43	24.73	9.85	8.06	786 048	96.81
私营合伙企业	404.85	20.04	86.87	48.38	10.70	1.00	368 255	100.33
私营有限责任公司	350.66	16.42	117.62	35.69	5.97	5.60	336 436	97.45
私营股份有限公司	385.94	16.64	110.83	20.99	7.10	6.00	379 682	96.36
港、澳、台商投资企业	369.01	10.35	109.81	48.76	2.35	6.37	436 609	99.16
合资经营企业(港或澳、台资)	440.62	13.21	92.13	51.55	3.01	6.86	535 097	99.26
合作经营企业(港或澳、台资)	1 142.57	50.27	129.48	23.25	17.78	40.91	1 127 468	100.00
港澳台商独资企业	285.04	5.98	131.02	46.96	1.73	4.23	330 932	98.96
港澳台商投资股份有限公司								
外商投资企业	399.65	12.82	103.78	53.39	2.36	9.71	458 381	99.23
中外合资经营企业	426.34	9.21	92.63	61.30	1.74	8.18	532 993	99.34
中外合作经营企业	331.73	32.53	156.95	30.94	3.16	23.93	180 227	96.69
外资企业	370.95	19.06	117.77	33.15	3.85	10.49	366 217	99.39
外商投资股份有限公司	208.48	5.82		179.21	3.55	−12.77	266 286	99.90
二、按经济组织类型分								
独资企业	315.23	12.74	116.68	58.40	1.81	6.81	341 696	99.95
国有企业	309.27	13.52	112.32	65.99	1.59	6.57	332 852	100.50
集体企业	156.06	5.57	78.42	88.00	2.50	0.18	131 443	92.93
私营独资企业	690.44	33.34	45.43	24.73	9.85	8.06	786 048	96.81
港澳台商独资经营企业	285.04	5.98	131.02	46.96	1.73	4.23	330 932	98.96
外资企业	370.95	19.06	117.77	33.15	3.85	10.49	366 217	99.39
合作、合伙企业	510.12	34.67	124.73	29.29	5.67	17.54	474 175	98.26
股份合作企业	553.14	19.21	82.75	31.50	10.93	3.66	602 006	98.76
集体联营企业								
其他联营企业								
私营合伙企业	404.85	20.04	86.87	48.38	10.70	1.00	368 255	100.33
港或澳、台资合作经营企业	1 142.57	50.27	129.48	23.25	17.78	40.91	1 127 468	100.00
中外合作经营企业	331.73	32.53	156.95	30.94	3.16	23.93	180 227	96.69
股份有限公司	276.29	9.83	183.19	39.74	2.29	7.15	268 160	99.27
股份有限公司(内资)	264.73	9.37	193.92	40.46	2.07	7.39	249 881	99.76
私营股份有限公司	385.94	16.64	110.83	20.99	7.10	6.00	379 682	96.36
港澳台商投资股份有限公司								
外商投资股份有限公司	208.48	5.82		179.21	3.55	−12.77	266 286	99.90
有限责任公司	319.76	14.21	115.27	52.84	3.13	5.80	331 800	98.89
国有独资公司	384.84	18.11	114.54	61.98	4.51	3.74	414 267	100.67

10-8 续表 (2016年)

项目	工业经济效益综合指数(%)	总资产贡献率(%)	资本保值增值率(%)	资产负债率(%)	流动资产周转率(次)	成本费用利润率(%)	全员劳动生产率(元/人)	工业产品销售率(%)
私营有限责任公司	350.66	16.42	117.62	35.69	5.97	5.60	336 436	97.45
港澳台合资经营企业	440.62	13.21	92.13	51.55	3.01	6.86	535 097	99.26
中外合资经营企业	426.34	9.21	92.63	61.30	1.74	8.18	532 993	99.34
其他有限责任公司	271.21	11.94	122.33	50.93	2.43	6.31	266 019	98.82
三、总计中								
亏损企业	151.71	-0.63	74.80	83.10	1.16	-3.47	188 731	100.10
国有控股企业	313.00	13.54	131.52	57.53	2.09	5.84	333 976	100.28
农村工业	249.14	14.17	119.03	47.46	4.72	4.02	201 697	98.22
四、按轻重工业分								
轻工业	349.43	18.83	127.10	34.32	3.33	7.37	356 956	99.02
重工业	289.08	10.24	124.21	60.94	2.34	5.55	303 143	99.16
五、按企业规模分								
大型企业	310.87	13.44	138.87	59.19	2.09	6.23	326 226	100.00
中型企业	331.47	15.61	111.16	39.33	4.17	7.20	326 566	98.69
小型企业	313.04	10.99	124.06	42.76	3.08	5.37	335 720	98.04
微型企业	133.30	8.42	37.75	24.21	4.28	5.31	53 868	94.22
六、按工业行业大类分								
非金属矿采选业	769.15	43.21	184.23	16.96	13.10	7.27	808 894	99.55
农副食品加工业	540.21	16.68	148.32	42.30	4.22	6.71	660 378	100.44
食品制造业	349.25	20.03	94.11	31.09	6.28	6.60	318 280	98.00
酒、饮料和精制茶制造业	239.01	8.88	92.49	60.36	4.32	2.47	218 966	98.57
烟草制品业	1 814.32	64.82	105.44	30.04	1.31	12.98	2 635 320	103.58
纺织业	266.75	10.74	177.83	52.67	3.51	4.71	242 249	97.48
纺织服装、服饰业	261.05	18.02	88.26	20.92	7.05	7.32	166 759	97.15
皮革、毛皮、羽毛及其制品和制鞋业	288.78	9.68	138.09	20.15	2.21	7.70	303 368	99.84
木材加工和木、竹、藤、棕、草制品业	507.01	31.66	173.84	23.22	9.67	9.11	456 603	99.50
家具制造业	309.14	30.95	66.68	23.20	6.70	5.95	223 947	99.42
造纸和纸制品业	503.69	12.06	89.41	54.15	3.68	8.42	621 844	99.22
印刷和记录媒介复制业	317.05	12.02	88.94	18.80	2.76	9.56	334 289	96.41
文教、工美、体育和娱乐用品制造业	380.94	25.38	129.11	20.10	8.98	5.14	314 957	98.75
化学原料和化学制品制造业	382.77	17.03	134.92	31.98	4.20	7.92	399 222	97.97
医药制造业	280.60	10.64	212.43	27.01	2.18	8.87	262 059	97.31
橡胶和塑料制品业	393.50	19.07	142.46	22.67	5.10	7.90	397 351	98.71
非金属矿物制品业	309.24	12.69	121.81	42.92	2.89	7.22	315 944	99.35
黑色金属冶炼和压延加工业	270.64	15.34	112.87	68.62	2.17	9.12	237 381	99.65
有色金属冶炼和压延加工业	269.78	8.50	127.69	59.38	2.99	4.10	275 582	95.95
金属制品业	290.92	18.87	112.39	39.13	5.08	5.55	245 258	96.89
通用设备制造业	416.18	15.45	97.57	53.84	2.46	8.36	485 520	99.32
专用设备制造业	256.25	14.78	135.35	32.36	3.61	7.09	211 992	97.79
汽车制造业	316.18	14.04	118.80	61.43	1.92	6.84	335 861	99.67
铁路、船舶、航空航天和其他运输设备制造业	153.41	0.52	103.79	31.25	0.54	2.69	170 621	99.44
电气机械和器材制造业	304.45	7.13	146.90	54.09	1.83	4.47	350 321	99.48
计算机、通信和其他电子设备制造业	243.67	5.39	133.30	71.17	1.26	4.26	263 426	99.14
仪器仪表制造业	393.46	6.42	101.01	43.30	0.77	10.97	489 680	100.17
废弃资源综合利用业	238.18	5.88	111.17	69.08	2.15	3.10	251 186	98.98
金属制品、机械和设备修理业	768.59	2.40	106.55	36.20	1.30	1.70	1 171 289	100.00
电力、热力生产和供应业	491.88	7.99	121.92	72.41	29.29	2.23	223 088	100.00
燃气生产和供应业	331.75	11.14	94.07	66.06	3.78	11.45	314 992	101.63
水的生产和供应业	365.97	10.28	120.20	45.96	1.49	25.67	324 113	99.92

10-9 规模以上工业企业能源购进、消费与库存

（2016年）

单位：吨

项　目	年初库存	购进量	#购自省外	消费合计	工业生产消费	非工业生产消费	合计中：运输工具消费	年末库存
原煤	268 677	3 179 249	2 373 871	3 267 870	3 265 046	2 825	2 265	173 753
洗精煤（用于炼焦）	30 515	1 232 420	1 232 420	1 229 832	1 229 832			33 103
其他洗煤	23 055	440 243	436 910	438 448	438 448			24 850
焦炭	35 910	522 904	518 702	1 372 162	1 372 162			33 572
焦炉煤气(万立方米)		104		37 671	37 671			
高炉煤气(万立方米)				519 609	519 609			
转炉煤气(万立方米)				44 643	44 643			
天然气(气态)(万立方米)	243	10 702		10 585	10 579	6		318
液化天然气(液态)		321		321	306	15		
汽油	61	16 414	562	16 555	15 269	1 286	10 908	48
煤油	77	51		50	26	24		10
柴油	1 438	33 939	81	33 990	30 967	3 023	13 542	1 699
燃料油	155	4 021		3 376	3 376			800
液化石油气	206	4 997		3 640	3 640			1 563
石油焦		4 755	4 755	4 670	4 670			85
热力(百万千焦)		497 008		497 008	476 109	20 898		
电力(万千瓦小时)		11 037 225		1 708 463	1 701 315	7 147	472	
生物燃料(吨标准煤)	611	82 137	19 841	83 693	83 639	54		614
余热余压(百万千焦)				9 337 934	9 337 934			
其他燃料(吨标准煤)	59			20 004	20 004			

10-10 规模以上工业企业水消费量

（2016年）

单位：万立方米

项　目	取水量	外供水量
合　计	**60 117**	**47 990**
地表淡水	52 841	
地下淡水	583	
自来水	6 672	47 829
雨水	11	
其他水	10	161
补充资料：		
外排水量	84 660	
重复用水量	122 694	
直流冷却水量（河湖水）	7 375	
污水处理企业污水处理量	77 639	

10-11 规模以上工业企业主要能源库存量

（2016年末，按行业分）

单位：吨

项　　目	原煤	洗精煤	其他洗煤	焦炭	汽油	柴油	燃料油	液化石油气
总　计	**173 753**	**33 103**	**24 850**	**33 572**	**48**	**1 699**	**800**	**1 563**
农副食品加工业	177				4	5		
食品制造业	30				6	82		
酒、饮料和精制茶制造业	2 101							
烟草制品业								
纺织业					4	78		
纺织服装、服饰业								
皮革、毛皮、羽毛及其制品和制鞋业								
木材加工和木、竹、藤、棕、草制品业								
家具制造业								
造纸及纸制品业	62 826				3	97		2
印刷和记录媒介复制业								
文教、工美、体育和娱乐用品制造业								
石油加工、炼焦和核燃料加工业								
化学原料及化学制品制造业						1		
医药制造业	269					1		
化学纤维制造业								
橡胶和塑料制品业					1	2	59	
非金属矿物制品业	4 964				1	334	137	
黑色金属冶炼及压延加工业	49	33 103	24 850	33 104	25	379		
有色金属冶炼及压延加工业	390			468		692	604	1 424
金属制品业								138
通用设备制造业								
专用设备制造业								
汽车制造业	13				3	19		
铁路、船舶、航空航天和其他运输设备制造业								
电气机械和器材制造业	52							
计算机、通信和其他电子设备制造业								
仪器仪表制造业								
其他制造业								
废弃资源综合利用业								
金属制品、机械和设备修理业								
电力、热力生产和供应业	102 881							
燃气生产和供应业								
水的生产和供应业								

10-12 规模以上工业企业主要能源消费量

（2016年，按行业分）

单位：吨

项目	原煤	洗精煤	其他洗煤	焦炭	天然气（气态）（万立方米）	液化天然气	汽油
总计	**3 267 870**	**1 229 832**	**438 448**	**1 372 162**	**10 585**	**321**	**16 555**
农副食品加工业	96 316				90		711
食品制造业	7 513				252		229
酒、饮料和精制茶制造业	8 781				1 028		28
烟草制品业			3 333		475		173
纺织业	2 555				20		112
纺织服装、服饰业	4 127						1 352
皮革、毛皮、羽毛及其制品和制鞋业	2 133						71
木材加工和木、竹、藤、棕、草制品业	805						80
家具制造业							8
造纸及纸制品业	572 411				1 146		7
印刷和记录媒介复制业	903				90		368
文教、工美、体育和娱乐用品制造业	3 511						195
石油加工、炼焦和核燃料加工业							
化学原料及化学制品制造业	32 106				412		164
医药制造业	60 794				305		314
化学纤维制造业							
橡胶和塑料制品业					390		192
非金属矿物制品业	55 696				395		647
黑色金属冶炼及压延加工业	1 369	1 229 832	435 115	1 368 955	417		159
有色金属冶炼及压延加工业	4 032			2 220	1 921	182	128
金属制品业	1 119				142	134	370
通用设备制造业				924	366		154
专用设备制造业	4 584						437
汽车制造业	3 592			63	3 046		2 923
铁路、船舶、航空航天和其他运输设备制造业	463						36
电气机械和器材制造业	1 503				84		429
计算机、通信和其他电子设备制造业						5	231
仪器仪表制造业							4
其他制造业							
废弃资源综合利用业							25
金属制品、机械和设备修理业							
电力、热力生产和供应业	2 403 557						6 563
燃气生产和供应业					6		198
水的生产和供应业							247

项　　目	煤油	柴油	燃料油	液化石油气	石油焦	热力(百万千焦)	电力(万千瓦时)	生物燃料(吨标准煤)
总　　计	**50**	**33 990**	**3 376**	**3 640**	**4 670**	**497 008**	**1 708 463**	**83 693**
农副食品加工业	9	589	33			37 967	61 018	
食品制造业		808					13 994	
酒、饮料和精制茶制造业		147				94 137	15 830	
烟草制品业		1 130					6 498	
纺织业		177	12			25 258	21 550	12 852
纺织服装、服饰业		451					31 053	
皮革、毛皮、羽毛及其制品和制鞋业		1				18 586	8 454	
木材加工和木、竹、藤、棕、草制品业						1	2 645	
家具制造业		2					1 195	
造纸及纸制品业		340					111 751	763
印刷和记录媒介复制业		63					9 726	523
文教、工美、体育和娱乐用品制造业		1					3 517	
石油加工、炼焦和核燃料加工业								
化学原料及化学制品制造业		160				321 059	17 378	1 164
医药制造业		520					32 852	18 072
化学纤维制造业								
橡胶和塑料制品业		22	56				25 204	5 791
非金属矿物制品业	24	13 130	335		4 670		81 086	
黑色金属冶炼及压延加工业		1 499		361			135 871	
有色金属冶炼及压延加工业		2 051	2 940	2 493			64 445	81
金属制品业		514		715			26 628	
通用设备制造业	11	129					20 997	
专用设备制造业		171					24 487	
汽车制造业	6	5 490		71			86 004	299
铁路、船舶、航空航天和其他运输设备制造业		48					1 535	
电气机械和器材制造业		161					40 747	
计算机、通信和其他电子设备制造业		208					79 037	
仪器仪表制造业							1 541	
其他制造业								
废弃资源综合利用业		24					898	
金属制品、机械和设备修理业							32	
电力、热力生产和供应业		4 878					755 665	44 148
燃气生产和供应业		191					151	
水的生产和供应业		361					25 760	

10-13 工业园区主要经济指标

（2016年）

项　　目	开发面积（平方公里）	投产工业企业数（个）	招商实际到位资金		工业增加值		出口交货值	
			本年（万元）	比上年增长%	本年（万元）	比上年增长%	本年（万元）	比上年增长%
总　计	**60.18**	**1 587**	**5 471 555**	**-0.4**	**13 516 453**	**9.3**	**3 259 612**	**-9.0**
南昌昌南工业园区	2.00	18	114 654	-0.8	73 712	4.8	10 587	-71.2
南昌昌东工业园区	9.58	247	445 147	-9.5	1 079 346	5.4	223 156	-53.6
南昌小蓝经济技术开发区	6.60	370	666 391	-4.4	2 753 725	6.3	899 491	3.7
江西新建长埈工业园区	3.50	123	245 900	-25.2	1 367 561	10.3	186 161	-17.0
江西安义工业园区	4.00	101	693 689	-12.5	320 590	7.5	9 203	152.7
江西进贤经济开发区	10.27	83	240 962	-40.3	354 669	9.0	24 207	-30.0
南昌经济技术开发区	22.80	370	1 868 568	7.5	2 922 099	12.5	854 150	-6.7
南昌高新技术产业开发区	11.70	358	1 437 206	8.2	4 999 419	7.4	1 076 865	2.9

10-13 续表

项　　目	主营业务收入		利润总额		税金总额		从业人员	
	本年（万元）	比上年增长%	本年（万元）	比上年增长%	本年（万元）	比上年增长%	本年（人）	比上年增长%
总　计	**51 850 473**	**8.3**	**3 182 650**	**18.1**	**2 411 020**	**1.2**	**391 960**	**9.4**
南昌昌南工业园区	306 876	-0.9	10 913	1.8	3 354	-6.1	2 577	-8.0
南昌昌东工业园区	3 857 489	3.5	303 910	3.0	180 298	-9.3	41 499	22.2
南昌小蓝经济技术开发区	10 474 285	5.6	726 879	-2.5	446 360	9.1	86 735	11.5
江西新建长埈工业园区	5 584 708	9.0	224 141	12.8	92 949	13.0	35 990	2.5
江西安义工业园区	1 429 644	4.2	100 188	24.9	5 482	-35.7	15 620	-4.6
江西进贤经济开发区	1 324 249	8.4	73 078	16.8	26 143	-0.8	16 278	-9.1
南昌经济技术开发区	11 086 774	9.1	820 495	14.7	378 902	17.6	103 863	20.8
南昌高新技术产业开发区	19 110 698	8.2	996 125	53.4	1 303 674	-4.1	105 676	2.3

注：总计数不含进贤经济开发区的数据。

主要统计指标解释

工业 指从事自然资源的开采,对采掘品和农产品进行加工再加工的物质生产部门,具体包括:(1)对自然资源的开采,如采矿、晒盐、森林采伐等(但不包括禽兽捕猎和水产捕捞);(2)对农副产品的加工、再加工,如粮油加工、食品加工、轧花、缫丝、纺织、制革等;(3)对采掘品的加工、再加工,如炼铁、炼钢、炼焦、化工生产、机器制造、木材加工以及自来水、煤气的生产和电力的生产及供应;(4)对工业品的修理、翻新,如修理机械设备、交通运输工具等。

1984年以前农村的村及村以下办工业归属农业,1984年及以后划归工业。

工业统计调查单位 工业统计调查单位分为两类:独立核算法人工业企业和工业活动单位。

(1)独立核算法人工业企业 是指从事工业生产经营活动的单位。独立核算法人工业应同时具备以下条件:①依法成立,有自己的名称、组织机构和场所,能够承担民事责任;②独立拥有和使用资产,承担负债,有权与其他单位签订合同;③独立核算盈亏,并能够编制资产负债表。

(2)工业活动单位是指在一个场所从事一种或主要从事一种工业生产活动的经济单位。它包括独立核算工业企业按主营业务活动(即工业生产活动)划分的主营业务活动单位和非工业企业所属的工业生产活动单位(即原非独立核算工业生产单位)。工业活动单位,一般应同时具备以下三个条件:①具有一个场所,从事一种或主要从事一种工业活动;②单独组织工业生产、经营或业务活动;③单独核算收入和支出。

工业企业经济类型 是按企业生产资料和产品归属对象划分企业类型。1992年以前,执行的是由国家统计局和国家工商行政管理局于1980年联合颁发的《关于统计上划分经济类型的暂行规定》及近几年来的补充规定,将我国经济类型划分为:全民所有制、集体所有制、全民与集体合营、全民与大陆私人合营、全民与华侨或港澳台工商业者合营、集体与大陆私人合营、集体与华侨或港澳台工商业者合营、中外合营、华侨或港澳台工商业者经营、外资经营、个体经营、其他等十二种。随着经济体制改革的不断深化和社会经济的发展,我国国民经济结构发生了新的变化,出现了一些新的经济成份,原有的分类已不能反映我国体制格局发展变化的新情况。为此,国家统计局和国家工商行政管理局在调查研究的基础上,联合颁发了修订后的《关于经济类型划分暂行规定》,将我国经济成份划分为九种类型。

1.国有经济工业 是指生产资料归国家所有的一种经济类型,是社会主义公有制经济的重要组成部分。包括中央和地方各级国家机关、事业单位和社会团体使用国有资产投资举办的企业,也包括实行企业化经营,国家不再核拨经费或核拨部分经费的事业单位和从事经营性活动的社会团体,以及上述企业、事业单位和社会团体使用自有资金投资举办的企业。

2.集体经济工业 是指生产资料归公民集体所有的一种经济类型,是社会主义公有制经济的组成部分。包括城乡所有用集体投资举办的企业,以及部分个人通过集资自愿放弃所有权并依法经工商行政管理机关认定为集体所有制的企业。

3.私营经济工业 是生产资料归公民私人所有,以雇佣劳动力为基础的一种经济类型。包括所有按国家法律、规定登记注册的私营独资企业、私营合伙企业和私营有限责任公司。

4.个体经济工业 是指生产资料归劳动者个人所有,以个体劳动为基础,劳动成果归劳动者个人占有和支配的一种经济类型。包括所有按国家有关规定登记注册的个体工商户和个人合伙经营者。

5.联营经济工业 是指不同所有制性质的企业之间或者企业、事业单位之间共同投资组成新的经济实体的一种经济类型。联营经济只包括具备法人条件的紧密型联营企业。

6.股份制经济工业 是指全部注册资本由全体股东共同出资,并以股份形式投资举办企业而形成的一种经济类型。股份制经济主要有股份有限公司和有限责任公司两种组织形式。国有、集体、联营、私营企业等经济组织虽然以股份制形式经营,但不以股份有限公司或有限责任公司登记注册的,仍按原有所有制性质划归经济类型。

7.外商投资经济工业 是指国外投资者根据我国有关涉外经济的法律、法规,以合资、合作或独资的形式在大陆境内开办企业而形成的一种经济类型。外商投资经济包括中外合资经营企业、中外合作经营企业和外资企业的三种形式。

8.港、澳、台投资经济工业 是指港、澳、台地区投资者依照中华人民共和国有关涉外经济的法律、法规,以合资、合作或独资的形式在大陆举办企业而形成的一种经济类型。港、澳、台投资经济参照外商投资经济,可分为合资经营企业、合作经营企业和独资企业三种形式。

9.其他经济工业 是指以上八种类型之外的其他经济类型。随着经济体制改革的深化,可能会出现新的经济形式,或遇到不易划清的,可列入其他经济类型。

轻工业 指主要提供生活消费品和制作手工工具的工业。按其所使用的原料不同,可分为两大类:(1)以农产品为原料的轻工业,是指直接或间接以农产品为基本原料的轻工业。主要包括食品制造、饮料制造、烟草加工、纺织、缝纫、皮革和毛皮制作、造纸以及印刷等工业;(2)以非农产品为原料的轻工业,是指以工业品为原料的轻工业。主要包括文教体育用品、化学药品制造、合成纤维制造、日用化学制品、日用玻璃制品、日用金属制品、手工工具制造、医疗器械制造、文化和办公用机械制造等工业。

重工业 是指为国民经济各部门提供物质技术基础的主要生产资料的工业。按其生产性质和产品用途,可以分为下列三类:(1)采掘(伐)工业,是指对自然资源的开采,包括石油开采、煤炭开采、金属矿开采、非金属矿开采和木材采伐等工业;(2)原材料工业,指向国民经济各部门提供基本材料、动力和燃料的工业。包括金属冶炼及加工、炼焦及焦炭化学、化工原料、水泥、人造板以及电力、石油和煤炭加工等工业;(3)加工工业,是指对工业原材料进行再加工制造的工业。包括装备国民经济各部门的机械设备制造工业、金属结构、水泥制品等工业,以及为农业提供的生产资料如化肥、农药等工业。

根据上述划分原则,修理业中以重工业产品为修理作业对象的划为重工业,反之划为轻工业。

大、中、小、微型企业划分 根据工业信息化部、国家统计局、国家发展改革委、财政部《关于印发中小企业划型标准规定的通知》(工信部联企业[2011]300号),结合统计工作的实际情况,2011年制定了统计上大中小微型企业划分办法。它以法人企业或单位作为对企业规模的划分对象,以从业人员数、营业收入两项指标为划分标准。企业规模的具体划分标准见下表。

指标名称	计算单位	大型	中型	小型	微型
从业人员数（X） 营业收入（Y）	人 万元	X≥1000 Y≥40000	300≤X<1000 2000≤Y<40000	20≤X<300 300≤Y<2000	X<20 Y<300

1.表中的"工业企业"包括采矿业,制造业,电力、热力、燃气及水的生产和供应业三个行业的企业。

2.企业划分指标以现行统计制度为准。(1)从业人员,是指期末从业人员,没有期末从业人员数的,采用全年平均人员数代替。(2)营业收入,工业采用主营业务收入。

3.大型、中型和小型企业须同时满足所列指标的下限,否则下划一档;微型企业只须满足所列指标中的一项即可。

4.企业划分由政府综合统计部门根据统计年报每年确定一次。定报统计原则上不进行调整。

工业总产值 是以货币表现的工业企业在一定时期内生产的已出售或可供出售工业产品总量,它反映一定时间内工业生产的总规模和总水平。它包括:在本企业内不再进行加工,经检验、包装入库(规定不需包装的产品除外)的成品价值,工业性作业价值,自制半成品、在产品期末初差额价值。工业总产值采用"工厂法"计算,即以工业企业作为一个整体,按企业工业生产活动的最终成果来计算,企业内部不允许重复计算,不能把企业内部各个车间(分厂)生产的成果相加。但在企业之间、行业之间、地区之间存在着重复计算。

轻重工业总产值的划分也是按"工厂法"计算的,即一个工业企业在正常情况下生产的主要产品的性质属于轻工业，则该企业的全部总产值作为轻工业总产值；一个工业企业生产的主要产品的性质属于重工业，则该企业的全部总产值作为重工业总产值。

工业销售产值 是以货币表现的工业企业是一定时期内销售的本企业生产的工业产品总量。包括已销售的成品、半成品价值，对外提供的工业性作业价值和对本企业基本建设部门、生活福利部门等提供的产品和工业性作业及自制设备的价值。

工业增加值 是指工业企业在报告期内以货币形式表现的工业生产活动的最终成果，是企业全部生产活动的总成果扣除了在生产过程中消耗或转换的物质产品和劳务价值后的余额，即企业生产过程中新增加的价值。

所有者权益 是指企业投资人对企业净资产的所有权，包括企业投资者对企业的投入资本以及形成的资本公积金、盈余公积金和未分配利润等的所有权。

固定资产原值 指企业在建造、购置、安装、改建、扩建、技术改造某项固定资产时所支出的全部货币总额。它一般包括买价、包装费、运杂费和安装费等。

固定资产净值 是指固定资产原价减去历年已提折旧额后的净额。

流动资产 是指可以在一年或者超过一年的一个营业周期内变现或者耗用的资产，包括现金及各种存款、短期投资、应收及预付货款、存货等。

流动负债 是指将在一年或者超过一年的一个营业周期内偿还的债务。包括短期借款、应付票据、应付帐款、预收货款、应付工资、应交税金、应付利润、其他应付款、预提费用等。

主营业务收入 指企业销售产品的销售收入和提供劳务等主要经营业务取得的业务总额。1994年实施新的税制后，取消了产品税，开征消费税，增值税由价内税改为价外税，因此，主营业务收入中不再含增值税。

利润总额 是指企业实现的利润总额，等于盈利企业的利润额减亏损企业的亏损额。

利税总额 指企业利润总额、产品销售税金及附加和应交增值税之和。

工业经济效益综合指数 是综合衡量工业经济效益各方面在数量上总体水平的一种特殊相对数，是反映工业经济运行质量的总量指标。它是以各项工业经济效益指标实际数值分别除以该项指标的全国标准值并乘以各自权数，加总后除以总权数求得。

工业经济效益综合指数的计算方法：

$$工业经济效益综合指数=\Sigma(\frac{某项经济效益指标报告期数值}{该项指标全国标准值}\times 权数)\div 总权数$$

权数是根据上述各项工业经济效益指标在综合经济效益中的重要程度，由专家调查确定的，各项权数之和即是总权数。

工业产品销售率 指报告期销售产值与同期全部工业总产值之比，反映工业产品生产已实现销售的程度。计算公式为：

$$工业产品销售率(\%)=\frac{报告期现价工业销售产值}{报告期现价工业总产值}\times 100\%$$

工业资金利税率 指报告期已实现的利润、税金总额与同期的资产(流动资产和固定资产净值)之比，反映企业资金运用的经济效益指标。

计算公式为：

$$工业资金利税率(\%)=\frac{报告期累计实现利税总额}{报告期平均流动资产+固定资产净值平均余额}\times\frac{12}{累计数}\times 100\%$$

工业增加值率 指报告期工业增加值与同期工业总产值之比，反映降低中间消耗的经济效益指标。

计算公式为：

$$工业增加值率(\%)=\frac{报告期工业增加值}{报告期现价工业总产值(新规定)+报告期销项税额}\times 100\%$$

工业成本费用利润率 指报告期实现利润与成本费用之比,反映降低成本的经济效益的指标。

计算公式为

$$工业成本费用利润率(\%)=\frac{利润总额}{成本费用总额}\times100\%$$

成本费用总额 指企业的产品销售成本、产品销售费用、管理费用和财务费用之和。由于1994年工业财务统计年报中没有财务费用指标,故用利息支出代替(1993年全省利息支出占财务费用的91.7%)。

工业全员劳动生产率 指根据产品的价值量指标计算的平均每一个职工在单位时间内的产品生产量。是考核企业经济活动的重要指标,是企业生产技术水平、经营管理水平、职工技术熟练程度和劳动积极性的综合表现。目前我国的全员劳动生产率是将工业企业的工业增加值除以同一时期全部职工的平均人数来计算的。计算公式:

$$全员劳动生产率(元/人)=\frac{工业增加值}{全部职工平均人数}\times\frac{12}{累计月数}$$

流动资产周转次数 指一定时期内流动资产完成的周转次数,是反映工业企业投入流动资产的周转速度的指标。计算公式为:

$$流动资产周转次数(次)=\frac{报告期累计产品销售收入}{报告期流动资产平均余额}\times\frac{12}{累计月数}$$

资本金 指企业在工商行政管理部门登记的注册资金合计。企业资本金按投资主体可分为国家资本金、法人资本金、个人资本金和外商资本金等。资本金会计包括企业各种投资主体注册的全部资本金。

总资产 指企业拥有或控制的全部资产。包括流动资产、长期投资、固定资产、无形及递延资产、其他长期资产、递延税项等,即为企业资产负债表的资产总计项。

(1)流动资产 指企业可以在一年内或者超过一年的一个生产周期内变现或耗用的资产合计。包括现金及各种存款、短期投资、应收及预付款项、存货等。

(2)固定资产 指企业固定资产净值、固定资产清理、在建工程、待处理固定资产损失所占用的资金合计。

(3)无形资产 指企业长期使用而没有实物形态的资产。包括专利权、非专利技术、商标权、著作权、土地使用权、商誉等。

总负债 指企业承担并需要偿还的全部债务。包括流动负债和长期负债、递延税项等,即为企业资产负债表的负债合计项。

(1)流动负债 指企业在一年内或者超过一年的一个营业周期内需要偿还的债务合计,其中包括短期借款、应付及预收款项、应付工资、应交税金和应交利润等。

(2)长期负债 指企业在一年以上或者超过一年的一个生产周期以上需要偿还的债务合计,其中包括长期借款、应付债务、长期应付款项等。

所有者权益 指企业投资人对企业净资产的所有权。企业净资产等于企业全部资产减去全部负债后的余额,其中包括投资者对企业的最初投人,以及资本公积金、盈余公积金和未分配利润。对股份制企业即为股东权益。

工业企业能源消费 工业企业能源消费指独立核算的法人工业企业在报告期内实际使用的能源数量。能源消费数量分别用价值量和实物量表示。

能源消费 能源消费指独立核算的法人企业在报告期内实际使用的能源的数量,包括主营活动和附营活动实际使用能源数量;并包括由本企业(作为投资单位)代填的乡镇建筑企业为完成本企业建筑项目而实际使用的能源数量。能源消费数量用价值量和实物量表示。

消费的核算原则:"谁消费谁统计",即能源在哪个企业使用,就由哪个企业统计消费。

消费的核算方法:能源进入第一道生产工序,改变了原来的形态或性能,或者已经实际投入使用,即作消费统计。

能源库存 能源库存是指独立核算法人企业在报告期初、期末实际结存的能源的数量和价值。

库存的核算原则："谁支配谁统计"，即凡是本企业有权支配动用的能源，不论存放何处，都应作本企业库存统计；反之，本企业无权支配动用的能源，即使存在本企业仓库，也不能作为本企业库存统计。

库存的核算方法：凡属本企业有权支配动用的某一时点实际结存的能源，都应作本企业库存统计。

全国工业经济效益综合指数标准

单位：%

总资产贡献率	资本保值增值率	资产负债率	流动资产周转率（次）	成本费用利润率	劳动生产率（元/人）	产品销售率
10.7	120	≤60	1.52	3.71	16500	96.0

十一、建 筑 业

CONSTRUCTION

本篇内容包括：

1.建筑业主要经济指标
2.建筑业企业生产情况
3.建筑业企业财务情况
4.各县区建筑业主要经济指标

11-1 建筑业主要经济指标

指　　标	2015	2016	2016年比上年增长%
企业个数(个)	**513**	**527**	**2.7**
#有工作量的企业个数	493	503	2.0
建筑业合同情况(万元)			
签订的合同额	47 979 751	53 304 189	11.1
上年结转合同额	22 740 282	24 442 962	7.5
本年新签合同额	25 239 469	28 861 227	14.3
承包工程完成情况(万元)			
直接从建设单位承揽工程完成的产值	24 084 136	26 113 994	8.4
自行完成施工产值	23 890 798	25 868 757	8.3
分包出去工程的产值	193 338	245 237	26.8
从建设单位以外承揽工程完成的产值	259 194	454 040	75.2
建筑业总产值(万元)	**24 149 992**	**26 322 798**	**9.0**
#装饰装修产值	2 254 132	1 466 635	-34.9
在外省完成的产值	8 249 683	9 908 208	20.1
建筑工程产值	20 576 870	22 634 257	10.0
安装工程产值	1 754 601	2 167 780	23.5
其他产值	1 818 521	1 520 761	-16.4
竣工产值(万元)	**15 075 578**	**13 992 687**	**-7.2**
房屋建筑施工及竣工面积(万平方米)			
房屋建筑施工面积	14867.77	15 259.40	2.6
#本年新开工面积	5912.35	6053.02	2.4
实行投标承包面积	10678.55	9928.11	-7.0
房屋建筑竣工面积	5 693.29	6 003.29	5.4
住宅房屋	3 631.27	3 956.72	9.0
商业及服务用房屋	491.15	496.14	1.0
商厦房屋(批发和零售用房)	163.95	197.96	20.7
宾馆用房屋(住宿用房)	55.81	23.28	-58.3
餐饮用房屋(餐饮用房)	61.48	39.84	-35.2
商务会展用房屋	22.78	17.94	-21.2
其他商业及服务用房屋(居民服务业用房)	187.14	217.13	16.0
办公用房屋	521.58	343.03	-34.2
科研、教育、医疗用房屋	291.92	370.82	27.0
科学研究用房屋	15.30	32.58	112.9
教育用房屋	209.21	262.96	25.7
医疗用房屋(卫生医疗用房)	67.40	75.28	11.7
文化、体育、娱乐用房屋	40.12	89.81	123.9
厂房及建筑物	546.69	506.13	-7.4
厂房	360.88	335.02	-7.2
仓库	50.33	65.13	29.4
其他未列明的房屋建筑物	120.24	175.54	46.0

注:建筑业统计范围为具有建筑业资质等级的独立核算建筑业企业。

11-1 续表1

指　　标	2015	2016	2016年比上年增长%
竣工房屋价值(万元)	**8 587 381**	**9 071 720**	**5.6**
住宅房屋	5 521 010	5 891 605	6.7
商业及服务用房屋	792 022	756 830	-4.4
商厦房屋(批发和零售用房)	229 207	265 816	16.0
宾馆用房屋(住宿用房)	65 708	51 190	-22.1
餐饮用房屋(餐饮用房)	100 788	95 659	-5.1
商务会展用房屋	46 783	25 423	-45.7
其他商业及服务用房屋(居民服务业用房)	349 536	318 743	-8.8
办公用房屋	868 995	552 063	-36.5
科研、教育、医疗用房屋	440 138	643 649	46.2
科学研究用房屋	17 390	51 351	195.3
教育用房屋	293 937	443 330	50.8
医疗用房屋(卫生医疗用房)	128 811	148 967	15.6
文化、体育、娱乐用房屋	47 076	129 016	174.1
厂房及建筑物	711 795	743 152	4.4
厂房	468 455	554 639	18.4
仓库	56 375	83 675	48.4
其他未列明的房屋建筑物	149 969	271 732	81.2
年末资产负债(万元)			
流动资产合计	12 072 099	14 864 165	23.1
#存　货	2 373 900	3 072 301	29.4
固定资产合计	1 128 692	1 107 574	-1.9
固定资产原值	1 379 663	1 447 763	4.9
累计折旧	537 025	577 757	7.6
#本年折旧	94 082	92 277	-1.9
在建工程	184 364	133 352	-27.7
资产合计	14 772 514	18 005 926	21.9
流动负债合计	8 659 747	10 274 866	18.7
#应付账款	2 265 769	3 375 392	49.0
非流动负债合计	826 125	977 456	18.3
负债合计	9 832 905	11 819 704	20.2

11-1 续表2

指　　标	2015	2016	2016年比上年增长%
所有者权益合计(万元)	**4 939 609**	**6 186 222**	**25.2**
#实收资本	3 286 166	3 188 933	-3.0
国家资本	644 662	603 516	-6.4
集体资本	168 398	165 299	-1.8
法人资本	581 028	747 781	28.7
个人资本	1 859 574	1 638 334	-11.9
港澳台资本	4 843	6 343	31.0
外商资本	27 660	27 660	
损益及分配(万元)			
营业收入	22 061 551	24 718 508	12.0
工程结算收入	21 280 795	24 404 988	14.7
营业成本	19 790 464	22 400 762	13.2
工程结算成本	19 068 590	22 041 131	15.6
营业税金及附加	754 034	618 333	-18.0
工程结算税金及附加	716 907	601 300	-16.1
其他业务利润	15 591	11 376	-27.0
销售费用	87 290	102 076	16.9
管理费用	492 068	601 152	22.2
#税金	46 807	55 942	19.5
财务费用	166 652	135 292	-18.8
#利息收入	8 954	14 884	66.2
#利息支出	115 470	101 847	-11.8
营业利润	796 710	928 720	16.6
营业外收入	12 511	15 359	22.8
#补贴收入	3 511	1 225	-65.1
营业外支出	6 607	23 990	263.1
利润总额	802 111	923 280	15.1
#应交所得税	192 091	201 548	4.9
工资、福利费(万元)			
应付职工薪酬	2 212 507	2 058 076	-7.0

11-2 建筑业企业生产情况

(总承包和专业承包资质企业,2016年)

项目	企业个数(个)	#有工作量的企业	建筑业合同情况		
			签订的合同额(万元)	上年结转	本年新签
总　计	**527**	**503**	**53 304 190**	**24 442 963**	**28 861 227**
一、按登记注册类型分					
内资企业	519	495	49 282 287	21 645 052	27 637 235
国有企业	27	25	4 264 617	1 837 824	2 426 793
集体企业	32	32	1 902 037	989 055	912 983
股份合作企业	7	7	81 401	31 261	50 140
有限责任公司	270	257	29 612 776	14 065 771	15 547 005
国有独资公司	13	13	2 568 247	1 290 369	1 277 878
其他有限责任公司	257	244	27 044 529	12 775 402	14 269 127
股份有限公司	35	33	4 366 923	1 944 843	2 422 080
私营企业	147	140	9 054 533	2 776 298	6 278 235
其他企业	1	1			
港、澳、台商投资企业	7	7	4 021 699	2 797 897	1 223 802
与港澳台商合资经营	5	5	3 979 514	2 786 476	1 193 039
港、澳、台商投资股份有限公司	2	2	42 185	11 422	30 764
外商投资企业	1	1	204	14	190
中外合资经营企业	1	1	204	14	190
二、按国民经济行业分					
房屋建筑业	226	221	36 515 570	17 482 999	19 032 571
土木工程建筑业	135	129	11 337 012	4 768 779	6 568 233
铁路、道路、隧道和桥梁工程建筑	84	80	8 283 830	3 813 369	4 470 461
水利和内河港口工程建筑	17	17	1 517 225	673 361	843 864
工矿工程建筑	4	4	762 567	160 711	601 856
架线和管道工程建筑	15	14	379 164	61 490	317 675
其他土木工程建筑	15	14	394 226	59 848	334 378
建筑安装业	57	53	2 820 056	1 520 496	1 299 560
电气安装	18	16	313 952	77 887	236 065
管道和设备安装	8	8	27 746	4 780	22 966
其他建筑安装业	31	29	2 478 358	1 437 829	1 040 529
建筑装饰和其他建筑业	109	100	2 631 552	670 689	1 960 864
建筑装饰业	77	71	2 349 384	592 243	1 757 141
工程准备活动	3	3	29 686	1 321	28 365
提供施工设备服务	1	1	377		377
其他未列明建筑业	28	25	252 105	77 124	174 981

11-2 续表1 (总承包和专业承包资质企业,2016年)

项目	企业个数(个)	#有工作量的企业	建筑业合同情况		
			签订的合同额(万元)	上年结转	本年新签
三、按隶属关系分					
中央	10	10	2 508 649	1 219 640	1 289 009
省	68	66	22 732 325	12 024 174	10 708 151
市	76	73	5 434 693	2 846 172	2 588 520
县	52	51	3 733 347	1 392 173	2 341 175
街道					
镇	12	12	589 199	258 204	330 996
乡	1	1	321 413	121 284	200 129
其他	308	290	17 984 564	6 581 316	11 403 248
四、按企业资质等级分					
施工总承包	357	347	50 353 030	23 628 380	26 724 649
特级	2	2	5 584 568	3 693 452	1 891 116
一级	89	89	36 271 528	16 777 411	19 494 117
二级	148	143	6 484 653	2 450 811	4 033 842
三级及以下	118	113	2 012 281	706 706	1 305 575
专业承包	170	156	2 951 160	814 582	2 136 578
一级	33	33	2 318 139	589 169	1 728 970
二级	52	49	335 245	136 866	198 380
三级及以下	84	73	297 564	88 348	209 216
五、按营业状态分					
营业	524	500	53 270 461	24 435 659	28 834 802
停业(歇业)					
当年关闭	2	2	19 834	6 174	13 660
其他	1	1	13 896	1 130	12 766
六、按控股情况分					
国有控股	88	85	26 100 539	13 872 500	12 228 040
集体控股	52	51	2 874 911	1 210 618	1 664 293
私人控股	343	327	22 692 840	8 953 493	13 739 347
港澳台商控股	6	6	311 369	76 794	234 575
外商控股	1	1	204	14	190
其他	37	33	1 324 327	329 544	994 782

11-2 续表2　　(总承包和专业承包资质企业,2016年)

项　　目	承包工程完成情况			
	直接从建设单位承揽工程产值	自行完成施工产值	分包出去工程产值	从建设单位以外承揽工程完成的产值
总　计	**26 113 994**	**25 868 757**	**245 237**	**454 040**
一、按登记注册类型分				
内资企业	25 400 515	25 155 279	245 237	454 040
国有企业	1 833 190	1 756 924	76 265	91 450
集体企业	1 291 347	1 291 347		
股份合作企业	67 231	67 131	100	50
有限责任公司	13 939 396	13 877 122	62 275	198 252
国有独资公司	936 119	934 599	1 520	1 520
其他有限责任公司	13 003 278	12 942 523	60 755	196 732
股份有限公司	2 199 230	2 198 547	683	831
私营企业	6 070 002	5 964 089	105 913	163 458
其他企业	120	120		
港、澳、台商投资企业	713 313	713 313		
与港澳台商合资经营	690 956	690 956		
港、澳、台商投资股份有限公司	22 358	22 358		
外商投资企业	165	165		
中外合资经营企业	165	165		
二、按国民经济行业分				
房屋建筑业	17 763 612	17 707 692	55 920	195 143
土木工程建筑业	5 207 913	5 102 086	105 827	157 016
铁路、道路、隧道和桥梁工程建筑	4 042 147	4 021 282	20 865	33 678
水利和内河港口工程建筑	467 702	465 953	1 749	16 080
工矿工程建筑	211 212	211 212		
架线和管道工程建筑	255 807	178 488	77 320	88 592
其他土木工程建筑	231 045	225 152	5 893	18 667
建筑安装业	1 485 820	1 476 058	9 762	5 731
电气安装	246 947	241 400	5 547	3 188
管道和设备安装	34 997	34 936	61	1
其他建筑安装业	1 203 876	1 199 722	4 154	2 542
建筑装饰和其他建筑业	1 656 649	1 582 920	73 728	96 151
建筑装饰业	1 494 545	1 423 816	70 729	75 235
工程准备活动	26 932	26 932		
提供施工设备服务				162
其他未列明建筑业	135 172	132 172	2 999	20 754

项　　目	承包工程完成情况			
	直接从建设单位承揽工程产值			从建设单位以外承揽工程完成的产值
		自行完成施工产值	分包出去工程产值	
三、按隶属关系分				
中央	1 206 727	1 130 691	76 036	88 592
省	7 945 588	7 934 086	11 502	85 389
市	2 853 556	2 843 849	9 707	38 382
县	2 078 217	2 060 592	17 625	40 646
街道				
镇	423 962	423 962		
乡	411 921	411 921		
其他	11 194 022	11 063 657	130 366	201 032
四、按企业资质等级分				
施工总承包	24 321 986	24 148 933	173 053	369 011
特级	1 245 410	1 245 410		
一级	18 085 846	17 977 849	107 997	186 222
二级	3 822 028	3 798 010	24 018	107 264
三级及以下	1 168 701	1 127 663	41 037	75 524
专业承包	1 792 008	1 719 824	72 184	85 030
一级	1 347 364	1 276 831	70 533	79 198
二级	240 451	239 438	1 013	4 943
三级及以下	204 181	203 543	638	890
五、按营业状态分				
营业	26 088 002	25 842 766	245 237	454 040
停业(歇业)				
当年关闭	13 782	13 782		
其他	12 210	12 210		
六、按控股情况分				
国有控股	9 650 225	9 561 502	88 723	182 028
集体控股	1 763 842	1 757 849	5 993	18 272
私人控股	13 634 983	13 486 885	148 099	253 594
港澳台商控股	147 253	147 253		
外商控股	165	165		
其他	917 526	915 103	2 422	147

11-2 续表3-1 (总承包和专业承包资质企业,2016年)

项目	建筑业总产值	按构成分			#装饰装修产值	#在外省完成产值	竣工产值
		建筑工程	安装工程	其他产值			
总　计	**26 322 798**	**1 466 635**	**9 908 208**	**22 634 257**	**2 167 780**	**1 520 761**	**13 992 687**
一、按登记注册类型分							
内资企业	25 609 319	1 456 547	9 603 426	21 989 433	2 106 408	1 513 478	13 376 325
国有企业	1 848 374	12 171	667 666	1 522 386	321 854	4 134	898 727
集体企业	1 291 347	36 336	228 613	1 250 384	19 063	21 899	707 204
股份合作企业	67 181	13 254	1 076	65 289	1 414	478	83 814
有限责任公司	14 075 373	947 105	6 011 411	11 937 819	1 103 685	1 033 869	7 520 917
国有独资公司	936 119	1 844	574 496	716 817	180 146	39 156	711 390
其他有限责任公司	13 139 255	945 261	5 436 915	11 221 002	923 539	994 713	6 809 527
股份有限公司	2 199 378	63 996	794 960	2 014 386	57 227	127 765	999 061
私营企业	6 127 547	383 686	1 899 579	5 199 049	603 164	325 334	3 166 568
其他企业	120		120	120			33
港、澳、台商投资企业	713 313	10 089	304 782	644 824	61 207	7 282	616 243
与港澳台商合资经营	690 956	6 739	304 782	641 474	42 200	7 282	613 463
港、澳、台商投资股份有限公司	22 358	3 350		3 350	19 008		2 780
外商投资企业	165				165		120
中外合资经营企业	165				165		120
二、按国民经济行业分							
房屋建筑业	17 902 835	549 692	6 383 557	15 715 195	985 328	1 202 312	10 708 695
土木工程建筑业	5 259 102	59 603	2 376 274	4 617 887	474 893	166 322	1 960 179
铁路、道路、隧道和桥梁工程建筑	4 054 959	50 151	1 834 532	3 871 880	70 798	112 281	1 543 391
水利和内河港口工程建筑	482 033		202 725	390 208	89 024	2 800	136 241
工矿工程建筑	211 212		174 633	12 592	196 574	2 046	155 165
架线和管道工程建筑	267 079	5 501	94 636	156 306	109 016	1 758	57 250
其他土木工程建筑	243 819	3 951	69 749	186 901	9 481	47 437	68 132
建筑安装业	1 481 789	46 842	574 377	1 002 663	417 955	61 171	516 676
电气安装	244 588		2 711	87 116	157 331	142	106 365
管道和设备安装	34 937	19		6 423	28 415	99	34 115
其他建筑安装业	1 202 264	46 823	571 666	909 125	232 209	60 930	376 196
建筑装饰和其他建筑业	1 679 072	810 499	574 001	1 298 512	289 604	90 956	807 139
建筑装饰业	1 499 051	804 381	553 449	1 167 632	265 113	66 306	698 557
工程准备活动	26 932			26 845		87	14 802
提供施工设备服务	162				162		
其他未列明建筑业	152 927	6 118	20 551	104 035	24 329	24 563	93 780

项　　目	建筑业总产值	按构成分			#装饰装修产值	#在外省完成产值	竣工产值
		建筑工程	安装工程	其他产值			
三、按隶属关系分							
中央	1 219 282		598 943	939 786	238 767	40 730	619 823
省	8 019 475	141 445	3 714 263	7 229 770	461 736	327 969	4 209 158
市	2 882 231	104 239	750 250	2 618 194	153 820	110 218	1 005 646
县	2 101 238	69 750	833 743	1 924 683	75 241	101 314	1 694 078
街道							
镇	423 962	16 619	177 650	364 707	19 731	39 524	316 959
乡	411 921	20 145	120 813	411 921			181 214
其他	11 264 689	1 114 438	3 712 546	9 145 196	1 218 486	901 007	5 965 810
四、按企业资质等级分							
施工总承包	24 517 943	804 071	9 261 295	21 224 154	1 850 983	1 442 807	13 009 213
特级	1 245 410	30 567	489 178	1 189 326	2 357	53 728	969 760
一级	18 164 072	406 759	7 955 712	15 788 585	1 266 387	1 109 100	8 916 376
二级	3 905 274	184 342	632 093	3 329 495	368 442	207 337	2 504 098
三级及以下	1 203 188	182 403	184 312	916 749	213 797	72 643	618 979
专业承包	1 804 854	662 565	646 913	1 410 103	316 797	77 954	983 474
一级	1 356 029	587 872	583 103	1 157 799	149 893	48 337	716 747
二级	244 381	46 714	46 263	132 123	84 926	27 332	184 150
三级及以下	204 433	27 978	17 546	120 181	81 978	2 274	82 577
五、按营业状态分							
营业	26 296 806	1 466 635	9 908 208	22 608 505	2 167 540	1 520 761	13 967 596
停业(歇业)							
当年关闭	13 782			13 542	240		13 291
其他	12 210			12 210			11 800
六、按控股情况分							
国有控股	9 743 530	147 405	4 042 146	8 687 213	742 665	313 651	4 648 017
集体控股	1 776 121	58 370	515 094	1 656 880	84 787	34 454	975 095
私人控股	13 740 478	1 178 697	4 992 365	11 545 670	1 214 227	980 582	7 724 844
港澳台商控股	147 253	10 089	54 054	78 764	61 207	7 282	95 754
外商控股	165				165		120
其他	915 250	72 075	304 549	665 730	64 729	184 791	548 857

项　　目	房屋建筑施工面积(万平方米)	#本年新开工面积	#实行投标承包面积	房屋竣工面积(万平方米)	房屋竣工价值(万元)
总　计	**15 259**	**6 053**	**9 928**	**6 003**	**9 071 720**
一、按登记注册类型分					
内资企业	13 986	5 865	8 663	5 702	8 548 865
国有企业	534	154	401	200	367 002
集体企业	791	364	745	347	658 576
股份合作企业	30	10	5	44	66 438
有限责任公司	7 995	3 186	4 729	2 933	4 612 117
国有独资公司	414	168	207	173	292 487
其他有限责任公司	7 580	3 018	4 522	2 759	4 319 630
股份有限公司	1 335	568	1 236	311	502 191
私营企业	3 299	1 583	1 547	1 868	2 342 542
其他企业	4				
港、澳、台商投资企业	1 273	188	1 265	302	522 855
与港澳台商合资经营	1 273	188	1 265	302	522 855
港、澳、台商投资股份有限公司					
外商投资企业					
中外合资经营企业					
二、按国民经济行业分					
房屋建筑业	14 120	5 666	9 423	5 417	8 279 751
土木工程建筑业	796	316	392	364	582 991
铁路、道路、隧道和桥梁工程建筑	673	255	275	325	475 792
水利和内河港口工程建筑	88	46	85	30	95 556
工矿工程建筑	12		12		
架线和管道工程建筑	4	3	4	3	1 600
其他土木工程建筑	18	11	16	6	10 043
建筑安装业	258	42	95	157	167 357
电气安装	14	5	3	4	6 245
管道和设备安装					
其他建筑安装业	245	37	93	153	161 113
建筑装饰和其他建筑业	85	29	17	64	41 622
建筑装饰业	14	9		7	7 283
工程准备活动					
提供施工设备服务					
其他未列明建筑业	71	20	17	57	34 339

11-2 续表4-2　　　　(总承包和专业承包资质企业,2016年)

项　　目	房屋建筑施工面积（万平方米）	#本年新开工面积	#实行投标承包面积	房屋竣工面积（万平方米）	房屋竣工价值（万元）
三、按隶属关系分					
中央	201	78	158	98	222 591
省	5 816	1 538	4 425	1 482	2 356 959
市	1 869	804	976	529	827 058
县	1 721	703	1 537	734	1 354 057
街道					
镇	393	227	176	148	207 048
乡	257	165	257	87	163 750
其他	5 003	2 539	2 399	2 926	3 940 258
四、按企业资质等级分					
施工总承包	15 040	5 958	9 809	5 908	8 995 755
特级	1 779	417	1 779	336	625 126
一级	10 533	3 997	6 971	3 839	6 040 446
二级	2 225	1 295	886	1 398	1 882 759
三级及以下	504	248	173	335	447 424
专业承包	219	95	119	96	75 965
一级	3	1	2	3	1 027
二级	199	80	113	80	60 603
三级及以下	18	13	5	12	14 336
五、按营业状态分					
营业	15 244	6 043	9 914	5 989	9 048 641
停业(歇业)					
当年关闭	4	0	4	4	13 256
其他	11	10	10	9	9 824
六、按控股情况分					
国有控股	6 529	1 786	4 632	1 712	2 824 006
集体控股	1 109	521	870	464	828 405
私人控股	7 141	3 537	4 305	3 378	4 783 369
港澳台商控股	43	8	35	35	76 116
外商控股					
其他	437	201	86	414	559 824

11-3 建筑业企业财务状况

(总承包和专业承包资质企业,2016年)

单位:万元

项　　目	流动资产合　计	#应收工程款	#存货	固定资产合　计	固定资产原　价	累计折旧	#本年折旧
总　计	**14 864 165**	**4 337 377**	**3 072 301**	**1 107 574**	**1 447 763**	**577 757**	**92 277**
一、按登记注册类型分							
内资企业	13 605 801	4 013 889	2 784 290	1 092 479	1 433 755	574 106	90 865
国有企业	1 593 860	357 044	230 064	131 619	201 859	79 963	12 686
集体企业	489 455	98 263	118 839	66 334	71 181	20 242	2 923
股份合作企业	53 629	6 599	32 071	5 577	7 691	2 684	279
有限责任公司	8 628 293	2 648 942	1 815 638	625 448	868 475	369 192	57 599
国有独资公司	1 157 754	273 559	153 196	62 790	82 110	39 319	3 772
其他有限责任公司	7 470 540	2 375 382	1 662 443	562 658	786 366	329 874	53 827
股份有限公司	936 969	407 776	83 820	41 656	45 701	15 211	1 477
私营企业	1 900 211	493 004	503 337	219 080	236 113	86 757	15 901
其他企业	1 257 860	323 488	288 011	15 008	13 820	3 551	1 403
港、澳、台商投资企业	1 240 109	317 613	277 710	11 137	13 029	3 320	1 172
与港澳台商合资经营	17 751	5 875	10 302	3 871	791	231	231
港、澳、台商投资股份有限公司	504			87	188	100	9
外商投资企业	504			87	188	100	9
中外合资经营企业							
二、按国民经济行业分	8 476 296	2 254 605	2 182 179	629 926	778 455	270 281	55 782
房屋建筑业	4 667 553	1 492 282	559 787	334 556	490 782	234 397	24 391
土木工程建筑业	3 525 990	1 144 474	417 329	234 486	352 789	162 860	20 959
铁路、道路、隧道和桥梁工程建筑	536 158	231 319	30 284	37 784	63 515	33 498	1 230
水利和内河港口工程建筑	264 725	39 481	33 505	8 787	21 182	12 584	64
工矿工程建筑	198 749	45 312	62 305	22 295	34 872	18 047	1 814
架线和管道工程建筑	141 932	31 696	16 364	31 203	18 425	7 409	324
其他土木工程建筑	800 198	281 244	89 819	58 322	70 749	32 384	4 679
建筑安装业	198 851	46 790	12 149	20 382	30 402	16 512	1 895
电气安装	98 204	66 934	1 850	5 199	2 509	1 326	50
管道和设备安装	503 143	167 520	75 821	32 741	37 838	14 547	2 734
其他建筑安装业	920 118	309 246	240 515	84 769	107 776	40 695	7 425
建筑装饰和其他建筑业	725 743	221 589	203 813	56 520	72 862	25 087	5 054
建筑装饰业	11 909	2 133	2 523	1 731	2 233	1 298	93
工程准备活动	2 865		124	5 132	4 725	2 365	519
提供施工设备服务	179 601	85 524	34 056	21 387	27 955	11 944	1 760

项　　目	流动资产合　计	#应收工程款	#存货	固定资产合　计	固定资产原　价	累计折旧	#本年折旧
三、按隶属关系分							
中央	873 748	268 100	130 719	38 894	75 143	43 940	2 776
省	6 314 632	2 256 119	1 077 781	287 948	479 278	226 245	30 349
市	1 992 829	626 400	425 578	150 213	180 785	59 742	9 303
县	1 294 983	97 540	404 498	111 264	115 076	41 515	13 748
街道							
镇	118 802	43 957	14 182	42 301	27 876	5 141	954
乡	112 555	16 139	48 955	13 119	17 933	4 814	723
其他	4 156 616	1 029 122	970 589	463 836	551 672	196 360	34 424
四、按企业资质等级分							
施工总承包	13 669 889	3 925 473	2 816 452	1 005 001	1 316 497	518 620	83 057
特级	1 740 332	417 216	495 632	80 799	133 282	55 929	17 186
一级	8 411 003	2 800 864	1 571 194	530 920	806 411	353 145	42 811
二级	2 302 787	553 423	420 863	257 695	252 600	80 029	16 317
三级及以下	1 215 767	153 970	328 763	135 588	124 203	29 518	6 743
专业承包	1 194 276	411 905	255 849	102 573	131 266	59 137	9 220
一级	446 104	166 738	49 275	31 969	50 374	25 031	4 491
二级	533 773	166 968	177 710	36 604	42 016	13 937	1 906
三级及以下	214 400	78 199	28 865	34 000	38 877	20 169	2 823
五、按营业状态分							
营业	14 850 977	4 337 073	3 062 010	1 104 579	1 444 196	576 884	92 195
停业(歇业)							
当年关闭	9 101	219	8 144	138	615	476	24
其他	3 988		2 133	357	452	96	8
六、按控股情况分							
国有控股	8 005 757	2 668 556	1 377 371	357 972	556 091	259 851	33 108
集体控股	699 800	166 226	188 896	90 921	104 270	32 431	4 405
私人控股	5 390 079	1 285 212	1 404 438	593 920	701 996	255 577	50 553
港澳台商控股	130 928	29 897	21 716	11 959	9 246	2 026	1 091
外商控股	504			87	188	100	9
其他	637 097	187 488	79 882	52 715	75 973	27 772	3 111

11-3 续表2-1　　(总承包和专业承包资质企业,2016年)　　单位:万元

项　　目	在建工程	资产总计	流动负债合　计	#应付账款	非流动负债合计	负债合计
总　计	**133 352**	**18 005 926**	**10 274 866**	**3 375 392**	**977 456**	**11 819 704**
一、按登记注册类型分						
内资企业	132 086	16 496 790	9 145 092	2 922 864	802 732	10 515 206
国有企业	6 299	1 931 522	1 337 500	336 377	247 674	1 616 781
集体企业	12 346	599 955	270 779	46 394	4 488	294 305
股份合作企业	45	62 939	51 003	5 083	135	51 538
有限责任公司	81 915	10 449 898	6 193 852	2 056 349	488 494	6 886 015
国有独资公司	2 518	1 352 980	1 078 256	370 714	50 487	1 147 484
其他有限责任公司	79 397	9 096 918	5 115 595	1 685 635	438 007	5 738 531
股份有限公司	4 416	1 081 604	509 795	313 051	29 380	762 178
私营企业	27 066	2 327 990	779 741	164 046	32 562	873 328
其他企业	1 266	1 508 545	1 129 688	452 528	174 724	1 304 412
港、澳、台商投资企业	1 266	1 476 547	1 113 543	452 000	170 733	1 284 276
与港澳台商合资经营		31 998	16 144	528	3 991	20 135
港、澳、台商投资股份有限公司		592	87			87
外商投资企业		592	87			87
中外合资经营企业						
二、按国民经济行业分	73 059	10 208 279	5 267 386	1 602 457	705 733	6 345 457
房屋建筑业	39 269	5 796 617	3 883 374	1 241 066	254 088	4 279 203
土木工程建筑业	31 007	4 382 627	2 845 778	882 568	197 304	3 181 951
铁路、道路、隧道和桥梁工程建筑	3 802	596 761	430 834	171 493	8 968	441 855
水利和内河港口工程建筑	189	342 440	299 153	96 171	11 779	310 932
工矿工程建筑	2 103	283 246	230 450	78 013	5 474	235 978
架线和管道工程建筑	2 168	191 542	77 159	12 821	30 563	108 487
其他土木工程建筑	16 680	908 366	623 314	275 430	2 602	631 979
建筑安装业	6 271	251 890	154 369	72 863	1 646	157 480
电气安装	3 666	105 412	82 072	64 096	723	82 796
管道和设备安装	6 742	551 064	386 873	138 471	233	391 704
其他建筑安装业	4 345	1 092 664	500 793	256 438	15 034	563 066
建筑装饰和其他建筑业	2 940	830 622	382 967	193 709	7 421	428 398
建筑装饰业	597	15 401	6 145	2 038	61	7 787
工程准备活动	16	8 346	396	110	7 054	7 450
提供施工设备服务	792	238 296	111 284	60 582	497	119 431

11-3 续表2-2 (总承包和专业承包资质企业,2016年) 单位:万元

项目	在建工程	资产总计	流动负债合计	#应付账款	非流动负债合计	负债合计
三、按隶属关系分						
中央	4 357	926 746	802 774	390 516	6 206	814 407
省	30 378	7 279 781	5 251 158	1 820 022	661 223	5 948 125
市	16 617	2 538 696	1 566 758	534 841	125 280	1 750 902
县	21 240	1 531 608	781 996	84 453	96 257	930 790
街道						
镇	19 386	169 542	46 895	15 704	540	47 435
乡		127 450	56 607	37		56 607
其他	41 373	5 432 104	1 768 678	529 820	87 949	2 271 439
四、按企业资质等级分						
施工总承包	123 228	16 523 165	9 508 042	3 049 854	939 966	10 949 754
特级	3 445	2 079 725	1 240 971	461 508	199 950	1 440 921
一级	51 744	9 996 811	6 452 330	2 170 874	613 806	7 258 740
二级	55 264	3 029 182	1 113 697	340 956	57 797	1 467 085
三级及以下	12 776	1 417 447	701 044	76 517	68 413	783 007
专业承包	10 124	1 482 762	766 825	325 537	37 490	869 951
一级	1 792	510 930	226 792	68 672	13 120	263 610
二级	4 618	662 990	391 787	184 222	16 422	446 953
三级及以下	3 714	308 841	148 246	72 643	7 948	159 387
五、按营业状态分						
营业	133 292	17 985 161	10 271 234	3 375 232	976 957	11 812 804
停业(歇业)						
当年关闭		10 270	2 101	63	160	2 261
其他		7 895	1 432			2 259
六、按控股情况分						
国有控股	37 915	9 369 804	6 964 670	2 461 999	838 836	7 892 665
集体控股	14 372	884 889	409 046	84 480	4 758	436 720
私人控股	79 084	6 780 903	2 274 344	652 853	121 746	2 822 370
港澳台商控股	1 266	153 307	112 586	35 305	4 774	117 360
外商控股		592	87			87
其他	715	816 432	514 134	140 754	7 341	550 503

项　　目	所有者权益合计	#实收资本	国家资本	集体资本	法人资本	个人资本	港澳台资本	外商资本
总　计	**6 186 222**	**3 188 933**	**603 516**	**165 299**	**747 781**	**1 638 334**	**6 343**	**27 660**
一、按登记注册类型分								
内资企业	5 981 584	3 068 834	540 696	165 149	745 276	1 617 412	300	
国有企业	314 742	203 722	161 352		41 666	704		
集体企业	305 651	154 016	20 110	131 169	2 737			
股份合作企业	11 401	9 826		1 010		8 816		
有限责任公司	3 563 884	1 819 821	324 082	22 745	516 455	956 240	300	
国有独资公司	205 497	197 378	35 173	1 167	161 039			
其他有限责任公司	3 358 387	1 622 443	288 909	21 579	355 416	956 240	300	
股份有限公司	319 425	179 658	33 027	3 039	13 971	129 621		
私营企业	1 454 662	696 792	100	4 243	170 418	522 031		
其他企业	204 133	119 594	62 820	149	2 000	20 922	6 043	27 660
港、澳、台商投资企业	192 270	118 551	62 820	149	2 000	20 922	5 000	27 660
与港澳台商合资经营	11 863	1 043					1 043	
港、澳、台商投资股份有限公司	505	505			505			
外商投资企业	505	505			505			
中外合资经营企业								
二、按国民经济行业分	3 862 823	1 772 376	288 119	128 584	320 547	1 010 967	3 500	20 660
房屋建筑业	1 517 414	1 042 527	262 519	21 333	332 117	418 058	1 500	7 000
土木工程建筑业	1 200 676	845 590	184 136	16 534	275 597	362 323		7 000
铁路、道路、隧道和桥梁工程建筑	154 907	92 827	43 049	1 167	33 753	14 859		
水利和内河港口工程建筑	31 508	18 606	13 051		5 555			
工矿工程建筑	47 268	25 763	8 450	3 633	3 830	8 350	1 500	
架线和管道工程建筑	83 056	59 741	13 833		13 382	32 526		
其他土木工程建筑	276 387	143 776	45 008	15 075	28 885	54 807		
建筑安装业	94 411	61 129	19 500	12 617	4 492	24 519		
电气安装	22 616	14 629			5 341	9 288		
管道和设备安装	159 360	68 018	25 508	2 458	19 052	21 000		
其他建筑安装业	529 599	230 254	7 871	306	66 233	154 502	1 343	
建筑装饰和其他建筑业	402 224	159 536	3 907	305	42 417	111 564	1 343	
建筑装饰业	7 614	2 664	2 464			200		
工程准备活动	896	795				795		
提供施工设备服务	118 864	67 259	1 500	1	23 816	41 942		

项　目	所有者权益合计	#实收资本						
			国家资本	集体资本	法人资本	个人资本	港澳台资本	外商资本
三、按隶属关系分								
中央	112 339	96 935	52 439		43 836	660		
省	1 331 656	794 260	373 175	18 338	238 081	142 505	1 500	20 660
市	787 793	421 889	120 922	14 981	100 260	185 725		
县	600 818	233 377	47 583	58 926	22 255	104 614		
街道								
镇	122 108	85 059	2	45 171	3 727	36 159		
乡	70 843	7 080		7 080				
其他	3 160 665	1 550 334	9 395	20 803	339 622	1 168 671	4 843	7 000
四、按企业资质等级分								
施工总承包	5 573 411	2 885 520	572 960	151 451	629 735	1 498 714	5 000	27 660
特级	638 804	236 238	62 820			152 758		20 660
一级	2 738 071	1 508 029	460 266	87 660	361 897	596 706	1 500	
二级	1 562 097	811 116	33 126	32 276	217 338	517 875	3 500	7 000
三级及以下	634 439	330 138	16 748	31 516	50 499	231 375		
专业承包	612 811	303 413	30 556	13 848	118 047	139 620	1 343	
一级	247 320	100 968	18 529		28 146	53 250	1 043	
二级	216 037	94 299	2 177	7 633	20 599	63 590	300	
三级及以下	149 454	108 146	9 850	6 215	69 302	22 780		
五、按营业状态分								
营业	6 172 357	3 183 707	603 516	163 293	747 781	1 635 114	6 343	27 660
停业(歇业)								
当年关闭	8 009	3 006		2 006		1 000		
其他	5 636	2 000				2 000		
六、按控股情况分								
国有控股	1 477 140	967 044	549 635	7 958	328 199	60 592		20 660
集体控股	448 169	235 411	20 910	142 193	18 988	53 320		
私人控股	3 958 533	1 814 528	946	11 369	375 816	1 426 398		
港澳台商控股	35 947	15 244		149	2 000	52	6 043	7 000
外商控股	505	505			505			
其他	265 929	156 202	32 026	3 630	22 274	97 972	300	

项　　目	营业收入	#主营业务收　入	营业成本	#主营业务成　本	营业税金及附加	#主营业务税金及附加	其他业务利润
总　计	**24 718 508**	**24 404 988**	**22 400 762**	**22 041 131**	**618 333**	**601 300**	**11 376**
一、按登记注册类型分							
内资企业	23 965 222	23 652 195	21 695 908	21 336 317	621 628	604 601	10 928
国有企业	1 611 611	1 487 536	1 489 730	1 334 874	30 268	25 774	-414
集体企业	1 253 863	1 198 521	1 152 476	1 106 895	39 454	36 745	2 218
股份合作企业	48 380	44 068	43 756	26 945	1 596	898	
有限责任公司	13 023 214	12 923 693	11 855 032	11 775 236	314 293	307 234	8 619
国有独资公司	763 633	755 621	704 823	699 888	22 124	19 657	2 729
其他有限责任公司	12 259 581	12 168 072	11 150 209	11 075 348	292 169	287 576	5 890
股份有限公司	2 156 927	2 152 450	1 997 279	1 965 941	31 508	31 508	246
私营企业	5 839 485	5 814 419	5 128 545	5 097 362	202 940	200 873	259
其他企业	753 114	752 621	704 701	704 661	-3 303	-3 308	448
港、澳、台商投资企业	732 318	731 825	688 734	688 694	-3 731	-3 736	448
与港澳台商合资经营	20 796	20 796	15 967	15 967	428	428	
港、澳、台商投资股份有限公司	173	173	153	153	7	7	
外商投资企业	173	173	153	153	7	7	
中外合资经营企业							
二、按国民经济行业分	16 343 061	16 135 825	14 834 130	14 627 964	437 398	429 695	4 581
房屋建筑业	5 266 285	5 194 485	4 788 983	4 681 249	100 943	96 224	4 575
土木工程建筑业	4 093 379	4 032 703	3 724 201	3 635 099	83 147	80 285	4 926
铁路、道路、隧道和桥梁工程建筑	504 425	503 252	460 237	452 291	8 377	6 690	186
水利和内河港口工程建筑	214 950	210 921	198 265	194 093	1 342	1 304	75
工矿工程建筑	247 669	246 077	218 022	215 571	1 774	1 765	-859
架线和管道工程建筑	205 864	201 531	188 259	184 197	6 303	6 181	247
其他土木工程建筑	1 399 322	1 393 072	1 270 614	1 266 785	28 850	26 271	1 316
建筑安装业	254 508	251 348	216 516	214 820	5 702	5 514	1 114
电气安装	48 141	48 102	41 775	41 775	537	530	34
管道和设备安装	1 096 674	1 093 623	1 012 323	1 010 189	22 611	20 228	168
其他建筑安装业	1 709 840	1 681 606	1 507 035	1 465 134	51 142	49 110	904
建筑装饰和其他建筑业	1 474 061	1 462 363	1 304 729	1 280 151	44 474	43 693	862
建筑装饰业	33 955	20 855	31 057	19 357	1 111	401	
工程准备活动	2 847		2 469		114		
提供施工设备服务	198 977	198 388	168 780	165 626	5 444	5 016	42

项　　目	营业收入	#主营业务收　入	营业成本	#主营业务成　本	营业税金及附加	#主营业务税金及附加	其他业务利润
三、按隶属关系分							
中央	1 116 601	1 009 995	1 026 530	935 246	15 975	10 201	-623
省	7 276 220	7 255 302	6 812 357	6 770 767	98 593	97 874	4 776
市	2 846 765	2 762 101	2 538 732	2 438 313	74 861	71 017	4 556
县	2 041 138	1 989 082	1 856 213	1 804 130	68 084	64 872	1 174
街道							
镇	422 262	420 772	384 044	383 523	14 623	14 615	
乡	376 231	375 728	345 347	345 347	9 530	9 530	504
其他	10 639 291	10 592 010	9 437 539	9 363 805	336 666	333 191	989
四、按企业资质等级分							
施工总承包	22 722 568	22 494 986	20 640 732	20 375 309	557 047	544 480	9 731
特级	2 932 211	2 931 732	2 721 106	2 721 066	54 945	54 940	434
一级	14 477 706	14 291 615	13 277 120	13 093 867	320 542	310 986	7 475
二级	4 079 787	4 056 771	3 578 476	3 536 332	136 240	134 274	696
三级及以下	1 232 864	1 214 868	1 064 031	1 024 044	45 320	44 280	1 126
专业承包	1 995 940	1 910 003	1 760 030	1 665 822	61 285	56 820	1 646
一级	1 282 445	1 265 309	1 133 743	1 116 256	44 277	43 336	719
二级	458 101	401 239	403 006	334 438	12 770	9 480	279
三级及以下	255 394	243 455	223 281	215 128	4 238	4 004	648
五、按营业状态分							
营业	24 690 737	24 377 222	22 376 841	22 017 210	617 056	600 023	11 374
停业(歇业)							
当年关闭	14 645	14 645	12 256	12 256	874	874	
其他	13 116	13 116	11 660	11 660	401	401	
六、按控股情况分							
国有控股	8 486 657	8 292 773	7 938 042	7 725 867	129 859	121 121	6 827
集体控股	2 065 165	2 000 337	1 886 345	1 819 785	70 151	66 744	2 511
私人控股	13 006 298	12 956 368	11 517 823	11 439 502	390 014	385 330	1 273
港澳台商控股	99 525	99 296	85 478	85 478	1 065	1 065	228
外商控股	173	173	153	153	7	7	
其他	1 060 691	1 056 042	972 921	970 345	27 236	27 032	537

项　　目	销售费用	管理费用	#税　金	#财务费用	#利息收入	#利息支出
总　计	**102 076**	**601 152**	**55 942**	**135 292**	**14 884**	**101 847**
一、按登记注册类型分						
内资企业	100 926	590 420	55 381	119 489	7 299	78 979
国有企业	1 598	75 153	4 535	19 975	1 354	12 857
集体企业	801	17 369	1 875	3 356	1 061	1 822
股份合作企业	283	2 060	161	103		92
有限责任公司	45 581	321 051	22 923	64 716	3 400	45 941
国有独资公司	885	33 943	215	3 404	−286	2 660
其他有限责任公司	44 696	287 107	22 709	61 312	3 686	43 281
股份有限公司	172	45 558	1 753	6 604	185	5 796
私营企业	52 405	129 124	24 114	24 639	1 279	12 416
其他企业	1 150	10 711	561	15 803	7 584	22 868
港、澳、台商投资企业	38	9 283	431	15 368	7 584	22 599
与港澳台商合资经营	1 112	1 428	130	435	1	270
港、澳、台商投资股份有限公司		21				
外商投资企业		21				
中外合资经营企业						
二、按国民经济行业分	70 200	313 953	34 739	103 161	11 328	77 940
房屋建筑业	22 074	176 640	7 350	25 329	2 016	18 708
土木工程建筑业	18 946	124 150	3 983	19 050	1 652	12 436
铁路、道路、隧道和桥梁工程建筑	88	19 778	2 174	841	448	1 736
水利和内河港口工程建筑	813	9 734	300	3 230	−266	3 531
工矿工程建筑	1 824	18 037	402	2 007	170	822
架线和管道工程建筑	404	4 941	491	201	12	184
其他土木工程建筑	2 214	44 202	891	1 869	1 197	1 719
建筑安装业	725	16 449	505	−634	993	380
电气安装	1 014	1 582	29	210		29
管道和设备安装	475	26 171	357	2 294	204	1 310
其他建筑安装业	7 589	66 357	12 962	4 933	342	3 480
建筑装饰和其他建筑业	3 958	55 056	12 456	3 710	319	2 999
建筑装饰业	29	1 420	153	−3	−13	1
工程准备活动		203	5	30		
提供施工设备服务	3 601	9 678	349	1 196	36	480

项目	销售费用	管理费用	#税金	#财务费用	#利息收入	#利息支出
三、按隶属关系分						
中央	1 005	56 897	3 868	3 595	913	4 318
省	7 931	127 312	6 533	62 576	8 016	57 980
市	10 103	94 243	3 086	9 440	2 987	9 748
县	6 094	61 590	3 655	6 133	393	5 606
街道						
镇	2 353	6 164	322	1 260	21	1 078
乡		3 504	1 182	1 788		
其他	74 590	251 442	37 296	50 499	2 555	23 119
四、按企业资质等级分						
施工总承包	92 137	526 792	42 377	127 989	14 564	97 348
特级		53 245	2 674	25 445	7 451	30 176
一级	55 621	304 203	19 487	81 580	6 039	53 989
二级	29 697	124 363	17 966	19 896	103	11 792
三级及以下	6 819	44 980	2 251	1 067	971	1 391
专业承包	9 940	74 361	13 565	7 303	319	4 500
一级	596	49 574	11 437	3 222	235	2 370
二级	4 234	11 634	1 342	3 403	77	1 741
三级及以下	5 109	13 152	787	679	7	388
五、按营业状态分						
营业	101 867	600 387	55 525	134 945	14 882	101 500
停业(歇业)						
当年关闭	90	624	413	331		331
其他	119	141	4	14	1	16
六、按控股情况分						
国有控股	3 412	197 102	7 205	61 868	10 875	60 975
集体控股	9 864	28 726	3 967	6 183	1 172	3 530
私人控股	84 839	342 219	42 545	58 239	2 492	32 197
港澳台商控股	1 150	3 552	498	680	160	507
外商控股		21				
其他	2 811	29 533	1 727	8 322	186	4 638

项　　目	营业利润	营业外收入	补贴收入	营业外支出	利润总额	应交所得税	工资福利费
总　计	**928 720**	**15 358**	**1 225**	**23 900**	**923 280**	**201 548**	**2 058 076**
一、按登记注册类型分							
内资企业	884 707	15 252	1 189	23 823	879 232	196 087	1 879 924
国有企业	6 326	612	421	839	6 508	6 466	205 285
集体企业	40 845	1 850	10	368	42 465	10 013	117 707
股份合作企业	583				583	206	4 036
有限责任公司	440 902	9 773	722	4 098	448 728	98 828	1 046 429
国有独资公司	6 187	179	1	312	6 099	2 415	23 354
其他有限责任公司	434 715	9 594	720	3 787	442 628	96 413	1 023 075
股份有限公司	74 164	247	4	157	74 247	18 613	92 421
私营企业	321 092	2 770	32	18 309	305 959	61 877	411 978
其他企业	44 021	106	36	77	44 056	5 462	178 119
港、澳、台商投资企业	42 596	93	36	73	42 621	5 348	176 828
与港澳台商合资经营	1 426	14		4	1 436	114	1 291
港、澳、台商投资股份有限公司	−9				−9		33
外商投资企业	−9				−9		33
中外合资经营企业							
二、按国民经济行业分	619 554	9 913	1 093	3 137	626 331	131 551	1 553 288
房屋建筑业	170 103	4 407	34	2 963	174 106	38 257	309 826
土木工程建筑业	142 424	3 543	34	1 505	147 023	33 028	206 590
铁路、道路、隧道和桥梁工程建筑	13 828	528		197	14 158	3 235	39 938
水利和内河港口工程建筑	1 989	29		392	1 626	83	20 224
工矿工程建筑	6 107	305		739	5 673	329	30 323
架线和管道工程建筑	5 756	2		131	5 627	1 583	12 752
其他土木工程建筑	50 321	282	2	730	50 010	11 266	118 026
建筑安装业	15 766	210		646	15 330	2 615	18 937
电气安装	2 802	16		21	2 797	773	5 054
管道和设备安装	31 754	56	2	63	31 884	7 878	94 035
其他建筑安装业	88 743	757	95	17 069	72 832	20 474	76 936
建筑装饰和其他建筑业	78 310	720	95	17 015	62 423	18 662	68 230
建筑装饰业	339	1			340	84	1 190
工程准备活动	32	4		16	20	5	443
提供施工设备服务	10 061	32		38	10 049	1 723	7 072

项　　目	营业利润	营业外收　入	补贴收入	营业外支　出	利润总额	应　交所得税	工　资福利费
三、按隶属关系分							
中央	10 976	449	6	342	11 083	5 122	93 079
省	186 323	4 999	1 082	2 924	188 950	37 759	832 396
市	149 976	1 289		290	153 126	32 900	139 580
县	43 061	3 536	10	444	46 153	10 120	143 571
街道							
镇	13 519	155		112	13 562	3 547	69 104
乡	16 063				16 063	4 001	19 821
其他	508 802	4 930	127	19 788	494 344	108 100	760 524
四、按企业资质等级分							
施工总承包	829 890	14 364	1 127	6 304	840 643	178 051	1 944 972
特级	97 440	3 597	36	42	100 995	19 748	351 553
一级	466 161	6 335	1 050	3 682	471 375	102 227	1 264 584
二级	194 786	3 978	11	1 914	196 988	43 980	236 091
三级及以下	71 504	454	30	666	71 285	12 096	92 744
专业承包	98 830	994	97	17 596	82 637	23 497	113 104
一级	50 794	626		10	51 411	16 609	51 597
二级	39 037	309	95	17 488	22 280	5 558	38 233
三级及以下	8 998	59	2	98	8 947	1 329	23 274
五、按营业状态分							
营业	927 470	15 356	1 225	23 898	922 027	200 994	2 051 819
停业(歇业)							
当年关闭	470				470	359	1 541
其他	781				781	195	4 685
六、按控股情况分							
国有控股	203 205	4 421	1 087	3 046	207 140	47 249	953 190
集体控股	64 374	1 889	10	588	65 813	16 314	144 395
私人控股	633 686	6 880	127	19 080	621 885	131 180	908 862
港澳台商控股	7 599	70		54	7 621	1 854	10 923
外商控股	-9				-9		33
其他	19 865	2 097		1 133	20 830	4 952	40 673

11-4 各县区建筑业企业主要经济指标

(2016年)

指　　标	全 市	东湖区	西湖区	青云谱区	湾里区	青山湖区
企业个数(个)	**527**	**65**	**93**	**40**	**7**	**45**
建筑业合同情况(万元)						
签订的合同额	53 304 190	2 872 377	11 414 635	10 496 917	374 987	1 993 499
上年结转合同额	24 442 963	1 527 090	5 936 452	5 338 461	165 281	713 558
本年新签合同额	28 861 227	1 345 287	5 478 184	5 158 457	209 706	1 279 941
承包工程完成情况(万元)						
直接从建设单位承揽工程完成的产值	26 113 994	1 344 954	4 265 385	3 989 229	433 646	850 689
自行完成施工产值	25 868 757	1 339 095	4 258 863	3 989 119	433 646	833 869
分包出去工程的产值	245 237	5 859	6 523	110		16 820
从建设单位以外承揽工程完成的产值	454 040	12 568	16 907	94 671		23 821
建筑业总产值(万元)	**26 322 798**	**1 351 663**	**4 275 770**	**4 083 790**	**433 646**	**857 690**
#装饰装修产值	1 466 635	559 906	159 175	115 992		32 940
在外省完成的产值	9 908 208	226 129	1 906 763	1 803 595	86 629	271 714
建筑工程产值	22 634 257	1 080 863	3 819 102	3 642 051	433 646	665 309
安装工程产值	2 167 780	200 484	279 321	222 443		113 733
其他产值	1 520 761	70 317	177 346	219 296		78 648
竣工产值(万元)	**13 992 687**	**719 699**	**2 464 295**	**1 738 838**	**268 102**	**314 790**
房屋建筑施工及竣工面积(万平方米)						
房屋建筑施工面积	15 259.3	188.4	3 240.9	2 474.9	477.6	361.7
#本年新开工面积	6 053.0	43.1	992.1	847.2	246.5	150.4
实行投标承包面积	9 928.1	147.2	2 683.1	1 098.0	451.6	172.3
#本年新开工						
房屋建筑竣工面积	6 003.3	74.5	979.9	569.6	84.2	162.7
住宅房屋	3 956.7	40.0	694.7	379.0	76.6	77.5
商业及服务用房屋	496.1	3.0	121.4	21.2		65.0
商厦房屋(批发和零售用房)	198.0		69.0	3.5		20.9
宾馆用房屋(住宿用房)	23.3		9.3			
餐饮用房屋(餐饮用房)	39.8		0.2	16.0		
商务会展用房屋	17.9		7.6	0.6		
其他商业及服务用房屋	217.1	3.0	35.3	1.1		44.1
办公用房屋	343.0	8.1	39.6	32.2	0.6	5.1
科研、教育、医疗用房屋	370.8	10.5	57.5	12.8	0.2	1.4
科学研究用房屋	32.6		8.0	0.1	0.2	
教育用房屋	263.0	10.5	33.9	5.7		1.4
医疗用房屋(卫生医疗用房)	75.3		15.6	7.1		
文化、体育、娱乐用房屋	89.8	0.9	8.5	2.5		
厂房及建筑物	506.1	7.8	52.2	71.0	6.8	13.3
厂房	335.0	5.3	31.8	63.8	6.8	11.6
仓库	65.1	4.1	3.3	41.8		0.3
其他未列明的房屋建筑物	175.5	0.1	2.7	9.2		

南昌县	新建县	安义县	进贤县	经济开发区	高新开发区	红谷滩新区
93	**28**	**11**	**25**	**23**	**50**	**47**
12 484 146	1 103 633	116 604	930 074	3 419 022	3 643 513	4 454 783
4 652 514	310 393	18 210	376 884	1 773 770	1 933 246	1 697 105
7 831 632	793 241	98 394	553 190	1 645 252	1 710 267	2 757 679
8 351 947	893 587	91 115	566 973	1 233 301	1 491 125	2 602 043
8 264 732	889 332	90 579	566 346	1 222 474	1 489 311	2 491 392
87 215	4 256	536	627	10 827	1 813	110 651
136 429	216	2 198	11 699	16 027	3 159	136 345
8 401 161	**889 548**	**92 777**	**578 045**	**1 238 501**	**1 492 470**	**2 627 737**
402 551	15 580	5 262	16 810	30 777	23 673	103 969
3 392 672	194 021		125 234	285 673	455 417	1 160 360
6 914 148	744 809	86 455	498 572	1 162 129	1 301 667	2 285 508
838 194	56 863	6 211	41 888	22 104	162 658	223 882
648 819	87 877	111	37 586	54 268	28 146	118 347
5 311 699	**451 897**	**77 118**	**541 004**	**702 853**	**693 202**	**709 191**
5 170.6	261.0	68.8	545.7	576.0	976.8	917.0
2 567.0	107.0	30.9	240.1	239.7	229.9	359.3
3 196.7	105.1	30.0	90.8	548.4	901.3	503.5
2 810.0	155.4	53.5	348.0	92.7	337.4	335.4
1 988.6	74.2	45.5	177.2	55.7	165.0	182.6
211.2	11.2	1.8	8.9	0.2	35.3	17.1
59.7	1.4		2.1		29.8	11.7
11.7	0.9		1.2			0.1
22.6		0.8		0.2		0.1
8.8						1.0
108.4	8.9	1.0	5.6		5.5	4.3
190.2	5.7	1.4	11.7		11.5	36.9
208.4	7.0	0.8	19.8	2.3	21.3	28.8
10.4	1.3	0.0	7.7		0.8	4.0
159.7	5.7	0.8	2.7		20.4	22.2
38.3			9.4	2.3		2.6
8.7	41.6	0.1	5.3	18.1		3.9
81.8	15.4	1.8	98.7	10.5	104.4	42.4
75.8	1.9	1.2	16.8	9.6	91.4	19.1
11.0		0.3	1.5			2.9
110.1	0.3	1.7	24.9	5.8		20.7

指　　标	全 市	东湖区	西湖区	青云谱区	湾里区	青山湖区
竣工房屋价值(万元)	**9 071 720**	**77 124**	**1 657 147**	**970 857**	**258 626**	**227 052**
住宅房屋	5 891 605	48 895	1 130 433	613 166	244 407	124 269
商业及服务用房屋	756 830	2 705	202 475	33 453		76 520
商厦房屋(批发和零售用房)	265 816		103 853	4 158		33 265
宾馆用房屋(住宿用房)	51 190		33 517			
餐饮用房屋(餐饮用房)	95 659		299	26 841		
商务会展用房屋	25 423		11 223	132		
其他商业及服务用房屋	318 743	2 705	53 583	2 322		43 256
办公用房屋	552 063	2 374	85 193	67 904	1 716	9 318
科研、教育、医疗用房屋	643 649	17 640	129 661	60 885	846	1 506
科学研究用房屋	51 351		18 638	10	846	
教育用房屋	443 330	17 640	78 595	25 728		1 506
医疗用房屋(卫生医疗用房)	148 967		32 429	35 148		
文化、体育、娱乐用房屋	129 016	869	11 335	7 287		
厂房及建筑物	743 152	3 650	81 242	112 991	11 657	14 938
厂房	554 639	1 030	47 733	99 316	11 657	12 729
仓库	83 675	840	5 262	52 150		501
其他未列明的房屋建筑物	271 732	151	11 547	23 021		
年末资产负债(万元)						
流动资产合计	14 864 165	1 435 018	3 319 560	2 581 356	96 498	592 103
#存 货	3 072 301	206 235	629 529	521 717	32 291	117 217
固定资产合计	1 107 574	135 432	146 775	116 575	22 030	41 822
固定资产原值	1 447 763	145 036	190 766	167 400	880	52 079
累计折旧	577 757	51 040	66 138	78 051	146	18 716
#本年折旧	92 277	12 280	11 039	2 762	21	3 019
在建工程	133 352	24 885	11 678	23 754	200	1 608
资产合计	18 005 926	2 035 482	4 077 527	2 900 368	158 662	662 290
流动负债合计	10 274 866	1 016 329	2 851 112	2 018 144	31 566	301 613
#应付账款	3 375 392	218 225	1 251 388	815 834	828	76 679
非流动负债合计	977 456	203 485	247 507	230 996		19 761
负债合计	11 819 704	1 253 029	3 137 752	2 338 450	61 410	353 345

南昌县	新建县	安义县	进贤县	经济开发区	高新开发区	红谷滩新区
4 008 811	**147 669**	**63 933**	**408 079**	**207 433**	**525 691**	**519 299**
2 716 825	84 474	53 402	261 003	86 123	240 720	287 886
346 168	14 598	1 297	11 782	170	45 129	22 535
67 672	1 628		2 533		36 260	16 448
15 452	888		1 254			79
67 692		592		170		65
12 934						1 134
182 417	12 082	705	7 994		8 869	4 810
279 072	8 261	1 402	15 469		22 475	58 880
309 718	8 444	1 126	4 153	7 758	43 828	58 084
14 623	1 455	30	18		6 909	8 823
226 953	6 989	1 096	3 133		36 919	44 772
68 142			1 002	7 758		4 489
15 157	14 439	147	5 191	69 537		5 055
154 225	17 026	1 804	90 269	20 719	173 538	61 093
140 021	2 298	925	29 206	19 747	159 212	30 766
18 414		51	1 960			4 497
169 233	427	4 705	18 252	23 126		21 270
2 699 685	297 939	66 759	121 818	966 632	1 074 240	1 612 557
663 881	85 066	18 143	35 828	75 930	274 391	412 075
326 022	17 290	20 430	50 135	45 114	70 070	115 880
429 609	23 815	5 428	55 762	59 105	149 668	168 215
159 820	7 967	1 095	16 157	29 477	83 103	66 048
32 450	1 702	178	3 226	5 957	9 325	10 318
49 353	282	1 474	2 284	9 108	409	8 317
3 282 031	406 602	91 222	221 539	1 079 496	1 176 886	1 913 822
1 201 523	102 403	31 302	42 394	781 318	762 566	1 134 596
329 033	22 579	2 512	15 071	196 947	229 453	216 843
32 437	1 060	30 418	3 692	61 991	107 406	38 703
1 483 974	141 253	62 441	55 841	847 984	874 465	1 209 760

(2016年)

指　　标	全 市	东湖区	西湖区	青云谱区	湾里区	青山湖区
所有者权益合计	**6 186 222**	**782 453**	**939 775**	**561 919**	**97 251**	**308 945**
#实收资本	3 188 933	269 076	610 745	338 442	14 526	167 831
国家资本	603 516	69 645	185 584	100 414	2 026	17 603
集体资本	165 299	905	3 014	5 179		30 014
法人资本	747 781	82 687	165 893	141 886	10 000	10 935
个人资本	1 638 334	107 796	233 794	90 962	2 500	109 279
港澳台资本	6 343	1 043	1 800			
外商资本	27 660	7 000	20 660			
损益及分配(万元)						
营业收入	24 718 508	1 440 351	4 410 762	3 537 511	423 046	1 085 631
工程结算收入	24 404 988	1 424 626	4 221 298	3 532 329	423 046	1 073 016
营业成本	22 400 762	1 224 397	4 070 989	3 284 540	329 540	997 480
工程结算成本	22 041 131	1 196 100	3 857 747	3 278 966	329 540	987 169
营业税金及附加	618 333	33 558	85 312	65 919	36 500	26 674
工程结算税金及附加	601 300	30 827	76 757	65 878	36 500	26 340
其他业务利润	11 376	1 982	4 046	285		278
销售费用	102 076	14 556	14 393	2 651	233	295
管理费用	601 152	83 432	97 580	62 022	4 524	18 019
#税金	55 942	6 719	6 127	2 244	1 648	1 822
财务费用	135 292	12 905	37 011	18 525	6 500	2 002
#利息收入	14 884	2 210	8 516	110	26	34
#利息支出	101 847	5 644	37 172	14 307	255	765
营业利润	928 720	72 099	135 031	99 705	48 578	57 277
营业外收入	15 358	797	1 116	1 365	1 721	202
#补贴收入	1 225	421	41	97		
营业外支出	23 900	424	1 082	770	674	17 086
利润总额	923 280	72 471	135 065	100 711	49 625	40 952
#应交所得税	201 548	19 932	31 015	24 130	2 729	7 620
工资、福利费(万元)						
应付职工薪酬	2 058 076	61 340	376 148	425 487	71 036	54 853

11-4 续表2-2 (2016年)

南昌县	新建县	安义县	进贤县	经济开发区	高新开发区	红谷滩新区
1 798 057	**265 348**	**28 781**	**165 698**	**231 512**	**302 422**	**704 063**
832 861	189 172	20 388	85 111	144 710	189 163	326 909
60 206		2 600	2 018	69 617	67 173	26 630
85 509	2 000	6 842	992	12 000	4 723	14 121
80 214	26 147	2 120	13 666	15 885	40 193	158 157
606 933	161 026	8 826	68 435	47 208	73 574	128 002
					3 500	
7 668 120	699 060	71 310	586 804	1 039 760	1 557 028	2 199 126
7 651 434	698 032	69 889	580 361	995 051	1 553 468	2 182 440
6 909 335	627 107	62 243	526 444	966 194	1 446 003	1 956 491
6 886 859	623 474	61 833	522 632	898 327	1 444 191	1 954 293
211 119	20 300	3 432	16 933	13 590	19 349	85 647
208 026	20 051	3 289	16 736	12 101	19 316	85 480
604	25	21		1 351	712	2 073
55 425	3 708	646	4 710	1 364	3 026	1 071
175 741	13 403	1 210	10 830	17 411	42 014	74 968
14 021	1 673	467	1 477	1 499	4 669	13 578
24 576	2 719	470	1 278	6 621	14 434	8 251
817	1 044	1	52	1 081	1 062	-69
15 160	2 810	372	617	6 378	13 792	4 576
292 765	31 826	3 309	26 357	31 779	27 531	102 463
4 262	1 218		22	2 128	1 174	1 353
10	30			2	625	
1 607	141		173	934	798	211
295 419	32 902	3 309	26 207	35 081	27 894	103 643
66 092	8 292	519	5 198	6 377	9 160	20 486
582 350	80 624	4 853	70 452	86 443	164 586	79 905

主要统计指标解释

建筑施工企业 指从事房屋、构筑物和设备安装生产活动的独立施工单位，分为建筑安装企业和自营施工单位两种组织形式。建筑安装企业是指行政上有独立组织、经济上实行独立核算的企业。一般称为建筑公司、安装公司、工程公司、工程局(处)等。自营施工单位是指附属于现有生产企业、事业内部或行政单位的，为建造和修理本单位固定资产而自行组织的。并同时具备下述条件：(1)对内独立核算；(2)有固定组织和施工队伍；(3)全年施工期在半年以上。

建筑业总产值 建筑总产值是货币表现的建筑安装企业在一定时期内生产的建筑业产品的总和。按现行报表制度规定，具体包括：建筑工程产值、设备安装工程产值和其他产值。

建筑业增加值 是建筑业企业在报告期内以货币表现的建筑业生产经营活动的最终成果。建筑业增加值有两种计算方法：一是生产法，即建筑业总产出减去建筑业中间消耗后的余额；二是分配法(收入法)，即从收入的角度出发，根据生产要素在生产过程中应得到的收入份额计算，具体构成项目有固定资产折旧、劳动者报酬、生产税净额、营业盈余。

利润总额 指建筑业企业在一定时期内所实现的利润。包括营业利润、投资收益和营业外收入与营业外支出的差额。

工程结算收入 指本企业承包实现的工程价额结算收入以及向发包单位收取的除工程价款以外按规定列作营业收入的各种款项，如临时设施费、劳动保险费、施工机构调迁等以及向发包单位收取的各种索赔款。

十二、运输和邮电

TRANSPORTATION,POSTS AND TELECOMMUNICATIONS SERVICES

本篇内容包括：

1.交通运输业资料
2.邮电通信业资料

货物运输量

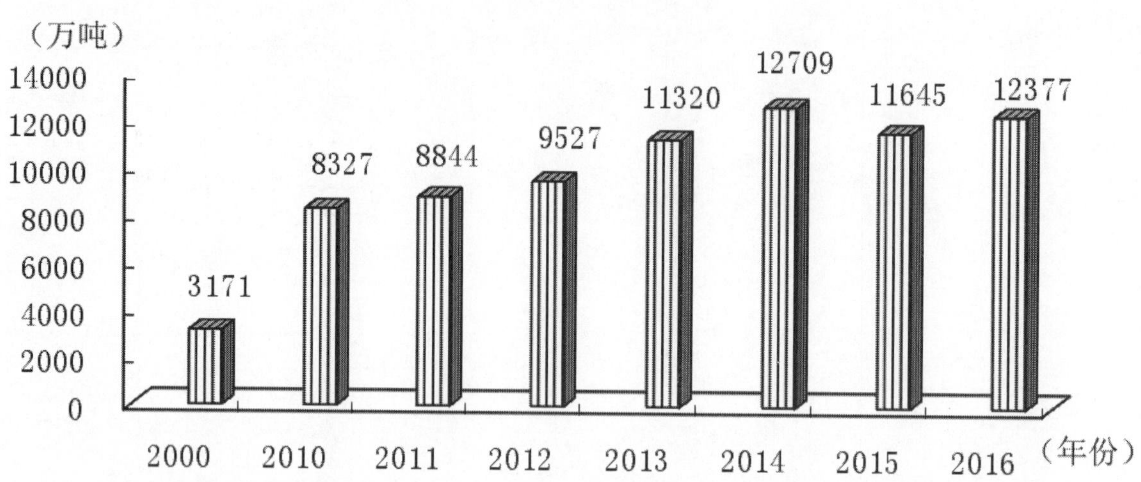

邮电业务总量

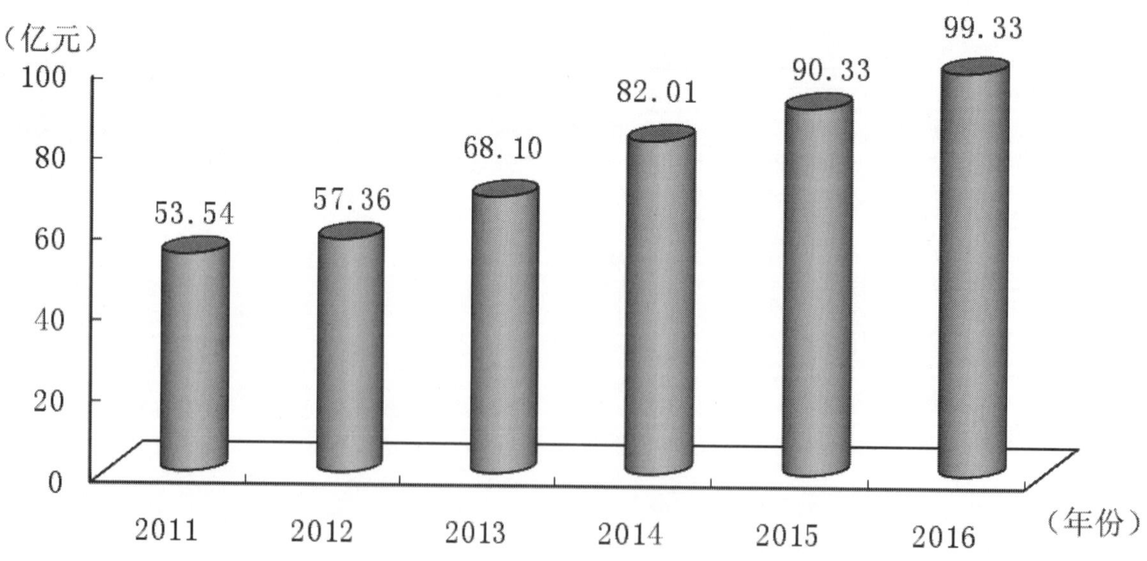

12-1 主要年份公路线路长度

单位:公里

指标	2012	2013	2014	2015	2016
公路通车里程	**10 852**	**10 822**	**11 166**	**11 199**	**11 386**
等级公路	**9 102**	**9 090**	**9 553**	**9 586**	**9 698**
高速公路	342	342	342	377	395
一级公路	107	107	115	116	187
二级公路	623	624	628	671	689
三级公路	452	450	503	494	483
四级公路	7 579	7 568	7 965	7 928	7 944
等外公路	**1 750**	**1 732**	**1 613**	**1 614**	**1 688**

12-2 主要年份民用汽车年末实有数

指标	1990	2000	2010	2012	2013	2014	2015	2016
民用汽车合计(辆)	**21 050**	**41 707**	**362 098**	**476 780**	**560 779**	**618 086**	**738 616**	**861 045**
载货汽车	11 150	20 827	65 080	60 259	62 822	58 564	59 256	58 354
载客汽车	8 051	18 280	287 341	409 402	492 367	554 951	674 553	797 750
其他汽车	1 849	2 600	9 677	7 119	5 590	4 571	4 807	4 941
摩托车(辆)	**7 202**	**102 505**	**120 963**	**92 278**	**69 502**	**20 563**	**9 071**	**6 102**
拖拉机(辆)	**4 681**	**9 314**	**68 205**	**93 193**	**68 060**	**64 214**	**67 855**	**69 931**
汽车挂车(辆)		**114**	**988**	**892**	**787**	**912**	**988**	**1 572**
汽车驾驶员(万人)		**14**	**83**	**109**	**122**	**140**	**170**	**191**

注:2002年民用车辆指标解释进行重新制定,故特种汽车数量变动较大。2007年起,民用汽车拥有量全部划入南昌市车管所统计,与以前年度的口径发生改变。

12-3 主要年份运输船舶年末实有数

单位:艘

项　目	1990	2000	2010	2012	2013	2014	2015	2016
运输船舶	**982**	**475**	**268**	**280**	**263**	**248**	**255**	**184**
机动船	771	334	258	274	261	246	253	182
#客货轮	11	6						
推拖船		29	9	60	1	1		1
驳 船	211	141	10	6	2	2	2	2

12-4 主要年份全社会运输量

指　标	1990	2000	2010	2012	2013	2014	2015	2016
货物运输量(万吨)	**2 820**	**3 171**	**8 327**	**9 527**	**11 320**	**12 709**	**11 645**	**12 377**
民　航			3	4	4	5	5	5
铁　路	221	224	412	297	239	183	193	247
公　路	2 298	2 784	7 244	8 510	10 328	11 734	10 397	11 067
水　运	301	163	668	716	749	787	1 050	1 058
旅客运输量(万人)	**3 289**	**3 904**	**10 971**	**11 006**	**6 772**	**6 970**	**6 709**	**6 913**
民　航			475	602	681	724	749	786
铁　路	517	906	1 977	1 401	2 373	2 415	2 941	3 126
公　路	2 720	2 978	8 519	9 003	3 718	3 831	3 019	3 001
水　运	52	20						

注:1. 2009年起,公路数据口径发生改变,故数据变动较大;2013年全国开展了交通运输业经济统计专项调查,调整了公路2013年数据。

2. 水运2014年无海运业务;2015年开展了公路水路运输量小样本抽样调查,调整了水运2014、2015年数据。

3. 2015年铁路旅客运输量由客发口径转变为乘车口径。

4. 民航数据为昌北机场的货邮吞吐量和旅客吞吐量。

5. 2015年交通运输部进行了第二次全国公路运输量专项调查,交通运输部将根据2015年月度抽样调查数据为基数,对2015年和2016年上报的道路运输量数据进行调整。

12-5 主要年份全社会运输周转量

单位：万吨公里、万人公里

项　目	1990	2000	2010	2012	2013	2014	2015	2016
货物周转量	**152 529**	**180 742**	**1 854 517**	**2 724 323**	**2 556 031**	**2 763 343**	**2 723 225**	**2 822 360**
公　路	96 686	148 211	1 751 164	2 616 075	2 378 140	2 583 611	2 326 736	2 422 783
水　运	55 843	32 531	103 353	108 248	177 891	179 732	396 489	399 577
旅客周转量	**118 856**	**197 376**	**716 809**	**742 109**	**427 504**	**439 688**	**304 955**	**302 357**
公　路	115 521	195 477	716 809	742 109	427 504	439 688	304 955	302 357
水　运	3 335	1 899						

注：1. 2009年起，公路数据口径发生改变，故数据变动较大；2013年全国开展了交通运输业经济统计专项调查，调整了公路2013年数据。

2. 水运2014年无海运业务；2015年开展了公路水路运输量小样本抽样调查，调整了水运2014、2015年数据。

3. 2015年交通运输部进行了第二次全国公路运输量专项调查，交通运输部将根据2015年月度抽样调查数据为基数，对2015年和2016年上报的道路运输量数据进行调整。

12-6 主要年份邮政业务主要指标

项　　目	1990	2000	2010	2012	2013	2014	2015	2016
邮电业务总量(万元)	8 252	218 524	467 178	573 643	681 000	820 100	903 300	993 300
#邮政业务总量(万元)			358 600	90 800	115 400	162 800	208 600	314 000
邮路总条数(条)		100	111	73	59	79	87	90
邮路总长度(单程)(公里)	5 266	11 821	19 505	13 283	15 123	15 848	17 027	43 694
农村投递路线单程长度(公里)	8 110	8 564	8 687	8 974	8 040	8 040	7 768	8 625
函　件(万件)	4 781	3 016	17 971	2 115	2 054	1 049	1 065	1 097
包　裹(万件)	85	60	121	70	41	34	29	21
订销报刊累计数(万份)			54 433	18 678	9 873	9 238	9 102	9 203
快递业务量(万件)			2 245	3 671	4 773	8 252	10 646	17 150
#国内同城快递(万件)			251	476	802	1 324	1 922	2 926
国内异地快递(万件)			1 974	3 175	3 946	6 891	8 612	14 060
国际及港澳台快递(万件)			20	20	25	37	112	164

注:1. 1998年起,市辖县的邮政业务统计由市电信局转为市邮政局。2010年邮政系统改革,数据口径缩小,因此邮电业务总量较上年有所减少。

2. 邮政业务总量从2013开始口径变化,包含快递业务量。

3. 统计报表方法制度发生变换,指标更新,快递和订销报刊累计数2012年无基数。

4. 邮路总长度因部门统计数据口径调整,故数据变化较大。

12-7 主要年份电信业务主要指标

项　　目	1990	2000	2010	2012	2013	2014	2015	2016
邮电业务总量(万元)	8 252	218 524	467 178	573 643	681 000	820 100	903 300	993 300
#电信业务总量(万元)			108 578	482 843	565 600	657 300	694 700	679 300
固定电话用户(万户)	3	74	162	138	127	112	107	102
#城市电话用户	3	60	85	75	80	71	68	65
农村电话用户		14	23	20	18	15	13	12
移动电话用户(万户)			473	621	629	601	609	625
互连网宽带用户数(万户)			62	83	116	120	128	143
光缆线路长度(公里)				30 876	31 897	33 326	33 638	81 303
长途电话交换机容量(路端)						319 787	338 687	344 282
局用交换机容量(万门)			166	150	120	107	107	1 124
移动电话交换机容量(万户)			1 196	1 435	1 489	1 401	1 437	1 191

注：1. 2016由于光缆线路长度、移动电话交换机容量统计口径发生变化，故数据调整较大。

2. 2013年开始市内电话交换机总容量只包括局用交换机容量，不包括用户交换机容量。

主要统计指标解释

货(客)运量 指运输业实际运送的货物(旅客)数量。货运按吨计算,客运按人计算。货物不论运输距离长短,货物类别,均按实际重量统计:旅客不论行程远近或票价多少、均按一人一次作为客运量统计。半价票、小孩票,也按一人统计。货(客)运量是反映运输业国民经济和人民生活服务的数量指标,也是制定和检查运输生产计划、研究运输发展规模和速度的重要指标。

货物(旅客)周转量 指运输业运送的货物(旅客)数量与其相应运输距离的乘积之总和,常以吨公里(人公里)为计算单位。计算货物周转量通常按发出站与到达站之间的最短距离,也就是计费距离计算。它是反映运输业生产总成果的重要指标,也是编制和检查运输生产计划、计算运输效率、劳动生产率以及核算运输单位成本的主要基础资料。

邮电业务总量 指以货币表现的邮电部门为用户传递信息和提供其他邮电服务的总量。它用各种邮电分类业务量,如函件件数、电报份数、长话张数、市内电话和农村电话年均户数、订销报刊累计份数等,分别乘以相应的平均单价(不变价格)加总后再加上出租电路和设备的收入、代用户维护电话交换机和线路等设备的收入、其它业务收入求得。邮电业务量综合反映了一定时期邮电工作的总成果,是研究邮电业务量构成和发展趋势的重要指标。

十三、规模以上服务业

DESIGNATED SIZE IN SERVICES

本篇内容包括：

1.企业主要指标
2.分行业主要指标
3.分县区主要指标

13-1 规模以上服务业企业主要指标

（2016年）

单位:万元

项　　目	企业数（户）	资产	负债	所有者权益	营业收入	营业利润	利润总额	应交所得税	应交增值税	从事服务业活动的从业人员平均人数（人）
总　计	**610**	**57 131 894**	**30 399 534**	**26 732 360**	**5 600 595**	**256 607**	**533 996**	**104 276**	**228 326**	**125 811**
按登记注册类型及隶属关系分组										
国有企业	44	5 490 471	3 534 555	1 955 917	676 050	-27 516	-4 258	5 602	14 489	27 642
中央企业	7	1 200 970	663 436	537 534	138 567	-62 457	-27 421	3 588	3 130	3 503
地方企业	37	4 289 501	2 871 119	1 418 383	537 483	34 941	23 163	2 014	11 359	24 139
集体企业	5	9 293	7 990	1 304	8 559	42	152	65	153	337
股份合作企业	1	598	426	172	518	1	1		18	14
联营企业										
有限责任公司	378	42 431 555	22 869 773	19 561 783	3 565 941	17 602	261 004	32 914	181 951	70 609
股份有限公司	43	8 387 984	3 368 382	5 019 602	934 439	254 998	262 591	62 032	20 577	12 136
私营企业	121	581 903	434 333	147 570	288 039	1 977	4 074	2 986	5 364	11 983
港、澳、台商投资企业	5	161 722	140 140	21 582	73 359	8 198	8 930	369	5 265	562
外商投资企业	6	25 275	9 877	15 398	6 984	-13	111	4	19	499
其他经济类型	7	43 092	34 059	9 033	46 708	1 319	1 391	304	490	2 029
#国有控股企业	175	53 531 144	28 064 403	25 466 741	3 480 654	194 705	464 824	80 381	171 958	72 346
按企业规模分组										
大型企业	39	38 332 002	20 687 867	17 644 135	2 562 655	30 604	183 577	24 518	52 631	61 749
中型企业	104	8 180 091	4 763 752	3 416 339	1 545 341	178 677	230 720	51 305	149 637	37 345
小型企业	358	10 057 990	4 632 026	5 425 964	1 385 798	43 930	117 592	25 953	23 036	22 354
微型企业	109	561 811	315 888	245 923	106 801	3 396	2 107	2 501	3 022	4 363

13-2 规模以上服务业分行业主要指标

（2016年）

单位：万元

项目	企业数（户）	资产	负债	所有者权益	营业收入	营业利润	利润总额	应交所得税	应交增值税	从事服务业活动的从业人员平均人数（人）
总计	**610**	**57 131 894**	**30 399 534**	**26 732 360**	**5 600 595**	**256 607**	**533 996**	**104 276**	**228 326**	**125 811**
铁路运输业	1	3 209 425	786 381	2 423 045	68 652	27 110	26 738	6 693		113
道路运输业	71	29 502 204	16 770 078	12 732 125	1 421 170	89 454	215 878	36 292	18 312	24 364
水上运输业	6	24 254	10 043	14 211	11 935	924	1 119	236	102	406
航空运输业	5	685 208	245 387	439 821	97 110	-27 895	-21 556	28	2 330	2 712
管道运输业										
装卸搬运和运输代理业	7	19 922	13 381	6 541	7 186	-1 156	-968	38	309	387
仓储业	22	627 720	535 787	91 933	152 542	-35 694	-512	244	548	1 699
邮政业	8	127 631	88 777	38 854	126 753	-30 221	-29 526	589	744	7 070
电信、广播电视和卫星传输服务	11	2 793 840	1 252 449	1 541 391	1 031 352	1 951	3 158	13 922	157 146	9 479
互联网和相关服务	11	110 389	48 785	61 604	110 958	9 038	9 628	1 330	860	1 027
软件和信息技术服务业	83	633 484	182 404	451 080	672 182	63 811	70 468	9 949	12 198	11 369
物业管理业	71	610 969	375 568	235 401	91 132	-660	2 043	951	1 499	8 888
房地产中介服务业	7	20 167	3 676	16 491	14 978	5 252	5 452	1 410	509	819
自有房地产经营活动	3	20 809	22 361	-1 551	4 197	-382	-380	406	110	303
其他房地产业										
租赁业	2	1 333	707	626	386	-146	-147		12	62
商务服务业	107	8 611 291	5 252 250	3 359 040	468 722	35 908	64 064	12 204	6 391	19 075
研究和试验发展	4	17 003	5 043	11 961	4 655	398	399	110	71	245
专业技术服务业	64	664 278	269 123	395 155	368 103	56 005	56 199	10 230	13 920	10 901
科技推广和应用服务业	1	3 470	37	3 433	1 203	132	101	35	5	12
水利管理业	1	2 366 263	1 159 760	1 206 503	110	-33 641	2 484		534	86
生态保护和环境治理业	1	1 264	873	392	1 023	102	94	23	14	50
公共设施管理业	9	5 786 178	2 719 891	3 066 287	92 901	31 430	56 373	4 995	142	3 263
居民服务业	14	30 580	26 394	4 186	20 303	1 529	1 506	616	74	1 055
机动车、电子产品和日用产品修理业	5	12 131	8 098	4 033	1 908	-174	-141	10	53	72
其他服务业	5	34 249	26 463	7 786	30 953	4 399	4 309	624	267	543
教育	21	171 840	87 734	84 106	108 680	10 248	7 069	1 087	1 027	4 246
卫生	22	85 821	71 807	14 014	90 855	64	-1 461	733	86	3 690
社会工作	1	41	33	8	462	-111	-111			352
新闻和出版业	17	456 231	116 621	339 610	348 432	46 729	53 644	540	9 176	4 336
广播、电视、电影和影视录音制作业	14	392 635	236 955	155 680	203 899	8 511	12 141	914	885	7 416
文化艺术业	5	70 348	51 832	18 516	4 571	-3 654	-1 673	18	54	417
体育	2	4 162	4 071	91	3 161	-1 104	-378		38	132
娱乐业	9	36 755	26 765	9 989	40 121	-1 550	-2 017	50	912	1 222

13-3 规模以上服务业分县区主要指标

（2016年）

单位:万元

项　目	企业数（户）	资产	负债	所有者权益	营业收入	营业利润	利润总额	应交所得税	应交增值税	从事服务业活动的从业人员平均人数（人）
全　市	**610**	**57 131 894**	**30 399 534**	**26 732 360**	**5 600 595**	**256 607**	**533 996**	**104 276**	**228 326**	**125 811**
南昌县	47	199 121	85 885	113 236	108 341	3 499	5 003	1 240	2 840	4 038
进贤县	17	315 613	280 084	35 529	18 868	-562	-363	162	549	944
安义县	17	30 564	19 878	10 686	18 855	-855	-85	59	125	1 098
东湖区	79	3 122 210	1 436 600	1 685 610	276 247	-13 909	26 702	6 007	5 970	8 904
西湖区	101	31 975 921	16 251 220	15 724 701	1 691 035	35 000	172 284	36 732	26 786	44 687
青云谱区	61	544 620	270 247	274 372	202 355	16 330	17 242	4 147	4 576	6 392
湾里区	5	191 934	103 291	88 643	21 337	4 936	9 954	48	7	303
青山湖区	50	5 997 930	3 575 958	2 421 972	273 213	23 815	38 293	801	2 420	11 325
新建区	26	744 275	271 804	472 471	185 099	-18 357	-10 725	1 981	5 317	3 966
经开区	59	2 205 263	1 508 548	696 715	655 545	-14 967	31 590	8 304	96 943	8 478
高新区	94	1 654 304	968 894	685 410	1 050 560	23 177	33 428	11 481	42 198	19 771
红谷滩新区	54	10 150 138	5 627 123	4 523 015	1 099 140	198 500	210 672	33 316	40 596	15 905

主要统计指标解释

规模以上服务业 年营业收入1000万元及以上，或年末从业人员50人及以上服务业法人单位，包括：交通运输、仓储和邮政业，信息传输、软件和信息技术服务业，租赁和商务服务业，科学研究和技术服务业，水利、环境和公共设施管理业，教育，卫生和社会工作；以及物业管理、房地产中介服务、自有房地产经营活动和其他房地产业等行业；年营业收入500万元及以上，或年末从业人员50人及以上服务业法人单位，包括：居民服务、修理和其他服务业，文化、体育和娱乐业。

十四、国内贸易

DOMESTIC TRADE

本篇内容包括：

1. 社会消费品零售总额情况
2. 批发和零售业商品销售情况
3. 住宿和餐饮业经营情况
4. 重要商品购进、销售、库存情况
5. 限额以上批发和零售法人企业商品购销存及主要财务状况
6. 限额以上住宿和餐饮法人企业经营情况及主要财务状况
7. 批发和零售业及住宿和餐饮业连锁经营情况
8. 亿元以上商品交易市场主要经济指标
9. 零售企业(单位)排位和亿元以上市场排位
10. 个体工商业基本情况
11. 私营企业基本情况

社会消费品零售总额

（法人口径）

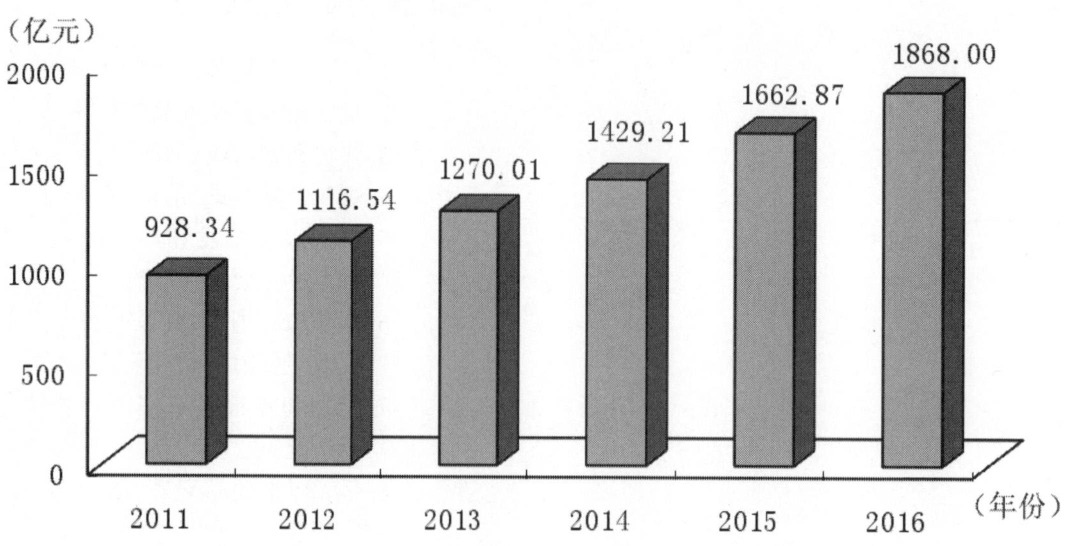

2016年社会消费品零售总额构成

（法人口径）

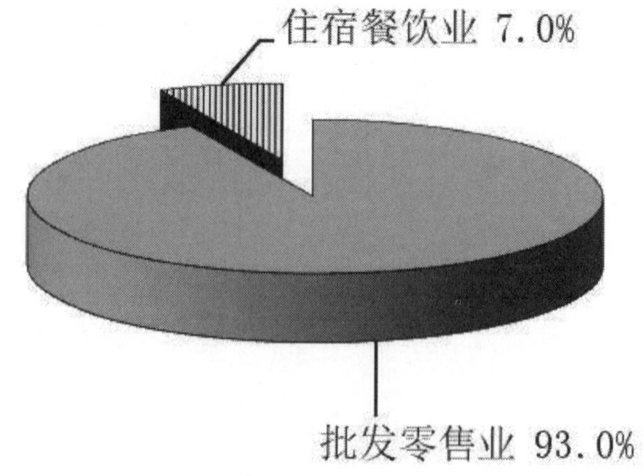

14-1 社会消费品零售总额

单位:万元

项　　目	2016年 （全口径）	比上年增长% （全口径）
社会消费品零售总额	**18 680 021**	**11.8**
按销售地区分		
城镇	17 458 963	11.6
#城区	13 388 763	10.4
乡村	1 221 058	13.8
按行业分		
批发和零售业	17 376 553	11.8
#限额以上	10 628 006	10.8
限额以下	6 748 547	13.4
住宿和餐饮业	1 303 467	11.8
#限额以上	408 246	8.0
限额以下	895 222	13.6
按地区分		
东　湖　区	2 599 247	3.2
西　湖　区	3 485 958	10.8
青 云 谱 区	2 189 719	13.9
湾　里　区	75 121	14.9
青 山 湖 区	2 096 249	13.7
南　昌　县	1 557 898	15.0
新　建　区	750 033	15.5
安　义　县	191 183	14.8
进　贤　县	772 779	14.8
经济开发区	1 206 028	15.4
高新开发区	1 661 672	11.1
红谷滩新区	2 094 134	14.4

注:限额以上数据为快报数。

14-2 各县区社会消费品零售总额

（2016年）

单位：万元

项目	社会消费品零售总额	按销售地区分			按行业分	
		城镇	#城区	乡村	批发和零售业	住宿和餐饮业
全市	**18 680 021**	**17 458 963**	**13 388 763**	**1 221 058**	**17 376 553**	**1 303 467**
东湖区	2 599 247	2 599 247	2 598 469		2 281 539	317 708
西湖区	3 485 958	3 485 958	3 485 958		3 039 917	446 041
青云谱区	2 189 719	2 189 719	2 078 202		2 099 703	90 017
湾里区	75 121	58 387	48 378	16 734	54 119	21 002
青山湖区	2 096 249	1 662 807	1 318 718	433 443	2 013 309	82 940
南昌县	1 557 898	1 257 536	61 857	300 362	1 448 053	109 845
新建区	750 033	580 979	233 181	169 053	672 590	77 442
安义县	191 183	165 349		25 834	168 939	22 244
进贤县	772 779	503 954	216	268 825	732 873	39 906
经济开发区	1 206 028	1 200 521	6 672	5 507	1 187 185	18 843
高新开发区	1 661 672	1 660 372	1 475 144	1 300	1 646 323	15 349
红谷滩新区	2 094 134	2 094 134	2 081 968		2 032 004	62 130

14-3 主要年份社会消费品零售总额

单位:万元

项　　目	社会消费品零售总额	比上年增长(%)	按销售地区分		按　行　业　分		
			市区或城镇	县及县以下或乡村	批发和零售业	住宿和餐饮业	其　它
1990	294 909	1.2	179 447	115 462	280 964	12 866	1 079
1991	335 311	13.7	208 060	127 251	320 869	13 278	1 164
1992	393 991	17.5	259 531	134 460	375 937	16 212	1 842
1993	499 975	26.9	328 597	171 378	470 804	27 172	1 999
1994	651 968	30.4	435 680	216 288	615 112	34 237	2 619
1995	824 087	26.4	565 612	258 475	775 761	44 919	3 407
1996	1 030 933	25.1	727 912	303 021	961 935	64 818	4 180
1997	1 226 810	19.0	901 320	325 490	1 129 974	91 912	4 924
1998	1 342 130	9.4	999 284	342 846	1 232 472	104 320	5 338
1999	1 464 264	9.1	1105 970	358 294	1 338 750	119 551	5 963
2000	1 616 548	10.4	1236 238	380 310	1 476 586	133 778	6 184
2001	1 800 835	11.4	1 392 613	408 222	1 643 529	151 035	6 271
2002	2 013 334	11.8	1 565 829	447 505	1 837 801	169 914	5 619
2003	2 277 081	13.1	1 784 430	492 651	2 080 380	190 474	6 227
2004	2 658 498	16.8	2 095 676	562 822	2 415 251	236 473	6 774
2005	3 098 086	16.5	2 465 359	632 727	2 815 423	277 010	5 653
2006	3 638 369	17.4	2 915 080	723 289	3 305 602	326 420	6 347
2007	4 364 343	20.0	3 523 270	841 073	3 978 292	378 133	7 918
2008	5 450 461	24.9	4 421 327	1 029 134	4 984 517	457 184	8 760
2009	6 344 337	16.4	5 167 738	1 176 599	5 810 996	522 482	10 859
2010	7 649 438	20.8	7 232 206	417 232	6 971 944	677 494	
2011(在地口径)	9 507 374	18.5	8 994 330	513 044	8 442 920	1 064 454	
2011(法人口径)	9 283 438	18.5	8 773 566	509 872	8 285 440	997998.7	
2012(法人口径)	11 165 436	18.4	10 516 576	648 861	9 950 970	1 214 467	
2013(法人口径)	12 700 063	13.7	12 003 238	696 825	11 327 693	1 372 370	
2014(法人口径)	14 292 121	12.5	13 397 988	894 133	13 048 814	1 243 307	
2015(法人口径)	16 628 661	12.5	15 500 562	1 128 099	15 377 953	1 250 708	
2016(法人口径)	18 680 021	11.8	17 458 963	1 221 058	17 376 553	1 303 467	

注：1990－2004年社会消费品零售总额为第一次经济普查后的修正数据；2005－2008年社会消费品零售总额为第二次经济普查修正后的快报数据。

14-4 社会消费品零售总额分月数

（2016年）

单位：万元

	一 月	二 月	三 月	四 月	五 月	六 月
社会消费品零售总额	**1 721 931**	**1 516 370**	**1 653 049**	**1 284 793**	**1 339 254**	**1 425 394**
按销售地区分						
城镇	1 582 113	1 376 641	1 512 976	1 201 710	1 256 545	1 341 572
#城区	1 155 731	989 741	1 091 777	882 698	951 328	971 087
乡村	139 789	139 694	140 137	83 083	82 709	83 823
按行业分						
批发和零售业	1 600 442	1 393 501	1 531 632	1 192 252	1 244 762	1 332 081
限额以上	927 318	720 377	858 508	766 763	819 274	906 593
限额以下	673 124	673 124	673 124	425 489	425 489	425 489
住宿和餐饮业	121 489	122 868	121 417	92 542	94 491	93 313
限额以上	34 823	36 202	34 750	32 207	34 157	32 978
限额以下	86 667	86 667	86 667	60 335	60 335	60 335

注：限额以上数据为快报数。

14-4 续表

（2016年）

单位：万元

	七 月	八 月	九 月	十 月	十一月	十二月	全 年
社会消费品零售总额	**1 333 763**	**1 344 347**	**1 485 647**	**1 727 700**	**1 872 451**	**1 975 322**	**18 680 021**
按销售地区分							
城镇	1 239 002	1 249 133	1 390 366	1 629 440	1 781 607	1 897 859	17 458 963
#城区	970 237	970 676	1 078 758	1 333 393	1 452 484	1 540 853	13 388 763
乡村	94 761	95 213	95 282	98 260	90 844	77 463	1 221 058
按行业分							
批发和零售业	1 241 642	1 252 342	1 393 880	1 601 851	1 749 130	1 843 038	17 376 553
限额以上	773 889	784 589	926 128	918 701	1 065 980	1 159 888	10 628 006
限额以下	467 753	467 753	467 753	683 150	683 150	683 150	6 748 547
住宿和餐饮业	92 121	92 005	91 767	125 849	123 321	132 284	1 303 467
限额以上	31 496	31 379	31 141	35 068	32 541	41 504	408 246
限额以下	60 626	60 626	60 626	90 780	90 780	90 780	895 222

注：限额以上数据为快报数。

14-5 限额以上批发和零售业企业(单位)商品销售分类情况

(2016年)　　单位:万元

指 标 名 称	销售额	批发额	零售额
限额以上企业(单位)	20 588 246	9 960 239	10 628 006
粮油、食品、饮料、烟酒类	2 275 040	1 333 383	941 657
服装、鞋帽、针纺织品类	989 085	287 751	701 333
化妆品类	115 265	5 100	110 165
金银珠宝类	141 789	3 880	137 909
日用品类	281 067	26 936	254 131
五金、电料类	18 118	10 698	7 420
体育、娱乐用品类	23 850	347	23 504
书报杂志类	642 522	272 436	370 086
电子出版物及音像制品类	87 053	14 698	72 355
家用电器和音像器材类	1 405 340	580 213	825 127
中西药品类	2 900 963	1 665 661	1 235 303
文化办公用品类	227 719	77 061	150 658
家具类	124 524	255	124 269
通讯器材类	508 545	228 696	279 849
煤炭及制品类	448 784	448 061	722
木材及制品类	79 786	79 786	
石油及制品类	1 562 571	285 383	1 277 187
化工材料及制品类	132 341	132 341	
金属材料类	1 805 597	1 805 597	
建筑及装潢材料类	365 188	213 717	151 471
机电产品及设备类	412 250	377 805	34 444
汽车类	5 260 679	1 431 433	3 829 246
种子饲料类	31 654	31 654	
棉麻类	41 473	41 473	
其他类	707 045	605 874	101 170

注:本表数据为法人口径(含法人企业附营产业、个体户)。

14-6 批发和零售业商品销售情况

(2016年)

单位:万元

指 标 名 称	销售额	批发额	零售额
合　计	**55 124 917**	**37 874 074**	**17 250 843**
批发业	33 114 660	30 212 607	2 902 053
限额以上	10 363 734	8 833 435	1 530 299
限额以下及个体户	22 750 926	21 379 172	1 371 754
零售业	22 010 257	7 661 467	14 348 790
限额以上	9 898 299	926 302	8 971 997
限额以下及个体户	12 111 958	6 735 165	5 376 793

注:本表数据为法人口径(法人企业、个体户)。

14-7 住宿和餐饮业经营情况

(2016年)

单位:万元

指 标 名 称	住宿业	餐饮业
营业额总计	**400 915**	**2 016 413**
一、限额以上营业额	177 278	334 782
客房收入	100 530	7 820
餐费收入	61 564	276 430
商品销售额	5 912	49 818
其他收入	9 272	715
二、限额以下营业额	223 637	1 681 631
#餐费收入和商品销售额	101 221	794 001

注:本表数据为法人口径(企业法人、个体户)。

14-8 重要商品购进、销售和库存

指标名称	计量单位	购进量		销售量		期末库存量	
		2015年	2016年	2015年	2016年	2015年	2016年
大米(稻米)	千克	238 560 174	505 192 781	270 550 839	241 306 231	61 770 708	305 344 395
面粉(小麦面)	千克	3 865 434	4 783 912	3 823 329	4 714 010	99 737	127 495
杂粮	千克	3 721 656	4 535 462	3 439 786	4 159 580	321 285	399 048
食用植物油	千克	17 142 138	29 530 885	18 097 092	17 299 703	2 678 135	14 074 600
猪肉	千克	14 102 699	12 862 830	14 017 917	12 726 294	256 737	285 636
牛肉	千克	2 545 144	2 782 032	2 709 130	2 921 577	408 053	273 341
羊肉	千克	444 979	425 487	457 911	415 175	39 911	39 928
禽肉	千克	1 204 118	1 209 441	1 173 936	1 203 710	115 814	102 199
鲜蛋	千克	2 608 333	2 403 377	2 501 966	2 313 534	168 645	158 181
彩色电视机	台	812 475	862 461	843 468	866 269	44 934	45 797
家用电冰箱	台	770 248	944 518	783 271	914 802	41 671	78 429
房间空调器	台	1 795 435	1 731 701	1 614 273	1 802 371	292 420	243 596
电脑(微型计算机)	台	356 781	225 935	364 864	225 007	19 361	18 203
汽车	辆	421 252	381 416	1 646 379	376 083	46 891	22 523
#轿车	辆	127 277	189 453	125 646	186 834	8 935	12 308
钢材	吨	1 109 785	1 396 679	1 098 169	1 369 417	39 877	33 774
铜	吨	84 627	161 700	83 260	161 980	3 513	3 154
铝	吨	1 211	2 774	1 322	2 663		111
化学肥料	吨	217 771	144 160	233 635	97 017	13 009	161 846
化学农药	吨	65 954	66 373	55 076	61 854	6 452	4 519

注:2015年数据为2016年上报同期数。

14-9 限额以上批发和零售业法人商品购销存

（2016年）

指标名称	法人企业数（个）	从业人员期末人数（人）	商品购进额（万元）	#进口
总计	**833**	**82 478**	**17 841 599**	**371 988**
一、批发业	**356**	**32 677**	**9 339 508**	**166 165**
1.按批发行业小类分				
农、林、牧产品批发	9	198	87 119	41
种子批发	1	8	2 200	
饲料批发	3	77	35 529	41
棉、麻批发	1	52	41 719	
林业产品批发	3	41	6 707	
牲畜批发	1	20	964	
食品、饮料及烟草制品批发	44	4 074	903 119	14 743
米、面制品及食用油批发	5	234	47 960	
糕点、糖果及糖批发	3	72	10 818	
果品、蔬菜批发	6	480	42 011	14 743
肉、禽、蛋、奶及水产品批发	9	392	111 860	
盐及调味品批发	2	164	28 540	
营养和保健品批发	1	24	3 369	
酒、饮料及茶叶批发	9	231	51 161	
烟草制品批发	1	913	439 034	
其他食品批发	8	1 564	168 365	
纺织、服装及家庭用品批发	46	1 531	706 971	6 323
纺织品、针织品及原料批发	10	241	108 436	6 323
服装批发	17	401	172 089	
鞋帽批发	2	20	7 032	
化妆品及卫生用品批发	3	106	15 514	
厨房、卫生间用具及日用杂货批发	1	40	3 658	
灯具、装饰物品批发	1	5	429	
家用电器批发	8	631	387 269	
其他家庭用品批发	4	87	12 543	
文化、体育用品及器材批发	9	191	41 379	
文具用品批发	2	11	4 794	
体育用品及器材批发				
图书批发	2	48	18 160	
报刊批发	1	40	672	
其他文化用品批发	4	92	17 753	
医药及医疗器材批发	69	9 694	1 414 025	5
西药批发	28	1 900	491 890	
中药批发	23	7 346	788 972	
医疗用品及器材批发	18	448	133 163	5
矿产品、建材及化工产品批发	91	12 620	3 900 903	119 311
煤炭及制品批发	12	9 371	447 584	
石油及制品批发	8	1 636	1 271 873	
非金属矿及制品批发	4	131	17 245	
金属及金属矿批发	33	580	1 721 068	119 311
建材批发	16	657	310 443	
化肥批发	5	63	12 287	
农药批发	3	58	29 376	
其他化工产品批发	10	124	91 027	
机械设备、五金产品及电子产品批发	74	3 961	2 149 692	7 376
农业机械批发	1	53	3 796	
汽车批发	7	689	1 258 523	7 337
汽车零配件批发	6	72	41 910	
摩托车及零配件批发	3	72	40 900	
五金产品批发	4	107	11 821	
电气设备批发	1	45	12 168	
计算机、软件及辅助设备批发	11	261	52 457	
通讯及广播电视设备批发	10	583	191 994	
其他机械设备及电子产品批发	31	2 079	536 124	39
贸易经纪与代理	8	206	75 416	9 682
贸易代理	6	182	38 840	9 682
其他贸易经纪与代理	2	24	36 575	
其他批发业	6	202	60 885	8 684
再生物资回收与批发	1	129	6 433	
其他未列明批发业	5	73	54 452	8 684
2.按登记注册类型分				
内资企业	353	32 121	9 047 857	158 828
国有企业	8	1 391	480 916	39
有限责任公司	253	26 165	6 835 712	142 344
国有独资公司	5	563	406 977	
其他有限责任公司	248	25 602	6 428 735	142 344

14-9 续表1-1 （2016年）

指标名称	法人企业数（个）	从业人员期末人数（人）	商品购进额（万元）	#进口
股份有限公司	12	1 617	830 912	
私营企业	80	2 948	900 318	16 445
私营独资企业				
私营合伙企业	1	2	10	
私营有限责任公司	74	2 742	824 906	16 445
私营股份有限公司	5	204	75 403	
港、澳、台商投资企业	2	276	40 483	
与港澳台商合资经营企业	1	110	7 252	
港澳台商独资企业	1	166	33 231	
外商投资企业	1	280	251 168	7 337
中外合资经营企业	1	280	251 168	7 337
3.按控股情况分				
国有控股	53	17 249	5 355 365	112 633
集体控股	3	67	29 337	
私人控股	251	8 915	2 552 426	53 532
港澳台商控股	1	166	33 231	
其他	48	6 280	1 369 149	
4.按经营形式分				
独立门店	138	13 262	1 807 967	48 864
连锁总店	3	2 212	787 613	
其他	215	17 203	6 743 929	117 301
5.按单位规模分				
大型	13	20 204	2 721 787	7 337
中型	122	8 621	5 200 908	109 659
小型	189	3 486	1 231 263	42 452
微型	32	366	185 550	6 717
二、零售业	**477**	**49 801**	**8 502 091**	**205 823**
1.按零售行业小类分				
综合零售	31	12 246	991 975	
百货零售	12	9 104	795 678	
超级市场零售	17	3 105	193 824	
其他综合零售	2	37	2 473	
食品、饮料及烟草制品专门零售	43	4 473	306 683	
粮油零售	6	146	10 308	
糕点、面包零售	3	123	1 589	
果品、蔬菜零售	3	98	16 457	
肉、禽、蛋、奶及水产品零售	7	1 449	130 342	
营养和保健品零售	1	9	3 003	
酒、饮料及茶叶零售	11	212	21 757	
烟草制品零售	1	15	14 813	
其他食品零售	11	2 421	108 415	
纺织、服装及日用品专门零售	45	3 015	159 044	462
纺织品及针织品零售	2	37	11 897	
服装零售	25	1 622	74 043	
鞋帽零售	3	101	20 165	462
化妆品及卫生用品零售	4	738	32 208	
钟表、眼镜零售	4	413	13 874	
箱、包零售	2	27	1 854	
其他日用品零售	5	77	5 004	
文化、体育用品及器材专门零售	32	6 444	824 118	459
文具用品零售	3	104	6 437	
体育用品及器材零售	1	7	420	
图书、报刊零售	5	5 133	689 094	
音像制品及电子出版物零售	3	436	64 900	
珠宝首饰零售	10	391	41 816	
工艺美术品及收藏品零售	8	337	11 565	459
乐器零售	1	3	1 260	
照相器材零售	1	33	8 626	
医药及医疗器材专门零售	27	6 857	1 321 707	
药品零售	20	6 701	1 294 877	
医疗用品及器材零售	7	156	26 829	
汽车、摩托车、燃料及零配件专门零售	174	9 864	3 530 417	204 144
汽车零售	145	8 844	3 183 704	204 144
汽车零配件零售	11	99	13 875	
摩托车及零配件零售	2	29	12 544	
机动车燃料零售	16	892	320 293	
家用电器及电子产品专门零售	66	4 583	986 234	
家用视听设备零售	2	1 035	187 537	
日用家电设备零售	18	2 104	513 536	
计算机、软件及辅助设备零售	16	997	150 754	
通信设备零售	24	386	129 019	

14-9 续表1-2

(2016年)

指 标 名 称	法人企业数(个)	从业人员期末人数(人)	商品购进额(万元)	
				#进口
其他电子产品零售	6	61	5 389	
五金、家具及室内装饰材料专门零售	17	438	147 442	
五金零售	2	18	1 400	
灯具零售	1	6	460	
家具零售	4	273	124 560	
涂料零售	1	12	2 638	
卫生洁具零售	1	37	1 223	
陶瓷、石材装饰材料零售	5	58	8 217	
其他室内装饰材料零售	3	34	8 944	
货摊、无店铺及其他零售业	42	1 881	234 473	757
互联网零售	34	876	46 070	757
邮购及电视、电话零售	1	896	178 324	
生活用燃料零售	1	42	253	
其他未列明零售业	6	67	9 826	
2.按登记注册类型分				
内资企业	454	42 827	7 522 295	140 594
国有企业	5	303	48 938	
集体企业	1	46	2 014	
股份合作企业	3	57	13 912	
有限责任公司	286	28 032	5 174 862	88 229
国有独资公司	4	141	5 963	
其他有限责任公司	282	27 891	5 168 899	88 229
股份有限公司	23	7 630	657 271	459
私营企业	136	6 759	1 625 297	51 906
私营独资企业				
私营有限责任公司	127	5 931	1 496 980	51 906
私营股份有限公司	9	828	128 316	
其他企业				
港、澳、台商投资企业	14	3 799	553 308	65 229
与港澳台商合资经营企业	2	147	16 774	
与港澳台商合作经营企业	1	57	1 060	
港澳台商独资企业	10	3 582	535 075	65 229
港澳台商投资股份有限公司	1	13	399	
外商投资企业	9	3 175	426 489	
中外合资经营企业	4	991	117 096	
外资企业	5	2 184	309 392	
其他外商投资企业				
3.按控股情况分				
国有控股	32	11 351	2 071 574	24 439
集体控股	5	167	7 003	
私人控股	366	24 794	4 874 062	87 104
港澳台商控股	13	3 823	603 475	65 229
外商控股	7	3 009	360 700	
其他	54	6 657	585 278	29 051
4.按经营形式分				
独立门店	311	15 949	4 047 611	205 823
连锁总店	49	25 901	2 480 469	
连锁门店	10	2 025	484 994	
其他	107	5 926	1 489 018	
5.按单位规模分				
大型	21	25 242	3 338 669	
中型	158	19 125	4 139 544	135 801
小型	221	4 938	901 487	44 271
微型	77	496	122 392	25 752
6.按零售业态分				
有店铺零售	408	45 136	7 585 925	205 066
食杂店	3	107	3 462	
便利店	2	321	5 048	
折扣店	1	7	2 246	
超市	10	806	183 141	
大型超市	13	4 162	252 316	
百货店	11	7 420	722 345	459
专业店	176	21 218	3 569 008	99 435
专卖店	169	10 364	2 655 092	105 172
家居建材商店	6	281	130 361	
购物中心	4	189	15 452	
厂家直销中心	13	261	47 455	
无店铺零售	69	4 665	916 166	757
电视购物	1	896	178 324	
邮购	1	16	130	
网上商店	46	1 783	101 610	757
电话购物	8	1 373	572 021	

指标名称	商品销售额	批发额	#出口	零售额	期末商品库存额	年末零售营业面积(平方米)
总计	**20 368 749**	**10 517 410**	**548 991**	**9 851 340**	**1 301 911**	**2 310 322**
一、批发业	**10 501 122**	**9 112 569**	**536 583**	**1 388 553**	**522 073**	**369 770**
1.按批发行业小类分						
农、林、牧产品批发	90 656	88 854		1 802	3 725	2 910
种子批发	2 201	2 201			70	200
饲料批发	36 910	36 910			1 505	620
棉、麻批发	41 473	41 473			247	
林业产品批发	7 739	6 544		1 195	971	390
牲畜批发	2 333	1 726		607	933	1 700
食品、饮料及烟草制品批发	1 106 853	1 003 871	4 927	102 982	137 944	62 669
米、面制品及食用油批发	51 674	32 825		18 849	2 570	40 490
糕点、糖果及糖批发	10 791	10 520		272	1 810	875
果品、蔬菜批发	49 371	48 387		984	7 081	5 350
肉、禽、蛋、奶及水产品批发	141 103	93 394	4 927	47 709	2 225	2 372
盐及调味品批发	35 079	35 079			677	
营养和保健品批发	3 487	3 329		158	418	50
酒、饮料及茶叶批发	56 383	45 953		10 430	2 461	1 690
烟草制品批发	602 349	600 210		2 139	57 903	632
其他食品批发	156 616	134 175		22 441	62 799	11 210
纺织、服装及家庭用品批发	753 767	732 946	137 621	20 822	60 984	9 100
纺织品、针织品及原料批发	113 784	101 829	72 203	11 956	808	2 230
服装批发	177 912	172 949	58 069	4 964	8 208	2 170
鞋帽批发	7 350	7 349	7 349		26	100
化妆品及卫生用品批发	15 609	14 978		631	1 736	450
厨房、卫生间用具及日用杂货批发	3 482	2 502		980	191	600
灯具、装饰物品批发	576	576			28	
家用电器批发	422 161	420 568		1 593	48 683	2 708
其他家庭用品批发	12 894	12 195		699	1 305	842
文化、体育用品及器材批发	46 828	43 587		3 241	10 512	1 820
文具用品批发	4 632	3 451		1 181	593	120
体育用品及器材批发						
图书批发	21 634	21 634			8 591	
报刊批发	1 897	1 897				
其他文化用品批发	18 664	16 604		2 060	1 328	1 700
医药及医疗器材批发	1 795 216	1 708 993	15 618	86 223	63 903	139 814
西药批发	563 051	520 465		42 586	38 791	24 468
中药批发	1 031 679	1 027 353		4 326	19 800	113 493
医疗用品及器材批发	200 486	161 175	15 618	39 311	5 313	1 853
矿产品、建材及化工产品批发	4 245 567	3 211 048	76 590	1 034 520	162 503	132 943
煤炭及制品批发	464 337	463 614		722	10 978	1 700
石油及制品批发	1 164 302	214 753		949 549	56 100	91 607
非金属矿及制品批发	18 063	18 063	7 246		35	800
金属及金属矿批发	2 137 109	2 106 510	43 523	30 599	60 284	4 671
建材批发	319 748	267 888	2 250	51 860	9 324	3 100
化肥批发	14 556	14 556			9 327	4 400
农药批发	25 855	25 266		589	13 768	550
其他化工产品批发	101 597	100 398	23 572	1 200	2 689	26 115
机械设备、五金产品及电子产品批发	2 305 441	2 167 661	269 675	137 780	76 613	19 264
农业机械批发	4 457	4 457			1 002	
汽车批发	1 312 797	1 280 213	234 744	32 584	6 004	5 163
汽车零配件批发	48 745	37 745		11 000	2 091	1 151
摩托车及零配件批发	46 593	45 004		1 589	8 067	830
五金产品批发	16 942	13 579		3 363	467	1 138
电气设备批发	15 806	15 806	15 806		1 526	
计算机、软件及辅助设备批发	57 705	48 501		9 204	6 543	2 203
通讯及广播电视设备批发	194 278	182 156		12 122	12 369	1 870
其他机械设备及电子产品批发	608 118	540 199	19 126	67 920	38 546	6 909
贸易经纪与代理	76 209	75 654	9 642	556	4 967	620
贸易代理	42 199	41 643	9 642	556	966	320
其他贸易经纪与代理	34 010	34 010			4 001	300
其他批发业	80 585	79 958	22 509	628	921	630
再生物资回收与批发	13 441	13 441				
其他未列明批发业	67 145	66 517	22 509	628	921	630
2.按登记注册类型分						
内资企业	10 206 672	8 841 961	301 840	1 364 712	513 112	369 570
国有企业	654 066	651 927	11 817	2 139	68 275	3 632
有限责任公司	7 813 007	7 154 878	264 402	658 130	332 244	202 280
国有独资公司	450 356	88 212		362 144	1 644	21 211
其他有限责任公司	7 362 651	7 066 666	264 402	295 986	330 600	181 069

14-9 续表2-2　　　　　　　　　　　　（2016年）　　　　　　　　　　　　单位：万元

指标名称	商品销售额	批发额	#出口	零售额	期末商品库存额	年末零售营业面积(平方米)
股份有限公司	688 038	146 567		541 470	65 303	71 142
私营企业	1 051 561	888 589	25 621	162 973	47 290	92 516
私营独资企业						
私营合伙企业	10			10	1	
私营有限责任公司	949 820	804 561	25 621	145 259	44 445	86 516
私营股份有限公司	101 732	84 028		17 704	2 843	6 000
港、澳、台商投资企业	42 931	19 089		23 841	8 789	200
与港澳台商合资经营企业	6 696	4 953		1 742	3 609	100
港澳台商独资企业	36 235	14 136		22 099	5 180	100
外商投资企业	251 519	251 519	234 744		172	
中外合资经营企业	251 519	251 519	234 744		172	
3.按控股情况分						
国有控股	5 929 353	4 864 424	85 856	1 064 929	253 183	112 392
集体控股	29 610	29 610	23 224		696	5 000
私人控股	2 873 658	2 620 880	421 287	252 778	140 649	194 725
港澳台商控股	36 235	14 136		22 099	5 180	100
其他	1 632 266	1 583 519	6 216	48 747	122 364	57 553
4.按经营形式分						
独立门店	2 029 723	1 843 598	75 366	186 126	122 286	99 580
连锁总店	1 531 164	625 749		905 415	74 449	91 639
其他	6 940 235	6 643 223	461 217	297 012	325 338	178 551
5.按单位规模分						
大型	3 742 394	3 145 246	234 744	597 148	211 138	80 696
中型	4 853 377	4 167 698	149 814	685 680	216 146	217 209
小型	1 716 714	1 615 346	148 627	101 368	90 945	65 451
微型	188 637	184 280	3 399	4 357	3 845	6 414
二、零售业	**9 867 627**	**1 404 840**	**12 408**	**8 462 787**	**779 839**	**1 940 552**
1.按零售行业小类分						
综合零售	1 342 184	45 603		1 296 581	101 896	696 335
百货零售	1 133 617	38 947		1 094 670	85 197	494 065
超级市场零售	205 779	6 656		199 123	16 322	201 432
其他综合零售	2 788			2 788	376	838
食品、饮料及烟草制品专门零售	325 558	77 747		247 811	13 442	35 477
粮油零售	11 243	2 543		8 701	816	2 710
糕点、面包零售	6 437	4 300		2 137	247	1 510
果品、蔬菜零售	19 825			19 825	128	3 425
肉、禽、蛋、奶及水产品零售	130 547	63 200		67 347	1 659	10 626
营养和保健品零售	3 643			3 643	9	220
酒、饮料及茶叶零售	22 627	6 705		15 922	3 996	4 490
烟草制品零售	14 834			14 834	221	1 000
其他食品零售	116 402	999		115 403	6 367	11 496
纺织、服装及日用品专门零售	205 172	15 852	9 412	189 320	36 068	66 536
纺织品及针织品零售	11 790			11 790	114	620
服装零售	102 044	9 417	9 412	92 626	23 553	51 113
鞋帽零售	18 317	1 676		16 641	7 348	1 860
化妆品及卫生用品零售	43 475	4 423		39 052	1 770	4 692
钟表、眼镜零售	20 450			20 450	2 857	6 356
箱、包零售	2 278			2 278	64	411
其他日用品零售	6 818	335		6 483	363	1 484
文化、体育用品及器材专门零售	823 905	281 643	389	542 262	73 461	175 368
文具用品零售	7 436			7 436	1 275	703
体育用品及器材零售	519			519	62	87
图书、报刊零售	681 884	270 131		411 752	37 219	143 072
音像制品及电子出版物零售	64 106			64 106	950	14 900
珠宝首饰零售	42 865	6 572		36 293	16 351	5 572
工艺美术品及收藏品零售	16 953	4 088	389	12 865	15 932	10 632
乐器零售	1 302	851		451	101	150
照相器材零售	8 840			8 840	1 572	252
医药及医疗器材专门零售	1 566 678	461 460		1 105 218	261 555	104 167
药品零售	1 540 687	455 999		1 084 688	256 459	98 496
医疗用品及器材零售	25 991	5 461		20 530	5 096	5 671
汽车、摩托车、燃料及零配件专门零售	4 107 581	149 715		3 957 866	222 233	517 960
汽车零售	3 739 549	110 276		3 629 273	212 879	466 483
汽车零配件零售	15 634	3 435		12 199	944	3 920
摩托车及零配件零售	10 922	8 935		1 987	1 626	2 135
机动车燃料零售	341 475	27 068		314 407	6 784	45 422
家用电器及电子产品专门零售	1 075 321	364 723		710 598	59 932	131 624

指标名称	商品销售额	批发额	#出口	零售额	期末商品库存额	年末零售营业面积(平方米)
家用视听设备零售	199 535	565		198 970	5 056	46 027
日用家电设备零售	562 599	121 729		440 869	28 644	69 819
计算机、软件及辅助设备零售	172 534	129 302		43 233	8 600	5 689
通信设备零售	134 540	112 592		21 948	17 294	8 641
其他电子产品零售	6 114	535		5 579	338	1 448
五金、家具及室内装饰材料专门零售	175 240	1 142		174 099	1 650	204 410
五金零售	1 398	559		839	65	500
灯具零售	579			579	128	200
家具零售	152 277	582		151 695	181	189 677
涂料零售	2 628			2 628	10	150
卫生洁具零售	1 662			1 662	438	10 000
陶瓷、石材装饰材料零售	8 087			8 087	153	2 753
其他室内装饰材料零售	8 610			8 610	675	1 130
货摊、无店铺及其他零售业	245 989	6 957	2 606	239 032	9 603	8 675
互联网零售	62 202	6 103	2 606	56 099	2 317	7 025
邮购及电视、电话零售	173 000			173 000	6 344	
生活用燃料零售	338			338	0	300
其他未列明零售业	10 450	855		9 595	943	1 350
2.按登记注册类型分						
内资企业	8 719 049	1 353 871	12 408	7 365 178	741 308	1 553 444
国有企业	50 691	6 510	3 742	44 181	3 418	17 040
集体企业	2 037			2 037	5	943
股份合作企业	14 072	255		13 817	1 598	1 820
有限责任公司	6 009 870	756 215	5 857	5 253 654	372 091	1 112 890
国有独资公司	10 472	4 598		5 874	2 895	11 550
其他有限责任公司	5 999 398	751 617	5 857	5 247 781	369 196	1 101 340
股份有限公司	677 293	71 042	389	606 251	239 549	236 312
私营企业	1 965 088	519 850	2 420	1 445 238	124 647	184 439
私营独资企业						
私营有限责任公司	1 824 261	427 414	2 420	1 396 847	115 477	175 239
私营股份有限公司	140 826	92 435		48 391	9 170	9 200
其他企业						
港、澳、台商投资企业	621 402	40 135		581 267	15 170	196 350
与港澳台商合资经营企业	16 343	3 498		12 846	1 354	2 250
与港澳台商合作经营企业	1 386			1 386	100	300
港澳台商独资企业	603 190	36 637		566 553	13 260	193 560
港澳台商投资股份有限公司	482			482	456	240
外商投资企业	527 176	10 835		516 342	23 361	190 758
中外合资经营企业	131 503	9 614		121 889	9 972	72 962
外资企业	395 673	1 221		394 453	13 390	117 796
其他外商投资企业						
3.按控股情况分						
国有控股	2 326 498	501 628	3 742	1 824 869	270 174	321 877
集体控股	7 450			7 450	1 525	12 662
私人控股	5 620 496	804 986	8 666	4 815 511	382 937	923 187
港澳台商控股	681 443	36 637		644 806	17 339	201 917
外商控股	450 821	1 221		449 600	20 731	183 791
其他	780 919	60 369		720 551	87 133	297 118
4.按经营形式分						
独立门店	4 796 337	300 812	575	4 495 525	308 589	921 458
连锁总店	2 795 945	410 863		2 385 082	340 127	892 149
连锁门店	546 072	231 772		314 299	38 745	43 582
其他	1 729 274	461 394	11 832	1 267 881	92 378	83 363
5.按单位规模分						
大型	3 797 643	845 744		2 951 899	396 319	766 809
中型	4 919 865	352 019	2 400	4 567 846	273 212	885 259
小型	1 017 563	184 712	4 337	832 852	102 428	265 855
微型	132 556	22 366	5 671	110 190	7 879	22 629
6.按零售业态分						
有店铺零售	8 699 399	914 664	4 131	7 784 735	718 715	1 915 342
食杂店	3 115	527		2 588	1 340	5 500
便利店	6 792			6 792	653	1 900
折扣店	2 236			2 236	14	105
超市	207 245	113 123		94 122	16 102	24 446
大型超市	268 061	6 364		261 697	24 676	252 791
百货店	1 055 353	39 336	389	1 016 017	75 352	421 728
专业店	3 744 695	494 919		3 249 776	395 858	663 692
专卖店	3 216 183	245 763	3 742	2 970 421	192 603	377 813
家居建材商店	130 728			130 728	659	145 217
购物中心	15 402	4 676		10 726	5 575	16 500
厂家直销中心	49 588	9 955		39 633	5 885	5 650
无店铺零售	1 168 229	490 177	8 277	678 052	61 124	25 210
电视购物	173 000			173 000	6 344	
邮购	151			151	53	100
网上商店	128 818	15 525	2 606	113 293	8 832	18 287
电话购物	644 327	377 857		266 471	41 508	410

14-10 限额以上住宿餐饮法人企业经营情况

（2016年）

指 标 名 称	法人企业数（个）	从业人员期末人数（人）	客房数（间）	床位数（个）	餐位数（位）	年末餐饮营业面积（平方米）
总 计	**178**	**17 716**	**65 591**	**79 347**	**77 803**	**382 847**
一、住宿业	**110**	**10 753**	**63 841**	**76 540**	**40 457**	**235 983**
1.按住宿业行业小类分						
旅游饭店	58	7 193	55 576	62 756	29 968	157 215
一般旅馆	49	3 482	7 979	13 391	10 434	78 268
其他住宿业	3	78	286	393	55	500
2.按登记注册类型分						
内资企业	103	9 661	62 485	74 462	37 175	223 342
国有企业	13	2 267	2 438	4 285	7 138	28 032
有限责任公司	51	5 122	54 403	61 557	19 518	109 753
国有独资公司	1	22	40	70	6	600
其他有限责任公司	50	5 100	54 363	61 487	19 512	109 153
股份有限公司	4	222	481	743	1 026	13 199
私营企业	35	2 050	5 163	7 877	9 493	72 358
私营有限责任公司	33	2 021	5 016	7 627	8 793	62 238
私营股份有限公司	2	29	147	250	700	10 120
其他企业						
港、澳、台商投资企业	3	549	473	795	2 040	4 700
与港澳台商合资经营企业	1	90	45	70	120	1 400
与港澳台商合作经营企业	2	459	428	725	1 920	3 300
外商投资企业						
中外合资经营企业	4	543	883	1 283	1 242	7 941
外资企业	2	175	346	504	452	3 395
外商投资股份有限公司	2	368	537	779	790	4 546
3.按控股情况分						
国有控股	21	3 151	3 654	6 072	12 459	51 588
集体控股	2	167	332	545	1 000	4 000
私人控股	70	5 050	12 018	19 037	19 052	136 623
港澳台商控股	1	179	215	402	420	500
外商控股	3	525	777	1 147	1 115	5 406
其他	13	1 681	46 845	49 337	6 411	37 866
4.按经营形式分						
独立门店	84	8 861	58 598	67 537	35 826	194 719
连锁总店	2	339	870	1 397	504	2 275
连锁门店	10	816	2 615	4 393	325	16 629
其他	14	737	1 758	3 213	3 802	22 360
5.按单位规模分						
中型	23	6 342	8 071	13 152	18 502	79 856
小型	81	4 374	55 374	62 622	21 807	150 375
微型	6	37	396	766	148	5 752
6.按星级分						
五星	7	1 905	2 014	3 079	5 711	28 723
四星	21	2 686	4 259	6 677	11 419	51 410
三星	15	785	1 895	3 262	4 792	24 840
二星	1	17	78	156		
其他	66	5 360	55 595	63 366	18 535	131 010

（2016年）

指 标 名 称	法人企业数（个）	从业人员期末人数（人）	客房数（间）	床位数（个）	餐位数（位）	年末餐饮营业面积（平方米）
二、餐饮业	**68**	**6 963**	**1 750**	**2 807**	**37 346**	**146 864**
1.按餐饮业行业小类分						
正餐服务	63	5 193	1 750	2 807	27 245	114 088
快餐服务	5	1 770			10 101	32 776
2.按登记注册类型分						
内资企业	61	4 929	1 750	2 807	24 075	97 737
国有企业	1	292	143	290	1 200	1 700
股份合作企业	2	128			207	3 280
有限责任公司	34	3 111	1 120	1 772	11 856	49 594
其他有限责任公司	34	3 111	1 120	1 772	11 856	49 594
私营企业	24	1 398	487	745	10 812	43 163
私营独资企业	2	84			380	550
私营有限责任公司	19	1 238	487	745	9 552	39 408
私营股份有限公司	3	76			880	3 205
港、澳、台商投资企业	3	434			3 166	16 708
与港澳台商合资经营企业	3	434			3 166	16 708
外商投资企业	4	1 600			10 105	32 419
中外合资经营企业	1	16			200	300
外资企业	2	1 554			9 305	31 319
外商投资股份有限公司	1	30			600	800
3.按控股情况分						
国有控股	2	375	194	394	1 328	2 300
集体控股	1	82			359	6 500
私人控股	54	4 055	1 206	1 843	21 179	81 677
港澳台商控股	2	143			1 100	4 960
外商控股	3	1 584			9 905	32 119
其他	6	724	350	570	3 475	19 308
4.按经营形式分						
独立门店	54	3 167	1 152	1 846	20 424	89 280
连锁总店	5	2 825			12 676	47 906
连锁门店	3	348	282	341	2 026	4 177
其他	6	623	316	620	2 220	5 501
5.按单位规模分						
大型	2	2 383			9 750	31 658
中型	10	1 945	680	1 016	9 959	44 941
小型	52	2 607	1 070	1 791	17 141	67 665
微型	4	28			496	2 600

14-10 续表2-1

（2016年）

单位：万元

指标名称	营业额	#使用银行卡支付的营业额	客房收入	#通过公共网络实现的客房收入	餐费收入	#通过公共网络实现的餐费收入	商品销售收入	其他收入
总　计	**324 745**	**61 624**	**103 115**	**9 627**	**194 202**	**2 412**	**16 506**	**10 921**
一、住宿业	**171 793**	**47 665**	**96 175**	**7 594**	**59 617**	**1 385**	**5 537**	**10 463**
1.按住宿业行业小类分								
旅游饭店	121 728	36 213	63 469	4 525	47 047	1 212	3 566	7 644
一般旅馆	48 937	11 355	31 730	3 068	12 445	173	1 941	2 819
其他住宿业	1 128	95	975		123		29	
2.按登记注册类型分								
内资企业	153 862	42 164	87 282	6 798	53 559	1 064	5 032	7 989
国有企业	30 779	6 433	17 452	794	8 326	2	1 344	3 655
有限责任公司	83 471	22 823	45 440	3 423	31 800	530	2 126	4 103
国有独资公司	217	33	137	2	8		5	65
其他有限责任公司	83 254	22 789	45 303	3 421	31 792	530	2 120	4 037
股份有限公司	3 257	412	1 717	203	1 539	3		
私营企业	36 354	12 495	22 670	2 376	11 891	529	1 562	230
私营有限责任公司	35 862	12 298	22 227	2 376	11 886	529	1 562	185
私营股份有限公司	492	196	442		5			44
其他企业								
港、澳、台商投资企业	8 092	3 237	2 834	385	3 145	114	87	2 025
与港澳台商合资经营企业	2 774	982	568	5	800	5		1 405
与港澳台商合作经营企业	5 318	2 255	2 265	380	2 345	109	87	619
外商投资企业								
中外合资经营企业	9 838	2 263	6 059	410	2 912	207	417	448
外资企业	3 243	133	2 069	202	577		402	194
外商投资股份有限公司	6 595	2 130	3 990	208	2 335	207	14	254
3.按控股情况分								
国有控股	46 809	10 419	25 582	1 669	13 705	2	2 631	4 890
集体控股	1 823	645	753		431			639
私人控股	83 585	22 771	51 957	5 289	27 598	1 010	2 249	1 779
港澳台商控股	1 387		502		720		5	158
外商控股	9 378	2 130	5 626	208	2 912	207	399	439
其他	28 809	11 698	11 753	427	14 247	166	252	2 556
4.按经营形式分								
独立门店	148 491	44 530	77 581	5 357	56 375	1 014	5 149	9 385
连锁总店	4 919	941	4 008	385	709	343	92	108
连锁门店	9 108	1 560	8 930	1 552	61	3	45	72
其他	9 274	632	5 655	299	2 470	24	251	897
5.按单位规模分								
中型	102 619	29 770	52 501	4 072	39 506	687	3 404	7 206
小型	68 347	17 659	42 878	3 395	20 105	698	2 132	3 231
微型	826	235	795	126	5			25
6.按星级分								
五星	30 346	9 185	12 408	963	14 233	471	1 140	2 564
四星	44 044	12 136	25 511	1 936	13 004	640	1 659	3 870
三星	11 919	1 426	7 125	300	4 420	2	320	52
二星	165		165					
其他	85 317	24 916	50 964	4 394	27 958	271	2 417	3 977

（2016年）

单位：万元

指标名称	营业额	#使用银行卡支付的营业额	客房收入	#通过公共网络实现的客房收入	餐费收入	#通过公共网络实现的餐费收入	商品销售额	其他收入
二、餐饮业	**152 951**	**13 959**	**6 940**	**2 033**	**134 585**	**1 026**	**10 968**	**457**
1.按餐饮业行业小类分								
正餐服务	87 761	13 363	6 940	2 033	69 515	1 026	10 849	457
快餐服务	65 190	596			65 070		119	
2.按登记注册类型分								
内资企业	85 223	13 322	6 940	2 033	67 682	1 026	10 143	457
国有企业	2 644		576		1 635		432	
股份合作企业	1 683				1 325		358	
有限责任公司	50 784	8 684	3 831	2 031	41 776	293	4 719	457
其他有限责任公司	50 784	8 684	3 831	2 031	41 776	293	4 719	457
私营企业	30 111	4 637	2 532	1	22 946	733	4 633	
私营独资企业	965				750		215	
私营有限责任公司	23 841	4 637	2 532	1	17 743	403	3 565	
私营股份有限公司	5 305				4 452	330	852	
港、澳、台商投资企业	5 283	637			4 571		712	
与港澳台商合资经营企业	5 283	637			4 571		712	
外商投资企业	62 444				62 331		113	
中外合资经营企业	265				189		76	
外资企业	62 030				62 030			
外商投资股份有限公司	147				111		36	
3.按控股情况分								
国有控股	3 737		742		2 322		672	
集体控股	410	296			339		71	
私人控股	74 284	12 950	3 993	5	60 518	1 016	9 404	367
港澳台商控股	1 725	637			1 307		417	
外商控股	62 178				62 142		36	
其他	10 615	75	2 203	2 027	7 955	10	366	89
4.按经营形式分								
独立门店	53 775	9 548	4 095	2 033	40 370	533	8 992	317
连锁总店	81 219	3 500			80 377	330	842	
连锁门店	9 481	240	1 848		7 011	163	481	140
其他	8 475	671	995		6 827		652	
5.按单位规模分								
大型	73 630	3 500			73 630			
中型	34 496	4 731	4 453	2 027	26 802	413	3 151	89
小型	43 801	5 446	2 486	5	33 458	613	7 618	236
微型	1 023	282			694		199	130

14-11 限额以上批发零售法人企业财务状况

（2016年）

单位:万元

指标名称	法人企业数(个)	#执行《2006年企业会计准则》企业数(个)	年初存货	流动资产合计	#应收帐款	#存货	固定资产合计	固定资产原价
总　计	**833**	**721**	**1 369 946**	**9 158 988**	**2 869 653**	**1 175 408**	**1 058 358**	**1 694 130**
一、批发业	**356**	**303**	**544 960**	**4 477 064**	**1 092 452**	**545 415**	**570 133**	**839 948**
1.按批发行业小类分								
农、林、牧产品批发	9	7	5 878	20 703	10 242	8 271	1 864	4 601
种子批发	1		70	82	12	70		
饲料批发	3	2	828	3 312	1 569	1 493	84	88
棉、麻批发	1	1	3 292	13 899	7 704	5 789	198	2 777
林业产品批发	3	3	713	1 893	909	918	272	299
牲畜批发	1	1	974	1 514	45		1 308	1 435
食品、饮料及烟草制品批发	44	34	113 355	594 039	40 941	138 938	80 983	134 500
米、面制品及食用油批发	5	4	4 219	12 041	3 495	3 313	3 347	4 597
糕点、糖果及糖批发	3	3	1 753	4 544	2 667	1 325	685	841
果品、蔬菜批发	6	5	6 715	23 715	7 989	6 682	3 853	5 371
肉、禽、蛋、奶及水产品批发	9	5	2 361	12 164	2 715	2 664	2 127	3 194
盐及调味品批发	2	2	906	45 107	4 262	777	1 774	2 272
营养和保健品批发	1	1	508	1 351	51	417	17	53
酒、饮料及茶叶批发	9	5	3 059	18 035	8 304	3 573	298	631
烟草制品批发	1	1	41 229	204 536		57 903	19 648	38 425
其他食品批发	8	8	52 602	272 543	11 455	62 281	49 231	79 113
纺织、服装及家庭用品批发	46	36	82 009	424 118	36 705	66 103	5 815	8 787
纺织品、针织品及原料批发	10	9	1 115	31 809	4 200	757	1 348	1 842
服装批发	17	13	8 400	81 793	21 675	9 732	2 337	3 977
鞋帽批发	2	2		5 867	5 568			
化妆品及卫生用品批发	3	2	1 469	1 526	305	851	1 825	2 103
厨房、卫生间用具及日用杂货批发	1	1	141	347	102	190	11	27
灯具、装饰物品批发	1		31	1 007	134	28		
家用电器批发	8	6	69 957	299 588	4 172	53 413	220	712
其他家庭用品批发	4	3	892	2 179	546	1 129	71	124
文化、体育用品及器材批发	9	8	2 344	37 495	18 553	4 014	343	1 004
体育用品及器材批发	2	2	229	7 724	1 439	964	10	14
图书批发	2	1	1 225	21 736	14 209	1 599	58	176
报刊批发	1	1		2 165	790		73	411
其他文化用品批发	4	4	890	5 869	2 113	1 451	200	402
医药及医疗器材批发	69	61	78 473	653 776	261 604	64 174	26 441	40 667
西药批发	28	27	38 423	278 120	111 413	36 667	12 543	19 011
中药批发	23	19	22 232	304 080	112 496	16 813	9 449	13 673
医疗用品及器材批发	18	15	17 817	71 574	37 694	10 693	4 448	7 983
矿产品、建材及化工产品批发	91	79	175 984	1 791 350	321 848	173 067	414 273	593 079
煤炭及制品批发	12	11	35 556	498 130	92 610	31 805	337 898	498 953
石油及制品批发	8	7	57 872	166 041	1 974	52 948	61 478	71 477
非金属矿及制品批发	4	4	33	8 257	1 947	89	341	685
金属及金属矿批发	33	31	42 032	779 301	118 847	51 830	7 496	12 230
建材批发	16	12	17 480	258 763	92 735	22 485	3 394	5 098
化肥批发	5	4	11 722	16 788	436	9 967	1 252	1 514
农药批发	3	3	8 766	30 919	361	816	1 848	2 175
其他化工产品批发	10	7	2 521	33 148	12 934	3 124	563	944
机械设备、五金产品及电子产品批发	74	69	84 080	914 681	398 544	85 946	38 835	54 337
农业机械批发	1	1	1 120	2 650	357	1 001	448	839
汽车批发	7	7	10 254	359 572	214 673	10 213	11 033	13 693
汽车零配件批发	6	5	2 269	12 710	5 592	2 073	372	663
摩托车及零配件批发	3	3	9 547	12 323	3 356	8 066	992	1 608
五金产品批发	4	4	523	3 899	2 549	566	393	645
电气设备批发	1	1	11 005	30 718	184	15 256	6 270	6 896
计算机、软件及辅助设备批发	11	10	4 571	32 054	12 791	5 241	744	1 089
通讯及广播电视设备批发	10	9	4 353	112 973	17 991	13 377	2 797	4 070
其他机械设备及电子产品批发	31	29	40 434	347 779	141 048	30 149	15 781	24 831
贸易经纪与代理	8	4	1 871	25 775	2 056	4 055	952	1 730
贸易代理	6	4	347	5 219	614	633	924	1 688
其他贸易经纪与代理	2		1 524	20 555	1 442	3 422	27	42
其他批发业	6	5	963	15 124	1 956	844	624	1 239
再生物资回收与批发	1	1	272	3 369			151	367
其他未列明批发业	5	4	691	11 755	1 956	844	473	872
2.按登记注册类型分								
内资企业	353	300	537 930	4 328 087	1 043 064	537 076	554 018	818 503
国有企业	8	7	46 731	246 908	7 518	68 407	26 473	49 667
有限责任公司	253	212	400 360	3 561 427	914 613	385 885	453 316	681 986
国有独资公司	5	5	17 574	47 218	15 435	20 536	10 980	19 928
其他有限责任公司	248	207	382 785	3 514 208	899 177	365 348	442 335	662 058

14-11 续表1-1

(2016年)

单位:万元

指标名称	法人企业数(个)	#执行《2006年企业会计准则》企业数(个)	年初存货	流动资产合计	#应收帐款	#存货	固定资产合计	固定资产原价
股份有限公司	12	11	49 284	210 500	18 555	33 064	50 888	53 749
私营企业	80	70	41 554	309 251	102 376	49 720	23 340	33 099
私营独资企业								
私营合伙企业	1	1		5 977	5 956	21	9	13
私营有限责任公司	74	65	40 113	293 636	91 595	47 891	22 140	30 759
私营股份有限公司	5	4	1 440	9 637	4 825	1 808	1 190	2 326
港、澳、台商投资企业	2	2	6 507	21 911	6 614	8 166	6 999	9 925
合资经营企业(港或澳、台资)	1	1	3 067	5 761	632	3 623	641	1 663
港、澳、台商独资经营企业	1	1	3 440	16 150	5 982	4 542	6 357	8 262
外商投资企业	1	1	523	127 065	42 773	171	9 115	11 519
中外合资经营企业	1	1	523	127 065	42 773	171	9 115	11 519
3.按控股情况分								
国有控股	53	50	250 473	2 340 012	472 401	263 898	483 311	710 892
集体控股	3	2	504	15 534	507	907	175	247
私人控股	251	209	174 429	1 177 987	383 038	177 805	69 769	104 378
港澳台商控股	1	1	3 440	16 150	5 982	4 542	6 357	8 262
其他	48	41	116 113	927 380	230 523	98 261	10 519	16 168
4.按经营形式分								
独立门店	138	116	158 439	1 119 558	233 674	144 264	370 522	549 683
连锁总店	3	3	43 389	249 994	198	60 156	70 582	91 178
其他	215	184	343 132	3 107 511	858 580	340 994	129 028	199 086
5.按单位规模分								
大型	13	13	219 333	1 569 327	223 100	208 424	458 886	667 911
中型	122	108	228 515	2 039 771	619 665	243 719	80 996	126 801
小型	189	158	91 930	729 678	201 041	89 057	27 928	41 625
微型	32	24	5 181	138 287	48 646	4 214	2 322	3 609
二、零售业	**477**	**418**	**824 985**	**4 681 924**	**1 777 200**	**629 993**	**488 224**	**854 182**
1.按零售行业小类分								
综合零售	31	27	69 041	419 727	5 138	67 647	168 603	289 201
百货零售	12	12	52 808	366 874	3 325	52 254	150 249	247 680
超级市场零售	17	14	15 763	52 069	1 655	15 016	18 187	41 038
其他综合零售	2	1	469	783	157	376	167	482
食品、饮料及烟草制品专门零售	43	36	26 936	150 777	12 772	32 397	33 673	41 312
粮油零售	6	5	1 214	3 397	384	903	407	457
糕点、面包零售	3	3	191	1 455	1 179	246	83	124
果品、蔬菜零售	3	3	79	632	302	87	162	212
肉、禽、蛋、奶及水产品零售	7	5	19 162	120 345	4 643	22 629	25 019	30 107
营养和保健品零售	1	1	135	616	323	293	74	110
酒、饮料及茶叶零售	11	7	3 713	10 156	2 589	3 765	736	1 279
烟草制品零售	1	1	241	1 258	726	220	14	20
其他食品零售	11	11	2 198	12 915	2 623	4 251	7 174	9 000
纺织、服装及日用品专门零售	45	40	29 736	120 922	27 956	31 931	2 580	4 776
纺织品及针织品零售	2	2	22				26	31
服装零售	25	21	16 877	61 110	12 037	20 514	705	1 452
鞋帽零售	3	3	4 725	8 681	1 518	6 345	146	234
化妆品及卫生用品零售	4	4	3 151	29 586	9 879	1 726	1 368	2 212
钟表、眼镜零售	4	4	4 516	8 604	2 781	2 631	239	655
箱、包零售	2	2	36	62	17	39	2	3
其他日用品零售	5	4	406	12 877	1 722	674	91	186
文化、体育用品及器材专门零售	32	26	60 848	580 160	23 772	67 703	72 290	107 952
文具用品零售	3	2	1 100	3 540	1 514	1 231	70	111
体育用品及器材零售	1	1						
图书、报刊零售	5	5	23 816	477 217	13 032	30 267	51 274	76 294
音像制品及电子出版物零售	3	3	6 248	26 337	3 771	2 035	5 297	8 015
珠宝首饰零售	10	8	15 204	36 957	2 150	16 589	13 786	20 834
工艺美术品及收藏品零售	8	6	14 328	28 958	639	15 906	1 775	2 605
乐器零售	1	1	107	593	391	100	5	9
照相器材零售	1		43	6 555	2 273	1 572	81	82
医药及医疗器材专门零售	27	24	122 066	756 009	437 417	137 650	26 543	42 809
药品零售	20	19	119 352	747 008	435 646	132 590	26 407	42 525
医疗用品及器材零售	7	5	2 714	9 001	1 771	5 060	136	284
汽车、摩托车、燃料及零配件专门零售	174	150	258 210	2 217 264	1 162 401	226 635	175 320	346 152
汽车零售	145	126	248 796	921 725	55 255	210 625	132 310	183 595
汽车零配件零售	11	6	2 351	5 289	2 167	596	1 722	2 072
摩托车及零配件零售	2	2		1 235 114	1 089 541	8 571	28 303	141 463
机动车燃料零售	16	16	7 063	55 134	15 437	6 841	12 983	19 021
家用电器及电子产品专门零售	66	60	75 432	323 174	86 946	54 502	4 392	11 494
家用视听设备零售	2	1	4 879	49 159	8 701	3 433	189	1 709

14-11 续表1-2 （2016年） 单位:万元

指标名称	法人企业数(个)	#执行《2006年企业会计准则》企业数	年初存货	流动资产合计	#应收帐款	#存货	固定资产合计	固定资产原价
日用家电设备零售	18	14	33821	127924	18714	22679	826	1931
计算机、软件及辅助设备零售	16	15	21012	113457	51608	23809	3144	7070
通信设备零售	24	24	15394	29697	6602	4242	177	508
其他电子产品零售	6	6	325	2936	1318	338	54	275
五金、家具及室内装饰材料专门零售	17	14	1547	39165	1073	1361	857	2317
五金零售	2	2	168	526	139	9	211	226
灯具零售	1	1	139	326	194	128		
家具零售	4	2	243	35286	69	224	178	1494
涂料零售	1	1	10	15			10	16
卫生洁具零售	1	1	680	694		643	292	350
陶瓷、石材装饰材料零售	5	5	100	505	223	157	91	132
其他室内装饰材料零售	3	2	205	1810	446	198	73	98
货摊、无店铺及其他零售业	42	41	181165	74722	19722	10163	3962	8165
互联网零售	34	33	2790	10931	2985	2955	2173	2811
邮购及电视、电话零售	1	1	177574	58980	13979	6343	934	2837
生活用燃料零售	1	1	20	243	89	2	748	2218
其他未列明零售业	6	6	780	4567	2668	861	106	297
2.按登记注册类型分								
内资企业	454	396	777023	4441200	1764067	585491	448886	770044
国有企业	5	3	3179	13653	1666	3297	2018	4091
集体企业	1	1	33	413		45	140	230
股份合作企业	3	2	3466	4430	-93	1489	1201	1537
有限责任公司	286	245	530127	3364562	1499635	375378	236636	451711
国有独资公司	4	4	2686	10663	1043	3162	388	601
其他有限责任公司	282	241	527441	3353898	1498591	372215	236248	451109
股份有限公司	23	23	79679	359071	15659	74692	167664	251020
私营企业	136	122	160537	699068	247200	130589	41226	61453
私营独资企业								
私营有限责任公司	127	113	141695	611313	209124	110459	38029	55452
私营股份有限公司	9	9	18842	87755	38075	20129	3196	6001
其他企业	14	13	24318	119773	8700	23557	24810	38566
港、澳、台商投资企业	2	2	1183	6539	487	783	463	639
合资经营企业(港或澳、台资)	1	1	5	89		1		
港、澳、台商独资经营企业	10	9	22585	112453	8213	22316	24346	37917
港、澳、台商投资股份有限公司	1	1	544	691		456		8
外商投资企业	9	9	23643	120950	4431	20943	14527	45571
中外合资经营企业	4	4	12352	17876	1822	9379	3547	17867
外资企业	5	5	11291	103074	2609	11564	10980	27704
其他外商投资企业								
3.按控股情况分								
国有控股	32	30	302018	1059225	301606	130299	92960	143750
集体控股	5	5	1591	3217	344	1640	706	954
私人控股	366	319	393430	3056081	1431097	367521	292686	498705
港澳台商控股	13	12	29964	125495	8950	25972	27221	43296
外商控股	7	7	17653	111587	2644	18162	12055	40555
其他	54	45	80327	326316	32557	86397	62593	126919
4.按经营形式分								
独立门店	311	265	356776	2522532	1204325	312740	202731	394850
连锁总店	49	47	152491	1204228	68163	170502	251501	397182
连锁门店	10	10	35357	260085	153086	45753	6405	16391
其他	107	96	280359	695077	351625	100996	27586	45757
5.按单位规模分								
大型	21	21	399085	1759876	485603	249930	242555	376940
中型	158	138	317598	1315575	138302	271756	178589	279931
小型	221	192	99830	1558733	1140807	99941	65497	194632
微型	77	67	8470	47739	12486	8365	1582	2677
6.按零售业态分								
有店铺零售	408	354	576907	4106336	1475358	537053	473515	827929
食杂店	3	2	877	5774	1685	1222	1	9
便利店	2	2	417	3590	4	655	355	416
折扣店	1	1	10	18			19	20
超市	10	7	32512	80915	12487	16321	955	2607
大型超市	13	12	21762	63601	902	21852	26368	58635
百货店	11	10	44777	348663	3422	43700	141238	228261
专业店	176	148	235699	1371352	314719	238952	163123	231579
专卖店	169	150	232093	929185	48583	196037	109650	158097
家居建材商店	6	5	903	35317	26	851	509	1886
购物中心	4	4	3026	12032	977	4610	1662	1938
厂家直销中心	13	13	4826	1255884	1092548	12849	29630	144478
无店铺零售	69	64	248077	575587	301842	92940	14709	26252
电视购物	1	1	177574	58980	13979	6343	934	2837
邮购	1	1	120	58	5	53	33	91
网上商店	46	45	7189	43773	13967	9865	3902	5586
电话购物	8	6	47859	349138	207068	59809	6424	11968

指标名称	累计折旧	#本年折旧	在建工程	资产总计	流动负债合计	#应付帐款	非流动负债合计	负债合计
总　计	**664 943**	**91 691**	**280 888**	**11 622 187**	**8 728 105**	**3 460 962**	**387 334**	**9 118 104**
一、批发业	**288 962**	**35 096**	**203 250**	**5 681 500**	**4 151 971**	**1 002 033**	**251 318**	**4 403 197**
1.按批发行业小类分								
农、林、牧产品批发	2 737	125		52 136	38 423	26 809	113	38 537
种子批发				82	2	2		2
饲料批发	4	1		3 397	1 058	1 042	50	1 109
棉、麻批发	2 579	105		36 892	30 245	25 406		30 245
林业产品批发	26	7		8 167	6 255	203	63	6 318
牲畜批发	127	12		3 596	861	153		861
食品、饮料及烟草制品批发	53 526	7 952	5 918	866 570	410 735	49 609	24 719	435 455
米、面制品及食用油批发	1 250	408	13	28 006	4 383	1 280	1 027	5 411
糕点、糖果及糖批发	156	14		6 228	4 569	1 976	358	4 927
果品、蔬菜批发	1 517	418		27 665	9 042	2 090	1	9 043
肉、禽、蛋、奶及水产品批发	1 067	189		15 043	9 682	6 972	766	10 449
盐及调味品批发	497	182		174 773	20 831	541	18 158	38 989
营养和保健品批发	35	11		1 368	862	68		862
酒、饮料及茶叶批发	341	63		19 227	11 991	669		11 991
烟草制品批发	18 776	1 898	744	229 301	39 051	29 397	10	39 061
其他食品批发	29 882	4 767	5 160	364 954	310 321	6 612	4 397	314 718
纺织、服装及家庭用品批发	2 971	659	15	456 622	428 577	24 093	1 048	428 641
纺织品、针织品及原料批发	493	67		36 209	30 914	4 712	754	31 668
服装批发	1 639	188	15	90 206	75 412	2 295		75 412
鞋帽批发				5 879	5 597	3 010		5 597
化妆品及卫生用品批发	278	81		5 023	3 786	406	294	4 081
厨房、卫生间用具及日用杂货批发	16			359	186	62		186
灯具、装饰物品批发				1 010	9	5		9
家用电器批发	491	314		315 680	311 057	13 006		310 072
其他家庭用品批发	53	7		2 252	1 612	593		1 612
文化、体育用品及器材批发	661	117		38 766	8 497	3 335		8 497
体育用品及器材批发	3	3		7 734	1 853	1 515		1 853
图书批发	118	62		22 722	1 587			1 587
报刊批发	337	14		2 239	234	205		234
其他文化用品批发	201	36		6 069	4 821	1 615		4 821
医药及医疗器材批发	14 226	4 394	12 379	733 052	585 370	264 091	6 590	591 960
西药批发	6 467	1 587	8 309	324 528	271 845	126 513	5 862	277 708
中药批发	4 223	1 005	3 789	325 356	257 795	119 044	710	258 505
医疗用品及器材批发	3 534	1 801	280	83 167	55 729	18 534	16	55 746
矿产品、建材及化工产品批发	197 889	17 052	183 529	2 497 708	1 731 670	200 212	179 676	1 912 238
煤炭及制品批发	161 055	12 944	120 475	930 146	574 436	78 028	103 978	679 307
石油及制品批发	29 081	2 751	63 053	358 965	174 741	26 222	41 001	215 742
非金属矿及制品批发	343	37		10 408	7 845	882		7 845
金属及金属矿批发	4 733	475		806 805	698 466	71 748	1 225	699 691
建材批发	1 704	442		300 171	213 435	14 674	33 049	246 484
化肥批发	262	34		19 440	13 992	4 361	420	14 413
农药批发	327	298		37 572	21 180	168		21 180
其他化工产品批发	381	68		34 197	27 572	4 125		27 572
机械设备、五金产品及电子产品批发	15 556	4 639	1 407	990 684	918 251	427 907	37 881	956 132
农业机械批发	390	37	4	3 238	2 173	408		2 173
汽车批发	2 660	882	618	383 768	436 149	135 835	15 749	451 899
汽车零配件批发	290	66		13 443	8 017	1 100		8 017
摩托车及零配件批发	616	112		13 330	11 995	4 617		11 995
五金产品批发	251	63		4 293	2 199	552	872	3 072
电气设备批发	626	280	53	37 427	33 321	14 694		33 321
计算机、软件及辅助设备批发	399	61		36 833	27 534	9 211	7	27 542
通讯及广播电视设备批发	1 272	108	22	125 442	62 472	11 705	20 728	83 201
其他机械设备及电子产品批发	9 049	3 027	708	372 905	334 388	249 781	523	334 911
贸易经纪与代理	778	43		27 729	24 584	5 866	388	24 973
贸易代理	763	34		7 108	4 753	1 135	388	5 141
其他贸易经纪与代理	15	8		20 620	19 831	4 730		19 831
其他批发业	614	110		18 229	5 862	108	899	6 761
再生物资回收与批发	215	43		3 521	75			75
其他未列明批发业	399	66		14 708	5 786	108	899	6 686
2.按登记注册类型分								
内资企业	283 632	32 946	202 741	5 502 651	3 997 113	956 102	250 876	4 247 897
国有企业	23 194	2 433	767	287 362	76 706	34 373	183	76 889
有限责任公司	228 736	25 126	138 370	4 374 677	3 460 162	814 995	198 944	3 659 014
国有独资公司	8 948	590		81 320	31 930	13 009	12 409	44 339
其他有限责任公司	219 787	24 536	138 370	4 293 357	3 428 232	801 986	186 535	3 614 675

14-11 续表2-2　　（2016年）　　单位:万元

指标名称	累计折旧	#本年折旧	在建工程	资产总计	流动负债合计	#应付帐款	非流动负债合计	负债合计
股份有限公司	21 942	2 606	63 039	493 374	200 497	31 103	46 989	247 486
私营企业	9 759	2 781	564	347 237	259 747	75 630	4 759	264 506
私营独资企业								
私营合伙企业	3	3		6 361	6 296	6 296		6 296
私营有限责任公司	8 619	2 700	564	326 518	243 668	64 869	4 759	248 428
私营股份有限公司	1 136	76		14 356	9 782	4 464		9 782
港、澳、台商投资企业	2 926	1 388		29 673	22 095	8 964	441	22 536
合资经营企业(港或澳、台资)	1 021	58		6 402	6 207	1 816		6 207
港、澳、台商独资经营企业	1 904	1 329		23 270	15 888	7 148	441	16 329
外商投资企业	2 404	761	508	149 175	132 762	36 966		132 762
中外合资经营企业	2 404	761	508	149 175	132 762	36 966		132 762
3.按控股情况分								
国有控股	246 663	23 700	189 825	3 262 103	2 237 247	351 916	216 704	2 453 951
集体控股	71	14		15 996	13 881	396	105	13 987
私人控股	34 674	8 859	9 279	1 402 101	1 068 176	322 412	8 936	1 077 020
港澳台商控股	1 904	1 329		23 270	15 888	7 148	441	16 329
其他	5 648	1 192	4 145	978 027	816 778	320 159	25 130	841 908
4.按经营形式分								
独立门店	179 216	18 016	123 479	1 643 048	1 161 792	215 836	110 874	1 272 667
连锁总店	39 677	4 288	7 745	386 262	111 865	31 069	12 200	124 066
其他	70 068	12 791	72 024	3 652 189	2 878 313	755 127	128 242	3 006 463
5.按单位规模分								
大型	228 107	22 290	134 553	2 228 203	1 598 354	201 880	133 145	1 731 499
中型	45 805	9 294	65 039	2 484 453	1 870 472	639 669	112 799	1 983 271
小型	13 762	3 177	3 657	826 893	557 171	122 411	5 291	563 355
微型	1 287	333		141 949	125 973	38 073	82	125 071
二、零售业	**375 981**	**56 595**	**77 638**	**5 940 687**	**4 576 134**	**2 458 928**	**136 016**	**4 714 907**
1.按零售行业小类分								
综合零售	120 615	20 945	5 058	743 122	528 975	168 558	15 124	543 886
百货零售	97 431	15 502	4 972	666 386	438 145	150 067	12 847	450 993
超级市场零售	22 869	5 430	86	75 728	90 105	18 220	2 063	92 169
其他综合零售	315	12		1 006	723	270	213	723
食品、饮料及烟草制品专门零售	7 639	2 071	1 549	232 038	39 928	10 140	4 849	44 778
粮油零售	49	9		4 136	2 028	953	6	2 034
糕点、面包零售	41	18		1 649	1 426	991	52	1 478
果品、蔬菜零售	49	1		903	399	164	11	410
肉、禽、蛋、奶及水产品零售	5 088	1 506	64	180 095	20 167	3 948	2 969	23 136
营养和保健品零售	35	3		783	100		300	400
酒、饮料及茶叶零售	542	418		13 029	7 534	646		7 534
烟草制品零售	6	2		1 272	265	225		265
其他食品零售	1 826	111	1 485	30 167	8 008	3 210	1 510	9 519
纺织、服装及日用品专门零售	2 197	431	206	132 474	100 820	34 424	1 110	101 931
纺织品及针织品零售	5			404	82		65	148
服装零售	748	83		66 674	59 150	28 410	671	59 821
鞋帽零售	87	11		9 504	5 737	1 149	51	5 788
化妆品及卫生用品零售	843	250	86	32 875	20 577	524	297	20 874
钟表、眼镜零售	416	67	119	9 550	3 633	2 842		3 633
箱、包零售				272	26	19	4	31
其他日用品零售	95	18		13 192	11 612	1 478	21	11 633
文化、体育用品及器材专门零售	35 662	5 818	48 357	854 167	200 174	81 525	53 506	253 693
文具用品零售	41	11		3 610	2 679	1 025		2 679
体育用品及器材零售				289	19		30	49
图书、报刊零售	25 020	4 503	29 465	707 896	144 446	68 454	46 333	190 780
音像制品及电子出版物零售	2 717	369		31 635	5 299	2 602	286	5 585
珠宝首饰零售	7 048	850		51 336	22 477	4 409		22 490
工艺美术品及收藏品零售	830	82	18 891	52 161	20 702	710	6 856	27 558
乐器零售	3	1		599	399	398		399
照相器材零售	1	1		6 637	4 149	3 925		4 149
医药及医疗器材专门零售	16 265	1 496	4 083	891 839	759 175	297 193	24 390	783 565
药品零售	16 117	1 468	4 083	881 954	751 454	296 121	24 390	775 844
医疗用品及器材零售	148	28		9 885	7 721	1 071		7 721
汽车、摩托车、燃料及零配件专门零售	180 831	24 090	18 377	2 552 874	2 589 311	1 752 296	30 135	2 622 404
汽车零售	51 284	13 525	18 132	1 206 084	890 121	90 607	29 378	922 458
汽车零配件零售	349	50		7 011	4 005	2 027	337	4 342
摩托车及零配件零售	123 159	9 272		1 263 626	1 666 779	1 649 920	13	1 666 792
机动车燃料零售	6 038	1 242	244	76 151	28 404	9 741	406	28 811
家用电器及电子产品专门零售	7 102	939	2	408 672	270 059	77 036	6 396	276 456

14-11 续表2-3　　（2016年）　　单位：万元

指标名称	累计折旧	#本年折旧	在建工程	资产总计	流动负债合计	#应付帐款	非流动负债合计	负债合计
家用视听设备零售	1 520	68		49 348	47 578	5 529		47 578
日用家电设备零售	1 105	229		186 613	128 088	31 475	609	128 698
计算机、软件及辅助设备零售	3 925	494		133 189	66 255	28 921	5 775	72 030
通信设备零售	330	44	2	35 397	26 276	10 543	11	26 287
其他电子产品零售	221	104		4 123	1 861	566		1 861
五金、家具及室内装饰材料专门零售	1 464	97		42 196	35 403	1 392	120	35 524
五金零售	15	7		737	365	363		365
灯具零售				326	215			215
家具零售	1 315	15		37 167	33 043	220		33 043
涂料零售	6			75	15		10	25
卫生洁具零售	57	57		987	440			440
陶瓷、石材装饰材料零售	40	1		812	442	16	51	493
其他室内装饰材料零售	29	15		2 090	881	792	58	939
货摊、无店铺及其他零售业	4 203	704	3	83 303	52 284	36 360	383	52 667
互联网零售	638	159	3	17 350	4 127	2 112	361	4 488
邮购及电视、电话零售	1 902	441		60 264	43 827	33 532		43 827
生活用燃料零售	1 470	70		998	2 028	18	22	2 050
其他未列明零售业	191	32		4 689	2 302	697		2 302
2.按登记注册类型分								
内资企业	331 181	47 485	76 730	5 585 076	4 292 429	2 350 685	123 427	4 418 613
国有企业	2 073	176		17 803	18 005	1 882	325	18 331
集体企业	90			560	150			150
股份合作企业	336	18		5 833	3 469	1 212	194	3 663
有限责任公司	225 097	33 350	40 218	4 033 677	3 318 578	2 105 743	91 662	3 413 211
国有独资公司	213	51		11 196	5 806	654		5 806
其他有限责任公司	224 884	33 299	40 218	4 022 480	3 312 772	2 105 089	91 662	3 407 405
股份有限公司	83 355	9 424	15 920	658 822	301 890	67 489	1 421	303 311
私营企业	20 228	4 514	20 591	868 380	650 334	174 356	29 824	679 945
私营独资企业								
私营有限责任公司	17 423	3 920	20 591	771 541	597 742	152 047	24 054	621 583
私营股份有限公司	2 804	594		96 839	52 592	22 308	5 769	58 361
其他企业	13 755	3 799	94	204 318	157 696	87 910	8 068	165 764
港、澳、台商投资企业	176	87	89	7 094	2 802	796		2 802
合资经营企业(港或澳、台资)				89	153	153		153
港、澳、台商独资经营企业	13 571	3 712	5	196 443	154 542	86 764	8 068	162 610
港、澳、台商投资股份有限公司	8			691	199	196		199
外商投资企业	31 044	5 310	812	151 292	126 008	20 332	4 520	130 528
中外合资经营企业	14 320	3 850	57	23 234	32 995	7 536	1 156	34 151
外资企业	16 723	1 460	754	128 058	93 012	12 796	3 364	96 377
其他外商投资企业								
3.按控股情况分								
国有控股	50 789	8 162	33 869	1 377 665	689 123	270 663	59 169	748 292
集体控股	248	158	186	4 321	825	72		825
私人控股	216 020	25 478	34 767	3 771 167	3 283 482	1 977 712	60 331	3 346 570
港澳台商控股	16 074	4 114	92	212 692	162 904	88 315	8 068	170 972
外商控股	28 499	4 994	812	138 862	119 549	19 259	4 518	124 067
其他	64 348	13 686	7 910	435 979	320 249	102 905	3 930	324 179
4.按经营形式分								
独立门店	202 142	32 029	37 119	2 921 906	2 859 446	1 807 384	41 953	2 904 369
连锁总店	145 681	21 486	36 523	1 891 856	855 130	316 766	56 762	911 893
连锁门店	9 986	280		338 126	278 674	106 695	17 023	295 698
其他	18 170	2 798	3 994	788 798	582 883	228 082	20 276	602 946
5.按单位规模分								
大型	134 385	17 691	39 963	2 488 566	1 390 122	539 462	86 785	1 476 907
中型	101 359	25 993	32 993	1 734 238	1 216 025	206 195	36 660	1 258 379
小型	139 141	12 676	3 866	1 661 590	1 942 903	1 705 102	12 114	1 952 081
微型	1 095	234	814	56 291	27 082	8 168	456	27 538
6.按零售业态分								
有店铺零售	364 437	54 916	74 592	5 259 252	4 056 865	2 245 515	117 484	4 177 106
食杂店	7			6 246	4 025	1 052	1 479	5 504
便利店	60	32		3 946	561	77		561
折扣店	1			117	6		9	15
超市	1 668	189		92 438	81 239	6 191	342	81 581
大型超市	32 266	6 655	712	101 790	118 534	27 571	8 208	126 743
百货店	87 023	14 155	4 348	632 186	403 824	137 042	6 576	410 187
专业店	68 461	11 994	44 797	1 857 546	929 439	323 058	67 736	994 439
专卖店	48 447	12 401	5 844	1 206 415	793 525	98 655	26 234	825 466
家居建材商店	1 376	73		37 641	33 009	124	25	33 035
购物中心	275	16	18 889	34 888	10 680	591	6 850	17 530
厂家直销中心	124 847	9 397		1 286 037	1 682 018	1 651 152	22	1 682 040
无店铺零售	11 543	1 679	3 045	681 434	519 268	213 413	18 532	537 801
电视购物	1 902	441		60 264	43 827	33 532		43 827
邮购	58	13		502	63	30		63
网上商店	1 684	383	3	54 468	28 971	3 572	361	29 332
电话购物	5 543	458		427 196	325 059	131 603	17 949	343 008

（2016年）

单位:万元

指标名称	所有者权益合计	#实收资本	国家资本	集体资本	法人资本	个人资本	港澳台资本	外商资本
总　计	**2 493 011**	**2 443 346**	**834 212**	**24 962**	**1 037 868**	**479 275**	**41 815**	**25 212**
一、批发业	**1 267 231**	**957 204**	**493 060**	**8 669**	**271 492**	**168 974**	**15 008**	
1.按批发行业小类分								
农、林、牧产品批发	13 599	4 360			1 360	3 000		
种子批发	80	80				80		
饲料批发	2 288	1 200			100	1 100		
棉、麻批发	6 646	2 280			1 160	1 120		
林业产品批发	1 849	600			100	500		
牲畜批发	2 735	200				200		
食品、饮料及烟草制品批发	431 115	150 823	95 265		34 308	21 250		
米、面制品及食用油批发	22 595	15 098			2 398	12 700		
糕点、糖果及糖批发	1 300	1 250			135	1 115		
果品、蔬菜批发	18 622	3 750			1 550	2 200		
肉、禽、蛋、奶及水产品批发	4 594	3 557	87		1 100	2 370		
盐及调味品批发	135 784	43 525	20 000		23 525			
营养和保健品批发	506	400	400					
酒、饮料及茶叶批发	7 236	4 400			4 385	15		
烟草制品批发	190 240	1 214			1 214			
其他食品批发	50 235	77 628	74 778			2 850		
纺织、服装及家庭用品批发	27 980	24 026	1 316	5 229	5 450	12 030		
纺织品、针织品及原料批发	4 540	4 127	151	499	225	3 252		
服装批发	14 793	12 363	1 165	4 730	2 060	4 408		
鞋帽批发	282	300				300		
化妆品及卫生用品批发	942	1 200			475	725		
厨房、卫生间用具及日用杂货批发	172	200				200		
灯具、装饰物品批发	1 001	1 000				1 000		
家用电器批发	5 608	4 485			2 600	1 885		
其他家庭用品批发	640	350			90	260		
文化、体育用品及器材批发	30 269	13 188	150		5 747	7 291		
体育用品及器材批发	5 881	5 228			5 137	91		
图书批发	21 135	6 500			500	6 000		
报刊批发	2 004	150	150					
其他文化用品批发	1 248	1 310			110	1 200		
医药及医疗器材批发	141 092	102 930	2 000	600	65 990	34 339		
西药批发	46 820	42 082			28 035	14 047		
中药批发	66 850	41 142	2 000		32 578	6 563		
医疗用品及器材批发	27 421	19 705		600	5 377	13 728		
矿产品、建材及化工产品批发	574 398	538 579	377 040	840	96 164	54 614	9 920	
煤炭及制品批发	250 838	353 378	319 350	30		24 078	9 920	
石油及制品批发	132 151	72 929	31 450		40 954	525		
非金属矿及制品批发	2 562	2 070	1 540			530		
金属及金属矿批发	107 114	81 015	17 100		42 819	21 096		
建材批发	53 686	14 200	5 100		5 703	3 396		
化肥批发	5 027	3 340	800	810	503	1 227		
农药批发	16 391	7 243			5 806	1 437		
其他化工产品批发	6 625	4 402	1 700		377	2 325		
机械设备、五金产品及电子产品批发	34 551	114 415	16 212	2 000	57 250	33 864	5 088	
农业机械批发	1 065	1 000				1 000		
汽车批发	-68 130	7 091	1 058		650	4 794	588	
汽车零配件批发	5 426	5 253			1 146	4 107		
摩托车及零配件批发	1 335	1 600				1 600		
五金产品批发	1 221	813			605	208		
电气设备批发	4 106	200				200		
计算机、软件及辅助设备批发	9 291	10 476		2 000	4 960	3 516		
通讯及广播电视设备批发	42 241	48 696	11 176		32 100	5 420		
其他机械设备及电子产品批发	37 993	39 284	3 976		17 789	13 018	4 500	
贸易经纪与代理	2 756	1 400	275		90	1 035		
贸易代理	1 966	800				800		
其他贸易经纪与代理	789	600	275		90	235		
其他批发业	11 467	7 481	800		5 131	1 550		
再生物资回收与批发	3 445	800	800					
其他未列明批发业	8 021	6 681			5 131	1 550		
2.按登记注册类型分								
内资企业	1 243 683	948 393	492 001	8 669	270 542	167 260	9 920	
国有企业	210 472	15 784	13 669		2 114			
有限责任公司	704 592	778 776	458 331	8 669	175 110	126 745	9 920	
国有独资公司	25 910	40 353	38 353		2 000			
其他有限责任公司	678 682	738 423	419 977	8 669	173 110	126 745	9 920	

14-11 续表3-2　　(2016年)　　单位:万元

指标名称	所有者权益合计	#实收资本	国家资本	集体资本	法人资本	个人资本	港澳台资本	外商资本
股份有限公司	245 887	92 133	20 000		69 058	3 075		
私营企业	82 730	61 699			24 259	37 440		
私营独资企业								
私营合伙企业	65	65				65		
私营有限责任公司	78 090	57 852			21 259	36 593		
私营股份有限公司	4 574	3 782			3 000	782		
港、澳、台商投资企业	7 136	5 450			950		4 500	
合资经营企业(港或澳、台资)	195	950			950			
港、澳、台商独资经营企业	6 941	4 500					4 500	
外商投资企业	16 412	3 361	1 058			1 714	588	
中外合资经营企业	16 412	3 361	1 058			1 714	588	
3.按控股情况分								
国有控股	797 081	627 470	488 842	530	135 799	2 298		
集体控股	2 009	1 260	151	1 109				
私人控股	325 081	225 730	1 966	830	67 450	144 975	10 508	
港澳台商控股	6 941	4 500					4 500	
其他	136 118	98 243	2 100	6 200	68 242	21 701		
4.按经营形式分								
独立门店	370 380	413 191	288 886	710	44 701	64 473	14 420	
连锁总店	251 124	21 214	20 000		1 214			
其他	645 726	522 798	184 173	7 959	225 576	104 501	588	
5.按单位规模分								
大型	496 703	383 060	354 493		24 264	3 714	588	
中型	490 110	366 792	131 852	1 029	172 627	56 782	4 500	
小型	263 538	183 849	6 714	7 610	68 255	91 349	9 920	
微型	16 878	23 503		30	6 344	17 128		
二、零售业	**1 225 779**	**1 486 142**	**341 152**	**16 293**	**766 376**	**310 300**	**26 807**	**25 212**
1.按零售行业小类分								
综合零售	199 235	111 988		8 862	76 840	1 477	5 516	19 291
百货零售	215 393	69 982		6 762	49 514		2 662	11 042
超级市场零售	-16 440	41 726		2 100	27 326	1 198	2 853	8 249
其他综合零售	282	279				279		
食品、饮料及烟草制品专门零售	187 260	72 132			7 284	63 539	1 309	
粮油零售	2 102	2 805			2 705	100		
糕点、面包零售	171	185			51	134		
果品、蔬菜零售	493	350			150	200		
肉、禽、蛋、奶及水产品零售	156 959	52 147			864	51 282		
营养和保健品零售	383	266			266			
酒、饮料及茶叶零售	5 495	4 291			1 265	1 717	1 309	
烟草制品零售	1 007	1 000				1 000		
其他食品零售	20 648	11 087			1 982	9 105		
纺织、服装及日用品专门零售	30 543	27 280	1 489		20 282	3 189	2 320	
纺织品及针织品零售	255	250			250			
服装零售	6 852	14 497	1 489		11 356	1 652		
鞋帽零售	3 716	2 150			2 050	100		
化妆品及卫生用品零售	12 001	5 625			2 305	1 000	2 320	
钟表、眼镜零售	5 917	3 679			3 679			
箱、包零售	241	230			218	11		
其他日用品零售	1 559	848			423	425		
文化、体育用品及器材专门零售	600 474	331 239	285 482	275	7 873	37 116	492	
文具用品零售	930	850			500	350		
体育用品及器材零售	240	231			156	74		
图书、报刊零售	517 116	284 071	280 006	275	300	3 490		
音像制品及电子出版物零售	26 049	25 500			2 500	23 000		
珠宝首饰零售	28 846	8 861	800		1 067	6 501	492	
工艺美术品及收藏品零售	24 603	9 126	4 676		3 150	1 300		
乐器零售	200	200			200			
照相器材零售	2 487	2 400				2 400		
医药及医疗器材专门零售	108 273	56 541	7 900		30 189	18 451		
药品零售	106 109	54 239	7 900		28 136	18 202		
医疗用品及器材零售	2 163	2 302			2 053	249		
汽车、摩托车、燃料及零配件专门零售	-69 530	490 630	37 292	6 445	269 189	160 315	11 942	5 444
汽车零售	283 626	254 171	6 260	6 195	166 321	58 006	11 942	5 444
汽车零配件零售	2 669	2 094	67		1 198	828		
摩托车及零配件零售	-403 166	200 100			100 100	100 000		
机动车燃料零售	47 339	34 265	30 965	250	1 570	1 480		
家用电器及电子产品专门零售	132 216	367 120	1 000	507	342 873	17 041	5 222	475

14-11 续表3-3 （2016年） 单位：万元

指标名称	所有者权益合计	#实收资本	国家资本	集体资本	法人资本	个人资本	港澳台资本	外商资本
家用视听设备零售	1 770	1 000			1 000			
日用家电设备零售	57 915	26 780			24 793	1 986		
计算机、软件及辅助设备零售	61 158	326 148	1 000		311 597	8 076	5 000	475
通信设备零售	9 109	10 913			5 371	5 319	222	
其他电子产品零售	2 261	2 278		507	110	1 660		
五金、家具及室内装饰材料专门零售	6 672	4 295			1 542	2 753		
五金零售	371	362				362		
灯具零售	111	100			100			
家具零售	4 123	1 890				1 890		
涂料零售	50	50			50			
卫生洁具零售	547	547			547			
陶瓷、石材装饰材料零售	318	300			300			
其他室内装饰材料零售	1 150	1 045			545	500		
货摊、无店铺及其他零售业	30 635	24 913	7 987	203	10 300	6 416	4	2
互联网零售	12 861	10 093	8	203	4 719	5 157	4	2
邮购及电视、电话零售	16 437	10 204	5 204		5 000			
生活用燃料零售	−1 051	2 673	2 673					
其他未列明零售业	2 387	1 942	102		581	1 259		
2.按登记注册类型分								
内资企业	1 166 462	1 425 517	341 152	16 293	754 142	309 473	4	4 453
国有企业	−528	3 216	3 216					
集体企业	410	250		250				
股份合作企业	2 169	1 420			1 300	120		
有限责任公司	620 466	1 192 890	335 235	8 073	670 467	174 657	4	4 453
国有独资公司	5 390	2 450	2 450					
其他有限责任公司	615 075	1 190 440	332 785	8 073	670 467	174 657	4	4 453
股份有限公司	355 510	116 921	1 500	7 770	29 768	77 882		
私营企业	188 434	110 819	1 200	200	52 606	56 813		
私营独资企业								
私营有限责任公司	149 957	98 547	1 200	200	46 206	50 941		
私营股份有限公司	38 477	12 272			6 400	5 872		
其他企业	38 553	36 478			9 222	452	26 803	
港、澳、台商投资企业	4 292	2 765			222		2 542	
合资经营企业(港或澳、台资)	−64							
港、澳、台商独资经营企业	33 833	33 220			9 000	452	23 768	
港、澳、台商投资股份有限公司	492	492					492	
外商投资企业	20 763	24 145			3 011	375		20 759
中外合资经营企业	−10 917	10 141			3 011	375		6 755
外资企业	31 680	14 004						14 004
其他外商投资企业								
3.按控股情况分								
国有控股	629 372	369 794	334 377		33 468	1 949		
集体控股	3 495	3 420		757	2 662			
私人控股	424 596	683 584	2 575	673	379 489	300 142	226	477
港澳台商控股	41 720	37 687			9 661	452	26 580	993
外商控股	14 794	20 491			1 200			19 291
其他	111 800	371 164	4 200	14 862	339 894	7 756		4 451
4.按经营形式分								
独立门店	17 536	577 787	14 397	9 055	318 177	205 471	21 802	8 883
连锁总店	979 963	790 460	306 536	6 762	393 001	67 688	3 629	12 842
连锁门店	42 428	18 772			401	13 509	1 375	3 487
其他	185 852	99 121	20 218	475	54 796	23 631		
5.按单位规模分								
大型	1 011 658	470 912	292 910	6 762	85 992	71 566		13 679
中型	475 859	374 475	36 590	2 295	225 932	76 228	22 372	11 056
小型	−290 490	614 038	11 482	6 728	443 888	147 028	4 434	477
微型	28 752	26 715	169	507	10 562	15 476		
6.按零售业态分								
有店铺零售	1 082 146	1 420 261	329 240	16 090	739 157	283 982	26 580	25 210
食杂店	741	1 310				1 310		
便利店	3 384	800			500	300		
折扣店	102	100			100			
超市	10 856	12 597			11 151	1 446		
大型超市	−24 953	52 283		2 100	26 226		5 516	18 441
百货店	221 998	57 257		6 762	49 064	580		850
专业店	863 106	806 155	320 064	1 032	394 141	76 092	14 349	475
专卖店	380 948	280 259	8 623	6 195	153 278	100 002	6 715	5 444
家居建材商店	4 606	2 387			697	1 690		
购物中心	17 357	3 600	450		3 150			
厂家直销中心	−396 003	203 510	102		100 848	102 560		
无店铺零售	143 633	65 880	11 912	203	27 219	26 317	226	2
电视购物	16 437	10 204	5 204		5 000			
邮购	439	600			600			
网上商店	25 135	15 881	8	203	9 507	6 157	4	2
电话购物	84 188	21 798			7 140	14 658		

(2016年)

单位:万元

指标名称	营业收入	#主营业务收入	营业成本	#主营业务成本	营业税金及附加	#主营业务税金及附加	其他业务利润	销售费用
总　计	**18 411 516**	**18 296 373**	**16 540 693**	**16 471 842**	**117 813**	**115 767**	**80 646**	**908 926**
一、批发业	**9 701 476**	**9 649 602**	**8 770 404**	**8 720 921**	**93 748**	**93 408**	**17 927**	**475 290**
1.按批发行业小类分								
农、林、牧产品批发	74 658	74 658	71 865	71 865	49	18	531	607
种子批发	2 200	2 200	2 156	2 156				18
饲料批发	26 851	26 851	26 066	26 066	6	6		401
棉、麻批发	35 446	35 446	34 860	34 860	34	3	531	67
林业产品批发	6 633	6 633	5 858	5 858	7	7		103
牲畜批发	3 526	3 526	2 923	2 923				16
食品、饮料及烟草制品批发	1 019 773	1 013 213	790 285	785 020	72 090	72 042	931	37 267
米、面制品及食用油批发	51 129	51 129	46 820	46 820	155	155		1 413
糕点、糖果及糖批发	11 132	11 012	10 420	10 372	9	9		414
果品、蔬菜批发	45 650	45 650	39 369	39 359	112	112		1 207
肉、禽、蛋、奶及水产品批发	135 714	135 714	107 749	107 749	353	305	58	14 227
盐及调味品批发	22 363	17 047	14 340	9 174	149	149	-7	2 000
营养和保健品批发	2 980	2 980	1 991	1 991	17	17		351
酒、饮料及茶叶批发	56 280	56 120	50 375	50 375	95	95	332	3 276
烟草制品批发	514 721	514 574	358 698	358 656	71 038	71 038	105	7 941
其他食品批发	179 801	178 985	160 521	160 521	159	159	442	6 436
纺织、服装及家庭用品批发	687 822	687 285	662 960	662 785	675	675	486	15 468
纺织品、针织品及原料批发	112 846	112 846	109 206	109 206	192	192		1 532
服装批发	172 820	172 487	167 764	167 704	54	54		2 757
鞋帽批发	7 349	7 349	7 003	7 003				
化妆品及卫生用品批发	14 637	14 637	14 490	14 490	22	22	486	918
厨房、卫生间用具及日用杂货批发	3 481	3 481	3 172	3 172	2	2		163
灯具、装饰物品批发	575	575	428	428	1	1		51
家用电器批发	364 270	364 100	349 936	349 821	393	393		9 550
其他家庭用品批发	11 841	11 807	10 958	10 958	8	8		494
文化、体育用品及器材批发	49 522	49 419	42 225	42 225	77	77		2 683
体育用品及器材批发	4 186	4 186	3 857	3 857	13	13		86
图书批发	25 000	25 000	20 842	20 842	40	40		1 285
报刊批发	2 059	1 955	672	672	14	14		312
其他文化用品批发	18 276	18 276	16 853	16 853	9	9		998
医药及医疗器材批发	1 641 059	1 639 205	1 289 314	1 287 719	8 422	8 364	3 330	218 534
西药批发	524 801	524 597	451 756	451 424	2 624	2 566	2 298	54 241
中药批发	930 702	929 052	671 663	670 401	5 460	5 460	391	154 753
医疗用品及器材批发	185 555	185 555	165 893	165 893	337	337	640	9 539
矿产品、建材及化工产品批发	3 961 298	3 927 025	3 791 665	3 755 538	10 216	10 033	9 404	69 951
煤炭及制品批发	503 131	486 866	456 177	447 149	2 847	2 725	7 732	16 650
石油及制品批发	999 572	997 627	943 691	933 319	1 255	1 230	16	37 183
非金属矿及制品批发	17 536	17 536	16 443	16 443	5	5		732
金属及金属矿批发	1 928 086	1 924 951	1 889 964	1 889 888	3 615	3 580	1 499	7 390
建材批发	375 170	375 170	353 062	349 230	2 187	2 187		5 724
化肥批发	13 832	13 832	12 805	12 805	254	254		387
农药批发	25 873	25 855	24 369	24 369	5	5	65	380
其他化工产品批发	98 096	85 186	95 151	82 330	45	45	89	1 500
机械设备、五金产品及电子产品批发	2 116 111	2 107 684	1 979 912	1 974 245	2 072	2 054	3 242	127 956
农业机械批发	4 457	4 457	3 796	3 796				320
汽车批发	1 194 949	1 194 136	1 130 477	1 130 309	762	762	101	88 972
汽车零配件批发	48 234	48 203	46 247	46 247	114	114	31	492
摩托车及零配件批发	44 516	44 516	42 802	42 802	29	29		991
五金产品批发	15 363	15 363	14 396	14 396	22	22		273
电气设备批发	15 661	15 645	13 970	13 970				598
计算机、软件及辅助设备批发	52 517	51 727	46 433	46 433	98	98	789	1 645
通讯及广播电视设备批发	193 095	193 095	182 309	182 309	183	165	447	9 369
其他机械设备及电子产品批发	547 315	540 539	499 478	493 979	862	862	1 872	25 291
贸易经纪与代理	74 875	74 875	70 580	70 039	26	25		2 268
贸易代理	40 864	40 864	38 182	38 182	16	16		1 728
其他贸易经纪与代理	34 010	34 010	32 397	31 856	9	9		540
其他批发业	76 355	76 235	71 595	71 482	117	117		551
再生物资回收与批发	11 607	11 487	8 459	8 345	87	87		218
其他未列明批发业	64 747	64 747	63 136	63 136	29	29		332
2.按登记注册类型分								
内资企业	9 399 670	9 348 589	8 488 971	8 439 612	93 518	93 179	17 860	466 697
国有企业	571 205	559 952	407 096	396 616	71 363	71 363	521	10 862
有限责任公司	7 267 722	7 228 131	6 643 896	6 612 129	16 107	15 806	14 124	395 108
国有独资公司	400 006	397 822	382 232	378 729	529	506	146	5 140
其他有限责任公司	6 867 716	6 830 309	6 261 664	6 233 400	15 578	15 299	13 977	389 968

14-11 续表4-2　　　　(2016年)　　　　单位:万元

指标名称	营业收入	#主营业务收入	营业成本	#主营业务成本	营业税金及附加	#主营业务税金及附加	其他业务利润	销售费用
股份有限公司	579 167	578 930	531 887	524 789	845	836	74	32 965
私营企业	981 575	981 575	906 090	906 076	5 202	5 173	3 140	27 761
私营独资企业								
私营合伙企业	879	879	875	875				
私营有限责任公司	891 864	891 864	823 190	823 176	4 548	4 519	3 140	26 138
私营股份有限公司	88 831	88 831	82 024	82 024	654	654		1 623
港、澳、台商投资企业	39 631	39 631	34 365	34 365	75	75		1 283
合资经营企业(港或澳、台资)	8 393	8 393	6 695	6 695	17	17		273
港、澳、台商独资经营企业	31 238	31 238	27 669	27 669	58	58		1 009
外商投资企业	262 174	261 381	247 067	246 943	154	154	66	7 309
中外合资经营企业	262 174	261 381	247 067	246 943	154	154	66	7 309
3.按控股情况分								
国有控股	5 463 258	5 416 700	5 050 126	5 002 461	79 332	79 149	9 437	185 011
集体控股	29 563	29 563	28 172	28 172	250	250		509
私人控股	2 679 316	2 676 335	2 417 162	2 416 936	7 899	7 776	7 249	133 981
港澳台商控股	31 238	31 238	27 669	27 669	58	58		1 009
其他	1 498 100	1 495 764	1 247 272	1 245 680	6 206	6 173	1 240	154 778
4.按经营形式分								
独立门店	1 957 489	1 926 734	1 781 677	1 759 786	9 922	9 699	10 555	56 986
连锁总店	1 308 580	1 306 535	1 109 870	1 106 439	71 920	71 897	105	31 019
其他	6 435 407	6 416 331	5 878 855	5 854 694	11 905	11 812	7 266	387 284
5.按单位规模分								
大型	3 450 433	3 432 878	2 905 280	2 896 043	80 742	80 643	7 271	282 490
中型	4 457 708	4 438 193	4 162 353	4 135 795	9 890	9 704	8 335	156 449
小型	1 624 696	1 609 923	1 535 503	1 521 816	3 064	3 008	2 290	35 170
微型	168 638	168 607	167 266	167 266	51	51	31	1 180
二、零售业	**8 710 039**	**8 646 771**	**7 770 289**	**7 750 921**	**24 065**	**22 358**	**62 719**	**433 636**
1.按零售行业小类分								
综合零售	1 142 484	1 119 627	988 928	984 396	4 849	4 707	40 773	117 161
百货零售	954 597	936 835	831 292	828 463	4 251	4 189	33 684	87 069
超级市场零售	185 464	180 381	155 512	153 809	593	513	7 077	30 080
其他综合零售	2 422	2 411	2 123	2 123	4	4	11	11
食品、饮料及烟草制品专门零售	251 415	249 469	191 367	190 280	2 036	2 013	794	24 435
粮油零售	10 078	10 078	8 982	8 982	38	38		829
糕点、面包零售	2 837	2 837	2 382	2 382	14	14		488
果品、蔬菜零售	16 931	16 931	15 628	15 628	71	71		384
肉、禽、蛋、奶及水产品零售	91 313	89 454	66 097	65 031	570	557	794	10 147
营养和保健品零售	3 642	3 642	2 602	2 602	7	7		74
酒、饮料及茶叶零售	20 941	20 941	17 419	17 419	165	155		661
烟草制品零售	12 678	12 678	12 530	12 530	23	23		26
其他食品零售	92 991	92 904	65 723	65 702	1 144	1 144		11 823
纺织、服装及日用品专门零售	196 414	195 581	142 928	142 296	1 002	1 000	805	33 613
纺织品及针织品零售	10 014	10 014	9 646	9 646	31	31		74
服装零售	100 914	100 202	75 452	74 859	462	460	694	19 160
鞋帽零售	17 081	17 081	13 377	13 377	87	87		1 703
化妆品及卫生用品零售	42 016	42 016	24 735	24 735	255	255	28	8 596
钟表、眼镜零售	18 145	18 024	12 520	12 481	123	123	83	3 780
箱、包零售	2 031	2 031	1 667	1 667	18	18		25
其他日用品零售	6 210	6 210	5 528	5 528	24	24		273
文化、体育用品及器材专门零售	797 447	788 240	625 460	622 920	1 283	1 283	5 766	34 968
文具用品零售	6 781	6 781	6 073	6 073	8	8		265
体育用品及器材零售	517	517	436	436	1	1		5
图书、报刊零售	672 671	664 939	531 530	529 543	495	495	5 745	30 536
音像制品及电子出版物零售	54 791	54 791	35 409	35 409	205	205		105
珠宝首饰零售	40 566	40 249	35 379	35 379	515	515		2 402
工艺美术品及收藏品零售	13 450	12 291	8 197	7 644	54	54	21	1 591
乐器零售	1 112	1 112	1 062	1 062				
照相器材零售	7 555	7 555	7 370	7 370	1	1		61
医药及医疗器材专门零售	1 349 975	1 347 367	1 232 376	1 232 049	2 224	2 054	504	62 766
药品零售	1 324 030	1 321 423	1 209 151	1 208 824	2 208	2 038	504	59 916
医疗用品及器材零售	25 944	25 944	23 225	23 225	15	15		2 850
汽车、摩托车、燃料及零配件专门零售	3 688 845	3 674 309	3 434 094	3 427 258	9 552	8 220	12 436	84 558
汽车零售	3 350 894	3 336 583	3 120 164	3 113 479	8 681	7 382	12 320	74 468
汽车零配件零售	13 461	13 461	12 064	12 064	93	64	113	238
摩托车及零配件零售	19 235	19 231	18 907	18 907	86	86		63
机动车燃料零售	305 253	305 032	282 957	282 807	691	687	2	9 787
家用电器及电子产品专门零售	934 270	931 164	867 104	866 411	1 705	1 705	1 620	40 097

指标名称	营业收入	#主营业务收入	营业成本	#主营业务成本	营业税金及附加	#主营业务税金及附加	其他业务利润	销售费用
家用视听设备零售	165 452	165 452	154 750	154 750	174	174		1 402
日用家电设备零售	489 370	486 631	454 698	454 006	1 157	1 157	1 586	27 522
计算机、软件及辅助设备零售	154 812	154 809	137 340	137 340	255	255	-59	8 694
通信设备零售	118 010	117 646	114 236	114 236	105	104	94	2 323
其他电子产品零售	6 624	6 624	6 078	6 078	13	13		154
五金、家具及室内装饰材料专门零售	145 027	144 971	130 437	130 437	515	501	1	1 390
五金零售	1 442	1 442	1 360	1 360	2	2		41
灯具零售	494	494	470	470	1	1		
家具零售	124 853	124 796	112 009	112 009	463	463		953
涂料零售	2 207	2 207	1 905	1 905	1	1		62
卫生洁具零售	1 420	1 420	1 124	1 124	17	17		6
陶瓷、石材装饰材料零售	6 946	6 946	6 209	6 209	6	5		264
其他室内装饰材料零售	7 663	7 663	7 358	7 358	23	10	1	61
货摊、无店铺及其他零售业	204 159	196 040	157 591	154 870	895	872	16	34 644
互联网零售	52 502	52 402	43 871	43 625	325	302	16	3 150
邮购及电视、电话零售	141 144	133 278	104 126	101 793	547	547		31 050
生活用燃料零售	293	293	192	192	2	2		87
其他未列明零售业	10 219	10 067	9 401	9 259	19	19		356
2.按登记注册类型分								
内资企业	7 726 188	7 671 135	6 881 347	6 864 586	21 793	20 137	39 999	353 240
国有企业	46 071	46 071	43 444	43 444	43	42	42	1 473
集体企业	2 037	2 000	1 814	1 814	6	6		
股份合作企业	13 945	13 945	12 783	12 783	65	52	16	638
有限责任公司	5 372 924	5 335 971	4 783 486	4 769 061	14 367	13 904	22 369	249 336
国有独资公司	11 441	11 434	9 445	9 445	44	44		1 120
其他有限责任公司	5 361 483	5 324 536	4 774 040	4 759 616	14 323	13 860	22 369	248 216
股份有限公司	602 505	590 852	487 488	486 300	3 151	2 909	12 571	47 413
私营企业	1 688 704	1 682 295	1 552 331	1 551 182	4 160	3 222	5 000	54 379
私营独资企业								
私营有限责任公司	1 568 228	1 561 818	1 444 456	1 443 382	3 980	3 042	5 006	48 663
私营股份有限公司	120 476	120 476	107 874	107 800	180	180	-5	5 716
其他企业	558 769	554 720	518 071	518 039	1 146	1 096	19 449	36 795
港、澳、台商投资企业	16 354	16 354	14 304	14 304	51	51	28	364
合资经营企业(港或澳、台资)	1 386	1 386	1 090	1 090				50
港、澳、台商独资经营企业	540 546	536 497	502 247	502 215	1 065	1 015	19 421	36 238
港、澳、台商投资股份有限公司	482	482	429	429	28	28		142
外商投资企业	425 081	420 915	370 870	368 295	1 124	1 124	3 270	43 600
中外合资经营企业	116 798	114 675	103 173	100 764	297	297	2 330	12 636
外资企业	308 282	306 239	267 697	267 531	826	826	939	30 963
其他外商投资企业								
3.按控股情况分								
国有控股	2 102 351	2 083 683	1 831 432	1 826 567	3 135	2 961	9 139	108 086
集体控股	6 986	6 949	5 954	5 954	51	51	75	183
私人控股	4 914 225	4 889 059	4 453 253	4 445 470	15 157	13 757	21 184	174 695
港澳台商控股	611 275	605 400	565 814	565 034	1 287	1 237	20 527	39 256
外商控股	356 333	353 993	308 258	306 431	937	937	2 192	40 764
其他	718 867	707 685	605 576	601 463	3 495	3 413	9 600	70 649
4.按经营形式分								
独立门店	4 283 427	4 259 083	3 925 036	3 917 185	12 853	11 402	20 097	132 234
连锁总店	2 499 482	2 469 634	2 103 947	2 095 346	7 471	7 238	42 145	193 242
连锁门店	459 248	458 920	421 586	421 586	712	712		17 443
其他	1 467 881	1 459 133	1 319 719	1 316 804	3 027	3 004	476	90 715
5.按单位规模分								
大型	3 354 937	3 321 526	2 883 965	2 875 229	7 869	7 663	37 714	228 434
中型	4 353 561	4 326 250	3 960 612	3 951 907	13 136	11 955	23 554	175 344
小型	880 850	878 387	814 512	812 660	2 671	2 366	1 325	27 735
微型	120 691	120 606	111 199	111 124	387	373	125	2 122
6.按零售业态分								
有店铺零售	7 715 381	7 660 309	6 896 607	6 879 863	21 876	20 192	62 514	365 382
食杂店	2 715	2 715	2 259	2 259	3	3		239
便利店	6 610	6 610	5 836	5 836	20	20		1 152
折扣店	1 945	1 945	1 765	1 765	1	1		32
超市	180 421	179 201	174 598	174 261	172	138	901	5 422
大型超市	235 978	230 360	193 888	192 193	769	722	7 057	44 350
百货店	888 538	871 321	778 919	776 091	3 990	3 927	33 684	70 481
专业店	3 328 641	3 310 358	2 921 452	2 917 291	7 156	6 778	10 336	152 676
专卖店	2 874 528	2 861 800	2 641 701	2 633 977	9 005	7 841	10 534	87 472
家居建材商店	129 554	129 554	116 417	116 417	481	481		1 023
购物中心	10 713	10 713	7 550	7 550	29	29		1 778
厂家直销中心	55 733	55 729	52 217	52 217	246	246		755
无店铺零售	994 658	986 461	873 682	871 058	2 189	2 166	204	68 253
电视购物	141 144	133 278	104 126	101 793	547	547		31 050
邮购	131	131	105	105				2
网上商店	116 588	116 488	88 589	88 343	646	623	16	14 243
电话购物	541 342	541 333	499 722	499 722	606	606	9	16 635

14-11 续表5-1　　　　（2016年）　　　　单位：万元

指标名称	管理费用	#税金	财务费用	#利息收入	#利息支出	资产减值损失	公允价值变动	投资收益
总计	**487 983**	**15 302**	**94 914**	**27 441**	**67 784**	**33 401**	**12 149**	**27 073**
一、批发业	**226 090**	**7 132**	**40 268**	**18 133**	**40 135**	**21 413**	**-1**	**5 287**
1.按批发行业小类分								
农、林、牧产品批发	372	7	102	12	70	1	3	284
种子批发	24							
饲料批发	63	5	1					
棉、麻批发	42	1	9	12	20	1	3	284
林业产品批发	152		42					
牲畜批发	89		49		49			
食品、饮料及烟草制品批发	48 981	932	1 025	5 400	711	3	-6	-85
米、面制品及食用油批发	1 104	49	297	1	101			
糕点、糖果及糖批发	230	4	115	3	75			
果品、蔬菜批发	2 061	239	385	3	380			
肉、禽、蛋、奶及水产品批发	8 856	21	83		3	2	2	
盐及调味品批发	2 585	12	550	11				
营养和保健品批发	479		-14	14				
酒、饮料及茶叶批发	1 176	33	65		27			
烟草制品批发	16 872	504	-5 347	5 356				
其他食品批发	15 614	66	4 890	9	123		-9	-85
纺织、服装及家庭用品批发	6 808	95	790	1 710	1 645	313	-5	242
纺织品、针织品及原料批发	1 497	10	35	50	48			139
服装批发	1 575	10	407	818	552	49	-5	102
鞋帽批发	323		7		2			
化妆品及卫生用品批发	456	6	58		35			
厨房、卫生间用具及日用杂货批发	32	18	2		2			
灯具、装饰物品批发	84							
家用电器批发	2 550	42	275	841	1 003	263		
其他家庭用品批发	287	8	2		1			
文化、体育用品及器材批发	2 071	18	103	-11	155			
体育用品及器材批发	67		13		1			
图书批发	1 322	9	63		63			
报刊批发	295	7	-11	11				
其他文化用品批发	386	1	37	-23	90			
医药及医疗器材批发	75 721	842	4 520	-477	2 096	1 186	4	255
西药批发	9 632	649	3 039	-432	1 264	694	4	31
中药批发	60 654	173	784	-56	639	350		222
医疗用品及器材批发	5 434	18	697	11	191	140		1
矿产品、建材及化工产品批发	59 173	4 555	32 375	8 013	32 524	18 568		3 390
煤炭及制品批发	30 477	3 035	22 471	1 162	21 399	24 307		
石油及制品批发	11 009	204	2 176	583	1 861	391		2 034
非金属矿及制品批发	182		137					
金属及金属矿批发	7 490	1 099	3 675	5 833	8 685	-6 133		1 114
建材批发	8 660	164	3 771	27	245			179
化肥批发	191	8	-88	137	31			14
农药批发	462		14	258	87	3		47
其他化工产品批发	699	43	216	10	213			
机械设备、五金产品及电子产品批发	30 859	663	730	3 516	2 800	1 340		1 199
农业机械批发	303	1	33		33			
汽车批发	3 837	219	88	2 431	1 794	-3		1 199
汽车零配件批发	493	19	193	6	49			
摩托车及零配件批发	674	68	16	4	19			
五金产品批发	559	9	38		31			
电气设备批发	759		-64	134	70			
计算机、软件及辅助设备批发	4 399	45	268	3	243	684		
通讯及广播电视设备批发	5 820	40	-725	816	36	360		
其他机械设备及电子产品批发	14 012	260	882	119	521	299		
贸易经纪与代理	1 096	3	599	-55	98	1	1	
贸易代理	883	3	-11	-56	37	1	1	
其他贸易经纪与代理	212		611		61			
其他批发业	1 007	12	20	24	33			
再生物资回收与批发	655			9	10			
其他未列明批发业	351	12	19	14	22			
2.按登记注册类型分								
内资企业	219 959	7 024	37 668	18 189	38 211	21 265	-1	4 087
国有企业	18 977	573	-5 193	5 391	12	96		
有限责任公司	164 158	5 410	38 467	11 869	35 208	20 510	-4	3 670
国有独资公司	3 551	112	505	126	496	262		
其他有限责任公司	160 607	5 298	37 962	11 743	34 712	20 248	-4	3 670

14-11 续表5-2 （2016年） 单位:万元

指标名称	管理费用	#税金	财务费用	#利息收入	#利息支出	资产减值损失	公允价值变动	投资收益
股份有限公司	11 728	166	2 122	749	1 787	656	1	385
私营企业	25 094	874	2 271	179	1 203	3	1	31
私营独资企业								
私营合伙企业	10							
私营有限责任公司	23 834	668	2 113	147	1 155	3	1	31
私营股份有限公司	1 249	205	157	31	47			
港、澳、台商投资企业	2 910	11	286	12	339	148		
合资经营企业(港或澳、台资)	1 067	11	202	1	196			
港、澳、台商独资经营企业	1 843		84	10	143	148		
外商投资企业	3 221	95	2 313	−68	1 584			1 199
中外合资经营企业	3 221	95	2 313	−68	1 584			1 199
3.按控股情况分								
国有控股	94 623	5 045	26 303	16 038	28 745	18 933	−9	3 290
集体控股	382	2	7	12	2			67
私人控股	62 358	1 739	11 576	1 139	8 737	699	5	1 855
港澳台商控股	1 843		84	10	143	148		
其他	66 882	344	2 297	932	2 505	1 632	1	74
4.按经营形式分								
独立门店	59 357	4 254	23 157	1 751	22 191	25 954	11	1 469
连锁总店	21 618	574	−4 753	5 356		392		
其他	145 115	2 303	21 864	11 025	17 943	−4 933	−13	3 817
5.按单位规模分								
大型	132 536	3 783	18 305	8 919	20 532	828	−9	1 298
中型	67 369	2 426	12 586	5 368	9 870	26 341	3	2 641
小型	25 453	864	9 174	3 672	9 502	−5 756	4	1 347
微型	732	57	202	172	229			
二、零售业	**261 892**	**8 169**	**54 645**	**9 307**	**27 648**	**11 987**	**12 151**	**21 786**
1.按零售行业小类分								
综合零售	29 674	794	9 835	523	7 826	6 413	11 859	2 535
百货零售	24 033	638	8 979	541	7 118	2 819	11 859	2 535
超级市场零售	5 286	120	854	−18	708	3 593		
其他综合零售	353	35	2					
食品、饮料及烟草制品专门零售	18 669	395	3 293	−441	1 767		1	16 021
粮油零售	811	11	26	1	14			
糕点、面包零售	46		36					
果品、蔬菜零售	429	2	169					
肉、禽、蛋、奶及水产品零售	9 684	215	−533	−694	62		1	16 021
营养和保健品零售	12	7	1					
酒、饮料及茶叶零售	2 054	63	181		4			
烟草制品零售	56	1	12					
其他食品零售	5 575	94	3 402	250	1 684			
纺织、服装及日用品专门零售	10 209	253	462	306	381	272	−7	
纺织品及针织品零售	88		34					
服装零售	3 185	116	88	261	170	219	−7	
鞋帽零售	1 380	97	59		6	64		
化妆品及卫生用品零售	4 651		164	11	86			
钟表、眼镜零售	334	21	17	34	22	−11		
箱、包零售	169	2	1					
其他日用品零售	399	14	97		96			
文化、体育用品及器材专门零售	54 069	1 649	−1 391	3 243	862	1 178		−1 043
文具用品零售	305		48					
体育用品及器材零售	4	1	5					
图书、报刊零售	50 218	1 502	−2 870	3 195	257	1 158		−1 043
音像制品及电子出版物零售	499	111	177					
珠宝首饰零售	1 191	14	424	44	346			
工艺美术品及收藏品零售	1 689	16	780	3	259	20		
乐器零售	49							
照相器材零售	112		41					
医药及医疗器材专门零售	21 088	187	15 033	3 033	4 865	2 773		761
药品零售	20 255	158	15 030	3 017	4 860	2 773		761
医疗用品及器材零售	832	28	3	16	4			
汽车、摩托车、燃料及零配件专门零售	97 709	3 995	25 765	2 013	11 612	619	298	3 004
汽车零售	47 859	3 741	25 508	1 924	11 556	563	286	2 864
汽车零配件零售	465	15	145	17	43	15	10	15
摩托车及零配件零售	45 222		22					
机动车燃料零售	4 161	237	89	71	12	40	1	124
家用电器及电子产品专门零售	20 855	713	889	575	116	36		6

指标名称	管理费用	#税金	财务费用	#利息收入	#利息支出	资产减值损失	公允价值变动	投资收益
家用视听设备零售	6 841	3	22	11				
日用家电设备零售	6 276	98	−236	562	86	1		
计算机、软件及辅助设备零售	5 658	555	1 023	5	15	20		6
通信设备零售	1 748	48	54	−5	15	13		
其他电子产品零售	330	7	25	1				
五金、家具及室内装饰材料专门零售	3 701	25	362	1	175	1	1	
五金零售	17	7	6					
灯具零售	20							
家具零售	3 250	8	209		174			
涂料零售	49		17					
卫生洁具零售	118	3	6					
陶瓷、石材装饰材料零售	144		90			1		
其他室内装饰材料零售	101	5	31	1			1	
货摊、无店铺及其他零售业	5 915	156	392	50	40	692	−3	499
互联网零售	3 853	107	400	12	37	13	−3	−12
邮购及电视、电话零售	1 729	42	−21	36		667		511
生活用燃料零售	68		4					
其他未列明零售业	263	6	9		3	12		
2.按登记注册类型分								
内资企业	244 039	5 811	52 742	9 066	26 555	5 547	292	21 780
国有企业	1 306	2	38	6	44	11	1	107
集体企业	30		4					
股份合作企业	211	16	28	9	5	6	3	4
有限责任公司	182 486	3 727	30 462	8 800	17 258	3 250	205	3 376
国有独资公司	413	3	26	10	−40	16		
其他有限责任公司	182 073	3 724	30 436	8 789	17 299	3 234	205	3 376
股份有限公司	31 846	1 001	9 593	−745	6 936	148	−5	18 242
私营企业	28 159	1 062	12 614	995	2 310	2 131	88	50
私营独资企业								
私营有限责任公司	23 943	449	11 894	974	2 309	2 130	88	50
私营股份有限公司	4 216	612	720	20				
其他企业	7 699	2 169	755	61	39	13	11 859	
港、澳、台商投资企业	292	3	1		1			
合资经营企业(港或澳、台资)	256	1						
港、澳、台商独资经营企业	7 139	2 165	754	61	38	13	11 859	
港、澳、台商投资股份有限公司	11							
外商投资企业	10 154	189	1 148	179	1 053	6 426		6
中外合资经营企业	2 420	90	501	13	416	2 105		6
外资企业	7 733	98	646	166	637	4 321		
其他外商投资企业								
3.按控股情况分								
国有控股	71 637	1 944	5 459	6 280	5 209	2 847	1	601
集体控股	520	14	25		14			1
私人控股	152 041	2 996	42 003	2 111	16 927	2 407	289	20 854
港澳台商控股	8 036	2 213	780	74	54	62	11 859	
外商控股	9 015	140	1 106	167	1 022	6 377		
其他	20 642	860	5 269	674	4 420	292	1	329
4.按经营形式分								
独立门店	116 172	4 415	27 266	3 189	12 933	2 551	288	2 544
连锁总店	111 799	2 720	11 792	3 019	9 697	5 621	11 860	17 982
连锁门店	4 803	110	6 667		127	2 213		
其他	29 117	924	8 919	3 098	4 889	1 600	1	1 259
5.按单位规模分								
大型	116 732	2 982	23 816	5 923	13 400	7 849	11 859	18 772
中型	70 863	4 148	26 422	3 009	12 071	3 965	277	3 001
小型	71 548	937	4 100	351	2 058	163	20	13
微型	2 748	101	306	23	117	9	−5	
6.按零售业态分								
有店铺零售	239 735	7 431	43 755	6 544	27 022	9 099	12 154	21 286
食杂店	180		79		80			
便利店	871	83	74	65	9			
折扣店	46		34					
超市	869	51	−454	589	29			
大型超市	5 586	117	1 272	1	1 023	6 367		
百货店	22 903	624	8 465	454	6 774	45	11 859	2 535
专业店	107 175	4 866	13 054	4 247	8 810	1 858	44	366
专卖店	51 305	1 647	20 206	1 153	9 890	749	250	18 384
家居建材商店	3 146	9	293		163			
购物中心	1 100	10	487	5	7	65		
厂家直销中心	46 549	20	241	26	235	12		
无店铺零售	22 157	738	10 890	2 763	626	2 888	−3	499
电视购物	1 729	42	−21	36		667		511
邮购	98							
网上商店	9 992	145	544	36	121	13	−3	−12
电话购物	7 770	526	7 476		425	1 617		

（2016年）

单位：万元

指标名称	营业利润	营业外收入	#补贴收入	利润总额	应交所得税	应付职工薪酬(本年贷方累计发生额)	应交增值税	从事批发和零售业活动的从业人员平均人数(人)
总计	**261 187**	**81 670**	**39 463**	**352 844**	**64 330**	**594 201**	**409 811**	**79 362**
一、批发业	**83 668**	**60 437**	**37 461**	**108 168**	**38 747**	**282 591**	**180 488**	**30 404**
1. 按批发行业小类分								
农、林、牧产品批发	1947	21		2084	245	765	451	158
种子批发						24		8
饲料批发	311			311	5	381	34	77
棉、麻批发	719	21		856	213	139		27
林业产品批发	469			469	27	133	417	28
牲畜批发	447			447		87		18
食品、饮料及烟草制品批发	70201	5547	490	70529	18214	56447	28594	7026
米、面制品及食用油批发	1338			619	25	745	54	208
糕点、糖果及糖批发	−57	26	26	195		186	69	63
果品、蔬菜批发	2515	38	38	2484	20	1359	939	480
肉、禽、蛋、奶及水产品批发	4444	60	6	4501	124	1767	823	391
盐及调味品批发	2737			2727	681	20835	499	3201
营养和保健品批发	155	3533		−38		181	151	11
酒、饮料及茶叶批发	1463	525	12	1504	324	1677	722	213
烟草制品批发	65518	19		65455	17037	19228	25222	918
其他食品批发	−7913	1344	407	−6919	1	10465	112	1541
纺织、服装及家庭用品批发	1053	491	55	1849	764	7345	2567	1528
纺织品、针织品及原料批发	520	48	20	536	97	1144	301	241
服装批发	318	75	32	381	149	1599	465	398
鞋帽批发	14			18		146		10
化妆品及卫生用品批发	−1309	353		−469	10	505	106	139
厨房、卫生间用具及日用杂货批发	108					148	26	40
灯具、装饰物品批发	10			10		30	4	2
家用电器批发	1299	12	3	1281	501	3568	1596	621
其他家庭用品批发	90			91	6	203	66	77
文化、体育用品及器材批发	2361			2241	350	842	278	180
体育用品及器材批发	147			54	2	96	10	17
图书批发	1446			1428	152	187	85	48
报刊批发	776			766	191	178	117	27
其他文化用品批发	−8			−7	4	381	65	88
医药及医疗器材批发	43742	9512	3305	52325	7224	61373	69911	9870
西药批发	2957	3481	3078	5689	1230	8086	21398	1859
中药批发	37272	6009	224	42785	5127	51572	46715	7599
医疗用品及器材批发	3513	21	2	3850	866	1714	1797	412
矿产品、建材及化工产品批发	−13443	19605	11233	−4854	8926	126504	62686	3834
煤炭及制品批发	−49801	17491	11123	−41512	4462	91658	15644	602
石油及制品批发	5899	249	38	5423	2482	18329	32291	1435
非金属矿及制品批发	34	71		105		675	120	132
金属及金属矿批发	23198	1158	52	23136	853	4454	4120	609
建材批发	5761	591	14	6452	875	10286	10172	818
化肥批发	294	1		338	4	171	−5	54
农药批发	684	35		767	182	398	2	58
其他化工产品批发	483	6	6	434	65	530	338	126
机械设备、五金产品及电子产品批发	−25560	24570	22212	−19641	2239	27012	14875	7408
农业机械批发	3	1		4	1	200		53
汽车批发	−27985	22196	22070	−22613	829	7733	6328	628
汽车零配件批发	693	11	11	486	102	288	294	99
摩托车及零配件批发	2	9	7	12	3	349	250	87
五金产品批发	73	86	86	159	20	438	174	101
电气设备批发	396			396	99	262	115	45
计算机、软件及辅助设备批发	−1011	15	7	−1003	61	1051	444	260
通讯及广播电视设备批发	−4221	2050		−2219	32	3600	1210	210
其他机械设备及电子产品批发	6488	198	31	5135	1090	13088	6057	5925
贸易经纪与代理	304	9	8	317	57	876	277	204
贸易代理	65			69	11	701	182	180
其他贸易经纪与代理	238	9	8	247	45	175	94	24
其他批发业	3063	678	154	3316	725	1423	845	196
再生物资回收与批发	2185	142	141	2324	582	1114	729	125
其他未列明批发业	878	536	12	992	143	309	116	71
2. 按登记注册类型分								
内资企业	79799	59582	36646	103451	37875	275881	178714	29850
国有企业	68002	532	407	68425	17644	21943	25930	1372
有限责任公司	−2846	58079	36108	22172	16531	197888	131842	21514
国有独资公司	7786	287	223	7814	700	5394	28785	557
其他有限责任公司	−10632	57791	35885	14357	15830	192494	103057	20957

14-11 续表6-2 （2016年） 单位：万元

指 标 名 称	营业利润	营业外收入	#补贴收入	利润总额	应交所得税	应付职工薪酬(本年贷方累计发生额)	应交增值税	从事批发和零售业活动的从业人员平均人数（人）
股份有限公司	-650	571	3	-582	2707	36961	6037	4433
私营企业	15292	399	127	13435	992	19087	14904	2531
私营独资企业								
私营合伙企业	-6					9		3
私营有限责任公司	12064	397	127	11914	982	17873	4822	2337
私营股份有限公司	3234	1		1520	10	1205	10082	191
港、澳、台商投资企业	560	15		574	109	2608	430	277
合资经营企业(港或澳、台资)	136			136		600	172	112
港、澳、台商独资经营企业	424	15		438	109	2007	257	165
外商投资企业	3308	839	815	4142	762	4101	1344	277
中外合资经营企业	3308	839	815	4142	762	4101	1344	277
3.按控股情况分								
国有控股	16027	40148	33170	24986	25971	188290	92992	11408
集体控股	308	28		376	10	211	-5	58
私人控股	47778	9588	1213	52797	5806	49605	35183	12041
港澳台商控股	424	15		438	109	2007	257	165
其他	19129	10657	3077	29570	6849	42475	52060	6732
4.按经营形式分								
独立门店	1923	19835	11849	10274	9372	113720	35375	7978
连锁总店	78512	57	38	77876	19348	29734	55208	2119
其他	3233	40543	25573	20017	10026	139136	89903	20307
5.按单位规模分								
大型	31540	19406	11970	40601	26425	189511	95593	12070
中型	29195	29265	25064	40575	9581	70646	73449	14560
小型	23728	11337	375	27533	2738	14885	11184	3437
微型	-795	428	51	-542	2	7547	260	337
二、零售业	**177518**	**21233**	**2002**	**244676**	**25583**	**311610**	**229322**	**48958**
1.按零售行业小类分								
综合零售	17	4079	79	1548	7707	46961	65085	12425
百货零售	10546	3652	43	10161	7846	33335	62638	9310
超级市场零售	-10456	427	36	-8540	-139	13505	2406	3075
其他综合零售	-72			-72		120	40	40
食品、饮料及烟草制品专门零售	27635	659	103	28420	1429	17159	5686	4157
粮油零售	-609	298	16	-342	4	944	86	146
糕点、面包零售	-130	95	6	-29		163	53	111
果品、蔬菜零售	248			248		353	561	98
肉、禽、蛋、奶及水产品零售	21369	234	79	21566	919	4854	437	1355
营养和保健品零售	946			946		29		9
酒、饮料及茶叶零售	459	2		721	21	781	398	198
烟草制品零售	29			29	21	59	380	15
其他食品零售	5322	28	1	5279	462	9974	3769	2225
纺织、服装及日用品专门零售	7917	851	38	8373	1150	10118	47354	2910
纺织品及针织品零售	140			106		152		37
服装零售	2337	236	37	2608	630	4605	43526	1508
鞋帽零售	409			399		1054	79	101
化妆品及卫生用品零售	3613	610		3833	303	2156	2418	731
钟表、眼镜零售	1382	4	1	1386	211	1788	1075	438
箱、包零售	148			164	2	89	14	20
其他日用品零售	-113			-125	2	270	240	75
文化、体育用品及器材专门零售	80821	1399	831	75280	944	50716	19009	6179
文具用品零售	80			80	5	156	60	74
体育用品及器材零售	63			63	1	23	1	7
图书、报刊零售	60558	1310	810	54527	310	45040	15071	4910
音像制品及电子出版物零售	18393			18393	259	2329	1492	436
珠宝首饰零售	617	22		1015	346	1621	778	397
工艺美术品及收藏品零售	1138	66	20	1231	20	1458	97	324
乐器零售						12	5	3
照相器材零售	-30			-30		73	1502	28
医药及医疗器材专门零售	14474	9730		14724	4602	69648	8199	6623
药品零售	15456	9602		15597	4601	69038	8119	6477
医疗用品及器材零售	-982	128		-872	1	610	80	146
汽车、摩托车、燃料及零配件专门零售	29905	3135	602	99674	10449	92864	68936	9612
汽车零售	80786	2774	602	90649	8998	50922	62221	8639
汽车零配件零售	468	118		207	86	487	163	94
摩托车及零配件零售	-59001			125		37308		17
机动车燃料零售	7651	241		8692	1364	4145	6551	862
家用电器及电子产品专门零售	3588	508	32	3828	-818	18668	8919	4342

14-11 续表6-3 （2016年） 单位:万元

指标名称	营业利润	营业外收入	#补贴收入	利润总额	应交所得税	应付职工薪酬(本年贷方累计发生额)	应交增值税	从事批发和零售业活动的从业人员平均人数(人)
家用视听设备零售	2261	115		2372	150	3033	1104	1051
日用家电设备零售	-49	182	25	-202	136	6294	6087	1777
计算机、软件及辅助设备零售	1825	198	1	2088	-1141	7274	1283	1084
通信设备零售	-471	13	6	-452	28	1855	341	369
其他电子产品零售	22			22	6	210	102	61
五金、家具及室内装饰材料专门零售	8620	84		8100	56	1669	585	669
五金零售	14			14		70	6	13
灯具零售	2			2		16	5	6
家具零售	7965	78		7530	2	997	24	477
涂料零售	172			172		30		12
卫生洁具零售	146			146	51	112	1	31
陶瓷、石材装饰材料零售	229			231	1	155	1	50
其他室内装饰材料零售	88	6		2	1	286	545	80
货摊、无店铺及其他零售业	4539	785	314	4726	61	3803	5547	2041
互联网零售	888	49	49	482	35	2992	691	1038
邮购及电视、电话零售	3556	677	258	4113		330	4747	905
生活用燃料零售	-62	43		-35		222		42
其他未列明零售业	156	16	7	165	25	258	108	56
2.按登记注册类型分								
内资企业	179609	19204	1681	248402	25276	284294	220741	42130
国有企业	-202	142	35	872	42	1311	326	295
集体企业	183			183		64	6	46
股份合作企业	222	99		208	44	244	30	56
有限责任公司	103237	6224	1526	168650	14639	192753	181666	27353
国有独资公司	374	14		386	17	620	243	138
其他有限责任公司	102862	6209	1526	168263	14621	192133	181423	27215
股份有限公司	41100	2123	94	43889	6975	36062	10558	7670
私营企业	35068	10614	24	34599	3575	53858	28152	6710
私营独资企业								
私营有限责任公司	33299	10466	24	32803	4729	47566	27141	5881
私营股份有限公司	1768	148		1796	-1154	6292	1011	829
其他企业	6146	1680	253	3308	210	11834	2292	3719
港、澳、台商投资企业	1340			1049	89	651	134	143
合资经营企业(港或澳、台资)	-10					170	24	57
港、澳、台商独资经营企业	4947	1680	253	2259	121	11008	2133	3506
港、澳、台商投资股份有限公司	-130					4		13
外商投资企业	-8237	349	67	-7035	95	15481	6288	3109
中外合资经营企业	-4330	67	24	-2892	458	4937	2104	1031
外资企业	-3907	281	42	-4142	-362	10543	4184	2078
其他外商投资企业								
3.按控股情况分								
国有控股	80289	2616	1120	75925	4233	82511	33237	10986
集体控股	252	7	6	259	55	706	24	161
私人控股	83834	15007	217	154480	16358	173390	92529	24301
港澳台商控股	7897	1694	253	4670	629	12562	3613	3750
外商控股	-10127	334	67	-8546	-362	14104	4808	2941
其他	15372	1573	338	17887	4669	28335	95107	6819
4.按经营形式分								
独立门店	60205	3740	827	128907	11784	115387	86969	15640
连锁总店	95449	5696	775	91893	10309	131369	122313	25372
连锁门店	5821	9488	25	5703	2310	30130	924	1941
其他	16042	2307	374	18172	1179	34723	19115	6005
5.按单位规模分								
大型	116900	16016	1056	112504	12295	165198	85576	24606
中型	109769	3015	336	120153	11504	86407	130090	18881
小型	-53063	2145	588	8272	1666	58246	13133	4996
微型	3913	56	20	3745	116	1758	522	475
6.按零售业态分								
有店铺零售	162407	9893	1667	227548	23632	269888	218308	44165
食杂店	-46			-46		189	26	67
便利店	-1344			-1708		1638	161	321
折扣店	65			65		27		7
超市	-186	329	1	-35	83	2993	715	825
大型超市	-16256	303	79	-14779	-142	17959	3054	4099
百货店	18127	3539		18415	7846	26643	61842	7674
专业店	125674	2625	951	119182	6689	131467	63415	20312
专卖店	86704	2797	461	98016	8861	48085	88342	9973
家居建材商店	8190	77		7720	51	1036	14	482
购物中心	-297	11		-298	1	1323	173	181
厂家直销中心	-58223	210	173	1017	240	38523	562	224
无店铺零售	15111	11339	334	17127	1950	41721	11014	4793
电视购物	3556	677	258	4113		330	4747	905
邮购	-75			-75		49	1	16
网上商店	2561	786	49	2874	317	5920	3187	1926
电话购物	7514	9850	10	8640	1353	31039	1292	1357

14-12 限额以上住宿和餐饮业法人财务状况

(2016年)

单位:万元

指标名称	法人企业数(个)	执行《2006年企业会计准则》企业数(个)	年初存货	流动资产合计	#应收帐款	#存货	固定资产合计	固定资产原价
总　计	**178**	**126**	**13 213**	**217 057**	**12 455**	**12 158**	**238 016**	**348 032**
一、住宿业	**110**	**80**	**7 539**	**145 166**	**8 736**	**8 696**	**207 032**	**299 322**
1.按住宿业行业小类分								
旅游饭店	58	46	4 815	112 723	4 685	6 090	139 791	219 879
一般旅馆	49	31	2 606	31 024	4 036	2 480	66 588	78 466
其他住宿业	3	3	118	1 418	14	125	651	976
2.按登记注册类型分								
内资企业	103	74	6 588	131 394	8 310	7 817	183 160	241 056
国有企业	13	11	1 240	34 582	4 256	1 198	51 842	74 561
有限责任公司	51	37	4 063	50 757	-1 812	3 146	89 999	140 473
国有独资公司	1		5	91	8	14	7	11
其他有限责任公司	50	37	4 057	50 665	-1 820	3 132	89 992	140 462
股份有限公司	4	4	90	282	83	104	1 264	1 515
私营企业	35	22	1 194	45 771	5 783	3 368	40 052	24 505
私营有限责任公司	33	22	1 194	45 271	5 783	3 368	39 786	24 197
私营股份有限公司	2			500			266	308
其他企业								
港、澳、台商投资企业	3	2	571	2 579	262	585	9 068	14 595
与港澳台商合资经营企业	1	1	306	1 218	45	332	1 208	1 429
与港澳台商合作经营企业	2	1	264	1 361	216	253	7 860	13 166
港澳台商独资企业								
外商投资企业	4	4	379	11 192	163	293	14 804	43 670
中外合资经营企业	2	2	139	7 000	1	7	6 574	9 923
外资企业	2	2	239	4 192	161	285	8 229	33 747
3.按控股情况分								
国有控股	21	17	1 881	40 350	6 780	1 688	72 300	119 058
集体控股	2		31	1 437	270	34	10 803	10 836
私人控股	70	48	3 944	83 873	786	5 442	63 308	69 169
港澳台商控股	1	1	83	545	28	72	7 675	11 695
外商控股	3	3	363	11 149	161	285	14 535	42 960
其他	13	11	1 235	7 810	709	1 174	38 408	45 602
4.按经营形式分								
独立门店	84	63	6 023	129 628	7 910	7 441	183 979	266 424
连锁总店(总部)	2	2	32	440	-144	9	113	605
连锁门店	10	7	1 137	5 700	138	894	2 215	5 326
其他	14	8	345	9 396	831	351	20 723	26 965
5.按单位规模分								
中型	23	17	4 086	97 166	5 574	4 957	145 647	206 931
小型	81	60	3 444	47 870	3 137	3 733	61 365	92 330
微型	6	3	9	128	24	5	19	60
6.按星级分								
五星	7	4	1 208	47 410	1 910	1 150	58 048	94 433
四星	21	17	921	49 632	5 086	2 462	37 405	63 651
三星	15	10	892	14 480	828	1 081	9 281	14 690
二星	1	1	6	305		5		131
其他	66	48	4 510	33 338	911	3 996	102 297	126 416

14-12 续表1 （2016年） 单位：万元

指标名称	法人企业数(个)	执行《2006年企业会计准则》企业数(个)	年初存货	流动资产合计	#应收帐款	#存货	固定资产合计	固定资产原价
二、餐饮业	**68**	**46**	**5 673**	**71 891**	**3 718**	**3 461**	**30 984**	**48 710**
1.按餐饮行业小类分								
正餐服务	63	43	3 767	71 293	3 654	3 114	24 459	41 610
快餐服务	5	3	1 905	598	64	346	6 525	7 100
2.按登记注册类型分								
内资企业	61	42	3 620	51 093	3 485	2 979	23 793	39 328
国有企业	1		78	259		86	110	176
股份合作企业	2	2	55	3 658	300	68	48	804
有限责任公司	34	21	2 740	27 672	2 017	2 209	19 155	30 215
其他有限责任公司	34	21	2 740	27 672	2 017	2 209	19 155	30 215
私营企业	24	19	746	19 502	1 167	614	4 478	8 132
私营独资企业	2	1	37	669		39	234	345
私营有限责任公司	19	15	644	18 707	1 072	544	4 152	7 607
私营股份有限公司	3	3	65	126	95	31	91	180
港、澳、台商投资企业	3	2	220	20 420	228	163	654	2 530
与港澳台商合资经营企业	3	2	220	20 420	228	163	654	2 530
外商投资企业	4	2	1 832	376	5	319	6 536	6 851
中外合资经营企业	1	1	17	52		18	40	189
外资企业	2	1	1 749	253		240	6 248	6 264
外商投资股份有限公司	1		65	70	4	60	247	397
3.按控股情况分								
国有控股	2	1	114	469	50	123	6 303	7 400
集体控股	1	1	76	8 574	165		1 772	4 069
私人控股	54	38	3 237	38 791	2 889	2 662	15 051	26 410
港澳台商控股	2	1	49	2 083	16	27	61	553
外商控股	3	1	1 814	323	4	301	6 496	6 661
其他	6	4	379	21 647	592	347	1 298	3 613
4.按经营形式分								
独立门店	54	35	1 554	37 530	2 664	1 523	16 341	28 939
连锁总店(总部)	5	5	2 988	24 924	542	1 557	11 611	14 187
连锁门店	3	2	816	7 040	280	129	2 340	3 913
其他	6	4	314	2 395	231	251	691	1 669
5.按单位规模分								
大型	2	2	1 749	2 173	117	459	9 268	10 181
中型	10	7	1 875	37 952	983	1 625	5 873	12 785
小型	52	34	2 008	31 220	2 307	1 358	15 496	25 094
微型	4	3	39	543	309	18	345	648

14-12 续表2-1 （2016年） 单位:万元

指标名称	累计折旧	#本年折旧	在建工程	资产总计	流动负债合计	应付帐款	非流动负债合计	负债合计
总　计	**138 599**	**17 235**	**33 974**	**672 138**	**325 689**	**49 740**	**114 024**	**440 833**
一、住宿业	**120 836**	**14 175**	**26 996**	**523 856**	**208 226**	**42 160**	**107 717**	**317 038**
1.按住宿业行业小类分								
旅游饭店	108 392	10 666	25 906	400 162	144 993	24 064	89 511	235 598
一般旅馆	12 119	3 454	1 090	121 314	62 835	17 796	18 205	81 042
其他住宿业	324	54		2 379	398	300		398
2.按登记注册类型分								
内资企业	86 442	12 162	26 984	477 391	189 187	40 957	93 772	284 055
国有企业	22 718	3 441	1 672	175 754	26 368	7 167	5 547	31 915
有限责任公司	55 969	7 154	1 305	202 072	106 294	24 317	60 482	167 870
国有独资公司	4	1		99	18			18
其他有限责任公司	55 965	7 153	1 305	201 973	106 276	24 317	60 482	167 851
股份有限公司	250	141		2 382	1 165	228	32	1 197
私营企业	7 503	1 425	24 006	97 182	55 359	9 244	27 709	83 071
私营有限责任公司	7 461	1 383	24 006	96 331	54 859	9 244	27 401	82 262
私营股份有限公司	42	42		851	500		308	808
其他企业								
港、澳、台商投资企业	5 527	390		18 513	9 219	557		9 219
与港澳台商合资经营企业	221			2 426	2 785	990		2 785
与港澳台商合作经营企业	5 306	390		16 087	6 434	-432		6 434
港澳台商独资企业								
外商投资企业	28 866	1 623	12	27 950	9 819	645	13 944	23 764
中外合资经营企业	3 348	98	12	14 055	3 086	152	11 000	14 086
外资企业	25 517	1 525		13 895	6 733	493	2 944	9 677
3.按控股情况分								
国有控股	46 757	5 130	2 844	207 064	34 716	8 037	5 547	40 264
集体控股	5 286	300		31 721	9 530	712		11 719
私人控股	29 153	4 532	24 018	181 944	102 191	19 728	71 074	172 171
港澳台商控股	4 019	390		14 808	3 099	13		3 099
外商控股	28 424	1 525		27 637	9 551	493	13 944	23 495
其他	7 193	2 298	134	60 679	49 137	13 174	17 150	66 287
4.按经营形式分								
独立门店	105 738	12 416	26 850	456 035	181 946	40 850	105 463	286 314
连锁总店(总部)	492	24		957	4 827	204		4 827
连锁门店	3 110	566	12	11 922	5 986	434	113	6 102
其他	11 495	1 168	134	54 939	15 466	671	2 140	19 795
5.按单位规模分								
中型	84 334	9 506	25 894	361 916	115 433	30 397	104 564	218 901
小型	36 460	4 658	1 102	161 783	92 707	11 742	3 153	98 051
微型	40	11		156	86	21		86
6.按星级分								
五星	59 435	3 494	25 678	125 427	38 234	1 155	75 853	114 088
四星	26 246	3 853	216	178 637	50 134	7 019	13 795	63 929
三星	5 408	557	25	24 665	14 616	6 057	2	14 618
二星	130	59		305	5			5
其他	29 614	6 210	1 077	194 820	105 235	27 928	18 066	124 396

14-12 续表2-2　　（2016年）　　单位：万元

指标名称	累计折旧	#本年折旧	在建工程	资产总计	流动负债合计	#应付帐款	非流动负债合计	负债合计
二、餐饮业	**17 763**	**3 059**	**6 978**	**148 282**	**117 462**	**7 579**	**6 307**	**123 795**
1.按餐饮行业小类分								
正餐服务	17 188	2 978	4 260	128 010	106 873	6 838	5 143	112 041
快餐服务	575	80	2 717	20 272	10 589	740	1 163	11 753
2.按登记注册类型分								
内资企业	15 573	2 918	4 247	106 990	84 162	6 216	5 331	89 518
国有企业	66	9		588	215		73	288
股份合作企业	755	59		3 736	4 554	53		4 554
有限责任公司	11 088	1 935	2 979	60 478	37 274	4 744	5 041	42 315
其他有限责任公司	11 088	1 935	2 979	60 478	37 274	4 744	5 041	42 315
私营企业	3 662	915	1 268	42 188	42 117	1 418	217	42 359
私营独资企业	110	20		996	128	58	178	307
私营有限责任公司	3 463	841	1 268	40 776	41 983	1 353	38	42 046
私营股份有限公司	89	53		415	5	5		5
港、澳、台商投资企业	1 875	128		21 400	22 835	785	61	22 896
与港澳台商合资经营企业	1 875	128		21 400	22 835	785	61	22 896
外商投资企业	315	13	2 730	19 891	10 464	578	914	11 379
中外合资经营企业	149			93	2			2
外资企业	15	7	2 717	19 218	9 985	512	914	10 900
外商投资股份有限公司	149	6	12	579	477	65		477
3.按控股情况分								
国有控股	1 097	269	472	7 603	8 261	131	73	8 334
集体控股	2 296	103	994	11 471	9 164	443	4 710	13 874
私人控股	11 368	2 079	2 781	83 546	63 426	5 294	548	64 000
港澳台商控股	492	12		2 365	90	15	61	151
外商控股	165	13	2 730	19 798	10 462	578	914	11 377
其他	2 343	581		23 497	26 056	1 116		26 056
4.按经营形式分								
独立门店	12 607	2 332	3 077	62 942	49 877	3 096	5 078	54 980
连锁总店（总部）	2 576	149	3 900	58 036	36 100	3 426	846	36 946
连锁门店	1 572	464		23 692	29 661	899	60	29 721
其他	1 007	113		3 611	1 824	157	322	2 146
5.按单位规模分								
大型	912		2 717	26 739	11 667	1 860	846	12 514
中型	6 911	1 403	1 512	66 060	61 018	2 729	111	61 129
小型	9 636	1 627	2 747	54 006	44 207	2 428	5 348	49 581
微型	303	28		1 476	569	561		569

指标名称	所有者权益合计	#实收资本	国家资本	集体资本	法人资本	个人资本	港澳台资本	外商资本
总　计	**231 304**	**213 607**	**86 862**	**4 218**	**62 957**	**42 210**	**813**	**16 546**
一、住宿业	**206 817**	**174 517**	**86 030**	**4 218**	**44 818**	**26 373**		**13 076**
1.按住宿业行业小类分								
旅游饭店	164 564	119 637	62 024	4 215	21 232	19 089		13 076
一般旅馆	40 272	52 859	24 006	3	23 086	5 763		
其他住宿业	1 981	2 020			500	1 520		
2.按登记注册类型分								
内资企业	193 336	152 450	86 030	4 218	37 764	24 435		
国有企业	143 838	44 648	44 648					
有限责任公司	34 202	88 337	41 382	4 203	31 934	10 817		
国有独资公司	80	40			40			
其他有限责任公司	34 122	88 297	41 382	4 203	31 894	10 817		
股份有限公司	1 184	1 066		15	18	1 032		
私营企业	14 110	18 397			5 811	12 586		
私营有限责任公司	14 068	18 354			5 811	12 543		
私营股份有限公司	42	42				42		
其他企业								
港、澳、台商投资企业	9 293	8 135			6 198	1 937		
与港澳台商合资经营企业	−358	4 128			4 128			
与港澳台商合作经营企业	9 652	4 007			2 070	1 937		
港澳台商独资企业								
外商投资企业	4 186	13 931			855			13 076
中外合资经营企业	−30	1 847			855			991
外资企业	4 217	12 084						12 084
3.按控股情况分								
国有控股	166 799	86 566	85 526		1 040			
集体控股	20 002	11 800		4 000	7 800			
私人控股	9 772	41 395	4	18	17 034	24 337		
港澳台商控股	11 708	2 070			2 070			
外商控股	4 141	13 886			810			13 076
其他	−5 608	18 798	500	200	16 063	2 035		
4.按经营形式分								
独立门店	169 721	156 410	85 549	200	33 856	23 728		13 076
连锁总店（总部）	−3 869	350			50	300		
连锁门店	5 820	3 044	4	18	2 939	82		
其他	35 144	14 712	477	4 000	7 973	2 262		
5.按单位规模分								
中型	143 014	108 117	72 374	200	11 902	10 697		12 943
小型	63 732	66 350	13 652	4 015	32 914	15 635		132
微型	70	49	4	3	2	40		
6.按星级分								
五星	11 339	61 793	40 943			8 897		11 952
四星	114 707	29 673	16 789		2 820	9 072		991
三星	10 046	7 337	637		2 963	3 737		
二星	300	300	300					
其他	70 423	75 413	27 359	4 218	39 035	4 665		132

13-11 续表3-2 (2016年) 单位:万元

指标名称	所有者权益合计	#实收资本						
			国家资本	集体资本	法人资本	个人资本	港澳台资本	外商资本
二、餐饮业	**24 487**	**39 090**	**831**		**18 138**	**15 836**	**813**	**3 470**
1.按餐饮行业小类分								
正餐服务	15 968	36 653	831		17 993	15 836	813	1 178
快餐服务	8 518	2 436			145			2 291
2.按登记注册类型分								
内资企业	17 472	32 168	831		15 780	15 556		
国有企业	299	231	231					
股份合作企业	-818	392			300	92		
有限责任公司	18 162	22 925	600		10 204	12 120		
其他有限责任公司	18 162	22 925	600		10 204	12 120		
私营企业	-171	8 619			5 275	3 344		
私营独资企业	689	637				637		
私营有限责任公司	-1 270	7 635			5 225	2 410		
私营股份有限公司	410	347			50	297		
港、澳、台商投资企业	-1 496	3 685			2 358		813	514
与港澳台商合资经营企业	-1 496	3 685			2 358		813	514
外商投资企业	8 511	3 235				280		2 955
中外合资经营企业	91	280				280		
外资企业	8 318	2 291						2 291
外商投资股份有限公司	102	664						664
3.按控股情况分								
国有控股	-731	831	831					
集体控股	-2 403	1 500			1 500			
私人控股	19 546	27 867			12 030	15 836		
港澳台商控股	2 214	1 971			1 158		813	
外商控股	8 420	2 955						2 955
其他	-2 558	3 964			3 449			514
4.按经营形式分								
独立门店	7 961	24 619	600		13 698	8 659	813	847
连锁总店(总部)	21 089	10 999			1 199	7 177		2 622
连锁门店	-6 028	2 580			2 580			
其他	1 465	891	231		660			
5.按单位规模分								
大型	14 225	8 208				6 100		2 108
中型	4 930	11 515	231		9 449	1 320		514
小型	4 424	18 486	600		8 688	7 536	813	847
微型	906	880				880		

14-12 续表4-1 （2016年） 单位:万元

指标名称	营业收入	#主营业务收入	营业成本	#主营业务成本	营业税金及附加	#主营业务税金及附加	其他业务利润	销售费用
总计	**323009**	**321390**	**144736**	**144332**	**8849**	**8760**	**636**	**96561**
一、住宿业	**169275**	**168925**	**64750**	**64614**	**4890**	**4804**	**-871**	**52919**
1.按住宿业行业小类分								
旅游饭店	120 255	119 949	36 707	36 602	2 901	2 838	-1 175	42 268
一般旅馆	47 892	47 848	27 718	27 687	1 951	1 928	248	10 418
其他住宿业	1 126	1 126	324	324	37	37	56	232
2.按登记注册类型分								
内资企业	151 376	151 058	60 172	60 036	4 521	4 435	-168	45 612
国有企业	31 092	31 092	11 560	11 560	1 167	1 167	1	10 308
有限责任公司	82 514	82 207	29 234	29 150	2 131	2 072	-291	27 929
国有独资公司	217	217	151	151	4	4		53
其他有限责任公司	82 297	81 990	29 082	28 998	2 127	2 067	-291	27 875
股份有限公司	2 024	2 024	534	504	45	45	35	303
私营企业	35 745	35 734	18 842	18 821	1 176	1 149	86	7 071
私营有限责任公司	35 252	35 241	18 422	18 422	1 155	1 128	86	7 071
私营股份有限公司	492	492	420	399	21	21		
其他企业								
港、澳、台商投资企业	8 008	8 008	2 690	2 690	130	130	-703	3 229
与港澳台商合资经营企业	2 774	2 774	1 170	1 170	25	25		619
与港澳台商合作经营企业	5 233	5 233	1 519	1 519	104	104	-703	2 610
港澳台商独资企业								
外商投资企业	9 890	9 858	1 887	1 887	238	238		4 077
中外合资经营企业	3 295	3 263	871	871	92	92		1 215
外资企业	6 595	6 595	1 015	1 015	145	145		2 862
3.按控股情况分								
国有控股	47 362	47 067	15 823	15 750	1 479	1 479	1	17 892
集体控股	1 936	1 936	380	380	78	78		610
私人控股	81 721	81 672	31 662	31 630	2 537	2 474	310	23 923
港澳台商控股	1 387	1 387	432	432	22	22	-703	1 115
外商控股	9 378	9 378	1 475	1 475	208	208		4 065
其他	27 489	27 483	14 976	14 946	564	541	-479	5 312
4.按经营形式分								
独立门店	146 497	146 179	56 894	56 763	3 893	3 843	-220	43 816
连锁总店（总部）	4 716	4 716	2 280	2 280	213	213	6	735
连锁门店	9 084	9 052	2 317	2 317	462	425		5 220
其他	8 976	8 976	3 258	3 253	321	320	-657	3 146
5.按单位规模分								
中型	102 371	102 071	39 168	39 093	2 860	2 860	-515	31 496
小型	66 318	66 268	25 205	25 144	1 955	1 868	-355	21 325
微型	584	584	376	376	75	75		97
6.按星级分								
五星	30 219	30 214	10 534	10 534	589	589	-515	10 284
四星	43 525	43 230	13 985	13 911	1 116	1 093	180	15 572
三星	10 722	10 722	3 864	3 864	282	282	75	3 130
二星	164	164	70	70	3	3		47
其他	84 643	84 592	36 295	36 234	2 898	2 835	-611	23 884

14-12 续表4-2 (2016年) 单位:万元

指标名称	营业收入	#主营业务收入	营业成本	#主营业务成本	营业税金及附加	#主营业务税金及附加	其他业务利润	销售费用
二、餐饮业	**153 734**	**152 465**	**79 986**	**79 717**	**3 958**	**3 956**	**1 507**	**43 642**
1.按餐饮行业小类分								
正餐服务	88 609	87 339	48 941	48 672	2 561	2 559	1 504	23 619
快餐服务	65 125	65 125	31 044	31 044	1 397	1 397	2	20 022
2.按登记注册类型分								
内资企业	86 244	84 974	46 656	46 388	2 518	2 516	1 507	22 581
国有企业	3 846	3 846	2 294	2 261	228	228		6
股份合作企业	1 666	1 666	705	705	44	44	138	963
有限责任公司	50 487	49 232	25 884	25 650	1 198	1 198	619	17 242
其他有限责任公司	50 487	49 232	25 884	25 650	1 198	1 198	619	17 242
私营企业	30 244	30 229	17 771	17 771	1 046	1 045	749	4 368
私营独资企业	965	965	650	650	42	40		25
私营有限责任公司	23 888	23 874	12 807	12 807	812	812	749	4 055
私营股份有限公司	5 390	5 390	4 313	4 313	192	192		288
港、澳、台商投资企业	5 045	5 045	3 330	3 330	112	112		2 355
与港澳台商合资经营企业	5 045	5 045	3 330	3 330	112	112		2 355
外商投资企业	62 445	62 445	29 999	29 999	1 328	1 328		18 705
中外合资经营企业	265	265	170	170	11	11		93
外资企业	62 030	62 030	29 762	29 762	1 313	1 313		18 503
外商投资股份有限公司	148	148	67	67	3	3		108
3.按控股情况分								
国有控股	4 939	4 939	2 758	2 724	240	240	616	553
集体控股	410	410	175	175	5	5		150
私人控股	74 159	73 320	40 938	40 938	2 167	2 165	890	20 072
港澳台商控股	1 610	1 610	1 047	1 047	30	30		471
外商控股	62 179	62 179	29 829	29 829	1 317	1 317		18 611
其他	10 435	10 005	5 237	5 003	196	196		3 782
4.按经营形式分								
独立门店	53 631	53 527	32 587	32 587	1 604	1 602	1 505	13 270
连锁总店(总部)	81 096	80 271	38 438	38 438	1 751	1 751		27 289
连锁门店	9 577	9 577	2 769	2 769	261	261		2 624
其他	9 429	9 088	6 189	5 921	340	340	2	457
5.按单位规模分								
大型	73 630	72 805	34 172	34 172	1 534	1 534		23 992
中型	35 687	35 257	17 284	17 016	1 304	1 304	134	8 752
小型	43 393	43 378	27 872	27 871	1 105	1 103	1 373	10 728
微型	1 024	1 024	656	656	14	14		169

指标名称	管理费用	#税金	财务费用	#利息收入	#利息支出	资产减值损失	公允价值变动收益	投资收益
总计	**76 565**	**2 101**	**11 024**	**86**	**3 184**	**474**	**9**	**173**
一、住宿业	**56 034**	**1 527**	**7 971**	**58**	**2 158**	**56**	**4**	**153**
1.按住宿业行业小类分								
旅游饭店	44 149	841	6 608	45	997	51	2	153
一般旅馆	11 389	670	1 356	12	1 160	4	2	
其他住宿业	494	15	5		1			
2.按登记注册类型分								
内资企业	48 124	1 527	7 433	47	2 155	56	4	153
国有企业	11 001	623	72	32	6	3		150
有限责任公司	28 771	762	4 545	6	1 586	10	2	
国有独资公司	4							
其他有限责任公司	28 766	762	4 545	5	1 586	10	2	
股份有限公司	169	10	1					
私营企业	8 182	131	2 813	8	561	42	2	3
私营有限责任公司	7 794	110	2 813	8	561	42	2	3
私营股份有限公司	388	21						
其他企业								
港、澳、台商投资企业	3 332		191	1	3			
与港澳台商合资经营企业	1 450		3		3			
与港澳台商合作经营企业	1 881		188	1				
港澳台商独资企业								
外商投资企业	4 577		346	9				
中外合资经营企业	1 309		333					
外资企业	3 268		13	9				
3.按控股情况分								
国有控股	16 098	712	111	31	13	9		150
集体控股	2 067		145					
私人控股	23 699	379	5 798	15	1 075	46	3	3
港澳台商控股	515		4	1				
外商控股	4 576		345	9				
其他	9 077	435	1 565		1 069		1	
4.按经营形式分								
独立门店	50 092	1 375	7 437	51	1 972	53	4	153
连锁总店（总部）	1 526	39	182	3	179			
连锁门店	1 453	77	31		6			
其他	2 962	34	320	2		3		
5.按单位规模分								
中型	34 722	1 186	5 954	39	1 524	9		150
小型	21 216	332	2 016	18	633	47	4	3
微型	95	8						
6.按星级分								
五星	12 077	85	3 969	3		4		18
四星	16 891	554	1 277	32	542	3	1	132
三星	1 914	53	465	3	258			
二星	45	9						
其他	25 104	825	2 258	19	1 357	48	3	3

14-12 续表5-2 （2016年） 单位:万元

指标名称	管理费用	#税金	财务费用	#利息收入	#利息支出	资产减值损失	公允价值变动收益	投资收益
二、餐饮业	**20 530**	**573**	**3 053**	**28**	**1 026**	**417**	**5**	**20**
1.按餐饮行业小类分								
正餐服务	14 896	572	2 992	28	1 026	24	5	20
快餐服务	5 634	1	60			393		
2.按登记注册类型分								
内资企业	14 858	571	2 966	28	1 026	24	5	20
国有企业	900							
股份合作企业	8		13		6			
有限责任公司	6 551	96	772		613	3		
其他有限责任公司	6 551	96	772		613	3		
私营企业	7 398	474	2 180	27	406	21	5	20
私营独资企业	51	4						
私营有限责任公司	7 008	318	2 150	26	406	21	5	20
私营股份有限公司	338	151	30	1				
港、澳、台商投资企业	164	1	25					
与港澳台商合资经营企业	164	1	25					
外商投资企业	5 508	1	61			393		
中外合资经营企业								
外资企业	5 462	1	60			393		
外商投资股份有限公司	45							
3.按控股情况分								
国有控股	1 346		3			3		
集体控股	32		101		101			
私人控股	10 884	571	2 845	29	922	21	5	20
港澳台商控股	111	1	6					
外商控股	5 508	1	60			393		
其他	2 647		35	−1	2			
4.按经营形式分								
独立门店	7 429	531	1 335	25	983	24	5	20
连锁总店（总部）	6 415	23	111		42	393		
连锁门店	5 057	9	1 607					
其他	1 628	9	−1	2				
5.按单位规模分								
大型	5 684		34			393		
中型	10 536	249	2 279	24	493	7	5	20
小型	4 127	302	738	4	532	16		
微型	182	21	1		1			

14-12 续表6-1　　　　　　　　　　　（2016年）　　　　　　　　　　　单位:万元

指标名称	营业利润	营业外收入	#补贴收入	利润总额	应交所得税	应付职工薪酬(本年贷方累计发生额)	应交增值税	从事批发和零售业活动的从业人员平均人数(人)
总　计	**-14 482**	**1 808**	**336**	**-12 511**	**678**	**65 909**	**3 174**	**18 824**
一、住宿业	**-16 527**	**1 397**	**264**	**-14 192**	**216**	**38 773**	**1 813**	**10 229**
1.按住宿业行业小类分								
旅游饭店	-12 100	756	107	-10 612	92	27 613	1 443	6 716
一般旅馆	-4 516	641	157	-3 717	123	10 981	369	3 441
其他住宿业	89			137		178		72
2.按登记注册类型分								
内资企业	-13 724	1 370	264	-12 640	216	35 115	1 679	9 240
国有企业	-2 866	549		-2 611	8	10 508	364	2 220
有限责任公司	-10 026	706	165	-8 376	97	17 826	994	4 805
国有独资公司	2	6		9	2	106	25	22
其他有限责任公司	-10 029	699	165	-8 385	94	17 720	969	4 783
股份有限公司	970			84		342	8	203
私营企业	-1 802	113	98	-1 737	111	6 438	312	2 012
私营有限责任公司	-1 874	113	98	-1 809	111	6 321	312	1 976
私营股份有限公司	72			72		116		36
其他企业								
港、澳、台商投资企业	-1 566			-864		934		437
与港澳台商合资经营企业	-495			-495		366		90
与港澳台商合作经营企业	-1 071			-369		567		347
港澳台商独资企业								
外商投资企业	-1 236	27		-686		2 723	133	552
中外合资经营企业	-526	26		-510		902	53	177
外资企业	-710			-175		1 820	80	375
3.按控股情况分								
国有控股	-3 896	633		-3 568	18	14 050	516	3 120
集体控股	-1 286			-1 352		564		175
私人控股	-5 342	327	107	-4 771	194	16 796	986	4 731
港澳台商控股	-703					420		75
外商控股	-1 292	21		-741		2 683	133	535
其他	-4 006	414	156	-3 757	3	4 257	177	1 593
4.按经营形式分								
独立门店	-15 015	1 374	264	-13 279	166	34 290	1 588	8 529
连锁总店(总部)	-215	12		-219		706	58	279
连锁门店	-362	11		-442	49	1 774	89	812
其他	-933			-250		2 003	76	609
5.按单位规模分								
中型	-11 688	1 054	156	-9 688	50	24 269	1 033	6 083
小型	-4 876	342	107	-4 540	165	14 443	774	4 114
微型	37			35		60	6	32
6.按星级分								
五星	-7 222	540		-5 499	5	7 908	273	1 848
四星	-5 437	77		-5 165	100	11 611	675	2 655
三星	1 496	107	95	578	13	2 162	137	758
二星	-2	2				79	3	17
其他	-5 361	669	169	-4 104	97	17 012	723	4 951

14-12 续表6-2 （2016年）

单位：万元

指标名称	营业利润	营业外收入	#政府补贴	利润总额	应交所得税	应付职工薪酬(本年贷方累计发生额)	应交增值税	从事批发和零售业活动的从业人员平均人数(人)
二、餐饮业	**2 045**	**411**	**71**	**1 681**	**462**	**27 135**	**1 360**	**8 595**
1.按餐饮行业小类分								
正餐服务	−4 527	223	44	−4 764	462	14 532	1 047	4 813
快餐服务	6 572	187	27	6 445		12 603	313	3 782
2.按登记注册类型分								
内资企业	−3 462	262	71	−3 792	462	13 758	856	4 573
国有企业	416			60		647		293
股份合作企业	−70			−80	20	405	30	128
有限责任公司	−1 179	137	66	−1 095	289	8 888	510	2 982
其他有限责任公司	−1 179	137	66	−1 095	289	8 888	510	2 982
私营企业	−2 629	125	4	−2 678	151	3 817	316	1 170
私营独资企业	46			46	7	142		64
私营有限责任公司	−2 904	124	4	−2 953	144	3 485	316	1 036
私营股份有限公司	228	1		229		189		70
港、澳、台商投资企业	−942			−942		1 249	192	410
与港澳台商合资经营企业	−942			−942		1 249	192	410
外商投资企业	6 449	148		6 416		12 128	311	3 612
中外合资经营企业	−9			−9		34		16
外资企业	6 536	148		6 502		12 012	311	3 566
外商投资股份有限公司	−77			−77		81		30
3.按控股情况分								
国有控股	33	30	30	−292		1 031	9	376
集体控股	−55			−55		95	1	82
私人控股	−2 870	231	41	−2 875	403	11 627	530	3 705
港澳台商控股	−57			−56		320	28	150
外商控股	6 459	148		6 425		12 094	311	3 596
其他	−1 464	1		−1 464	59	1 967	478	686
4.按经营形式分								
独立门店	−2 721	171	44	−2 379	276	8 275	362	2 859
连锁总店(总部)	6 696	199		6 579	112	15 640	512	4 795
连锁门店	−2 742	1		−2 877	15	1 484	176	348
其他	812	39	27	358	58	1 735	310	593
5.按单位规模分								
大型	7 818	199		7 700	112	14 335	301	4 395
中型	−4 452	101		−4 527	237	5 588	756	1 678
小型	−1 321	110	71	−1 492	91	7 043	289	2 462
微型					21	168	13	60

14-13 限额以上批发零售产业活动单位(个体户)商品购销存

(2016年)

单位:万元

指标名称	单位数(个)	从业人员期末人数(人)	商品购进额	商品销售额	#使用银行卡支付的商品销售额	批发额	零售额	期末商品库存额	年末零售营业面积(平方米)
总　计	**171**	**5 990**	**801 767**	**846 244**	**13 711**	**434 065**	**412 179**	**64 731**	**196 611**
一、批发业	**31**	**2 721**	**579 818**	**609 136**	**4 511**	**429 958**	**179 178**	**51 720**	**10 029**
1.按批发行业小类分									
食品、饮料及烟草制品批发	20	1 973	371 438	386 798	2 469	295 386	91 411	31 757	4 775
米、面制品及食用油批发	10	74	45 087	46 645		36 820	9 824	1 384	1 110
果品、蔬菜批发	5	46	18 094	19 097		17 269	1 828	267	
肉、禽、蛋、奶及水产品批发	1	855	154 692	173 828		103 184	70 643	1 422	1 960
酒、饮料及茶叶批发	4	998	153 564	147 228	2 469	138 112	9 115	28 683	1 705
纺织、服装及家庭用品批发	5	641	179 398	191 384		112 385	78 998	19 519	3 584
家用电器批发	5	641	179 398	191 384		112 385	78 998	19 519	3 584
文化、体育用品及器材批发									
首饰、工艺品及收藏品批发									
医药及医疗器材批发	1	20	8 938	10 155	2 042	6 542	3 613	102	850
西药批发	1	20	8 938	10 155	2 042	6 542	3 613	102	850
矿产品、建材及化工产品批发	3	76	15 721	16 173		11 018	5 155	238	820
建材批发	3	76	15 721	16 173		11 018	5 155	238	820
其他批发业	2	11	4 322	4 625		4 625		103	
其他未列明批发业	2	11	4 322	4 625		4 625		103	
2.按登记注册类型分									
内资企业	7	1 103	258 395	258 728		201 730	56 998	31 412	3 500
国有企业	1	200	22 678	29 328		24 927	4 400	15 543	1 000
有限责任公司	2	640	125 244	113 577		113 577		11 830	
其他有限责任公司	2	640	125 244	113 577		113 577		11 830	
股份有限公司	4	263	110 472	115 823		63 225	52 597	4 037	2 500
港、澳、台商投资企业	1	196	53 079	53 016		27 776	25 239	73	584
港澳台商投资股份有限公司	1	196	53 079	53 016		27 776	25 239	73	584
外商投资企业	1	364	19 776	24 094		19 757	4 336	16 687	100
外资企业	1	364	19 776	24 094		19 757	4 336	16 687	100
个体经营	22	1 058	248 566	273 297	4 511	180 693	92 604	3 547	5 845
个体户	21	203	93 874	99 469	4 511	77 508	21 960	2 125	3 885
个体合伙	1	855	154 692	173 828		103 184	70 643	1 422	1 960
3.按经营形式分									
独立门店	22	403	140 306	150 002	4 511	104 290	45 712	2 230	4 485
连锁门店	1	50	4 211	4 346		4 346		20	
其他	8	2 268	435 301	454 788		321 321	133 466	49 470	5 544
二、零售业	**140**	**3 269**	**221 948**	**237 107**	**9 199**	**4 107**	**233 000**	**13 010**	**186 582**
1.按零售行业小类分									
综合零售	65	1 976	107 574	114 813	6 765	1 036	113 776	6 536	75 187
百货零售	11	567	19 245	21 569			21 569	2 780	24 416
超级市场零售	45	1 214	80 997	85 562	6 596	1 036	84 526	3 316	44 518
其他综合零售	9	195	7 331	7 680	169		7 680	440	6 253
食品、饮料及烟草制品专门零售	12	382	21 567	23 616	312	2 878	20 738	409	8 042
果品、蔬菜零售	1	41	2 509	2 680		511	2 169	45	600
肉、禽、蛋、奶及水产品零售	3	205	3 760	4 604			4 604	39	3 244
营养和保健品零售	2	43	2 019	2 556			2 556	131	1 588
酒、饮料及茶叶零售	5	75	10 512	10 426	312		10 426	192	2 010
其他食品零售	1	18	2 765	3 348		2 366	982		600

14-13 续表1 （2016年） 单位:万元

指标名称	单位数（个）	从业人员期末人数（人）	商品购进额	商品销售额	#使用银行卡支付的商品销售额	批发额	零售额	期末商品库存额	年末零售营业面积(平方米)
纺织、服装及日用品专门零售	10	170	11 073	11 252	271		11 252	324	2 735
纺织品及针织品零售	1	8	531	501			501	46	300
服装零售	6	133	7 580	7 645			7 645	143	1 730
化妆品及卫生用品零售	1	11	1 699	1 783			1 783	15	120
箱、包零售	1	13	650	675			675	45	475
其他日用品零售	1	5	612	646	271		646	74	110
文化、体育用品及器材专门零售	14	170	12 477	13 422			13 422	963	2 232
文具用品零售	2	23	912	1 017			1 017	120	690
珠宝首饰零售	11	142	10 916	11 760			11 760	811	1 442
其他文化用品零售	1	5	647	644			644	32	100
医药及医疗器材专门零售	2	50	2 599	2 691			2 691	121	520
药品零售	2	50	2 599	2 691			2 691	121	520
汽车、摩托车、燃料及零配件专门零售	7	75	14 013	14 745	175	192	14 553	965	2 852
汽车零售	1	8	1 198	1 349			1 349	123	500
汽车零配件零售	4	43	10 032	10 636			10 636	555	872
机动车燃料零售	2	24	2 782	2 759	175	192	2 566	286	1 480
家用电器及电子产品专门零售	19	284	24 197	25 664	917		25 664	1 933	7 578
家用视听设备零售	1	30	4 623	5 082			5 082	188	920
日用家电设备零售	11	177	14 238	14 451	917		14 451	1 090	5 415
计算机、软件及辅助设备零售	1	8	518	517			517	13	70
通信设备零售	6	69	4 816	5 613			5 613	642	1 173
五金、家具及室内装饰材料专门零售	11	162	28 446	30 902	758		30 902	1 756	87 436
五金零售	3	21	1 808	2 017	337		2 017	143	652
灯具零售									
家具零售	3	95	20 402	22 559			22 559	1 320	84 354
木质装饰材料零售									
卫生洁具零售	1	4	613	674	404		674	47	250
陶瓷、石材装饰材料零售	1	8	533	522			522	15	140
其他室内装饰材料零售	3	34	5 089	5 128	16		5 128	228	2 040
2.按登记注册类型分									
内资企业	6	510	45 630	48 853			48 853	1 948	87 398
国有企业	2	67	2 538	2 703			2 703	574	500
有限责任公司	2	197	22 621	22 991			22 991	144	4 000
其他有限责任公司	2	197	22 621	22 991			22 991	144	4 000
私营企业	1	190	2 586	3 430			3 430	16	2 824
私营独资企业	1	190	2 586	3 430			3 430	16	2 824
其他企业	1	56	17 884	19 727			19 727	1 213	80 074
港、澳、台商投资企业	1	18	2 765	3 348		2 366	982		600
港澳台商独资企业	1	18	2 765	3 348		2 366	982		600
外商投资企业	1	278	5 477	6 777			6 777	2 443	9 350
外资企业	1	278	5 477	6 777			6 777	2 443	9 350
个体经营	132	2 463	168 074	178 128	9 199	1 740	176 388	8 618	89 234
个体户	128	2 382	161 323	171 323	7 505	1 740	169 582	8 223	85 696
个体合伙	4	81	6 750	6 805	1 694		6 805	394	3 538
3.按经营形式分									
独立门店	133	2 673	188 535	199 684	7 505	4 107	195 577	8 393	93 196
连锁总店	1	190	2 586	3 430			3 430	16	2 824
连锁门店	3	324	11 196	12 425	1 694		12 425	2 800	9 938
其他	3	82	19 630	21 566			21 566	1 800	80 624
4.按零售业态分									
有店铺零售	140	3 269	221 948	237 107	9 199	4 107	233 000	13 010	186 582
便利店	2	230	3 899	4 707			4 707	79	3 624
折扣店	1	11	1 699	1 783			1 783	15	120
超市	61	1 614	97 603	103 681	6 185	1 036	102 645	3 866	63 003
大型超市	1	278	5 477	6 777			6 777	2 443	9 350
百货店	6	81	5 574	5 926	736		5 926	325	2 895
专业店	45	672	64 085	66 940	1 940	2 559	64 380	2 794	18 192
专卖店	19	263	21 814	23 193		511	22 682	1 491	4 512
家居建材商店	3	78	19 436	21 640	337		21 640	1 346	83 686
厂家直销中心	2	42	2 356	2 458			2 458	649	1 200

14-14 限额以上住宿餐饮产业活动单位(个体户)经营情况

(2016年)

单位:万元

指标名称	营业额	#使用银行卡支付的营业额	客房收入	#通过公共网络实现的客房收入	餐费收入	#通过公共网络实现的餐费收入	商品销售额	其他收入
总　计	**248 011**	**47 551**	**29 613**	**5 364**	**176 073**	**16 193**	**36 346**	**5 978**
一、住宿业	**59 439**	**13 957**	**28 516**	**5 364**	**24 924**	**6 006**	**1 061**	**4 935**
1.按住宿行业小类分								
旅游饭店	43 447	12 348	19 347	4 914	19 356	6 006	616	4 127
一般旅馆	15 991	1 608	9 169	450	5 568		445	808
2.按登记注册类型分								
内资企业	26 595	6 163	10 377	2 373	11 401	2 360	516	4 299
国有企业	6 730		1 283		5 393		54	
有限责任公司	19 256	6 163	8 796	2 373	5 882	2 360	462	4 114
其他有限责任公司	19 256	6 163	8 796	2 373	5 882	2 360	462	4 114
其他企业	608		297		126			184
港、澳、台商投资企业	7 059		3 164		3 349		101	444
港澳台商独资企业	7 059		3 164		3 349		101	444
外商投资企业	11 365	6 185	5 082	2 540	6 087	3 645	7	188
外资企业	7 437	6 185	3 387	2 540	3 931	3 645		118
其他外商投资企业	3 928		1 695		2 156		7	70
个体经营	14 419	1 608	9 892	450	4 086		436	3
个体户	13 520	1 391	9 166	233	3 957		393	3
个体合伙	898	217	726	217	128		43	
3.按经营形式分								
独立门店	52 709	11 658	25 256	3 990	22 168	4 171	1 061	4 222
连锁门店	6 729	2 299	3 260	1 374	2 755	1 834		713
4.按星级分								
五星	21 436	7 100	9 183	3 915	10 199	5 479	188	1 865
四星	4 163	2 239	2 453		1 509		78	122
三星	1 492	269	1 324		142			25
其他	32 347	4 348	15 555	1 449	13 073	526	795	2 922
二、餐饮业	**188 572**	**33 594**	**1 096**		**151 148**	**10 187**	**35 284**	**1 043**
1.按餐饮业行业小类分								
正餐服务	187 212	33 594	1 096		149 997	10 187	35 075	1 043
快餐服务	337				264		73	
饮料及冷饮服务	502				472		30	
咖啡馆服务	502				472		30	
其他餐饮业	520				414		105	
小吃服务	520				414		105	
2.按登记注册类型分								
内资企业	2 405		124		1 911		357	12
有限责任公司	1 434		124		1 118		179	12
其他有限责任公司	1 434		124		1 118		179	12
私营企业	662				484		178	
私营有限责任公司	662				484		178	
其他企业	309				309			
港、澳、台商投资企业	1 121				1 071		49	
港澳台商独资企业	1 121				1 071		49	
个体经营	185 045	33 594	972		148 165	10 187	34 877	1 030
个体户	181 058	32 540	864		144 754	9 369	34 408	1 030
个体合伙	3 987	1 053	107		3 410	818	468	
3.按经营形式分								
独立门店	186 181	33 594	1 096		149 223	10 187	34 818	1 043
连锁总店								
连锁门店	2 391				1 925		466	

（2016年）

单位:万元

指标名称	单位数（个）	从业人员期末人数（人）	客房数(间)	床位数(个)	餐位数(位)	年末餐饮营业面积(平方米)
总　计	**295**	**13 328**	**6 711**	**10 632**	**80 967**	**532 691**
一、住宿业	**42**	**3 628**	**6 473**	**10 096**	**14 581**	**305 182**
1.按住宿行业小类分						
旅游饭店	21	2 867	4 447	7 049	11 429	290 262
一般旅馆	21	761	2 026	3 047	3 152	14 920
2.按登记注册类型分						
内资企业	14	2 098	3 286	5 404	10 629	260 202
国有企业	2	281	242	422	350	1 600
有限责任公司	11	1 751	2 923	4 797	10 011	220 934
其他有限责任公司	11	1 751	2 923	4 797	10 011	220 934
其他企业	1	66	121	185	268	37 668
港、澳、台商投资企业	1	393	380	456	640	2 414
港澳台商独资企业	1	393	380	456	640	2 414
外商投资企业	2	459	749	1 022	1 208	32 108
外资企业	1	329	335	410	658	30 908
其他外商投资企业	1	130	414	612	550	1 200
个体经营	25	678	2 058	3 214	2 104	10 458
个体户	23	643	1 819	2 876	2 004	10 118
个体合伙	2	35	239	338	100	340
3.按经营形式分						
独立门店	37	2 665	4 497	6 857	7 711	117 988
连锁门店	5	963	1 976	3 239	6 870	187 194
4.按星级分						
五星	5	1 610	1 501	2 047	7 828	124 595
四星	3	280	1 015	1 633	1 792	71 938
三星	2	107	624	1 120	500	32 143
其他	32	1 631	3 333	5 296	4 461	76 506
二、餐饮业	**253**	**9 700**	**238**	**536**	**66 386**	**227 509**
1.按餐饮业行业小类分						
正餐服务	249	9 630	238	536	65 616	225 709
快餐服务	1	10			200	220
饮料及冷饮服务	1	12			150	500
咖啡馆服务	1	12			150	500
其他餐饮业	2	48			420	1 080
小吃服务	2	48			420	1 080
2.按登记注册类型分						
内资企业	6	212	73	116	1 190	4 633
有限责任公司	3	158	73	116	846	3 400
其他有限责任公司	3	158	73	116	846	3 400
私营企业	2	38			250	1 050
私营有限责任公司	2	38			250	1 050
其他企业	1	16			94	183
港、澳、台商投资企业	1	12			48	160
港澳台商独资企业	1	12			48	160
个体经营	246	9 476	165	420	65 148	222 716
个体户	236	9 026	133	362	62 252	208 130
个体合伙	10	450	32	58	2 896	14 586
3.按经营形式分						
独立门店	247	9 524	238	536	65 181	222 659
连锁总店						
连锁门店	6	176			1 205	4 850

14-15 批发和零售业连锁经营情况

指标名称	计量单位	合计		直营店		加盟店	
		2016年	2015年	2016年	2015年	2016年	2015年
一、门店总数	个	2 868	2 699	1 652	1 522	1 216	1 177
二、年末从业人员数	人	31 469	30 629	27 259	26 516	4 210	4 113
三、年末零售营业面积	平方米	1 402 513	1 308 880	1 166 073	1 099 041	236 440	209 839
四、连锁门店商品购进额	千元	3 569 424	3 366 076	3 257 900	3 067 944	311 525	298 132
#统一配送商品购进额	千元	3 067 976	2 882 241	2 892 105	2 707 134	175 871	175 108
自有配送中心配送商品购进额	千元	2 018 697	1 878 766	1 842 827	1 710 234	175 871	168 532
非自有配送中心配送商品购进额	千元	134 118	159 667	134 118	153 092		6 576
五、连锁门店商品销售额	千元	4 583 926	4 407 031	4 299 933	4 120 892	283 993	286 139
#零售额	千元	3 581 354	3 416 671	3 326 929	3 164 346	254 425	252 325

14-16 住宿和餐饮业连锁经营情况

指标名称	计量单位	合计		直营店		加盟店	
		2016年	2015年	2016年	2015年	2016年	2015年
一、门店总数	个	151	130	121	106	30	24
二、年末从业人员数	人	7 273	6 251	6 288	5 310	985	941
三、年末餐饮营业面积	平方米	51 183	45 323	50 403	44 553	780	770
四、客房数	间	2 139	2 137	1 891	1 889	248	248
五、床位数	个	3 953	3 947	3 503	3 497	450	450
六、餐位数	位	15 834	13 844	15 114	13 134	720	710
七、连锁门店商品购进(采购)额	千元	38 478	41 551	34 680	37 137	3 798	4 414
#统一配送商品购进(采购)额	千元	35 924	38 398	32 126	33 984	3 798	4 414
自有配送中心配送商品购进(采购)额	千元		2 612		2 612		
非自有配送中心配送商品购进(采购)额	千元						
八、连锁门店营业额	千元	88 256	85 328	74 734	72 864	13 521	12 464
#餐费收入	千元	80 105	76 785	66 993	64 752	13 112	12 033

14-17 批发和零售业(住宿和餐饮业)连锁门店及配送中心分布情况

单位:个

地　　区	门店总数		直营店数		加盟店数		配送中心数			
	2016年	2015年	2016年	2015年	2016年	2015年	2016年	#自有	2015年	#自有
合　　计	**3 019**	**2 829**	**1 773**	**1 628**	**1 246**	**1 201**	**41**	**34**	**37**	**28**
北京	10	13			10	13				
天津	7	6			7	6				
河北	7	4			7	4				
#石家庄	3	3			3	3				
山西	1	2			1	2				
内蒙古	4				4					
#呼和浩特	4				4					
上海	2	3			2	3				
江苏	7	12			7	12				
#南京										
浙江	97	50	7	8	90	42				
#杭州	18	42	2	2	16	40				
宁波	4	2			4	2				
安徽	42	46	2	2	40	44				
#合肥	18	19	2	2	16	17				
福建	1		1							
厦门	1		1							
江西	2 834	2 647	1 756	1 613	1 078	1 034	41	34	37	28
#南昌	1 350	1 189	982	805	368	384	30	23	33	24
山东		41				41				
#济南		23				23				
青岛		1				1				
河南										
#郑州										
湖南	7	5	7	5						
#长沙	7	2	7	2						
海南										
陕西										
#西安										

14-18 亿元以上商品交易市场主要经济指标

（2016年）

市场名称	市场成交额（万元）	营业面积（平方米）	年末出租摊位数（个）
合计	**9 885 393**	**1 637 792**	**27 991**
东湖区			
墩子塘农产品综合市场	15 566	3 145	209
南昌水产品综合交易批发市场	426 612	43 000	779
江西旧机动车交易中心	83 598	11 000	125
南昌市香江家具光彩大市场	11 698	20 000	126
西湖区			
南昌市万寿宫商城	43 266	54 020	1 846
南昌长运商贸城	42 000	30 620	568
江西国际珠宝城经营管理有限公司	32 000	50 000	50
南昌市洪城大市场	3 085 514	151 300	6 976
江西省华东商贸城	13 260	17 234	508
江西鸿顺德国际商贸城有限公司	22 160	22 500	486
江西家电市场	10 300	23 374	639
江西省五华批发市场	219 755	21 060	1 004
江西联信大市场	291 400	11 686	536
南昌市宝源汽配综合大市场	53 350	30 000	882
青云谱区			
南昌建材大市场有限公司	62 126	64 900	1 055
江西省运通汽配市场有限公司	100 722	40 000	336
南昌肉类联合加工厂肉食品批发市场	356 000	21 000	400
江西省装潢建材大市场有限责任公司	620 214	42 724	607
南昌深圳农产品中心批发市场有限公司	1 690 889	124 266	1 099
青山湖区			
京东家俱城	51 215	130 000	488
江西省旧货大市场	20 220	15 000	750
南昌香江商贸城	23 360	278 442	1 974
南昌市废旧钢材交易市场	35 600	46 021	679
南昌市郊区佛塔生猪交易批发市场	106 055	13 400	30
新建区			
新建县集贸市场	35 650	19 000	1 403
南昌县			
南昌县莲塘综合市场	112 794	7 600	734
南昌县农机大市场	135 474	8 000	332
南昌县小蓝禽蛋批发市场	457 414	18 000	218
江西省洪城汽配城	1 501 241	38 500	134
南昌经济技术开发区			
江西国际汽车城投资发展有限公司	73 085	110 000	922
红谷滩新区			
南昌华南城	12 604	150 000	2 076
江西红谷滩汽车广场	140 251	22 000	20

14-19 个体工商业基本情况

（2016年）

项　　目	户数(户)	#城镇	从业人员(人)	#城镇	注册资金(万元)	#城镇
合　计	**247 108**	**192 934**	**591 718**	**463 694**	**2 028 669**	**1 285 647**
一、农、林、牧、渔业	16 458	4 749	41 565	12 482	517 103	63 253
#农、林、牧、渔服务业	688	156	2 201	1 018	39 063	6 081
二、采矿业	96	9	462	26	2 606	250
#开采辅助活动	9		90		343	
三、制造业	8 039	3 713	30 238	12 733	80 273	31 984
#金属制品、机械和设备修理业	50	32	137	85	491	333
四、电力、热力、燃气及水生产和供应业	20	9	83	41	2 762	82
五、建筑业	325	189	892	523	3 320	1 759
六、批发和零售业	158 526	128 073	334 735	273 331	897 867	716 261
七、交通运输、仓储和邮政业	1 963	1 869	5 538	5 316	38 440	37 601
八、住宿和餐饮业	28 093	25 397	88 707	80 922	271 921	248 735
九、信息传输、软件和信息技术服务业	1 376	900	3 118	2 126	7 108	4 701
十、金融业	2	2	13	13	33	33
十一、房地产业	564	520	1 720	1 600	2 745	2 528
十二、租赁和商务服务业	1 650	1 393	4 229	3 525	12 475	9 298
十三、科学研究和技术服务业	473	366	1 180	960	1 720	1 425
十四、水利、环境和公共设施管理业	11	8	42	33	61	50
十五、居民服务、修理和其他服务业	28 343	24 721	74 440	65 781	164 236	143 016
十六、教育	53	42	157	134	471	447
十七、卫生和社会工作	397	338	1 141	981	2 645	2 409
十八、文化、体育和娱乐业	715	633	3 452	3 162	22 849	21 797
十九、其他	4	3	6	5	35	20

资料来源：南昌市工商局。

14-20 私营企业基本情况

（2016年）

项　　目	户数（户）	#城镇	投资者人数（人）	#城镇	雇工人数（人）	#城镇	注册资金（万元）	#城镇
合　计	**120 979**	**99 405**	**246 798**	**204 763**	**912 884**	**748 921**	**56 021 440**	**45 803 534**
一、农、林、牧、渔业	4 340	1 869	8 768	4 384	22 185	11 462	1 888 580	885 834
#农、林、牧、渔服务业	439	255	983	598	2 663	1 893	296 806	202 740
二、采矿业	50	31	121	84	286	245	28 430	22 456
#开采辅助活动	26	21	77	65	208	184	14 656	13 206
三、制造业	8 605	4 849	19 263	10 881	39 826	28 815	3 946 180	2 272 655
#金属制品、机械和设备修理业	26	21	57	41	192	168	8 779	7 521
四、电力、燃气及水的生产和供应业	178	131	368	259	882	732	296 252	230 354
五、建筑业	9 925	8 508	20 162	17 254	55 978	46 146	8 142 351	6 822 126
六、批发和零售业	46 525	38 461	91 951	76 684	390 743	320 701	14 951 427	12 085 530
七、交通运输、仓储和邮政业	2 147	1 533	3 910	2 706	11 313	8 671	623 176	431 320
八、住宿和餐饮业	1 281	1 122	2 536	2 221	6 841	5 806	362 864	310 426
九、信息传输、计算机服务和软件业	8 933	7 844	17 537	15 598	71 260	59 520	2 781 931	2 497 721
十、金融业	633	545	1 982	1 742	3 073	2 315	3 122 492	3 056 690
十一、房地产业	3 365	2 941	7 004	6 151	28 567	23 723	3 129 558	2 619 455
十二、租赁和商务服务业	26 952	24 558	55 694	51 447	216 410	186 499	13 557 611	11 882 035
十三、科学研究、技术服务和地质勘查业	3 541	3 139	8 120	7 247	30 258	25 140	1 798 407	1 567 637
十四、水利、环境和公共设施管理业	537	457	1 243	1 036	2 305	1 819	550 263	408 333
十五、居民服务和其他服务业	2 314	2 030	4 550	4 022	19 459	16 273	428 937	366 645
十六、教育	456	399	960	847	3 763	3 132	86 736	73 304
十七、卫生、社会保障和社会福利业	73	64	134	111	623	564	28 084	24 154
十八、文化、体育和娱乐业	1 111	914	2 467	2 066	9 012	7 280	295 508	244 906
十九、其它行业	13	10	28	23	100	78	2 653	1 953

资料来源：南昌市工商局。

14-21 零售企业(单位)排位

(按商品销售额)

2015年		2016年	
位次	企业(单位)名称	位次	企业(单位)名称
1	江西新华发行集团有限公司	1	江西新华发行集团有限公司
2	江西南华医药有限公司	2	江西南华医药有限公司
3	江西汇仁集团医药科研营销有限公司	3	江西汇仁集团医药科研营销有限公司
4	江西洪客隆百货投资有限公司	4	江西洪客隆百货投资有限公司
5	江西风尚电视购物股份有限公司	5	重庆新日日顺家电销售有限公司南昌分公司
6	南昌百货大楼股份有限公司	6	江西鹏润国美电器有限公司
7	江西高速实业开发有限公司	7	南昌市四平贸易有限公司
8	江西鹏润国美电器有限公司	8	江西高速实业开发有限公司
9	重庆新日日顺家电销售有限公司南昌分公司	9	江西风尚电视购物股份有限公司
10	南昌市天虹商场有限公司	10	国药控股江西有限公司
11	南昌喜盈门实业有限公司	11	南昌市天虹商场有限公司
12	南昌市四平贸易有限公司	12	南昌百货大楼股份有限公司
13	南昌万宝行汽车销售服务有限公司	13	南昌喜盈门实业有限公司
14	南昌宝泽汽车销售服务有限公司	14	江西苏宁云商销售有限公司
15	江西广甸宝德汽车销售服务有限公司	15	南昌万宝行汽车销售服务有限公司
16	江西德奥汽车销售服务有限公司	16	江西新运通销售服务有限公司
17	江西新运通销售服务有限公司	17	江西广甸宝德汽车销售服务有限公司
18	江西和平汽车销售服务有限公司	18	江西德奥汽车销售服务有限公司
19	江西运通汽车技术服务有限公司	19	江西和平汽车销售服务有限公司
20	江西苏宁云商销售有限公司	20	江西百盛中山城百货有限公司

主要统计指标解释

社会消费品零售总额 指各种经济类型的批发零售贸易业、住宿和餐饮业对城乡居民和社会集团的消费品零售额总和。这个指标反映通过各种商品流通渠道向居民和社会集团供应的生活消费品来满足他们生活需要，是研究人民生活、社会消费品购买力、货币流通等问题的重要指标。对居民的消费品零售额:指售给城乡居民用于生活消费的商品。对社会集团的消费品零售额:指售给机关、团体、部队、学校企业、事业单位和城市街道居民委员会、农村村民委员会用公款购买的用作非生产、非经营使用的消费品。社会消费品零售额包括:(1)售给城乡居民作为生活用的商品及修建房屋建筑材料;(2)售给机关、团体、学校、部队、企业、事业单位的职工食堂和旅店(招待所)附设专门供本店旅客食用,不对外营业的食堂的各种食品、燃料;企业、单位和国营农场直接售给本单位职工和职工食堂的自己生产的产品;(3)售给部队干部、战士生活粮食、副食品、衣着品、日用品、燃料;(4)售给来华的外国人、华侨、港澳台同胞的消费品(包括友谊商店、在海关前后设立的免税商店、外轮供应公司等);(5)居民自费购买的中、西药品,中药材及医疗用品;(6)报社、出版社直接售给居民和社会集团的报纸、图书、杂志,集邮公司(包括邮局集邮专柜)出售的新、旧(盖销的)纪念邮票、特种邮票、首日封、集邮册、集邮工具等;(7)旧货寄售商店自购、自销部分的商品;(8)煤气公司、液化石油气站售给居民和社会集团的煤气灶具和罐装液化石油气;(9)售给社会集团的办公用品、纸张、帐册、文印用品、计算工具、书报杂志和奖品;公共用品和纺织品、针织品;学校用的教学用具;文体用品;有明确专用的劳动保护用品。

(一) 按行业分的社会消费品零售额

1、批发和零售业零售额 指专门从事商品转卖业务的各种经济类型独立核算的批发零售贸易企业、产业活动单位直接售给居民和社会集团的消费品零售额。

2、住宿和餐饮业零售额 指从事食品的烹饪、调制并直接零售给居民饮食的各种宾馆、旅社、饭馆、酒馆、茶馆等餐饮业的零售额。包括各种企业单位附设对外营业的饭馆、火车餐厅、轮船餐厅、车站食堂、机场餐厅的零售额。不包括旅店（招待所）专供本店旅客食用,不对外营业的食堂,机关、团体学校、企业、事业单位的职工食堂出售饭菜的收入。

(二) 按销售地区分的社会消费品零售额

1、城镇的零售额 指设立在中央直辖市,省、地辖市的市区和镇以上的各行业消费品零售额,不包括乡村的消费品零售额。

2、城区的零售额 指设立在城区内的各行业消费品零售额。

3、乡村的零售额 指设立在农村的各行业消费品零售额。但不包括分布在农村的独立工矿、林区的商品零售额,这部分零售额,凡属直辖镇以上的列入"城镇的零售额"中。

商品购进总额 指从本企业以外的单位和个人购进（包括从国外直接进口）作为转卖或加工后转卖的商品金额。本指标由从生产者购进额、从批发零售贸易业购进额、进口额和其他项目组成。这个指标反映批发零售贸易业从国内、国外市场上购进商品的总量。

从生产者购进额 指直接从工农业生产者购进的各种工矿产品、农副产品。

进口 指直接从国外进口的商品和委托外贸部门代理进口的商品。

商品销售总额 指对本企业以外的单位和个人出售的商品(包括售给本单位消费用的商品)金额。本指标由对生产经营单位批发额、对批发零售贸易批发额、出口额和对居民和社会集团商品零售额项目组成。这个指标反映批发零售贸易业在国内市场上销售商品以及出口商品的总量。

批发 指除零售以外的一切商品销售活动，包括对生产经营单位批发、对批发零售贸易业批发和出口。

对生产经营单位批发 指售给国民经济和社会各部门作为生产或经营使用的商品。

出口 指直接向国(境)外出口商品和委托外贸部门代理出口的商品。

零售 指售给城乡居民直接用于生活消费的商品和社会集团直接用于公用消费的商品。

期末库存 指批发零售贸易业已取得所有权的全部商品。这个指标反映批发零售业的商品库存情况，以及对市场商品供应的保证程度。

年末从业人数 指在该企业工作并取得劳动报酬的年末实有人员数。包括在岗职工、再就业的离退休人员、在该企业工作的外方人员、港、澳、台方人员、兼职人员、借用的外单位人员和第二职业者。不包括离开本单位但仍保留劳动关系的职工。

年末营业面积 零售业按建筑面积计算的直接对顾客销售商品的固定场地，不包括办公室、仓库、加工场地等面积。住宿和餐饮业对外提供就餐服务的门店建筑面积和从事食品加工、烹饪、调制的厨房面积，不包括办公用房和仓库等面积。该指标按年末实有面积统计。

住宿和餐饮业营业额 指住宿和餐饮业法人企业、产业活动单位在经营活动中因提供服务或销售商品等取得的收入。包括客房收入、餐费收入、商品销售额(含增值税)和其他收入。

客房收入 指住宿和餐饮业法人企业、产业活动单位在经营活动中因提供住宿服务取得的收入。

餐费收入 指住宿和餐饮业法人企业、产业活动单位因为顾客提供就餐服务取得的收入。包括经烹饪、调制后出售的各种食品，如主食、炒菜、凉拌菜等的收入。

商品销售额 指住宿和餐饮业法人企业、产业活动单位出售商品的销售总额(含增值税)。

其他收入 指营业额中除客房收入、餐费收入、商品销售额(含增值税)以外的其他收入。包括：娱乐、健身和商务服务等。

床位数 指宾馆、饭店、酒店、旅馆等供应旅客使用的床位数，不包括临时加的床位和宾馆、饭店、酒店、旅馆等内部工作人员使用的床位。该指标按年内正常情况下的实有数统计。

餐饮数 指住宿和餐饮业法人企业、产业活动单位为顾客提供就餐服务时，正常可同时容纳就餐人员的餐位数量，不包括临时加的餐位。该指标按年内正常情况下的实有数统计。

批发和零售业、住宿和餐饮业的限额以上统计划型标准为：

1、批发业：全年销售额2000万元及以上

2、零售业：全年销售额500万元及以上

3、餐饮业：全年主营业务收入200万元及以上

4、住宿业：星级宾馆、饭店

连锁企业(或称连锁店、连锁公司) 指在核心企业或总店的领导下，由分散的、经营同类商品或服务的企业或活动单位，采取共同方针，实行集中采购和分散销售的有机结合，通过规范化经营，实现规模效益的经济联合组织形式。

一般连锁店应由若干个分店组成。其经营特征：(1)经营同类商品；(2)使用统一商号；(3)统一采购配送，采购与销售相分离(部分商品可根据物流合理和保质保鲜原则由供应商直接送货到门店，其余均由总部统一配送)。连锁店总店(总部)指连锁店的核心企业或管理中心。连锁店分店指连锁店所属各分散经营的企业或活动单位，也可称分店或成员店。

连锁店包括下列两种形式：

(1)直营连锁:也叫正规连锁。连锁门店均由总部全资或控股开设,在总部的直接领导下统一经营。连锁总店或核心店作为一个直营店统计。

(2)加盟连锁:包括特许连锁和自由连锁。特许连锁:各连锁门店(被特许人)通过合同形式,取得使用总部(特许人)商标、经营技术和销售总部开发的商品的特许权,各加盟连锁门店为独立法人,但无自主经营权,在总部指导下统一经营。自由连锁:也称自愿连锁,连锁公司的门店均为独立法人,各自的资产所有权关系不变,在公司总部的指导下共同经营。各成员店使用共同的店名,与总部订阅相关购、销、宣传等方面的合同,并按合同开展经营活动。在合同规定的范围之外,各成员店可以自由活动。根据自愿原则,各成员店可自由加入连锁体系,也可自由退出。

商品交易市场 指有固定场所、设施,有若干经营者入场实行集中、公开交易各类实物商品的市场。

亿元以上商品交易市场 指全年成交额在一亿元及以上的商品交易市场。

市场成交总额 指该市场所有摊位商品交易总额之和。

在地口径:指批零住餐统计中的统计范围,以企业经营所在地为统计口径的统计方法,称为“在地口径”统计。

法人口径:指批零住餐统计中的统计范围,以企业法人所在地为统计口径的统计方法,称为“法人口径”统计。

十五、房 地 产

REAL ESTATE

本篇内容包括：

1.房地产开发投资
2.房地产施工及销售
3.房地产企业财务状况
4.房地产企业资金及土地
5.各县区房地产开发

房地产开发投资

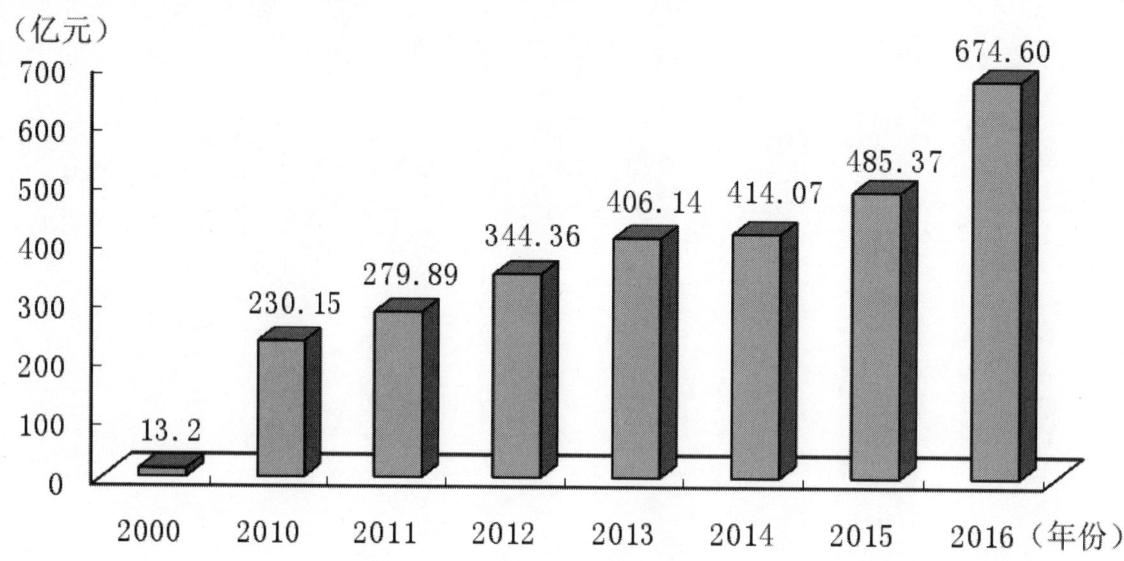

房地产施工销售情况

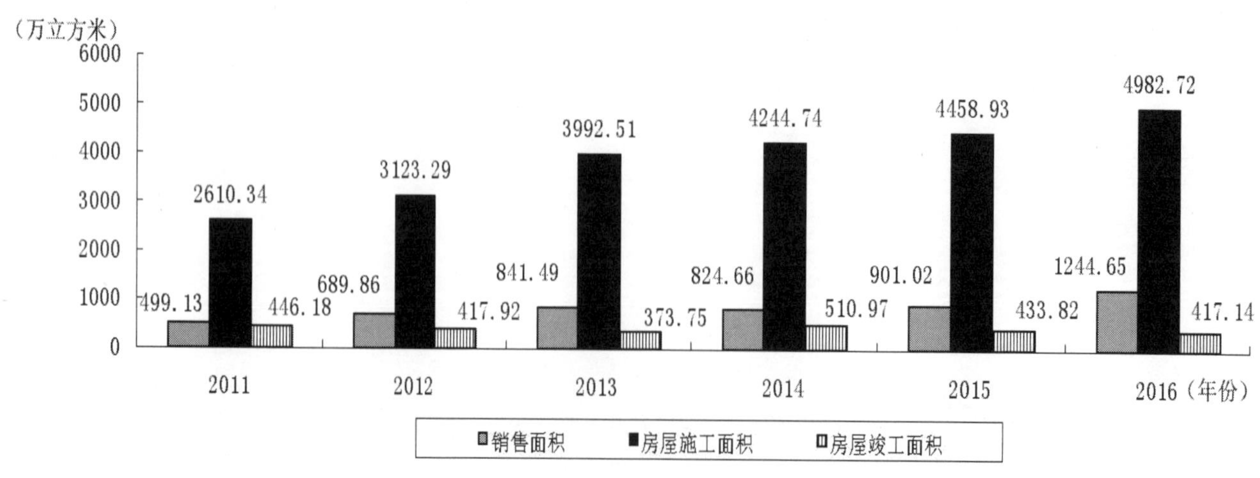

15-1 房地产开发情况

（2016年）

指　　标	企业数（个）	计划总投资（万元）	自开始建设累计完成投资（万元）
按登记注册类型分	**533**	**39 414 932**	**27 295 892**
内资企业	485	34 588 902	24 089 651
国有企业	15	412 210	212 651
集体企业	2		
国有独资公司	20	1 187 030	725 161
其他有限责任公司	281	22 655 634	16 380 456
股份有限公司	29	2 034 336	1 701 588
私营合伙企业	1	18 082	14 901
私营有限责任公司	127	5 945 523	4 277 290
私营股份有限公司	8	2 196 287	679 003
其他企业	2	139 800	98 601
港澳台商投资企业	39	3 537 045	2 113 849
与港澳台商合资经营企业	18	869 681	731 621
港澳台商独资经营企业	21	2 667 364	1 382 228
外商投资企业	9	1 288 985	1 092 392
中外合资经营企业	5	1 114 021	966 839
外资企业	4	174 964	125 553
按控股情况分	**533**	**39 414 932**	**27 295 892**
国有控股	86	8 161 271	6 130 949
集体控股	7	158 400	145 367
私人控股	298	15 957 315	11 468 387
港澳台商控股	39	3 176 551	2 327 908
外商控股	9	891 870	507 702
其他	94	11 069 525	6 715 579
按资质等级分	**533**	**39 414 932**	**27 295 892**
一级	7	1 063 727	1 050 274
二级	66	5 507 196	5 659 468
三级	112	4 415 339	3 634 248
四级	49	1 104 616	904 015
暂定	280	25 431 667	14 933 708
其他	19	1 892 387	1 114 179
按隶属关系分	**533**	**39 414 932**	**27 295 892**
中央	9	1 292 392	1 063 529
省(自治区、直辖市)	30	2 143 160	1 871 639
地区(州、盟、省辖市)	45	5 902 458	3 728 678
县(区、市、旗)	82	6 395 939	3 836 670
镇	2	50 000	7 300
居委会	1	30 000	10 600
村委会	1		
其他	363	23 600 983	16 777 476

15-1 续表1 （2016年） 单位:万元

指　　标	本年完成投资	建筑工程	安装工程	设备工器具购置
按登记注册类型分	**6 745 980**	**4 493 110**	**1 049 288**	**82 586**
内资企业	6 302 583	4 213 917	977 854	66 471
国有企业	86 251	52 386	250	
集体企业				
国有独资公司	423 859	329 173	9 780	
其他有限责任公司	3 974 653	2 517 509	645 469	54 401
股份有限公司	222 104	169 317	22 689	
私营合伙企业	5 060	5 060		
私营有限责任公司	977 287	677 756	166 837	6 550
私营股份有限公司	576 193	435 919	132 718	5 520
其他企业	37 176	26 797	111	
港澳台商投资企业	413 525	255 466	68 576	15 750
与港澳台商合资经营企业	110 351	71 199	20 494	10 050
港澳台商独资经营企业	303 174	184 267	48 082	5 700
外商投资企业	29 872	23 727	2 858	365
中外合资经营企业	13 583	9 480	848	365
外资企业	16 289	14 247	2 010	
按控股情况分	**6 745 980**	**4 493 110**	**1 049 288**	**82 586**
国有控股	1 618 191	1 155 121	130 056	23 949
集体控股	12 716	6 988	3 827	
私人控股	3 041 279	1 938 708	484 704	26 436
港澳台商控股	437 300	265 828	70 856	15 750
外商控股	28 577	22 432	2 858	365
其他	1 607 917	1 104 033	356 987	16 086
按资质等级分	**6 745 980**	**4 493 110**	**1 049 288**	**82 586**
一级	53 679	40 346	4 518	4 174
二级	953 518	680 241	168 812	3 049
三级	537 056	351 921	87 039	18 715
四级	142 908	111 536	14 911	185
暂定	4 796 864	3 124 805	758 888	56 463
其他	261 955	184 261	15 120	
按隶属关系分	**6 745 980**	**4 493 110**	**1 049 288**	**82 586**
中央	224 857	96 860	23 320	20 388
省(自治区、直辖市)	248 450	136 786	36 315	2 051
地区(州、盟、省辖市)	1 037 807	661 937	253 028	8 107
县(区、市、旗)	1 534 923	1 067 382	156 209	14 067
镇	7 300	7 300		
居委会	10 600	2 000		
村委会				
其他	3 682 043	2 520 845	580 416	37 973

15-1 续表2　　(2016年)　　单位:万元

指　　标	本年完成投资		
	其他费用	#旧建筑物购置费	#土地购置费
按登记注册类型分	**1 120 996**	**44 387**	**848 381**
内资企业	1 044 341	44 387	808 168
国有企业	33 615		13 614
集体企业			
国有独资公司	84 906	42 574	35 729
其他有限责任公司	757 274	970	630 195
股份有限公司	30 098		23 235
私营合伙企业			
私营有限责任公司	126 144	843	96 395
私营股份有限公司	2 036		
其他企业	10 268		9 000
港澳台商投资企业	73 733		40 213
与港澳台商合资经营企业	8 608		
港澳台商独资经营企业	65 125		40 213
外商投资企业	2 922		
中外合资经营企业	2 890		
外资企业	32		
按控股情况分	**1 120 996**	**44 387**	**848 381**
国有控股	309 065	42 574	193 987
集体控股	1 901		1 901
私人控股	591 431	1 813	478 089
港澳台商控股	84 866		57 225
外商控股	2 922		
其他	130 811		117 179
按资质等级分	**1 120 996**	**44 387**	**848 381**
一级	4 641		
二级	101 416	47	83 621
三级	79 381		29 650
四级	16 276	385	6 664
暂定	856 708	1 381	728 446
其他	62 574	42 574	
按隶属关系分	**1 120 996**	**44 387**	**848 381**
中央	84 289		48 066
省(自治区、直辖市)	73 298		69 631
地区(州、盟、省辖市)	114 735		100 611
县(区、市、旗)	297 265	43 524	194 356
镇			
居委会	8 600		5 500
村委会			
其他	542 809	863	430 217

指　　标	本年完成投资			
	住宅投资	#90平米以下住房	#140平米以上住房	#别墅、高档公寓
按登记注册类型分	**4 718 445**	**1 368 335**	**681 921**	**287 904**
内资企业	4 444 756	1 266 138	648 838	258 519
国有企业	38 429	16 488	2 435	
集体企业				
国有独资公司	370 059	183 290	24 277	
其他有限责任公司	2 746 974	701 175	494 336	244 639
股份有限公司	115 558	45 496	7 469	
私营合伙企业	4 360	3 580		
私营有限责任公司	680 790	212 974	78 802	3 042
私营股份有限公司	463 260	93 788	41 519	10 838
其他企业	25 326	9 347		
港澳台商投资企业	252 288	94 484	26 329	28 730
与港澳台商合资经营企业	93 248	52 796	20 741	282
港澳台商独资经营企业	159 040	41 688	5 588	28 448
外商投资企业	21 401	7 713	6 754	655
中外合资经营企业	11 644	758	5 688	655
外资企业	9 757	6 955	1 066	
按控股情况分	**4 718 445**	**1 368 335**	**681 921**	**287 904**
国有控股	1 222 912	418 572	188 023	111 222
集体控股	9 182	7 234	600	300
私人控股	2 162 381	582 867	213 525	59 153
港澳台商控股	277 652	110 419	27 955	28 658
外商控股	20 746	7 713	6 099	
其他	1 025 572	241 530	245 719	88 571
按资质等级分	**4 718 445**	**1 368 335**	**681 921**	**287 904**
一级	50 322	28 588	5 417	10 942
二级	774 319	247 869	69 747	8 653
三级	353 798	114 764	69 758	20 078
四级	79 868	28 734	5 907	3 746
暂定	3 263 909	881 124	511 877	244 485
其他	196 229	67 256	19 215	
按隶属关系分	**4 718 445**	**1 368 335**	**681 921**	**287 904**
中央	104 733	22 290	10 761	5 681
省(自治区、直辖市)	179 087	35 193	11 675	8 898
地区(州、盟、省辖市)	675 401	116 104	180 691	80 539
县(区、市、旗)	1 190 498	486 386	96 295	19 850
镇	6 200	3 200		
居委会				
村委会				
其他	2 562 526	705 162	382 499	172 936

15-1 续表4 （2016年） 单位:万元

指　　标	本年完成投资			本年新增固定资产
	办公楼	商业营业用房	其他	
按登记注册类型分	**499 250**	**1 023 851**	**504 434**	**1 940 987**
内资企业	450 107	946 873	460 847	1 794 228
国有企业	14 717	12 637	20 468	
集体企业				
国有独资公司	21 296	10 519	21 985	114 387
其他有限责任公司	298 540	584 116	345 023	1 272 859
股份有限公司	29 960	51 533	25 053	48 895
私营合伙企业		400	300	
私营有限责任公司	74 057	189 422	33 018	166 537
私营股份有限公司	9 057	97 876	6 000	191 550
其他企业	2 480	370	9 000	
港澳台商投资企业	48 729	70 090	42 418	66 030
与港澳台商合资经营企业	8 896	2 523	5 684	7 840
港澳台商独资经营企业	39 833	67 567	36 734	58 190
外商投资企业	414	6 888	1 169	80 729
中外合资经营企业	414	588	937	40 669
外资企业		6 300	232	40 060
按控股情况分	**499 250**	**1 023 851**	**504 434**	**1 940 987**
国有控股	100 749	132 312	162 218	636 977
集体控股	8	1 570	1 956	
私人控股	186 077	537 257	155 564	927 208
港澳台商控股	46 729	71 087	41 832	66 025
外商控股		6 738	1 093	80 729
其他	165 687	274 887	141 771	230 048
按资质等级分	**499 250**	**1 023 851**	**504 434**	**1 940 987**
一级		2 752	605	
二级	26 364	122 936	29 899	129 627
三级	13 198	60 930	109 130	329 561
四级	1 385	57 171	4 484	23 685
暂定	441 860	766 482	324 613	1 086 735
其他	16 443	13 580	35 703	371 379
按隶属关系分	**499 250**	**1 023 851**	**504 434**	**1 940 987**
中央	34 140	14 470	71 514	90
省(自治区、直辖市)	28 369	26 082	14 912	66 271
地区(州、盟、省辖市)	106 892	127 176	128 338	158 382
县(区、市、旗)	91 832	151 784	100 809	554 414
镇		1 100		
居委会			10 600	
村委会				
其他	238 017	703 239	178 261	1 161 830

15-2 房地产销售及待售情况

（2016年）

指　　标	合 计	住 宅	#90平米以下住房	#144平米以上住房	#别墅、高档公寓	办公楼	商业营业用　房	其他房屋
房屋施工面积(平方米)	49 827 238	35 756 141	10 409 979	3 781 342	1 155 414	3 810 907	5 297 574	4 962 616
#本年新开工面积(平方米)	12 803 246	9 758 244	2 259 753	929 558	331 155	889 942	1 366 273	788 787
房屋竣工面积(平方米)	4 171 411	3 386 324	897 697	343 662	129 029	145 315	290 078	349 694
#不可销售面积(平方米)	122 127	2 812	1 025			267	14 119	104 929
商品住宅竣工套数(套)		30 677	11 157	1 598	812			
竣工房屋价值(万元)	1 201 966	975 798	242 858	96 236	39 932	57 417	76 856	91 895
出租房屋面积(平方米)	33 299						33 299	
商品房销售面积(平方米)	12 446 529	10 778 161	2 697 401	1 140 810	272 618	583 776	915 790	168 802
现房销售面积(平方米)	1 689 692	1 351 519	380 506	327 918	129 078	149 900	164 442	23 831
期房销售面积(平方米)	10 756 837	9 426 642	2 316 895	812 892	143 540	433 876	751 348	144 971
商品房销售额(万元)	10 229 074	8 306 515	1 876 389	1 025 873	281 632	495 860	1 285 554	141 145
现房销售额(万元)	1 317 629	948 514	232 958	277 782	126 595	155 590	191 154	22 371
期房销售额(万元)	8 911 445	7 358 001	1 643 431	748 091	155 037	340 270	1 094 400	118 774
商品住宅销售套数(套)		100 987	33 688	5 744	2 202			
现房销售套数(套)		11 802	4 785	1 582	551			
期房销售套数(套)		89 185	28 903	4 162	1 651			
待售面积(平方米)	2 667 693	1 786 923	409 502	322 340	147 070	236 501	504 786	139 483
#待售1-3年面积(平方米)	1 937 595	1 308 470	268 236	275 980	131 977	219 457	296 406	113 262
待售3年以上面积(平方米)	89 298	18 718	1 631	230		1 308	69 272	

15-3 房地产企业财务指标

（2016年） 单位:万元

指标	年初存货	流动资产合计	#存货	固定资产合计
按登记注册类型分	**20 675 021**	**42 020 831**	**22 209 005**	**1 312 725**
内资企业	19 081 516	38 012 907	20 487 690	1 073 421
国有企业	52 540	196 837	54 976	3 310
集体企业	3 236	11 196	3 236	794
国有独资公司	5 450 535	9 864 934	6 043 703	367 744
其他有限责任公司	9 467 234	19 991 957	10 293 991	253 995
股份有限公司	620 671	1 038 157	588 313	51 345
私营合伙企业		24 281		34
私营有限责任公司	3 025 058	5 775 376	3 014 659	69 959
私营股份有限公司	462 243	1 110 168	488 813	326 240
其他企业				
港澳台商投资企业	1 158 171	3 447 254	1 545 551	209 860
与港澳台商合资经营企业	546 242	1 302 005	661 741	36 680
港澳台商独资经营企业	589 362	2 117 441	860 358	173 179
外商投资企业	435 334	560 670	175 764	29 444
中外合资经营企业	372 219	468 970	144 904	28 922
外资企业	85 682	119 508	54 312	524
按控股情况分	**20 675 021**	**42 020 831**	**22 209 005**	**1 312 725**
国有控股	8 206 819	15 447 866	8 856 512	452 577
集体控股	73 408	156 554	69 949	1 387
私人控股	7 242 937	13 889 723	7 070 031	508 485
港澳台商控股	1 062 899	3 489 214	1 524 406	214 252
外商控股	257 753	435 224	174 995	9 414
其他	3 831 205	8 602 250	4 513 112	126 611
按资质等级分	**20 675 021**	**42 020 831**	**22 209 005**	**1 312 725**
一级	800 757	1 325 363	608 569	61 558
二级	4 389 917	9 480 923	4 793 553	143 877
三级	4 965 243	8 018 136	4 803 273	312 415
四级	1 106 289	2 306 193	1 017 186	408 630
暂定	8 969 090	19 488 371	10 284 373	325 198
其他	443 725	1 401 846	702 050	61 047
按隶属关系分	**20 675 021**	**42 020 831**	**22 209 005**	**1 312 725**
中央	386 722	840 356	430 295	7 822
省(自治区、直辖市)	1 297 102	2 303 345	1 404 400	9 795
地区(州、盟、省辖市)	5 717 674	11 421 992	6 200 992	99 944
县(区、市、旗)	3 332 833	7 641 564	4 433 076	408 000
镇	101	4 539	101	794
居委会				
村委会				
其他	9 940 588	19 809 036	9 740 142	786 371

指　　标	固定资产原价	固定资产累计折旧	#本年折旧	在建工程
按登记注册类型分	**1 158 536**	**190 905**	**42 602**	**828 446**
内资企业	867 182	134 895	33 610	786 705
国有企业	5 554	2 244	195	15 928
集体企业	127	73	73	
国有独资公司	145 736	25 396	3 821	404 625
其他有限责任公司	260 281	57 272	10 838	224 029
股份有限公司	22 782	9 925	1 144	37 374
私营合伙企业	34	13	1	1 646
私营有限责任公司	96 546	29 684	8 485	85 252
私营股份有限公司	336 122	10 290	9 054	17 851
其他企业				
港澳台商投资企业	258 037	48 395	7 494	41 741
与港澳台商合资经营企业	49 694	13 232	1 640	8 132
港澳台商独资经营企业	208 330	35 151	5 854	33 609
外商投资企业	33 318	7 615	1 498	
中外合资经营企业	30 751	5 570	970	
外资企业	2 580	2 057	528	
按控股情况分	**1 158 536**	**190 905**	**42 602**	**828 446**
国有控股	229 116	43 321	6 272	531 290
集体控股	1 988	1 355	229	
私人控股	559 669	73 655	23 571	197 923
港澳台商控股	263 657	49 964	7 956	41 741
外商控股	10 048	4 376	1 142	
其他	94 059	18 234	3 434	57 492
按资质等级分	**1 158 536**	**190 905**	**42 602**	**828 446**
一级	75 371	15 399	207	
二级	203 151	62 645	8 006	13 787
三级	151 041	50 879	9 588	291 332
四级	432 442	25 953	11 824	26 272
暂定	271 307	32 678	12 285	300 224
其他	25 225	3 352	692	196 831
按隶属关系分	**1 158 536**	**190 905**	**42 602**	**828 446**
中央	9 033	2 835	315	
省(自治区、直辖市)	14 565	5 517	771	15 925
地区(州、盟、省辖市)	71 175	11 358	2 401	3 603
县(区、市、旗)	206 016	39 366	6 537	532 515
镇	127	73	73	
居委会				
村委会				
其他	857 619	131 757	32 507	276 403

（2016年）

单位:万元

指　　标	资产总计	流动负债合　计	#应付账款	非流动负债合计
按登记注册类型分	**50 346 001**	**26 066 772**	**2 521 581**	**10 668 170**
内资企业	45 570 844	23 501 705	2 297 215	9 956 360
国有企业	207 849	182 735	3 350	10 865
集体企业	11 991	11 846	4 590	
国有独资公司	13 155 795	2 505 747	258 623	4 697 271
其他有限责任公司	22 479 921	14 284 654	1 240 933	3 878 838
股份有限公司	1 249 988	747 294	58 196	102 915
私营合伙企业	43 912	40 769	27 242	
私营有限责任公司	6 340 101	4 301 629	231 700	933 872
私营股份有限公司	2 081 288	1 427 031	472 580	332 600
其他企业				
港澳台商投资企业	4 150 867	2 188 870	189 779	711 810
与港澳台商合资经营企业	1 531 434	1 076 781	84 220	181 849
港澳台商独资经营企业	2 591 623	1 093 897	105 559	524 176
外商投资企业	624 290	376 197	34 587	
中外合资经营企业	526 469	329 293	28 518	
外资企业	125 630	65 096	6 069	5 785
按控股情况分	**50 346 001**	**26 066 772**	**2 521 581**	**10 668 170**
国有控股	19 767 955	6 196 290	574 679	5 716 220
集体控股	161 138	95 233	4 903	2 100
私人控股	16 148 828	11 016 859	1 279 881	2 161 056
港澳台商控股	4 228 645	2 269 072	201 095	686 794
外商控股	453 532	206 675	34 695	7 391
其他	9 585 903	6 282 643	426 328	2 094 609
按资质等级分	**50 346 001**	**26 066 772**	**2 521 581**	**10 668 170**
一级	1 684 412	1 066 507	59 003	276 627
二级	12 260 511	5 447 831	488 008	3 555 342
三级	9 640 112	3 660 607	290 054	2 073 009
四级	3 731 878	2 262 793	534 806	544 305
暂定	21 331 007	12 563 686	1 081 455	3 811 973
其他	1 698 081	1 065 348	68 254	406 915
按隶属关系分	**50 346 001**	**26 066 772**	**2 521 581**	**10 668 170**
中央	880 375	518 799	90 625	86 617
省(自治区、直辖市)	2 691 178	1 728 339	46 681	537 856
地区(州、盟、省辖市)	13 646 462	5 094 057	335 774	3 995 112
县(区、市、旗)	9 761 108	3 904 487	312 400	2 444 238
镇	5 334	4 862	4 590	
居委会				
村委会	816			
其他	23 360 728	14 816 228	1 731 512	3 604 348

指　　标	负债总计	所有者权益合　计	#实收资本	营业收入
按登记注册类型分	**36 734 942**	**13 611 059**	**5 146 183**	**8 731 964**
内资企业	33 458 065	12 112 779	4 154 778	7 801 187
国有企业	193 600	14 250	15 172	1 691
集体企业	11 846	145	1 500	
国有独资公司	7 203 018	5 952 777	604 607	256 168
其他有限责任公司	18 163 492	4 316 430	2 534 627	5 262 324
股份有限公司	850 209	399 779	161 908	303 719
私营合伙企业	40 769	3 143	3 490	
私营有限责任公司	5 235 501	1 104 600	619 394	1 526 281
私营股份有限公司	1 759 631	321 656	214 080	451 004
其他企业				
港澳台商投资企业	2 900 680	1 250 186	874 306	819 496
与港澳台商合资经营企业	1 258 631	272 804	288 358	196 976
港澳台商独资经营企业	1 618 072	973 551	579 400	622 362
外商投资企业	376 197	248 093	117 099	111 281
中外合资经营企业	329 293	197 177	103 832	40 938
外资企业	70 881	54 749	19 815	70 501
按控股情况分	**36 734 942**	**13 611 059**	**5 146 183**	**8 731 964**
国有控股	11 912 510	7 855 445	1 479 891	1 495 508
集体控股	97 333	63 805	22 800	37 527
私人控股	13 177 915	2 970 913	1 857 573	4 221 771
港澳台商控股	2 955 866	1 272 779	885 820	700 037
外商控股	214 066	239 466	156 592	216 725
其他	8 377 252	1 208 651	743 507	2 060 397
按资质等级分	**36 734 942**	**13 611 059**	**5 146 183**	**8 731 964**
一级	1 343 134	341 278	100 110	268 246
二级	9 003 174	3 257 337	845 284	1 460 763
三级	5 733 615	3 906 497	747 595	1 597 615
四级	2 807 097	924 781	387 842	697 143
暂定	16 375 659	4 955 348	2 847 812	4 531 780
其他	1 472 263	225 818	217 541	176 418
按隶属关系分	**36 734 942**	**13 611 059**	**5 146 183**	**8 731 964**
中央	605 416	274 959	71 909	269 024
省(自治区、直辖市)	2 266 195	424 983	294 909	224 903
地区(州、盟、省辖市)	9 089 169	4 557 294	746 785	1 200 728
县(区、市、旗)	6 348 725	3 412 383	942 343	1 198 563
镇	4 862	472	800	
居委会				
村委会		816	816	
其他	18 420 576	4 940 152	3 088 621	5 838 747

15-3 续表4　　(2016年)　　单位:万元

指　　标	营业收入				
	主营业务收　入	土地转让收　入	商品房屋销售收入	房屋出租收　入	其他收入
按登记注册类型分	**8 624 685**	**84 709**	**8 350 665**	**26 720**	**162 591**
内资企业	7 696 607	84 709	7 429 039	23 324	159 534
国有企业	1 110		150	728	232
集体企业					
国有独资公司	255 999	74 805	76 555	3 453	101 186
其他有限责任公司	5 161 479	9 901	5 094 428	16 626	40 524
股份有限公司	303 682		285 603	688	17 392
私营合伙企业					
私营有限责任公司	1 523 332		1 521 306	1 827	199
私营股份有限公司	451 004	4	450 996	2	2
其他企业					
港澳台商投资企业	816 797		810 715	3 056	3 026
与港澳台商合资经营企业	196 976		196 900	76	
港澳台商独资经营企业	619 663		613 816	2 980	2 868
外商投资企业	111 281		110 911	340	31
中外合资经营企业	40 938		40 907		31
外资企业	70 501		70 004	340	158
按控股情况分	**8 624 685**	**84 709**	**8 350 665**	**26 720**	**162 591**
国有控股	1 420 992	74 805	1 198 714	8 287	139 187
集体控股	37 527		37 525	1	
私人控股	4 192 849	9 905	4 153 635	10 758	18 551
港澳台商控股	697 338		691 295	3 176	2 868
外商控股	216 725		216 197	340	188
其他	2 059 254		2 053 300	4 158	1 796
按资质等级分	**8 624 685**	**84 709**	**8 350 665**	**26 720**	**162 591**
一级	268 209		267 494	715	
二级	1 454 238		1 354 762	4 623	94 853
三级	1 586 813		1 522 362	9 828	54 623
四级	696 963	33	693 286	3 645	
暂定	4 443 192	84 676	4 340 070	7 326	11 120
其他	175 269		172 691	583	1 995
按隶属关系分	**8 624 685**	**84 709**	**8 350 665**	**26 720**	**162 591**
中央	268 762		234 876	564	33 322
省(自治区、直辖市)	223 132		217 942	1 744	3 446
地区(州、盟、省辖市)	1 196 768	300	1 099 301	1 547	95 621
县(区、市、旗)	1 126 670	74 805	1 021 259	6 141	24 465
镇					
居委会					
村委会					
其他	5809353	9605	5777288	16724	5737

指　标	营业成本	#主营业务成　本	营业税金及附加	#主营业务税金及附加
按登记注册类型分	**6 345 341**	**6 265 528**	**629 095**	**612 779**
内资企业	5 769 584	5 703 226	540 780	524 780
国有企业	566	371	106	106
集体企业				
国有独资公司	202 832	201 262	9 009	9 009
其他有限责任公司	3 973 258	3 909 344	338 153	322 269
股份有限公司	210 677	210 222	21 188	21 188
私营合伙企业				
私营有限责任公司	1 125 259	1 125 037	119 872	119 757
私营股份有限公司	256 992	256 992	52 453	52 453
其他企业				
港澳台商投资企业	492 742	479 324	79 274	78 961
与港澳台商合资经营企业	156 319	145 319	12 031	12 031
港澳台商独资经营企业	336 317	333 899	67 154	66 921
外商投资企业	83 015	82 979	9 041	9 038
中外合资经营企业	44 285	44 285	3 630	3 630
外资企业	38 836	38 799	5 501	5 417
按控股情况分	**6 345 341**	**6 265 528**	**629 095**	**612 779**
国有控股	1 172 646	1 109 034	100 128	88 552
集体控股	25 203	25 203	2 065	2 065
私人控股	3 013 184	3 010 601	323 649	321 849
港澳台商控股	408 324	405 906	71 468	71 235
外商控股	176 400	176 364	13 338	13 253
其他	1 549 584	1 538 421	118 448	115 825
按资质等级分	**6 345 341**	**6 265 528**	**629 095**	**612 779**
一级	191 697	189 550	20 747	20 747
二级	1 051 025	1 034 757	94 924	94 915
三级	1 100 237	1 098 524	138 730	138 542
四级	446 406	446 211	66 232	64 805
暂定	3 425 847	3 366 358	300 626	285 983
其他	130 129	130 129	7 837	7 786
按隶属关系分	**6 345 341**	**6 265 528**	**629 095**	**612 779**
中央	229 832	216 959	14 182	14 170
省(自治区、直辖市)	182 866	178 122	16 022	16 022
地区(州、盟、省辖市)	883 177	836 705	73 864	62 071
县(区、市、旗)	916 027	903 133	61 219	61 127
镇				
居委会				
村委会				
其他	4 133 439	4 130 610	463 807	459 389

15-3 续表6 （2016年） 单位:万元

指 标	其他业务利润	销售费用	管理费用	#税金
按登记注册类型分	**3 977**	**248 205**	**236 736**	**14 286**
内资企业	3 800	218 613	193 278	12 375
国有企业	96		3 800	70
集体企业			7	
国有独资公司	169	2 757	16 595	2 646
其他有限责任公司	1 025	144 671	112 125	6 838
股份有限公司		5 949	7 103	527
私营合伙企业		224	21	12
私营有限责任公司	2 511	48 432	39 559	2 054
私营股份有限公司		16 580	14 068	227
其他企业				
港澳台商投资企业	177	24 270	37 179	1 057
与港澳台商合资经营企业		9 374	6 378	219
港澳台商独资经营企业	177	14 896	30 682	838
外商投资企业		5 322	6 279	854
中外合资经营企业		4 220	4 385	848
外资企业		1 104	2 013	6
按控股情况分	**3 977**	**248 205**	**236 736**	**14 286**
国有控股	672	25 281	60 486	4 950
集体控股		2 182	758	55
私人控股	3 076	129 580	93 520	4 370
港澳台商控股	177	23 250	37 808	1 538
外商控股		6 598	5 464	352
其他	52	61 315	38 700	3 021
按资质等级分	**3 977**	**248 205**	**236 736**	**14 286**
一级		2 473	10 408	635
二级	1 856	40 197	48 865	4 334
三级	1 097	23 218	32 248	2 477
四级	158	28 308	20 963	187
暂定	866	148 201	117 427	6 445
其他		5 809	6 825	208
按隶属关系分	**3 977**	**248 205**	**236 736**	**14 286**
中央	230	6 284	6 422	495
省(自治区、直辖市)	36	10 636	18 898	294
地区(州、盟、省辖市)	68	32 437	29 594	2 785
县(区、市、旗)	338	39 202	28 852	2 376
镇				
居委会				
村委会				
其他	3 305	159 646	152 970	8 336

（2016年）

单位:万元

指　　标	财务费用	#利息收入	#利息支出	营业利润
按登记注册类型分	**102 567**	**32 853**	**66 250**	**1 162 416**
内资企业	78 661	18 129	59 847	974 234
国有企业	1 428	2 022	1	−2 468
集体企业	75		75	−82
国有独资公司	6 810	2 176	6 810	24 771
其他有限责任公司	49 120	9 908	32 533	618 109
股份有限公司	3 666	824	4 120	34 353
私营合伙企业	67	16	83	−312
私营有限责任公司	13 132	1 501	10 495	192 621
私营股份有限公司	4 364	1 682	5 732	107 240
其他企业				
港澳台商投资企业	18 500	8 385	6 305	185 926
与港澳台商合资经营企业	4 279	210	2 782	8 650
港澳台商独资经营企业	13 847	8 175	3 523	177 807
外商投资企业	5 406	6 339	98	2 257
中外合资经营企业	5 824	5 921	98	−21 366
外资企业	−44	419		23 091
按控股情况分	**102 567**	**32 853**	**66 250**	**1 162 416**
国有控股	22 060	8 167	17 902	86 456
集体控股	896	7	895	6 423
私人控股	48 074	13 404	27 824	636 003
港澳台商控股	16 338	8 270	4 518	161 237
外商控股	−128	634	15	15 062
其他	15 327	2 371	15 098	257 236
按资质等级分	**102 567**	**32 853**	**66 250**	**1 162 416**
一级	22 624	7 240	735	38 463
二级	28 626	1 810	20 406	208 894
三级	12 529	4 620	9 512	294 181
四级	12 268	2 036	11 193	129 785
暂定	23 045	15 752	19 655	467 463
其他	3 476	1 395	4 749	23 629
按隶属关系分	**102 567**	**32 853**	**66 250**	**1 162 416**
中央	281	303	580	16 020
省(自治区、直辖市)	9 414	510	5 007	−69 247
地区(州、盟、省辖市)	5 755	4 039	9 180	186 525
县(区、市、旗)	15 620	3 626	14 868	120 471
镇				
居委会				
村委会				
其他	71 497	24 375	36 615	908 648

15-3 续表8　　（2016年）　　单位:万元

指　　标	补贴收入	营业外收入	营业外支出	利润总额
按登记注册类型分	**624**	**60 414**	**28 569**	**1 194 489**
内资企业	491	58 788	27 091	1 006 142
国有企业		304	7	−2 170
集体企业				−82
国有独资公司	18	46 745	440	71 077
其他有限责任公司	473	7 917	19 992	606 245
股份有限公司		697	1 329	33 720
私营合伙企业			7	−318
私营有限责任公司		3 102	2 307	193 417
私营股份有限公司		22	3 009	104 253
其他企业				
港澳台商投资企业	136	1 435	1 064	186 314
与港澳台商合资经营企业	136	1 010	515	9 144
港澳台商独资经营企业		426	544	177 706
外商投资企业	−2	191	414	2 033
中外合资经营企业	−2	191	414	−21 589
外资企业			6	23 085
按控股情况分	**624**	**60 414**	**28 569**	**1 194 489**
国有控股	384	51 408	12 540	125 323
集体控股			1	6 422
私人控股	−2	3 512	5 864	633 651
港澳台商控股		1 016	1 072	161 197
外商控股	136	603	81	15 583
其他	107	3 876	9 010	252 313
按资质等级分	**624**	**60 414**	**28 569**	**1 194 489**
一级	−2	807	570	38 700
二级		20 401	3 158	226 349
三级	125	4 138	1 918	296 401
四级	26	1 453	4 127	127 111
暂定	476	33 238	18 489	482 229
其他		377	307	23 699
按隶属关系分	**624**	**60 414**	**28 569**	**1 194 489**
中央		1 088	122	16 986
省(自治区、直辖市)		1 775	2 654	−70 126
地区(州、盟、省辖市)		16 389	2 019	201 105
县(区、市、旗)	520	32 956	−485	153 912
镇				
居委会				
村委会				
其他	105	8 207	24 259	892 612

指　　标	应交所得税	本年应付工资总额	资产减值损失	公允价值变动收益	投资收益
按登记注册类型分	**262 461**	**146 127**	**−2 883**	**2 978**	**39 019**
内资企业	199 077	131 744	−3 021	2 978	20 407
国有企业	24	1 379			1 780
集体企业		16			
国有独资公司	2 753	7 091	627	−40	7 145
其他有限责任公司	132 078	84 429	−4 762	2 738	7 556
股份有限公司	8 355	5 202	129		652
私营合伙企业		108			
私营有限责任公司	32 767	23 064	1 002	280	2 600
私营股份有限公司	23 101	10 455	−17		675
其他企业					
港澳台商投资企业	55 022	11 993	168		18 603
与港澳台商合资经营企业	7 461	2 755	9		20
港澳台商独资经营企业	47 539	9 070	159		18 583
外商投资企业	8 363	2 391	−31		9
中外合资经营企业	2 212	1 823	−31		9
外资企业	6 172	735			
按控股情况分	**262 461**	**146 127**	**−2 883**	**2 978**	**39 019**
国有控股	36 517	31 467	−1 351	2 698	15 816
集体控股	1 641	471			
私人控股	124 648	62 873	−2 144	280	4 078
港澳台商控股	53 327	12 036	155		18 583
外商控股	7 846	2 247			9
其他	38 482	37 034	457		534
按资质等级分	**262 461**	**146 127**	**−2 883**	**2 978**	**39 019**
一级	10 344	6 616	113		18 281
二级	34 735	22 603	−3 604	−40	7 766
三级	43 195	16 276	1 100		3 427
四级	26 999	13 649	−1 785	1 816	679
暂定	146 061	82 160	1 293	1 203	8 868
其他	1 128	4 824			
按隶属关系分	**262 461**	**146 127**	**−2 883**	**2 978**	**39 019**
中央	5 483	5 697	181	923	
省(自治区、直辖市)	1 350	8 625	136		422
地区(州、盟、省辖市)	33 566	16 267	−163	−40	7 945
县(区、市、旗)	31 528	19 320	600		349
镇		16			
居委会					
村委会		20			
其他	190 534	96 184	−3 637	2 096	30 304

15-4 房地产企业资金和土地情况

（2016年）

单位:万元

指　　标	本年资金来源合计	上年末结余资金	本年资金来源小计	国内贷款	银行贷款	非银行金融机构贷款
按登记注册类型分	**13 704 293**	**3 852 739**	**9 851 554**	**1 773 201**	**1 635 337**	**137 864**
内资企业	11 960 213	2 835 552	9 124 661	1 624 601	1 486 737	137 864
国有企业	138 593	6 560	132 033			
集体企业						
国有独资公司	404 377	49 845	354 532	24 690	4 790	19 900
其他有限责任公司	7 728 169	1 800 062	5 928 107	1 124 457	1 070 211	54 246
股份有限公司	509 968	264 043	245 925	41 000	41 000	
私营合伙企业	5 060		5 060	5 060		5 060
私营有限责任公司	2 177 996	508 766	1 669 230	219 194	161 636	57 558
私营股份有限公司	940 326	199 359	740 967	204 000	202 900	1 100
其他企业	55 724	6 917	48 807	6 200	6 200	
港澳台商投资企业	1 563 359	921 490	641 869	143 600	143 600	
与港澳台商合资经营企业	630 333	498 793	131 540			
港澳台商独资经营企业	933 026	422 697	510 329	143 600	143 600	
外商投资企业	180 721	95 697	85 024	5 000	5 000	
中外合资经营企业	110 565	70 403	40 162	5 000	5 000	
外资企业	70 156	25 294	44 862			
按控股情况分	**13 704 293**	**3 852 739**	**9 851 554**	**1 773 201**	**1 635 337**	**137 864**
国有控股	2 450 637	427 029	2 023 608	294 014	231 068	62 946
集体控股	16 301	2 805	13 496			
私人控股	5 825 558	1 348 398	4 477 160	764 103	728 275	35 828
港澳台商控股	1 430 640	938 326	492 314	60 000	59 000	1 000
外商控股	161 996	80 773	81 223	5 000	5 000	
其他	3 819 161	1 055 408	2 763 753	650 084	611 994	38 090
按资质等级分	**13 704 293**	**3 852 739**	**9 851 554**	**1 773 201**	**1 635 337**	**137 864**
一级	147 888	39 578	108 310	18 990	18 990	
二级	2 263 794	813 243	1 450 551	304 546	261 500	43 046
三级	1 319 627	465 469	854 158	102 867	82 137	20 730
四级	287 929	54 121	233 808	17 900	17 700	200
暂定	9 156 656	2 294 454	6 862 202	1 308 898	1 235 010	73 888
其他	528 399	185 874	342 525	20 000	20 000	
按隶属关系分	**13 704 293**	**3 852 739**	**9 851 554**	**1 773 201**	**1 635 337**	**137 864**
中央	293 867	112 140	181 727	8 000	8 000	
省(自治区、直辖市)	1 241 606	542 171	699 435	248 790	248 790	
地区(州、盟、省辖市)	1 395 240	222 615	1 172 625	146 365	136 365	10 000
县(区、市、旗)	2 405 302	252 731	2 152 571	540 126	449 090	91 036
镇	26 000	14 000	12 000	10 000	10 000	
居委会	11 000		11 000			
村委会						
其他	8 331 278	2 709 082	5 622 196	819 920	783 092	36 828

15-4 续表1

（2016年）

单位:万元

指　标	本年资金来源小计					
	利用外资	#外商直接投资	自筹资金	#自有资金	#股东投入资金	#借入资金
按登记注册类型分	**6 977**	**6 977**	**2 809 360**	**969 275**	**505 135**	**112 133**
内资企业			2 594 854	858 299	415 139	104 599
国有企业			130 226	58 626	61 600	
集体企业						
国有独资公司			308 492	20 214		
其他有限责任公司			1 502 112	653 383	276 584	56 949
股份有限公司			51 686	12 776	23 300	4 500
私营合伙企业						
私营有限责任公司			576 822	103 800	53 655	42 150
私营股份有限公司			12 516	9 500		1 000
其他企业			13 000			
港澳台商投资企业	6 977	6 977	195 151	97 021	84 596	7 534
与港澳台商合资经营企业			66 294	66 294		
港澳台商独资经营企业	6 977	6 977	128 857	30 727	84 596	7 534
外商投资企业			19 355	13 955	5 400	
中外合资经营企业			13 955	13 955		
外资企业			5 400		5 400	
按控股情况分	**6 977**	**6 977**	**2 809 360**	**969 275**	**505 135**	**112 133**
国有控股			1 207 005	392 830	120 100	11 040
集体控股			2 550	1 000		1 550
私人控股			908 813	407 184	203 216	78 577
港澳台商控股	6 977	6 977	201 451	98 521	84 896	9 034
外商控股			19 355	13 955	5 400	
其他			470 186	55 785	91 523	11 932
按资质等级分	**6 977**	**6 977**	**2 809 360**	**969 275**	**505 135**	**112 133**
一级						
二级			359 443	249 453	24 922	39 381
三级			176 419	57 513	15 645	11 617
四级			72 795	41 382	1 675	10 632
暂定			2 039 547	554 141	459 293	50 503
其他	6 977	6 977	161 156	66 786	3 600	
按隶属关系分	**6 977**	**6 977**	**2 809 360**	**969 275**	**505 135**	**112 133**
中央			66 800	22 000		
省(自治区、直辖市)			240 728	178 421	60 297	800
地区(州、盟、省辖市)			330 165	87 153	53 600	38 109
县(区、市、旗)			797 573	319 552	185 723	2 430
镇			2 000			
居委会			11 000	5 000	2 000	
村委会						
其他	6 977	6 977	1 361 094	357 149	203 515	70 794

指　标	本年资金来源小计		
	其他资金来源	#定金及预付款	#个人按揭贷款
按登记注册类型分	**5 262 016**	**2 664 480**	**1 922 505**
内资企业	4 905 206	2 458 786	1 782 528
国有企业	1 807	1 407	400
集体企业			
国有独资公司	21 350	2 000	14 000
其他有限责任公司	3 301 538	1 604 872	1 156 445
股份有限公司	153 239	92 739	60 500
私营合伙企业			
私营有限责任公司	873 214	460 211	295 702
私营股份有限公司	524 451	283 762	239 669
其他企业	29 607	13 795	15 812
港澳台商投资企业	296 141	173 112	112 231
与港澳台商合资经营企业	65 246	32 497	31 093
港澳台商独资经营企业	230 895	140 615	81 138
外商投资企业	60 669	32 582	27 746
中外合资经营企业	21 207	14 445	6 427
外资企业	39 462	18 137	21 319
按控股情况分	**5 262 016**	**2 664 480**	**1 922 505**
国有控股	522 589	278 315	165 005
集体控股	10 946	3 012	7 934
私人控股	2 804 244	1 565 442	1 088 194
港澳台商控股	223 886	109 661	103 427
外商控股	56 868	29 062	27 746
其他	1 643 483	678 988	530 199
按资质等级分	**5 262 016**	**2 664 480**	**1 922 505**
一级	89 320	42 869	37 309
二级	786 562	462 190	264 307
三级	574 872	307 193	252 420
四级	143 113	96 366	42 632
暂定	3 513 757	1 683 937	1 272 888
其他	154 392	71 925	52 949
按隶属关系分	**5 262 016**	**2 664 480**	**1 922 505**
中央	106 927	67 757	29 289
省(自治区、直辖市)	209 917	89 289	96 600
地区(州、盟、省辖市)	696 095	236 089	125 966
县(区、市、旗)	814 872	400 792	366 796
镇			
居委会			
村委会			
其他	3 434 205	1 870 553	1 303 854

指　　标	本年各项应付款合计	#工程款	待开发土地面积（平方米）
按登记注册类型分	**1 669 044**	**955 741**	**1 557 197**
内资企业	1 561 160	892 035	1 378 197
国有企业	16 542	12 466	
集体企业			
国有独资公司	148 617	105 855	
其他有限责任公司	1 039 772	526 414	792 073
股份有限公司	39 532	36 441	
私营合伙企业			
私营有限责任公司	283 628	178 990	586 124
私营股份有限公司	33 069	31 869	
其他企业			
港澳台商投资企业	102 646	58 828	179 000
与港澳台商合资经营企业	71 194	33 955	179 000
港澳台商独资经营企业	31 452	24 873	
外商投资企业	5 238	4 878	
中外合资经营企业	738	378	
外资企业	4 500	4 500	
按控股情况分	**1 669 044**	**955 741**	**1 557 197**
国有控股	454 408	211 427	173 574
集体控股	9 831	9 825	
私人控股	696 965	485 597	794 077
港澳台商控股	143 445	69 627	179 000
外商控股	5 238	4 878	
其他	359 157	174 387	410 546
按资质等级分	**1 669 044**	**955 741**	**1 557 197**
一级	29 650	6 800	
二级	288 897	124 134	389 590
三级	159 971	75 330	258 752
四级	70 572	47 053	6 100
暂定	884 643	597 590	902 755
其他	235 311	104 834	
按隶属关系分	**1 669 044**	**955 741**	**1 557 197**
中央	83 068	16 604	
省(自治区、直辖市)	77 752	62 376	
地区(州、盟、省辖市)	244 395	154 116	152 382
县(区、市、旗)	505 721	251 801	517 322
镇	10 000		
居委会			
村委会			
其他	748 108	470 844	887 493

指 标	本年购置土地面积	本年土地成交价款	#拆迁补偿费	#土地使用权出让金	契 税
按登记注册类型分	**1 342 628**	**619 003**	**43 268**	**537 316**	**11 120**
内资企业	1 342 628	619 003	43 268	537 316	11 120
国有企业					
集体企业					
国有独资公司	121 250	57 783	42 574	15 000	
其他有限责任公司	1 001 674	507 460		469 527	9 178
股份有限公司	16 908	1 096		1 096	
私营合伙企业	9 572	2 927		2 927	1 174
私营有限责任公司	193 224	49 737	694	48 766	768
私营股份有限公司					
其他企业					
港澳台商投资企业					
与港澳台商合资经营企业					
港澳台商独资经营企业					
外商投资企业					
中外合资经营企业					
外资企业					
按控股情况分	**1 342 628**	**619 003**	**43 268**	**537 316**	**11 120**
国有控股	448 514	105 216	42 574	62 433	1 400
集体控股	17 280	1 814		1 814	73
私人控股	431 865	216 206	694	214 998	6 069
港澳台商控股					
外商控股					
其他	444 969	295 767		258 071	3 578
按资质等级分	**1 342 628**	**619 003**	**43 268**	**537 316**	**11 120**
一级					
二级	47 593	7 413	309	6 827	273
三级	107 600	73 238		73 238	
四级	20 753	2 786	385	2 401	94
暂定	1 063 690	492 992		454 850	10 753
其他	102 992	42 574	42 574		
按隶属关系分	**1 342 628**	**619 003**	**43 268**	**537 316**	**11 120**
中央	20 569	18 000		18 000	1 400
省(自治区、直辖市)	18 258	15 209		15 000	
地区(州、盟、省辖市)	59 615	23 667		23 430	237
县(区、市、旗)	394 023	310 103	42 574	229 833	6 078
镇					
居委会	33 334	5 500		5 500	
村委会					
其他	816 829	246 524	694	245 553	3 405

15-5 分县区房地产开发投资

（按构成分，2016年）　　单位:万元

指标	全市	东湖区	西湖区	青云谱区	湾里区	青山湖区
房地产开发投资(万元)	**6 745 980**	**74 364**	**680 705**	**361 426**	**319 258**	**244 465**
按构成分						
建筑工程	4 493 110	44 588	279 651	244 202	279 669	150 553
安装工程	1 049 288	8 721	71 699	40 334	3 550	20 117
设备工器具购置	82 586	6 020	16 889	4 330		4 274
其他费用	1 120 996	15 035	312 466	72 560	36 039	69 521
按工程用途分						
商品住宅	4 718 445	46 335	375 583	258 640	270 613	202 845
#90平方米以下	1 368 335	29 939	50 790	79 043	78 636	60 662
#90-144平方米	2 668 189	15 055	239 722	142 356	76 336	121 610
#140平方米以上	681 921	1 341	85 071	37 241	115 641	20 573
#别墅、高档公寓	287 904		3 500	14 648	108 311	11 794
办公楼	499 250	1 312	36 854	27 217	2 903	1 519
商业营业用房	1 023 851	18 822	169 819	53 424	6 944	23 568
其他费用	504 434	7 895	98 449	22 145	38 798	16 533
商品房销售面积(平方米)	**12 446 529**	**65 043**	**974 303**	**260 624**	**352 111**	**180 126**
住宅销售面积	10 778 161	63 951	837 916	243 836	348 961	155 696
#别墅、高档公寓	272 618		6 177	16 444	48 210	9 118
房屋施工面积	**49 827 238**	**532 383**	**4 805 323**	**2 229 320**	**1 670 019**	**2 079 618**
#新开工面积	12 803 246	38 853	794 033	1 068 010	260 946	755 564
#住宅施工面积	35 756 141	303 785	3 281 470	1 646 063	1 361 887	1 608 152
房屋竣工面积	**4 171 411**	**32 924**	**83 322**	**408**	**167 226**	**110 000**

15-5 续表1　　（按构成分，2016年）　　单位:万元

新建区	南昌县	安义县	进贤县	经济开发区	高新开发区	红谷滩新区
407 875	**991 502**	**46 353**	**149 099**	**407 995**	**684 834**	**2 378 104**
302 392	753 536	36 978	126 519	299 348	392 603	1 583 071
53 721	124 815	6 956	7 908	70 829	104 625	536 013
2 810	15 560	800	1 498	12 050	7 485	10 870
48 952	97 591	1 619	13 174	25 768	180 121	248 150
305 346	764 458	43 102	122 739	313 727	424 850	1 590 207
161 713	400 680	850	21 377	132 308	62 100	290 237
125 816	318 400	41 202	97 293	165 663	348 739	975 997
17 817	45 378	1 050	4 069	15 756	14 011	323 973
8 243	18 023			9 357	28 535	85 493
16 712	25 650		40	34 227	100 656	252 160
53 786	164 966	2 660	18 512	43 800	94 806	372 744
32 031	36 428	591	7 808	16 241	64 522	162 993
2 581 214	**2 637 838**	**302 075**	**363 510**	**989 752**	**1 555 052**	**2 184 881**
2 356 307	2 326 230	263 589	339 269	927 216	1 092 361	1 822 829
82 863	23 959		21 224	17 068	45 729	1 826
3 807 147	**9 536 527**	**470 374**	**2 614 153**	**4 211 219**	**8 494 475**	**9 376 680**
1 788 115	2 474 769	97 189	487 452	1 197 247	835 474	3 005 594
3 061 003	7 336 331	419 193	2 193 357	3 335 865	4 682 691	6 526 344
475 975	**1 353 007**		**356 954**	**126 066**	**862 995**	**602 534**

主要统计指标解释

房地产开发投资 是指房地产开发公司、商品房建设公司及其他房地产开发法人单位和附属于其他法人单位实际从事房地产开发或经营的活动单位统一开发的包括统筹待建、拆迁还建的住宅、厂房、仓库、饭店、宾馆、度假村、写字楼、办公楼等房屋建筑物和配套的服务设施，土地开发工程（如道路、给水、排水、供电、供热、通讯、平整场地等基础设施工程）的投资；不包括单纯的土地交易活动。

房地产开发投资按工程用途分 房地产开发投资按工程用途分为住宅、办公楼、商业营业用房和其他；住宅按照户型结构可以划分为90平方米以下住房、144平方米以上住房等。

（1）住宅：指专供居住的房屋，包括别墅、公寓、职工家属宿舍和集体宿舍（包括职工单身宿舍和学生宿舍）等，但不包括住宅楼中作为人防用、不住人的地下室等。

（2）90平方米以下住房：指在房地产开发企业（单位）投资建设的商品住宅中，套型建筑面积不超过90平方米（包括90平方米）的住房。

（3）144平方米以上住房：指在房地产开发企业（单位）投资建设的商品住宅中，套型建筑面积超过144平方米（不包括144平方米）的住房。

（4）办公楼：指企业、事业、机关、团体、学校、医院等单位使用的各类办公用房（又称写字楼）。

（5）商业营业用房：指商业、粮食、供销、饮食服务业等部门对外营业的用房，如度假村、饭店、商店、门市部、粮店、书店、供销店、菜店、加油站、日杂等房屋。

（6）其他：凡不属于上述各项用途的房屋建筑物，如中小学教学用房、托儿所、幼儿园、图书馆、体育馆等。

房屋建筑面积 房屋建筑面积是从房屋建筑物勒脚以上外墙外围的水平截面积，包括房屋建筑物的有效面积和结构面积，包括房屋结构（如柱、墙）占用的面积和地下室面积。多层建筑按各自然层面积计算，包括房屋内的楼隔层，突出墙面的眺望间、门斗、有柱雨罩的面积。不包括突出墙面结构的构件、艺术装饰等所占的面积，如台阶等。凹阳台、桃台按其水平投影面积一半计算建筑面积。

施工面积 是指报告期内施工的全部房屋建筑面积。包括本期新开工的面积和上期开工跨入本期继续施工的房屋面积，以及上期已停建在本期恢复施工的房屋面积。

新开工面积 指报告期内新开工建设的房屋面积，以单位工程为核算对象。不包括在上期开工跨入报告期继续施工的房屋建筑面积和上期停缓建而在本期复工的建筑面积。房屋的开工面积指整栋房屋的全部建筑面积，不能分割计算。

竣工面积 指报告期内房屋建筑按照设计要求已全部完工，达到住人和使用条件，经验收鉴定合格或达到竣工验收标准，可正式移交使用单位的各栋房屋建筑面积的总和。

销售面积 指报告期内出售商品房屋的合同总面积（即双方签署的正式买卖合同中所确定的建筑面积）。由现房销售面积和期房销售面积两部分组成。

待售面积 指报告期末已竣工的可供销售或出租的商品房屋建筑面积中，尚未销售或出租的商品房屋建筑面积，包括以前年度竣工和本期竣工的房屋面积，但不包括报告期已竣工的拆迁还建、统建代建、公共配套建筑、房地产公司自用及周转房等不可销售或出租的房屋面积。

十六、科技·教育·文化

SCIENCE,EDUCATION AND CULTURE

本篇内容包括：

1.专业技术人员及其行业分布
2.规模以上工业企业科技活动情况
3.教育事业情况
4.文化事业情况

16-1 各类专业技术人员

（事业单位、公有经济企业专业技术人才，2016年）

项　　目	合　　计		女　　性	
	人数(人)	比重(%)	人数(人)	比重(%)
总　　计	**78 569**	**100.0**	**36032**	**100.0**
按职称分				
高级岗位(职务)	10 568	13.5	4177	11.6
中级岗位(职务)	28 726	36.6	13412	37.2
初级岗位(职务)	31 188	39.7	15525	43.1
其　他	8 087	10.3	2918	8.1
按类别分				
工程技术人员	17 013	21.7	3468	9.6
农业技术人员	1 238	1.6	311	0.9
科学研究人员	106	0.1	35	0.1
卫生技术人员	10 169	12.9	5028	14.0
教学人员	39 643	50.5	22538	62.5

16-2 专业技术人员学历状况

（事业单位、公有经济企业专业技术人才，2016年）

单位：人

项　　目	合　计	研究生	大学本科	大学专科	中　专	高中及以下
总　　计	**78 569**	**3 468**	**41 535**	**23 796**	**7 453**	**2 317**
按职称分						
高级岗位（职务）	10 568	447	7 466	2 486	89	80
中级岗位（职务）	28 726	1 223	14 469	9 418	3 292	324
初级岗位（职务）	31 188	1 334	15 575	9 087	3 747	1 445
其　他	8 087	464	4 025	2 805	325	468
按类别分						
工程技术人员	17 013	1 331	9 391	4 611	1 262	418
农业技术人员	1 238	39	385	551	196	67
科学研究人员	106	25	70	10	1	
卫生技术人员	10 169	539	4 543	3 043	1 640	404
教学人员	39 643	1 221	22 992	11 867	3 243	320

16-3 专业技术人员年龄状况

（事业单位、公有经济企业专业技术人才，2016年）

单位：人

项　　目	合　计	35岁及以下	36岁至40岁	41岁至45岁	46岁至50岁	51岁至54岁	55岁及以上
总　计	**78 569**	**32 721**	**13 965**	**11 034**	**9 271**	**7 033**	**4 545**
按职称分							
高级岗位（职务）	10 568	183	1 100	2 377	2 946	2 553	1 409
中级岗位（职务）	28 726	7 476	7 003	5 070	4 034	2 966	2 177
初级岗位（职务）	31 188	18 805	4 901	3 221	2 032	1 378	851
其　他	8 087	6 257	961	366	259	136	108
按类别分							
工程技术人员	17 013	9 952	2 837	1 882	1 212	786	344
农业技术人员	1 238	305	352	241	155	111	74
科学研究人员	106	14	29	17	21	18	7
卫生技术人员	10 169	3 215	2 102	1 541	1 429	1 313	569
教学人员	39 643	16 269	6 719	5 241	4 780	3 788	2 846

16-4 专业技术人员行业状况

（事业单位、公有经济企业专业技术人才，2016年）

单位：人

指　　标	合 计	高级岗位（职务）	中级岗位（职务）	初级岗位（职务）	其　他
总　计	**78 569**	**10 568**	**28 726**	**31 188**	**8 087**
农林牧渔业	2 656	212	788	1 620	36
制造业	9 704	347	2 897	3 535	2 925
电力、燃气及水的生产和供应业	968	46	270	651	1
建筑业	2 784	244	786	1 604	150
交通运输、仓储和邮政业	4 748	129	671	1 091	2 857
信息传输、计算机服务和软件业	182	24	68	87	3
批发和零售业	498	16	166	297	19
住宿和餐饮业	59	1	16	32	10
金融业	14		2		12
房地产业	438	37	155	246	
租赁和商务服务业	1 011	33	125	95	758
科学研究、技术服务和地质勘查业	654	120	222	300	12
水利、环境和公共设施管理业	1 591	153	548	883	7
居民服务和其他服务业	240	51	75	96	18
教育	39 447	7 468	17 071	13 744	1 164
卫生、社会保障和社会福利业	10 228	1 416	3 585	5 171	56
文化体育和娱乐业	1 178	179	405	578	16
公共管理和社会组织	2 169	92	876	1 158	43

16-5 规模以上工业企业科技活动

指　　标	2016
一、企业概况	
有R&D活动的单位数(个)	213
企业办科技机构数(个)	156
二、科技活动人员	
科技活动人员总计(人)	30 744
#研究与试验发展活动人员(人)	19 593
三、科技活动经费(万元)	
研究与试验发展活动经费支出	504 869.2
新产品开发经费支出	625 985.3
四、其他技术活动经费支出(万元)	
技术改造经费支出	227 352.1
技术引进经费支出	46 399.5
用于消化吸收经费	46
用于购买国内技术经费	43 451.3
五、科技活动产出	
专利申请(件)	3 675
新产品销售收入合计(万元)	7 793 895.2
#新产品出口销售收入	370 688.7

16-6 各类全日制学校基本情况

（2016年）

单位：人

项　　目	学校数（个）	招生数	毕业生	在校学生	教职员工	#专任教师
合　　计	**1 098**	**387 270**	**347 924**	**1 424 983**	**95 014**	**77 732**
高等学校	53	183 192	152 287	611 819	46 041	31 999
中等学校	33	25 835	29 310	85 377	2 734	2 026
技工学校	21	6 451	2 767	14 341	1 254	666
普通中学	292	98 604	98 796	290 939	26 165	24 623
职业高中	19	3 861	2 604	9 132	651	404
小　　学	672	69 116	61 963	412 426	17 943	17 794
特教学校	8	211	197	949	226	220

16-7 普通高等学校基本情况

（2016年）

单位：人

项　　目	毕业生数	招生数	在　校 学生数	毕业班 学生数	教职员工	#专任教师
合　　计	**152 287**	**183 192**	**611 819**	**177 423**	**46 041**	**31 999**
南昌大学	14 293	13 396	51 608	14 366	4 689	2 906
华东交通大学	5 389	5 731	21 880	5 684	1 778	1 057
南昌航空大学	4 957	5 684	21 051	5 087	1 957	1 254
江西农业大学	4 593	5 229	19 643	4 763	2 359	1 066
江西卫生职业学院	1 905	5 224	10 398	3 357	666	594
江西中医药大学	2 741	3 070	12 053	2 741	1 031	889
江西师范大学	7 068	7 054	28 533	7 376	2 805	1 700
江西财经大学	5 812	5 676	21 437	5 275	2 179	1 294
江西工业职业技术学院	2 420	4 036	11 120	3 471	826	563
江西科技师范大学	6 183	6 894	23 365	6 257	1 639	1 336
江西警察学院	1 804	1 157	5 142	1 618	468	268
江西旅游商贸职业学院	4 366	4 262	13 694	5 640	1 048	852
江西泰豪动漫职业学院	787	2 645	7 006	1 779	543	372
江西艺术职业学院	366	708	1 680	435	245	191
江西信息应用职业技术学院	1 561	1 890	5 571	1 814	315	240
江西交通职业技术学院	2 310	3 365	9 591	3 451	582	423
江西工程职业学院	989	1 562	5 547	1 896	342	291
江西现代职业技术学院	4 618	5 250	14 471	5 231	1 048	840
江西机电职业技术学院	1 633	2 862	7 783	2 363	574	442
江西生物科技职业学院	1 078	2 150	6 782	2 272	399	333
江西外语外贸职业学院	4 086	4 135	12 357	4 340	715	597
江西应用科技学院	2 180	4 714	15 494	4 450	906	657
南昌工程学院	4 684	4 821	17 524	4 533	1 360	896
江西工商职业技术学院	390	1 237	3 030	689	202	140
南昌影视传播职业学院		270	435		131	24
南昌理工学院	9 194	7 819	31 954	11 799	2 086	1 616
江西电力职业技术学院	709	687	2 127	663	559	162

16-7 续表　　　　　　　　　　　　　　　　（2016年）　　　　　　　　　　　　　　　　单位：人

项　　目	毕业生数	招生数	在　校 学生数	毕业班 学生数	教职员工	#专任教师
南昌师范高等专科学校	2 648	3 148	7 925	2 740	545	434
江西工业贸易职业技术学院	2 101	2 462	8 188	3 322	579	464
江西服装学院	2 760	4 265	12 904	3 191	861	556
江西科技职业学院	1 335	2 317	5 191	921	344	227
江西科技学院	10 169	9 012	35 729	11 472	2 254	1 806
南昌职业学院	2 576	3 802	11 861	4 157	862	603
南昌师范学院	1 806	2 792	8 477	2 445	550	452
江西经济管理职业学院	733		820	820	96	
南昌教育学院	741	1 002	3 012	1 132	128	110
江西传媒职业学院	624	1 277	3 357	947	260	195
江西司法警官职业学院	1 547	2 339	6 182	2 009	445	336
江西先锋软件职业技术学院	993	2 824	6 401	997	513	393
江西制造职业技术学院	880	2 653	7 473	2 479	556	433
江西航空职业技术学院	875	1 452	3 893	1 115	202	154
江西水利职业学院	240	1 433	3 147	718	296	184
江西中医药大学科技学院	1 761	1 917	7 678	1 628	524	452
江西科技师范大学理工学院	1 097	1 227	4 838	1 349	279	241
江西财经大学现代经济管理学院	1 662	2 450	7 812	1 580	384	323
南昌工学院	3 937	5 507	19 878	5 569	1 318	880
江西师范大学科技学院	1 694	2 141	7 259	1 545	380	294
华东交通大学理工学院	3 473	3 564	12 656	2 726	547	421
江西青年职业学院	829	1 182	3 899	1 389	263	198
江西农业大学南昌商学院	1 660	2 134	7 307	1 634	367	300
南昌大学科学技术学院	2 884	2 589	10 197	2 816	574	400
南昌航空大学科技学院	1 593	2 428	7 345	1 420	384	303
江西经济管理干部学院	1 829	2 252	7 080	2 094	412	281
江西建设职业技术学院	3 724	3 475	10 034	3 858	666	556

16-8 高等院校研究生

（2016年）

单位：人

项　　目	毕业生	招生数	在校研究生
合　　计	**7 441**	**8 766**	**24 565**
南昌大学	2 654	3 222	8 883
南昌航空大学	558	608	1 801
江西农业大学	496	543	1 488
江西中医学院	335	564	1 372
江西师范大学	1 342	1 503	4 391
江西财经大学	1 215	1 370	3 975
华东交通大学	577	650	1 901
江西科技师范学院	215	246	754
南昌工程学院	49	60	149

16-9 普通中等专业学校基本情况

（2016年）

单位：人

项　　目	毕业生	招生数	在校学生	教职员工	#专任教师
合　计	**29 310**	**25 835**	**85 377**	**2 734**	**2 026**
江西工程学校	875	903	2 219	144	78
南昌市女子中等专业学校	860	283	880	39	6
江西中山舞蹈学校	33	50	210	33	19
江西工业职业技术学院(中专部)	302		355		
南昌保险学校	96	67	232	32	11
江西省医药学校	2 050	1 807	6 063	199	127
江西省水利水电学校	2 036	134	1 701	160	160
江西交通职业技术学院(中专部)	930	251	861		
南昌教育学院	163	266	649		
江西外语外贸职业学院(中专部)	256				
江西青年职业学院(中专部)	297	220	868		
江西化学工业学校	1 752	1 268	2 925	101	80
江西省建设工程学校	695	159	900	49	38
南昌工业学校	345	589	2 029	94	77
江西水利职业学院		268	981		
南昌铁路保安中等专业学校	262	294	736	25	10
南昌理工学院(中专部)	75		439		
江西泛美艺术中专学校	90	31	205	20	6
南昌市卫生学校	1 433	1 686	5 083	154	130
江西省商务学校	759	1 770	4 376	261	117
江西启明职业学校				23	23
江西广播电视学校					
南昌汽车机电学校	818	1 535	3 578	129	125
南昌市广播电视中等专业学校	29	241	618	16	14
江西省建筑工业学校	479	936	2 368	77	61
江西先锋软件职业技术学院(中专部)	148	336	1 437		
南昌市第一中等专业学校	2 237	2 252	6 530	200	184

16-9 续表 (2016年) 单位:人

项　　目	招生数	毕业生	在校学生	教职员工	#专任教师
江西现代职业技术学院(中专部)	988	617	3 855		
江西制造职业技术学院(中专部)	199	464	1 218		
南昌工业工程学校	142	308	786	58	32
江西航空职业技术学院	41	151	307		
江西省工商行政管理学校					
江西省信息科技学院	424	501	1 395	67	33
江西工业贸易职业技术学院(中专部)	135	362	1 042		
江西女子中等专业学校	475	381	1 068	41	38
江西机电职业技术学院(中专部)	478	159	1 619		
江西生物科技职业学院(中专部)	137	346	624		
江西省电子信息工程学校	3 814	3 583	10 579	555	520
江西信息应用职业技术学院(中专部)	19	7	54		
江西省体育运动学校	176	232	633	110	60
南昌市体育运动学校	318				
江西艺术职业学院(中专部)	165	165	727		
江西省民政学校	535	469	1 411	45	26
南昌师范高等专科学校(中专部)	1 013	576	1 988		
江西卫生职业学院(中专部)	732	401	3 803		
江西旅游商贸职业学院(中专部)	1 411	819	4 466		
江西传媒职业学院	175	77	729		
江西科技职业学院(中专部)	2	5	168		
江西服装学院	65		338		
江西司法警官职业学院(中专部)	441	473	1 245		
江西东方舞蹈学校				10	6
南昌运输职业技术学校				48	36
江西省建设职业技术学院(中专部)		166	560		
江西南昌城市建设学校	395	99	198	12	9
江西工商职业技术学院	10	63	202		
江西工程职业学院			54		
南昌影视传播职业学院		65	65		

16-10 技工学校基本情况

（2016年）

单位：人

项　　目	招生数	毕业生	在校学生数	教职员工	#女性	#专任教师
合　计	**6 451**	**2 767**	**14 341**	**1 254**	**574**	**666**
江西省交通技工学校一部	109		202	49	17	20
江西省交通技工学校二部			63			
江西省交通技工学校三部			81			
江西工业技工学校	795	456	2 100	59	23	43
南昌市工业技工学校	161	131	364	37	18	31
江西信息科技技工学校	40		76	58	28	20
南昌市建筑工程技工学校	125	75	317	43	17	29
南昌县技工学校	54		164	16	7	14
江西省石油技工学校	142	132	268	38	19	35
江西新东方烹饪技工学校	1 109	407	2 438	150	48	79
江西新华电脑技工学校	877	439	2 174	142	60	61
江西青年技工学校	81		81	196	115	50
南昌华中汽车技工学校	185	41	273	30	8	11
江西工商技工学校	183	66	330	35	20	18
南昌理工技工学校	524	133	919	40	21	22
南昌市轻工技工学校	212	79	429	24	9	15
江西万通汽车技工学校	935		1 984	103	41	62
江西昌大技工学校	434	479	783	51	25	37
江西赣江技工学校	196	39	391	67	32	32
江西民政技工学校	243	253	732	95	50	80
江西机电工程技工学校	46	37	172	21	16	7

16-11 普通中学基本情况

（2016年）

单位：人

类　　别	招生数	毕业生	在校学生数	教职员工	#专任教师
合　计	**98 604**	**98 796**	**290 939**	**26 165**	**24 623**
#女　性	43 420	42 233	126 723	14 802	14 101
按城乡分					
城　市	54 137	53 780	163 296	14 541	13 651
县　镇	36 242	36 284	107 381	8 599	8 319
农　村	8 225	8 724	26 262	3 025	2 653
按层次分					
初　中	63 105	64 120	187 903		13 909
城　市	31 225	32 120	91 844		
县　镇	24 215	23 999	71 744		
农　村	7 665	8 001	24 315		
高　中	35 499	34 767	103 036		10 720
城　市	22 912	21 668	65 452		
县　镇	12 027	12 285	35 637		
农　村	560	723	1 947		
按地区分					
市　区	47 712	46 391	138 256	14 544	13 655
南昌县	17 387	17 869	51 801	3 904	3 729
新建区	13 984	15 506	43 385	3 164	3 095
安义县	3 939	4 299	12 210	1 078	1 055
进贤县	15 582	14 731	45 287	3 475	3 089
按部门分					
教育部门办	82 893	87 066	243 862	21 615	21 214
社会力量办	15 442	11 294	45 974	4 314	3 200
其他部门办	239	436	1 103	236	209

16-12 职业高中基本情况

（2016年）

单位：人

类　别	招生数	毕业生	在校学生数	教职员工	#专任教师
合　计	**3 861**	**2 604**	**9 132**	**651**	**404**
#女　性	1 451	884	3 374	248	133
按城乡分					
城　市	3 354	2 051	8 102	587	346
县　镇	507	553	1 030	64	58
农　村					
按部门分					
教育部门办	648	761	1 330	83	77
社会力量办	3 213	1 843	7 802	568	327
其他部门办					

16-13 小学、特殊教育、工读学校基本情况

（2016年）

单位：人

类　别	招生数	毕业生	在校学生数	教职员工	#专任教师
一、小　学	**69 116**	**61 963**	**412 426**	**17 943**	**17 794**
#女　性	31 770	27 422	187 960	11 862	11 784
按城乡分					
城　市	35 388	30 494	205 410	6 932	6 828
县　镇	21 897	19 162	131 474	4 824	4 787
农　村	11 831	12 307	75 542	6 187	6 179
按县、区分					
市　区	34 214	30 061	199 130	6 322	6 826
南昌县	13 778	11 593	78 266	3 904	3 729
新建县	9 686	8 424	57 734	3 164	3 095
安义县	2 829	2 495	17 194	1 078	1 055
进贤县	8 609	9 390	60 102	3 475	3 089
按部门分					
教育部门	62 974	56 955	377 296	17 365	17 302
社会力量办	5 743	4 386	32 020	454	377
其他部门办	399	622	3 110	124	115
二、特殊教育					
特教学校	211	197	949	226	220
三、工读学校					

16-14 幼儿园基本情况

（2016年）

单位：人

类　　别	幼儿园(个)	在园幼儿	教职员工数	#教　师
总　　计	**859**	**140 311**	**14 994**	**9 094**
#女　　性		63 752	14 227	9 012
按城乡分				
城　　市	350	68 522	8 379	4 734
县　　镇	344	54 773	5 341	3 569
农　　村	165	17 016	1 274	791
按部门分				
教育部门和集体办	116	22 376	2 011	1 502
社会力量办	673	104 184	11 260	6 609
其他部门办	70	13 751	1 723	983

16-15 南昌市成人高校基本情况

（2016年）

单位：人

项　　目	毕业生数	招生数	在校学生数	教职员工	#专任教师
总　　计	**57 443**	**41 660**	**162 660**	**825**	**617**
成人高校举办	6 452	3 383	12 056	825	617
南昌钢铁公司职工大学					
江西行政管理干部学院					
南昌市业余大学	59	72	161	23	12
江西广播电视大学	976	1 132	4 076	224	198
南昌教育学院	4 374	2 145	6 666	128	110
江西经济管理干部学院	133	8	265	412	281
南昌市职工科技大学	910	26	888	38	16
普通高校举办	50 991	38 277	150 604		
函授	34 983	28 498	108 730		
业余	15 537	9 779	41 552		
脱产	471		322		

16-16 广播电视情况(市属)

项目	2016年
一、广播	
1.广播电台(座)	5
2.中短波发射台和转播台(座)	2
3.调频广播台和传输台(座)	3
4.广播覆盖率(%)	99.24
二、电视	
1.电视台(座)	6
2.电视转播发射台和差转台(座)	1
3.卫星电视地面站(个)	2
4.全年自制电视节目(小时)	4 348.5
5.电视覆盖率(%)	96.63
6.有线电视用户(万户)	125.28
#数字电视(万户)	123.53
7.南昌农村直卫星用户(户)	91 800

注:1."电视"含有线电视台,不含教育台。

2.调频广播台和传输台包括了乡村的小调频台。

16-17 艺术剧团和剧院

(2016年)

项目	合计	市级	县级
艺术表演团体			
剧团个数(个)	6	4	2
职工人数(人)	289	214	75
演出场次(场)	134	48	86
年末固定资产原值(万元)	1 459.87	1 118.27	341.6
当年创作首演剧目(个)	2	2	
全年收入(万元)	5 053.29	4 455.44	597.85
#演出收入	78.2	6	72.2
全年支出(万元)	4 955.84	4 360.9	594.94

16-18 群众艺术馆和文化馆

（2016年）

项　　目	合　　计	市　级	县　级
群艺馆、文化馆数(个)	10	1	9
举办展览(次)	94	10	84
组织文艺活动次数(次)	613	101	512
举办训练班结业人数(人次)	23 823	12 000	11 823
公用房屋建筑面积(平方米)	145 885	120 000	25 885
职工人数(人)	157	35	122

16-19 博　物　馆

（2016年）

项　　目	合　　计	市　级	县　级
博物馆(个)	18	14	4
公用房屋面积(平方米)	78 131.83	65 356.83	12 775
藏品(件)	27 837	21 035	6 802
陈列个数(个)	46	40	6
展览个数(个)	50	41	9
参观人次(万人次)	340.28	318.68	21.6
职工(人)	315	276	39

16-20 公共图书馆

（2016年）

项　　目	合　　计	市　级	县　级
图书馆(个)	10	1	9
藏书(万册)	168.97	90	78.97
公用房屋建筑面积(平方米)	34 096	14 000	20 096
发放借书证(个)	45 272		45 272
总流通人次(万人次)	77.392		77.392
书刊外借册数(万册次)	73.138		73.138
经费支出合计(万元)	3 192.7	1 775	1 417.7
#购书支出	338.1	213.5	124.6
职工(人)	142	58	84

主要统计指标解释

专业技术人员 指已取得科学技术职称,或大学、中专的理、工、农医科系毕业,以及国民经济各部门从工作实践中提拔,从事理、工、农、医等自然科学技术的研究、数学、生产的专业人员和在机关、企业、事业单位中从事科学技术业务管理工作的专业人员。

科技活动 指在所有科学技术领域内,即在自然科学、农业科学、医药科学、工程与技术科学、人文与社会科学中,与科技知识的产生、发展、传播和应用密切相关的全部有系统的活动。

研究与发展活动 指增加知识总量(包括人类、文化和社会方面的知识),以及运用这些知识去创造新的应用而进行的系统的创造性的工作。

企业办科技机构 指企业自办、或与外单位合办、管理上同生产系统相对独立的,或单独核算的专门技术开发机构(如企业办研究所、开发中心、开发部等专门技术开发机构)。

获奖成果 指企业在本年度内从地(市)及以上政府科技管理部门获得的各种科技成果奖。获奖成果分为:国家级奖、省部级奖和地市级奖。

新产品 指采用新技术原理,新设计构思研制、生产的全新产品或在结构、材质、工艺等某一方面比老产品有明显改进,从而显著提高了产品性能或扩大了使用功能的产品。

从事科技活动人员 指企业在报告期内,从事科技活动的时间(不包括加班时间)占全年工作时间10%及以上的工程技术人员、管理人员、工人及其他人员。

从事研究与发展活动人员 指报告期参与研究与发展项目(课题)研究、管理和辅助工作的人员,具体包括直接参加研究与发展项目(课题)组人员,直接参与上述项目(课题)的行政管理人员和直接为上述项目(课题)活动提供服务的辅助人员。

工程技术人员 指负担工程技术和工程技术管理工作,并具有工程技术能力的人员。

高中级岗位(职务)人员 指企业从业人员中具有高级职称和中级职称的人员数。高级职称指高级工程师、讲师、正、副教授,正、副研究员,高级统计师,高级会计师,高级经济师,以及相当于这一级的其他技术职务的人员。中级职称指工程师、讲师、助理研究员、技师、统计师、会计师、经济师,以及相当于这一级的其他技术职务的人员。

普通高等学校 指按照国家规定的审批程序批准举办,通过全国统一招生考试,招收高中毕业生为主要培养对象,实施高等教育的全日制大学、独立设置的学院和高等、专科学校、短期职业大学。

成人高等学校 指按照国家有关规定审批,招收通过全国成人高教统一招生考试的具有高中毕业或同等学历的在职从业人员全脱产、半脱产、业余或函授等多种形式对其实施高等学历教育,培养高等教育专科或本科毕业水平的专门人才,修业年限、课程设置等均按高等学历教育要求付诸实施的学校。包括广播电视大学、职工高等学校、农民高等学校、管理干部学院、教育学院、独立设置的函授等。

小学学龄儿童入学率 指调查范围内已入小学学习的学龄儿童占校内外学龄儿童总数(包括弱智儿童在内,但不包括盲聋哑儿童)的比重。计算公式:

小学学龄儿童入学率= ×100%

艺术表演团体 指从事戏曲、音乐、舞蹈、杂技等专业艺术表演,有独立帐户、实行单独核算的团体。不包括半工半艺,半农半艺的业余剧团。

艺术表演观众人数(人次) 指售票、包场演出或民族地区免费演出的艺术表演观众人次数。不包括彩排审查和内部观摩演出的观看人次数。

十七、卫生·体育·其他

PUBLIC HEALTH,SPORTS AND OTHERS

本篇内容包括：

1.医疗卫生事业情况
2.体育事业
3.婚姻情况
4.民政事业
5.社会保险情况
6.司法情况
7.交通事故、火灾事故、职工伤亡事故

医 生 人 数

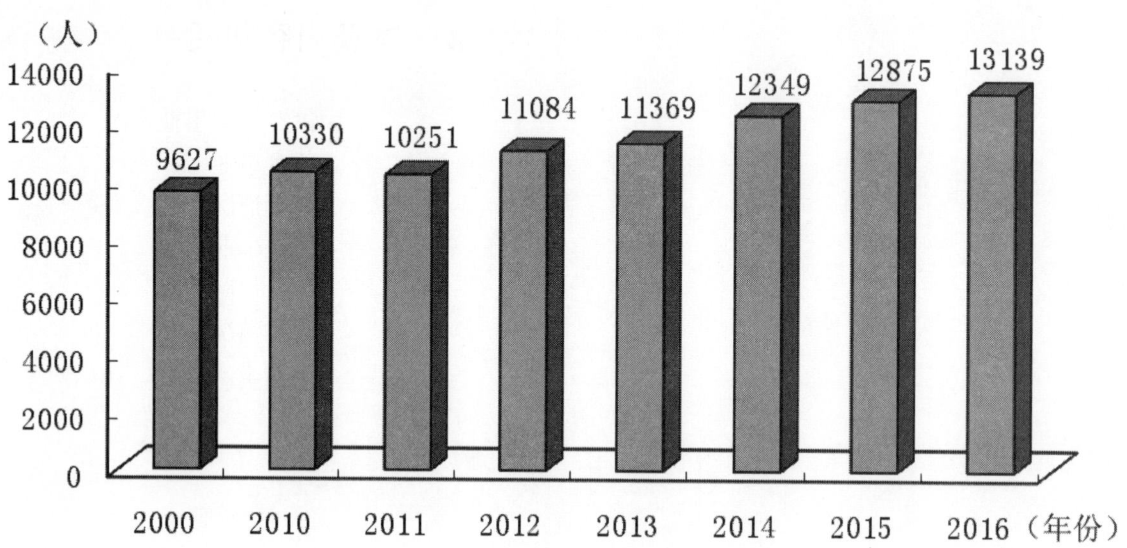

医疗卫生机构床数

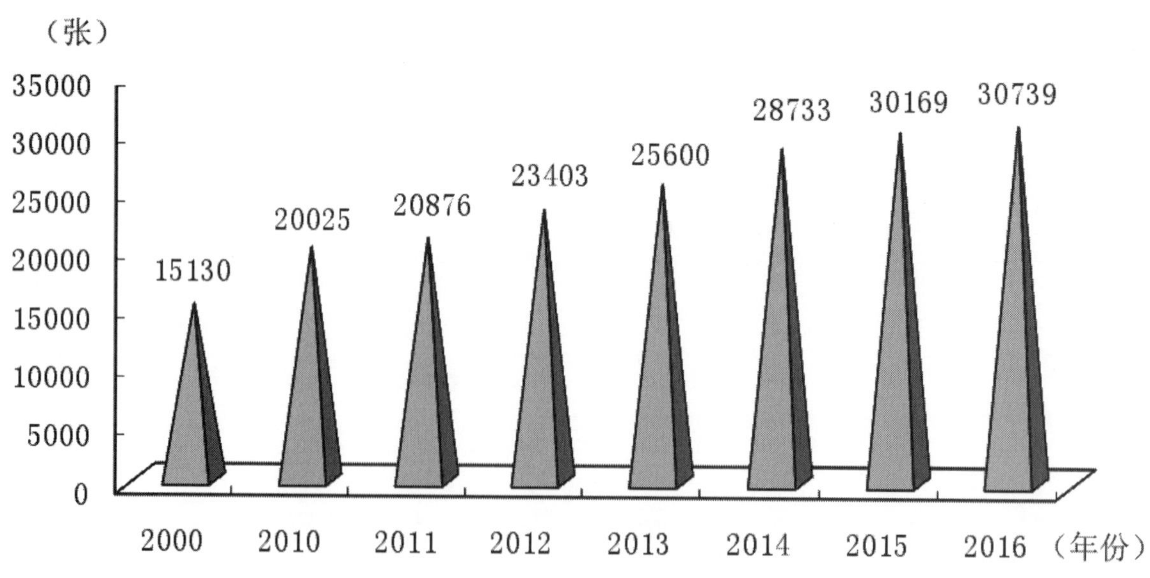

17-1 卫生机构、床位、人员数

（2016年）

类　别	机构数（个）	床位数（张）	人员数（人）	#卫生技术人　员	#医生	#注册护士
总　计	**2 099**	**30 739**	**47 014**	**36 550**	**13 139**	**16 667**
一、医　院	**102**	**25 803**	**31 301**	**26 222**	**8 682**	**13 365**
综合医院	55	15 386	18 154	15 521	5 222	8 093
中医医院	11	3 013	3 572	3 011	1 111	1 218
中西医结合医院	3	953	1 305	1 156	386	577
专科医院	33	6 451	8 270	6 534	1 963	3 477
二、基层医疗卫生机构	**1 928**	**3 383**	**10 876**	**6 559**	**3 086**	**2 244**
社区卫生服务中心(站)	146	674	2 184	1 866	731	800
卫生院	92	2 674	3 231	2 636	1 054	854
村卫生室	1 166		3 881	553	469	84
门诊部	113	35	668	604	298	244
诊所、卫生所、医务室	411		912	900	534	262
三、专业公共卫生机构	**46**	**1 493**	**4 009**	**3 300**	**1 243**	**995**
疾病预防控制中心	11		877	694	349	76
专科医病防治院(所、站)	8	391	289	232	96	66
妇幼保健院(所、站)	11	1 102	2 019	1 719	581	808
卫生监督所(所、站)	11		378	327		
其他	5		446	328	217	45
四、其他卫生机构	**23**	**60**	**828**	**469**	**128**	**63**

17-2 体 育 事 业

项　　目	2016年
一、举办综合(单项)运动会次数(次)	20
参加运动会人数(百人次)	100
二、等级裁判员发展人数(人)	84
三、等级运动员发展人数(人)	203
四、参加省级及其以上和同等城市比赛次数(次)	23
参加比赛人数(人次)	1 620
获得奖牌数(枚)	412
#金牌	186
银牌	135

17-3 主要年份市属共青团组织情况

年　份	基层团支部(个)	共青团(人)	#女团员	专职干部(人)
2000	5 636	113 758	47 461	1 402
2010	5 996	127 529	51 038	1 053
2011	6 170	137 326	54 958	926
2012	6 385	142 657	57 091	962
2013	8 379	160 177	71 408	999
2014	8 456	166 076	73 954	1 026
2015	6 321	171 885	70 792	85
2016	6 319	165 268	71 264	189

17-4　主要年份妇联系统组织情况

单位:个

项　目	2000	2010	2011	2012	2013	2014	2015	2016
城镇街道基层妇代会	792	395	446	440	446	497	579	675
农村基层妇代会	1 037	1 057	1 037	1 037	1 050	1 051	1 154	1 146
乡镇(街办)妇联	111	109	111	111	122	111	120	133
机关、事业单位妇委会	334	247	341	341	334	364	375	359

17-5　主要年份工会组织情况

项　目	2000	2010	2011	2012	2013	2014	2015	2016
工会基层组织数(个) (含法人、行政事业单位)	1 713	15 119	12 879	13 779	14 936	1 600	17 016	18 021
已建工会组织的基层单位职工人数(万人)	37.01	116.21	78.82	80.92	82.08	85.16	86.18	87.24
已建工会组织的基层单位工会人数(万人)	33.01	108.19	65.87	67.75	68.9	71.88	72.9	73.96

17-6　历届南昌市人民代表大会的代表人数

单位:人

项　　目	一届 (1954)	二届 (1956)	三届 (1958)	四届 (1960)	五届 (1963)	六届 (1965)	七届 (1968)	八届 (1982)	九届 (1987)	十届 (1992)	十一届 (1997)	十二届 (2001)	十三届 (2006)	十四届 (2011)	十五届 (2016)
代表总数	**233**	**239**	**253**	**307**	**375**	**385**	**724**	**555**	**495**	**489**	**434**	**421**	**438**	**433**	**427**
#女 代 表	52	49	68	77	99			150	102	98	89	90	90	94	105
占代表总数%	22.3	20.5	27.0	25.1	26.4			27.0	20.6	20.0	20.5	21.4	20.5	21.7	24.6
#少数民族代表										8	7	8	9	7	2
占代表总数%										1.6	1.6	1.9	2.1	1.6	0.5

注:在国家政治生活处于不正常的文化大革命时期,1968年2月18日成立了南昌市革命委员会。根据江西省人民代表大会常务委员会的规定,将革命委员会作为南昌市第七届人民代表大会。七届代表构成为革命委员会成员、人民解放军代表、群众组织推举的代表。

17-7　历届南昌市政治协商会议的委员人数

单位:人

项　　目	一届 (1955)	二届 (1958)	三届 (1959)	四届 (1962)	五届 (1963)	六届 (1965)	七届 (1982)	八届 (1987)	九届 (1992)	十届 (1997)	十一届 (2001)	十二届 (2006)	十三届 (2011)	十四届 (2016)
委员总数	**129**	**189**	**299**	**288**	**300**	**302**	**458**	**405**	**413**	**403**	**405**	**419**	**427**	**422**
#中国共产党代表	22	47	63	81	82	87	175	171	169	157	149	165	170	184
占代表总数%	17.05	24.87	21.07	28.13	27.33	28.81	38.21	42.22	40.92	38.9	36.8	39.4	39.81	43.6
#少数民族代表	3	3	3	3	4	4	6	8	10	11	6	6	6	5
占代表总数%	2.33	1.58	1.00	1.04	1.33	1.32	1.31	1.98	2.42	2.70	1.50	1.43	1.41	1.18
#女性代表	20	29	54	54	58	64	108	100	89	103	119	115	125	139
占代表总数%	15.50	15.34	18.06	18.75	19.33	21.19	21.19	24.69	20.09	25.60	29.40	27.4	29.27	32.94

17-8 社会福利事业单位基本情况

(2016年)

项　目	院数(个)	工作人员(人)	床位(张)	年末在院人数(人)	#儿　童
全　市	**136**	**2 651**	**17 204**	**6 924**	**591**
社会福利院	7	500	1 707	1 319	
儿童福利机构	2	230	646		591
民办养老服务机构	46	1 500	9 546	3 820	
农村敬老院	81	421	5 305	1 785	

17-9 城镇社区服务和农村服务网络

(2016年)

单位:个

地　区	城镇社区机构数	城镇便民利民服务网点
全　市	**698**	**698**
东湖区	93	93
西湖区	130	130
青云谱区	73	73
湾里区	14	14
青山湖区	106	106
新建区	44	44
南昌县	76	76
安义县	23	23
进贤县	43	43
经济开发区	17	17
高新开发区	16	16
红谷滩新区	63	63

17-10 享受国家补助、救济人员情况

单位:人、人次

项　　目	2016
优抚对象	
抚恤、补助优抚对象总金人数	15 475
享受定期抚恤金人数	2 326
享受定期补助人数	13 099
城市居民最低生活保障家庭数	29 821
城市居民最低生活保障人数	56 766
#登记失业	18 355
#老年人	8 663
传统救济情况	
农村居民最低生活保障家庭数	55 507
农村居民最低生活保障人数	88 697
#老年人	31 459
未成年人	14 587
农村民政部门医疗救助总人次数	36 513
城市医疗救助人次数	83 977

17-11 婚姻登记情况

(2016年)

地区	结婚(人)	#复婚	离婚(对)
全市	**82 672**	**6 512**	**14 553**
东湖区	8 592	962	1 969
西湖区	7 860	1 106	1 984
青云谱区	4 122	484	963
湾里区	1 216	68	200
青山湖区	9 704	880	1 855
新建区	13 138	1 040	1 850
南昌县	19 596	1 192	2 864
安义县	4 042	94	575
进贤县	10 402	214	1 545
红谷滩新区	4 000	472	748

17-12 2005—2016年婚姻登记情况

年　份	结 婚（人）	#复　婚	离 婚（对）
2005	29 898	847	7 447
2006	43 424	286	8 607
2007	45 201	2 153	9 329
2008	55 610	212	6 747
2009	53 979	1 199	7 326
2010	36 444	300	7 525
2011	50 281		8 579
2012	53 283		10 440
2013	78 303		15 034
2014	106 024	6 172	134 339
2015	92 494	6 474	13 455
2016	82 672	6 512	14 553

17-13 社会保险情况

单位：人

项　目	2015	2016
失业保险参保人数	610 382	623 827
企业	440 052	453 358
国有企业	168 345	164 769
集体企业	26 168	24 338
港、澳、台及外资企业	29 402	23 683
其他企业	216 137	240 568
事业单位	148 684	145 114
其他单位	21 646	25 355
领取失业保险金人数	6 451	3 206
基本养老保险参保人数	1 638 065	1 850 434
企业	1 045 648	1 080 915
国有企业	541 878	536 206
集体企业	126 742	126 493
其他企业	323 259	360 761
港、澳、台及外资企业	53 769	57 455
机关事业单位	8 376	7 360
其　他	584 041	628 546

17-14 律师、公证和人民调解基本情况

（含省属）

项　　　目	2015	2016
一、律师工作		
律师事务所(个)	69	79
律师(人)	904	1 075
#专职	802	958
兼职	84	97
聘请担任常年法律顾问的单位(处)	1 410	2 883
刑事诉讼辩护及代理(件)	1 535	1 794
民事诉讼代理(件)	4 806	6 149
办理非诉讼法律事务(件)	5 440	6 319
解答法律咨询(件)	12 705	17 113
代理法律文书(件)	728	3 686
二、公证工作		
公证处(个)	12	11
公证人员(人)	73	144
#公证员	20	47
助理公证员	35	78
办理公证文书(件)	20 967	52 830
#经济合同文书	537	759
三、人民调解工作		
专职司法助理员(人)	739	1 621
人民调解委员会(人)	2 002	2 003
调解工作人员(人)	10 750	10 535
调解民间纠纷(件)	17 981	17 069

17-15 2005—2016年南昌市消协受理投诉情况

单位:件

项　　目	2005	2006	2007	2008	2009	2010	2011	2012	2013	2014	2015	2016
一、投诉案件数	**1 409**	**1 447**	**1 151**	**1 176**	**1 165**	**1 025**	**1 148**	**2 566**	**2 673**	**2 700**	**1 161**	**1 366**
按行业分												
家用电器类	342	338	273	229	229	215	97	597	652	670	344	375
家用机械类	108	106	63	80	69	57	78	178	341	381	50	47
日用百货类	510	489	349	347	347	352	352	852	563	573	90	312
房屋及装修建材	129	127	109	94	94	89	95	195	124	135	120	210
服务类		27	12	298	298	267	405	405	226	178		172
农用生产资料类	151	248	211	6	6		26	26	182	76	60	21
其它类	169	112	134	122	122	45	95	313	585	687	497	229
按内容分												
质量	940	905	688	518	513	537	557	657	686	818	524	597
价格		77	57	57	57	34	95	259	384	397	120	105
虚假广告	65	76	79	20	20	16	16	335	206	216	56	71
假冒商品	101	23	14	5	6		2	248	152	167	78	92
计量	2	15	20	9	9	6	8	256	168	101	81	61
安全	48	32	9	139	139	98	89	292	386	215	30	61
其它	253	319	284	428	431	334	381	519	691	786	272	379
二、当年解决件数	**1 372**	**1 354**	**1 100**	**1 101**	**1 039**	**989**	**1 090**	**2 493**	**2 593**	**2 621**	**1 047**	**1256**
解决率(%)	97	94	94	94	89	97	95	97	97	97	90	91.9
三、消费者免受损失(万元)	**102**	**144**	**256**	**137**	**180**	**167**	**180**	**210**	**200**	**203**	**136**	**329**

17-16 南昌“12315”受理举报申诉情况

单位:件

项　　目	2015	2016
一、受理申诉	**14 406**	**17 017**
#商　　品	8 950	9 098
服　　务	5 456	7 919
二、申诉内容		
质　　量	5 009	586
价　　格	916	
广　　告	4 005	90
计　　量	291	4
售后服务	4	171
其　　他	4 181	16 166
三、挽回损失(万元)	**258**	

17-17 社会治安案件

（2016年）

单位:件

项　目	全　市	#市　区
受理数	87 864	74 563
查处数	85 063	72 054

17-18 交 通 事 故

（2016年）

项　目	合　计	市　区	三　县
一、交通事故次数(次)	295	189	106
二、死亡人数(人)	231	115	116
三、受伤人数(人)	220	177	43
四、经济损失(万元)	124	68.6	55.4

17-19 火 灾 事 故

（2016年）

项　目	合　计	市　区	三　县
一、火灾次数(次)	2 020	1 434	586
二、死亡人数(人)	16	6	10
三、受伤人数(人)	6	5	1
四、经济损失(万元)	4 908.16	1 842.63	3 065.53

17-20 2006—2016年人民法院一审案件结案情况

单位:件

项　目	2006	2007	2008	2009	2010	2011	2012	2013	2014	2015	2016
合　计	**18 524**	**14 358**	**13 845**	**15 363**	**15 904**	**16 608**	**19 668**	**22 797**	**25 310**	**35 162**	**30 622**
刑事案件	2 397	2 806	2 536	2 476	2 811	2 920	3 836	3 729	3 736	5 440	4 812
民事案件	10 049	11 404	11 182	12 752	12 996	13 530	15 717	18 916	21 434	29 304	25 168
行政案件	90	148	127	135	97	158	115	152	140	418	642

17-21 安全事故情况

项　　目	安全生产事故(起)	死亡人数(人)
全　　市	**134**	**118**
工矿商贸	37	37
生产经营性道路交通	97	81

主要统计指标解释

医院 指名称为医院,设有固定床位能收容病人住院并能为病人提供医疗、护理服务的医疗机构。包括县及县以上医院、农村乡卫生院、其他医院三部份。按所属性质分为卫生部门、工业及其他部门、集体所有制三类。其中县及县以上医院按业务性质分为综合医院和专科医院。

卫生技术人员 指卫生事业机构支付工资的全部固定职工和合同制职工中现任职务为卫生技术工作人员。包括中医师、西医师、中西医结合高级医师、护师、中药师、西药师、检验师、其他技师、中医士、西医士、护士、助产士、中药剂士、西药剂士、检验士、其他技士、其他中医、护理员、中药剂员、西药剂员、检验员、其他初级卫生技术人员。

医生 指经卫生部门审查合格,从事医疗工作的专业人员。分为中医医生和西医医生、包括卫生技术人员中的中医师、西医师、中西医结合高级医师、中医士、西医士和其他中医。

等级运动员人数 指经考核正式批准授予等级运动员称号的人数。运动员等级分为国际级运动健将、运动健将、一级运动员、二级运动员、三级运动员、少年级运动员。

等级裁判员人数 指经考核正式批准授予等级裁判员称号的人数。裁判员等级分为国际裁判、国家级裁判、一级裁判、二级裁判、三级裁判。

体育场 指有400米跑道(中心含足球场)和固定道牙,跑道6条以上,并有固定看台的田径场地。以看台容纳观众人数分:甲级25000人以上,乙级15000-25000人,丙级5000-15000人,丁级5000以下,共四级。

律师 指受聘参加法律顾问处工作,提任法律顾问、刑(民)事代理人,刑事辩护人,办理非诉讼事件、解答法律询问,代写法律事务文书等主要从事律师业务的专职法律工作者和兼职律师。

公证人员 指在国家公证机关依法办理公证事务的司法人员。包括公证员、助理公证员和公证处工作的其他人员。

办理公证文书 指公证处一定时期内办结的公证文书件数。公证文书系按司法部规定或批准的格式制作。包括国内公证和涉外公证两部分。其中国内公证分为经济合同公证和民事法律体系公证两大类。

调解人员 在人民调解委员会担负调解民间一般民事纠纷和轻微违法行为所引起的纠纷的工作人员。包括调解委员会的委员和调解小组的调解员。

调解民间纠纷 指调解委员会依照法律规定,根据自愿原则,用说服教育的方法调解民间发生的有关民事权利和义务的争执,促成当事双方达到协议和谅解,解决纠纷。包括婚姻家庭纠纷,财产权益纠纷等。包括法院管理调解的民事案件数。

收养性福利性单位 指提供食宿的,不以盈利为目的的革命伤残军人休养院、复员军人慢性病疗养院、复退军人精神病院、光荣院、社会福利院、精神病人福利院、老年收养机构(敬老院、养老院、老年公寓)等收养性的社会福利事业单位的总称。

附　　录

APPENDIX

本篇内容包括：

1.中华人民共和国统计法实施条例
2. 中华人民共和国2016年国民经济和社会发展统计公报
3. 全国各省市主要经济指标
4. 全国各省会城市主要经济指标
5. 江西省2016年国民经济和社会发展统计公报
6. 江西省各设区市主要经济指标

中华人民共和国国务院令

第681号

《中华人民共和国统计法实施条例》已经2017年4月12日国务院第168次常务会议通过，现予公布，自2017年8月1日起施行。

总理　李克强

2017年5月28日

中华人民共和国统计法实施条例

第一章　总　则

第一条　根据《中华人民共和国统计法》(以下简称统计法)，制定本条例。

第二条　统计资料能够通过行政记录取得的，不得组织实施调查。通过抽样调查、重点调查能够满足统计需要的，不得组织实施全面调查。

第三条　县级以上人民政府统计机构和有关部门应当加强统计规律研究，健全新兴产业等统计，完善经济、社会、科技、资源和环境统计，推进互联网、大数据、云计算等现代信息技术在统计工作中的应用，满足经济社会发展需要。

第四条　地方人民政府、县级以上人民政府统计机构和有关部门应当根据国家有关规定，明确本单位防范和惩治统计造假、弄虚作假的责任主体，严格执行统计法和本条例的规定。

地方人民政府、县级以上人民政府统计机构和有关部门及其负责人应当保障统计活动依法进行，不得侵犯统计机构、统计人员独立行使统计调查、统计报告、统计监督职权，不得非法干预统计调查对象提供统计资料，不得统计造假、弄虚作假。

统计调查对象应当依照统计法和国家有关规定，真实、准确、完整、及时地提供统计资料，拒绝、抵制弄虚作假等违法行为。

第五条　县级以上人民政府统计机构和有关部门不得组织实施营利性统计调查。

国家有计划地推进县级以上人民政府统计机构和有关部门通过向社会购买服务组织实施统计调查和资料开发。

第二章　统计调查项目

第六条　部门统计调查项目、地方统计调查项目的主要内容不得与国家统计调查项目的内容重复、矛盾。

第七条　统计调查项目的制定机关(以下简称制定机关)应当就项目的必要性、可行性、科学性进行论证，征求有关地方、部门、统计调查对象和专家的意见，并由制定机关按照会议制度集体讨论决定。

重要统计调查项目应当进行试点。

第八条 制定机关申请审批统计调查项目，应当以公文形式向审批机关提交统计调查项目审批申请表、项目的统计调查制度和工作经费来源说明。

申请材料不齐全或者不符合法定形式的，审批机关应当一次性告知需要补正的全部内容，制定机关应当按照审批机关的要求予以补正。

申请材料齐全、符合法定形式的，审批机关应当受理。

第九条 统计调查项目符合下列条件的，审批机关应当作出予以批准的书面决定：

（一）具有法定依据或者确为公共管理和服务所必需；

（二）与已批准或者备案的统计调查项目的主要内容不重复、不矛盾；

（三）主要统计指标无法通过行政记录或者已有统计调查资料加工整理取得；

（四）统计调查制度符合统计法律法规规定，科学、合理、可行；

（五）采用的统计标准符合国家有关规定；

（六）制定机关具备项目执行能力。

不符合前款规定条件的，审批机关应当向制定机关提出修改意见；修改后仍不符合前款规定条件的，审批机关应当作出不予批准的书面决定并说明理由。

第十条 统计调查项目涉及其他部门职责的，审批机关应当在作出审批决定前，征求相关部门的意见。

第十一条 审批机关应当自受理统计调查项目审批申请之日起20日内作出决定。20日内不能作出决定的，经审批机关负责人批准可以延长10日，并应当将延长审批期限的理由告知制定机关。

制定机关修改统计调查项目的时间，不计算在审批期限内。

第十二条 制定机关申请备案统计调查项目，应当以公文形式向备案机关提交统计调查项目备案申请表和项目的统计调查制度。

统计调查项目的调查对象属于制定机关管辖系统，且主要内容与已批准、备案的统计调查项目不重复、不矛盾的，备案机关应当依法给予备案文号。

第十三条 统计调查项目经批准或者备案的，审批机关或者备案机关应当及时公布统计调查项目及其统计调查制度的主要内容。涉及国家秘密的统计调查项目除外。

第十四条 统计调查项目有下列情形之一的，审批机关或者备案机关应当简化审批或者备案程序，缩短期限：

（一）发生突发事件需要迅速实施统计调查；

（二）统计调查制度内容未作变动，统计调查项目有效期届满需要延长期限。

第十五条 统计法第十七条第二款规定的国家统计标准是强制执行标准。各级人民政府、县级以上人民政府统计机构和有关部门组织实施的统计调查活动，应当执行国家统计标准。

制定国家统计标准，应当征求国务院有关部门的意见。

第三章 统计调查的组织实施

第十六条 统计机构、统计人员组织实施统计调查，应当就统计调查对象的法定填报义务、主要指标涵义和有关填报要求等，向统计调查对象作出说明。

第十七条 国家机关、企业事业单位或者其他组织等统计调查对象提供统计资料，应当由填报人员和单位负责人签字，并加盖公章。个人作为统计调查对象提供统计资料，应当由本人签字。统计调查制度规定不需要签字、加盖公章的除外。

统计调查对象使用网络提供统计资料的，按照国家有关规定执行。

第十八条 县级以上人民政府统计机构、有关部门推广使用网络报送统计资料，应当采取有效的网络安全保障措施。

第十九条 县级以上人民政府统计机构、有关部门和乡、镇统计人员，应当对统计调查对象提供的统计资料进行审核。统计资料不完整或者存在明显错误的，应当由统计调查对象依法予以补充或者改正。

第二十条 国家统计局应当建立健全统计数据质量监控和评估制度，加强对各省、自治区、直辖市重要统计数据的监控和评估。

第四章 统计资料的管理和公布

第二十一条 县级以上人民政府统计机构、有关部门和乡、镇人民政府应当妥善保管统计调查中取得的统计资料。

国家建立统计资料灾难备份系统。

第二十二条 统计调查中取得的统计调查对象的原始资料，应当至少保存2年。

汇总性统计资料应当至少保存10年，重要的汇总性统计资料应当永久保存。法律法规另有规定的，从其规定。

第二十三条 统计调查对象按照国家有关规定设置的原始记录和统计台账，应当至少保存2年。

第二十四条 国家统计局统计调查取得的全国性统计数据和分省、自治区、直辖市统计数据，由国家统计局公布或者由国家统计局授权其派出的调查机构或者省级人民政府统计机构公布。

第二十五条 国务院有关部门统计调查取得的统计数据，由国务院有关部门按照国家有关规定和已批准或者备案的统计调查制度公布。

县级以上地方人民政府有关部门公布其统计调查取得的统计数据，比照前款规定执行。

第二十六条 已公布的统计数据按照国家有关规定需要进行修订的，县级以上人民政府统计机构和有关部门应当及时公布修订后的数据，并就修订依据和情况作出说明。

第二十七条 县级以上人民政府统计机构和有关部门应当及时公布主要统计指标涵义、调查范围、调查方法、计算方法、抽样调查样本量等信息，对统计数据进行解释说明。

第二十八条 公布统计资料应当按照国家有关规定进行。公布前，任何单位和个人不得违反国家有关规定对外提供，不得利用尚未公布的统计资料谋取不正当利益。

第二十九条 统计法第二十五条规定的能够识别或者推断单个统计调查对象身份的资料包括：

（一）直接标明单个统计调查对象身份的资料；

（二）虽未直接标明单个统计调查对象身份，但是通过已标明的地址、编码等相关信息可以识别或者推断单个统计调查对象身份的资料；

（三）可以推断单个统计调查对象身份的汇总资料。

第三十条 统计调查中获得的能够识别或者推断单个统计调查对象身份的资料应当依法严格管理，除作为统计执法依据外，不得直接作为对统计调查对象实施行政许可、行政处罚等具体行政行为的依据，不得用于完成统计任务以外的目的。

第三十一条 国家建立健全统计信息共享机制，实现县级以上人民政府统计机构和有关部门统计调查取得的资料共享。制定机关共同制定的统计调查项目，可以共同使用获取的统计资料。

统计调查制度应当对统计信息共享的内容、方式、时限、渠道和责任等作出规定。

第五章 统计机构和统计人员

第三十二条 县级以上地方人民政府统计机构受本级人民政府和上级人民政府统计机构的双重领导，

在统计业务上以上级人民政府统计机构的领导为主。

乡、镇人民政府应当设置统计工作岗位，配备专职或者兼职统计人员，履行统计职责，在统计业务上受上级人民政府统计机构领导。乡、镇统计人员的调动，应当征得县级人民政府统计机构的同意。

县级以上人民政府有关部门在统计业务上受本级人民政府统计机构指导。

第三十三条 县级以上人民政府统计机构和有关部门应当完成国家统计调查任务，执行国家统计调查项目的统计调查制度，组织实施本地方、本部门的统计调查活动。

第三十四条 国家机关、企业事业单位和其他组织应当加强统计基础工作，为履行法定的统计资料报送义务提供组织、人员和工作条件保障。

第三十五条 对在统计工作中做出突出贡献、取得显著成绩的单位和个人，按照国家有关规定给予表彰和奖励。

第六章　监督检查

第三十六条 县级以上人民政府统计机构从事统计执法工作的人员，应当具备必要的法律知识和统计业务知识，参加统计执法培训，并取得由国家统计局统一印制的统计执法证。

第三十七条 任何单位和个人不得拒绝、阻碍对统计工作的监督检查和对统计违法行为的查处工作，不得包庇、纵容统计违法行为。

第三十八条 任何单位和个人有权向县级以上人民政府统计机构举报统计违法行为。

县级以上人民政府统计机构应当公布举报统计违法行为的方式和途径，依法受理、核实、处理举报，并为举报人保密。

第三十九条 县级以上人民政府统计机构负责查处统计违法行为；法律、行政法规对有关部门查处统计违法行为另有规定的，从其规定。

第七章　法律责任

第四十条 下列情形属于统计法第三十七条第四项规定的对严重统计违法行为失察，对地方人民政府、政府统计机构或者有关部门、单位的负责人，由任免机关或者监察机关依法给予处分，并由县级以上人民政府统计机构予以通报：

（一）本地方、本部门、本单位大面积发生或者连续发生统计造假、弄虚作假；

（二）本地方、本部门、本单位统计数据严重失实，应当发现而未发现；

（三）发现本地方、本部门、本单位统计数据严重失实不予纠正。

第四十一条 县级以上人民政府统计机构或者有关部门组织实施营利性统计调查的，由本级人民政府、上级人民政府统计机构或者本级人民政府统计机构责令改正，予以通报；有违法所得的，没收违法所得。

第四十二条 地方各级人民政府、县级以上人民政府统计机构或者有关部门及其负责人，侵犯统计机构、统计人员独立行使统计调查、统计报告、统计监督职权，或者采用下发文件、会议布置以及其他方式授意、指使、强令统计调查对象或者其他单位、人员编造虚假统计资料的，由上级人民政府、本级人民政府、上级人民政府统计机构或者本级人民政府统计机构责令改正，予以通报。

第四十三条 县级以上人民政府统计机构或者有关部门在组织实施统计调查活动中有下列行为之一的，由本级人民政府、上级人民政府统计机构或者本级人民政府统计机构责令改正，予以通报：

（一）违法制定、审批或者备案统计调查项目；

（二）未按照规定公布经批准或者备案的统计调查项目及其统计调查制度的主要内容；

（三）未执行国家统计标准；

(四)未执行统计调查制度；

(五)自行修改单个统计调查对象的统计资料。

乡、镇统计人员有前款第三项至第五项所列行为的，责令改正，依法给予处分。

第四十四条　县级以上人民政府统计机构或者有关部门违反本条例第二十四条、第二十五条规定公布统计数据的，由本级人民政府、上级人民政府统计机构或者本级人民政府统计机构责令改正，予以通报。

第四十五条　违反国家有关规定对外提供尚未公布的统计资料或者利用尚未公布的统计资料谋取不正当利益的，由任免机关或者监察机关依法给予处分，并由县级以上人民政府统计机构予以通报。

第四十六条　统计机构及其工作人员有下列行为之一的，由本级人民政府或者上级人民政府统计机构责令改正，予以通报：

(一)拒绝、阻碍对统计工作的监督检查和对统计违法行为的查处工作；

(二)包庇、纵容统计违法行为；

(三)向有统计违法行为的单位或者个人通风报信，帮助其逃避查处；

(四)未依法受理、核实、处理对统计违法行为的举报；

(五)泄露对统计违法行为的举报情况。

第四十七条　地方各级人民政府、县级以上人民政府有关部门拒绝、阻碍统计监督检查或者转移、隐匿、篡改、毁弃原始记录和凭证、统计台账、统计调查表及其他相关证明和资料的，由上级人民政府、上级人民政府统计机构或者本级人民政府统计机构责令改正，予以通报。

第四十八条　地方各级人民政府、县级以上人民政府统计机构和有关部门有本条例第四十一条至第四十七条所列违法行为之一的，对直接负责的主管人员和其他直接责任人员，由任免机关或者监察机关依法给予处分。

第四十九条　乡、镇人民政府有统计法第三十八条第一款、第三十九条第一款所列行为之一的，依照统计法第三十八条、第三十九条的规定追究法律责任。

第五十条　下列情形属于统计法第四十一条第二款规定的情节严重行为：

(一)使用暴力或者威胁方法拒绝、阻碍统计调查、统计监督检查；

(二)拒绝、阻碍统计调查、统计监督检查，严重影响相关工作正常开展；

(三)提供不真实、不完整的统计资料，造成严重后果或者恶劣影响；

(四)有统计法第四十一条第一款所列违法行为之一，1年内被责令改正3次以上。

第五十一条　统计违法行为涉嫌犯罪的，县级以上人民政府统计机构应当将案件移送司法机关处理。

第八章　附　则

第五十二条　中华人民共和国境外的组织、个人需要在中华人民共和国境内进行统计调查活动的，应当委托中华人民共和国境内具有涉外统计调查资格的机构进行。涉外统计调查资格应当依法报经批准。统计调查范围限于省、自治区、直辖市行政区域内的，由省级人民政府统计机构审批；统计调查范围跨省、自治区、直辖市行政区域的，由国家统计局审批。

涉外社会调查项目应当依法报经批准。统计调查范围限于省、自治区、直辖市行政区域内的，由省级人民政府统计机构审批；统计调查范围跨省、自治区、直辖市行政区域的，由国家统计局审批。

第五十三条　国家统计局或者省级人民政府统计机构对涉外统计违法行为进行调查，有权采取统计法第三十五条规定的措施。

第五十四条　对违法从事涉外统计调查活动的单位、个人，由国家统计局或者省级人民政府统计机构责令改正或者责令停止调查，有违法所得的，没收违法所得；违法所得50万元以上的，并处违法所得1倍以上3倍以下的罚款；违法所得不足50万元或者没有违法所得的，处200万元以下的罚款；情节严重的，暂停或者取消涉外统计调查资格，撤销涉外社会调查项目批准决定；构成犯罪的，依法追究刑事责任。

第五十五条 本条例自2017年8月1日起施行。1987年1月19日国务院批准、1987年2月15日国家统计局公布，2000年6月2日国务院批准修订、2000年6月15日国家统计局公布，2005年12月16日国务院修订的《中华人民共和国统计法实施细则》同时废止。

中华人民共和国
2016年国民经济和社会发展统计公报[1]

中华人民共和国国家统计局

2017年2月28日

2016年，面对复杂多变的国际环境和国内繁重艰巨的改革发展稳定任务，在以习近平同志为核心的党中央坚强领导下，各地区各部门全面贯彻党的十八大和十八届三中、四中、五中、六中全会精神，认真落实党中央、国务院决策部署，统筹推进“五位一体”总体布局和协调推进“四个全面”战略布局，坚持稳中求进工作总基调，坚持新发展理念，以推进供给侧结构性改革为主线，适度扩大总需求，坚定推进改革，妥善应对风险挑战，引导形成良好社会预期，经济社会保持平稳健康发展，实现了“十三五”良好开局。

一、综　合

初步核算，全年国内生产总值[2]744127亿元，比上年增长6.7%。其中，第一产业增加值63671亿元，增长3.3%；第二产业增加值296236亿元，增长6.1%；第三产业增加值384221亿元，增长7.8%。第一产业增加值占国内生产总值的比重为8.6%，第二产业增加值比重为39.8%，第三产业增加值比重为51.6%，比上年提高1.4个百分点。全年人均国内生产总值53980元，比上年增长6.1%。全年国民总收入[3]742352亿元，比上年增长6.9%。

图1 2012-2016年国内生产总值及其增长速度

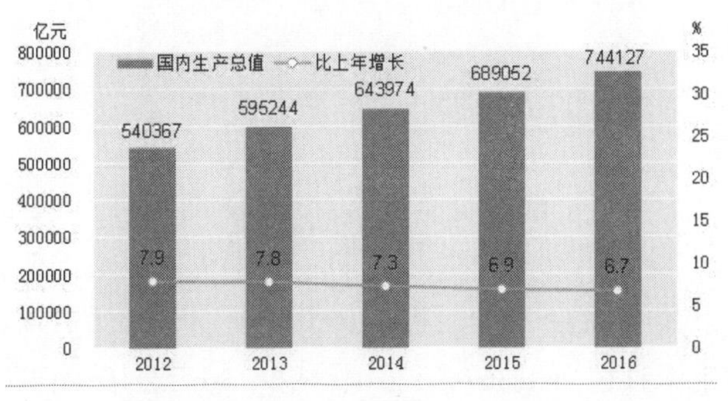

图2 2012-2016年三次产业增加值占国内生产总值比重

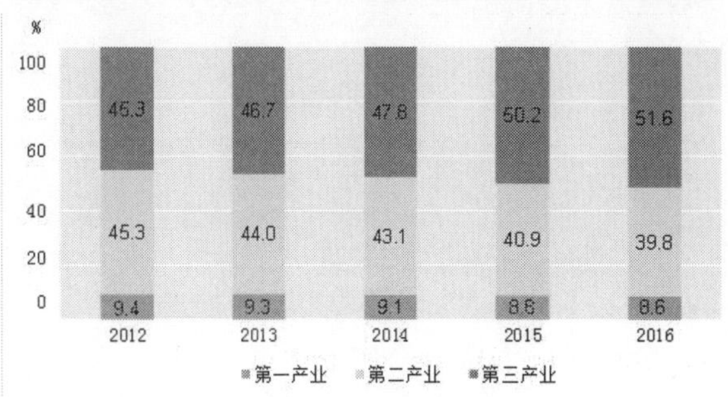

年末全国大陆总人口138271万人，比上年末增加809万人，其中城镇常住人口79298万人，占总人口比重（常住人口城镇化率）为57.35%，比上年末提高1.25个百分点。户籍人口城镇化率为41.2%，比上年末提高1.3个百分点。全年出生人口1786万人，出生率为12.95‰；死亡人口977万人，死亡率为7.09‰；自然增长率为5.86‰。全国人户分离的人口[4]2.92亿人，其中流动人口[5]2.45亿人。

表1 2016年年末人口数及其构成

指　　标	年末数（万人）	比重（%）
全国总人口	138 271	100.0
其中：城镇	79 298	57.35
乡村	58 973	42.65
其中：男性	70 815	51.2
女性	67 456	48.8
其中：0-15岁（含不满16周岁）[6]	24 438	17.7
16-59岁（含不满60周岁）	90 747	65.6
60周岁及以上	23 086	16.7
其中：65周岁及以上	15 003	10.8

年末全国就业人员77603万人，其中城镇就业人员41428万人。全年城镇新增就业1314万人。年末城镇登记失业率为4.02%。全国农民工[7]总量28171万人，比上年增长1.5%。其中，外出农民工16934万人，增长0.3%；本地农民工11237万人，增长3.4%。

图3 2012-2016年城镇新增就业人数

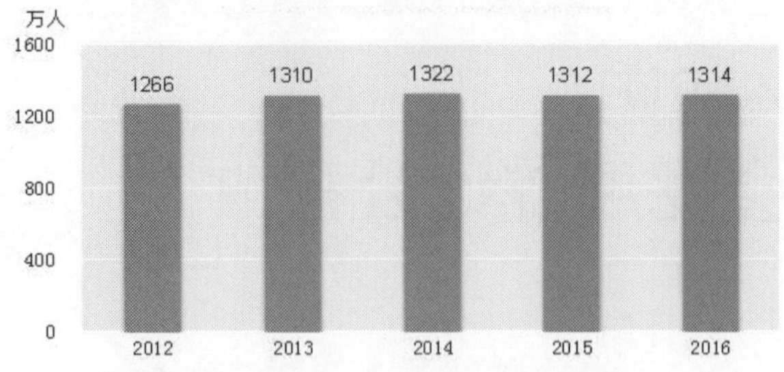

全年全员劳动生产率[8]为94825元/人，比上年提高6.4%。

图4 2012-2016年全员劳动生产率

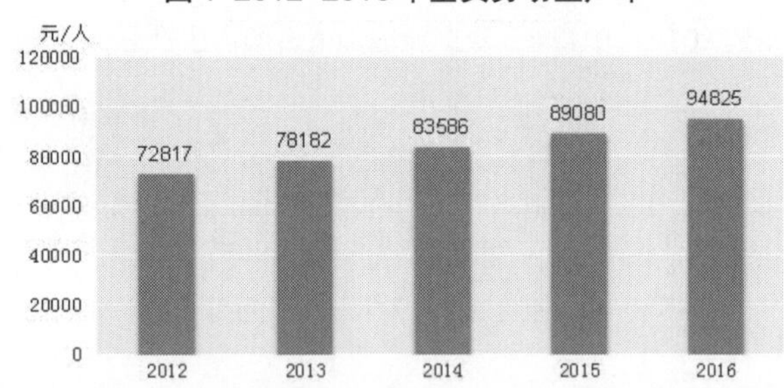

全年居民消费价格比上年上涨2.0%。工业生产者出厂价格下降1.4%。工业生产者购进价格下降2.0%。固定资产投资价格下降0.6%。农产品生产者价格[9]上涨3.4%。

图5 2015年居民消费价格月度涨跌幅度

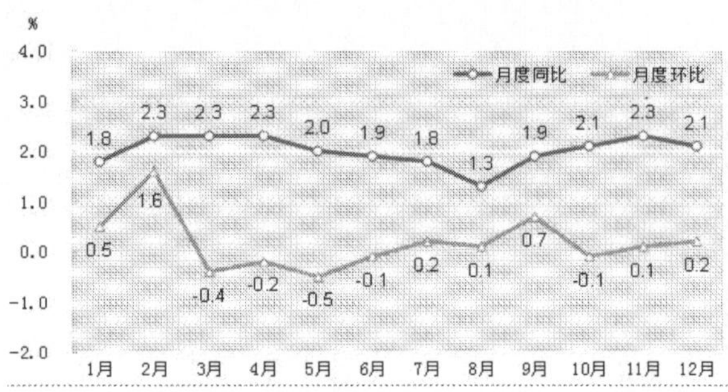

表2 2016年居民消费价格比上年涨跌幅度

单位：%

指　　标	全　国	城　市	农　村
居民消费价格	2.0	2.1	1.9
其中：食品烟酒	3.8	3.7	4.0
衣　着	1.4	1.5	1.3
居　住[10]	1.6	1.9	0.6
生活用品及服务	0.5	0.5	0.2
交通和通信	-1.3	-1.4	-1.1
教育文化和娱乐	1.6	1.5	1.9
医疗保健	3.8	4.4	2.5
其他用品和服务	2.8	2.9	2.2

12月份70个大中城市新建商品住宅销售价格月同比上涨的城市个数为65个，下降的为5个；月环比上涨的城市个数为46个，比年内高点减少19个，持平的为4个，下降的为20个。

图6 2016年新建商品住宅月环比价格上涨、持平、下降城市个数变化情况

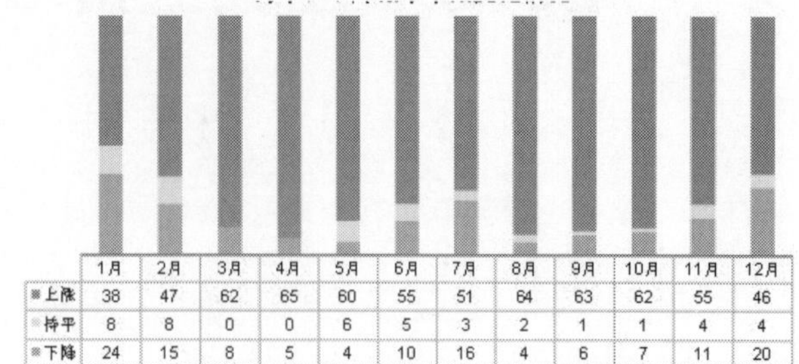

	1月	2月	3月	4月	5月	6月	7月	8月	9月	10月	11月	12月
上涨	38	47	62	65	60	55	51	64	63	62	55	46
持平	8	8	0	0	6	5	3	2	1	1	4	4
下降	24	15	8	5	4	10	16	4	6	7	11	20

全年全国一般公共预算收入159552亿元，比上年同口径[11]增加6828亿元，增长4.5%，其中税收收入130354亿元，增加5432亿元，增长4.3%。

图7 2012-2016年全国一般公共预算收入

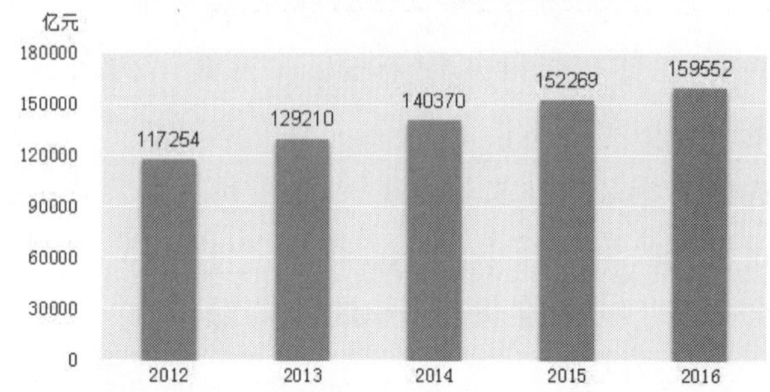

注：图中2012年至2015年数据为全国一般公共预算收入决算数，2016年为执行数。

年末国家外汇储备30105亿美元，比上年末减少3198亿美元。全年人民币平均汇率为1美元兑6.6423元人民币，比上年贬值6.2%。

图8 2012-2016年年末国家外汇储备

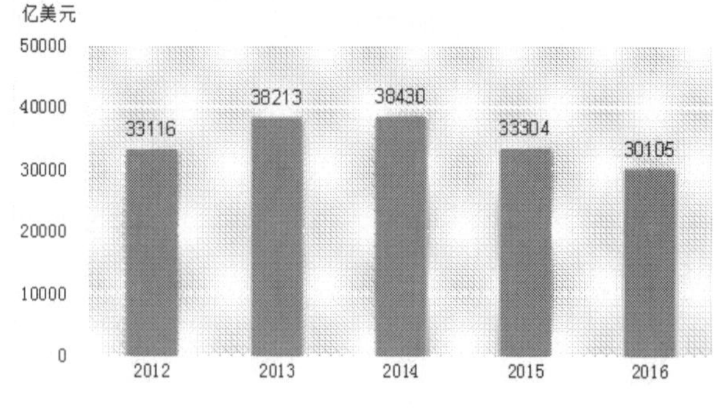

二、农　业

全年粮食种植面积11303万公顷，比上年减少31万公顷。其中，小麦种植面积2419万公顷，增加5万公顷；稻谷种植面积3016万公顷，减少5万公顷；玉米种植面积3676万公顷，减少136万公顷。棉花

种植面积338万公顷，减少42万公顷。油料种植面积1412万公顷，增加8万公顷。糖料种植面积168万公顷，减少6万公顷。

全年粮食产量61624万吨，比上年减少520万吨，减产0.8%。其中，夏粮产量13920万吨，减产1.2%；早稻产量3278万吨，减产2.7%；秋粮产量44426万吨，减产0.6%。全年谷物产量56517万吨，比上年减产1.2%。其中，稻谷产量20693万吨，减产0.6%；小麦产量12885万吨，减产1.0%；玉米产量21955万吨，减产2.3%。

图9 2012-2016年粮食产量

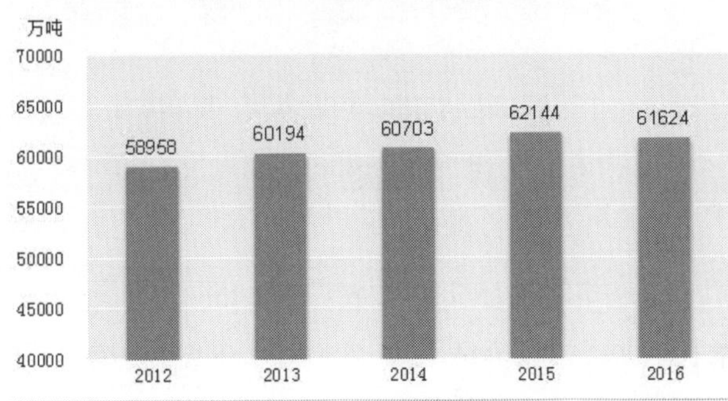

全年棉花产量534万吨，比上年减产4.6%。油料产量3613万吨，增产2.2%。糖料产量12299万吨，减产1.6%。茶叶产量241万吨，增产7.4%。

全年肉类总产量8540万吨，比上年下降1.0%。其中，猪肉产量5299万吨，下降3.4%；牛肉产量717万吨，增长2.4%；羊肉产量459万吨，增长4.2%；禽肉产量1888万吨，增长3.4%。禽蛋产量3095万吨，增长3.2%。牛奶产量3602万吨，下降4.1%。年末生猪存栏43504万头，下降3.6%；生猪出栏68502万头，下降3.3%。

全年水产品产量6900万吨，比上年增长3.0%。其中，养殖水产品产量5156万吨，增长4.4%；捕捞水产品产量1744万吨，下降1.0%。

全年木材产量6683万立方米，比上年下降7.0%。

全年新增耕地灌溉面积118万公顷，新增节水灌溉面积211万公顷。

三、工业和建筑业

全年全部工业增加值247860亿元，比上年增长6.0%。规模以上工业增加值增长6.0%。在规模以上工业中，分经济类型看，国有控股企业增长2.0%；集体企业下降1.3%，股份制企业增长6.9%，外商及港澳台商投资企业增长4.5%；私营企业增长7.5%。分门类看，采矿业下降1.0%，制造业增长6.8%，电力、热力、燃气及水生产和供应业增长5.5%。

图10 2012-2016年全部工业增加值及其增长速度

全年规模以上工业中，农副食品加工业增加值比上年增长6.1%，纺织业增长5.5%，化学原料和化学制品制造业增长7.7%，非金属矿物制品业增长6.5%，黑色金属冶炼和压延加工业下降1.7%，通用设备制造业增长5.9%，专用设备制造业增长6.7%，汽车制造业增长15.5%，电气机械和器材制造业增长8.5%，计算机、通信和其他电子设备制造业增长10.0%，电力、热力生产和供应业增长4.8%。工业战略性新兴产业[12]增加值增长10.5%。高技术制造业[13]增加值增长10.8%，占规模以上工业增加值的比重为12.4%。装备制造业[14]增加值增长9.5%，占规模以上工业增加值的比重为32.9%。六大高耗能行业[15]增加值增长5.2%，占规模以上工业增加值的比重为28.1%。

表3 2016年主要工业产品产量及其增长速度

产品名称	单位	产量	比上年增长(%)
纱	万吨	3 732.6	5.5
布	亿米	906.8	1.6
化学纤维	万吨	4 943.7	2.3
成品糖	万吨	1 443.3	-2.1
卷烟	亿支	23 825.8	-8.0
彩色电视机	万台	15 769.6	8.9
其中：液晶电视机	万台	15 713.6	9.2
其中：智能电视	万台	9 310.1	11.1
家用电冰箱	万台	8 481.6	6.1
房间空气调节器	万台	14 342.4	1.0
一次能源生产总量	亿吨标准煤	34.6	-4.2
原煤	亿吨	34.1	-9.0
原油	万吨	19 968.5	-6.9
天然气	亿立方米	1 368.7	1.7
发电量	亿千瓦小时	61 424.9	5.6
其中：火电[16]	亿千瓦小时	44 370.7	3.6

水电	亿千瓦小时	11 933.7	5.6
核电	亿千瓦小时	2 132.9	24.9
粗　钢	万吨	80 836.6	0.6
钢　材[17]	万吨	113 801.2	1.3
十种有色金属	万吨	5 310.3	3.0
其中：精炼铜（电解铜）	万吨	843.6	6.0
原铝（电解铝）	万吨	3 187.3	1.5
水　泥	亿吨	24.1	2.3
硫　酸（折100%）	万吨	8 889.1	-1.0
烧　碱（折100%）	万吨	3 283.9	8.7
乙　烯	万吨	1 781.1	3.9
化　肥（折100%）	万吨	7 128.6	-4.1
发电机组（发电设备）	万千瓦	13 218.4	6.3
汽　车	万辆	2 811.9	14.8
其中：基本型乘用车（轿车）	万辆	1 211.1	4.1
运动型多用途乘用车（SUV）	万辆	914.4	51.8
其中：新能源汽车	万辆	45.9	40.0
大中型拖拉机	万台	63.0	-8.5
集成电路	亿块	1 318.0	21.2
程控交换机	万线	1 457.7	-22.5
移动通信手持机	万台	205 819.3	13.6
其中：智能手机	万台	153 764.1	9.9
微型计算机设备	万台	29 008.5	-7.7
工业机器人	台（套）	72 426.0	30.4

年末全国发电装机容量164575万千瓦，比上年末增长8.2%。其中[18]，火电装机容量105388万千瓦，增长5.3%；水电装机容量33211万千瓦，增长3.9%；核电装机容量3364万千瓦，增长23.8%；并网风电装机容量14864万千瓦，增长13.2%；并网太阳能发电装机容量7742万千瓦，增长81.6%。

全年规模以上工业企业实现利润68803亿元，比上年增长8.5%。分经济类型看，国有控股企业实现利润11751亿元，比上年增长6.7%；集体企业477亿元，下降4.2%，股份制企业47197亿元，增长8.3%，外商及港澳台商投资企业17352亿元，增长12.1%；私营企业24325亿元，增长4.8%。分门类看，采矿业实现利润1825亿元，比上年下降27.5%；制造业62398亿元，增长12.3%；电力、热力、燃气及水生产和供应业4580亿元，下降14.3%。全年规模以上工业企业每百元主营业务收入中的成本为85.52元，比上年下降0.1元。年末规模以上工业企业资产负债率为55.8%，比上年末下降0.4个百分点。

全年全社会建筑业增加值49522亿元，比上年增长6.6%。全国具有资质等级的总承包和专业承包建筑业企业实现利润6745亿元，增长4.6%。其中，国有控股企业1879亿元，增长6.8%。

图11 2012-2016年建筑业增加值及其增长速度

四、固定资产投资

全年全社会固定资产投资606466亿元，比上年增长7.9%，扣除价格因素，实际增长8.6%。其中，固定资产投资（不含农户）596501亿元，增长8.1%。分区域看[19]，东部地区投资249665亿元，比上年增长9.1%；中部地区投资156762亿元，增长12.0%；西部地区投资154054亿元，增长12.2%；东北地区投资30642亿元，下降23.5%。

图12 2012-2016年全社会固定资产投资

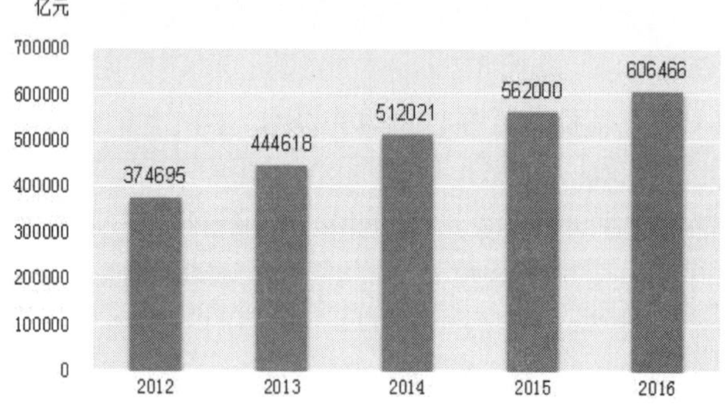

在固定资产投资（不含农户）中，第一产业投资18838亿元，比上年增长21.1%；第二产业投资231826亿元，增长3.5%；第三产业投资345837亿元，增长10.9%。基础设施投资[20]118878亿元，增长17.4%，占固定资产投资（不含农户）的比重为19.9%。民间固定资产投资[21]365219亿元，增长3.2%，占固定资产投资（不含农户）的比重为61.2%。高技术产业投资[22]37747亿元，增长15.8%，占固定资产投资（不含农户）的比重为6.3%。六大高耗能行业投资66376亿元，增长3.1%，占固定资产投资（不含农户）的比重为11.1%。农林牧渔业、水利、环境保护等短板领域投资快速增长。

图13 2016年按领域固定资产投资（不含农户）及其占比

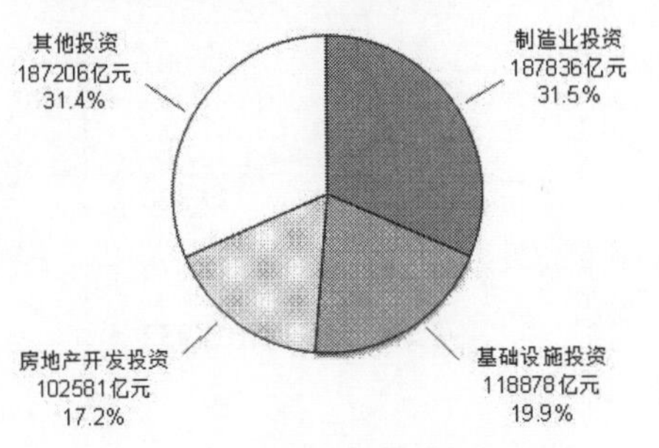

表4 2016年分行业固定资产投资（不含农户）及其增长速度

行　　业	投资额（亿元）	比上年增长（%）
总　　计	596 501	8.1
农、林、牧、渔业	22 774	19.5
采矿业	10 320	-20.4
制造业	187 836	4.2
电力、热力、燃气及水生产和供应业	29 736	11.3
建筑业	4 577	-6.5
批发和零售业	17 939	-4.0
交通运输、仓储和邮政业	53 628	9.5
住宿和餐饮业	5 947	-8.6
信息传输、软件和信息技术服务业	6 319	14.5
金融业	1 310	-4.2
房地产业[23]	135 284	6.8
租赁和商务服务业	12 316	30.5
科学研究和技术服务业	5 568	17.2
水利、环境和公共设施管理业	68 647	23.3
居民服务、修理和其他服务业	2 677	1.8
教育	9 324	20.7
卫生和社会工作	6 282	21.4
文化、体育和娱乐业	7 830	16.4
公共管理、社会保障和社会组织	8 188	4.3

表5 2016年固定资产投资新增主要生产与运营能力

指　　标	单　位	绝对数
新增220千伏及以上变电设备	万千伏安	24 336
新建铁路投产里程	公里	3 281
其中：高速铁路[24]	公里	1 903
增、新建铁路复线投产里程	公里	3 612
电气化铁路投产里程	公里	5 899
新改建公路里程	公里	324 898
其中：高速公路	公里	6 745
港口万吨级码头泊位新增吞吐能力	万吨	32 436
新增民用运输机场	个	8
新增光缆线路长度	万公里	554

全年房地产开发投资102581亿元，比上年增长6.9%。其中，住宅投资68704亿元，增长6.4%；办公楼投资6533亿元，增长5.2%；商业营业用房投资15838亿元，增长8.4%。年末商品房待售面积69539万平方米，比上年末减少2314万平方米。年末商品住宅待售面积40257万平方米，比上年末减少4991万平方米。

全年全国城镇棚户区住房改造开工606万套，棚户区改造和公租房基本建成658万套。全年全国农村地区建档立卡贫困户危房改造158万户[25]。

表6 2016年房地产开发和销售主要指标及其增长速度

指　　标	单位	绝对数	比上年增长（%）
投资额	亿元	102 581	6.9
其中：住宅	亿元	68 704	6.4
其中：90平方米及以下	亿元	24 772	0.5
房屋施工面积	万平方米	758 975	3.2
其中：住宅	万平方米	521 310	1.9
房屋新开工面积	万平方米	166 928	8.1
其中：住宅	万平方米	115 911	8.7
房屋竣工面积	万平方米	106 128	6.1
其中：住宅	万平方米	77 185	4.6
商品房销售面积	万平方米	157 349	22.5
其中：住宅	万平方米	137 540	22.4
本年到位资金	亿元	144 214	15.2
其中：国内贷款	亿元	21 512	6.4
个人按揭贷款	亿元	24 403	46.5

五、国内贸易

全年社会消费品零售总额332316亿元，比上年增长10.4%，扣除价格因素，实际增长9.6%。按经营地统计，城镇消费品零售额285814亿元，增长10.4%；乡村消费品零售额46503亿元，增长10.9%。按消费类型统计，商品零售额296518亿元，增长10.4%；餐饮收入额35799亿元，增长10.8%。

图14 2012-2016年全社会消费品零售总额

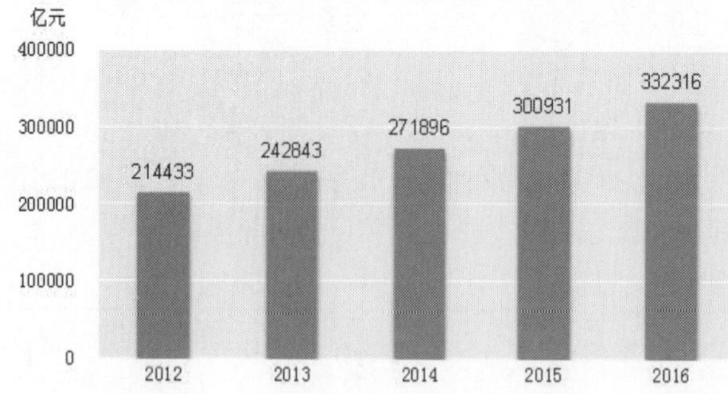

在限额以上企业商品零售额中，粮油、食品、饮料、烟酒类零售额比上年增长10.5%，服装、鞋帽、针纺织品类增长7.0%，化妆品类增长8.3%，金银珠宝类与上年持平，日用品类增长11.4%，家用电器和音像器材类增长8.7%，中西药品类增长12.0%，文化办公用品类增长11.2%，家具类增长12.7%，通讯器材类增长11.9%，建筑及装潢材料类增长14.0%，汽车类增长10.1%，石油及制品类增长1.2%。

全年网上零售额[26]51556亿元，比上年增长26.2%。其中网上商品零售额41944亿元，增长25.6%，占社会消费品零售总额的比重为12.6%。在网上商品零售额中，吃类商品增长28.5%，穿类商品增长18.1%，用类商品增长28.8%。

六、对外经济[27]

全年货物进出口总额243386亿元，比上年下降0.9%。其中，出口138455亿元，下降1.9%；进口104932亿元，增长0.6%。货物进出口差额（出口减进口）33523亿元，比上年减少3308亿元。对"一带一路"[28]沿线国家进出口总额62517亿元，比上年增长0.5%。其中，出口38319亿元，增长0.5%；进口24198亿元，增长0.4%。

图15 2012-2016年货物进出口总额

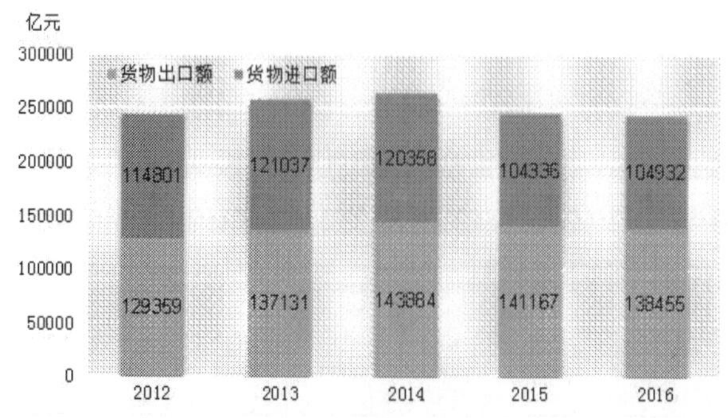

表7 2016年货物进出口总额及其增长速度

指　　标	金额（亿元）	比上年增长（%）
货物进出口总额	**243 386**	**-0.9**
货物出口额	138 455	-1.9
其中：一般贸易	74 601	-1.1
加工贸易	47 237	-4.6
其中：机电产品	79 820	-1.9
高新技术产品	39 876	-2.1
货物进口额	104 932	0.6
其中：一般贸易	59 398	3.7
加工贸易	26 223	-5.5
其中：机电产品	50 985	1.9
高新技术产品	34 618	1.8
货物进出口差额（出口减进口）	33 523	—

表8 2016年主要商品出口数量、金额及其增长速度

商品名称	单位	数量	比上年增长（%）	金额（亿元）	比上年增长（%）
煤（包括褐煤）	万吨	879	64.6	46	48.0
钢材	万吨	10 849	-3.5	3 587	-7.8
纺织纱线、织物及制品	—	—	—	6 925	1.9
服装及衣着附件	—	—	—	10 413	-3.7
鞋类	万吨	422	-5.6	3 113	-6.2
家具及其零件	—	—	—	3 151	-3.8
自动数据处理设备及其部件	万台	159 257	-7.1	9 068	-4.1
手持或车载无线电话	万台	127 192	-5.3	7 643	-0.9
集装箱	万个	199	-26.7	279	-41.2
液晶显示板	万个	190 569	-16.9	1 700	-11.6
汽车	万辆	79	9.4	709	1.8

表9 2016年主要商品进口数量、金额及其增长速度

商品名称	单位	数量	比上年增长（%）	金额（亿元）	比上年增长（%）
谷物及谷物粉	万吨	2 199	-32.8	375	-35.5
大豆	万吨	8 391	2.7	2247	4.1
食用植物油	万吨	553	-18.3	276	-11.5
铁矿砂及其精矿	万吨	102 412	7.5	3809	7.0
氧化铝	万吨	303	-35.0	58	-43.1

煤(包括褐煤)	万吨	25 551	25.2	938	25.1
原油	万吨	38 101	13.6	7 698	-7.5
成品油	万吨	2 784	-6.5	735	-16.6
初级形状的塑料	万吨	2 570	-1.5	2 731	-2.2
纸浆	万吨	2 106	6.2	808	2.1
钢材	万吨	1 321	3.4	869	-2.3
未锻轧铜及铜材	万吨	495	2.9	1 741	-3.3
汽车	万辆	107	-2.4	2 942	6.1

表10 2016年对主要国家和地区货物进出口额及其增长速度

国家和地区	出口额(亿元)	比上年增长(%)	占全部出口比重(%)	进口额(亿元)	比上年增长(%)	占全部进口比重(%)
欧盟	22 369	1.3	16.2	13 747	5.9	13.1
美国	25 415	0.0	18.4	8 887	-3.2	8.5
东盟	16 894	-1.9	12.2	12 978	7.4	12.4
中国香港	19 009	-7.6	13.7	1 107	39.2	1.1
日本	8 529	1.3	6.2	9 626	8.4	9.2
韩国	6 185	-1.7	4.5	10 496	-3.2	10.0
中国台湾	2 665	-4.3	1.9	9 203	3.4	8.8
印度	3 850	6.6	2.8	777	-6.4	0.7
俄罗斯	2 466	14.2	1.8	2 128	3.1	2.0

全年服务进出口[29]总额53484亿元,比上年增长14.2%。其中,服务出口18193亿元,增长2.3%;服务进口35291亿元,增长21.5%。服务进出口逆差17097亿元。

全年吸收外商直接投资(不含银行、证券、保险)新设立企业27900家,比上年增长5.0%。实际使用外商直接投资金额8132亿元(折1260亿美元),增长4.1%。其中"一带一路"沿线国家对华直接投资新设立企业2905家,增长34.1%;对华直接投资金额458亿元(折71亿美元)。

表11 2016年外商直接投资(不含银行、证券、保险)及其增长速度

行业	企业数(家)	比上年增长(%)	实际使用金额(亿元)	比上年增长(%)
总　计	27 900	5.0	8 132.2	4.1
其中:农、林、牧、渔业	558	-8.4	123.2	30.0
制造业	4 013	-11.0	2 303.0	-6.1
电力、燃气及水生产和供应业	311	18.0	139.8	0.3
交通运输、仓储和邮政业	425	-5.4	329.2	26.7
信息传输、计算机服务和软件业	1 463	11.6	540.4	128.0
批发和零售业	9 399	2.7	1 011.1	36.0
房地产业	378	-2.3	1 264.4	-29.4
租赁和商务服务业	4 631	3.7	1 045.9	67.8
居民服务和其他服务业	245	13.0	33.0	-25.8

全年对外直接投资额(不含银行、证券、保险)11299亿元,按美元计价为1701亿美元,比上年增长44.1%。其中,对"一带一路"沿线国家直接投资额145亿美元。

表12 2016年对外直接投资额(不含银行、证券、保险)及其增长速度

行业	对外直接投资金额(亿美元)	比上年增长(%)
总　计	1 701.1	44.1
其中:农、林、牧、渔业	29.7	45.0
采矿业	86.7	-20.1
制造业	310.6	116.7
电力、热力、燃气及水生产和供应业	25.3	-9.2
建筑业	53.1	18.0
批发和零售业	275.6	72.0
交通运输、仓储和邮政业	36.2	17.1
信息传输、软件和信息技术服务业	203.6	252.2
房地产业	106.4	17.4
租赁和商务服务业	422.7	1.4

全年对外承包工程业务完成营业额10589亿元,按美元计价为1594亿美元,比上年增长3.5%。其中,对"一带一路"沿线国家完成营业额760亿美元,增长9.7%,占对外承包工程业务完成营业额比重为47.7%。对外劳务合作派出各类劳务人员49万人,下降6.8%。

七、交通、邮电和旅游

全年货物运输总量440亿吨,比上年增长5.7%。货物运输周转量185295亿吨公里,增长4.0%。全年规模以上港口完成货物吞吐量118.3亿吨,比上年增长3.2%,其中外贸货物吞吐量37.6亿吨,增长4.1%。规模以上港口集装箱吞吐量21798万标准箱,增长3.6%。

表13 2016年各种运输方式完成货物运输量及其增长速度

指　标	单　位	绝对数	比上年增长(%)
货物运输总量	亿　吨	440.4	5.7
铁路	亿　吨	33.3	-0.8
公路	亿　吨	336.3	6.8
水运	亿　吨	63.6	3.7
民航	万　吨	666.9	6.0
管道	亿　吨	7.0	5.3
货物运输周转量	亿吨公里	185 294.9	4.0
铁路	亿吨公里	23 792.3	0.2
公路	亿吨公里	61 211.0	5.6
水运	亿吨公里	95 399.9	4.0
民航	亿吨公里	221.1	6.3
管道	亿吨公里	4 670.6	5.7

全年旅客运输总量192亿人次，比上年下降1.2%。旅客运输周转量31306亿人公里，增长4.1%。

表14 2016年各种运输方式完成旅客运输量及其增长速度

指　标	单　位	绝对数	比上年增长(%)
旅客运输总量	亿人次	192.0	-1.2
铁路	亿人次	28.1	11.0
公路	亿人次	156.3	-3.5
水运	亿人次	2.7	0.1
民航	亿人次	4.9	11.8
旅客运输周转量	亿人公里	31 305.7	4.1
铁路	亿人公里	12 579.3	5.2
公路	亿人公里	10 294.8	-4.2
水运	亿人公里	72.0	-1.4
民航	亿人公里	8 359.5	14.8

年末全国民用汽车保有量19440万辆(包括三轮汽车和低速货车881万辆)，比上年末增长12.8%，其中私人汽车保有量16559万辆，增长15.0%。民用轿车保有量10876万辆，增长14.4%，其中私人轿车10152万辆，增长15.5%。

全年完成邮电业务总量[30]43344亿元，比上年增长52.7%。其中，邮政行业业务总量7397亿元，增长45.7%；电信业务总量35948亿元，增长54.2%。邮政业全年完成邮政函件业务36.2亿件，包裹业务0.3亿件，快递业务量312.8亿件；快递业务收入3974亿元。电信业全年新增移动电话交换机容量[31]7318万户，达到218384万户。年末全国电话用户总数152856万户，其中移动电话用户132193万户。移动电话普及率上升至96.2部/百人。固定互联网宽带接入用户[32]29721万户，比上年增加3774万户，其中固定互联网光纤宽带接入用户[33]22766万户，比上年增加7941万户；移动宽带用户[34]94075万户，增加23464万户。移动互联网接入流量93.6亿G，比上年增长123.7%。互联网上网人数7.31亿人，增加4299万人，其中手机上网人数[35]6.95亿人，增加7550万人。互联网普及率达到53.2%，其中农村地区互联网普及率达到33.1%。软件和信息技术服务业[36]完成软件业务收入48511亿元，比上年增长14.9%。

图16 2012-2016年快递业务量及其增长速度

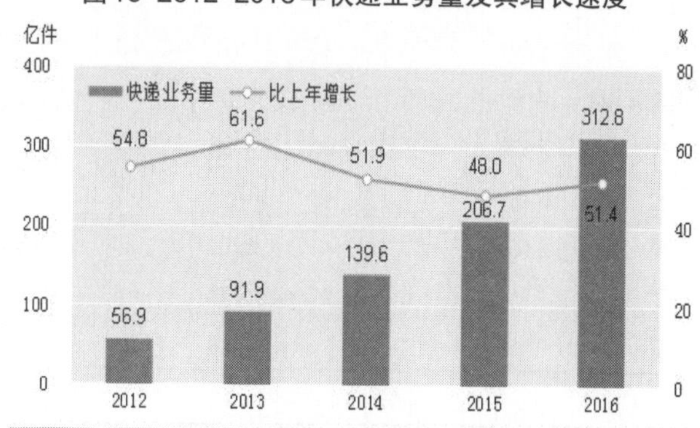

图17 2012-2016年年末固定互联网宽带接入用户和移动宽带用户数

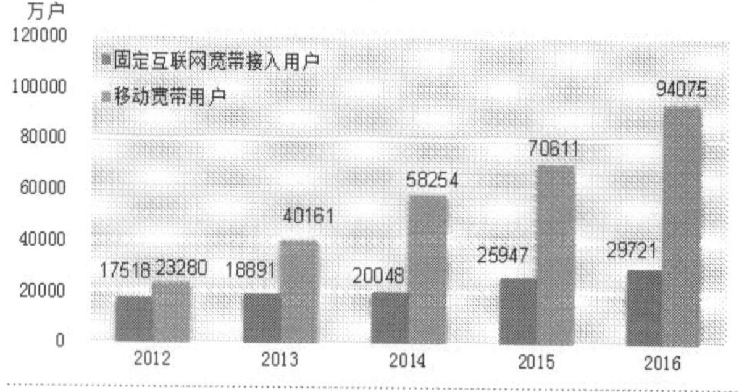

全年国内游客44亿人次，比上年增长11.2%，国内旅游收入39390亿元，增长15.2%。入境游客13844万人次，增长3.5%。其中，外国人2813万人次，增长8.3%；香港、澳门和台湾同胞11031万人次，增长2.3%。在入境游客中，过夜游客5927万人次，增长4.2%。国际旅游收入1200亿美元，增长5.6%。国内居民出境13513万人次，增长5.7%。其中因私出境12850万人次，增长5.6%；赴港澳台出境8395万人次，下降2.2%。

八、金融

年末广义货币供应量(M_2)余额155.0万亿元，比上年末增长11.3%；狭义货币供应量(M_1)余额48.7万亿元，增长21.4%；流通中货币(M_0)余额6.8万亿元，增长8.1%。

全年社会融资规模增量[37]17.8万亿元，比上年多2.4万亿元。年末全部金融机构本外币各项存款余额155.5万亿元，比年初增加15.7万亿元，其中人民币各项存款余额150.6万亿元，增加14.9万亿元。全部金融机构本外币各项贷款余额112.1万亿元，增加12.7万亿元，其中人民币各项贷款余额106.6万亿元，增加12.6万亿元。

表15 2016年年末全部金融机构本外币存贷款余额及其增长速度

指　　标	年末数(亿元)	比上年末增长(%)
各项存款	1 555 247	11.3
其中:境内住户存款	606 522	9.9
其中:人民币	597 751	9.5
境内非金融企业存款	530 895	16.6
各项贷款	1 120 552	12.8
其中:境内短期贷款	380 020	3.6
境内中长期贷款	635 052	17.8

年末主要农村金融机构(农村信用社、农村合作银行、农村商业银行)人民币贷款余额134219亿元，比年初增加13895亿元。金融机构境内住户人民币消费贷款余额250472亿元，增加60998亿元。其中，短期消费贷款余额49313亿元，增加8347亿元；中长期消费贷款余额201159亿元，增加52651亿元。

全年上市公司通过境内市场累计筹资23342亿元，比上年增加5088亿元。其中，首次公开发行A股248只，筹资1634亿元；A股现金再融资(包括公开增发、定向增发[38]、配股、优先股)13387亿元，增加4618亿元；上市公司通过沪深交易所发行公司债、可转债筹资8321亿元，增加414亿元。全年全国中小企业股份转让系统[39]新增挂牌公司5034家，筹资1391亿元，增长14.4%。

全年发行公司信用类债券[40]8.22万亿元，比上年增加1.50万亿元。

全年保险公司原保险保费收入[41]30959亿元，比上年增长27.5%。其中，寿险业务原保险保费收入17442亿元，健康险和意外伤害险业务原保险保费收入4792亿元，财产险业务原保险保费收入8725亿元。支付各类赔款及给付10513亿元。其中，寿险业务给付4603亿元，健康险和意外伤害险赔款及给付1184亿元，财产险业务赔款4726亿元。

九、人民生活和社会保障

全年全国居民人均可支配收入[42]23821元，比上年增长8.4%，扣除价格因素，实际增长6.3%；全国居民人均可支配收入中位数[43]20883元，增长8.3%。按常住地分，城镇居民人均可支配收入33616元，比上年增长7.8%，扣除价格因素，实际增长5.6%；城镇居民人均可支配收入中位数31554元，增长8.3%。农村居民人均可支配收入12363元，比上年增长8.2%，扣除价格因素，实际增长6.2%；农村居民人均可支配收入中位数11149元，增长8.3%。按全国居民五等份收入分组[44]，低收入组人均可支配收入5529元，中等偏下收入组人均可支配收入12899元，中等收入组人均可支配收入20924元，中等偏上收入组人均可支配收入31990元，高收入组人均可支配收入59259元。贫困地区[45]农村居民人均可支配收入8452元，比上年增长10.4%，扣除价格因素，实际增长8.4%。全国农民工人均月收入3275元，比上年增长6.6%。

全国居民人均消费支出17111元，比上年增长8.9%，扣除价格因素，实际增长6.8%。按常住地分，城镇居民人均消费支出23079元，增长7.9%，扣除价格因素，实际增长5.7%；农村居民人均消费支出10130元，增长9.8%，扣除价格因素，实际增长7.8%。恩格尔系数为30.1%，比上年下降0.5个百分点，其中城镇为29.3%，农村为32.2%。

图18 2012-2016年全国居民人均可支配收入及其增长速度

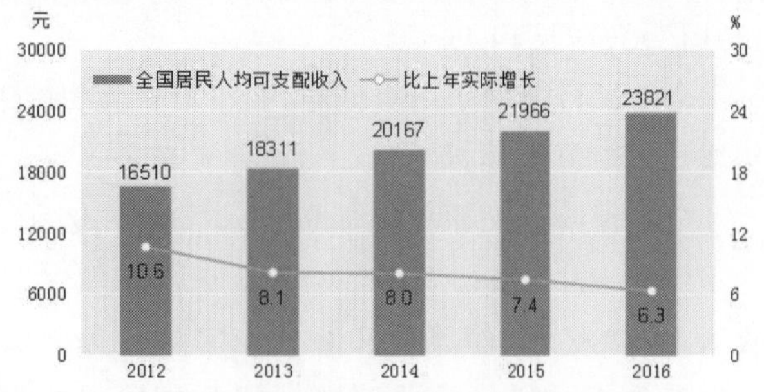

图19 2016年全国居民人均消费支出及其构成

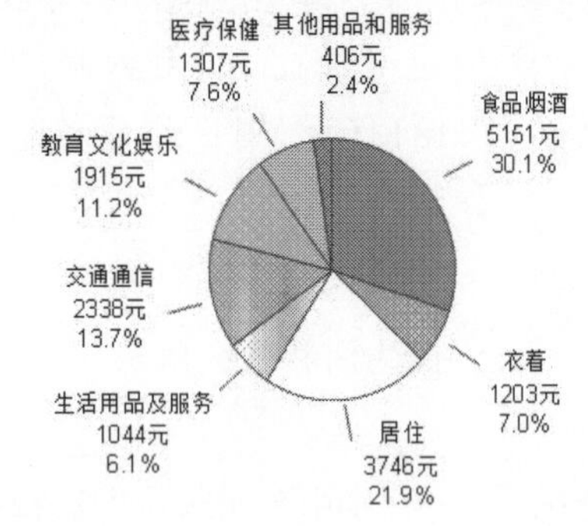

年末全国参加城镇职工基本养老保险人数37862万人，比上年末增加2501万人。参加城乡居民基本养老保险人数50847万人，增加375万人。参加城镇基本医疗保险人数74839万人，增加8257万人。其中，参加职工基本医疗保险人数29524万人，增加631万人；参加城镇居民基本医疗保险人数45315万人，增加7626万人。参加失业保险人数18089万人，增加763万人。年末全国领取失业保险金人数230万人。参加工伤保险人数21887万人，增加455万人，其中参加工伤保险的农民工7510万人，增加21万人。参加生育保险人数18443万人，增加672万人。年末全国共有1479.9万人享受城市居民最低生活保障，4576.5万人享受农村居民最低生活保障，496.9万人享受农村特困人员[46]救助供养。全年资助5620.6万人参加基本医疗保险，医疗救助3099.8万人次。国家抚恤、补助各类优抚对象877.2万人。按照每人每年2300元（2010年不变价）的农村贫困标准计算，2016年农村贫困人口4335万人，比上年减少1240万人[47]。

十、教育、科学技术和文化体育

全年研究生教育招生66.7万人，在学研究生198.1万人，毕业生56.4万人。普通本专科招生748.6万人，在校生2695.8万人，毕业生704.2万人。中等职业教育[48]招生593.3万人，在校生1599.1万人，毕业生533.7万人。普通高中招生802.9万人，在校生2366.6万人，毕业生792.4万人。初中招生1487.2万人，在校生4329.4万人，毕业生1423.9万人。普通小学招生1752.5万人，在校生9913.0万人，毕业生1507.4万人。特殊教育招生9.2万人，在校生49.2万人，毕业生5.9万人。学前教育在园幼儿4413.9万人。九年义务教育巩固率为93.4%，高中阶段毛入学率为87.5%。

图20 2012-2016年普通本专科、中等职业教育及普通高中招生人数

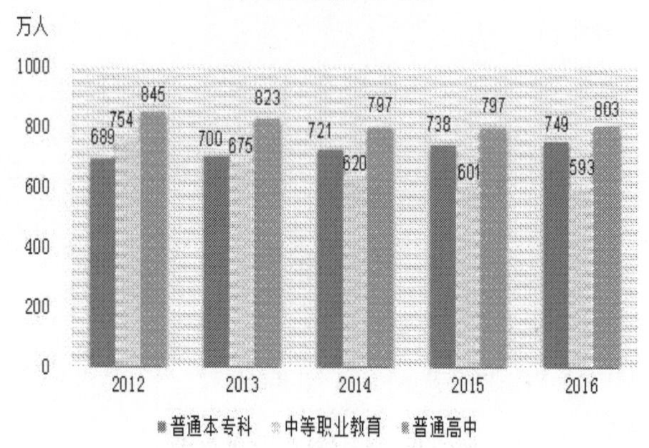

全年研究与试验发展（R&D）经费支出15500亿元，比上年增长9.4%，与国内生产总值之比为2.08%，其中基础研究经费798亿元。全年国家重点研发计划共安排42个重点专项1163个科技项目，国家科技重大专项共安排224个课题，国家自然科学基金共资助41184个项目。截至年底，累计建设国家重点实验室488个，国家工程研究中心131个，国家工程实验室194个，国家企业技术中心1276家。国家科技成果转化引导基金累计设立9支子基金，资金总规模173.5亿元。全年受理境内外专利申请346.5万件，授予专利权175.4万件。截至年底，有效专利628.5万件，其中境内有效发明专利110.3万件，每万人口发明专利拥有量8.0件。全年共签订技术合同32.0万项，技术合同成交金额11407亿元，比上年增长16.0%。

图21 2012-2016年研究与试验发展(R&D)经费支出及其增长速度

表16 2016年专利申请受理、授权和有效专利情况

指　标	专利数（万件）	比上年增长（%）
专利申请受理数	346.5	23.8
其中:境内专利申请受理	328.1	25.4
其中:发明专利申请受理	133.9	21.5
其中:境内发明专利	119.3	24.7
专利申请授权数	175.4	2.1
其中:境内专利授权	161.2	2.1
其中:发明专利授权	40.4	12.5
其中:境内发明专利	29.5	15.0
年末有效专利数	628.5	14.7
其中:境内有效专利	540.6	15.7
其中:有效发明专利	177.2	20.4
其中:境内有效发明专利	110.3	26.6

全年完成22次宇航发射。长征五号、长征七号新一代运载火箭成功首飞；天宫二号空间实验室、神舟十一号载人飞船成功发射，航天员在轨驻留30天并安全返回；新一代静止轨道气象卫星风云四号、合成孔径雷达卫星高分三号、3颗北斗导航卫星等成功发射。

年末全国共有产品检测实验室34487个，其中国家检测中心681个。全国现有产品质量、体系认证机构312个，已累计完成对152525个企业的产品认证。全国共有法定计量技术机构3933个，全年强制检定计量器具7878万台(件)。全年制定、修订国家标准1763项，其中新制定1255项。

年末全国文化系统共有艺术表演团体2046个，博物馆3060个。全国共有公共图书馆3172个，总流通[49]64781万人次；文化馆3338个。有线电视实际用户2.23亿户，其中有线数字电视实际用户1.97亿户。年末广播节目综合人口覆盖率为98.4%，电视节目综合人口覆盖率为98.9%。全年生产电视剧330部14768集，电视动画片119895分钟。全年生产故事影片772部，科教、纪录、动画和特种影片[50]172部。出版各类报纸394亿份，各类期刊27亿册，图书86亿册(张)，人均图书拥有量[51]6.27册(张)。年末全国共有档案馆4193个，已开放各类档案13388万卷(件)。

全年我国运动员在23个运动大项中获得107个世界冠军，共创9项世界纪录。在里约奥运会上，我国运动员共获得26枚金牌，奖牌总数70枚，位列奥运会金牌榜第三位，奖牌榜第二位。全年我国残疾人运动员在17项国际赛事中获得237个世界冠军。在里约残奥会上，我国运动员共获得107枚金牌，蝉联金牌榜和奖牌榜第一位。

十一、卫生和社会服务

年末全国共有医疗卫生机构99.3万个，其中医院2.9万个，在医院中有公立医院1.3万个，民营医院1.6万个；基层医疗卫生机构93.1万个，其中乡镇卫生院3.7万个，社区卫生服务中心(站)3.5万个，门诊部(所)21.7万个，村卫生室64.2万个；专业公共卫生机构2.9万个，其中疾病预防控制中心3484个，卫生监督所(中心)3138个。年末卫生技术人员844万人，其中执业医师和执业助理医师317万人，注册护士350万人。医疗卫生机构床位747万张，其中医院575万张，乡镇卫生院123万张。全年总诊疗人次[52]78.0亿人次，出院人数[53]2.2亿人。

图22 2012-2016年卫生技术人员人数

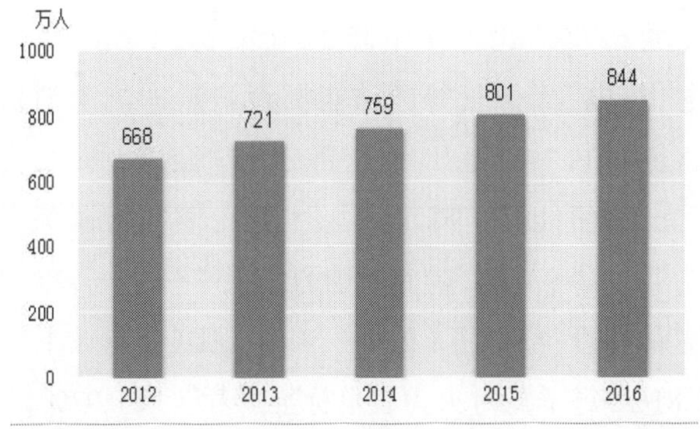

年末全国共有各类提供住宿的社会服务机构3.1万个，其中养老服务机构2.8万个，儿童服务机构713个。社会服务床位[54]716.6万张，其中养老服务床位680.0万张，儿童服务床位10.0万张。年末共有社区服务中心2.4万个，社区服务站13.0万个。

十二、资源、环境和安全生产

全年全国国有建设用地供应总量[55]52万公顷，比上年下降2.9%。其中，工矿仓储用地12万公顷，下降3.2%；房地产用地[56]11万公顷，下降10.3%；基础设施等用地29万公顷，增长0.2%。

全年水资源总量30150亿立方米。全年平均降水量730毫米。年末全国监测的614座大型水库蓄水总量3409亿立方米，比上年末蓄水量略有减少。全年总用水量6150亿立方米，比上年增长0.8%。其中，生活用水增长2.7%，工业用水减少0.4%，农业用水增长0.7%，生态补水增长1.9%。万元国内生产总值用水量[57]84立方米，比上年下降5.6%。万元工业增加值用水量53立方米，下降6.0%。人均用水量446立方米，比上年增长0.2%。

全年完成造林面积679万公顷，其中人工造林面积381万公顷，占全部造林面积的56.1%。森林抚育面积837万公顷。截至年底，自然保护区达到2750个，其中国家级自然保护区446个。新增水土流失治理面积5.4万平方公里，新增实施水土流失地区封育保护面积1.6万平方公里。

初步核算，全年能源消费总量43.6亿吨标准煤，比上年增长1.4%。煤炭消费量下降4.7%，原油消费量增长5.5%，天然气消费量增长8.0%，电力消费量增长5.0%。煤炭消费量占能源消费总量的62.0%，比上年下降2.0个百分点；水电、风电、核电、天然气等清洁能源消费量占能源消费总量的19.7%，上升1.7个百分点。全国万元国内生产总值能耗下降5.0%。工业企业吨粗铜综合能耗下降9.45%，吨钢综合能耗下降0.08%，单位烧碱综合能耗下降2.08%，吨水泥综合能耗下降1.81%，每千瓦时火力发电标准煤耗下降0.97%。

图23 2012-2016年万元国内生产总值能耗降低率

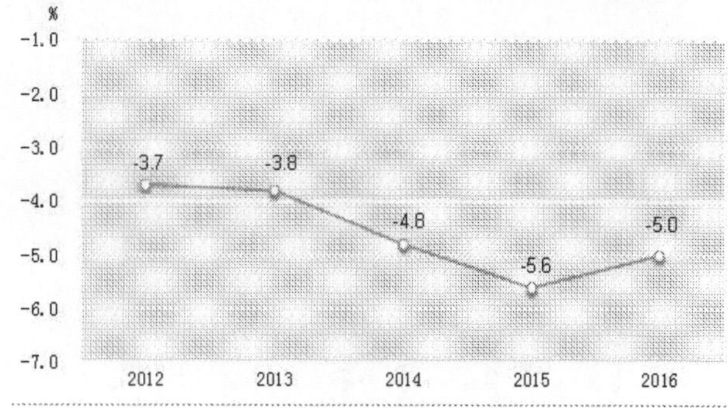

图24 2012-2016年清洁能源耗消费量占能源消费总量的比重

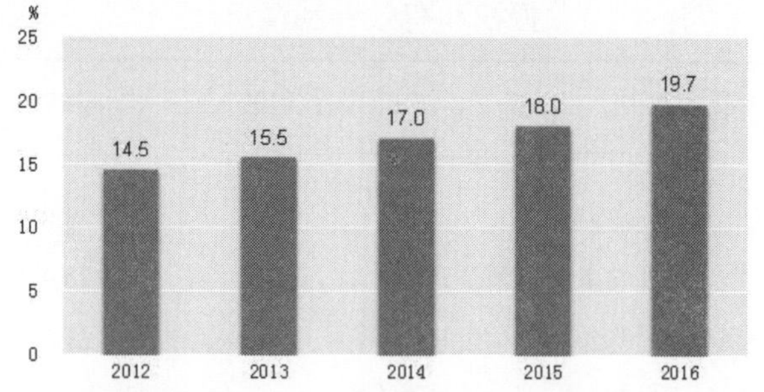

近岸海域417个海水水质监测点中，达到国家一、二类海水水质标准的监测点占73.4%，三类海水占10.3%，四类、劣四类海水占16.3%。

在监测的338个城市中，城市空气质量达标的城市占24.9%，未达标的城市占75.1%。细颗粒物（$PM_{2.5}$）未达标地级及以上城市年平均浓度52微克/立方米，比上年下降8.8%。

在监测的322个城市中，城市区域声环境质量好的城市占5.0%，较好的占68.3%，一般的占26.1%，较差的占0.6%。

全年平均气温为10.49℃，比上年下降0.13℃。共有8个台风登陆。

年末城市污水处理厂日处理能力14823万立方米，比上年末增长5.6%；城市污水处理率为92.4%，提高0.5个百分点。城市生活垃圾无害化处理率为95.0%，提高0.9个百分点。城市集中供热面积70.7亿平方米，增长5.2%。城市建成区绿地面积197.1万公顷，增长3.3%；建成区绿地率为36.44%，提高0.08个百分点；人均公园绿地面积13.45平方米，增加0.10平方米。

全年农作物受灾面积2622万公顷，其中绝收290万公顷。全年因洪涝和地质灾害造成直接经济损失3134亿元，因旱灾造成直接经济损失418亿元，因低温冷冻和雪灾造成直接经济损失179亿元，因海洋灾害造成直接经济损失50亿元。全年大陆地区共发生5.0级以上地震18次，成灾16次，造成直接经济损失67亿元。全年共发生森林火灾2034起，森林火灾受害森林面积0.6万公顷。

全年各类生产安全事故[58]共死亡43062人。亿元国内生产总值生产安全事故死亡人数0.058人，按可比口径比上年下降10.8%；工矿商贸企业就业人员10万人生产安全事故死亡人数1.702人，按可比口径下降2.3%；道路交通事故万车死亡人数2.1人，与上年持平；煤矿百万吨死亡人数0.156人，下降3.7%。

注释：

[1]本公报中数据均为初步统计数。各项统计数据均未包括香港特别行政区、澳门特别行政区和台湾省。部分数据因四舍五入的原因，存在着与分项合计不等的情况。

[2]国内生产总值、各产业增加值和人均国内生产总值绝对数按现价计算，增长速度按不变价格计算。

[3]国民总收入，原称国民生产总值，是指一个国家或地区所有常住单位在一定时期内所获得的初次分配收入总额。它等于国内生产总值加上来自国外的净要素收入。

[4]人户分离的人口是指居住地与户口登记地所在的乡镇街道不一致且离开户口登记地半年及以上的人口。

[5]流动人口是指人户分离人口中扣除市辖区内人户分离的人口。市辖区内人户分离的人口是指一个直辖市或地级市所辖区内和区与区之间，居住地和户口登记地不在同一乡镇街道的人口。

[6]2016年年末，0-14岁（含不满15周岁）人口为23008万人，15-59岁（含不满60周岁）人口为92177万人。

[7]年度农民工数量包括年内在本乡镇以外从业6个月及以上的外出农民工和在本乡镇内从事非农产业6个月及以上的本地农民工两部分。

[8]全员劳动生产率为国内生产总值（以2015年价格计算）与全部就业人员的比率。

[9]农产品生产者价格是指农产品生产者直接出售其产品时的价格。

[10]居住类价格包括租赁房房租、住房保养维修及管理、水电燃料等价格。

[11]为推进财政资金统筹使用，2016年起将政府住房基金等5个项目从政府性基金预算转列一般公共预算，将从国有资本经营预算调入一般公共预算的资金由直接列为一般公共预算收入调整列为财政调入资金。因此，上年基数中考虑了上述因素影响，并以此为基础计算同口径增减额和增减幅。

[12]工业战略性新兴产业包括节能环保产业，新一代信息技术产业，生物产业，高端设备制造产业，新能源产业，新材料产业，新能源汽车产业等七大产业。

[13]高技术制造业包括医药制造业，航空、航天器及设备制造业，电子及通信设备制造业，计算机及办公设备制造业，医疗仪器设备及仪器仪表制造业，信息化学品制造业。

[14]装备制造业包括金属制品业，通用设备制造业，专用设备制造业，汽车制造业，铁路、船舶、航空航天和其他运输设备制造业，电气机械和器材制造业，计算机、通信和其他电子设备制造业，仪器仪表制造业。

[15]六大高耗能行业包括石油加工、炼焦和核燃料加工业，化学原料和化学制品制造业，非金属矿物制品业，黑色金属冶炼和压延加工业，有色金属冶炼和压延加工业，电力、热力生产和供应业。

[16]火电包括燃煤发电量，燃油发电量，燃气发电量，余热、余压、余气发电量，垃圾焚烧发电量，生物质发电量。

[17]钢材产量数据中含企业之间重复加工钢材约35443万吨。

[18]少量发电装机容量（如地热等）公报中未列出。

[19]固定资产投资按东部、中部、西部和东北地区计算的合计数据小于全国数据，是因为有部分跨地区的投资未计算在地区数据中。其中，东部地区是指北京、天津、河北、上海、江苏、浙江、福建、山东、广东和海南10省（市）；中部地区是指山西、安徽、江西、河南、湖北和湖南6省；西部地区是指内蒙古、广西、重庆、四川、贵州、云南、西藏、陕西、甘肃、青海、宁夏和新疆12省（区、市）；东北地区是指辽宁、吉林和黑龙江3省。

[20]基础设施投资是指建造或购置为社会生产和生活提供基础性、大众性服务的工程和设施的支出。公报中的基础设施投资包括交通运输、邮政业，电信、广播电视和卫星传输服务业，互联网和相关服务业，水利、环境和公共设施管理业投资。

[21]民间固定资产投资是指具有集体、私营、个人性质的内资企事业单位以及由其控股（包括绝对控股和相对控股）的企业单位建造或购置固定资产的投资。

[22]高技术产业投资包括医药制造、航空航天器及设备制造等六大类高技术制造业投资和信息服务、电子商务服务等九大类高技术服务业投资。

[23]房地产业投资除房地产开发投资外，还包括建设单位自建房屋以及物业管理、中介服务和其他房地产投资。

[24]高速铁路是指最高营运速度达到200公里/小时及以上的铁路。

[25]数据来源为各省（区、市）汇总上报截至2016年12月底建档立卡贫困户农村危房改造实际开工数。

[26]网上零售额是指通过公共网络交易平台（包括自建网站和第三方平台）实现的商品和服务零售额。其中，网上零售额包括的服务，以及少部分用于生产经营用或被转卖的商品不统计在社会消费品零售总额中。

[27]货物贸易、服务贸易、吸收外资采用人民币计价。对外投资和对外承包工程由于技术原因仍主要沿用美元计价。

[28]“一带一路”是指“丝绸之路经济带”和“21世纪海上丝绸之路”。

[29]服务进出口按照《国际收支手册（第六版）》标准统计，不含政府服务，增速按可比口径计算。

[30]邮电业务总量按2010年价格计算。

[31]移动电话交换机容量是指移动电话交换机根据一定话务模型和交换机处理能力计算出来的最大同时服务用户的数量。

[32]固定互联网宽带接入用户是指报告期末在电信企业登记注册，通过xDSL、FTTx+LAN、FTTH/0以及其他宽带接入方式和普通专线接入公众互联网的用户。

[33]固定互联网光纤宽带接入用户是指报告期末在电信企业登记注册，通过FTTH或FTTO方式接入公众互联网的用户。

[34]移动宽带用户是指报告期末在计费系统拥有使用信息，占用3G或4G网络资源的在网用户。

[35]手机上网人数是指过去半年通过手机接入并使用互联网的6周岁及以上中国居民数量。

[36]软件和信息技术服务业包括软件开发，信息系统集成服务，信息技术咨询服务，数据处理和存储服务，集成电路设计服务和其他信息技术服务等行业。

[37]社会融资规模增量是指一定时期内实体经济从金融体系获得的资金总额。

[38]定向增发不含资产认购部分。

[39]全国中小企业股份转让系统又称“新三板”，是2012年经国务院批准设立的全国性证券交易场所。

[40]公司信用类债券包括非金融企业债务融资工具、企业债券以及公司债、可转债等。

[41]原保险保费收入是指保险企业确认的原保险合同保费收入。

[42]全国居民收入增速快于分城乡居民收入

增速的原因是：在城镇化过程中，一部分在农村收入较高的人口进入城镇地区，但在城镇属于较低收入人群，他们的迁移对城乡居民收入均有拉低作用。但无论在城镇还是农村，其收入增长效应都会体现在全体居民收入增长中。

[43]人均收入中位数是指将所有调查户按人均收入水平从低到高(或从高到低)顺序排列，处于最中间位置调查户的人均收入。

[44]全国居民五等份收入分组是指将所有调查户按人均收入水平从低到高顺序排列，平均分为五个等份，处于最高20%的收入群体为高收入组，依此类推依次为中等偏上收入组、中等收入组、中等偏下收入组、低收入组。

[45]贫困地区包括集中连片特困地区和片区外的国家扶贫开发工作重点县，共832个县，其中国家扶贫开发工作重点县共计592个。

[46]农村特困人员是指无劳动能力，无生活来源，无法定赡养、抚养、扶养义务人或者其法定义务人无履行义务能力的农村老年人、残疾人以及未满16周岁的未成年人。

[47]减贫人口等于当年贫困人口减去上年贫困人口，也相当于当年脱贫人口减去当年返贫人口。

[48]中等职业教育包括普通中专、成人中专、职业高中和技工学校。

[49]总流通人次是指本年度内到图书馆场馆接受图书馆服务的总人次，包括借阅书刊、咨询问题以及参加各类读者活动等。

[50]特种影片是指那些采用与常规影院放映在技术、设备、节目方面不同的电影展示方式，如巨幕电影、立体电影、立体特效(4D)电影、动感电影、球幕电影等。

[51]人均图书拥有量是指在一年内全国平均每人能拥有的当年出版图书册数。

[52]总诊疗人次指所有诊疗工作的总人次数，包括门诊、急诊、出诊、预约诊疗、单项健康检查、健康咨询指导(不含健康讲座)人次。

[53]出院人数指报告期内所有住院后出院的人数，包括医嘱离院、医嘱转其他医疗机构、非医嘱离院、死亡及其他人数，不含家庭病床撤床人数。

[54]社会服务床位数除收养性机构外，还包括救助类机构、社区类机构以及军休所、军供站等机构的床位。

[55]国有建设用地供应总量是指报告期内市、县人民政府根据年度土地供应计划依法以出让、划拨、租赁等方式将土地使用权提供给单位或个人使用的国有建设用地总量。

[56]房地产用地是指商服用地和住宅用地的总和。

[57]万元国内生产总值用水量、万元工业增加值用水量和万元国内生产总值能耗按2015年价格计算。

[58]2016年起，安全监管总局对生产安全事故统计制度进行改革，由于排除了非生产经营领域的事故，事故统计口径发生变化，数据同比按照可比口径计算。

资料来源：

本公报中户籍人口城镇化率、民用汽车、交通事故数据来自公安部；城镇新增就业、登记失业率、社会保障、技工学校数据来自人力资源社会保障部；财政数据来自财政部；外汇储备、汇率、货币金融、公司信用类债券数据来自人民银行；水产品产量数据来自农业部；木材产量、林业、森林火灾数据来自林业局；灌溉面积、水资源数据来自水利部；发电装机容量、新增220千伏及以上变电设备数据来自中电联；新建铁路投产里程、增新建铁路复线投产里程、电气化铁路投产里程、铁路运输数据来自铁路总公司；新改建公路里程、港口万吨级码头泊位新增吞吐能力、公路运输、水运、港口货物吞吐量数据来自交通运输部；新增民用运输机场、民航数据来自民航局；新增光缆线路长度、电话交换机容量、电话用户、宽带用户、移动互联网接入流量、上网人数、互联网普及率、软件业务收入等数据来自工业和信息化部；农村地区互联网普及率数据来自中国互联网络信息中心；棚户区住房改造、农村地区建档立卡贫困户危房改造、城市污水处理、城市垃圾处理、城市集中供热面积、建成区绿地数据来自住房城乡建设部；货物进出口数据来自海关总署；服务进出口、外商直接投资、对外直接投资、对外承包工程、对外劳务合作等数据来自商务部；管道数据来自中石油、中石化、中海油；邮政业务数据来自邮政局；旅游数据来自旅游局、公安部；上市公司数据来自证监会；保险业数据来自保监会；城乡低保、农村特困人员救助供养、社会服务、农作物受灾面积、洪涝地质灾害造成直接经济损失、旱灾造成直接经济损失、低温冷冻和雪灾造成直接经济损失来自民政部；教育数据来自教育部；重点研发计划、科技重大专项、国家重点实验室、科技成果转化引导基金、技术合同等数据来自科技部；自然科学基金项目数据来自自然基金委；国家工程研究中心、企业技术中心等数据来自发展改革委；专利数据来自知识产权局；宇航发射数据来自国防科工局；质量检验、国家标准制定修订等数据来自质检总局；艺术表演团体、博物馆、公共图书馆、文化馆数据来自文化部；广播电视、电影、报纸、期刊、图书数据来自新闻出版广电总局；档案数据来自档案局；体育数据来自体育总局；残疾人运动员数据来自中国残联；卫生数据来自卫生计生委；国有建设用地供应数据来自国土资源部；自然保护区、环境监测数据来自环境保护部；平均气温、登陆台风数据来自气象局；海洋灾害造成直接经济损失数据来自海洋局；地震次数、地震灾害直接经济损失数据来自地震局；安全生产数据来自安全监管总局；其他数据均来自国家统计局。

各省(市、区)年末总人口

单位：万人

地　区	2010	2011	2012	2013	2014	2015	2016
全　国	**134 091**	**134 735**	**135 404**	**136 072**	**136 782**	**137 462**	**138 271**
北　京	1 962	2 019	2 069	2 115	2 152	2 171	2 173
天　津	1 299	1 355	1 413	1 472	1 517	1 547	1 562
河　北	7 194	7 241	7 288	7 333	7 384	7 425	7 470
山　西	3 574	3 593	3 611	3 630	3 648	3 664	3 682
内蒙古	2 472	2 482	2 490	2 498	2 505	2 511	2 520
辽　宁	4 375	4 383	4 389	4 390	4 391	4 382	4 378
吉　林	2 747	2 749	2 750	2 751	2 752	2 753	2 733
黑龙江	3 833	3 834	3 834	3 835	3 833	3 812	3 799
上　海	2 303	2 347	2 380	2 415	2 426	2 415	2 420
江　苏	7 869	7 899	7 920	7 939	7 960	7 976	7 999
浙　江	5 447	5 463	5 477	5 498	5 508	5 539	5 590
安　徽	5 957	5 968	5 988	6 030	6 083	6 144	6 196
福　建	3 693	3 720	3 748	3 774	3 806	3 839	3 874
江　西	**4 462**	**4 488**	**4 504**	**4 522**	**4 542**	**4 566**	**4 592**
山　东	9 588	9 637	9 685	9 733	9 789	9 847	9 947
河　南	9 405	9 388	9 406	9 413	9 436	9 480	9 532
湖　北	5 728	5 758	5 779	5 799	5 816	5 852	5 885
湖　南	6 570	6 596	6 639	6 691	6 737	6 783	6 822
广　东	10 441	10 505	10 594	10 644	10 724	10 849	10 999
广　西	4 610	4 645	4 682	4 719	4 754	4 796	4 838
海　南	869	877	887	895	903	911	917
重　庆	2 885	2 919	2 945	2 970	2 991	3 017	3 048
四　川	8 045	8 050	8 076	8 107	8 140	8 204	8 262
贵　州	3 479	3 469	3 484	3 502	3 508	3 530	3 555
云　南	4 602	4 631	4 659	4 687	4 714	4 742	4 771
西　藏	300	303	308	312	318	324	331
陕　西	3 735	3 743	3 753	3 764	3 775	3 793	3 813
甘　肃	2 560	2 564	2 578	2 582	2 591	2 600	2 610
青　海	563	568	573	578	583	588	593
宁　夏	633	639	647	654	662	668	675
新　疆	2 185	2 209	2 233	2 264	2 298	2 360	2 398

各省(市、区)年末城镇人口比重

单位：%

地　区	2010	2011	2012	2013	2014	2015	2016
全　国	**49.95**	**51.27**	**52.57**	**53.73**	**54.77**	**56.10**	**57.35**
北　京	85.96	86.20	86.20	86.30	86.35	86.50	86.50
天　津	79.55	80.50	81.55	82.01	82.27	82.64	82.93
河　北	44.50	45.60	46.80	48.12	49.33	51.33	53.32
山　西	48.05	49.68	51.26	52.56	53.79	55.03	56.21
内蒙古	55.50	56.62	57.74	58.71	59.51	60.30	61.19
辽　宁	62.10	64.05	65.65	66.45	67.05	67.35	67.37
吉　林	53.35	53.40	53.70	54.20	54.81	55.31	55.97
黑龙江	55.66	56.50	56.90	57.40	58.01	58.80	59.20
上　海	89.30	89.30	89.30	89.60	89.60	87.60	87.90
江　苏	60.58	61.90	63.00	64.11	65.21	66.52	67.72
浙　江	61.62	62.30	63.20	64.00	64.87	65.80	67.00
安　徽	43.01	44.80	46.50	47.86	49.15	50.50	51.99
福　建	57.10	58.10	59.60	60.77	61.80	62.60	63.60
江　西	**44.06**	**45.70**	**47.51**	**48.87**	**50.22**	**51.62**	**53.10**
山　东	49.70	50.95	52.43	53.75	55.01	57.01	59.02
河　南	38.50	40.57	42.43	43.80	45.20	46.85	48.50
湖　北	49.70	51.83	53.50	54.51	55.67	56.85	58.10
湖　南	43.30	45.10	46.65	47.96	49.28	50.89	52.75
广　东	66.18	66.50	67.40	67.76	68.00	68.71	69.20
广　西	40.00	41.80	43.53	44.81	46.01	47.06	48.08
海　南	49.80	50.50	51.60	52.74	53.76	55.12	56.78
重　庆	53.02	55.02	56.98	58.34	59.60	60.94	62.60
四　川	40.18	41.83	43.53	44.90	46.30	47.69	49.21
贵　州	33.81	34.96	36.41	37.83	40.01	42.01	44.15
云　南	34.70	36.80	39.31	40.48	41.73	43.33	45.03
西　藏	22.67	22.71	22.75	23.71	25.75	27.74	29.56
陕　西	45.76	47.30	50.02	51.31	52.57	53.92	55.34
甘　肃	36.12	37.15	38.75	40.13	41.68	43.19	44.69
青　海	44.72	46.22	47.44	48.51	49.78	50.30	51.63
宁　夏	47.90	49.82	50.67	52.01	53.61	55.23	56.29
新　疆	43.01	43.54	43.98	44.47	46.07	47.23	48.35

注:2010年数据为当年人口普查数据推算数;其余年份数据根据年度人口抽样调查推算。

各省(市、区)生产总值

单位：亿元

地　区	2010	2011	2012	2013	2014	2015	2016
全　国	**408 903**	**484 124**	**534 123**	**588 019**	**635 910**	**689 052**	**744 127**
北　京	14 114	16 252	17 879	19 801	21 331	22 969	25 669
天　津	9 224	11 307	12 894	14 442	15 722	16 538	17 885
河　北	20 394	24 516	26 575	28 443	29 421	29 806	32 070
山　西	9 201	11 238	12 113	12 665	12 759	12 803	13 050
内蒙古	11 672	14 360	15 881	16 917	17 770	18 033	18 128
辽　宁	18 457	22 227	24 846	27 213	28 627	28 743	22 247
吉　林	8 668	10 569	11 939	13 046	13 804	14 274	14 777
黑龙江	10 369	12 582	13 692	14 455	15 039	15 084	15 386
上　海	17 166	19 196	20 182	21 818	23 561	24 965	28 179
江　苏	41 425	49 110	54 058	59 753	65 088	70 116	77 388
浙　江	27 722	32 319	34 665	37 757	40 154	42 886	47 251
安　徽	12 359	15 301	17 212	19 229	20 849	22 006	24 408
福　建	14 737	17 560	19 702	21 868	24 056	25 980	28 811
江　西	**9 520**	**11 766**	**13 024**	**14 497**	**15 812**	**16 835**	**18 499**
山　东	39 170	45 362	50 013	55 230	59 427	63 002	68 024
河　南	23 092	26 931	29 599	32 191	34 939	37 010	40 472
湖　北	15 968	19 632	22 250	24 792	27 367	29 550	32 665
湖　南	16 038	19 670	22 154	24 622	27 048	29 047	31 551
广　东	46 013	53 210	57 068	62 475	67 792	72 813	80 855
广　西	9 570	11 721	13 035	14 450	15 673	16 803	18 318
海　南	2 065	2 523	2 856	3 178	3 501	3 703	4 053
重　庆	7 926	10 011	11 410	12 783	14 265	15 720	17 741
四　川	17 185	21 027	23 873	26 392	28 537	30 103	32 935
贵　州	4 602	5 702	6 852	8 087	9 251	10 503	11 777
云　南	7 224	8 893	10 309	11 832	12 815	13 718	14 788
西　藏	507	606	701	816	921	1 026	1 151
陕　西	10 123	12 512	14 454	16 205	17 690	18 172	19 400
甘　肃	4 121	5 020	5 650	6 331	6 835	6 790	7 200
青　海	1 350	1 670	1 894	2 122	2 301	2 417	2 572
宁　夏	1 690	2 102	2 341	2 578	2 752	2 912	3 169
新　疆	5 437	6 610	7 505	8 444	9 264	9 325	9 650

注：1.本表按当年价格计算。

2.2016年为研发支出计入GDP核算改革后数据。

各省(市、区)生产总值指数

（上年=100）

地区	2010	2011	2012	2013	2014	2015	2016
全国	**110.6**	**109.5**	**107.7**	**107.7**	**107.3**	**106.9**	**106.7**
北京	110.3	108.1	107.7	107.7	107.3	106.9	106.8
天津	117.4	116.4	113.8	112.5	110.0	109.3	109.1
河北	112.2	111.3	109.6	108.2	106.5	106.8	106.8
山西	113.9	113.0	110.1	108.9	104.9	103.1	104.5
内蒙古	115.0	114.3	111.5	109.0	107.8	107.7	107.2
辽宁	114.2	112.2	109.5	108.7	105.8	103.0	97.5
吉林	113.8	113.8	112.0	108.3	106.5	106.5	106.9
黑龙江	112.7	112.3	110.0	108.0	105.6	105.7	106.1
上海	110.3	108.2	107.5	107.7	107.0	106.9	106.9
江苏	112.7	111.0	110.1	109.6	108.7	108.5	107.8
浙江	111.9	109.0	108.0	108.2	107.6	108.0	107.6
安徽	114.6	113.5	112.1	110.4	109.2	108.7	108.7
福建	113.9	112.3	111.4	111.0	109.9	109.0	108.4
江西	**114.0**	**112.5**	**111.0**	**110.1**	**109.7**	**109.1**	**109.0**
山东	112.3	110.9	109.8	109.6	108.7	108.0	107.6
河南	112.5	111.9	110.1	109.0	108.9	108.3	108.1
湖北	114.8	113.8	111.3	110.1	109.7	108.9	108.1
湖南	114.6	112.8	111.3	110.1	109.5	108.6	108.0
广东	112.4	110.0	108.2	108.5	107.8	108.0	107.5
广西	114.2	112.3	111.3	110.2	108.5	108.1	107.3
海南	116.0	112.0	109.1	109.9	108.5	107.8	107.5
重庆	117.1	116.4	113.6	112.3	110.9	111.0	110.7
四川	115.1	115.0	112.6	110.0	108.5	107.9	107.8
贵州	112.8	115.0	113.6	112.5	110.8	110.7	110.5
云南	112.3	113.7	113.0	112.1	108.1	108.7	108.7
西藏	112.3	112.7	111.8	112.1	110.8	111.0	110.1
陕西	114.6	113.9	112.9	111.0	109.7	108.0	107.6
甘肃	111.8	112.5	112.6	110.8	108.9	108.1	107.6
青海	115.3	113.5	112.3	110.8	109.2	108.2	108.0
宁夏	113.5	112.1	111.5	109.8	108.0	108.0	108.1
新疆	110.6	112.0	112.0	111.0	110.0	108.8	107.6

注：本表按不变格计算。

各省(市、区)人均生产总值

单位：元

地　区	2010	2011	2012	2013	2014	2015	2016
全　国	**30 567**	**36 018**	**39 544**	**43 320**	**46 612**	**50 251**	**53 980**
北　京	73 856	81 658	87 475	94 648	99 995	106 284	118 198
天　津	72 994	85 213	93 173	100 105	105 231	107 960	115 053
河　北	28 668	33 969	36 584	38 909	39 984	40 255	43 062
山　西	26 283	31 357	33 628	34 984	35 070	35 017	35 532
内蒙古	47 347	57 974	63 886	67 836	71 046	71 903	72 064
辽　宁	42 355	50 760	56 649	61 996	65 201	65 524	50 791
吉　林	31 599	38 460	43 415	47 428	50 160	51 852	53 868
黑龙江	27 076	32 819	35 711	37 697	39 226	39 462	40 432
上　海	76 074	82 560	85 373	90 993	97 370	103 141	116 562
江　苏	52 840	62 290	68 347	75 354	81 874	87 995	96 887
浙　江	51 711	59 249	63 374	68 805	73 002	77 644	84 916
安　徽	20 888	25 659	28 792	32 001	34 425	35 997	39 561
福　建	40 025	47 377	52 763	58 145	63 472	67 966	74 707
江　西	**21 253**	**26 150**	**28 800**	**31 930**	**34 674**	**36 724**	**40 400**
山　东	41 106	47 335	51 768	56 885	60 879	64 168	68 733
河　南	24 446	28 661	31 499	34 211	37 072	39 131	42 575
湖　北	27 906	34 197	38 572	42 826	47 145	50 654	55 665
湖　南	24 719	29 880	33 480	36 943	40 271	42 968	46 382
广　东	44 736	50 807	54 095	58 833	63 469	67 503	74 016
广　西	20 219	25 326	27 952	30 741	33 090	35 190	38 027
海　南	23 831	28 898	32 377	35 663	38 924	40 818	44 347
重　庆	27 596	34 500	38 914	43 223	47 850	52 330	58 502
四　川	21 182	26 133	29 608	32 617	35 128	36 836	40 003
贵　州	13 119	16 413	19 710	23 151	26 437	29 847	33 246
云　南	15 752	19 265	22 195	25 322	27 264	29 015	31 093
西　藏	17 027	20 077	22 936	26 326	29 252	31 999	35 184
陕　西	27 133	33 464	38 564	43 117	46 929	48 023	51 015
甘　肃	16 113	19 595	21 978	24 539	26 433	26 165	27 643
青　海	24 115	29 522	33 181	36 875	39 671	41 252	43 531
宁　夏	26 860	33 043	36 394	39 613	41 834	43 805	47 194
新　疆	25 034	30 087	33 796	37 553	40 648	40 036	40 564

注：本表按当年价格计算。

各省(市、区)人均生产总值指数

（上年=100）

地区	2010	2011	2012	2013	2014	2015	2016
全 国	**110.1**	**109**	**107.2**	**107.2**	**106.7**	**106.4**	**106.1**
北 京	104.8	103.8	104.9	105.2	105.2	105.5	106.3
天 津	111.7	110.9	109.2	108.0	106.2	106.6	107.5
河 北	110.6	109.7	108.9	107.5	105.8	106.1	106.1
山 西	111.2	110.4	109.6	108.4	104.4	102.6	104.0
内蒙古	114.4	113.8	111.1	108.7	107.5	107.4	106.8
辽 宁	113.4	111.7	109.3	108.6	105.7	103.1	97.7
吉 林	113.6	113.5	111.9	108.3	106.4	106.5	107.3
黑龙江	112.6	112.2	110.1	107.9	105.6	106.0	106.5
上 海	106.4	105.0	105.7	106.2	106.0	106.9	107.0
江 苏	112.0	110.3	109.8	109.3	108.4	108.3	107.5
浙 江	109.5	107.2	107.7	107.9	107.3	107.6	106.8
安 徽	118.8	112.6	111.8	109.9	108.4	107.7	107.7
福 建	113.2	111.6	110.5	110.2	109.1	108.0	107.5
江 西	**113.2**	**111.8**	**110.4**	**109.6**	**109.2**	**108.5**	**108.4**
山 东	111.3	109.9	109.2	109.0	108.1	107.3	106.7
河 南	112.6	112.5	110.1	108.9	108.7	107.9	107.6
湖 北	114.7	113.5	110.7	109.7	109.3	108.4	107.5
湖 南	112.9	111.2	110.7	109.3	108.7	107.9	107.3
广 东	109.5	108.0	107.4	107.8	107.1	107.0	106.2
广 西	113.9	112.0	110.4	109.4	107.7	107.2	106.3
海 南	115.0	111.1	108.0	108.7	107.5	106.9	106.7
重 庆	116.2	115.1	112.4	111.3	110.0	110.1	109.6
四 川	115.7	115.9	112.3	109.6	108.1	107.2	107.0
贵 州	114.7	116.1	113.5	111.9	110.4	110.3	109.8
云 南	111.6	112.9	112.3	111.5	107.5	108.0	108.0
西 藏	110.8	111.3	110.4	110.5	109.1	108.9	107.9
陕 西	114.4	113.7	112.6	110.7	109.4	107.6	107.1
甘 肃	111.6	112.3	112.2	110.4	108.6	107.7	107.2
青 海	114.5	112.3	111.3	109.9	108.2	107.2	107.1
宁 夏	112.2	110.8	110.3	108.6	106.8	106.9	107.0
新 疆	109.3	110.7	110.8	109.6	108.4	106.6	105.3

注：本表按不变格计算。

各省(市、区)一般公共预算收入

单位：亿元

地　区	2010	2011	2012	2013	2014	2015	2016
全　国	**40 613**	**52 547**	**61 077**	**68 969**	**75 877**	**82 983**	**87 195**
北　京	2 354	3 006	3 315	3 661	4 027	4 724	5 081
天　津	1 069	1 455	1 760	2 078	2 390	2 667	2 723
河　北	1 331	1 737	2 084	2 292	2 447	2 649	2 851
山　西	970	1 213	1 516	1 700	1 821	1 642	1 557
内蒙古	1 070	1 359	1 553	1 720	1 844	1 964	2 016
辽　宁	2 005	2 641	3 104	3 342	3 193	2 126	2 199
吉　林	602	850	1 041	1 157	1 203	1 229	1 264
黑龙江	756	997	1 163	1 277	1 301	1 165	1 148
上　海	2 874	3 430	3 744	4 110	4 586	5 520	6 406
江　苏	4 080	5 148	5 861	6 568	7 233	8 029	8 121
浙　江	2 608	3 151	3 441	3 797	4 122	4 810	5 302
安　徽	1 149	1 463	1 793	2 074	2 218	2 454	2 673
福　建	1 151	1 501	1 776	2 119	2 362	2 544	2 655
江　西	**778**	**1 053**	**1 372**	**1 621**	**1 882**	**2 166**	**2 151**
山　东	2 749	3 456	4 059	4 560	5 027	5 529	5 860
河　南	1 381	1 722	2 041	2 413	2 739	3 010	3 153
湖　北	1 011	1 471	1 823	2 176	2 567	3 005	3 102
湖　南	1 082	1 456	1 782	2 030	2 263	2 516	2 698
广　东	4 516	5 514	6 228	7 076	8 065	9 365	10 347
广　西	772	948	1 166	1 317	1 422	1 515	1 556
海　南	271	340	409	481	555	628	638
重　庆	1 018	1 488	1 705	1 693	1 922	2 155	2 228
四　川	1 561	2 044	2 421	2 784	3 061	3 349	3 389
贵　州	534	773	1 014	1 206	1 367	1 503	1 561
云　南	871	1 111	1 338	1 611	1 698	1 808	1 812
西　藏	37	55	87	95	124	137	156
陕　西	958	1 499	1 601	1 747	1 890	2 060	1 834
甘　肃	354	450	521	606	673	744	787
青　海	110	152	186	224	252	267	238
宁　夏	154	220	264	308	340	374	388
新　疆	501	721	909	1 128	1 282	1 331	1 299

各省(市、区)全社会固定资产投资

单位：亿元

地　区	2010	2011	2012	2013	2014	2015	2016
全　国	**278 122**	**311 485**	**374 695**	**446 294**	**512 021**	**562 000**	**606 466**
北　京	5 403	5 579	6 112	6 847	6 924	7 496	7 944
天　津	6 278	7 068	7 935	9 130	10 518	11 832	12 779
河　北	15 083	16 389	19 661	23 194	26 672	29 448	31 750
山　西	6 063	7 073	8 863	11 032	12 355	14 074	14 198
内蒙古	8 926	10 365	11 876	14 217	17 592	13 702	15 080
辽　宁	16 043	17 726	21 836	25 108	24 731	17 918	6 692
吉　林	7 870	7 442	9 512	9 979	11 340	12 705	13 923
黑龙江	6 813	7 475	9 695	11 453	9 829	10 183	10 648
上　海	5 109	4 962	5 118	5 648	6 016	6 353	6 756
江　苏	23 184	26 693	30 854	36 373	41 939	46 247	49 663
浙　江	12 376	14 185	17 649	20 782	24 263	27 323	30 276
安　徽	11 543	12 456	15 426	18 622	21 876	24 386	27 033
福　建	8 199	9 911	12 440	15 327	18 178	21 301	23 237
江　西	**8 772**	**9 088**	**10 774**	**12 850**	**15 079**	**17 388**	**19 694**
山　东	23 281	26 750	31 256	36 789	42 496	48 312	53 323
河　南	16 586	17 769	21 450	26 087	30 782	35 660	40 415
湖　北	10 263	12 557	15 578	19 307	22 915	26 564	30 012
湖　南	9 664	11 881	14 523	17 841	21 243	25 045	28 353
广　东	15 624	17 069	18 752	22 308	26 294	30 343	33 304
广　西	7 058	7 991	9 809	11 908	13 843	16 228	18 237
海　南	1 317	1 657	2 145	2 698	3 112	3 451	3 890
重　庆	6 689	7 473	8 736	10 435	12 285	14 353	16 048
四　川	13 117	14 222	17 040	20 326	23 319	25 526	28 812
贵　州	3 105	4 236	5 718	7 374	9 026	10 946	13 204
云　南	5 529	6 191	7 831	9 968	11 499	13 501	16 119
西　藏	463	516	671	876	1 069	1 296	1 596
陕　西	7 964	9 431	12 045	14 884	17 192	18 582	20 825
甘　肃	3 158	3 966	5 145	6 528	7 884	8 754	9 664
青　海	1 017	1 436	1 883	2 361	2 861	3 211	3 528
宁　夏	1 444	1 645	2 097	2 651	3 174	3 505	3 794
新　疆	3 423	4 632	6 159	7 732	9 448	10 813	10 288
不分地区	6 759	5 651	6 106	5 655	6 268	5 552	5 378

各省(市、区)固定资产投资

单位：亿元

地 区	2010	2011	2012	2013	2014	2015	2016
全 国	**241 431**	**302 396**	**364 854**	**435 747**	**501 265**	**551 590**	**596 501**
北 京	4 917	5 520	6 065	6 798	6 873	7 446	7 889
天 津	5 897	7 041	7 913	9 103	10 490	11 815	12 756
河 北	12 923	15 780	19 105	22 630	26 147	28 906	31 340
山 西	5 527	6 838	8 585	10 745	12 035	13 745	13 859
内蒙古	8 688	10 253	11 750	14 072	17 438	13 529	14 894
辽 宁	15 106	17 431	21 535	24 791	24 427	17 640	6 436
吉 林	7 395	7 227	9 262	9 726	11 108	12 509	13 773
黑龙江	6 293	7 158	9 375	11 121	9 538	9 884	10 433
上 海	4 630	4 960	5 115	5 644	6 013	6 349	6 752
江 苏	17 416	26 313	30 474	35 983	41 553	45 905	49 371
浙 江	8 438	13 652	17 096	20 194	23 555	26 665	29 571
安 徽	10 281	12 008	14 944	18 091	21 256	23 804	26 577
福 建	7 386	9 677	12 183	15 046	17 870	20 974	22 928
江 西	**7 857**	**8 754**	**10 378**	**12 435**	**14 646**	**16 994**	**19 379**
山 东	18 844	25 907	30 320	35 876	41 599	47 381	52 364
河 南	13 935	16 934	20 559	25 188	30 012	34 951	39 754
湖 北	9 406	12 195	15 149	18 797	22 442	26 086	29 504
湖 南	8 618	11 408	13 966	17 225	20 549	24 324	27 688
广 东	12 599	16 599	18 250	21 796	25 843	29 950	32 947
广 西	6 383	7 581	9 345	11 384	13 288	15 655	17 653
海 南	1 257	1 599	2 064	2 626	3 039	3 355	3 747
重 庆	6 171	7 367	8 610	10 291	12 141	14 208	15 932
四 川	11 061	13 688	16 530	19 755	22 662	24 966	28 230
贵 州	2 609	4 026	5 505	7 103	8 778	10 677	12 929
云 南	5 053	5 933	7 554	9 622	11 074	13 069	15 662
西 藏	405	516	671	876	1 069	1 296	1 596
陕 西	7 570	9 109	11 706	14 534	16 840	18 231	20 475
甘 肃	2 809	3 870	5 040	6 407	7 760	8 627	9 534
青 海	840	1 366	1 809	2 285	2 789	3 144	3 456
宁 夏	1 293	1 589	2 033	2 578	3 094	3 426	3 709
新 疆	3 065	4 445	5 858	7 371	9 068	10 525	9 984
不分地区	6 759	5 651	6 106	5 655	6 268	5 552	5 378

注：2010年之前为城镇固定资产投资口径；从2011年起，固定资产投资(不含农户)项目统计起点由过去的计划投资50万元及以上提高到计划投资500万元及以上。

各省(市、区)社会消费品零售总额

单位：亿元

地 区	2010	2011	2012	2013	2014	2015	2016
全 国	**156 998**	**183 919**	**210 307**	**242 843**	**271 896**	**300 931**	**332 316**
北 京	6 229	6 900	7 703	8 872	9 638	10 338	11 005
天 津	2 860	3 395	3 921	4 470	4 739	5 257	5 636
河 北	6 822	8 036	9 254	10 517	11 820	12 991	14 365
山 西	3 318	3 903	4 507	5 139	5 718	6 034	6 481
内蒙古	3 384	3 992	4 573	5 114	5 658	6 108	6 701
辽 宁	6 888	8 095	9 304	10 581	11 857	12 787	13 414
吉 林	3 505	4 120	4 773	5 426	6 081	6 652	7 310
黑龙江	4 039	4 750	5 491	6 251	7 015	7 640	8 403
上 海	6 070	6 815	7 412	8 557	9 303	10 132	10 947
江 苏	13 607	15 988	18 331	20 878	23 458	25 877	28 707
浙 江	10 245	12 028	13 588	15 971	17 835	19 785	21 971
安 徽	4 198	4 955	5 737	7 045	7 957	8 908	10 000
福 建	5 310	6 276	7 257	8 275	9 347	10 506	11 675
江 西	**2 956**	**3 485**	**4 027**	**4 696**	**5 293**	**5 926**	**6 635**
山 东	14 620	17 155	19 652	22 295	25 112	27 761	30 646
河 南	8 004	9 454	10 916	12 427	14 005	15 740	17 618
湖 北	7 014	8 275	9 563	11 036	12 449	14 003	15 649
湖 南	5 839	6 885	7 922	9 510	10 723	12 024	13 437
广 东	17 458	20 298	22 677	25 454	28 471	31 518	34 739
广 西	3 312	3 908	4 517	5 133	5 773	6 348	7 027
海 南	639	760	871	1 091	1 225	1 325	1 454
重 庆	2 939	3 488	4 034	5 056	5 711	6 424	7 271
四 川	6 810	8 007	9 269	11 001	12 393	13 878	15 602
贵 州	1 483	1 752	2 076	2 601	2 937	3 283	3 709
云 南	2 542	3 038	3 512	4 113	4 633	5 103	5 723
西 藏	185	219	255	322	365	409	459
陕 西	3 196	3 790	4 384	5 245	5 919	6 578	7 368
甘 肃	1 395	1 648	1 907	2 369	2 668	2 907	3 184
青 海	351	410	476	550	621	691	767
宁 夏	404	478	543	669	737	790	850
新 疆	1 375	1 616	1 859	2 179	2 436	2 606	2 826

各省(市、区)全体居民人均收入与支出

单位：元

地　区	人均可支配收入			人均消费支出		
	2014	2015	2016	2014	2015	2016
全　国	**20 167**	**21 966**	**23 821**	**14 491**	**15 712**	**17 111**
北　京	44 489	48 458	52 530	31 103	33 803	35 416
天　津	28 832	31 291	34 074	22 343	24 162	26 129
河　北	16 647	18 118	19 725	11 932	13 031	14 247
山　西	16 538	17 854	19 049	10 864	11 729	12 683
内蒙古	20 559	22 310	24 127	16 258	17 179	18 072
辽　宁	22 820	24 576	26 040	16 068	17 200	19 853
吉　林	17 520	18 684	19 967	13 026	13 764	14 773
黑龙江	17 404	18 593	19 838	12 769	13 403	14 446
上　海	45 966	49 867	54 032	33 065	34 784	37 265
江　苏	27 173	29 539	32 070	19 164	20 556	22 130
浙　江	32 658	35 537	38 529	22 552	24 117	25 527
安　徽	16 796	18 363	19 998	11 727	12 840	14 712
福　建	23 331	25 404	27 608	17 644	18 850	20 167
江　西	**16 734**	**18 437**	**20 110**	**11 089**	**12 403**	**13 259**
山　东	20 864	22 703	24 685	13 329	14 578	15 926
河　南	15 695	17 125	18 443	11 000	11 835	12 712
湖　北	18 283	20 026	21 787	12 928	14 316	15 889
湖　南	17 622	19 317	21 115	13 289	14 267	15 750
广　东	25 685	27 859	30 296	19 205	20 976	23 448
广　西	15 557	16 873	18 305	10 274	11 401	12 295
海　南	17 476	18 979	20 653	12 471	13 575	14 275
重　庆	18 352	20 110	22 034	13 811	15 140	16 385
四　川	15 749	17 221	18 808	12 368	13 632	14 839
贵　州	12 371	13 697	15 121	9 303	10 414	11 932
云　南	13 772	15 223	16 720	9 870	11 005	11 769
西　藏	10 730	12 254	13 639	7 317	8 246	9 319
陕　西	15 837	17 395	18 874	12 204	13 087	13 943
甘　肃	12 185	13 467	14 670	9 875	10 951	12 254
青　海	14 374	15 813	17 302	12 605	13 611	14 775
宁　夏	15 907	17 329	18 832	12 485	13 816	14 965
新　疆	15 097	16 859	18 355	11 904	12 867	14 066

各省(市、区)城镇居民人均收入与支出

单位：元

地区	人均可支配收入			人均消费支出		
	2014	2015	2016	2014	2015	2016
全　国	**28 844**	**31 195**	**33 616**	**19 968**	**21 392**	**23 079**
北　京	48 532	52 859	57 275	33 717	36 642	38 256
天　津	31 506	34 101	37 110	24 290	26 230	28 345
河　北	24 141	26 152	28 249	16 204	17 587	19 106
山　西	24 069	25 828	27 352	14 637	15 819	16 993
内蒙古	28 350	30 594	32 975	20 885	21 876	22 744
辽　宁	29 082	31 126	32 876	20 520	21 557	24 996
吉　林	23 218	24 901	26 530	17 156	17 973	19 166
黑龙江	22 609	24 203	25 736	16 467	17 152	18 145
上　海	48 841	52 962	57 692	35 182	36 946	39 857
江　苏	34 346	37 173	40 152	23 476	24 966	26 433
浙　江	40 393	43 714	47 237	27 242	28 661	30 068
安　徽	24 839	26 936	29 156	16 107	17 234	19 606
福　建	30 722	33 275	36 014	22 204	23 520	25 006
江　西	**24 309**	**26 500**	**28 673**	**15 142**	**16 732**	**17 696**
山　东	29 222	31 545	34 012	18 323	19 854	21 495
河　南	23 672	25 576	27 233	16 184	17 154	18 088
湖　北	24 852	27 051	29 386	16 681	18 192	20 040
湖　南	26 570	28 838	31 284	18 335	19 501	21 420
广　东	32 148	34 757	37 684	23 612	25 673	28 613
广　西	24 669	26 416	28 324	15 045	16 321	17 268
海　南	24 487	26 356	28 453	17 514	18 448	19 015
重　庆	25 147	27 239	29 610	18 279	19 742	21 031
四　川	24 234	26 205	28 335	17 760	19 277	20 660
贵　州	22 548	24 580	26 743	15 255	16 914	19 202
云　南	24 299	26 373	28 611	16 268	17 675	18 622
西　藏	22 016	25 457	27 802	15 669	17 022	19 440
陕　西	24 366	26 420	28 440	17 546	18 464	19 369
甘　肃	21 804	23 767	25 693	15 942	17 451	19 539
青　海	22 307	24 542	26 757	17 493	19 201	20 853
宁　夏	23 285	25 186	27 153	17 216	18 984	20 364
新　疆	23 214	26 275	28 463	17 685	19 415	21 229

各省(市、区)农村居民人均收入与支出

单位：元

地区	人均可支配收入			人均消费支出		
	2014	2015	2016	2014	2015	2016
全　国	**10 489**	**11 422**	**12 363**	**8 383**	**9 223**	**10 130**
北　京	18 867	20 569	22 310	14 535	15 811	17 329
天　津	17 014	18 482	20 076	13 739	14 739	15 912
河　北	10 186	11 051	11 919	8 248	9 023	9 798
山　西	8 809	9 454	10 082	6 992	7 421	8 029
内蒙古	9 976	10 776	11 609	9 972	10 637	11 463
辽　宁	11 191	12 057	12 881	7 801	8 873	9 953
吉　林	10 780	11 326	12 123	8 140	8 783	9 521
黑龙江	10 453	11 095	11 832	7 830	8 391	9 424
上　海	21 192	23 205	25 520	14 820	16 152	17 071
江　苏	14 958	16 257	17 606	11 820	12 883	14 428
浙　江	19 373	21 125	22 866	14 498	16 108	17 359
安　徽	9 916	10 821	11 720	7 981	8 975	10 287
福　建	12 650	13 793	14 999	11 056	11 961	12 911
江　西	**10 117**	**11 139**	**12 138**	**7 548**	**8 486**	**9 128**
山　东	11 882	12 930	13 954	7 962	8 748	9 519
河　南	9 966	10 853	11 697	7 277	7 887	8 587
湖　北	10 849	11 844	12 725	8 681	9 803	10 938
湖　南	10 060	10 993	11 930	9 025	9 691	10 630
广　东	12 246	13 360	14 512	10 043	11 103	12 415
广　西	8 683	9 467	10 359	6 675	7 582	8 351
海　南	9 913	10 858	11 843	7 029	8 210	8 921
重　庆	9 490	10 505	11 549	7 983	8 938	9 954
四　川	9 348	10 247	11 203	8 301	9 251	10 192
贵　州	6 671	7 387	8 090	5 970	6 645	7 533
云　南	7 456	8 242	9 020	6 030	6 830	7 331
西　藏	7 359	8 244	9 094	4 822	5 580	6 070
陕　西	7 932	8 689	9 396	7 252	7 901	8 568
甘　肃	6 277	6 936	7 457	6 148	6 830	7 487
青　海	7 283	7 933	8 664	8 235	8 566	9 222
宁　夏	8 410	9 119	9 852	7 676	8 415	9 138
新　疆	8 724	9 425	10 183	7 365	7 698	8 277

各省(市、区)居民消费价格指数

（上年=100）

地　区	2010	2011	2012	2013	2014	2015	2016
全　国	**103.3**	**105.4**	**102.6**	**102.6**	**102.0**	**101.4**	**102.0**
北　京	102.4	105.6	103.3	103.3	101.6	101.8	101.4
天　津	103.5	104.9	102.7	103.1	101.9	101.7	102.1
河　北	103.1	105.7	102.6	103.0	101.7	100.9	101.5
山　西	103.0	105.2	102.5	103.1	101.7	100.6	101.1
内蒙古	103.2	105.6	103.1	103.2	101.6	101.1	101.2
辽　宁	103.0	105.2	102.8	102.4	101.7	101.4	101.6
吉　林	103.7	105.2	102.5	102.9	102.0	101.7	101.6
黑龙江	103.9	105.8	103.2	102.2	101.5	101.1	101.5
上　海	103.1	105.2	102.8	102.3	102.7	102.4	103.2
江　苏	103.8	105.3	102.6	102.3	102.2	101.7	102.3
浙　江	103.8	105.4	102.2	102.3	102.1	101.4	101.9
安　徽	103.1	105.6	102.3	102.4	101.6	101.3	101.8
福　建	103.2	105.3	102.4	102.5	102.0	101.7	101.7
江　西	**103.0**	**105.2**	**102.7**	**102.5**	**102.3**	**101.5**	**102.0**
山　东	102.9	105.0	102.1	102.2	101.9	101.2	102.1
河　南	103.5	105.6	102.5	102.9	101.9	101.3	101.9
湖　北	102.9	105.8	102.9	102.8	102.0	101.5	102.2
湖　南	103.1	105.5	102.0	102.5	101.9	101.4	101.9
广　东	103.1	105.3	102.8	102.5	102.3	101.5	102.3
广　西	103.0	105.9	103.2	102.2	102.1	101.5	101.6
海　南	104.8	106.1	103.2	102.8	102.4	101.0	102.8
重　庆	103.2	105.3	102.6	102.7	101.8	101.3	101.8
四　川	103.2	105.3	102.5	102.8	101.6	101.5	101.9
贵　州	102.9	105.1	102.7	102.5	102.4	101.8	101.4
云　南	103.7	104.9	102.7	103.1	102.4	101.9	101.5
西　藏	102.2	105.0	103.5	103.6	102.9	102.0	102.5
陕　西	104.0	105.7	102.8	103.0	101.6	101.0	101.3
甘　肃	104.1	105.9	102.7	103.2	102.1	101.6	101.3
青　海	105.4	106.1	103.1	103.9	102.8	102.6	101.8
宁　夏	104.1	106.3	102.0	103.4	101.9	101.1	101.5
新　疆	104.3	105.9	103.8	103.9	102.1	100.6	101.4

各省(市、区)进出口总值

单位：亿元

地　区	2014	2015	2016
全　国	**264 265**	**245 849**	**243 386**
北　京	25 518	19 840	18 649
天　津	8 226	7 097	6 776
河　北	3 678	3 192	3 078
山　西	998	914	1 100
内蒙古	894	790	769
辽　宁	7 009	5 959	5 712
吉　林	1 625	1 176	1 218
黑龙江	2 390	1 300	1 094
上　海	28 654	27 907	28 662
江　苏	34 627	33 871	33 614
浙　江	21 812	21 566	22 207
安　徽	3 022	3 037	2 936
福　建	10 898	10 513	10 345
江　西	**2 624**	**2 629**	**2 638**
山　东	17 011	15 018	15 477
河　南	3 991	4 600	4 714
湖　北	2 645	2 839	2 600
湖　南	1 895	1 825	1 741
广　东	66 133	63 560	63 101
广　西	2 491	3 184	3 152
海　南	974	869	749
重　庆	5 863	4 644	4 139
四　川	4 312	3 198	3 261
贵　州	662	766	376
云　南	1 819	1 514	1 317
西　藏	138	57	52
陕　西	1 681	1 896	1 977
甘　肃	530	498	450
青　海	106	120	101
宁　夏	334	234	215
新　疆	1 700	1 225	1 167

各省(市、区)进出口总值

单位：亿美元

地　区	2010	2011	2012	2013	2014	2015	2016
全　国	**29739.98**	**36418.64**	**38671.20**	**41589.90**	**43015.27**	**39569.01**	**36855.57**
北　京	3017.22	3895.56	4081.10	4290.00	4155.19	3196.19	2823.49
天　津	821.00	1033.76	1156.30	1285.04	1338.86	1143.47	1026.56
河　北	420.60	536.01	505.60	549.07	598.77	514.82	466.75
山　西	125.76	147.43	150.43	157.92	162.33	147.15	166.61
内蒙古	87.30	119.31	112.60	119.92	145.56	127.50	116.40
辽　宁	807.12	960.36	1040.90	1144.80	1139.98	959.59	865.57
吉　林	168.45	220.61	245.60	258.32	263.81	189.38	184.53
黑龙江	255.15	385.23	375.90	388.79	389.01	209.86	165.39
上　海	3689.51	4375.49	4365.90	4412.70	4664.00	4492.38	4337.68
江　苏	4657.99	5395.81	5479.60	5508.00	5635.53	5456.12	5092.96
浙　江	2535.35	3093.78	3124.00	3357.90	3550.40	3473.43	3365.76
安　徽	242.73	313.09	392.80	455.23	491.77	479.69	444.13
福　建	1087.83	1435.22	1559.40	1693.20	1774.08	1693.60	1568.26
江　西	**216.00**	**314.69**	**334.09**	**367.50**	**427.31**	**424.00**	**400.28**
山　东	1891.56	2358.86	2455.45	2665.30	2769.29	2417.48	2343.56
河　南	178.32	326.23	517.40	599.57	649.72	738.36	712.13
湖　北	259.32	335.87	319.59	363.84	430.40	455.99	393.89
湖　南	146.56	189.44	219.50	251.77	308.32	293.33	262.43
广　东	7848.96	9134.67	9840.20	10915.80	10765.84	10228.71	9552.98
广　西	177.39	233.56	294.80	328.29	405.49	512.62	476.27
海　南	86.49	127.56	143.20	149.90	158.63	139.59	113.48
重　庆	124.27	292.08	532.04	686.92	954.32	744.77	627.54
四　川	326.94	477.24	591.40	645.70	702.03	514.71	493.06
贵　州	31.47	48.88	66.32	82.90	107.71	122.20	57.00
云　南	134.30	160.29	210.10	253.00	296.07	245.20	199.02
西　藏	8.36	13.58	34.24	33.19	22.55	9.15	7.82
陕　西	121.02	146.47	147.99	201.29	273.64	305.04	299.47
甘　肃	74.03	87.29	89.04	102.40	86.41	79.97	68.33
青　海	7.89	9.24	11.60	14.03	17.18	19.34	15.29
宁　夏	19.60	22.86	22.17	32.18	54.35	37.90	32.52
新　疆	171.30	228.20	251.71	275.62	276.72	196.78	176.38

各省(市、区)入境旅游情况

地　区	入境游客 (万人次)			外汇收入 (万美元)		
	2014	2015	2016	2014	2015	2016
北　京	427.45	419.96	416.53	460 800	460 500	507 000
天　津	76.63	78.48	82.43	299 210	329 811	355 687
河　北	75.61	76.64	83.79	53 419	50 191	55 241
山　西	56.56	59.38	62.98	28 073	29 710	31 738
内蒙古	167.31	160.78	177.91	100 296	96 249	113 903
辽　宁	260.70	264.01	273.67	161 800	163 650	182 392
吉　林	130.63	148.10	161.95	58 390	72 414	79 121
黑龙江	141.72	83.47	95.70	56 356	39 533	45 805
上　海	639.62	653.59	690.43	560 185	586 044	641 920
江　苏	297.10	305.01	329.77	303 271	352 729	380 362
浙　江	370.88	459.02	525.59	575 348	678 847	312 759
安　徽	280.18	291.12	313.43	184 026	226 287	254 236
福　建	318.90	332.71	611.48	491 180	556 140	662 569
江　西	**147.67**	**155.28**	**164.83**	**55 687**	**56 700**	**58 454**
山　东	300.19	312.22	328.82	233 010	289 648	306 342
河　南	124.76	135.30	149.93	53 837	62 360	64 650
湖　北	277.07	311.76	337.56	123 851	167 190	187 239
湖　南	219.55	226.05	240.81	79 999	85 772	100 457
广　东	3355.43	3450.35	3507.21	1 710 636	1 788 466	1 857 713
广　西	295.76	450.06	482.52	157 207	191 686	216 427
海　南	66.14	60.84	74.89	26 863	24 852	34 989
重　庆	126.36	148.10	180.89	135 444	146 857	168 682
四　川	240.17	273.20	308.79	85 768	118 087	158 168
贵　州	65.31	68.59	72.29	18 880	23 133	25 271
云　南	286.56	570.08	600.38	242 065	287 550	307 477
西　藏	24.44	29.26	32.19	14 469	17 666	19 439
陕　西	266.30	293.03	338.20	176 873	200 022	233 855
甘　肃	4.88	5.45	7.15	1 017	1 418	1 914
青　海	5.15	6.53	7.01	2 474	3 876	4 416
宁　夏	3.37	3.73	5.12	1 848	2 084	4 058
新　疆	54.01	53.14	58.21	49 704	55 589	51 873

各省会城市地区生产总值

(2016年)

地　　区	绝对值 (亿元)	位次	比上年 增长(%)	位次
中　　部				
南　　昌	**4 354.99**	**16**	**9.0**	**6**
合　　肥	6 274.30	9	9.8	2
长　　沙	9 323.70	6	9.4	5
郑　　州	7 994.16	7	8.4	10
武　　汉	11 912.61	3	7.8	15
太　　原	2 955.60	21	7.5	22
东　　部				
石 家 庄	5 857.80	14	6.8	25
南　　京	10 503.02	5	8.0	14
杭　　州	11 050.49	4	9.5	4
福　　州	6 197.77	11	8.5	7
济　　南	6 536.12	8	7.8	15
广　　州	19 610.94	1	8.2	12
海　　口	1 257.67	25	7.7	18
东　　北				
沈　　阳				
长　　春	5 928.50	13	7.8	15
哈 尔 滨	6 101.60	12	7.3	23
西　　部				
呼和浩特	3 173.59	19	7.7	18
成　　都	12 170.20	2	7.7	18
贵　　阳	3 157.70	20	11.7	1
昆　　明	4 300.43	17	8.5	7
西　　安	6 257.18	10	8.5	7
兰　　州	2 264.23	23	8.3	11
西　　宁	1 248.16	26	9.8	2
银　　川	1 617.28	24	8.1	13
南　　宁	3 703.39	18	7.0	24
乌鲁木齐	2 458.98	22	7.6	21
拉　　萨				

注：在总量排位上南昌位次考虑空缺城市指标数据；增速排位为公布数据排位。

续表1　　　　　　　　　　　　　　（2016年）

地　　区	第一产业增加值			
	绝对值(亿元)	位次	比上年增长(%)	位次
中　　部				
南　　昌	**181.77**	**16**	**3.9**	**10**
合　　肥	270.20	11	2.2	21
长　　沙	370.95	7	3.0	16
郑　　州	156.35	17	3.0	16
武　　汉	390.62	6	3.4	14
太　　原	38.22	24	2.6	20
东　　部				
石 家 庄	480.90	3	0.9	24
南　　京	252.51	12	1.0	23
杭　　州	304.84	10	1.9	22
福　　州	492.65	2	4.1	7
济　　南	317.31	9	4.1	7
广　　州	240.04	13	−0.2	25
海　　口	67.68	20	3.3	15
东　　北				
沈　　阳				
长　　春	323.50	8	3.7	13
哈 尔 滨	691.20	1	6.1	1
西　　部				
呼和浩特	113.49	19	3.0	16
成　　都	474.94	4	4.0	9
贵　　阳	137.14	18	5.9	4
昆　　明	200.51	15	6.0	2
西　　安	232.01	14	3.8	12
兰　　州	60.36	21	6.0	2
西　　宁	39.15	23	5.2	5
银　　川	58.61	22	4.3	6
南　　宁	400.67	5	3.9	10
乌鲁木齐	28.37	25	3.0	16
拉　　萨				

注：在总量排位上南昌位次考虑空缺城市指标数据；增速排位为公布数据排位。

续表2 （2016年）

地　区	第二产业增加值			
	绝对值(亿元)	位次	比上年增长(%)	位次
中　部				
南　昌	**2 307.24**	**14**	**8.3**	**6**
合　肥	3 189.20	8	8.9	3
长　沙	4 513.23	4	7.3	8
郑　州	3 780.68	7	5.9	17
武　汉	5 227.05	3	5.7	20
太　原	1 068.04	20	7.3	8
东　部				
石家庄	2 638.00	10	4.4	23
南　京	4 117.20	5	5.3	21
杭　州	3 977.39	6	4.7	22
福　州	2 598.31	11	7.0	10
济　南	2 368.90	12	6.9	12
广　州	5 925.87	1	6.0	16
海　口	233.56	26	5.8	18
东　北				
沈　阳				
长　春	2 926.20	9	7.0	10
哈尔滨	1 896.70	16	6.7	13
西　部				
呼和浩特	884.43	21	8.7	4
成　都	5 232.02	2	6.7	13
贵　阳	1 218.79	19	12.1	1
昆　明	1 660.46	17	7.6	7
西　安	2 197.81	15	8.6	5
兰　州	790.09	23	4.3	24
西　宁	595.64	25	10.6	2
银　川	825.46	22	6.6	15
南　宁	1 427.16	18	5.8	18
乌鲁木齐	704.94	24	1.7	25
拉　萨				

注：在总量排位上南昌位次考虑空缺城市指标数据；增速排位为公布数据排位。

续表3　　　　　　　　（2016年）

地　区	第三产业增加值			
	绝对值(亿元)	位次	比上年增长(%)	位次
中　部				
南　昌	**1 865.98**	**19**	**10.3**	**9**
合　肥	2 814.80	12	11.6	4
长　沙	4 439.52	6	12.4	2
郑　州	4 057.14	7	11.1	5
武　汉	6 294.94	4	9.9	13
太　原	1 849.34	20	7.7	24
东　部				
石家庄	2 738.90	13	10.3	9
南　京	6 133.31	5	10.2	12
杭　州	6 768.26	2	13.0	1
福　州	3 106.81	11	10.7	7
济　南	3 849.91	8	8.7	20
广　州	13 445.03	1	9.4	14
海　口	956.43	24	8.5	21
东　北				
沈　阳				
长　春	2 678.80	14	9.4	14
哈尔滨	3 513.80	10	7.9	23
西　部				
呼和浩特	2 175.67	16	7.7	24
成　都	6 463.27	3	9.0	18
贵　阳	1 801.77	21	11.9	3
昆　明	2 439.46	15	9.3	16
西　安	3 827.36	9	8.8	19
兰　州	1 413.78	23	10.9	6
西　宁	613.37	26	9.3	16
银　川	733.21	25	10.3	9
南　宁	1 875.57	17	8.5	21
乌鲁木齐	1 725.67	22	10.4	8
拉　萨				

注：在总量排位上南昌位次考虑空缺城市指标数据；增速排位为公布数据排位。

各省会城市规模以上工业增加值

(2016年)

地　　区	绝对值 (亿元)	位次	比上年 增长(%)	位次
中　　部				
南　　昌	**1 611.50**	**13**	**9.2**	**5**
合　　肥	2 269.13	7	9.9	1
长　　沙	3 253.03	2	7.9	9
郑　　州	3 215.40	3	6.0	15
武　　汉			5.0	18
太　　原	571.81	20	7.0	13
东　　部				
石 家 庄	2 190.30	8	4.6	21
南　　京	3 050.55	4	4.8	20
杭　　州	2 983.91	5	5.6	17
福　　州	1 983.02	9	7.7	10
济　　南			7.3	12
广　　州	4 877.85	1	6.5	14
海　　口	124.17	23	2.2	24
东　　北				
沈　　阳	1 208.30	14	−19.7	26
长　　春	2 332.20	6	8.3	8
哈 尔 滨	1 001.60	17	5.0	18
西　　部				
呼和浩特			9.1	6
成　　都			7.4	11
贵　　阳	780.82	18	9.9	1
昆　　明			4.5	22
西　　安	1 178.39	15	9.9	1
兰　　州	502.00	22	2.6	23
西　　宁			9.3	4
银　　川	533.06	21	8.5	7
南　　宁	1 028.55	16	5.7	16
乌鲁木齐	508.44	19	−2.0	25
拉　　萨				

注：在总量排位上南昌位次考虑空缺城市指标数据；增速排位为公布数据排位。

各省会城市固定资产投资

(2016年)

地 区	绝对值(亿元)	位次	比上年增长(%)	位次
中 部				
南 昌	**4 540.26**	**14**	**13.5**	**8**
合 肥	6 501.17	5	11.1	12
长 沙	6 693.32	4	13.9	5
郑 州	6 998.60	3	11.3	11
武 汉	7 093.17	2	−2.6	25
太 原	2 027.71	19	0.1	23
东 部				
石家庄	5 916.00	6	5.4	19
南 京	5 533.56	9	2.0	21
杭 州	5 842.42	7	5.1	20
福 州	5 184.36	11	6.8	18
济 南	3 974.30	15	13.7	6
广 州	5 703.59	8	8.0	17
海 口	1 271.73	26	25.7	1
东 北				
沈 阳	1 631.60	23	−69.4	26
长 春	4 659.00	13	10.5	13
哈尔滨	5 040.10	12	9.7	16
西 部				
呼和浩特	1 849.20	21	14.2	4
成 都	8 370.50	1	14.3	3
贵 阳	3 380.73	18	20.5	2
昆 明	3 920.07	16	12.1	9
西 安	5 191.36	10	2.0	21
兰 州	1 990.95	20	10.4	14
西 宁	1 399.30	25	10.0	15
银 川	1 723.31	22	11.8	10
南 宁	3 824.73	17	13.6	7
乌鲁木齐	1 607.78	24	0.0	24
拉 萨				

各省会城市社会消费品零售总额

（法人口径，2016年）

地　区	绝对值 (亿元)	位次	比上年 增长(%)	位次
中　部				
南　昌	**1 868.00**	**18**	**11.8**	**4**
合　肥	2 445.70	15	12.0	3
长　沙	4 117.40	6	11.6	5
郑　州	3 665.83	12	11.3	7
武　汉	5 610.59	3	10.0	16
太　原	1 666.24	19	8.1	23
东　部				
石家庄	2 975.20	13	10.5	11
南　京	5 088.20	5	10.9	9
杭　州	5 176.20	4	10.5	11
福　州	3 763.14	9	11.6	5
济　南	3 764.80	8	10.4	13
广　州	8 706.49	1	9.0	22
海　口	653.89	24	9.8	17
东　北				
沈　阳	3 985.90	7	2.5	26
长　春	2 650.30	14	9.8	17
哈尔滨	3 744.20	10	10.3	15
西　部				
呼和浩特	1 481.46	20	9.5	21
成　都	5 647.40	2	10.4	13
贵　阳	1 195.34	23	12.7	1
昆　明	2 310.09	16	12.1	2
西　安	3 730.70	11	9.6	20
兰　州	1 263.33	21	9.7	19
西　宁	513.07	26	11.1	8
银　川	514.19	25	7.7	24
南　宁	1 980.36	17	10.8	10
乌鲁木齐	1 236.69	22	7.5	25
拉　萨				

各省会城市地方一般公共预算收入

(2016年)

地　区	绝对值(亿元)	位次	比上年增长(%)	位次
中　部				
南　昌	**402.18**	**16**	**3.3**	**23**
合　肥	614.85	11	7.6	14
长　沙	1 231.02	4	10.1	8
郑　州	1 011.20	7	14.3	2
武　汉	1 322.10	3	10.1	8
太　原	282.69	21	3.1	24
东　部				
石家庄	410.80	15	9.5	12
南　京	1 142.60	6	12.0	5
杭　州	1 402.38	1	13.2	3
福　州	598.91	12	6.9	18
济　南	641.20	8	9.9	10
广　州	1 393.85	2	5.2	21
海　口	115.51	25	11.2	6
东　北				
沈　阳	620.90	10	2.4	25
长　春	415.50	14	7.0	16
哈尔滨	376.20	17	7.5	15
西　部				
呼和浩特	269.70	22	9.0	13
成　都	1 175.40	5	7.0	16
贵　阳	366.32	19	4.4	22
昆　明	530.00	13	5.5	19
西　安	641.10	9	11.1	7
兰　州	215.50	23	16.4	1
西　宁	75.22	26	9.7	11
银　川	173.13	24	13.0	4
南　宁	312.76	20	5.3	20
乌鲁木齐	369.67	18	0.3	26
拉　萨				

各省会城市实际利用外资额

(2016年)

地　区	绝对值(亿美元)	位次	比上年增长(%)	位次
中　部				
南　昌	**28.90**	**10**	**10.4**	**9**
合　肥	28.08	11	12.0	8
长　沙	48.14	5	9.3	11
郑　州	40.33	7	5.4	15
武　汉	85.23	2	16.1	5
太　原	4.62	20	-45.7	21
东　部				
石家庄	11.80	15	31.2	3
南　京	34.79	8	4.3	17
杭　州	72.09	3	1.4	18
福　州	18.14	12	8.1	12
济　南				
广　州	57.01	4	5.3	16
海　口	0.36	21	-87.7	22
东　北				
沈　阳	8.20	17	-23.1	19
长　春	12.90	14	8.0	13
哈尔滨	32.10	9	7.1	14
西　部				
呼和浩特	13.10	13	-36.7	20
成　都	86.17	1	14.5	6
贵　阳	11.20	16	20.8	4
昆　明	7.40	19	54.7	2
西　安	45.10	6	14.0	7
兰　州				
西　宁				
银　川	0.36	21	78.7	1
南　宁	7.70	18	9.8	10
乌鲁木齐				
拉　萨				

各省会城市海关出口总额

(2016年)

地　区	绝对值 (亿美元)	位次	比上年 增长(%)	位次
中　部				
南　昌	**57.84**	**10**	**-32.0**	**22**
合　肥	126.35	7	-7.8	15
长　沙			-6.5	14
郑　州	317.00	3	1.5	8
武　汉	137.23	6	-9.4	17
太　原	83.29	8	26.4	2
东　部				
石家庄	70.20	9	-4.1	12
南　京	295.92	4	-6.1	13
杭　州	502.59	2	0.5	9
福　州			8.9	5
济　南			9.6	4
广　州	786.07	1	-3.2	11
海　口	7.93	17	-17.8	19
东　北				
沈　阳	42.50	11	-37.1	23
长　春	19.10	15	-0.6	10
哈尔滨	16.80	16	-28.8	21
西　部				
呼和浩特	6.82	18	45.2	1
成　都	219.30	5	-8.2	16
贵　阳	32.61	14	-58.5	25
昆　明	41.33	13	-56.2	24
西　安			15.5	3
兰　州				
西　宁			-23.2	20
银　川			3.1	7
南　宁			4.3	6
乌鲁木齐	42.06	12	-12.6	18
拉　萨				

各省会城市城镇居民人均可支配收入

(2016年)

地　区	绝对值(元)	位次	比上年增长(%)	位次
中　部				
南　昌	**37 619**	**14**	**8.4**	**7**
合　肥	34 852	13	9.0	5
长　沙	43 294	4	8.3	9
郑　州	33 214	16	6.8	24
武　汉	39 737	7	9.1	2
太　原	29 632	24	6.9	23
东　部				
石家庄	30 459	22	9.1	2
南　京	49 997	3	8.4	7
杭　州	52 185	1	8.0	15
福　州	37 833	9	8.2	11
济　南	43 052	5	7.9	16
广　州	50 941	2	9.0	5
海　口	30 775	19	7.9	16
东　北				
沈　阳	39 135	8	6.8	24
长　春	31 069	18	6.8	24
哈尔滨	33 190	17	7.1	22
西　部				
呼和浩特	40 220	6	7.7	19
成　都	35 902	11	8.1	14
贵　阳	29 502	25	8.3	9
昆　明	36 739	10	8.2	11
西　安	35 630	12	7.4	21
兰　州	29 661	23	9.5	1
西　宁	27 539	26	9.1	2
银　川	30 478	21	7.8	18
南　宁	30 728	20	7.7	19
乌鲁木齐	34 200	15	8.2	11
拉　萨				

各省会城市农村居民人均可支配收入

(2016年)

地　区	绝对值(元)	位次	比上年增长(%)	位次
中　部				
南　昌	**17 952**	**13**	**9.2**	**5**
合　肥	17 059	8	8.4	12
长　沙	25 448	2	7.8	19
郑　州	18 426	7	7.6	21
武　汉	19 152	5	8.1	13
太　原	14 591	14	7.1	24
东　部				
石家庄	12 345	22	7.9	18
南　京	21 156	4	8.6	10
杭　州	27 908	1	8.5	11
福　州	16 347	10	7.5	23
济　南	15 346	11	7.8	19
广　州	21 449	3	11.0	1
海　口	12 679	19	9.0	8
东　北				
沈　阳	14 445	16	7.1	24
长　春	12 576	20	7.0	26
哈尔滨	14 439	17	8.0	14
西　部				
呼和浩特	14 517	15	7.6	21
成　都	18 605	6	9.4	4
贵　阳	12 967	18	8.8	9
昆　明	12 555	21	9.7	2
西　安	15 191	12	8.0	14
兰　州	10 391	25	8.0	14
西　宁	9 678	26	9.2	5
银　川	12 037	23	8.0	14
南　宁	11 398	24	9.5	3
乌鲁木齐	16 400	9	9.2	5
拉　萨				

各省会城市金融机构本外币存、贷款余额

(2016年)

单位:亿元

地　　区	存款余额 绝对值	位次	贷款余额 绝对值	位次
中　　部				
南　　昌	**9 627.56**	**19**	**8 707.23**	**18**
合　　肥	13 479.68	11	12 064.18	13
长　　沙	15 488.77	9	15 477.45	8
郑　　州	19 830.68	6	15 994.78	6
武　　汉	22 196.21	5	20 754.87	5
太　　原	11 497.49	14	12 016.78	14
东　　部				
石 家 庄	11 229.10	15	7 236.70	19
南　　京	28 355.89	4	22 268.94	4
杭　　州	33 386.04	2	26 169.00	2
福　　州	12 432.31	13	12 538.24	12
济　　南	15 537.40	8	13 096.10	10
广　　州	47 530.20	1	29 669.82	1
海　　口	4 989.30	22	5 268.49	22
东　　北				
沈　　阳	14 446.30	10	12 798.20	11
长　　春	11 122.20	16	9 966.10	15
哈 尔 滨	9 961.70	18	9 387.00	16
西　　部				
呼和浩特	6 211.25	21	7 133.51	20
成　　都	32 577.97	3	25 673.44	3
贵　　阳	9 978.81	17	9 256.41	17
昆　　明	12 834.67	12	13 954.76	9
西　　安	19 488.38	7	15 542.39	7
兰　　州				
西　　宁	3 771.42	23	4 769.66	23
银　　川	3 358.96	24	4 103.35	24
南　　宁				
乌鲁木齐	7 477.88	20	5 314.38	21
拉　　萨				

副省级(非省会)城市主要经济指标

(2016年)

指　　标	深圳	大连	宁波	厦门	青岛
地区生产总值(亿元)	19 492.60		8 541.10	3 784.25	10 011.29
比上年增长(%)	9.0	6.5	7.1	7.9	7.9
固定资产投资(亿元)	4 078.16	1436.36	4 961.40	2 159.81	7 454.70
比上年增长(%)	23.6	−68.5	10.1	14.4	13.7
社会消费品零售总额(亿元)	5 512.76	3410.12	3 667.60	1 283.46	4 104.90
比上年增长(%)	8.1	10.4	10.3	9.8	10.5
外贸出口(海关数,亿美元)	2 375.47		660.90		
比上年增长(%)	−10.0		−7.2		
实际利用外资(亿美元)	67.32	30.02	45.10	22.24	70.02
比上年增长(%)	3.6	11.1	6.6	6.2	11.3
地方公共财政预算收入(亿元)	3 136.42	611.90	1 114.50	647.94	1 100.00
比上年增长(%)	15.0	5.5	10.5	8.6	10.3
规模以上工业总产值(亿元)	26 870.53		14 440.20		18 280.00
比上年增长(%)	5.7		4.4		7.1
规模以上工业增加值(亿元)	7 199.47		2 799.10	1 264.79	
比上年增长(%)	7.0	7.6	7.3	5.4	7.5
城镇居民人均可支配收入(元)			51 560	46 254	43 598
比上年增长(%)			7.7	8.6	8.0
居民消费价格指数(以上年为100)	102.4	101.9	102.1	101.7	102.5

江西省2016年国民经济和社会发展统计公报

江西省统计局 国家统计局江西调查总队

2016年，面对复杂多变的外部经济环境，全省上下牢固树立和贯彻落实新发展理念，主动适应经济发展新常态，在统筹推进供给侧结构性改革的同时，全面做好稳增长、促改革、调结构、优生态、惠民生等各项工作，较好完成了年初确定的主要目标任务，实现了"十三五"良好开局。

一、综 合

初步核算，全年实现地区生产总值(GDP)18364.4亿元，比上年增长9.0%。其中，第一产业增加值1904.5亿元，增长4.1%；第二产业增加值9032.1亿元，增长8.5%；第三产业增加值7427.8亿元，增长11.0%。三次产业结构由上年的10.6:50.3:39.1调整为10.4:49.2:40.4，三次产业对GDP增长的贡献率分别为4.8%、47.4%和47.8%。人均生产总值40106元，增长8.4%，按年均汇率折算为6038美元。

图1 2012–2016年地区生产总值及其增长速度

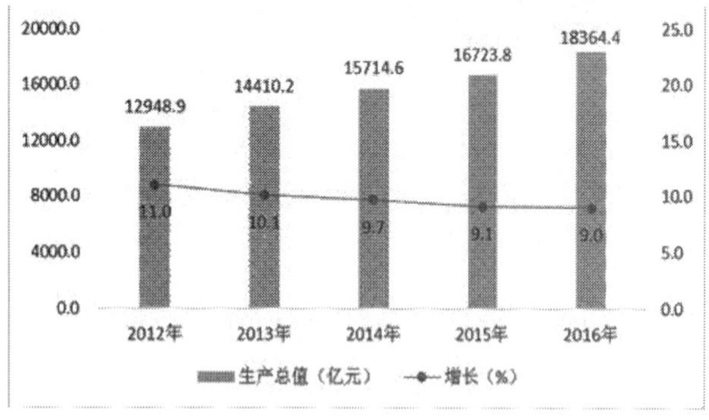

年末常住人口4592.3万人，比上年末增加26.6万人。其中，城镇人口2438.5万人，占总人口的比重(常住人口城镇化率)为53.1%，比上年末提高1.5个百分点。户籍人口城镇化率为35.7%，比上年末提高3.5个百分点。全年出生人口61.6万人，出生率13.45‰，比上年提高0.25个千分点；死亡人口28.2万人，死亡率6.16‰，下降0.08个千分点；自然增长率7.29‰，提高0.33个千分点。

表1 2016年末常住人口数及其构成

指　　标	年末数（万人）	比重（%）
常住人口	4 592.3	100.0
其中：城镇	2 438.5	53.1
乡村	2 153.8	46.9
其中：男性	2 356.0	51.3
女性	2 236.2	48.7
其中：0–15岁（含不满16周岁）	985.5	21.5
16–59岁（含不满60周岁）	2 951.9	64.3
60周岁及以上	654.9	14.3
其中：65周岁及以上	450.5	9.8

年末全社会就业人数2637.6万人，比上年末增加21.8万人。全年城镇新增就业55.2万人，失业人员再就业24.7万人，城镇登记失业率3.35%，低于4.5%的年度控制目标。农民工总量1181.6万人，增长1.1%。其中，外出农民工813.3万人，下降1.1%；本地农民工368.3万人，增长6.5%。

全年财政总收入3143.0亿元，比上年增长4.0%。其中，一般公共预算收入2151.4亿元，下降0.7%；税收收入2462.6亿元，增长3.8%，占财政总收入的比重为78.4%。县级财政总收入2534.3亿元，增长5.1%，高于全省财政收入增幅1.1个百分点。其中，超20亿元的县(市、区)38个，比上年增加2个；超30亿元的县(市、区)18个，比上年增加1个；超40亿元的县(市、区)11个，比上年增加2个；超50亿元的县(市、区)6个，比上年增加1个，财政总收入最高的南昌县达104.4亿元。全年一般公共预算支出4619.5亿元，比上年增长4.7%。用于教育、社保、医疗等民生方面的支出完成3595.3亿元，增长5.1%，占支出比重达77.8%，比上年提高0.3个百分点。省委、省政府年初确定的50件民生工程实事全面完成。

图2 2012-2016年财政总收入及其增长速度

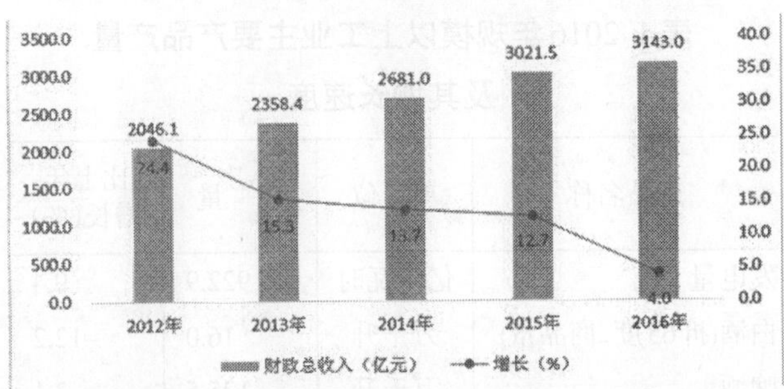

全年居民消费价格(CPI)比上年上涨2.0%。其中,城市上涨2.0%,农村上涨1.9%。构成CPI的八大类商品服务价格"七涨一降":食品烟酒类上涨4.4%,医疗保健类上涨2.7%,其他用品和服务类上涨2.6%,教育文化和娱乐类上涨1.5%,居住类上涨1.0%,衣着类上涨0.9%,生活用品及服务类上涨0.1%;交通和通信类下降1.2%。工业生产者出厂价格(PPI)下降1.4%,工业生产者购进价格下降2.3%。

图3 2016年各月居民消费价格指数

(上年同期为100)

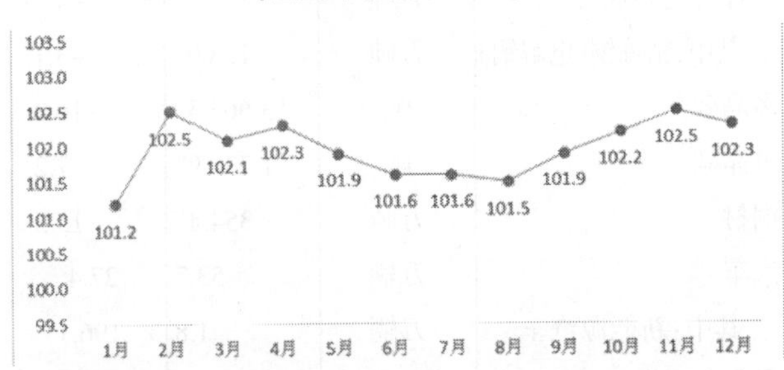

表2 2016年居民消费价格分类别涨跌幅度

类　　别	比上年上涨（%）
居民消费价格指数	2.0
食品烟酒	4.4
#粮食	0.6
衣着	0.9
居住	1.0
生活用品及服务	0.1
交通和通信	-1.2
教育文化和娱乐	1.5
医疗保健	2.7
其他用品和服务	2.6

二、农业

全年粮食种植面积3686.2千公顷,比上年下降0.5%。其中,谷物种植面积3367.1千公顷,下降0.8%。油料种植面积729.2千公顷,下降1.5%。蔬菜种植面积606.6千公顷,增长3.6%。棉花种植面积49.3千公顷,下降39.2%。糖料种植面积14.5千公顷,增长0.5%。

全年粮食总产量2138.1万吨,比上年下降0.5%,为历史第三高产年份。其中,早稻785.9万吨,下降3.2%;中稻及一季晚稻298.6万吨,增长7.0%;二季晚稻928.1万吨,下降0.9%。

图4 2012-2016年粮食产量及其增长速度

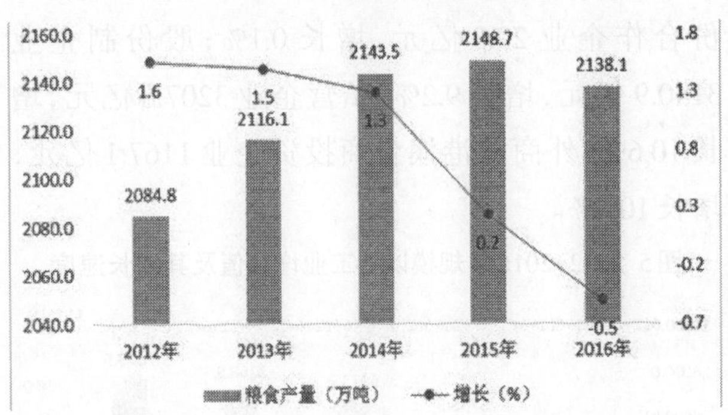

全年油料产量122.0万吨,比上年下降1.6%。其中,油菜籽71.8万吨,下降2.9%。棉花产量7.3万吨,下降36.4%。烟叶产量6.4万吨,增长17.4%。茶叶产量5.8万吨,增长10.9%。园林水果产量405.4万吨,下降10.0%。蔬菜产量1420.2万吨,增长4.5%。

全年肉类总产量351.6万吨,比上年下降1.0%。其中,猪肉产量258.7万吨,下降3.3%;牛肉产量18.7万吨,增长5.4%;羊肉产量1.7万吨,增长7.9%。禽蛋产量62.5万吨,增长5.0%。牛奶产量10.5万吨,下降8.4%。水产品产量271.6万吨,增长2.8%。年末生猪存栏1814.3万头,下降4.2%;生猪出栏3103.1万头,下降4.3%。

表3 2016年主要农产品产量及其增长速度

产品名称	产量（万吨）	比上年增长（%）
粮食	2 138.1	-0.5
其中：谷物	2 029.9	-0.7
油料	122.0	-1.6
其中：油菜籽	71.8	-2.9
棉花	7.3	-36.4
烟叶	6.4	17.4
茶叶	5.8	10.9
园林水果	405.4	-10.0
蔬菜	1 420.2	4.5
肉类	351.6	-1.0
水产品	271.6	2.8

三、工业和建筑业

全年规模以上工业增加值7803.6亿元，比上年增长9.0%。分轻重工业看，轻工业增加值2964.1亿元，增长7.4%；重工业4839.4亿元，增长10.0%。分经济类型看，国有企业增加值241.6亿元，下降4.7%；集体企业17.9亿元，增长1.6%；股份合作企业20.8亿元，增长0.1%；股份制企业3140.9亿元，增长9.2%；私营企业3207.8亿元，增长10.6%；外商及港澳台商投资企业1167.1亿元，增长10.4%。

图5 2012–2016年规模以上工业增加值及其增长速度

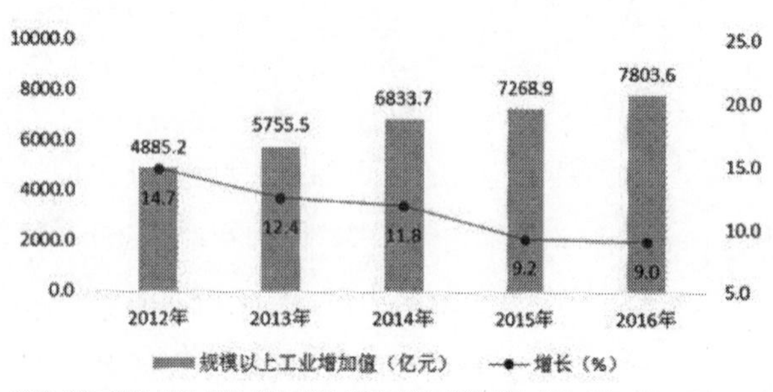

规模以上工业38个行业大类中，34个实现增长，占比近九成。其中，电子、汽车、电气机械、农副食品、化工等五大重点行业表现突出，分别增长26.0%、17.0%、13.2%、10.1%和9.3%，占规上工业的三成以上，对规上工业增长的贡献率达47.3%。高新技术产业增加值2346.5亿元，占规上工业的30.1%，比上年提高4.4个百分点，增长10.8%。战略性新兴产业增加值1166.0亿元，占规上工业的14.9%，比上年提高1.9个百分点，增长10.7%。装备制造业增加值1925.6亿元，占规上工业的24.7%，比上年提高1.9个百分点，增长16.3%。六大高耗能行业增加值2812.5亿元，占规上工业的36.0%，比上年下降1.8个百分点，增长6.1%。

重点监测的357种主要工业品中223种实现了不同程度增长，增长面超六成，114种产品保持了两位数以上增长，占比近三分之一。其中，手机比上年增长51.7%，汽车增长27.4%，铜材增长15.3%，家用电冰箱增长14.3%，变压器增长13.1%，化学原料药增长12.5%。工业新产品中，新能源汽车增长2.0倍，智能手机增长1.2倍，太阳能电池（光伏电池）增长29.5%。

表4 2016年规模以上工业主要产品产量及其增长速度

产品名称	单 位	产 量	比上年增长(%)
发电量	亿千瓦时	922.9	9.4
白酒(折65度，商品量)	万千升	16.0	−12.2
啤酒	万千升	125.5	−3.1
卷烟	亿支	646.1	−4.7
布	万米	134 572.4	2.0
服装	万件	143 187.7	0.5
农用化学肥料	万吨	148.2	5.2
化学农药	吨	55 742.5	9.6
化学原料药	吨	73 138.3	12.5
水泥	万吨	9 513.0	0.3
瓷质砖	万平方米	129 434.8	4.3
粗钢	万吨	2 241.5	1.8
钢材	万吨	2 585.0	0.3
十种有色金属	万吨	161.1	−4.1
其中：精炼铜(电解铜)	万吨	128.0	−3.1
多晶硅	吨	13 667.3	−16.8
单晶硅	吨	1 730.9	7.2
铜材	万吨	354.4	15.3
汽车	万辆	53.7	27.4
其中：新能源汽车	万辆	1.8	196.1
彩色电视机	万台	20.1	−14.9
太阳能电池(光伏电池)	万千瓦	726.0	29.5
家用电冰箱	万台	98.1	14.3
移动通信手持机(手机)	万台	7 413.9	51.7
其中：智能手机	万台	6 398.6	121.7

全年规模以上工业企业实现主营业务收入35518.7亿元，比上年增长8.6%；实现利润总额2399.4亿元，增长11.9%。主营业务收入超百亿元的企业13户，其中，江西省电力公司首次突破500亿元，实现主营业务收入568.5亿元；南昌欧菲光科技有限公司和南昌欧菲生物识别技术有限公司首次突破100亿元，分别实现主营业务收入103.8亿元和101.2亿元。

年末工业园区实际开发面积625.3平方公里，比上年末增长1.1%；完成基础设施投入716.1亿元，增长4.4%。园区内投产工业企业10400户，比上年增加755户；实现工业增加值6468.4亿元，比上年增长9.3%；实现主营业务收入28302.6亿元，增长8.9%；实现出口交货值2048.5亿元，增长0.7%。主营业务收入过百亿工业园区76个，比上年增加3个。其中，主营业务收入超500亿元的园区18个，增加2个。南昌高新技术产业开发区继续领跑，南昌经济技术开发区、九江经济技术开发区、南昌小蓝经济技术开发区分列二、三、四位。

全年建筑业总产值5179.0亿元，比上年增长12.5%；建筑业增加值1609.9亿元，增长7.5%。资质以上建筑业企业1957家，比上年增加140家。其中，特级企业和一级企业215家，增加26家。房屋竣工面积14835.8万平方米，增长4.1%。竣工房屋价值2094.6亿元，增长11.6%。

四、固定资产投资

全年全社会固定资产投资19694.2亿元，比上年增长13.3%。其中，固定资产投资（不含农户）19378.7亿元，增长14.0%。

图6 2012–2016年全社会固定资产投资及其增长速度

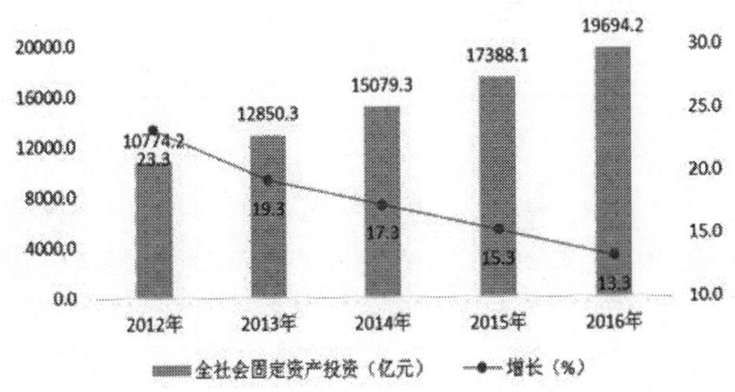

固定资产投资（不含农户）中：分产业看，第一产业投资436.2亿元，增长1.7%；第二产业投资10322.0亿元，增长14.2%，其中，工业投资10284.9亿元，增长15.3%；第三产业投资8620.5亿元，增长14.5%。分投资主体看，国有投资4147.6亿元，增长8.2%；非国有投资15231.1亿元，增长15.7%，其中，民间投资13830.2亿元，增长9.8%。

表5 2016年分行业固定资产投资（不含农户）及其增长速度

行　业	投资额（亿元）	比上年增长（%）
总　　计	**19 378.7**	**14.0**
第一产业	436.2	1.7
第二产业	10 322.0	14.2
工业	10 284.9	15.3
采矿业	302.0	23.0
制造业	9 190.7	13.5
化学原料及化学制品制造业	746.4	5.7
非金属矿制品业	1 039.5	10.8
黑色金属冶炼和压延加工业	93.7	68.7
有色金属冶炼和压延加工业	404.7	-0.2
电气机械及器材制造业	876.3	37.9
计算机、通信和其他电子设备制造业	575.1	31.3
电力、热力、燃气及水生产和供应业	792.2	38.2
建筑业	46.3	-64.6
第三产业	8 620.5	14.5
批发和零售业	940.1	-3.2
交通运输、仓储和邮政业	958.3	17.2
住宿和餐饮业	275.4	-6.0
信息传输、软件和信息技术服务业	171.2	36.5
金融业	48.9	19.0
房地产业	2 522.2	20.3
租赁和商务服务业	494.7	49.9
科学研究和技术服务业	153.3	59.7
水利、环境和公共设施管理业	2 004.4	18.5
居民服务、修理和其他服务业	120.2	-1.2
教育	218.3	-10.4
卫生和社会工作	145.6	-8.8
文化、体育和娱乐业	176.0	-32.6
公共管理、社会保障和社会组织	327.6	44.4

全年房地产开发投资1770.9亿元，比上年增长16.5%。其中，住宅投资1247.6亿元，增长12.1%；办公楼投资73.9亿元，增长41.8%；商业营业用房投资315.8亿元，增长31.9%。商品房竣工面积1635.6万平方米，下降14.3%；商品房销售面积4691.8万平方米，增长34.9%；商品房销售额2678.4亿元，增长43.7%。年末商品房待售面积1434.6万平方米，下降4.1%。

五、国内贸易

全年社会消费品零售总额6634.6亿元，比上年增长12.0%。按城乡分，城镇市场零售额5491.8亿元，增长11.7%，其中，城区3536.6亿元，增长13.4%；乡村市场零售额1142.8亿元，增长13.1%。按行业分，批发业零售额987.1亿元，增长9.0%；零售业零售额4826.0亿元，增长11.9%；住宿业零售额78.3亿元，增长12.5%；餐饮业零售额743.2亿元，增长16.8%。

图7 2012–2016年社会消费品零售总额及其增长速度

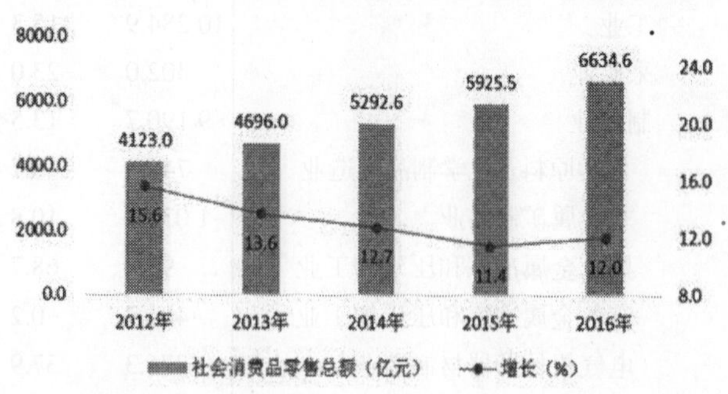

限额以上批发零售业零售额分商品看：日用生活消费品保持较快增长。粮油、食品类实现零售额228.9亿元，比上年增长19.5%；服装、鞋帽、针纺织品类144.8亿元，增长10.0%；日用品类61.0亿元，增长8.1%。汽车销售继续快速增长。汽车类实现零售额825.5亿元，增长17.4%。与消费升级相关商品快速增长。家具类实现零售额51.8亿元，增长17.5%；通讯器材类33.6亿元，增长12.3%；建筑及装潢材料类39.0亿元，增长16.8%。

表6 2016年限额以上批发零售业按商品分类零售额及其增长速度

类 别	零售额（亿元）	比上年增长(%)
合计	2 569.1	13.2
粮油、食品类	228.9	19.5
饮料类	34.9	14.0
烟酒类	55.0	13.7
服装、鞋帽、针纺织品类	144.8	10.0
化妆品类	19.3	3.0
金银珠宝类	36.5	0.7
日用品类	61.0	8.1
五金、电料类	12.5	20.4
体育、娱乐用品类	5.5	24.6
书报杂志类	38.1	9.4
电子出版物及音像制品类	8.8	7.8
家用电器和音像器材类	160.4	21.0
中西药品类	181.6	23.5
文化办公用品类	27.0	17.4
家具类	51.8	17.5
通讯器材类	33.6	12.3
煤炭及制品类	7.3	19.6
石油及制品类	523.3	0.9
建筑及装潢材料类	39.0	16.8
机电产品及设备类	11.5	18.7
汽车类	825.5	17.4
棉麻类	0.4	3.8
其他类	62.4	21.8

六、对外经济

全年进出口总值2643.9亿元，比上年增长0.6%。其中，出口值1966.9亿元，下降4.1%；进口值677.0亿元，增长17.3%。

图8 2012–2016年进出口总值构成

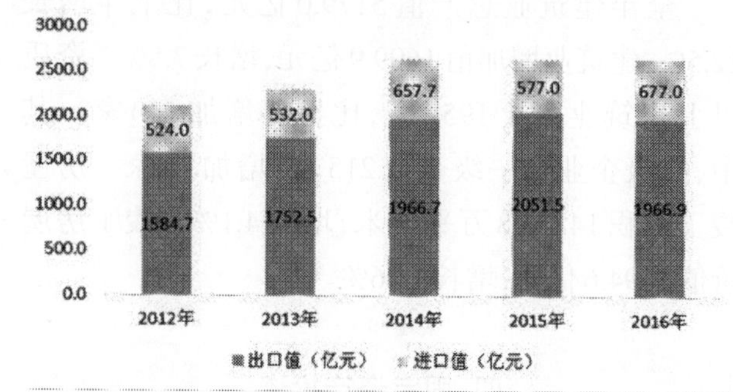

分贸易方式看，一般贸易出口1687.1亿元，下降1.6%；加工贸易出口270.0亿元，下降7.2%。分重点商品看，机电产品出口815.2亿元，下降5.6%；高新技术产品出口293.4亿元，下降8.0%。

表7 2016年货物进出口总值及其增长速度

指 标	金额（亿元）	比上年增长(%)
进出口总值	2 643.9	0.6
出口值	1 966.9	-4.1
其中：一般贸易	1 687.1	-1.6
加工贸易	270.0	-7.2
其中：机电产品	815.2	-5.6
高新技术产品	293.4	-8.0
进口值	677.0	17.3
其中：一般贸易	427.0	29.3
加工贸易	239.5	3.8
其中：机电产品	332.0	20.4
高新技术产品	252.6	25.7

表8 2016年主要商品出口数量、金额及其增长速度

商品名称	单位	数量	比上年增长(%)	金额(亿元)	比上年增长(%)
机电产品（包括本目录已具体列名的机电产品）	–			815.2	-5.6
高新技术产品	–			293.4	-8.0
服装及衣着附件	–			226.1	-8.5

文化产品	–			105.7	21.3
鞋类	吨	88 923	–2.5	91.9	–3.0
二极管及类似半导体器件	万个	92 809	–74.4	76.9	–30.6
纺织纱线、织物及制品	–			71.1	–9.8
太阳能电池	万个	2506	–9.4	61.5	–23.0
家具及其零件	–			60.9	–27.5
灯具、照明装置及零件	–			58.6	–18.5
钢材	吨	1 591 205	6.4	56.5	1.7
陶瓷产品	吨	428 748	5.2	54.1	–19.8

注："机电产品"和"高新技术产品"有交叉。

表9 2016年主要商品进口数量、金额及其增长速度

商品名称	单位	数量	比上年增长(%)	金额(亿元)	比上年增长(%)
机电产品（包括本目录已具体列名的机电产品）	–			332.0	20.4
高新技术产品	–			252.6	25.7
集成电路	万个	256 543	20.8	145.3	27.3
铜矿砂及其精矿	吨	1 390 719	10.9	123.6	8.1
未锻轧铜及铜材	吨	147 894	38.3	49.1	20.8
铁矿砂及其精矿	吨	10 698 264	25.4	37.4	28.7
二极管及类似半导体器件	万个	124 379	18.7	24.4	–13.1
纸浆	吨	334 469	36.8	19.3	49.6
纺织纱线、织物及制品	–			8.8	7.4
废铜	吨	44 324	–21.6	6.1	–34.3

注："机电产品"和"高新技术产品"有交叉。

全年新批外商投资企业568家，实际使用外商直接投资额104.4亿美元，比上年增长10.2%。利用省外项目实际进资5905.8亿元，增长12.9%。截至年底，在赣投资的具有世界500强投资背景企业66家，国内500强148家。

全年新签对外承包工程合同项目198个，合同金额28.9亿美元，完成营业额39.4亿美元，增长12.3%。新增对外承包工程企业22家，总数达135家；新增境外投资企业104家，总数达653家。江西国际、江西中煤、中鼎国际等三家"走出去"龙头企

表10 2016年对主要国家和地区货物进出口额及其增长速度

国别(地区)	进出口总值(亿元)	比上年增长(%)	出口值(亿元)	比上年增长(%)	进口值(亿元)	比上年增长(%)
亚洲	1 459.1	0.2	1 073.5	–6.6	385.6	25.6
香港	245.2	–14.1	239.1	–14.9	6.0	31.9
日本	114.1	22.0	65.0	3.2	49.1	61.0
韩国	188.4	22.0	112.8	3.2	75.6	67.3
台湾省	168.0	1.8	37.1	15.7	130.9	–1.6
非洲	160.2	–26.0	123.7	–33.6	36.5	21.4
南非	33.5	–10.7	18.2	–28.4	15.3	26.0
欧洲	336.5	1.3	282.6	–0.9	53.9	14.9
英国	55.1	–0.8	53.2	0.2	1.9	–20.7
德国	73.7	11.8	48.9	4.1	24.8	30.9
荷兰	44.7	–4.4	41.5	–5.9	3.2	21.1
拉丁美洲	248.2	–0.7	105.9	–0.6	142.3	–0.7
巴西	48.8	24.7	26.0	43.5	22.9	8.6
智利	107.1	–11.2	16.2	–37.0	90.9	–4.2
北美洲	371.5	19.7	346.3	19.2	25.2	27.6
美国	341.5	19.1	322.1	18.7	19.5	26.6
大洋洲	68.4	7.9	34.9	4.1	33.5	12.2
澳大利亚	61.0	9.2	28.0	6.1	33.0	11.9
东盟	405.9	–5.6	340.7	–10.4	65.2	30.8
欧盟	292.8	0.7	249.9	–0.7	42.9	9.4

业继续入围全球最大国际工程承包商250强。

七、交通、邮电和旅游

全年货物运输量138061.6万吨，比上年增长6.0%；货物周转量3897.6亿吨公里，增长3.8%。旅客运输量62874.0万人，增长0.7%；旅客周转量970.6亿人公里，增长1.8%。机场旅客吞吐量1050.1万人，增长6.6%。其中，昌北机场旅客吞吐量786.4万人，增长5.0%。

表11 2016年货物、旅客运输量和周转量及其增长速度

指　标	单　位	绝对值	比上年增长(%)
货物运输量	万　吨	138 061.6	6.0
铁路	万　吨	4 295.8	9.0
公路	万　吨	122 877	6.4
水运	万　吨	10 888.8	0.0
货物周转量	亿吨公里	3 897.6	3.8
铁路	亿吨公里	514.8	3.6
公路	亿吨公里	3 147.5	4.1
水运	亿吨公里	235.3	0.7
旅客运输量	万　人	62 874.0	0.7
铁路	万　人	9 248.7	9.3
公路	万　人	53 364	−0.6
水运	万　人	261.3	−4.4
旅客周转量	亿人公里	970.6	1.8
铁路	亿人公里	688.0	2.9
公路	亿人公里	282.3	−0.9
水运	亿人公里	0.3	−1.6

年末公路通车里程161909公里，比上年末增加5284公里。其中，高速公路通车里程5894公里，增加836公里。铁路营运里程3909.3公里，基本持平。年末民用汽车保有量407.4万辆，增长17.4%；民用轿车保有量225.2万辆，增长20.4%，其中，私人轿车212.6万辆，增长23.3%。

全年邮电业务总量984.1亿元，比上年增长61.3%。其中，邮政业务总量100.3亿元，增长43.9%；电信业务总量883.8亿元，增长63.5%。快递业务量3.8亿件，增长63.2%；快递业务收入41.3亿元，增长49.2%。年末固定电话用户517.5万户，下降9.0%。其中，城市电话用户337.4万户，下降7.3%；乡村电话用户180.1万户，下降12.0%。年末移动电话用户3140.7万户，增长2.8%。3G移动电话用户360.0万户，下降56.7%；4G移动电话用户1861.1万户，增长74.1%。

全年接待国内旅游者46913.4万人次，比上年增长22.2%；国内旅游收入4954.5亿元，增长37.6%。接待入境旅游者181.9万人次，增长2.8%；国际旅游外汇收入5.8亿美元，增长3.1%。

八、金融、证券和保险

年末金融机构人民币各项存款余额28893.1亿元，比年初增加4108.0亿元。其中，住户存款余额13981.0亿元，增加1591.2亿元；非金融企业贷款余额8356.6亿元，增加1663.3亿元。年末金融机构人民币各项贷款余额21721.8亿元，比年初增加3373.8亿元。其中，住户贷款余额8310.2亿元，增加1382.1亿元；非金融机构及机关团体贷款余额13408.0亿元，增加1989.2亿元。

年末辖区内上市公司36家，其中，主板公司23家，中小板公司8家，创业板公司5家。辖区内证券公司2家，分公司24家，证券营业部293家，证券交易额5.34万亿元；期货公司1家，期货营业部33家，期货成交金额1.99万亿元。

全年保险公司保费收入608.7亿元，比上年增长19.7%。其中，财产险公司保费收入195.2亿元，增长14.0%；人寿险公司保费收入413.5亿元，增长22.6%。支付各类赔款及给付207.0亿元，增长16.2%。其中，财产险公司赔款101.4亿元，增长18.2%；人寿险公司赔款18.3亿元，增长47.7%；寿险公司给付87.2亿元，增长9.2%。

九、教育和科学技术

全年研究生教育招生1.1万人，在校生3.0万人，毕业生0.9万人。普通高等教育招生32.3万人，在校生103.9万人，毕业生25.6万人。成人高等教育招生4.2万人，在校生16.2万人，毕业生5.7万人。普通高中招生33.0万人，在校生94.3万人，毕业生30.2万人。中等职业教育招生13.6万人,在校生36.2万人,毕业生11.8万人。初中学校招生64.6万人,在校生180.3万人,毕业生57.5万人。普通小学招生68.5万人,在校生422.8万人,毕业生63.3万人。特殊教育在校生2.8万人。幼儿园14071所,在园幼儿159.0万人。各类民办学校11331所,各类民办学校在校学生191.7万人。小学净入学率99.7%,初中毛入学率100.3%。高中阶段教育毛入学率88.5%,普通高考录取率81.3%,高等教育毛入学率39.5%。

表12 2016年各类学校招生、在校生和毕业生人数

单位:万人

指 标	招生数	在校生数	毕业生数
研究生教育	1.1	3.0	0.9
普通高等教育	32.3	103.9	25.6
成人高等教育	4.2	16.2	5.7
中等职业教育	13.6	36.2	11.8
普通高中	33.0	94.3	30.2
初中学校	64.6	180.3	57.5
普通小学	68.5	422.8	63.3

全年研究与试验发展(R&D)经费支出201.1亿元,占GDP的比重为1.1%,比上年提高0.06个百分点。年末共有国家工程(技术)研究中心8个,省工程(技术)研究中心255个;国家级重点实验室4个,省级重点实验室138个。全年获省部级以上科技奖106项,其中,自然科学17项,技术发明16项,科技进步73项。全年受理专利申请60494件,授权专利31472件;签订技术合同1985项,技术市场合同成交金额79.0亿元,其中,技术开发合同成交额34.1亿元,技术转让合同成交额19.5亿元。

年末共有产品质量检测机构67个,其中,国家级检测中心10个。法定计量技术机构248个,全年强制检定计量器具68.7万台(件),开展产品质量监督抽查4911批次。全年获得3C证书的企业780家,获得3C证书5125张,发放自愿性产品认证证书3332张,发放工业产品生产许可证253张。测绘部门为经济社会发展提供各种基本比例尺地形图3532张,大地成果2395点,航摄成果107643平方公里。

十、文化、卫生和体育

年末共有艺术表演团体84个,文化馆118个,公共图书馆113个,博物馆133个。广播电视台86座,中、短波发射台19座,电视台8座;有线广播电视用户655.7万户,其中,数字电视用户579.0万户。年末广播综合人口覆盖率98.0%,电视综合人口覆盖率98.8%。全年出版各种图书、期刊、报纸7980种,出版各类图书19814万册、期刊7112万册、报纸106040万份。

年末共有各类医疗卫生机构38261个(含村卫生室)。其中,医院、卫生院2183个,妇幼保健院(所、站)112个,专科疾病防治院(所、站)109个,疾病预防控制中心147个,卫生监督所(中心)110个。卫生技术人员22.1万人。其中,执业医师和执业助理医师7.9万人,注册护士9.6万人。医院、卫生院床位数19.3万张,其中,乡镇卫生院床位数4.8万张。

年末共有全民健身中心1个,青少年俱乐部119个,城市社区多功能运动场25个,青少年户外活动营地4个;国家级体育传统项目学校15所,省级体育传统项目学校176所,省级单项体育后备人才基地33个。全年新建村级农民体育健身工程246个,乡镇农民体育健身工程35个。在国际和国内的重大比赛中共获得45枚金牌、55枚银牌和44枚铜牌。

十一、人民生活和社会保障

全年居民人均可支配收入20110元,比上年增长9.1%。其中,城镇居民人均可支配收入28673元,增长8.2%;农村居民人均可支配收入12138元,增长9.0%。居民人均生活消费支出13259元,增长6.9%。其中,城镇居民人均生活消费支出17696元,增长5.8%;农村居民人均生活消费支出9128元,增长7.6%。

全年就业困难人员实现就业6.7万人。共发放创业担保贷款122.9亿元,扶持个人创业8.9万人次,带动就业44.7万人次。年末参加城镇职工基本养老保险人数957.3万人,其中,职工672.7万人,离退休人员284.6万人。参加城镇职工基本医疗保险人数591.6万人，其中，职工388.8万人，退休人员202.8万人。参加工伤保险人数502.1万人，参加生育保险人数258.9万人，参加失业保险人数282.6万人。向城市低保户发放低保金33.6亿元，月人均补差320元；向农村低保户发放低保金40.1亿元，月人均补差195元。城市居民得到政府最低生活保障人数87.7万人，农村居民得到政府最低生活保障人数169.2万人，农村居民得到政府五保救济人数21.8万人。义务教育阶段免费提供教课书的学生数603.0万名，得到政府资助的家庭生活困难学生数2.8万名。全年开工各类棚户区17.1万套(户)，保障性安居工程基本建成20.92万套(户)。城市棚户区改造货币化安置率59.2%，比上年提高27.4个百分点。公租房分配入住率达到70%。全面完成了国家下达的12.78万户农村危房改造开工任务。

年末共有提供住宿的社会福利机构1683个，床位数16.3万张，收养人数13.2万人，临时救济困难户13.0万户次。社区服务机构3472个，其中，社区服务中心384个。全年销售社会福利彩票29.6亿元，筹集福利彩票公益金8.6亿元，直接接受社会捐赠1.7亿元。

十二、资源、环境与安全生产

年末地表水I–Ⅲ水质达标比例为81.4%，主要河流监测断面水质达标率88.6%。城市污水、生活垃圾处理率分别达88%和95%，11个设区城市环境空气质量优良率达86.1%。森林覆盖率稳定在63.1%，居全国第2位；完成造林面积208万亩，森林抚育560万亩，改造低产低效林150万亩，综合治理水土流失面积1100平方公里以上。争取赣州列为国家山水林田湖生态保护修复四个试点地区之一，新增17个国家重点生态功能区，新确定16个省级生态文明示范县、60个省级生态文明示范基地。截至年底，共建立自然保护区159处，其中，国家级15处、省级37处、市县级107处。自然保护区面积10681平方公里，占全省国土面积的6.4%。

年平均降水量1996.1毫米，较常年偏多19.2%，位列历史第10位。平均气温18.9℃，较常年偏高0.9℃，位列历史第2位。平均日照时数1485.8小时，较常年偏少9%，位列历史第6位。

全年全社会能源消费总量8747.2万吨标准煤，比上年增长3.6%；万元GDP能耗0.480吨标准煤，下降4.9%，超额完成全年下降2.5%的目标任务。规模以上工业综合能源消费量5248.2万吨标准煤，增长2.3%；万元规模以上工业增加值能耗0.663吨标准煤，下降6.2%，超额完成下降4%的年度目标任务。

全年安全生产事故2630起，其中，道路交通事故2316起，工矿商贸事故216起，铁路交通事故60起，水上交通事故5起。安全生产事故死亡人数1649人，其中，道路交通事故死亡1261人，工矿商贸事故死亡315人，铁路交通事故死亡38人，水上交通事故死亡5人。亿元生产总值安全生产事故死亡人数0.09人。

注释：

1.本公报中数据均为初步统计数。部分数据因四舍五入的原因，存在着分项与合计不等的情况。

2.地区生产总值、各产业增加值和人均生产总值绝对数按现价计算，增长速度按不变价格计算。

3.根据《国民经济行业分类》(GB/T4754–2011)，第一产业指农林牧渔业(不含农林牧渔服务业)，第二产业指工业(不含开采辅助活动，金属制品、机械和设备修理业)和建筑业，第三产业指除第一产业、第二产业以外的其他行业。

4.规模以上工业统计范围为年主营业务收入2000万元及以上的企业，固定资产投资(不含农户)统计范围为计划总投资500万元及以上项目和房地产。

5.对外贸易数据改用人民币计价。

6.邮电业务总量按2010年不变价格计算。

7.万元生产总值能耗、万元规模以上工业增加值能耗按2015年不变价格计算。

8.常住人口是指实际经常居住在某地区一定时间的人口。按人口普查和抽样调查规定，主要包括：居住在本乡镇街道、户口在本乡镇街道或户口待定的人，居住在本乡镇街道、离开户口所在的乡镇街道半年以上的人，户口在本乡镇街道、外出不满半年或在境外工作学习的人。2016年年末，0–14岁(含不满15周岁)人口为924.0万人，15–59岁(含不满60周岁)人口为3013.5万人。

9.小学适龄儿童入学率指调查范围内已入小学学习的学龄儿童占校内外学龄儿童总数的百分比。

10.高中阶段教育毛入学率主要反映高中阶段教育覆盖面,是指高中阶段在校生总数占15－17岁学龄人口数的百分比。

资料来源:

本公报中财政数据来自省财政厅;物价、城乡居民收入和支出、部分农业数据来自国家统计局江西调查总队;外贸数据来自南昌海关;利用外资和省外资金、对外承包工程数据来自省商务厅;铁路客货运输量、周转量数据来自南昌铁路局;公路、水路客货运输量、周转量数据来自省交通运输厅;机场旅客吞吐量数据来自省机场集团公司;电信业务量、移动电话用户数、固定电话用户数来自省通信管理局;邮政业务量、快递业务量数据来自省邮政管理局;旅游数据来自省旅发委;存贷款数据来自中国人民银行南昌中心支行;证券数据来自中国证券监督管理委员会江西监管局;保险数据来自中国保险监督管理委员江西监管局;教育数据来自省教育厅;科技数据来自省科技厅;专利数据来自省知识产权局;质量检测、行业标准数据来自省质量技术监督局;艺术表演团体、博物馆、公共图书馆、文化馆数据来自省文化厅;广播、电视、报纸、期刊、图书数据来自省新闻出版广电局;测绘数据来自省测绘局;卫生、新农合数据来自省卫生和计划生育委员会;体育数据来自省体育局;城镇新增就业、社会保险数据来自省人力资源和社会保障厅;城乡低保、社会福利、社区服务、社会捐赠数据来省自省民政厅;保障性住房数据来自省住房和城乡建设厅;扶贫数据来自省扶贫办;造林、森林覆盖率数据来自省林业厅;空气和地表水质量、污染物排放、自然保护区数据来自省环境保护厅;降水量、平均气温、日照时数数据来自省气象局;安全生产数据来自省安全生产监督管理局;道路交通事故数据来自省公安厅;其他数据来自省统计局。

全省各设区市常住总人口

单位:万人

地　区	2016年
全　省	**4 592.26**
南昌市	537.14
景德镇市	165.49
萍乡市	191.42
九江市	484.76
新余市	117.37
鹰潭市	115.93
赣州市	858.87
吉安市	491.79
宜春市	553.25
抚州市	401.08
上饶市	675.16

全省各设区市地区生产总值

(2016年)

单位:亿元

地　区	地　区 生产总值	第一产业	第二产业	第三产业
全　省	**18499.00**	**1904.53**	**8829.54**	**7764.93**
南昌市	4401.65	186.28	2307.70	1907.68
景德镇市	849.57	50.77	461.71	337.09
萍乡市	1001.82	56.97	531.71	413.13
九江市	2104.05	173.35	1045.08	885.62
新余市	1036.19	63.74	539.57	432.89
鹰潭市	713.55	50.05	400.35	263.15
赣州市	2207.20	334.42	918.99	953.78
吉安市	1467.03	253.95	637.12	575.96
宜春市	1781.95	276.08	803.17	702.71
抚州市	1215.79	221.36	516.78	477.65
上饶市	1817.77	237.56	851.16	729.05

全省各设区市农业总产值

单位:亿元

地　区	2016	比上年增长(%)
全　省	**3 130.29**	**4.1**
南昌市	304.34	3.9
景德镇市	87.80	4.2
萍乡市	92.12	3.8
九江市	289.48	4.1
新余市	103.05	4.2
鹰潭市	82.13	4.2
赣州市	535.26	4.2
吉安市	431.16	4.3
宜春市	466.47	4.1
抚州市	360.49	4.0
上饶市	378.00	3.9

全省各设区市规模以上工业增加值

单位:亿元

地　区	2016	比上年增长(%)
全　省	**7 803.55**	**9.0**
南昌市	1 611.50	9.2
景德镇市	276.38	8.5
萍乡市	436.27	8.5
九江市	1 115.73	9.3
新余市	322.73	9.0
鹰潭市	330.87	8.4
赣州市	847.90	9.2
吉安市	760.80	9.4
宜春市	956.20	9.2
抚州市	394.00	9.5
上饶市	751.20	9.3

全省各设区市规模以上服务业主要指标

（2016年）

地　区	企业数(户)	营业收入(万元)
全　省	**3 602**	**20 300 578**
南昌市	610	5 600 595
景德镇市	142	1 334 521
萍乡市	125	571 345
九江市	354	2 205 615
新余市	118	338 954
鹰潭市	152	793 671
赣州市	418	1 667 508
吉安市	497	2 431 983
宜春市	396	1 861 691
抚州市	314	1 614 718
上饶市	474	1 874 255

全省各设区市社会消费品零售总额

单位:亿元

地　区	2016	比上年增长(%)
全　省	**6 634.63**	**12.0**
南昌市	1 868.00	11.8
景德镇市	300.61	11.5
萍乡市	338.08	11.0
九江市	656.78	13.0
新余市	239.95	11.7
鹰潭市	194.66	12.8
赣州市	790.24	11.5
吉安市	448.66	12.6
宜春市	596.25	11.8
抚州市	480.27	11.6
上饶市	721.12	12.6

全省各设区市固定资产投资

(500万元及以上项目)　　单位:亿元

地　区	2016	比上年增长(%)
全　省	**19 378.69**	**14.0**
南昌市	4 540.26	13.5
景德镇市	783.64	13.4
萍乡市	1 162.86	13.3
九江市	2 428.58	14.6
新余市	921.32	12.0
鹰潭市	604.16	13.7
赣州市	2 205.51	16.6
吉安市	1 710.16	15.0
宜春市	1 821.43	14.7
抚州市	1 251.30	13.8
上饶市	1 790.29	14.7

全省各设区市财政收入

(2016年)　　单位:亿元

地　区	财政总收入(省口径)	#地方一般公共预算收入
全　省	**3 142.96**	**2 151.44**
南昌市	684.80	402.18
景德镇市	115.82	88.72
萍乡市	135.64	105.49
九江市	415.23	260.52
新余市	137.19	95.74
鹰潭市	116.82	81.62
赣州市	366.32	243.18
吉安市	229.08	157.02
宜春市	320.92	220.05
抚州市	171.62	122.80
上饶市	302.04	227.54

全省各设区市实际利用外资额

（省口径）

单位：亿美元

地　区	2016	比上年增长(%)
全　省	**104.41**	**10.2**
南昌市	28.90	10.4
景德镇市	1.88	9.7
萍乡市	3.37	9.4
九江市	18.03	10.6
新余市	3.99	9.0
鹰潭市	2.65	10.2
赣州市	15.15	10.6
吉安市	9.75	10.4
宜春市	7.08	8.1
抚州市	3.24	10.4
上饶市	10.39	10.4

全省各设区市海关进出口总额

单位：亿元

地　区	进出口总额	#出　口
全　省	**2 643.90**	**1 966.91**
南昌市	619.70	379.75
景德镇市	43.96	42.59
萍乡市	92.92	91.82
九江市	347.82	284.31
新余市	123.63	84.34
鹰潭市	233.55	53.42
赣州市	271.04	223.54
吉安市	332.80	280.34
宜春市	173.00	155.06
抚州市	121.53	118.85
上饶市	283.95	252.89

全省各设区市城镇居民人均可支配收入

单位:元

地　区	2016	比上年增长(%)
全　省	**28 673**	**8.2**
南昌市	34 619	8.4
景德镇市	31 418	8.0
萍乡市	30 630	8.1
九江市	30 011	8.6
新余市	32 163	7.8
鹰潭市	29 116	8.0
赣州市	27 086	8.3
吉安市	29 307	8.2
宜春市	27 452	8.2
抚州市	27 195	8.5
上饶市	29 153	8.3

全省各设区市农村居民人均可支配收入

单位:元

地　区	2016	比上年增长(%)
全　省	**12 138**	**9.0**
南昌市	14 952	9.2
景德镇市	13 878	9.0
萍乡市	15 274	8.7
九江市	12 157	9.1
新余市	15 203	8.7
鹰潭市	13 534	9.3
赣州市	8729	12.1
吉安市	11 380	9.9
宜春市	12 643	8.8
抚州市	12 447	8.8
上饶市	11 103	9.8

全省各设区市居民消费价格指数

（上年=100）

地　区	2016
全　省	**102.0**
南昌市	102.1
景德镇市	101.8
萍乡市	102.1
九江市	102.1
新余市	101.5
鹰潭市	102.0
赣州市	102.0
吉安市	102.5
宜春市	101.7
抚州市	101.3
上饶市	101.5